**Kommunale Schriften
für Schleswig-Holstein**

Herausgegeben vom
Schleswig-Holsteinischen
Gemeindetag

Landesbauordnung Schleswig-Holstein 2016

mit Kurzkommentierung

Textausgabe mit einer erläuternden Einführung
und Kurzkommentierung

Gerd Möller
Ministerialrat a. D.

Jens Bebensee
Kreisoberverwaltungsrat

Kohlhammer
Deutscher Gemeindeverlag

1. Auflage 2017

Alle Rechte vorbehalten
© Deutscher Gemeindeverlag GmbH, Stuttgart
Gesamtherstellung: W. Kohlhammer GmbH, Stuttgart

Print:
ISBN: 978-3-555-01854-6

E-Book-Formate:
pdf: 978-3-555-01855-3
epub: 978-3-555-01856-0
mobi: 978-3-555-01858-4

Vorwort

Von geringfügigen Änderungen abgesehen, hatte die Landesbauordnung 2009 über sieben Jahre Bestand. Aufgrund der fortentwickelten Musterbauordnung, gewonnener Erfahrungen mit den Neuregelungen der Landesbauordnung 2009 und der Herausforderungen der Energiewende erschien eine umfassende Anpassung der Landesbauordnung geboten. Zudem waren Änderungen aufgrund einer umzusetzende EU-Vorschrift in Bezug auf das Bauproduktenrecht erforderlich.

Der Novellierung der Landesbauordnung ist eine eingehende Kurzkommentierung beigefügt. Die Kurzkommentierung greift alle wesentlichen Aspekte des Gesetzes sowie der Gesetzesnovellierung auf, um so zu einer verständigen Anwendung insbesondere der neuen Regelungen im Bauwesen beizutragen.

Beigefügt ist des Weiteren die aktuelle Bauvorlagenverordnung, die insbesondere der Umsetzung der bauaufsichtlichen Verfahren und differenzierten Behandlung der bautechnischen Nachweise dient.

Im Anhang befinden sich über die wesentlichen Vorschriften des aktuellen Baugesetzbuchs über die Zulässigkeit der Vorhaben und andere für das Verfahren bedeutsame Bestimmungen und die Baunutzungsverordnung in Zusammenstellung mit ihren früheren Fassungen, die für die in ihrem Geltungszeitraum aufgestellten oder geänderten Flächennutzungs- und Bebauungspläne weiter gelten. Der Übersichtlichkeit halber sind nur die früheren Regelungen unter den aktuell geltenden Text gesetzt worden, die von der geltenden Fassung abweichen.

Enthalten sind schließlich eine Einführung und ein umfassendes Stichwortverzeichnis.

Zum vorliegenden Werk wird auf Folgendes aufmerksam gemacht:

1. Aus Gründen der **Einheitlichkeit und Übersichtlichkeit** ist in der gesamten Textfassung der Landesbauordnung die zwischenzeitlich neu für die Rechtssetzung in Schleswig-Holstein eingeführte Schreibung verwendet worden.

2. Im **Anschluss** an die **jeweilige Gesetzesbestimmung** folgt die **dazugehörige Kurzkommentierung**, welche die wesentlichen Erläuterungen und die einschlägige Rechtssprechung hierzu enhält.

Vorwort

3. Zur leichten **Auffindbarkeit sowie Zuordnung** der Regelungen zu betreffenden Kommentierung sind die **Sätze** in der Textfassung der Landesbauordnung **durchnummeriert**.

Kiel/Lübeck, im August 2016   Gerd Möller/Jens Bebensee

Inhaltsverzeichnis

Inhaltsverzeichnis

Abkürzungs- und Literaturverzeichnis

4. BImSchV	Verordnung über genehmigungsbedürftige Anlagen vom 2. Mai 2013 (BGBl. I S. 973, 3756), geänd. d. Art. 3 der VO vom 28. April 2015 (BGBl. I S. 670)
32. BImSchV	Geräte- und Maschinenlärmschutzverordnung vom 29. August 2002 (BGBl. I S. 3478), zul. geänd. d. Art. 83 der VO vom 31. August 2015 (BGBl. I S. 1474)
9. ProdSV	Neunte Verordnung zum Produktsicherheitsgesetz (Maschinenverordnung) vom 12. Mai 1993 (BGBl. I S. 704), zul. geänd. d. Art. 19 des Ges. vom 8. November 2011 (BGBl. I S. 2178)
8. VO-LBO	Landesverordnung zur Übertragung von Aufgaben der unteren Bauaufsichtsbehörde auf amtsfreie Gemeinden und Ämter (8. VO-LBO) vom 19. September 1974 (GVOBl. Schl.-H. S. 349), zul. geänd. d. VO vom 3. Dezember 2008 (GVOBl. Schl.-H. S. 741)
a. A.	anderer Ansicht
a. F.	alte Fassung
a. a. O.	am angegebenen Ort
Abs.	Absatz, Absätze
Alexejew	Alexejew, Hamburgisches Bauordnungsrecht, Kommentar, 28. Lfg., Stand Januar 2016
Alt.	Alternative
Amtsbl. Schl.-H.	Amtsblatt Schleswig-Holstein
Änd.	Änderung
ArbStättVO	Arbeitsstättenverordnung vom 12. August 2004 (BGBl. I S. 2179), zul. geänd. d. Art. 282 der VO vom 31. August 2015 (BGBl. I S. 1474)
ArchIngKG	Architekten- und Ingenieurkammergesetz vom 9. August 2001 (GVOBl. Schl.-H. S. 116), zul. geänd. d. Ges. vom 14. Juni 2016 (GVOBl. Schl.-H. S. 386)
ARGEBAU	Konferenz der für Städtebau, Bau- und Wohnungswesen zuständigen Minister und Senatoren der Länder
Art.	Artikel
AtG	Atomgesetz i. d. F. der Bek. vom 15. Juli 1985 (BGBl. I S. 1565), zul. geänd. d. Art. 1 des Ges. vom 26. Juli 2016 (BGBl. I S. 1843)
Aufl.	Auflage

Abkürzungs- und Literaturverzeichnis

BauGB	Baugesetzbuch i. d. F. der Bek. vom 23. September 2004 (BGBl. I S. 2414), zul. geänd. d. Art. 6 des Ges. vom 20. Oktober 2015 (BGBl. I S. 1722)
BauNVO	Baunutzungsverordnung
BauPG	Bauproduktengesetz i. d. F. der Bek. vom 28. April 1998 (BGBl. I S. 813), zul. geänd. m. W. v. 12. Dezember 2012 d. Art. 1 und aufgehoben mit Ablauf des 30. Juni 2013 d. Art. 7 Abs. 2 Satz 2 des Ges. vom 5. Dezember 2012 (BGBl. I S. 2449)
BauPG 2013	Bauproduktengesetz, beschlossen als Art. 2 d. Ges. zur Anpassung des Bauproduktengesetzes und weiterer Rechtsvorschriften an die Verordnung (EU) Nr. 305/2011 zur Festlegung harmonisierter Bedingungen für die Vermarktung von Bauprodukten vom 5. Dezember 2012 (BGBl. I S. 2449), in Kraft getreten am 1. Juli 2013, geänd. d. Art. 119 der VO vom 31. August 2015 (BGBl. I S. 1474 [S. 1494]).
Bauproduktenrichtlinie (EWG)	Richtlinie 89/106/EWG des Rates vom 21. Dezember 1988 zur Angleichung der Rechts- und Verwaltungsvorschriften der Mitgliedstaaten über Bauprodukte (ABl. L 40 vom 11. Februar 1989, S. 12), aufgehoben mit Inkrafttreten der EU-Bauproduktenverordnung zum 1. Juli 2013
BauR	Baurecht (Zeitschrift für das gesamte öffentliche und zivile Baurecht)
BauVorlVO	Bauvorlagenverordnung (BauVorlVO) vom 24. März 2009 (GVOBl. Schl.-H. S. 161), zul. geänd. d. VO vom 11. März 2014 (GVOBl. Schl.-H. S. 66)
BayVGH	Bayerischer Verwaltungsgerichtshof
BBauG 1979	Bundesbaugesetz i. d. F. der Bek. vom 18. August 1976 (BGBl. I S. 2256, 3617), zul. geänd. d. Ges. vom 6. Juli 1979 (BGBl. I S. 949), in Kraft getreten am 1. August 1979
BBergG	Bundesberggesetz vom 13. August 1980 (BGBl. I S. 1310), zul. geänd. d. Art. 2 des Ges. vom 21. Juli 2016 (BGBl. I S. 1764)
BBodSchG	Bundes-Bodenschutzgesetz vom 17. März 1998 (BGBl. I S. 502), zul. geänd. d. Art. 101 der VO vom 31. August 2015 (BGBl. I S. 1474 [S. 1491])
Bek.	Bekanntmachung
ber.	berichtigt
Beschl.	Beschluss

Abkürzungs- und Literaturverzeichnis

BetrSichV	Verordnung über Sicherheit und Gesundheitsschutz bei der Verwendung von Arbeitsmitteln (Betriebssicherheitsverordnung) vom 3. Februar 2015 (BGBl. I S. 49), geänd. d. Art. 15 der VO vom 2. Juni 2016 (BGBl. I S. 1257)
BeVO	Beherbergungsstättenverordnung vom 4. Oktober 2009 (GVOBl. Schl.-H. S. 725), zul. geänd. d. VO vom 16. Mai 2014 (GVOBl. Schl.-H. S 106)
BGB	Bürgerliches Gesetzbuch (BGB) i. d. F. der Bek. vom 2. Januar 2002 (BGBl. I S. 2909; 2003 I S. 738), zul. geänd. d. Art. 1 des Ges. vom 11. März 2016 (BGBl. I S. 396)
BGBl.	Bundesgesetzblatt
BGH	Bundesgerichtshof
BImSchG	Bundes-Immissionsschutzgesetz (BImSchG) i. d. F. der Bek. vom 17. Mai 2013 (BGBl. I S. 1274), zul. geänd. d. Art. 76 der VO vom 31. August 2015 (BGBl. I S. 1474 [S. 1487])
BioStoffV	Biostoffverordnung vom 15. Juli 2013 (BGBl. I S. 2514)
BKleingG	Bundeskleingartengesetz vom 28. Februar 1983 (BGBl. I S. 210), zul. geänd. d. Art. 11 des Ges. vom 19. September 2006 (BGBl. I S. 2146)
BNatSchG	Bundesnaturschutzgesetz vom 29. Juli 2009 (BGBl. I S. 2542), zul. geänd. d. Art. 421 der VO vom 31. August 2015 (BGBl. I S. 1474)
BRS	Baurechtssammlung (Zeitschrift)
Buchholz	Sammel- und Nachschlagewerk der Rechtsprechung des Bundesverwaltungsgerichts
Buchst.	Buchstabe
BVerfG	Bundesverfassungsgericht
BVerwG	Bundesverwaltungsgericht
BVerwGE	Entscheidungssammlung des BVerwG
BW	Baden-Württemberg
bzw.	beziehungsweise
CPlV	Camping- und Wochenendplatzverordnung) vom 13. Juli 2010 (GVOBl. Schl.-H. S 522), geänd. d. VO vom 24. Juli 2015 (GVOBl. Schl.-H. S. 301)
d.	durch
d. h.	das heißt
DIBt	Deutsches Institut für Bautechnik

Abkürzungs- und Literaturverzeichnis

Die Gemeinde	Die Gemeinde – Zeitschrift für die kommunale Selbstverwaltung in Schleswig-Holstein -
DIN	Deutsches Institut für Normung e. V., Berlin
DIN EN	Deutsche Übernahme einer europäischen Norm
DÖV	Die Öffentliche Verwaltung (Zeitschrift)
Drs.	Drucksache
DSchG	Gesetz zum Schutz der Denkmale (Denkmalschutzgesetz) vom 30. Dezember 2014 (GVOBl. Schl.-H. 2015 S. 2)
DVBl	Deutsches Verwaltungsblatt
e. V.	eingetragener Verein
EG	Europäische Gemeinschaft
EltBauVO	Landesverordnung über den Bau von Betriebsräumen für elektrische Anlagen (EltBauVO) vom 23. November 2009 (GVOBl. Schl.-H. S. 856) zul. geänd. d. VO vom 21. November 2014 (GVOBl. Schl.-H. S. 376)
EnEV	Energieeinsparverordnung vom 24. Juli 2007 (BGBl. I S. 1519), zul. geänd. d. Art. 3 der VO vom 24. Oktober 2015 (BGBl. I S. 1789)
Erl.	Erläuterung/en
EU	Europäische Union
EU-Bauproduktenverordnung	Verordnung (EU) Nr. 305/2011 des europäischen Parlaments und des Rates vom 9. März 2011 zur Festlegung harmonisierter Bedingungen für die Vermarktung von Bauprodukten und zur Aufhebung der Richtlinie 89/106/EWG des Rates (ABl. L 88 vom 4. April 2011, S. 5, zul. geänd. d. Verordnung (EU) Nr. 574/2014 (ABl. L 159 S 41), gültig ab 1. Juli 2013
EWG	Europäische Wirtschaftsgemeinschaft
f./ff.	folgende Seite/-n
FeuVO	Feuerungsverordnung (FeuVO) vom 30. November 2009 (GVOBl. Schl.-H. S. 865), zul. geänd. d. VO vom 21. November 2014 (GVOBl. Schl.-H. S. 377)
FlBauVwV	Erlass des Innenministeriums vom 5. Juni 2013 „Verwaltungsvorschriften über Ausführungsgenehmigungen für Fliegende Bauten und deren Gebrauchsabnahmen (FlBauVwV)", (Amtsbl. Schl.-H. S. 426)
FStrG	Bundesfernstraßengesetz (FStrG) vom 6. August 1953 (BGBl. I S. 903) i.d.F. der Bek. vom 28. Juni 2007 (BGBl. I S. 1206), zul. geänd. d. Art. 466 der VO vom 31. August 2015 (BGBl. I S. 1474 [S. 1542])

Abkürzungs- und Literaturverzeichnis

Fußn.	Fußnote
GarVO	Garagenverordnung (GarVO) vom 30. November 2009 (GVOBl. Schl.-H. S. 873), geänd. d. VO vom 21. November 2014 (GVOBl. Schl.-H. S. 377)
geänd.	geändert
Ges.	Gesetz/-es
GG	Grundgesetz
ggf.	gegebenenfalls
GVOBl. Schl.-H.	Gesetz- und Verordnungsblatt Schleswig-Holstein
HafVO	Hafenverordnung (HafVO) vom 25. November 2014 (GVOBl. Schl.-H. S. 385), zul. geänd. d. Art. 1 der VO vom 2. November 2015 (GVOBl. Schl.-H. S. 387)
HBO	Hessische Bauordnung
HessVGH	Hessischer Verwaltungsgerichtshof
HHR	Hochhaus-Richtlinien (HHR), Erlass des Innenministeriums vom 17. August 2011 (Amtsbl. Schl.-H. S 591), in Kraft getreten am 1. Oktober 2011
HOAI	Verordnung über die Honorare für Architekten und Ingenieurleistungen (Honorarordnung für Architekten und Ingenieure – HOAI) vom 10. Juli 2013 (BGBl. I S. 2276)
Hs.	Halbsatz
i. d. F.	in der Fassung
i. d. R.	in der Regel
i. S. (d.)	im Sinne (des/der)
i. V. m.	in Verbindung mit
IM	Innenministerium des Landes Schleswig-Holstein (seit dem 30. September 2014: Ministerium für Inneres und Bundesangelegenheiten – MIB –)
insbes.	insbesondere
juris	Juristisches Informationssystem für die Bundesrepublik Deutschland
KiTaG SH	Kindertagesstättengesetz vom 12. Dezember 1991 (GVOBl. Schl.-H. S. 651), zul. geänd. d. Art. 3 d. Ges. vom 30. Juni 2016 (GVOBl. Schl.-H. S. 534)

Abkürzungs- und Literaturverzeichnis

KrWG	Kreislaufwirtschaftsgesetz vom 24. Februar 2012 (BGBl. I S. 212), zul. geänd. d. Art. 4 des Ges. vom 4. April 2016 (BGBl. I S. 569)
L	Leitsatz
LAbfWG	Landesabfallwirtschaftsgesetz i. d. F. der Bek. vom 18. Januar 1999 (GVOBl. Schl.-H. S. 26), zul. geänd. d. Art. 11 des Ges. vom 27. März 2014 (GVOBl. Schl.-H. S. 64)
LBGG	Landesbehindertengleichstellungsgesetz vom 16. Dezember 2002 (GVOBl. Schl.-H. S 264), zul. geänd. d. Art. 1 des Ges. vom 18. November 2008 (GVOBl. Schl.-H. S. 582)
LBO 1983	Landesbauordnung für das Land Schleswig-Holstein vom 24. Februar 1983 (GVOBl. Schl.-H. S. 86), in Kraft getreten am 1. August 1983
LBO 1994	Landesbauordnung für das Land Schleswig-Holstein i. d. F. vom 11. Juli 1994 (GVOBl. Schl.-H. S. 321), in Kraft getreten am 1. August 1994
LBO 2000	Landesbauordnung für das Land Schleswig-Holstein i. d. F. der Bek. vom 10. Januar 2000 (GVOBl. Schl.-H. S. 47, ber. S. 213), in Kraft getreten am 1. März 2000
LBO 2009	Landesbauordnung für das Land Schleswig-Holstein vom 22. Januar 2009 (GVOBl. Schl.-H. S. 6, ber. S. 213), in Kraft getreten am 1. Mai 2009
Lfd.-Nr.	Laufende Nummer
Lfg.	Lieferung
LKV	Landes- u. Kommunalverwaltung (Zeitschrift)
LNatSchG	Landesnaturschutzgesetz (LNatSchG) vom 24. Februar 2010 (GVOBl. Schl.-H. S. 301), zul. geänd. d. Art. 1 des Ges. vom 27. Mai 2016 (GVOBl. Schl.-H. S. 162)
LT-Drs.	Landtags-Drucksache
LuftVG	Luftverkehrsgesetz (LuftVG) vom 1. August 1922 (RGBl. 1922 I S. 681), zul. geänd. d. Art. 21 des Ges. vom 19. Februar 2016 (BGBl. I S. 254)
LVwG	Landesverwaltungsgesetz (LVwG) i. d. F. der Bek. vom 2. Juni 1992 (GVOBl. Schl.-H. S. 243, ber. S. 534), zul. geänd. d. Art. 1 des Ges. vom 30. Juni 2016 (GVOBl. Schl.-H. S. 534)

Abkürzungs- und Literaturverzeichnis

LWaldG	Waldgesetz für das Land Schleswig-Holstein (Landeswaldgesetz – LWaldG) vom 5. Dezember 2004 (GVOBl. Schl.-H. S. 461), zul. geänd. d. Art. 2 des Ges. vom 27. Mai 2016 (GVOBl. Schl.-H. S. 161)
LWG	Landeswassergesetz i. d. F. vom 11. Februar 2008 (GVOBl. Schl.-H. S. 91), zul. geänd. d. Art. 8 der VO vom 16. März 2015 (GVOBl. Schl.-H. S 96 [S. 97])
m. W. v.	mit Wirkung vom
m. w. N.	mit weiteren Nachweisen
MBO	Musterbauordnung
MIB	Ministerium für Inneres und Bundesangelegenheiten des Landes Schleswig-Holstein (bis 29. September 2014: Innenministerium des Landes Schleswig-Holstein – IM –)
n. v.	nicht veröffentlicht
NachbG	Nachbarrechtsgesetz für das Land Schleswig-Holstein (NachbG Schl.-H.) vom 24. Februar 1971 (GVOBl. Schl.-H. S. 54), zul. geänd. d. Art. 4 des Ges. vom 27. Mai 2016 (GVOBl. Schl.-H. S. 162)
Nds. GVBl.	Niedersächsisches Gesetz- und Verordnungsblatt
Nieders. OVG	Oberverwaltungsgericht für das Land Niedersachsen (mit Errichtung des OVG Schleswig zum 1. April 1991 durch das AGVwGO nur noch für Niedersachsen zuständig)
NJW	Neue Juristische Wochenschrift (Zeitschrift)
NJW-RR	NJW-Rechtsprechungsreport (Zeitschrift)
NordÖR	Zeitschrift für öffentliches Recht in Norddeutschland
Nr.	Nummer, Nummern
NRW	Nordrhein-Westfalen
NVwZ	Neue Zeitschrift für Verwaltungsrecht
OVG	Oberverwaltungsgericht
OVG B-Bbg	Oberverwaltungsgericht Berlin-Brandenburg (seit 1. Juli 2005)
OVG Berlin	Oberverwaltungsgericht Berlin (bis 30. Juni 2005, ab 1. Juli 2005 Oberverwaltungsgericht Berlin-Brandenburg)
OVG Bremen	Oberverwaltungsgericht der Freien Hansestadt Bremen
OVG HH	Hamburgisches Oberverwaltungsgericht

Abkürzungs- und Literaturverzeichnis

	Ges. vom 17. Dezember 2010 (GVOBl. Schl.-H. S. 789 [S. 811])
Schl.-H.	Schleswig-Holstein
SchlHA	Schleswig-Holsteinische Anzeigen (Zeitschrift)
SchulbauR	Schulbau-Richtlinie (SchulbauR), Erlass des Innenministeriums vom 18. August 2010 (Amtsbl. Schl.-H. S. 641), geänd. d. VwV vom 13. Juli 2015 (Amtsbl. Schl.-H. S. 856)
SGB VIII	Das Achte Buch Sozialgesetzbuch – Kinder und Jugendhilfe – i. d. F. d. Bek. vom 11. September 2012 (BGBl. I S. 2022), zul. geänd. d. Art. 1 des Ges. vom 28. Oktober 2015 (BGBl. I S. 1802)
sog.	sogenannte/r
st. Rspr.	ständige Rechtsprechung
StGB	Strafgesetzbuch (StGB) i. d. F. der Bek. vom 13. November 1998 (BGBl. I S. 3322), zul. geänd. d. Art. 1 des Ges. vom 30. Mai 2015 (BGBl. I S. 1254)
StrWG	Straßen- und Wegegesetz des Landes Schleswig-Holstein i. d. F. der Bek. vom 25. November 2003 (GVOBl. Schl.-H. S. 631), zul. geänd. d. Art. 2 des Ges. vom 1. September 2015 (GVOBl. Schl.-H. S. 322 [S. 325])
StVG	Straßenverkehrsgesetz i. d. F. der Bek. vom 5. März 2003 (BGBl. I S. 310, 919), zul. geänd. d. Art. 15 des Ges. vom 24. Mai 2016 (BGBl. I S. 1217)
u.	und
u. a.	unter anderen/m, und andere
u. U.	unter Umständen
UPR	Umwelt- und Planungsrecht, juristische Fachzeitschrift
Urt.	Urteil
UStG	Umsatzsteuergesetz i. d. F. der Bek. vom 21. Februar 2005 (BGBl. I S. 386), zul. geänd. d. Art. 12 des Ges. vom 18. Juli 2016 (BGBl. I S. 1679)
usw.	und so weiter
UVPG	Gesetz über die Umweltverträglichkeitsprüfung i. d. F. der Bek. vom 24. Februar 2010 (BGBl. I S. 94), zul. geänd. d. Art. 2 des Ges. vom 21. Dezember 2015 (BGBl. I S. 2490)
VerfGH	Verfassungsgerichtshof

Abkürzungs- und Literaturverzeichnis

VermKatG	Vermessungs- und Katastergesetz vom 12. Mai 2004 (GVOBl. Schl.-H. S. 128), zul. geänd. d. Art. 8 der VO vom 16. März 2015 (GVOBl. Schl.-H. S. 96)
VG	Verwaltungsgericht
VG Schleswig	Schleswig-Holsteinisches Verwaltungsgericht
VGH	Verwaltungsgerichtshof
VGH BW	Verwaltungsgerichtshof Baden-Württemberg
vgl.	vergleiche
VkVO	Verkaufsstättenverordnung vom 8. Oktober 2009 (GVOBl. Schl.-H. S. 681), zul. geänd. d. VO vom 21. November 2014 (GVOBl. Schl.-H. S. 379)
VO	Verordnung des Bundes
VordrErl	Erlass des Innenministeriums vom 17. April 2009 „Einführung einheitlicher Vordrucke für die bauaufsichtlichen Verfahren nach der Landesbauordnung" (Amtsbl. Schl.-H. S. 418), zul. geänd. d. Verwaltungsvorschrift vom 6. Juli 2016 (Amtsbl. Schl.-H. S. 584)
VStättVO	Versammlungsstättenverordnung vom 11. September 2014 (GVOBl. Schl.-H. S. 245)
VwGO	Verwaltungsgerichtsordnung i. d. F. der Bek. vom 19. März 1991 (BGBl. I S. 686), zul. geänd. d. Art. 3 des Ges. vom 21. Dezember 2015 (BGBl. I S. 2490)
VwV	Verwaltungsvorschrift
WasBauPVO	Landesverordnung zur Feststellung der wasserrechtlichen Eignung von Bauprodukten und Bauarten durch Nachweise nach der Landesbauordnung vom 25. November 2009 (GVOBl. Schl.-H. S. 859), geänd. d. VO vom 21. November 2014 (GVOBl. Schl.-H. S. 379)
WHG	Wasserhaushaltsgesetz vom 31. Juli 2009 (BGBl. I S. 2585), zul. geänd. d. Art. 320 der VO vom 31. August 2015 (BGBl. I S. 1474)
z. B.	zum Beispiel
ZfBR	Zeitschrift für deutsches und internationales Baurecht
Ziff.	Ziffer

A   Einführung

1   Das Bauordnungsrecht nach Ende des Ersten Weltkrieges

Nach dem Ersten Weltkrieg erfolgte unter dem Eindruck der zerstörten Grenzgebiete eine rege Baugesetzgebung. Die Preußische Einheitsbauordnung von 1919 war Muster für die Bauordnungen der Städte in Schleswig-Holstein. 1931 erging die Bauordnung für das platte Land. Auf der Grundlage der Einheitsbauordnung erschien 1922 die Bau-Polizeiverordnung für die Städte und Flecken des Regierungsbezirks Schleswig und 1930 die Bau-Polizeiverordnung für das platte Land des Regierungsbezirks Schleswig. Das Wohnsiedlungsgesetz vom 22. September 1933 (RGBl. S. 659) enthielt neben bauordnungsrechtliche auch planungsrechtliche Regelungen. Auf seiner Grundlage und aufgrund der Bauregelungsverordnung vom 15. Februar 1936 (RGBl. S. 104) wiesen die Gemeinden Baugebiete aus. Die Ausweisung der Baugebiete durch Baupolizeiverordnungen erfolgte in Gestalt von Baustufen- und Bauklassenplänen. Die Baugestaltungsverordnung vom 10. November 1936 (RGBl. S. 938) enthielt baugestalterische Anforderungen. Seinerzeit sollte ein „Deutsches Baugesetzbuch" das gesamte Baurecht einheitlich zusammenführen. Der Zweite Weltkrieg unterbrach diese Entwicklung.

2   Die Neuordnung seit 1945

Aufgrund der starken Zerstörungen durch den Zweiten Weltkrieg regelte bereits kurz nach Gründung der Bundesrepublik Deutschland und der Bildung der Länder das Aufbaugesetz vom 21. Mai 1949 (GVOBl. Schl.-H. S. 93) und die Landesbauordnung vom 1. August 1950 (GVOBl. Schl.-H. S. 225) das Baurecht in Schleswig-Holstein. Aufgrund der Überlegungen über ein einheitliches Baurecht erstattete das Bundesverfassungsgericht auf Antrag des Bundestages, des Bundesrates und der Bundesregierung das Rechtsgutachten vom 16. Juni 1954 – 1 PBvV 2/52 –, BVerfGE 3, 407.

In diesem Rechtsgutachten stellte das Bundesverfassungsgericht zur Klärung der Gesetzgebungszuständigkeiten fest, dem Bund stehe aufgrund des Artikel 74 Nr. 18 GG die konkurrierende Gesetzgebung für das Recht der städtebaulichen Planung, der Baulandumlegung, des

Bodenverkehrs sowie der Erschließung zu, das „Baupolizeirecht im bisher gebräuchlichen Sinne" sei aber Sache der Landesgesetzgebung. Nach dem Gutachten könne der Bund jedoch für Gebäude, die Wohnzwecken dienten, einzelne spezifisch das Wohnungswesen berührende baupolizeiliche Vorschriften erlassen.

Am 21. Januar 1955 schlossen der Bund und die für die Bauaufsicht zuständigen Minister der Länder daraufhin die „Bad Dürkheimer Vereinbarung" ab. Dabei verpflichtete sich der Bund, von seiner Gesetzgebungszuständigkeit im Bauordnungsrecht keinen Gebrauch zu machen, wenn die Länder diesen Bereich „im Grundsätzlichen einheitlich" regelten. Zugleich wurde vereinbart, eine Musterbauordnung auszuarbeiten, die als Grundlage für die Landesbauordnungen der Bundesländer dienen sollte.

Auf Grundlage dieser Vereinbarung schuf die Arbeitsgemeinschaft der für das Bauwesen zuständigen Minister der Länder – ARGEBAU – die Musterbauordnung und entwickelte sie laufend fort. Die Länder erließen auf dieser Grundlage ihre Landesbauordnungen. Damit konnte das Ziel der Vereinbarung, das Bauordnungsrecht im Wesentlichen einheitlich zu regeln, erreicht werden. Dies geschah nicht zuletzt im Interesse der am Bau Beteiligten.

Der Bund machte von seiner konkurrierenden Gesetzgebungskompetenz durch Erlass des Bundesbaugesetzes vom 23. Juni 1960 (BGBl. I S. 341) Gebrauch. Mit Inkrafttreten des Bundesbaugesetzes traten die planungsrechtlichen Bestimmungen der Landesbauordnung 1950 außer Kraft.

Es folgte 1971 das Städtebauförderungsgesetz, das 1976 und 1979 geändert wurde. Das Baugesetzbuch führte das Bundesbaugesetz (allgemeines Städtebaurecht) und das Städtebauförderungsgesetz (besonderes Städtebaurecht) zusammen (Baugesetzbuch i. d. F. der Bekanntmachung vom 8. Dezember 1986 – BGBl. I S. 2253). Es ist die erste Gesamtkodifikation des deutschen Städtebaurechts. Das Baugesetzbuch wurde laufend fortgeschrieben. Derzeit gilt das Baugesetzbuch (BauGB) i. d. F. der Bekanntmachung vom 23. September 2004 (BGBl. I S. 2414), zuletzt geändert durch Artikel 6 des Gesetzes vom 20. Oktober 2015 (BGBl. I S. 1722).

Neben dem Baugesetzbuch ist die Baunutzungsverordnung von Bedeutung. Sie enthält Vorschriften über Art und Maß der baulichen Nutzung, die Bauweise und überbaubare Grundstücksfläche. In Anpassung an wechselnde Anforderungen an die städtebauliche Ordnung und Entwicklung der Städte und Gemeinden ist die Baunutzungsverordnung seit Inkrafttreten 1962 mehrfach geändert worden. Mittlerweile gibt es die Baunutzungsverordnung in den Fassungen BauNVO 1962, 1968, 1977, 1986 und 1990). Derzeit gilt die Baunutzungsverordnung in der Fassung der Bekanntmachung vom 23. Januar 1990 (BGBl. I S. 132), zuletzt geändert durch Artikel 2 des Gesetzes vom 11. Juni 2013 (BGBl. I S. 1548).

3   Schleswig-Holsteinische Landesbauordnung

3.1   Entwicklung bis 1994

Die am 1. Juli 1968 in Kraft getretene Landesbauordnung für das Land Schleswig-Holstein (LBO) vom 9. Februar 1967 (GVOBl. Schl.-H. S. 51) ersetzte die Landesbauordnung vom 1. August 1950 und ordnete als erste Landesbauordnung auf der Grundlage der Musterbauordnung das Bauordnungsrecht in Schleswig-Holstein grundlegend neu. Das Bauordnungsrecht dient entsprechend seiner herkömmlichen Funktion überwiegend der Gefahrenabwehr. Von großer und stetig zunehmender Bedeutung sind daneben Anforderungen sozialpolitischer Art, die Berücksichtigung der Belange von Menschen mit Behinderung und im weitesten Sinne der Umweltschutz. Außerdem dient die Landesbauordnung der Verhütung von Verunstaltungen und auch der Baugestaltung. Das Bauordnungsrecht wurde stetig fortentwickelt. Weitere größere Gesetzesfassungen waren die Landesbauordnung i. d. F. vom 20. Juni 1975 (GVOBl. Schl.-H. S. 142), das Gesetz zur Änderung der Landesbauordnung vom 28. März 1979 (GVOBl. Schl.-H. S. 260) und die Landesbauordnung vom 24. Februar 1983 (GVOBl. Schl.-H. S. 86). Bis zum Inkrafttreten der Landesbauordnung vom 24. Februar 1983 sind die Gesetzesregelungen durch Anforderungen der Baudurchführungsverordnung vom 25. April 1968 (GVOBl. Schl.-H. S. 105) sowie danach der Baudurchführungsverordnung vom 11. August 1975 (GVOBl. Schl.-H. S. 225, ber. S. 262) ergänzt worden. Nach diesem Zeitpunkt sind die entsprechenden Rechtsvorschriften der Baudurchführungsverordnung Gegenstand der Landesbauordnung geworden. Die wesentlichen Entwicklungen des

Bauordnungsrechts der vergangenen zwanzig Jahren ergeben sich aus den nachfolgenden Ausführungen.

3.2 Landesbauordnung 1994

Die Landesbauordnung i. d. F. vom 11. Juli 1994 (GVOBl. Schl.-H. S. 321) setzte die EG-Bauproduktenrichtlinie zur Verwirklichung des EG-Binnenmarktes auch für Bauprodukte um und hat die bauaufsichtlichen Verfahren durch Einführung einer Baufreistellung und eines vereinfachten Baugenehmigungsverfahrens vereinfacht und beschleunigt.

3.3 Landesbauordnung 2000

Der mit der Landesbauordnung 1994 eingeschlagene Weg, der Vereinfachung der bauaufsichtlichen Verfahren mit dem teilweisen oder vollständigen Prüfverzichten und der Klarstellung der Verantwortung der Bauherrinnen und Bauherren sowie der am Bau Beteiligten, wurde durch die Landesbauordnung i. d. F. der Bekanntmachung vom 10. Januar 2000 (GVOBl. Schl.-H. S. 47, ber. S. 213) fortentwickelt. Staatliche Stellen wurden weiter entlastet und die Verfahren beschleunigt. Dabei hatten die Entwurfsverfasserinnen und Entwurfsverfasser die Aufgabe, mit Hilfe der Architekten- und Ingenieurkammer die in der Landesbauordnung klargestellte Verantwortung durch entsprechende Aus- und Fortbildung zu bewältigen.

In das vereinfachte Baugenehmigungsverfahren fielen alle baulichen Anlagen im gesamten Gebiet der Gemeinde mit Ausnahme der Sonderbauten. Im vereinfachten Baugenehmigungsverfahren wurden im Wesentlichen nur die planungsrechtlichen Regelungen sowie Vorschriften von besonderer nachbarrechtlicher oder sozialpolitischer Bedeutung geprüft. Bei Gebäuden mittlerer Größe sowie bei anderen sicherheitstechnisch besonders bedeutsamen baulichen Anlagen sind in die Prüfung zusätzlich die Regelungen des Brandschutzes sowie die bautechnischen Nachweise eingestellt worden.

Das Baufreistellungsverfahren ist im erweiterten Umfange beibehalten worden. Die Bauherrinnen oder Bauherren sowie die Entwurfsverfasserinnen oder Entwurfsverfasser mussten auch bei Vorliegen der sachlichen Voraussetzungen das Baufreistellungsverfahren nicht mehr zwingend betreiben. Sie konnten das vereinfachte Baugenehmigungsverfahren wählen.

3.4 Landesbauordnung 2009

Die Baugenehmigung blieb bei der Landesbauordnung vom 22. Januar 2009 (GVOBl. Schl.-H. S. 6) Schlusspunkt des Verfahrens. Das Baugenehmigungsverfahren bewältigte die häufig gegebenen Problemlagen einschließlich der des Bauens im Außenbereich und des Nachbarschutzes. Größtmögliche Bündelung bauaufsichtlicher Aufgaben und einheitliche Ansprechpartner blieben für die Bauherrinnen und Bauherren sowie im öffentlichen Interesse von herausragender Bedeutung.

Die Struktur der bauaufsichtlichen Verfahren war weiter vereinfacht worden. Das vereinfachte Baugenehmigungsverfahren blieb Regelverfahren, in das praktisch alle baulichen Anlagen im gesamten Gebiet der Gemeinde mit Ausnahme der Sonderbauten fielen. Im vereinfachten Baugenehmigungsverfahren wurde Bauordnungsrecht nicht mehr geprüft. Das bisherige Baufreistellungsverfahren war zu einem Genehmigungsfreistellungsverfahren fortentwickelt worden, in dem die Gemeinde eine besondere Rechtsstellung erhielt und in das deutlich mehr Vorhaben als bisher fielen. So sah die Genehmigungsfreistellung eine Art vorrangige Einschaltung der Gemeinde vor. Die Gemeinde konnte im Interesse insbesondere des Schutzes ihrer Planungshoheit das Bauvorhaben in ein vereinfachtes Baugenehmigungsverfahren „überleiten". Eine Fortentwicklung der Fristenregelungen ließ eine weiter gehende Beschleunigung der Verfahren erwarten. Das Baugenehmigungsverfahren nach § 67 erfasste bei Fertigung der Bauvorlagen durch umfassend bauvorlageberechtigte Entwurfsverfasserinnen oder Entwurfsverfasser wie bisher nur Sonderbauten.

Die neue Gliederung der Gebäude in Gebäudeklassen ergab sich aus dem neuen Brandschutzkonzept der Musterbauordnung 2002, das von der Arbeitsgemeinschaft der für das Bauwesen zuständigen Minister der Länder – ARGEBAU – unter Einbeziehung eines Forschungsvorhabens zum Brandverhalten mehrgeschossiger Gebäude in Holzbauweise erarbeitet worden war. Es ermöglichte eine bundeseinheitliche Anwendung. Die Einteilung der Gebäudeklassen fand sich bei der unterschiedlichen Behandlung in den verschiedenen bauaufsichtlichen Verfahren wieder und war insofern auch verfahrensrechtlich beachtlich.

Prüfung und Überwachung bautechnischer Anforderungen waren – weil die bautechnischen Risiko- und Gefährdungspotentiale nicht verfahrens-, sondern vorhabenabhängig sind – eigenständig geregelt worden, wobei je nach Schwierigkeitsgrad und Gefahrenpotential zwischen den Bauvorhaben differenziert wurde. Sonderbauten nach § 51 wurden grundsätzlich weiterhin umfassend geprüft.

Die Verantwortung der am Bau Beteiligten wird weitergehend klargestellt. Im Rahmen der bautechnischen Nachweise erhielten Prüfingenieurinnen und Prüfingenieure für Standsicherheit und die Prüfsachverständigen für Brandschutz eindeutige Verantwortungsbereiche, in denen diese je nach Aufgabenbereich abschließend bautechnische Nachweise und den Brandschutz verantworteten oder ggf. prüften, ohne dass es einer gesonderten Überprüfung durch die Bauaufsichtsbehörden bedarf.

3.5 Landesbauordnung 2016

Das aktuelle Gesetz orientiert sich ebenfalls an der Musterbauordnung mit ihren materiell- und verfahrensrechtlichen Erleichterungen. Die Rahmenbedingungen für Maßnahmen des Klimaschutzes und zur Nutzung erneuerbarer Energien sind verbessert worden. Weitergehende Erleichterungen ergeben sich bei den Abstandflächenregelungen in bestimmten Fällen einer nachträglichen Gebäudesanierung wie die Wärmedämmung und das Anbringen von Solaranlagen. Verfahrensfreistellungen sind für Anlagen zur Energieeinsparung bzw. zur Förderung der Nutzung erneuerbarer Energien eingeführt worden. Dazu zählen bestimmte Windenergieanlagen in Kleinsiedlungs-, Kern-, Gewerbe- und Industriegebieten sowie in vergleichbaren Sondergebieten und im Außenbereich oder bestimmte Solaranlagen. Weitere Verfahrensfreistellungen ergeben sich u. a. für bestimmte Gewächshäuser für land- oder forstwirtschaftliche Betriebe sowie Betriebe des Erwerbsgartenbaus und Werbeanlagen für die Direktvermarktung landwirtschaftlicher Erzeugnisse.

Die Anforderungen an die Barrierefreiheit sind fortgeschrieben worden. Die konkreten Anforderungen an das barrierefreie Bauen ergeben sich unmittelbar aus der als Technische Baubestimmung eingeführten Norm DIN 18040; bisher bestehende Doppelregelungen sind aus der LBO gestrichen worden.

Die Gemeinden können durch Satzung örtliche Bauvorschriften über abweichende Abstandflächentiefen – Vergrößerung oder Verringerung – erlassen. Die Gemeinden haben die Möglichkeit, bauplanungs- und bauordnungsrechtliche Anforderungen in Bezug auf die Bebauungsdichte zu harmonisieren. Die bisherigen Möglichkeiten, auf spezielle verkehrsbezogene Bedingungen im Gemeindegebiet reagieren zu können, sind durch eine Satzungsbefugnis über die Anzahl und Beschaffenheit der KFZ-Stellplätze sowie der Abstellanlagen für Fahrräder erweitert worden. Wegen des Inkrafttretens der Verordnung (EU) Nummer 305/2011 des Europäischen Parlaments und des Rates vom 9. März 2011 zur Festlegung harmonisierter Bedingungen für die Vermarktung von Bauprodukten und zur Aufhebung der Richtlinie 89/106/EWG des Rates (ABl. L 88 S. 5) am 1. Juli 2013 sind die bauproduktenrechtlichen Regelungen angepasst worden.

Analog zur Beauftragung der Prüfingenieurinnen und Prüfingenieure für Standsicherheit mit der Prüfung des Standsicherheitsnachweises ist die öffentlich-rechtliche Beauftragung der Prüfsachverständigen für Brandschutz für die Prüfung des Brandschutznachweises durch die Bauaufsichtsbehörde eingeführt worden. Die Beauftragung durch die Bauaufsichtsbehörde gewährleistet die erforderliche Sorgfalt bei der Prüfung und einen engen Informationsaustausch zwischen der Bauaufsichtsbehörde und der oder dem Prüfsachverständigen für Brandschutz, z. B. im Hinblick auf Abweichungen und Änderungen. Die Beauftragung der oder des Prüfsachverständigen für Brandschutz regelt im Einzelnen die Landesverordnung über die Prüfingenieurinnen oder Prüfingenieure für Standsicherheit, Prüfingenieurinnen oder Prüfingenieure für Brandschutz sowie Prüfsachverständigen (PPVO), die entsprechend angepasst worden ist. Zur Abgrenzung der hoheitlichen Beauftragung der Prüfsachverständigen für Brandschutz zu den Prüfsachverständigen anderer Fachbereiche sind die Prüfsachverständigen für Brandschutz nunmehr Prüfingenieurinnen und Prüfingenieuren für Brandschutz.

Das Gesetz enthält neu Sonderregelungen für die Unterbringung von Flüchtlingen und Asylbegehrenden, die für ihre Unterbringung Erleichterungen schaffen sollen.

B Landesbauordnung für das Land Schleswig-Holstein (LBO)[*]

Vom 22. Januar 2009 (GVOBl. Schl.-H. S. 6), zuletzt geändert durch Artikel 1 des Gesetzes vom 14. Juni 2016 (GVOBl. Schl.-H. S. 369)

Inhaltsübersicht

---

[*] Die Verpflichtungen aus der Richtlinie 98/34/EG des Europäischen Parlaments und des Rates vom 22. Juni 1998 über ein Informationsverfahren auf dem Gebiet der Normen und technischen Vorschriften und der Vorschriften für die Dienste der Informationsgesellschaft (ABl. EG Nr. L 204 S. 37), zuletzt geändert durch die Richtlinie 98/48/EG des Europäischen Parlaments und des Rates vom 20. Juli 1998 (ABl. EG Nr. L 217 S. 18), sind beachtet worden. Das Gesetz dient der Umsetzung
  – der Richtlinie 85/337/EWG des Rates vom 27. Juni 1985 über die Umweltverträglichkeitsprüfung bei bestimmten öffentlichen und privaten Projekten (ABl. EG Nr. L 175 S. 40), geändert durch Richtlinie 97/11/EG des Rates vom 3. März 1997 (ABl. EG Nr. L 73 S. 5), und
  – der Richtlinie 89/106/EWG des Rates vom 21. Dezember 1988 zur Angleichung der Rechts- und Verwaltungsvorschriften über Bauprodukte (ABl. EG Nr. L 40 S. 12).

B • LBO

Erster Teil   Allgemeine Vorschriften

§ 1   Anwendungsbereich

(1) [1]Dieses Gesetz gilt für bauliche Anlagen und Bauprodukte. [2]Es gilt auch für Grundstücke sowie für andere Anlagen und Einrichtungen, an die in diesem Gesetz oder in Vorschriften aufgrund dieses Gesetzes Anforderungen gestellt werden.

(2) Dieses Gesetz gilt nicht für
1. Anlagen des öffentlichen Verkehrs einschließlich Zubehör, Nebenanlagen und Nebenbetriebe, ausgenommen Gebäude,
2. Anlagen, die der Bergaufsicht unterliegen, ausgenommen Gebäude,
3. Leitungen, die der öffentlichen Versorgung mit Wasser, Gas, Elektrizität, Wärme, der öffentlichen Abwasserentsorgung oder der Telekommunikation dienen,

4. Rohrleitungen, die dem Ferntransport von Stoffen dienen,
5. Kräne und Krananlagen mit Ausnahme der Kranbahnen und Kranfundamente,
6. Schiffe und schwimmende Anlagen in Häfen, für die wasserverkehrsrechtliche Regelungen getroffen sind,
7. **Messestände in Messe- und Ausstellungsgebäuden.**

Erläuterungen

1.   Allgemeines

Bis auf eine **Klarstellung in Absatz 2 Nr. 7** entspricht die Vorschrift dem bisherigen § 1.

2.   Sachlicher Anwendungsbereich (Absatz 1)

Absatz 1 bestimmt den **sachlichen Anwendungsbereich** der LBO. Er erstreckt sich sowohl auf die formellen (verfahrensrechtlichen) als auch auf die materiellen Vorschriften der LBO und der auf ihrer Grundlage erlassenen Verordnungen und Satzungen (vgl. § 58 Abs. 2, § 76 Abs. 4, §§ 83 und 84). Formelle Vorschriften enthalten beispielsweise die §§ 62 ff., materielle die §§ 2 ff. Dabei gelten die materiellen Vorschriften der LBO auch für Anlagen, die bauaufsichtlich verfahrensfrei (§ 63) oder genehmigungsfrei gestellt (§ 68) sind, sowie für solche, die einem anderen öffentlich-rechtlichen (etwa einem immissionsschutzrechtlichen) Prüfverfahren unterliegen. Nach **Satz 1** erfasst die LBO bauliche Anlagen (s. dazu § 2 Abs. 1 Satz 1 und 2) und Bauprodukte (s. dazu § 2 Abs. 11). **Satz 2** erweitert den Anwendungsbereich auf Grundstücke sowie auf andere Anlagen und Einrichtungen, an die die LBO oder die auf ihrer Grundlage erlassenen Verordnungen und Satzungen Anforderungen stellen (vgl. auch § 2 Abs. 1 Satz 3). Mit „Grundstücke" i. d. S. sind (bürgerlich-rechtliche) Buchgrundstücke gemeint. Ein Buchgrundstück ist ein räumlich abgegrenzter Teil der Erdoberfläche, der auf einem Grundbuchblatt unter einer Bestandsverzeichnisnummer eingetragen ist; **mehrere Flurstücke können ein** einziges **Buchgrundstück bilden.** „Andere Anlagen und Einrichtungen" sind selbstständige Gegenstände, die weder bauliche Anlagen i. S. d. § 2 Abs. 1 noch deren Bestandteil sind, an die aber gleichwohl bauordnungsrechtliche Anforderungen gestellt werden (vgl. z. B. § 11

Abs. 2 Satz 2 und Abs. 5 LBO [Werbeanlagen und Warenautomaten, die keine baulichen Anlagen sind]; § 2 Abs. 9 bis 11 und §§ 33 bis 35 VStättVO [Einrichtungen]).

3. Ausnahmen vom Anwendungsbereich (Absatz 2)

Absatz 2 enthält eine Auflistung der **Anlagen,** auf welche die LBO **nicht** anzuwenden ist. Für bestimmte Anlagen der **Außenwerbung** greift **§ 11 Abs. 6.** Bei all diesen Anlagen ist davon auszugehen, dass andere, speziellere bundes- oder landesrechtliche Vorschriften ihre Zulässigkeit regeln.

Der in **Nummer 1** zusammengefasste Begriff der **Anlagen des öffentlichen Verkehrs einschließlich Zubehör, Nebenanlagen und Nebenbetriebe, ausgenommen Gebäude,** erstreckt sich auf alle Arten von Verkehrsanlagen, die dem öffentlichen Verkehr dienen (z. B. Straßen- und Schienenanlagen, Wasserstraßen, und öffentliche Flugplätze). Eine öffentliche Verkehrsanlage ist infolge ihrer fachrechtlich festgelegten Zweckbestimmung (Widmung) grundsätzlich von jedermann benutzbar. Für private Verkehrsanlagen gilt hingegen uneingeschränkt die LBO, selbst dann, wenn auf ihnen tatsächlich öffentlicher Verkehr stattfindet. Hier fehlt es an anderweitigen Regelungen, denen Absatz 2 den Vorrang einräumt.

Für die in **Nummer 2** genannten, **der Bergaufsicht unterliegenden Anlagen** gilt die LBO ebenfalls nicht; auf der Bergaufsicht unterliegende oberirdische und unterirdische **Gebäude** findet die LBO hingegen Anwendung. Welche Anlagen der Bergaufsicht durch die zuständige Behörde unterliegen und wann die Bergaufsicht endet, bestimmt das Bundesberggesetz (BBergG); zuständige Bergaufsichtsbehörde für Schleswig-Holstein ist das **Landesamt für Bergbau, Energie und Geologie Niedersachsen, Dienstsitz Clausthal-Zellerfeld,** An der Marktkirche 9, 38678 Clausthal-Zellerfeld (www.lbeg.niedersachsen.de).

Nummer 3 erfasst **Leitungen, die der öffentlichen Versorgung mit Wasser, Gas, Elektrizität, Wärme, der öffentlichen Abwasserentsorgung oder der Telekommunikation** dienen. Das Merkmal öffentliche Versorgung zielt dabei lediglich darauf ab, ob die Leitungen die Allgemeinheit versorgen, nicht auf den Rechtsträger der jeweiligen Leitung. Für sonstige Einrichtungen der Ver- und Entsorgung, die keine Leitungen sind, gilt die LBO uneingeschränkt (vgl. z. B. § 63 Abs. 1 Nr. 3

Buchst. b). Soweit es zur Beurteilung eines Vorhabens erforderlich ist, muss der Lageplan u. a. Leitungen nach Nummer 3 und deren Abstände zu der geplanten baulichen Anlage enthalten (vgl. § 1 Abs. 1 und § 7 Abs. 3 Nr. 6 BauVorlVO).

Zu den in **Nummer 4** genannten **Rohrleitungen, die dem Ferntransport von Stoffen dienen,** zählen beispielsweise unter- und oberirdische Pipelines für Flüssigkeiten (z. B. Wasser, Öle oder Gase) – auch solche, die nicht der öffentlichen Versorgung dienen. Ferntransport liegt schon vor, wenn Leitungen das Werksgelände verlassen. Für Rohrleitungen zum Ferntransport von Stoffen gibt es spezialgesetzliche Regelungen, wie beispielsweise die Rohrfernleitungsverordnung (RohrFLV) i. V. m. der Anlage 1 Nr. 19.3 bis 19.8 und § 25 Abs. 6 und § 6a UVPG. Soweit es zur Beurteilung eines Vorhabens erforderlich ist, muss der **Lageplan** u. a. Rohrleitungen nach **Nummer 4** und deren Abstände zu der geplanten baulichen Anlage enthalten (vgl. § 1 Abs. 1 und § 7 Abs. 3 Nr. 6 BauVorlVO).

Für die nach **Nummer 5** vom Anwendungsbereich der LBO ausgenommenen **Kräne und Krananlagen,** die **im Regelfall Maschinen** sind, gibt es ebenfalls Spezialregelungen, wie beispielsweise das Produktsicherheitsgesetz (ProdSG), die Maschinenverordnung (9. ProdSV) und Abschnitt 3 der Geräte- und Maschinenlärmschutzverordnung (32. BImSchV). Außerdem gibt es Arbeitsschutz- und Unfallverhütungsvorschriften, wie beispielsweise die BGV D6 „Krane". Für (auf dem Boden fest verlegte) **Kranbahnen** und für **Kranfundamente** hingegen ist die LBO anzuwenden.

In klarer Abgrenzung zum Wasserverkehrsrecht sind nach **Nummer 6** vom Anwendungsbereich der LBO außerdem ausgenommen **Schiffe und schwimmende Anlagen in Häfen, für die wasserverkehrsrechtliche Regelungen getroffen sind.** Häfen sind alle See- und Binnenschifffahrtshäfen, Lösch- und Ladeplätze, Anlegestellen und sonstige Anlagen an öffentlichen Gewässern in öffentlicher oder privater Trägerschaft, die zum Festmachen von Wasserfahrzeugen geeignet sind; das Gebiet eines öffentlichen Hafens umfasst die Land- und Wasserflächen, die von den Hafenbehörden als solche öffentlich bekannt gemacht werden und entsprechend zu kennzeichnen sind (vgl. § 1 Abs. 2 und 3 HafVO). Wasserverkehrsrechtliche Vorschriften enthalten beispielsweise die §§ 136 bis 143 LWG, sowie die §§ 18 ff. HafVO. Auf

Schiffe und schwimmende Anlagen außerhalb solcher Häfen mit wasserverkehrsrechtlichen Regelungen oder innerhalb von Häfen ohne wasserverkehrsrechtliche Regelungen findet die LBO hingegen Anwendung, wenn sie bauliche Anlagen i. S. d. § 2 Abs. 1 LBO sind (zur bauaufsichtlichen Behandlung eines überwiegend ortsfest genutzten Pontons auf einer Bundeswasserstraße mit Aufbauten, die einem Wohn- bzw. Ferienhaus entsprechen, vgl. VG Schleswig, Urt. vom 30. April 2012 – 8 A 45/11 –, NordÖR 2012, 454).

Die **neue Nummer 7** stellt klar, dass **Messestände in Messe- und Ausstellungsgebäuden** keine baulichen Anlagen, sondern Einrichtungsgegenstände sind. Für sie gilt nicht die LBO, sondern das allgemeine Sicherheitsrecht, das die Messeveranstalterinnen oder -veranstalter und die Ausstellerinnen oder Aussteller zu beachten haben. Messestände im Freien fallen hingegen unter den Anwendungsbereich der LBO; sie sind unter bestimmten Voraussetzungen bauaufsichtlich verfahrensfrei gestellt (vgl. § 63 Abs. 1 Nr. 12 Buchst. e und § 76 Abs. 2 Satz 2).

§ 2   Begriffe

(1) [1]Bauliche Anlagen sind mit dem Erdboden verbundene, aus Bauprodukten hergestellte Anlagen; eine Verbindung mit dem Boden besteht auch dann, wenn die Anlage durch eigene Schwere auf dem Boden ruht oder auf ortsfesten Bahnen begrenzt beweglich ist oder wenn die Anlage nach ihrem Verwendungszweck dazu bestimmt ist, überwiegend ortsfest benutzt zu werden. [2]Bauliche Anlagen sind auch

1. Aufschüttungen und Abgrabungen,
2. Lagerplätze, Abstellplätze und Ausstellungsplätze, ausgenommen Bootslagerplätze am Meeresstrand,
3. **Campingplätze**,
4. Stellplätze für Kraftfahrzeuge und deren Zufahrten, Abstellanlagen für Fahrräder,
5. künstliche Hohlräume unter der Erdoberfläche,
6. Sport- und Spielflächen,
7. Bolz- und Kinderspielplätze,
8. Freizeit- und Vergnügungsparks,
9. Golfplätze,
10. Sportboothäfen,
11. Gerüste,

12. Hilfseinrichtungen zur statischen Sicherung von Bauzuständen.
[3]Anlagen sind bauliche Anlagen und sonstige Anlagen und Einrichtungen im Sinne des § 1 Absatz 1 Satz 2.

(2) Barrierefrei sind bauliche Anlagen, soweit sie für Menschen mit Behinderung in der allgemein üblichen Weise, ohne besondere Erschwernis und grundsätzlich ohne fremde Hilfe zugänglich und nutzbar sind.

(3) Gebäude sind selbstständig benutzbare, überdeckte bauliche Anlagen, die von Menschen betreten werden können und geeignet oder bestimmt sind, dem Schutz von Menschen, Tieren oder Sachen zu dienen.

(4) [1]Gebäude werden in folgende Gebäudeklassen eingeteilt, wobei sich die maßgebliche Höhe nach Satz 2 bestimmt:
1. Gebäudeklasse 1:
   a) freistehende Gebäude mit einer Höhe bis zu 7 m und nicht mehr als zwei Nutzungseinheiten von insgesamt nicht mehr als 400 m² und
   b) freistehende land- oder forstwirtschaftlich genutzte Gebäude,
2. Gebäudeklasse 2:
   Gebäude mit einer Höhe bis zu 7 m und nicht mehr als zwei Nutzungseinheiten von insgesamt nicht mehr als 400 m²,
3. Gebäudeklasse 3:
   sonstige Gebäude mit einer Höhe bis zu 7 m,
4. Gebäudeklasse 4:
   Gebäude mit einer Höhe bis zu 13 m und Nutzungseinheiten mit jeweils nicht mehr als 400 m²,
5. Gebäudeklasse 5:
   sonstige Gebäude einschließlich unterirdischer Gebäude.
[2]Höhe im Sinne des Satzes 1 ist das Maß der Fußbodenoberkante des höchstgelegenen Aufenthaltsraumes über der festgelegten Geländeoberfläche im Mittel an den Außenwänden des Gebäudes. [3]Die festgelegte Geländeoberfläche ist die in einem Bebauungsplan festgesetzte oder in der Baugenehmigung oder Teilbaugenehmigung bestimmte Geländeoberfläche; andernfalls gilt die Höhe der natürlichen Geländeoberfläche als festgelegt. [4]Die Grundflächen der Nutzungseinheiten im Sinne dieses Gesetzes sind die Brutto-Grundflächen; bei der Berechnung der Brutto-Grundflächen nach Satz 1 bleiben Flächen in Kellergeschossen außer Betracht.

(5) Sonderbauten sind Anlagen und Räume besonderer Art oder Nutzung, die einen der Tatbestände des § 51 Absatz 2 erfüllen.

(6) Aufenthaltsräume sind Räume, die zum nicht nur vorübergehenden Aufenthalt von Menschen bestimmt oder geeignet sind.

(7) [1]Geschosse sind oberirdische Geschosse, wenn ihre Deckenoberkanten im Mittel mehr als 1,40 m über die festgelegte Geländeoberfläche hinausragen; im Übrigen sind sie Kellergeschosse. [2]Hohlräume zwischen der obersten Decke und der Bedachung, in denen Aufenthaltsräume nicht möglich sind, sind keine Geschosse.

(8) [1]Vollgeschosse sind oberirdische Geschosse, wenn sie über mindestens drei Viertel ihrer Grundfläche eine Höhe von mindestens 2,30 m haben. [2]**Ein gegenüber mindestens einer Außenwand des Gebäudes zurückgesetztes oberstes Geschoss oder ein Geschoss mit mindestens einer geneigten Dachfläche ist ein Vollgeschoss, wenn es über mindestens drei Viertel der Grundfläche des darunter liegenden Geschosses eine Höhe von mindestens 2,30 m hat;** die Höhe der Geschosse wird von der Oberkante des Fußbodens bis zur Oberkante des Fußbodens der darüber liegenden Decke, bei Geschossen mit Dachflächen bis zur Oberkante der Dachhaut gemessen.

(9) [1]Stellplätze sind Flächen, die dem Abstellen von Kraftfahrzeugen außerhalb der öffentlichen Verkehrsflächen dienen. [2]Garagen sind Gebäude oder Gebäudeteile zum Abstellen von Kraftfahrzeugen. [3]Ausstellungs-, Verkaufs-, Werk- und Lagerräume für Kraftfahrzeuge sind keine Stellplätze oder Garagen.

(10) Feuerstätten sind in oder an Gebäuden ortsfest genutzte Anlagen oder Einrichtungen, die dazu bestimmt sind, durch Verbrennung Wärme zu erzeugen.

(11) Bauprodukte sind
1. Baustoffe, Bauteile und Anlagen, die hergestellt werden, um dauerhaft in bauliche Anlagen eingebaut zu werden,
2. aus Baustoffen und Bauteilen vorgefertigte Anlagen, die hergestellt werden, um mit dem Erdboden verbunden zu werden, wie Fertighäuser, Fertiggaragen und Silos.

(12) Bauart ist das Zusammenfügen von Bauprodukten zu baulichen Anlagen oder Teilen von baulichen Anlagen.

(13) Campingplätze sind Grundstücke, auf denen **mehr als fünf** Wohnwagen, Zelte **und Campinghäuser** zum Zwecke der Benutzung aufgestellt sind oder aufgestellt werden **sollen.**

Erläuterungen

1.   Allgemeines

§ 2 enthält als Bestandteil der **Allgemeinen Vorschriften** des Ersten Teils der LBO – sozusagen „vor die Klammer gezogen" – **Legaldefinitionen** für die **wichtigsten Begriffe.** Weitere, nicht so häufig gebrauchte Begriffsbestimmungen finden sich dort, wo sie ausschließlich oder überwiegend mit dem Regelungsgegenstand der jeweiligen Vorschrift von Bedeutung sind (vgl. etwa zu den Begriffen „Höhe" § 6 Abs. 4 Satz 3, „Werbeanlage" § 11 Abs. 1 Satz 1, „notwendige Treppen" § 35 Abs. 1 Satz 1, „notwendige Stellplätze oder Garagen" § 50 Abs. 1 Satz 1, „Bauvorlagen" § 64 Abs. 2 Satz 1, „Fliegende Bauten" § 76 Abs. 1).

2.   Bauliche Anlagen und Klarstellungen (Absatz 1)

Für die Anwendung der LBO von zentraler Bedeutung ist der im **Absatz 1 Satz 1 und 2** enthaltene Begriff der **„baulichen Anlage".** Diesen beiden Worten ist bereits zu entnehmen, dass von einer baulichen Anlage zunächst einmal nur ausgegangen werden kann, wenn „baulich" etwas „angelegt" werden soll oder worden ist. Nach der Legaldefinition im **Satz 1** sind bauliche Anlagen (überwiegend ortsfest) mit dem Erdboden verbundene und (künstlich) aus Bauprodukten hergestellte Anlagen (zum Begriff „Bauprodukt" s. Absatz 11). Zur Klarstellung enthält **Satz 2** eine abschließende Aufzählung von Anlagen, die zwar nach ihrer Beschaffenheit nicht unbedingt die Voraussetzungen des Satzes 1 erfüllen, die aber gleichwohl bauliche Anlagen i. S. d. LBO sind. **In den meisten Fällen entspricht** der **bauordnungsrechtliche** Begriff der „baulichen Anlage" dem gleich lautenden **bauplanungsrechtlichen Begriff in § 29 Abs. 1 BauGB,** der den verhältnismäßig weiten Begriff des Bauens, eine auf (Lebens-)Dauer (der Anlage) gedachte künstliche Verbindung mit dem Erdboden und eine etwaige bodenrechtliche Relevanz nach § 1 Abs. 6 BauGB umfasst; bodenrechtlich relevant ist eine Anlage, wenn für sie eine planerische Festsetzung nach § 9 Abs. 1 BauGB getroffen werden könnte (vgl. BVerwG, Urt. vom 16. Dezember 1993 – 4 C 22.92 –, NVwZ 1994, 1010 = ZfBR 1994, 148 = BBauBl 1994, 491 = Buchholz 406.11 § 29 BauGB Nr. 52, m. w. N.). **Keine Deckungsgleichheit** des landes- und des bundesrechtlichen Begriffs der „baulichen Anlage" liegt **beispielsweise** bei **Fliegenden Bauten** vor, die nicht länger als drei Monate an einem Standort aufgestellt werden: Sie sind zwar bauliche Anlagen i. S. d. Bauordnungsrechts (vgl. § 76 Abs. 1), planungsrechtlich jedoch bei dieser Aufstellungsdauer nicht relevant (vgl. Abschnitte 1.1 und 1.2 der FlBauVwV) und erfüllen damit nicht die Voraussetzungen des § 29 Abs. 1 BauGB.

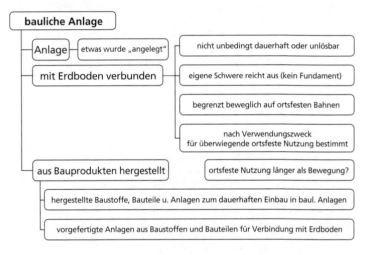

Abzugrenzen sind bauliche Anlagen **von Maschinen,** die im § 2 Nr. 1 und 2 der 9. ProdSV definiert sind. Hier muss unterschieden werden zwischen den (eigentlichen) Maschinen und den von Maschinen angetriebenen oder bewegten baulichen Anlagen.

Die in **Nummer 1** genannten (selbstständigen) **Aufschüttungen und Abgrabungen** beinhalten alle künstlichen Veränderungen der Erdoberfläche. Selbstständige Aufschüttungen oder Abgrabungen, die nicht größer als 1 000 m³ sind und deren zu verbringende Menge nicht mehr als 30 m² beträgt, sind nach § 63 Abs. 1 Nr. 9 bauaufsichtlich verfahrensfrei. Selbstständige Aufschüttungen und Abgrabungen, die diese Größenangaben überschreiten, sind naturschutzrechtlich genehmigungspflichtig. Für Lärmschutzwälle auf öffentlichen Straßen gilt das Straßenrecht (vgl. § 1 Abs. 4 Nr. 4 FStrG und § 2 Abs. 2 Nr. 3 StrWG).

Unter die in **Nummer 2** genannten **Lager-, Abstell- und Ausstellungsplätze, ausgenommen Bootslagerplätze am Meeresstrand,** fallen Plätze, die nicht die Voraussetzungen des Satzes 1 erfüllen, also beispielsweise nicht angelegt, befestigt oder eingezäunt sind. Bis **zu 300 m²** Fläche sind solche Plätze **bauaufsichtlich verfahrensfrei,** es sei denn, sie liegen in Wohngebieten oder im Außenbereich (vgl. § 63 Abs. 1 Nr. 14 Buchst. c). **Bauaufsichtlich verfahrensfrei** sind außerdem **unbefestigte** Lager- und Abstellplätze, die einem **land- oder forstwirtschaftlichen Betrieb** dienen (vgl. § 63 Abs. 1 Nr. 14 Buchst. a sowie § 35 Abs. 1 Nr. 1 und § 201 BauGB). Befinden sich solche **Plätze in** einem **Gebäude** (zum Begriff „Gebäude" s. Absatz 3), fallen sie **nicht unter Satz 2 Nr. 2,** weil sie dann Teil des Gebäudes sind.

Nummer 3 erklärt auch **Campingplätze** zu baulichen Anlagen. Campingplätze i. S. d. LBO sind nach der **Legaldefinition in Absatz 13 Grundstücke,** auf denen **mehr als fünf Wohnwagen, Zelte und Campinghäuser** zum Zwecke der Benutzung aufgestellt sind oder aufgestellt werden können. **Bauaufsichtlich verfahrensfrei** sind untergeordnete bauliche Anlagen zur Aufnahme **sanitärer Anlagen** auf Standplätzen von Campingplätzen mit einem Brutto-Rauminhalt bis zu 15 m³ umbauten Raumes, wenn hierfür entsprechende Festsetzungen in einem Bebauungsplan getroffen worden sind, **Campinghäuser** auf Aufstellplätzen von genehmigten Campingplätzen (vgl. § 63 Abs. 1 Nr. 1 Buchst. i und j) sowie Wohnwagen, Zelte und bauliche Anlagen, die keine Gebäude sind, auf Standplätzen von **genehmigten** Campingplätzen (vgl. § 63 Abs. 1 Nr. 10 Buchst. g).

Nach **Nummer 4** sind auch die nicht unter Satz 1 fallenden (also nicht besonders angelegten) **Stellplätze für Kraftfahrzeuge und deren Zufahrten** sowie **Abstellanlagen für Fahrräder** bauliche Anlagen **(Einzelheiten** zu Stellplätzen und Garagen s. die Erläuterungen zu **Absatz 9). Nummer 5** erfasst **künstliche Hohlräume unter der Erdoberfläche,** die **vollständig** unter der natürlichen Geländeoberfläche („gewachsener Boden", vgl. Absatz 4 Satz 3 Hs. 2) liegen und die nicht unter Satz 1 fallen. Für Anlagen, die der Bergaufsicht unterliegen – ausgenommen oberirdische und unterirdische Gebäude – gilt die LBO nicht (s. § 1 Abs. 2 Nr. 2). Die Herstellung oder Änderung künstlicher Hohlräume unter der Erdoberfläche **bis zu 100 m³** Rauminhalts ist **bauaufsichtlich verfahrensfrei** (vgl. § 63 Abs. 1 Nr. 15 Buchst. e).

Die **Nummern 6 und 7** erfassen Plätze sportlicher und sozialer Nutzung, die nicht unter Satz 1 fallen, also beispielsweise nicht befestigt oder umzäunt sind. **Anlagen, die** der **zweckentsprechenden Einrichtung** von Spiel-, Abenteuerspiel-, Bolz- und Sportplätzen, Reit- und Wanderwegen, Trimm- und Lehrpfaden **dienen** – ausgenommen Gebäude und Tribünen – sind **bauaufsichtlich verfahrensfrei** (vgl. § 63 Abs. 1 Nr. 10 Buchst. e).

Nach **Nummer 8** sind **Freizeit- und Vergnügungsparks** „als Ganzes" ebenfalls bauliche Anlagen. Sie sind nach § 51 Abs. 2 Nr. 14 auch **Sonderbauten** und fallen daher unter das **umfassende Baugenehmigungsverfahren** nach § 67.

Nummer 9 erfasst **Golfplätze** als bauliche Anlagen. Sie benötigen sehr viel Fläche und können daher Bodennutzungskonflikte verursachen, die vielfach erst im Rahmen eines Bauleitplanverfahrens gelöst werden können. Mit Art. 2 des Gesetzes zum Schutz der Natur und zur Änderung anderer Vorschriften vom 6. März 2007 (GVOBl. Schl.-H. S. 136 [S. 164]) wurde die LBO seinerzeit geändert und die Zuständigkeit für Golfplätze mit Wirkung vom 15. Juli 2007 von den Naturschutzbehörden auf die Bauaufsichtsbehörden verlagert.

Sportboothäfen nach **Nummer 10** werden von § 139 Abs. 2 Nr. 1 LWG und der Landesverordnung über Sportboothäfen (Sportboothafenverordnung) vom 21. April 2010 (GVOBl. Schl.-H. S. 442) erfasst.

Die in **Nummer 11 und 12** aufgeführten **Gerüste** und **Hilfseinrichtungen zur statischen Sicherung von Bauzuständen** sind keine Bestandteile einer baulichen Anlage, sondern werden nur **vorübergehend** zur Durchführung von Arbeiten oder Instandhaltungsmaßnahmen benötigt. **Gerüste** sind nach ihrem Verwendungszweck **nicht** dazu bestimmt, **überwiegend ortsfest** benutzt, sondern wiederkehrend auf verschiedenen Baustellen auf- und abgebaut zu werden. Sie fallen daher im Regelfall nicht unter Satz 1. Zu den **Hilfseinrichtungen** zur statischen Sicherung von Bauzuständen gehören beispielsweise Spundwände, Absteifungen und Unterstützungen tragender Bauteile, die im Regelfall nach Fertigstellung der Baumaßnahme wieder entfernt werden. Da die Sicherheit der Gerüste und Hilfseinrichtungen in erster Linie für die Sicherheit der Baustelle von besonderer Bedeutung ist, werden sie als bauliche Anlagen erfasst. **Vorübergehend** aufgestellte oder benutzbare Anlagen, wie **Baustelleneinrichtungen** einschließlich der Lagerhallen, Schutzhallen und Unterkünfte sowie **Gerüste** und Toilettenwagen sind **bauaufsichtlich verfahrensfrei** (vgl. § 63 Abs. 1 Nr. 13 Buchst. a bis c).

Satz 3 enthält die **Legaldefinition** von **Anlagen**, die nicht unter Absatz 1 Satz 1 und 2 fallen. Diese Anlagen werden den baulichen Anlagen gleichgestellt.

3.   Barrierefreiheit (Absatz 2)

Der **neue Absatz 2** enthält eine **Definition der Barrierefreiheit**, die die Formulierung aus dem Landesbehindertengleichstellungsgesetz (§ 2 Abs. 3 LBGG) aufgreift. Der Begriff wird in den Einzelvorschriften verwendet.

4.   Gebäudebegriff (Absatz 3)

Absatz 3 stellt klar, was unter einem **Gebäude** i. S. d. LBO zu verstehen ist. Danach muss es sich um eine **bauliche Anlage** (i. S. d. Absatzes 2 Satz 1 oder 2) handeln, die (unabhängig von anderen baulichen Anlagen funktional) **selbstständig benutzbar** ist, eine **Überdeckung** hat, **von Menschen betreten** werden kann und **geeignet oder bestimmt** ist, dem **Schutz von Menschen, Tieren oder Sachen** zu dienen. **Selbstständig benutzbar** ist eine bauliche Anlage, die funktionsnotwendige Bauteile und eine eigene Zugangsmöglichkeit besitzt; ohne Belang ist beispielsweise, ob die Anlage tatsächlich selbstständig benutzt wird und ob sie von einer anderen Anlage durch eine oder zwei Brandwände getrennt ist. Eine Doppelhaushälfte, ein Reihenmittelhaus und eine an ein Wohnhaus angebaute Garage sind demnach selbstständig benutzbar und damit jeweils ein Gebäude. **Nicht selbstständig benutzbar**, sondern (Bestand)Teile eines Gebäudes, sind beispielsweise eine Eigentumswohnung in einem Mehrfamilienwohnhaus, die nur über einen gemeinsamen Eingang und Treppenraum zu erreichen ist, ein Gebäudeflügel, ein Anbau ohne eigenen Zugang vom Freien, ein Vordach und eine Hauseingangsüberdachung.

Eine **Überdeckung** ist eine Einrichtung, die einen abschirmenden Abschluss nach oben hat, der insbesondere vor ungünstigen Witterungseinflüssen Schutz bietet. Dies ist sowohl bei einer dauerhaften, starren

Überdeckung, als auch dann der Fall, wenn das auf einer festen, selbst nicht abgeschlossenen Unterkonstruktion ruhende Abdeckmaterial zeitweilig entfernt, (bei schlechter Witterung) aber immer wieder aufgebracht wird, wie etwa eine Markise. Ob eine bauliche Anlage Umfassungswände hat oder nicht, ist für die Annahme eines Gebäudes ohne Belang. Mit Inkrafttreten der LBO 1983 am 1. August 1983 hat der Landesgesetzgeber den ursprünglich verwendeten Begriff „überdacht" durch das Wort „überdeckt" ersetzt, um klarzustellen, dass ein Gebäude auch unter der Geländeoberfläche liegen kann, wie beispielsweise eine nicht die Geländeoberfläche überragende Tiefgarage.

Ein weiteres entscheidendes Merkmal eines Gebäudes ist, dass es **von Menschen betreten werden** kann. Das ist der Fall, wenn Menschen in gewöhnlicher, aufrechter Haltung in die bauliche Anlage gelangen können. Gewisse Unbequemlichkeiten beim Betreten einer – beispielsweise denkmalgeschützten – Anlage schließen die Annahme eines Gebäudes nicht von vorn herein aus. Keine Gebäude sind hingegen bauliche Anlagen wie Silos, eine Hundehütte oder ein Spielhaus für Kleinkinder.

Schaubild zum Begriff „Gebäude"

Schließlich muss die bauliche Anlage **geeignet oder bestimmt sein, dem Schutz von Menschen, Tieren oder Sachen zu dienen.** Hat eine bauliche Anlage bereits eine Überdeckung und kann sie außerdem von

Menschen betreten werden, erfüllt sie auch gleichzeitig die geforderte Schutzfunktion. Deshalb hat dieses Tatbestandsmerkmal regelmäßig keine gesonderte Bedeutung.

5.   Gebäudeklassen (Absatz 4)

Zur Sicherstellung eines ausreichenden Brandschutzes teilt Absatz 4 Satz 1 die Gebäude in fünf Gebäudeklassen ein, für die in der LBO und in Verordnungen, die auf der Grundlage der LBO erlassen worden sind (vgl. z. B. § 1 Abs. 11 GarVO, § 1 Abs. 4 VStättVO, § 7 Abs. 5 und 7 sowie § 12 Abs. 2 Nr. 4 FeuVO), unterschiedliche Anforderungen gelten. Die Einteilung richtet sich nach dem jeweiligen Gefahrenpotenzial, das durch eine Kombination von Höhe, Zahl bzw. Größe der Nutzungseinheiten und danach bestimmt wird, ob das Gebäude frei steht. Je höher das Brandrisiko ansteigt, umso größer ist die Gebäudeklasse. Welches Baugenehmigungsverfahren im Einzelfall durchgeführt werden muss, richtet sich allerdings nicht nach der Gebäudeklasse, sondern danach, ob ein Sonderbau zur Prüfung eingereicht wird oder nicht (vgl. Absatz 5 und § 51 Abs. 2 und § 69 Abs. 1).

Nach Satz 2 ist die Höhe das Maß der Fußbodenoberkante des höchstgelegenen Aufenthaltsraumes (s. dazu Absatz 6) über der festgelegten Geländeoberfläche im Mittel an den Außenwänden des Gebäudes. Hat ein Gebäude keine oder nur teilweise Außenwände, sind diese zu fingieren (vgl. OVG B-Bbg, Beschl. vom 25. Januar 2013 – 2 N 47.10 –, juris Rn. 3, m. w. N.; BayVGH, Urt. vom 8. Juni 2010 – 9 B 08.3162 –, juris Rn. 17). Die festgelegte Geländeoberfläche ist nach Satz 3 die in einem Bebauungsplan festgesetzte oder in der Baugenehmigung oder Teilbaugenehmigung bestimmte Geländeoberfläche; andernfalls gilt die Höhe der natürlichen Geländeoberfläche – also der „gewachsene Boden" – als festgelegt. Nach Satz 4 sind die Grundflächen der Nutzungseinheiten die Brutto-Grundflächen (vgl. DIN 277:2005-02 – Umfassungswände sind mitzurechnen); außer Betracht bleiben dabei Flächen in Kellergeschossen.

Die Gebäudeklasse 1 erfasst zwei Gruppen von freistehenden Gebäuden: In die erste Gruppe fallen Gebäude mit einer Höhe i. S. d. Satzes 2 bis zu 7 m und nicht mehr als zwei Nutzungseinheiten von insgesamt nicht mehr als 400 m² (Nummer 1 Buchst. a), in die zweite land- oder forstwirtschaftlich genutzte Gebäude (Nummer 1 Buchst. b). Freiste-

hend sind Gebäude auf Dauer nur, wenn sie nicht an ein anderes Gebäude angebaut sind und wenn sie zu Grundstücksgrenzen und anderen Gebäuden Abstände einhalten müssen. Was unter einer **Nutzungseinheit** zu verstehen ist, lässt sich der beispielhaften Auflistung in § 34 Abs. 1 entnehmen. Danach müssen für **Nutzungseinheiten** mit mindestens einem Aufenthaltsraum **wie Wohnungen, Praxen, selbstständige Betriebsstätten** in jedem Geschoss mindestens zwei voneinander unabhängige Rettungswege ins Freie vorhanden sein, wobei beide Rettungswege innerhalb des Geschosses über denselben notwendigen Flur führen dürfen. Eine Nutzungseinheit bildet einen **Raum oder eine Summe von Räumen, der oder die aufgrund** seiner oder ihrer **organisatorischen und räumlichen Struktur** als **Einheit** betrachtet werden kann. **Indiz** für eine Nutzungseinheit ist **in erster Linie** die **bauliche Abgeschlossenheit** ihres Raumes oder ihrer Räume gegenüber anderen Räumen des Geschosses oder gegenüber anderen Gebäuden. Mit den ebenfalls unter Gebäudeklasse 1 fallenden **freistehenden land- oder forstwirtschaftlich genutzten Gebäuden** (vgl. **Nummer 1 Buchst. b**) sind Gebäude gemeint, die einem land- oder forstwirtschaftlichen (Nebenerwerbs)Betrieb dienen (vgl. § 35 Abs. 1 Nr. 1 und § 201 BauGB); da die Vorschrift ausschließlich an die Nutzung anknüpft, können die Gebäude auch höher als 7 m sein und mehr als zwei Nutzungseinheiten aufweisen. **Keine** land- oder forstwirtschaftlich genutzte Gebäude in diesem Sinne sind Wohngebäude eines land- oder forstwirtschaftlichen Betriebes, wie beispielsweise ein **Betriebsleiter-**, ein **Altenteiler-** oder ein **Landarbeiterwohnhaus;** sie dienen in erster Linie unmittelbar dem Wohnen und können aus brandschutzrechtlicher Sicht nicht anders behandelt werden als normale Wohnhäuser. Die **Gebäudeklasse und** die **Höhe** i. S. d. § 2 Abs. 4 Satz 2 LBO **sind** nach § 9 Abs. 1 Satz 2 BauVorlVO **in der Bau- und Betriebsbeschreibung** zu einem Baugesuch **anzugeben.**

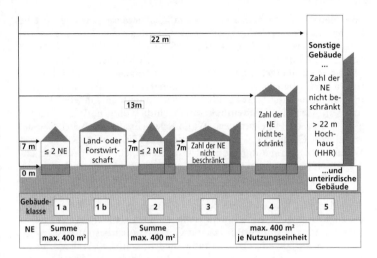

NE = Nutzungseinheiten
HHR = Hochhaus-Richtlinien

6.   Sonderbauten (Absatz 5)

Absatz 5 enthält den Begriff der **Sonderbauten** und knüpft an den Katalog des § 51 Abs. 2 an, der solche Anlagen erfasst, die wegen ihrer Größe, der Zahl oder Schutzbedürftigkeit der sich in ihnen aufhaltenden Personen oder aus anderen Gründen ein besonderes Gefahrenpotenzial aufweisen. **Sonderbauten** fallen daher **ausschließlich** unter das **normale Baugenehmigungsverfahren** nach § 67 (vgl. § 68 Abs. 1 Satz 1 und § 69 Abs. 1 Satz 1). Für Sonderbauten bis einschließlich Gebäudeklasse 4, die der Unterbringung von **Flüchtlingen oder Asylbegehrenden** dienen, gelten die formellen und materiellen **Sonderregelungen des** § 85a.

7.   Aufenthaltsräume (Absatz 6)

Absatz 6 definiert, was unter einem **Aufenthaltsraum** i. S. d. Bauordnungsrechts zu verstehen ist. Danach sind Aufenthaltsräume **sowohl** Räume, die **subjektiv** für den **nicht nur vorübergehenden** Aufenthalt von Menschen bestimmt sind (aber möglicherweise nicht die für eine solche Nutzung erforderlichen Voraussetzungen erfüllen – vgl. dazu z. B. § 30 Abs. 2 Nr. 3, § 34 Abs. 1, § 36 Abs. 2 Satz 1, § 37 Abs. 1 Satz 1, §§ 48 und 49 Abs. 4 Satz 1), **als auch** Räume, die **objektiv** für **nicht nur vorübergehende** Aufenthaltszwecke genutzt werden können (tatsächlich aber nicht für Zwecke genutzt werden). Gewollt oder möglich sein muss somit kein dauernder, sondern ein längerer Aufenthalt von Menschen. **Aufenthaltsräume sind:** Wohn- und Schlafräume aller Art (auch Hotelzimmer); Wohndielen; Essdielen; Arbeitsräume, wie Büro-, Geschäfts-, Verkaufsräume und Werkstätten; Küchen von Wohnungen, wenn aufgrund ihrer Größe ein nicht nur vorübergehender Aufenthalt in ihnen möglich ist; ein Büroraum, dessen Benutzung auf täglich einige Stunden beschränkt ist. **Keine Aufenthaltsräume sind:** Nebenräume wie Gänge, Flure, Treppenräume, Toiletten, Bäder, Abstellräume, Vorratsräume; Räume für technische Installationen wie Heiz-, Kessel- oder Maschinenräume; Räume, die zur Lagerung von Waren und zur Aufbewahrung von Gegenständen bestimmt sind, soweit sie nicht auch als Arbeitsräume dienen; Garagen; Ställe; Arbeitsräume, die nur dem vorübergehenden Aufenthalt von Menschen dienen; Räume, in denen man sich nur für kürzere Zeit, u. U. auch nicht täglich, zur Vornahme bestimmter Arbeiten aufhält, wie Waschküchen, Bügelzimmer und ähnliche Hausarbeitsräume.

8.   Geschosse, oberirdische Geschosse, Staffelgeschosse (Absatz 7)

Absatz 7 befasst sich mit Geschossen, klärt in **Satz 1,** wann Geschosse oberirdische Geschosse und Kellergeschosse sind, definiert aber nicht, was ein Geschoss ist. Ein Geschoss ist ein Unterfall eines Gebäudes oder umfasst – wenn ein Gebäude nur ein Geschoss besitzt – das Gebäude selbst; ein Geschoss benötigt daher zumindest eine Überdeckung und muss von Menschen betreten werden können (vgl. Absatz 3). **Keine Geschosse** sind nach **Satz 2** daher **Hohlräume** zwischen der obersten Decke und der Bedachung, in denen Aufenthaltsräume nicht möglich sind.

Der **bisherige Absatz 6 Satz 2**, der die Voraussetzungen für ein Staffelgeschoss nannte, ist **entfallen.** Dass Außenwände eines Staffelgeschosses gegenüber dem darunter liegenden Geschoss an irgendeiner Stelle zurückspringen müssen, ergibt sich jetzt aus **Absatz 8,** wonach Staffelgeschosse dann Vollgeschosse sind, wenn sie über mindestens drei Viertel der Grundfläche des darunter liegenden Geschosses eine Höhe von mindestens 2,30 m haben müssen.

9.   Vollgeschosse (Absatz 8)

Absatz 8 definiert mit **Satz 1, wann** oberirdische **Geschosse Vollgeschosse** sind. Die Definition ist u. a. deshalb geboten, weil § 20 Abs. 1 BauNVO auf das Landesrecht verweist. Ausschlaggebendes Kriterium für die **Vollgeschosseigenschaft** ist die Mindesthöhe von 2,30 m bezogen auf die Grundfläche des betreffenden oberirdischen Geschosses; die **Höhe der Geschosse** wird von der **Oberkante des Fußbodens** bis zur **Oberkante des Fußbodens** der darüber liegenden Decke gemessen. Nach Satz 2 Halbsatz 1 ist

– ein gegenüber mindestens einer Außenwand eines Gebäudes **zurückgesetztes oberstes** Geschoss **oder**
– ein Geschoss mit mindestens einer **geneigten Dachfläche**

ein **Vollgeschoss,** wenn es über **mindestens drei Viertel der Grundfläche des darunter liegenden Geschosses** eine Höhe von mindestens 2,30 m hat. Sofern die Drei-Viertel-Regelung unterschritten wird, werden oberste Geschosse und Geschosse im Dachraum gleich behandelt. Die im bisherigen Absatz 6 Satz 2 enthaltene **Forderung,** dass der **Rücksprung mindestens zwei Drittel** der Wandhöhe betragen muss, ist **entfallen.** Dadurch wird den Planerinnen und Planern mehr gestalterischer Spielraum eröffnet. Bei Geschossen im Dachraum handelt es sich bei der zugrunde zu legenden **Grundfläche von mindestens drei Viertel** nicht mehr um die Grundfläche des jeweiligen Geschosses (bisher war es hier auch „ihre" Grundfläche); maßgeblich ist hier nunmehr die Grundfläche des darunter liegenden Geschosses.

Vor dem Inkrafttreten der LBO 1994 waren alle Geschosse mit senkrechten Wänden, auch wenn sie deutlich gegenüber den Außenwänden des jeweils darunter liegenden Geschosses zurücktraten, regelmäßig Vollgeschosse. Im Gegensatz dazu war der ausgebaute Dachraum, der durch die Dachschrägen bestimmt wird, begünstigt. Um Staffelgeschosse den Dachgeschossen in ihrer Privilegierung gleichzustellen, wurde am 1. August 1994 der Begriff „Staffelgeschoss" eingeführt. Staffelgeschosse wurden dahin gehend begünstigt, dass sie unter bestimmten Voraussetzungen („Wegdenken der Dachschrägen eines

Nicht-Vollgeschosses") nicht (mehr) als Vollgeschosse anzurechnen waren. Danach sollten Staffelgeschosse i. S. d. Gesetzes **oberste Geschosse** (wie die begünstigten Dachgeschosse) sein. Sind mehrere Geschosse stufenförmig angelegt (gestaffelt, als ein Stufen- oder Terrassenhaus), kann **nach Satz 2 Halbsatz 1** nur das **oberste Geschoss** die Begünstigung eines „Nicht-Vollgeschosses" in Anspruch nehmen; alle weiteren gestaffelten Geschosse sind nunmehr Vollgeschosse i. S. d. Gesetzes (Rücksichtnahmegebot). Um Missbrauch – etwa durch abgehängte Decken in bestimmten Räumen – zu unterbinden, legt **Satz 2 Halbsatz 2** fest, dass die Höhe der Geschosse von der Oberkante des Fußbodens bis zur Oberkante des Fußbodens der darüber liegenden Decke, bei Geschossen mit Dachflächen bis zur Oberkante der Dachhaut zu messen ist (**tatsächliche** anstelle der lichten **Höhe**).

Schaubilder Geschosse und Vollgeschosse:

a) Gebäude mit Satteldach und Kellergeschoss

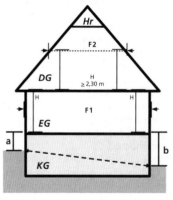

Abs. 7 S. 2 :
Hr = Hohlraum (kein Geschoss)

Abs. 8 S. 2 Alt. 2:
DG = Vollgeschoss, wenn F2
hat H $\geq$ 2,30 m (gemessen
von OK Fußboden DG bis
OK Dachhaut)
über $\geq$ ¾ F 1

Abs. 8 S. 1:
EG = Vollgeschoss, wenn
H $\geq$ 2,30 m (OK Fußboden
EG bis OK Fußboden DG)
über $\geq$ ¾ F 1

Abs. 7 S. 1 Hs. 1:
KG = oberirdisches Geschoss,
wenn (a + b) : 2 $\geq$ 1,40 m

b) Gebäude mit Staffelgeschoss

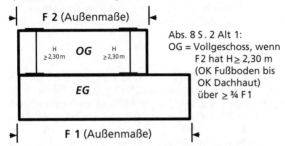

F 2 (Außenmaße)

| H ≥2,30 m | OG | H ≥2,30 m |

EG

F 1 (Außenmaße)

Abs. 8 S. 2 Alt 1:
OG = Vollgeschoss, wenn
F 2 hat H≥ 2,30 m
(OK Fußboden bis
OK Dachhaut)
über ≥ ¾ F 1

10. Stellplätze, Garagen, Abgrenzungsfragen (Absatz 9)

Absatz 9 definiert die Begriffe **Stellplätze (Satz 1)** und **Garagen** (Satz 2) und grenzt sie im **Satz 3** von **Ausstellungs-, Verkaufs-, Werk- und Lagerräumen** für Kraftfahrzeuge ab, die damit nicht als Nachweis der notwendigen Stellplätze und Garagen nach § 50 in Betracht kommen können. **Stellplätze sind Flächen,** die dem Abstellen von Kraftfahrzeugen außerhalb der öffentlichen Verkehrsflächen dienen. **Überdeckte Stellplätze sind Gebäude** i. S. d. Absatzes 3 **und** fallen **damit** unter den Begriff **Garagen. Als Kraftfahrzeuge gelten** Landfahrzeuge, die durch Maschinenkraft bewegt werden, ohne an Bahngleise gebunden zu sein (zur Begriffsdefinition und zu ausgenommenen Fahrzeugen s. § 1 Abs. 2 und 3 StVG). **Bauaufsichtlich verfahrensfrei sind notwendige Stellplätze** mit einer Nutzfläche bis zu 50 m² je Grundstück sowie deren Zufahrten und Fahrgassen (vgl. § 63 Abs. 1 Nr. 13 Buchst. b). **Notwendige Stellplätze** (oder Garagen) sind regelmäßig herzustellen, wenn bauliche Anlagen sowie andere Anlagen errichtet werden, bei denen ein Zu- oder Abgangsverkehr zu erwarten ist (vgl. § 50 Abs. 1).

11. Feuerstätten (Absatz 10)

Feuerstätten sind Teile von Feuerungsanlagen (vgl. § 42 Abs. 1). Sie sind nach **Absatz 10** in oder (außen) an Gebäuden ortsfest genutzte Anlagen oder Einrichtungen, die dazu bestimmt sind, durch Verbrennung (fester, flüssiger oder gasförmiger Stoffe) Wärme zu erzeugen. Feuerstätten enden an den Öffnungen zur Abgasanlage. Nach § 43

Abs. 5 sind ortsfeste Verbrennungsmotoren, Blockheizkraftwerke, Brennstoffzellen und Verdichter zwar **keine Feuerstätten**; auf sie ist jedoch aufgrund ihres Gefährdungspotenzials § 43 Abs. 1 bis 3 entsprechend anwendbar (vgl. auch § 10 FeuVO).

12. Bauprodukte (Absatz 11)

Die Legaldefinition von **Bauprodukten** in **Absatz 11** entsprach im Wesentlichen § 2 Abs. 1 des bis zum 30. Juni 2013 gültigen Bauproduktengesetzes (BauPG). Am **1. Juli 2013** ist die **EU-Bauproduktenverordnung** (Nr. 305/2011) in Kraft getreten, nach deren **Artikel 2 Nr. 2** der Ausdruck „**Bauprodukt**" jedes Produkt oder jeder Bausatz bezeichnet, das bzw. der hergestellt und in Verkehr gebracht wird, um dauerhaft in Bauwerke oder Teile davon eingebaut zu werden, und dessen Leistung sich auf die Leistung des Bauwerks im Hinblick auf die Grundanforderungen an Bauwerke auswirkt. Die **Verordnung gilt unmittelbar** und bedurfte deshalb keiner Umsetzung in nationales Recht. Sie legt die Voraussetzungen für das Inverkehrbringen (erstmalige Bereitstellung auf dem Markt) und die Bereitstellung von Bauprodukten (jede Abgabe eines Bauprodukts zum Vertrieb oder zur Verwendung auf dem Markt der EU) sowie deren CE-Kennzeichnung fest. Nach den Vorgaben der Verordnung müssen die Hersteller und ihnen gleichgestellt Wirtschaftsakteure wie Importeure oder Händler, die als Hersteller gelten, in eigener Verantwortung entscheiden, ob auf ihr Produkt die Verordnung anzuwenden ist und ob die Anforderungen an die Vermarktung von harmonisierten Bauprodukten erfüllt sind.

13. Bauarten (Absatz 12)

Die Bauart nach **Absatz 12** bezeichnet die technische Fertigungsart bzw. technische Methode, mit der Bauprodukte zu einer Konstruktion zusammengeführt werden. Im herkömmlichen Sinne ist die Bauart eine Ausführungsart, wie z. B. der Mauerwerksbau, der Stahlbetonbau oder der Holzbau. Sie ist **nicht** zu **verwechseln mit** dem bauplanungsrechtlichen Begriff der **Bauweise** (vgl. § 22 BauNVO).

14. Campingplätze (Absatz 13)

Die Änderung in **Absatz 13** definiert, in Anpassung an § 1 Abs. 1 Camping- und Wochenendplatzverordnung (CPlV), den **Begriff**

„Campingplätze". Die Anpassung an § 1 Abs. 1 CPlV ist sowohl eine redaktionelle als auch inhaltliche, da die Verordnung nach Überführung aus dem LNatSchG (ehemalige Zelt- und Campingplatzverordnung) in den Geltungsbereich der LBO inhaltlich geändert wurde; beispielsweise können Bereiche der Campingplätze als Wochenendplätze für die Aufstellung von Campinghäusern in Bebauungsplänen festgesetzt werden. S. auch die Erläuterungen zu Absatz 1 Satz 2 Nr. 3.

§ 3   Allgemeine Anforderungen

(1) Bei der Planung, Errichtung, Änderung und Nutzungsänderung baulicher Anlagen und der Gestaltung von Grundstücken ist auf den Schutz der natürlichen Grundlagen des Lebens sowie auf die besonderen Belange von Familien mit Kindern, von alten Menschen sowie Menschen mit **Behinderung** durch den Grundsatz barrierefreien Bauens Rücksicht zu nehmen.

(2) Anlagen sind so anzuordnen, zu errichten, zu ändern und instand zu halten, dass die öffentliche Sicherheit, insbesondere Leben und Gesundheit, nicht gefährdet werden und keine unzumutbaren Belästigungen entstehen.

(3) [1]Die von der obersten Bauaufsichtsbehörde durch öffentliche Bekanntmachung als Technische Baubestimmungen eingeführten technischen Regeln sind zu beachten. [2]Bei der Bekanntmachung kann hinsichtlich ihres Inhalts auf die Fundstelle verwiesen werden. [3]Von den Technischen Baubestimmungen kann abgewichen werden, wenn mit einer anderen Lösung in gleichem Maße nachweislich die allgemeinen Anforderungen des Absatzes 2 erfüllt werden; § 18 Absatz 3 und § 22 bleiben unberührt.

(4) Für die Beseitigung von Anlagen und für die Änderung ihrer Nutzung gelten die Absätze 2 und 3 entsprechend.

(5) Bauprodukte und Bauarten dürfen nur verwendet werden, wenn bei ihrer Verwendung die baulichen Anlagen bei ordnungsgemäßer Instandhaltung während einer dem Zweck entsprechenden angemessenen Zeitdauer die Anforderungen dieses Gesetzes oder aufgrund dieses Gesetzes erfüllen und gebrauchstauglich sind.

(6) Bauprodukte und Bauarten, die in Vorschriften anderer Vertragsstaaten des Abkommens vom 2. Mai 1992 – EWR-Abkommen – Gesetz vom 31. März 1993 (BGBl. II S. 266), geändert durch Gesetz vom 25. August 1993 (BGBl. II S. 1294), über den europäischen Wirtschaftsraum genannten technischen Anforderungen entsprechen, dürfen verwendet oder ange-

wendet werden, wenn das geforderte nationale Schutzniveau in Bezug auf Sicherheit, Gesundheit, Umweltschutz und Gebrauchstauglichkeit gleichermaßen dauerhaft erreicht wird.

Erläuterungen

1. Allgemeines

Die Vorschrift enthält die für das gesamte Bauordnungsrecht geltende materiell-rechtliche **Generalklausel** für die **Ausführung** und **Beschaffenheit** baulicher Anlagen sowie anderer Anlagen und Einrichtungen i. S. d. § 1 Abs. 1. Die in der Vorschrift enthaltenen grundsätzlichen Anforderungen werden konkretisiert durch die nachfolgenden §§ 4 bis 52 sowie durch die Verordnungen, die aufgrund der LBO erlassen worden sind bzw. werden. § 3 bildet auch **Grundlage und** zugleich **Rahmen** für die bauaufsichtliche Beurteilung von Tatbeständen, für die die LBO und hierzu ergangene Verordnungen keine konkreten Regelungen enthalten, für besondere Anforderungen und Erleichterungen (wie beispielsweise bei Sonderbauten nach § 51 Abs. 2), für die Entscheidung bei Abweichungen nach § 71, für Gefahrenabwehrmaßnahmen der Bauaufsichtsbehörde nach § 59 Abs. 1, für nachträgliche Anforderungen an bestehende bauliche Anlagen nach § 60 sowie für die Auslegung von Einzelvorschriften der LBO und von Vorschriften, die aufgrund der LBO erlassen worden sind bzw. werden. Enthalten die Vorschriften hingegen **konkrete Anforderungen, können** diese **nicht** (zusätzlich) **über § 3 verschärft oder erweitert** werden, es sei denn, in den Einzelvorschriften selbst werden weitergehende Anforderungen ausdrücklich zugelassen.

2. Gebot der Rücksichtnahme (Absatz 1)

Absatz 1 fordert in **Halbsatz 1** Rücksichtnahme auf den **Schutz der natürlichen Grundlagen des Lebens** bei der **Planung**, Errichtung, Änderung und Nutzungsänderung baulicher Anlagen sowie der Gestaltung von Grundstücken, in **Halbsatz 2** auf die **besonderen Belange** von Familien mit Kindern, von alten Menschen sowie **Menschen mit Behinderung** durch den Grundsatz barrierefreien Bauens.
Halbsatz 1 hebt die Bedeutung der ökologischen Belange hervor. Dabei **deckt sich** der Begriff **natürliche Grundlagen des Lebens** mit dem

gleichlautenden Begriff in Art. 11 der Landesverfassung **sowie inhaltlich mit** dem Begriff der **natürlichen Lebensgrundlagen** in Art. 20a GG (Staatsziel, kein Grundrecht) und § 1 Abs. 5 Satz 2 BauGB. Der Begriff umfasst nicht nur das ökologische Existenzminimum für das Überleben von Menschen, sondern alle natürlichen – nicht vom Menschen geschaffenen – Grundlagen des menschlichen, tierischen und pflanzlichen Lebens, wie Luft, Wasser, Boden einschließlich der Bodenschätze und lebende Organismen. Auch die Erhaltung der biologischen Vielfalt und die Sicherung eines artgerechten Lebens bedrohter Tier- und Pflanzenarten gehört dazu (vgl. BVerfG, Urt. vom 24. November 2010 – 1 BvF 2/05 –, NVwZ 2011, 94 [98] = BVerfGE 128, 1 = DVBl 2011, 100 = NuR 2011, 39). Mit dem Schutz der natürlichen Lebensgrundlagen werden solche Umweltbeeinträchtigungen oder schädigungen erfasst, die vermeidbar sind oder die über das mit dem Bauen zwangsläufig verbundene Maß hinausgehen. Insoweit werden nicht einzelne Organismen oder Phänomene geschützt, sondern nur ganze Ökosysteme. Ob und inwieweit sich Planungen oder Baumaßnahmen auf die natürlichen Lebensgrundlagen auswirken können, muss ggf. ein Sachverständigengutachten klären.

Der in Anlehnung an das Landesbehindertengleichstellungsgesetz (LBGG) angepasste **Halbsatz 2** fordert **Rücksichtnahme** auf die **besonderen Belange** von Familien mit Kindern, von alten Menschen sowie von **Menschen mit Behinderung** durch den Grundsatz **barrierefreien Bauens.** Gemeint sind Personen, die die aufgrund ihres Alters oder ihrer sonstigen besonderen Lebenssituation Schwierigkeiten haben, sich in der baulichen Umwelt zu bewegen. Dieser Personenkreis stand in der Vergangenheit mitunter vor baulichen Hindernissen, die bei vernünftiger, überlegter Planung ohne wesentliche Mehrkosten hätten vermieden werden können. Neben ihren oder seinen Interessen muss die Bauherrin oder der Bauherr insoweit auch das Interesse an einer möglichst ungehinderten Benutzung durch den genannten Personenkreis wahren, insbesondere wenn dadurch keine wesentlichen Mehrkosten entstehen.

Nicht anzuwenden ist **Absatz 1 bei der Beseitigung** von Anlagen (s. a. Absatz 4). Notwendig werdende Maßnahmen richten sich nach § 12 über die Einrichtung und Sicherung von Baustellen.

Die Änderung in Absatz 1 passt die LBO an die Wortwahl des LBGG an.

3. Wahrung der öffentlichen Sicherheit (Absatz 2)

Absatz 2 legt die **klassische Hauptaufgabe des Bauordnungsrechts** fest, die **Vermeidung von Gefahren** für die öffentliche Sicherheit (insbesondere von Leben und Gesundheit) **und** von **unzumutbaren Belästigungen**. Die Regelung, die in Anlehnung an § 2 Abs. 1 Satz 3 den Begriff der **Anlagen** gebraucht, erfasst auch die Beseitigung bereits eingetretener Störungen. Belästigungen sind unzumutbar, wenn sie bei verständiger, objektiver Würdigung der gesamten Verhältnisse nach der vorherrschenden Auffassung nicht hinzunehmen sind. Dabei ist darauf abzustellen, was ein **normal empfindender, verständiger Mensch** unter Berücksichtigung der Ortsüblichkeit, Zeit, Dauer und Stärke der Einwirkung noch hinnehmen würde. Auf die **übermäßige Empfindlichkeit** einer oder eines Einzelnen kommt es **nicht** an.

4. Technische Baubestimmungen (Absatz 3)

Die technischen Regeln sind nach **Absatz 3 Satz 1 und 2** bauordnungsrechtlich insoweit zu beachten, als sie von der obersten Bauaufsichtsbehörde als **Technische Baubestimmungen** öffentlich bekanntgemacht worden sind. Diese Regelungen stellen sicher, dass die technischen Regeln, die der besonderen Gefahrenabwehr dienen, aus öffentlich-rechtlicher Sicht gewahrt bleiben; sie entlasten die LBO und sichern ihre notwendige Flexibilität gegenüber dem technischen Fortschritt. Die **Liste der Technischen Baubestimmungen** – Fassung September 2014 – hat die oberste Bauaufsichtsbehörde mit Erlass vom 17. Juli 2015 (Amtsbl. Schl.-H. S. 868) bekannt gemacht. Durch diese öffentliche Bekanntmachung werden die bauaufsichtlich eingeführten Technischen Baubestimmungen zwar nicht zu Rechtsnormen; sie erhalten aber einen Status, der über den Charakter einer bloßen Verwaltungsvorschrift hinausgeht, weil sie allgemein verbindlich für die Bauaufsichtsbehörde und alle am Bau Beteiligten festlegt, welche technischen Regeln beachtet werden müssen. **Satz 3 Halbsatz 1** lässt **Abweichungen** von den Technischen Baubestimmungen zu, wenn mit einer anderen Lösung in gleichem Maße **nachweislich** die die öffentliche Sicherheit, insbesondere Leben und Gesundheit, gewährleistet wird und keine unzumutbaren Belästigungen entstehen. Den **Nachweis** der **Gleichwertigkeit** müssen die **Bauherrin oder** der **Bauherr** – erforderlichenfalls durch Sachverständigengutachten – führen (vgl. OVG Schleswig, Urt. vom 11. September 1996 – 1 L 162/95 –, juris). Nach **Satz 3 Halbsatz 2** sind bei Abweichungen im Bereich der Bauprodukte und Bauarten § 18 Abs. 3 und § 22 zu beachten.

5.   Gleichgestellte Maßnahmen (Absatz 4)

Absatz 4 erklärt die Absätze 2 und 3 bei **Beseitigungen von Anlagen** und **Änderungen ihrer Nutzung** für entsprechend anwendbar. Zu beachten ist, dass zumindest die **vollständige Beseitigung** einer Anlage **kein Vorhaben** i. S. d. § 29 Abs. 1 BauGB und damit **bauplanungsrechtlich nicht relevant** ist (vgl. die Halbsätze 1 und 2 des § 14 Abs. 1 Nr. 1 BauGB). Die vollständige Beseitigung einer erhaltenswerten Anlage kann eine Gemeinde dem Genehmigungsvorbehalt einer Erhaltungssatzung nach § 172 BauGB unterwerfen. Eine Teilbeseitigung wird **bauplanungsrechtlich** häufig unter den Begriff „Änderung" i. S. d. § 29 Abs. 1 BauGB fallen, weil sie meistens zu einer Umgestaltung der Anlage und einem Eingriff in die Bausubstanz führt. Eine **Errichtung** liegt beispielsweise **planungsrechtlich** vor, wenn eine Umgestaltung so gravierend ist, dass die Standsicherheit der gesamten Anlage nachgerechnet werden muss. Unter **Änderungen der Nutzung** von Anlagen fallen sämtliche Änderungen der (genehmigten) Benutzungsart, unabhängig davon, ob mit ihr zugleich bauliche Veränderungen vorgenommen werden oder nicht. Die **Nutzungsänderung** ist nach § 63 Abs. 2 Nr. 1 bauaufsichtlich verfahrensfrei, wenn für die neue Nutzung keine anderen öffentlich-rechtlichen, im bauaufsichtlichen Verfahren zu prüfenden Anforderungen in Betracht kommen als für die bisherige Nutzung.

6.   Allgemeine Anforderungen an Bauprodukte (Absatz 5)

Absatz 5 enthält **für Bauprodukte und Bauarten** i. S. d. § 2 Abs. 11 und 12 eine **eigenständige materielle Generalklausel.** Bauprodukte und Bauarten dürfen danach nur verwendet werden, wenn bei ihrer Verwendung die baulichen Anlagen bei ordnungsgemäßer Instandhaltung während einer dem Zweck entsprechenden angemessenen Zeitdauer die Anforderungen der LBO oder aufgrund der LBO erfüllen und **gebrauchstauglich** sind. Die **formellen** Anforderungen an **Bauprodukte** ergeben sich aus den §§ 18 ff. Für **einzelne Arten von Bauprodukten** werden die allgemeinen Anforderungen in den technischen Regeln der Bauregelliste A (vgl. § 18 Abs. 2) und den Festlegungen in der Bauregelliste B (vgl. § 18 Abs. 7 Nr. 1) näher bestimmt. Für Bauarten ist § 22 maßgebend.

7. Gleichwertigkeitsklausel (Absatz 6)

Die mit der **Gleichwertigkeitsklausel** nach **Absatz 6** beabsichtigte Angleichung der Rechtsvorschriften des **europäischen Binnenmarktes** beschränkt sich entsprechend dem Anhang I zur **EU-Bauproduktenverordnung** (Nr. 305/2011) auf sieben grundlegende Anforderungen:
– mechanische Festigkeit,
– Brandschutz,
– Hygiene, Gesundheit und Umweltschutz,
– Sicherheit und Barrierefreiheit bei der Nutzung,
– Schallschutz,
– Energieeinsparung und Wärmeschutz,
– nachhaltige Nutzung der natürlichen Ressourcen.

Zweiter Teil   Das Grundstück und seine Bebauung

§ 4   Bebauung der Grundstücke mit Gebäuden

(1) Das Baugrundstück muss nach seiner Beschaffenheit für die bauliche Anlage so geeignet sein, dass durch Wasser, Feuchtigkeit sowie andere chemische, physikalische oder biologische Einflüsse Gefahren oder unzumutbare Belästigungen nicht entstehen.

(2) [1]Gebäude dürfen nur errichtet werden, wenn das Grundstück in angemessener Breite an einer befahrbaren öffentlichen Verkehrsfläche liegt oder wenn das Grundstück eine befahrbare, öffentlich-rechtlich gesicherte Zufahrt zu einer befahrbaren öffentlichen Verkehrsfläche hat. [2]Wohnwege ohne Befahrbarkeit sind zulässig, wenn Bedenken wegen des Brandschutzes nicht bestehen.

(3) Ein Gebäude auf mehreren Grundstücken ist nur zulässig, wenn durch Baulast gesichert ist, dass dadurch keine Verhältnisse eintreten können,

die Vorschriften dieses Gesetzes oder aufgrund dieses Gesetzes widersprechen.

Erläuterungen

1.   Beschaffenheit des Baugrundstücks

Absatz 1 enthält in Anlehnung an Nummer 3 des Anhangs I zur **EU-Bauproduktenverordnung** (Nr. 305/2011) eigenständige Anforderungen des Bauordnungsrechts an die **Beschaffenheit des Baugrundstücks.** Diese Regelung ergänzt § 3 Abs. 1 über den Schutz der natürlichen Lebensgrundlagen und soll die **gefahrlose Benutzbarkeit des Baugrundstücks** beispielsweise im Hinblick auf **Altlasten** sicherstellen. Die bauordnungsrechtlichen Anforderungen an die Beschaffenheit des Baugrundstücks überträgt § 14 auf die Anordnung und Beschaffenheit von allen **baulichen Anlagen. Erforderliche Nachweise** über die ordnungsgemäße Beschaffenheit des Baugrundstücks und der baulichen Anlagen hat nach § 54 Abs. 1 Satz 2 die **Bauherrin oder** der **Bauherr** – ggf. durch Gutachten – zu führen oder ist, falls die Gemeinde die Beschaffenheit im Bauleitplanverfahren geprüft hat (§ 5 Abs. 3 Nr. 3 und § 9 Abs. 5 Nr. 3 BauGB), entsprechend den Planerhebungen der Gemeinde zu beurteilen. **Absatz 1** gilt nur, wenn eine bauliche Nutzung erfolgt oder über eine bauliche Nutzung zu entscheiden ist. Sie gilt nicht für Grundstücke, auf denen keine baulichen Anlagen i. S. d. § 2 Abs. 1 errichtet sind oder werden sollen.

2.   Verkehrsmäßige Erschließung

Absatz 2 enthält die **bauordnungsrechtlichen Mindestanforderungen an** die **verkehrsmäßige Erschließung** des Baugrundstücks, wenn auf ihm Gebäude (vgl. dazu § 2 Abs. 3) **errichtet** werden sollen. Nach Sinn und Zweck gilt die Vorschrift **auch** für die (nicht mehr geringfügige) **Erweiterung und die Nutzungsänderung eines bestehenden Gebäudes** (vgl. OVG MV, Beschl. vom 21. September 2004 – 3 M 123/04 –, NordÖR 2004, 443, zur Erweiterung eines bestehenden Gebäudes durch einen Wintergartenanbau; OVG Lüneburg, Urt. vom 28. Februar 1979 – 1 A 144/76 –, BRS 35 Nr. 103 = SchlHA 1979, 178, zum Einbau einer weiteren Wohnung in das Wirtschaftsgebäude eines ehemaligen landwirtschaftlichen Betriebes). **Absatz 2** will im Interesse der

Gefahrenabwehr die Erreichbarkeit des Grundstücks durch die Feuerwehr, Polizei- und Krankenfahrzeuge sowie sonstige Fahrzeuge, die der Daseinsvorsorge dienen, sicherstellen, die ordnungsgemäße Abwicklung des Zu- und Abgangsverkehrs gewährleisten und zur Erfüllung der Stellplatzverpflichtung nach § 50 Abs. 1 beitragen. **Satz 1** sieht **gleichrangig zwei Erschließungsalternativen** vor: Das betroffene Grundstück muss entweder **selbst** in **angemessener Breite** an einer **befahrbaren öffentlichen Verkehrsfläche** liegen **oder** aber eine **befahrbare, öffentlich-rechtlich** (d. h. durch Baulast, vgl. § 80) **gesicherte Zufahrt** zu einer befahrbaren öffentlichen Verkehrsfläche haben. Eine **Breite von 3 m ist im Regelfall angemessen**, wenn die Grundstückszufahrt übersichtlich und Begegnungsverkehr nicht zu erwarten ist. Allerdings kann eine problemlose Erreichbarkeit eines Grundstücks mit einem durchschnittlichen Pkw dann **nicht** angenommen werden, wenn über eine Strecke von etwa 40 m eine maximal nur **2 m breite** Zufahrt zur Verfügung steht (vgl. OVG NRW, Urt. vom 30. Oktober 2009 – 7 A 2548/08 –, BRS 74 Nr. 132 = BauR 2010, 446). Wenn keine Bedenken wegen des Brandschutzes bestehen, sind nach **Satz 2** (ohne gesonderte Entscheidung der Bauaufsichtsbehörde) auch **Wohnwege** zulässig, die (mit Feuerwehrfahrzeugen) **nicht befahrbar** sind. Wohnwege i. S. d. **Bauordnungsrechts** sind Wege, an denen **ausschließlich Wohngebäude** (ggf. mit Räumen für freiberuflich Tätige, vgl. § 13 BauNVO) liegen oder zulässig sind; die Wege müssen dem **Anliegerverkehr** von Wohngrundstücken **gewidmet** sein (vgl. VGH BW, Urt. vom 12. September 1996 – 8 S 1844/96 –, BRS 58 Nr. 85 = BauR 1997, 89 = NVwZ-RR 1998, 13 = VBlBW 1997, 143, und Urt. vom 25. März 1981 – 3 S 2346/80 –, BRS 38 Nr. 160). Wohnwege können im **Einzelfall** zwar auch **Fahrverkehr** für Pkw (z. B. zu Klein- bzw. Gemeinschaftsgaragen) aufnehmen; sie dürfen jedoch **keinen Durchgangsverkehr** haben. Liegt das Baugrundstück **nicht unmittelbar an** einer **öffentlichen Verkehrsfläche,** muss das Zufahrtsrecht über einen Privatweg oder ein benachbartes Grundstück öffentlich-rechtlich über eine **Baulast** nach § 80 gesichert sein. § 5 Abs. 1 Satz 2 und 3 ist zu entnehmen, dass die Erleichterungen des **Satzes 2** grundsätzlich nur dann in Betracht kommen können, wenn auf dem Baugrundstück Wohngebäude der Gebäudeklassen 1 bis 3 (ggf. mit Räumen für freiberuflich Tätige, vgl. § 13 BauNVO) in einem Abstand von nicht mehr als 50 m von einer öffentlichen Verkehrsfläche erstellt werden sollen. In Zweifelsfällen des **Satzes 2** sollte die Feuerwehr gehört werden, um klären zu lassen, ob nach Realisierung des Vorhabens aus Brandschutzgründen der Einsatz von Feuerlösch- und Rettungsgeräten problemlos möglich sein wird.

3. Errichtung eines Gebäudes auf mehreren Grundstücken

Absatz 3 durchbricht den Grundsatz, dass ein Gebäude nur auf einem Buchgrundstück zulässig ist. Die Vorschrift lässt ein Gebäude auch auf mehreren (mindestens zwei) Grundstücken zu, wenn durch **Baulast** (vgl. § 80) gesichert ist, dass dadurch keine Verhältnisse eintreten können, die **bauordnungsrechtlichen** Vorschriften widersprechen. Eine solche Vereinigungsbaulast kommt beispielsweise dann in Betracht, wenn ein Bauvorhaben auf mehreren aneinander grenzenden Grundstücken mehrerer Eigentümerinnen oder Eigentümer realisiert werden soll und die grundbuchrechtliche Vereinigung dieser Grundstücke nicht beabsichtigt ist oder zu lange Zeit in Anspruch nehmen würde (vgl. VG Düsseldorf, Urt. vom 19. März 2015 – 9 K 5616/13 –, juris Rn. 26). Der **bauplanungsrechtliche** Grundstücksbegriff lässt sich allerdings **nicht** bloß durch eine landesrechtliche Baulast verändern. Insofern kann eine Grundstücksteilung, die Festsetzungen eines **Bebauungsplans** widerspricht, nicht allein über eine Vereinigungsbaulast sanktioniert werden (vgl. BVerwG, Urt. vom 14. Februar 1991 – IV C 51.87 –, BRS 52 Nr. 161 = BauR 1991, 582 = ZfBR 1991, 173 = NJW 1991, 2783 = DVBl 1991, 812 = DÖV 1991, 739 = Buchholz 406.11 § 19 BauGB Nr. 52; OVG HH, Urt. vom 4. April 1991 – Bf II 33/88 –, BRS 52 Nr. 88 = BauR 1991, 726 = NJW 1992, 259; VGH BW, Urt. vom 2. September 2009 – 3 S 1773/07 –, BRS 74 Nr. 148 = BauR 2010, 753; a. A. OVG Lüneburg, Urt. vom 4. Oktober 1984 – 6 A 131/82 –, BRS 42 Nr. 178 = BauR 1985, 285 = NJW 1985, 1796 = NVwZ 1985, 592). Rechtswidrige bauordnungsrechtliche Verhältnisse, die durch Teilung eines bebauten Grundstücks entstehen, lassen sich hingegen durch Eintragung einer Vereinigungsbaulast sanktionieren (vgl. VG Aachen, Urt. vom 27. Juli 2005 – 3 K 4263/04 –, juris).

§ 5 Zugänge und Zufahrten auf den Grundstücken

(1) [1]Von öffentlichen Verkehrsflächen ist insbesondere für die Feuerwehr ein geradliniger Zu- oder Durchgang zu rückwärtigen Gebäuden zu schaffen; zu anderen Gebäuden ist er zu schaffen, wenn der zweite Rettungsweg dieser Gebäude über Rettungsgeräte der Feuerwehr führt. [2]Zu Gebäuden, bei denen die Oberkante der Brüstung von zum Anleitern bestimmten Fenstern oder Stellen mehr als 8 m über Gelände liegt, ist in den Fällen des Satzes 1 anstelle eines Zu- oder Durchgangs eine Zu- oder Durchfahrt zu schaffen. [3]Ist für die Personenrettung der Einsatz von Hubrettungsfahrzeugen erforderlich, sind die dafür erforderlichen Aufstell- und Bewegungsflächen vorzusehen. [4]Bei Gebäuden, die ganz oder mit Teilen mehr als 50 m von einer öffentlichen Verkehrsfläche entfernt sind, sind Zufahrten oder Durchfahrten nach Satz 2 zu den vor und hinter den Gebäuden gelegenen Grundstücksteilen und Bewegungsflächen herzustellen, wenn sie aus Gründen des Feuerwehreinsatzes erforderlich sind.

(2) Zu- und Durchfahrten, Aufstellflächen und Bewegungsflächen müssen für Feuerwehrfahrzeuge ausreichend befestigt und tragfähig sein; sie sind als solche zu kennzeichnen und ständig frei zu halten; die Kennzeichnung von Zufahrten muss von der öffentlichen Verkehrsfläche aus sichtbar sein.

Erläuterungen

1. Allgemeines

§ 5 regelt die **Zugänglichkeit von Gebäuden,** insbesondere für die Feuerwehr, **auf dem Grundstück** selbst. Die Regelung korrespondiert unmittelbar mit § 4 Abs. 2 und § 15 Abs. 1 Satz 1; sie **soll sicherstellen, dass** die den Rettungswegen innerhalb des Gebäudes (vgl. §§ 35, 36 und 37) zugeordneten **Öffnungen** nach § 34 Abs. 2 Satz 2 und Abs. 3 sowie nach § 38 Abs. 5 von Rettungsgeräten der Feuerwehr **erreicht werden können.** Dabei nehmen **Hochhäuser** i. S. d. § 51 Abs. 2 Nr. 1 eine **Sonderstellung** ein, weil Hubrettungsfahrzeuge der Feuerwehr Öffnungen von Aufenthaltsräumen nicht erreichen können, deren Fußbodenoberkante im Mittel mehr als 22 m über der festgelegten Geländeoberfläche liegt. Besondere Anforderungen und Erleichterungen für den Bau und Betrieb von Hochhäusern enthalten die **Hochhaus-Richtlinien (HHR).**

2.   Zu- und Durchgänge

Absatz 1 Satz 1 regelt **abschließend** die materiellen Anforderungen an **Zu- und Durchgänge** von öffentlichen Verkehrsflächen zu **rückwärtigen** Gebäuden sowie zu **anderen Gebäuden,** deren zweiter Rettungsweg über Rettungsgeräte der Feuerwehr führt. Kann die Feuerwehr ein Gebäude erreichen, ohne ein anderes Gebäude zu passieren, handelt es sich um einen **Zugang;** muss sie hingegen ein oder mehrere Gebäude passieren, um an einen Brandherd zu gelangen, handelt es sich um einen **Durchgang.** Die Worte „insbesondere für die Feuerwehr" machen deutlich, dass beispielsweise auch die Erreichbarkeit für Notarztfahrzeuge und Rettungsdienste sowie für örtliche Ver- oder Entsorgungsbetriebe erfasst ist. Für diese Kräfte ist ein **geradliniger** Zu- oder Durchgang zu schaffen, der nach Nr. 14 der **Richtlinie über Flächen für die Feuerwehr** mindestens 1,25 m breit auszubilden ist; für Türöffnungen und andere geringfügige Einengungen in diesen Zu- oder Durchgängen genügt eine lichte Breite von 1 m. Feuerwehrdurchgänge müssen an jeder Stelle eine lichte Mindesthöhe von 2,20 m haben, für Türöffnungen genügt eine lichte Mindesthöhe von 2 m. Ein **rückwärtiges** Gebäude ist ein Gebäude, das – von der öffentlichen Verkehrsfläche abgewandt – im hinteren Bereich eines Grundstücks steht; ob das betroffene Grundstück eine straßenseitige Bebauung hat oder nicht, ist in diesem Zusammenhang bedeutungslos. Entscheidend ist vielmehr, dass das Gebäude so weit von der öffentlichen Verkehrsfläche entfernt liegt, dass die Verkehrsfläche nicht als Aufstellfläche für die Feuerwehr genutzt werden kann. Ein **anderes** (nicht rückwärtig gelegenes) **Gebäude** ist ein Gebäude, das unmittelbar an der öffentlichen Verkehrsfläche liegt oder von ihr nur einen kleinen Abstand aufweist. Einsatzkräfte der Feuerwehr können von der öffentlichen Verkehrsfläche aus einen Rettungseinsatz durchführen, und der straßenseitige Rettungsweg kann als gesichert angesehen werden, wenn der Abstand zwischen Aufstellfläche der Feuerwehr und Gebäudeaußenwand höchstens 9 m, bei Brüstungshöhen von 18 m höchstens 6 m beträgt, und wenn sich in diesem Bereich keine den Einsatz eines Hubfahrzeugs erschwerenden Hindernisse, wie bauliche Anlagen oder Bäume befinden. (vgl. Nr. 9 und 11 der Richtlinie über Flächen für die Feuerwehr). Sollte die zur Personenrettung durch die Feuerwehr vorgesehene Stelle jedoch auf der Rückseite des Gebäudes liegen, muss ein Durchgang vorgesehen werden, damit die die Einsatzkräfte die vorgesehene Stelle erreichen können.

3. Zu- und Durchfahrten, Aufstell- und Bewegungsflächen

Zu **rückwärtigen** und **anderen Gebäuden,** bei denen die Oberkante der Brüstung von zum Anleitern bestimmten Fenster oder Stellen mehr als 8 m über Gelände liegt, ist nach **Absatz 1 Satz 2** anstelle eines Zu- oder Durchgangs eine **Zu- oder Durchfahrt** zu schaffen. In diesen Fällen kann die Feuerwehr die Personenrettung nicht mehr mit einer tragbaren Steckleiter sicherstellen, sondern benötigt dafür ein Hubrettungsfahrzeug (z. B. Drehleiter). Welche **Abmessungen** Zu- oder Durchfahrten haben müssen, kann der **Muster-Richtlinien über Flächen für die Feuerwehr** – Fassung Februar 2007 – (zul. geänd. d. Beschl. der Fachkommission Bauaufsicht vom Oktober 2009) entnommen werden, die **als Technische Baubestimmungen** nach § 3 Abs. 3 bauaufsichtlich **eingeführt** worden sind. Die Richtlinien können u. a. auch über den öffentlichen Bereich der Internetseite der Bauministerkonferenz (www.is-argebau.de) unter den Stichworten „Mustervorschriften/Mustererlasse" heruntergeladen werden. Nach den Richtlinien muss **die lichte Mindestbreite** der Zu- oder Durchfahrten **3 m** betragen, die senkrecht zur Fahrbahn zu messende **lichte Mindesthöhe 3,50 m.** Wird eine Zu- oder Durchfahrt auf eine Länge von mehr als 12 m beidseitig durch Bauteile, wie Wände oder Pfeiler, begrenzt, ist eine lichte Mindestbreite von 3,50 m erforderlich.

Müssen für die Personenrettung **Hubrettungsfahrzeuge** eingesetzt werden, sind nach **Absatz 1 Satz 3** die erforderlichen **Aufstell- und Bewegungsflächen** vorzusehen. Die Flächen sollen es der Feuerwehr ermöglichen, ihre Fahrzeuge und Rettungsgeräte bei Bedarf sinnvoll einsetzen zu können. Aufstell- und Bewegungsflächen sind nicht überbaute, mit der öffentlichen Verkehrsfläche direkt oder über Feuerwehrzufahrten verbundene **befestigte Flächen auf dem Grundstück.** Dabei dienen **Aufstellflächen** dem Einsatz von Hubrettungsfahrzeugen und **Bewegungsflächen** dem Aufstellen von Feuerwehrfahrzeugen, der Entnahme und Bereitstellung von Geräten sowie der Vorbereitung und Ausführung von Rettungs- und Löscheinsätzen.

Absatz 1 Satz 4 betrifft „überlange" **Zu- und Durchfahrten:** Danach müssen bei Gebäuden, die ganz oder mit Teilen **mehr als 50 m** von einer öffentlichen Verkehrsfläche entfernt sind, **Zu- oder Durchfahrten** nach Absatz 1 Satz 2 **zu** den vor und hinter den Gebäuden gelegenen **Grundstücksteilen und Bewegungsflächen** hergestellt werden, **wenn** sie aus Gründen des Feuerwehreinsatzes **erforderlich** sind.

Absatz 2 enthält **Grundanforderungen an Befestigung, Tragfähigkeit, Kennzeichnung und Freihaltung** der Flächen für die Feuerwehr. Die näheren Einzelheiten ergeben sich aus den **Muster-Richtlinien über Flächen für die Feuerwehr.**

§ 6   Abstandflächen, Abstände

(1) [1]Vor den Außenwänden von Gebäuden sind Abstandflächen von oberirdischen Gebäuden freizuhalten. [2]Satz 1 gilt entsprechend für andere Anlagen, von denen Wirkungen wie von Gebäuden ausgehen, gegenüber Gebäuden und Grundstücksgrenzen. [3]Wirkungen wie von Gebäuden gehen von ihnen insbesondere aus, wenn sie länger als 5 m und höher als 2 m sind, bei Terrassen, wenn diese höher als 1 m sind. [4]Eine Abstandfläche ist nicht erforderlich vor Außenwänden, die an Grundstücksgrenzen errichtet werden, wenn nach planungsrechtlichen Vorschriften an die Grenze gebaut werden muss oder gebaut werden darf.

(2) [1]Abstandflächen sowie Abstände nach § 31 Absatz 2 Nummer 1 und § 33 Absatz 2 müssen auf dem Grundstück selbst liegen. [2]Sie dürfen auch auf öffentlichen Verkehrs-, Grün- und Wasserflächen liegen, jedoch nur bis zu deren Mitte. [3]Abstandflächen sowie Abstände im Sinne des Satzes 1 dürfen sich ganz oder teilweise auf andere Grundstücke erstrecken, wenn öffentlich-rechtlich gesichert ist, dass sie nicht überbaut werden; diese Abstandflächen dürfen auf die auf diesen Grundstücken erforderlichen anderen Abstandflächen nicht angerechnet werden.

(3) Die Abstandflächen dürfen sich nicht überdecken; dies gilt nicht für
1. Außenwände, die in einem Winkel von mehr als 75° zueinander stehen,
2. Außenwände zu einem fremder Sicht entzogenen Gartenhof bei Wohngebäuden der Gebäudeklassen 1 und 2,
3. Gebäude und andere bauliche Anlagen, die in den Abstandflächen zulässig sind.

(4) [1]Die Tiefe der Abstandfläche bemisst sich nach der Wandhöhe; sie wird senkrecht zur Wand gemessen. [2]Wandhöhe ist das Maß von der festgelegten Geländeoberfläche bis zum Schnittpunkt der Wand mit der Dachhaut

B • LBO §6

oder bis zum oberen Abschluss der Wand. [3]Zur Wandhöhe werden jeweils hinzugerechnet

1. zu einem Viertel die Höhe von
   a) Dächern und Dachteilen, die von Dachflächen mit einer Neigung von mehr als 45° begrenzt werden,
   b) Dächern mit Dachgauben oder Dachaufbauten, deren Gesamtbreite je Dachfläche mehr als die Hälfte der Gebäudewand beträgt,
2. voll die Höhe von Dächern und Dachteilen, die von Dachflächen mit einer Neigung von mehr als 70° begrenzt werden.

[4]Das sich ergebende Maß ist H.

(5) [1]Die Tiefe der Abstandflächen beträgt 0,4 H, mindestens 3 m. [2]In Gewerbe- und Industriegebieten genügt eine Tiefe von 0,2 H, mindestens 3 m. [3]Vor den Außenwänden von Wohngebäuden der Gebäudeklassen 1 und 2 mit nicht mehr als drei oberirdischen Geschossen genügt als Tiefe der Abstandfläche 3 m. **[4]Werden von einer städtebaulichen Satzung oder einer Satzung nach § 84 Außenwände zugelassen oder vorgeschrieben, vor denen Abstandflächen größerer oder geringerer Tiefe als nach den Sätzen 1 bis 3 liegen müssten, finden die Sätze 1 bis 3 keine Anwendung, es sei denn, die Satzung ordnet die Geltung dieser Vorschriften an.**

(6) Bei der Bemessung der Abstandflächen bleiben außer Betracht

1. vor die Außenwand vortretende Bauteile wie Gesimse und Dachüberstände, wenn sie
   a) nicht mehr als 1,50 m vor diese Außenwand vortreten und
   b) mindestens 2 m von der gegenüber liegenden Nachbargrenze entfernt bleiben,
2. Vorbauten, wenn sie
   a) insgesamt nicht mehr als ein Drittel der jeweiligen Wandlänge in Anspruch nehmen,
   b) nicht mehr als 1,50 m vor die Außenwand vortreten und
   c) mindestens 2 m von der gegenüber liegenden Nachbargrenze entfernt bleiben,
3. **bei Gebäuden an der Grundstücksgrenze die Seitenwände von Vorbauten in den Maßen der Nummer 2 a und b und Dachaufbauten, auch wenn sie nicht an der Grundstücksgrenze errichtet werden,**
4. **Maßnahmen zum Zwecke der Energieeinsparung und Solaranlagen an bestehenden Gebäuden unabhängig davon, ob diese den Anforderungen der Absätze 2 bis 6 Nummer 1 bis 3 entsprechen, wenn ein Abstand von mindestens 2,30 m zur Nachbargrenze erhalten bleibt.**

(7) [1]In den Abstandflächen eines Gebäudes sowie ohne eigene Abstandflächen sind, auch wenn sie nicht an die Grundstücksgrenze oder an das Gebäude angebaut werden, zulässig
1. Garagen,
2. Gebäude ohne Aufenthaltsräume und Feuerstätten, die der Telekommunikation, der öffentlichen Versorgung mit Wasser, Gas, Elektrizität, Wärme oder der öffentlichen Abwasserversorgung dienen,
3. sonstige Gebäude ohne Aufenthaltsräume,
4. gebäudeunabhängige Solaranlagen mit einer mittleren Höhe bis zu 2,75 m und einer Gesamtlänge je Grundstücksgrenze von 9 m,
5. Stützwände und geschlossene Einfriedungen in Gewerbe- und Industriegebieten, außerhalb dieser Baugebiete mit einer Höhe bis zu 1,50 m.
[2]Soweit die in Satz 1 genannten Gebäude den Abstand zur Grundstücksgrenze von 3 m unterschreiten, darf einschließlich darauf errichteter Anlagen zur Gewinnung von Solarenergie
1. deren Gesamtlänge an keiner der jeweiligen Grundstücksgrenzen des Baugrundstücks größer als 9 m sein und
2. deren mittlere Wandhöhe 2,75 m über der an der Grundstücksgrenze festgelegten Geländeoberfläche nicht übersteigen.
[3]In den in Satz 1 Nummer 3 genannten Gebäuden sind Leitungen und Zähler für Energie und Wasser, Feuerstätten für flüssige oder gasförmige Brennstoffe mit einer Nennwärmeleistung bis zu 28 kW und Wärmepumpen entsprechender Leistung zulässig.

(8) In den Abstandflächen sowie ohne eigene Abstandflächen sind Kleinkinderspielplätze, Abstellanlagen für Fahrräder ohne Überdachung, Schwimmbecken, Maste, Terrassen, Pergolen und Überdachungen von Freisitzen sowie untergeordnete bauliche Anlagen wie offene Einfriedungen zulässig.

Erläuterungen

1.   Allgemeines (Absatz 1)

§ 6 ist **eine der zentralen Vorschriften** der LBO. Er bestimmt, **wann und ggf. in welcher Tiefe Mindestabstandflächen und Mindestabstände** von oberirdischen Anlagen und zu Grundstücksgrenzen **freizuhalten** sind. Die bereits mit § 6 LBO 2009 grundsätzlich vorgenommene **Verringerung der Abstandflächentiefe** auf 0,4 H – in Gewerbe- und Industriegebieten auf 0,2 H –, jeweils mindestens 3 m, **zielte „…ausschließlich auf einen bauordnungsrechtlich zu sichernden Mindest-

standard und verfolgt keine städtebaulichen Nebenzwecke (mehr)...
Ziel der Regelung der Abstandflächentiefe ist die Ausleuchtung der
Aufenthaltsräume mit Tageslicht im fensternahen Bereich (bis etwa
2,50 m Tiefe), die Lesen und Schreiben bei bedecktem Himmel gestattet...
Städtebauliche Aspekte können über die bauordnungsrechtlichen Abstandflächenanforderungen hinausgehende Gebäudeabstände
erfordern... Auch wenn nach dem bisherigen Recht durch Festsetzung
geringere Gebäudeabstände, als sie nach den bauordnungsrechtlichen
Abstandvorschriften erforderlich sind, zugelassen werden können und
im Rahmen eines Bebauungsplans dem Planungsrecht der Vorrang gegenüber dem Bauordnungsrecht eingeräumt ist, sind Unterschreitungen jedenfalls des nunmehrigen Mindestniveaus kaum mehr zu begründen; die oberverwaltungsgerichtliche Rechtsprechung steht
solchen Versuchen außerordentlich kritisch gegenüber..." (so LT-Drs.
16/1675 S. 146 ff.; vgl. MBO – Begründung der Fassung November
2002 – S. 18). Die Regelungen über Abstandflächen und Abstände
dienen weiterhin dem **Nachbarschutz,** denn sie sollen auch das nachbarliche Interesse an einer ausreichenden Belüftung und Besonnung
der Grundstücke und Gebäude schützen und im Falle eines Brandes
eine Brandübertragung auf andere Anlagen verhindern.

Absatz 1 Satz 1 enthält die Grundanforderung für Abstandflächen.
Danach sind **grundsätzlich vor** den **Außenwänden von Gebäuden** Abstandflächen von **oberirdischen** Gebäuden freizuhalten. Dabei entspricht die **Breite** der freizuhaltenden Flächen der Breite **der Außenwand;** die **Tiefe** bemisst sich nach der in Absatz 4 und 5 näher
beschriebenen **Wandhöhe.** Was ein **Gebäude** ist, **definiert** § 2 Abs. 3.
Wichtigstes Kennzeichen eines Gebäudes ist eine **Überdeckung.** Ein
Gebäude ist **oberirdisch, wenn** und soweit es wenigstens teilweise über
die **Geländeoberfläche** hinausragt. **Außenwände** von Gebäuden sind
dementsprechend die über der festgelegten Geländeoberfläche liegenden Wände, die von außen sichtbar sind. **Fehlen** einem Gebäude ganz
oder teilweise **Außenwände,** sind diese zu „fingieren" (vgl. OVG B-Bbg, Beschl. vom 25. Januar 2013 – 2 N 47.10 –, juris Rn. 3, m. w. N.;
BayVGH, Urt. vom 8. Juni 2010 – 9 B 08.3162 –, juris Rn. 17). Auf
unterirdische oder nur bis zur Geländeoberfläche reichende Gebäude
und Gebäudeteile, wie beispielsweise Tiefgaragen inklusive Zufahrtsrampen, ist § 6 **nicht** anzuwenden (vgl. OVG NRW, Beschl. vom

10. September 2014 – 2 B 918/14 –, BauR 2015, 959 = BRS 82 Nr. 130). Maßgeblich für den Begriff der Geländeoberfläche ist § 2 Abs. 4 Satz 3.

Absatz 1 Satz 2 erweitert die Grundanforderung des Satzes 1 auf **Anlagen,** die zwar **keine** Gebäude sind, von denen **aber "Wirkungen wie von Gebäuden"** ausgehen. Nach der beispielhaften Aufzählung in **Absatz 1 Satz 3** gehen von solchen Anlagen **insbesondere** Wirkungen wie von Gebäuden aus, wenn sie länger als 5 m und höher als 2 m sind, bei Terrassen, wenn diese höher als 1 m sind. Die **Maße** gelten als **grobe Orientierung,** stehen einer Einzelfallbeurteilung aber nicht im Wege (VG Schleswig, Urt. vom 8. Mai 2014 – 8 A 197/12 –, juris Rn. 46; OVG Schleswig, Urt. vom 23. März 1994 – 1 L 45/93 –, SchlHA 1994, 180 = RdL 1994, 184; OVG Lüneburg, Urt. vom 26. Februar 1988 – 1 A 149/86 –, Die Gemeinde 1988, 241). Zu berücksichtigen sind dabei etwa die topografischen Verhältnisse, die Länge und Tiefe der betreffenden baulichen Anlage sowie deren Nutzungszweck. Bei **Terrassen** geht die Rechtsprechung beispielsweise überwiegend davon aus, dass sie bei einer Höhe von 1 m keine Abstandflächen auslösende Wirkung hat. In einer Höhe von 1 m bis 1,50 m kommt es auf den Einzelfall an (vgl. VG München, Urt. vom 22. Januar 2015 – M 11 K 13.1210 –, juris Rn. 31, unter Bezugnahme auf HessVGH, Beschl. vom 22. Februar 2010 – 4 A 2410/08 –, BRS 76 Nr. 123 = NVwZ-RR 2010, 712). **Absatz 1 Satz 4** berücksichtigt den **Vorrang** des bundesrechtlichen **Bauplanungsrechts gegenüber** dem **Bauordnungsrecht.** Das Bauplanungsrecht lässt zwar nach § 29 Abs. 2 BauGB die Vorschriften des Bauordnungsrechts unberührt, so dass das Landesrecht an ein bauplanungsrechtlich zulässiges Vorhaben weitergehende Anforderungen stellen darf. **Landesrechtliche Vorschriften dürfen** jedoch **nicht** dazu führen, dass die planungsrechtlichen **Vorgaben des Bundesrechts unterlaufen** werden (vgl. dazu grundlegend BVerwG, Beschl. vom 11. März 1994 – 4 B 53.94 –, BRS 56 Nr. 65 = BauR 1994, 494 = NVwZ 1994, 1008 = ZfBR 1994, 192 = DÖV 1994, 868 = Buchholz 406.11 § 34 BauGB Nr. 166). In Fällen, in denen das Planungsrecht eine Bebauung an der Grenze vorschreibt (wie beispielsweise bei geschlossener Bauweise nach § 22 Abs. 3 BauNVO und der Festsetzung von Baulinien nach § 23 Abs. 2 Satz 1 BauNVO) oder erlaubt (wie beispielsweise bei einer gleichermaßen zulässigen Einzel- oder Doppelhausbebauung nach § 22 Abs. 2 Satz 1 BauNVO oder der Zulassung einer Grenzbebauung über eine Befreiung nach § 31 Abs. 2 BauGB), soll deshalb nach **Absatz 1 Satz 4** auch bauordnungsrechtlich eine Grenzbebauung zulässig sein (vgl. VGH BW, Beschl. vom 3. November 2014 – 3 S 1368/14 –, BRS 82 Nr. 134 = NVwZ-RR 2015, 288).

2. Lage der Abstandflächen und Abstände (Absatz 2)

Nach **Absatz 2 Satz 1** müssen Abstandflächen sowie Abstände nach § 31 Abs. 2 Nr. 1 (bei Brandwänden) und § 33 Abs. 2 (bei Dächern) **grundsätzlich auf** dem **Grundstück** selbst liegen. Sie dürfen sich nach **Satz 2** auch auf öffentliche Verkehrs-, Grün- oder Wasserflächen erstrecken, allerdings nur **bis zu deren Mitte**. Eine Verkehrsfläche ist grundsätzlich **öffentlich, wenn** sie tatsächlich **öffentlich genutzt** wird **und** für diesen Zweck **gewidmet** worden ist (OVG NRW, Beschl. vom 8. Februar 2005 – 10 B 1876/04 –, BRS 69 Nr. 132 = BauR 2005, 1457; OVG Berlin, Beschl. vom 6. September 1994 – 2 S 14.94 –, BRS 56 Nr. 173). Eine **Widmung** ist **beispielsweise** dann **entbehrlich**, wenn die Gemeinde Eigentümerin der Wegeparzelle ist und für Grundstücke am Weg bereits Baugenehmigungen erteilt hat (OVG NRW, a. a. O.) oder wenn eine Fläche mit einem Geh-, Fahr- und Leitungsrecht zugunsten der Anlieger und der Gemeinde belastet ist (OVG Schleswig, Beschl. vom 29. März 1995 – 1 M 7/95 –, juris). **Überschreitet** die erforderliche **Abstandfläche die Mitte** einer öffentlichen Verkehrs-, Grün- oder Wasserfläche, ist die Eigentümerin oder der Eigentümer des gegenüber liegenden Grundstücks im Regelfall **in** seinen **Nachbarrechten verletzt** (Nieders. OVG, Beschl. vom 30. März 1999 – 1 M 897/99 –, BRS 62 Nr. 190 = BauR 1999, 1163 = NVwZ-RR 1999, 716; OVG RP, Beschl. vom 15. Oktober 1987 – 1 B 54/87 –, BRS 47 Nr. 168 = BauR 1999, 1163 = NVwZ-RR 1999, 716).

Nach **Absatz 2 Satz 3 Halbsatz 1** dürfen sich **Abstandflächen und Abstände** i. S. d. Satzes 1 ganz oder teilweise **auf andere Grundstücke** erstrecken, **wenn öffentlich-rechtlich gesichert** ist, dass sie nicht überbaut werden. **Andere Grundstücke** sind im Regelfall die an das Baugrundstück angrenzenden Grundstücke. Sollten diese nicht ausreichen, können auch weitere an die Nachbargrundstücke angrenzenden

Flächen in Betracht gezogen werden. Als **öffentlich-rechtliche Sicherung** gelten die Eintragung einer Baulast (vgl. § 80), Festsetzungen eines Bebauungsplans oder sonstige öffentlich-rechtliche Vorschriften, nach denen eine Grundstücksfläche von baulichen Anlagen freigehalten werden muss (vgl. die frühere Regelung des § 7 Abs. 1 Satz 3 LBO 2000). Die über ein Baugrundstück hinausgehenden Abstandflächen dürfen jedoch **nicht auf** die auf den **benachbarten** Grundstücken **erforderlichen** (anderen) **Abstandflächen angerechnet** werden (vgl. **Absatz 2 Satz 3 Halbsatz 2**). Da nur von „erforderlichen" Abstandflächen auf benachbarten Grundstücken die Rede ist, dürfen sich solche öffentlich-rechtlich gesicherten Flächen auf Bereiche erstrecken, die beispielsweise **mit** Anlagenteilen und **Anlagen** nach **Absatz 6 bis 8** oder § **49 Abs. 2 Satz 3** bebaut sind **oder anderweitig** – etwa als Zufahrt – **genutzt** werden (vgl. auch den früheren § 7 Abs. 1 Satz 2 LBO 2000).

3. Überdeckung von Abstandflächen (Absatz 3)

Absatz 3 Halbsatz 1 geht davon aus, dass die Zielsetzungen des § 6 grundsätzlich nur erreicht werden, wenn sich die **Abstandflächen nicht überdecken.** Da Abstandflächen nach Absatz 2 Satz 1 grundsätzlich auf dem Baugrundstück liegen müssen, ist das Überdeckungsverbot vor allem für die Anordnung von Gebäuden und Gebäudeteilen auf **demselben Baugrundstück** bedeutsam. Danach ergibt sich der Mindestabstand zwischen einander gegenüberstehenden Gebäuden aus der Summe der Tiefen ihrer Abstandflächen. Nach **Absatz 3 Halbsatz 2** gilt das **Überdeckungsverbot nicht für** die unter **Nummer 1 bis 3** aufgeführten Fälle:

– **Nummer 1:** Für Außenwände, die in einem Winkel von mehr als 75° zueinander stehen. Hier ist § 31 Abs. 6 zu beachten, wenn die Außenwände oder Gebäudeteile über Eck zusammenstoßen.
– **Nummer 2:** Für Außenwände zu einem **fremder Sicht entzogenen Gartenhof** bei **Wohngebäuden** der **Gebäudeklassen 1 und 2.** Gartenhöfe in diesem Sinne sind Höfe innerhalb desselben Gebäudes (Atrium) sowie Höfe, die sich z. B. innerhalb einer „Teppichbebauung" durch eine entsprechende Grundrissgestaltung zwischen eigenen Außenwänden und denen des Nachbargebäudes ergeben. Voraussetzung ist, dass sie fremder Sicht entzogen sind.

– **Nummer 3:** Für Gebäude und andere bauliche Anlagen, die **in den Abstandflächen zulässig** sind. Erfasst werden alle Gebäude und baulichen Anlagen i. S. d. Absätze 6 bis 8 sowie i. S. von Spezialregelungen, wie des § 49 Abs. 2 Satz 3.

Schaubilder zu Absatz 3 Halbsatz 2
(zulässige Überdeckung)

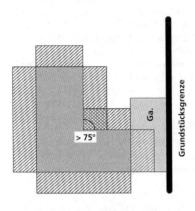

Nummer 1:
bei Außenwänden,
die in einem Winkel von > 75°
zueinander stehen

Nummer 3:
bei Gebäuden und anderen
baulichen Anlagen, die in den
Abstandflächen zulässig sind
(hier: Garage)

Nummer 2:
bei Außenwänden zu einem
fremder Sicht entzogenen Gartenhof bei Wohngebäuden der
Gebäudeklassen 1 und 2

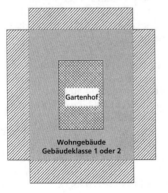

4.   Bemessung der Abstandflächen (Absatz 4)

Nach **Absatz 4 Satz 1** richtet sich die **Tiefe** der Abstandflächen grundsätzlich nach der **senkrecht** zur Wand zu messenden Wandhöhe. Die Abstandflächen liegen danach **vor** der jeweiligen Außenwand und sind senkrecht am unteren Bezugspunkt der Wand anzulegen. Davon ausgehend bemessen sich die Abstandflächen jeweils rechtwinklig zur Höhe und zur Länge der Gebäudeaußenwand. Im Bereich von **Gebäudeecken** liegen keine Abstandflächen; die Anordnung von „**Bogenschlägen**" durch Verbindung der projizierten Abstandflächen zweier Wände „über Eck" ist **unzulässig** (vgl. OVG Schleswig, Beschl. vom 13. Juni 1997 – 1 M 38/97 –, juris). Die **Wandhöhe bestimmt** maßgeblich den Grad der Beeinträchtigung und somit das **Maß der Tiefe** der Abstandfläche.

Absatz 4 Satz 2 definiert als Wandhöhe das Maß von der „**festgelegten**" Geländeoberfläche (unterer Bezugspunkt) **bis** zum **Schnittpunkt der Wand mit der Dachhaut oder** bis zum **oberen Abschluss** der Wand (oberer Bezugspunkt). Die „**festgelegte**" Geländeoberfläche als unterer Bezugspunkt ist die in einem Bebauungsplan festgesetzte oder in der Baugenehmigung oder Teilbaugenehmigung bestimmte Geländeoberfläche; andernfalls gilt die **Höhe der natürlichen Geländeoberfläche** (der „gewachsene" Boden) als festgelegt (vgl. § 2 Abs. 4 Satz 3). Der **Schnittpunkt** von einer **Wand** und einer **Dachhaut** ist oberer Bezugspunkt bei **Gebäuden mit geneigten Dächern**; er wird durch die **Wandaußenseite** und die **Oberfläche** der Dachhaut gebildet. Tiefer liegende Traufpunkte bei Dachüberständen haben in diesem Zusammenhang keine Bedeutung. Bei Gebäuden mit **Flachdach** ist **oberer Bezugspunkt** der **obere Abschluss der Wand**. Dies ist beispielsweise die Oberkante einer Attika oder einer geschlossenen Umwehrung einer Dachterrasse. Den oberen Abschluss eines Pultdaches bildet seine Firstwand. Hat ein Gebäude **keine** oder nur teilweise **Außenwände,** sind diese zu **fingieren** (vgl. OVG B-Bbg, Beschl. vom 25. Januar 2013 – 2 N 47.10 –, juris Rn. 3, m. w. N.; BayVGH, Urt. vom 8. Juni 2010 – 9 B 08.3162 –, juris Rn. 17).

Schaubild zur Ermittlung der Wandhöhe H

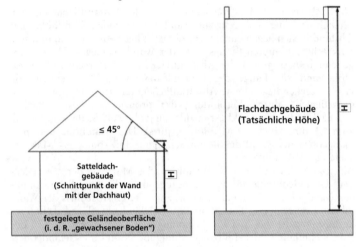

Satteldach mit ≤ 45° Dachneigung   Flachdach

Absatz 4 Satz 3 enthält eine **Anrechnungsregelung** für bestimmte Dächer und Dachteile sowie für Dächer mit Dachgauben oder Dachaufbauten. Die Vorschrift regelt konkret, **wann und** – wenn ja – **inwieweit** die Höhe dieser Gebäudeteile bei der Ermittlung der Tiefe der Abstandflächen zu berücksichtigen ist. Folgende Fallkonstellationen kommen in Betracht:

– **Abstandflächenrechtlich unerheblich** ist die Höhe von **Dächern mit Dachneigungen** bis einschließlich 45°, es sei denn, sie haben größere Dachgauben oder Dachaufbauten, deren Gesamtbreite je Dachfläche mehr als die Hälfte der Gebäudewand beträgt.

– **Zu einem Viertel** hinzugerechnet wird die Höhe von **Dächern** und **Dachteilen,** die von **Dachflächen** mit einer Neigung von **mehr als 45°** begrenzt werden (**Nummer 1 Buchst. a**).

– Ebenfalls **zu einem Viertel** hinzugerechnet wird die **Höhe** von **Dächern mit Dachgauben** oder **Dachaufbauten,** deren **Gesamtbreite**

je Dachfläche mehr als die Hälfte der Gebäudewand beträgt (Nummer 1 Buchst. b).
– **Voll angerechnet** wird die Höhe von **Dächern** und **Dachteilen,** die von **Dachflächen** mit einer Neigung von **mehr als 70°** begrenzt werden **(Nummer 2).**
Giebelflächen im Bereich des Daches bilden zusammen mit den darunterliegenden (rechteckigen) Wandteilen die Giebelwand und sind daher **unabhängig von** der **Neigung** der anschließenden Dächer in ihren tatsächlichen Abmessungen bei der Ermittlung der Wandhöhe zu **berücksichtigen;** davon **ausgenommen** sind lediglich Wohngebäude der Gebäudeklassen 1 und 2 mit maximal drei oberirdischen Geschossen (vgl. dazu **Absatz 5 Satz 3).**

Schaubild zur Ermittlung der Wandhöhe H (Traufseite)
Satteldach mit mehr als 45° bis zu 70° Dachneigung

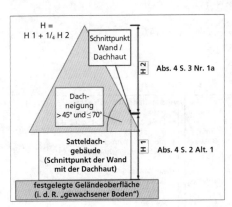

nach rechnerischer Wandhöhe, d. h.
zwei Teilhöhen:
Höhe untere senkrechte Wand (H 1)
anteilige Zurechnung der Dachhöhe (H 2)

Schaubild zur Ermittlung der Wandhöhe H (Giebelseite)

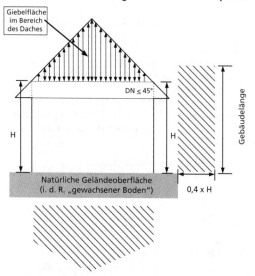

Abstandflächen Giebelseite	Abstandflächen Traufseiten
• regulär 0,4 H mindestens 3 m	• regulär 0,4 H, mindestens 3 m
• in GE- und GI-Gebieten 0,2H, mindestens 3 m	• in GE- und GI-Gebieten 0,2 H, mindestens 3 m
• Giebelflächen im Bereich des Daches sind zu berücksichtigen	• hier keine Anrechnung des Daches, da Dachneigung ≤ 45°
• bei Absatz 5 Satz 3 nur 3 m (keine Anrechnung von Giebelflächen im Bereich des Daches)	• bei Absatz 5 Satz 3 nur 3 m (keine Anrechnung von Giebelflächen im Bereich des Daches)

Nach **Absatz 4 Satz 4** ergibt die **Wandhöhe** einschließlich eines ggf. hinzuzurechnenden Anteils nach **Absatz 4 Satz 3** das **Abstandflächenmaß H**.

5.   Abstandflächentiefe (Absatz 5 und 6)

Absatz 5 behandelt die **Tiefe der Abstandflächen**. Sie beträgt
– 0,4 H (**Satz 1**),
– in Gewerbe- und Industriegebieten 0,2 H (**Satz 2**),
jeweils jedoch **mindestens 3 m.**
Nach der **Sonderregelung** des **Satzes 3** genügt vor Außenwänden von **Wohngebäuden der Gebäudeklassen 1 und 2** mit **nicht mehr als drei oberirdischen Geschossen** als Tiefe der Abstandfläche 3 m. In diesem Fall sind etwaige Giebelflächen im Bereich des Daches abstandflächenrechtlich ohne Bedeutung.

Schaubild zur Sonderregelung des Absatzes 5 Satz 3

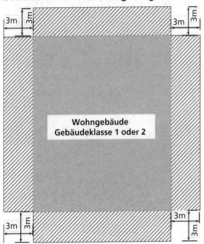

Wohngebäude
(bauordnungsrechtliche Sichtweise, gilt auch für Wochenend- und Ferienhäuser, vgl. § 33 Abs. 2 Satz 2)
– **Gebäudeklasse 1 oder 2**
  (≤ 7 m Höhe und ≤ 2 Nutzungseinheiten mit BGF von zusammen ≤ 400 m²)

B • LBO §6

- ≤ 3 oberirdische Geschosse
- Dachneigung und Giebelflächen im Bereich des Daches bleiben unberücksichtigt

Ermittlung der Abstandflächen beim Pultdach (≤ 45°)

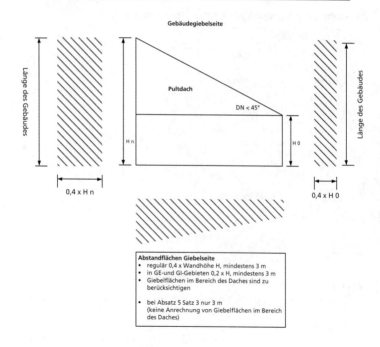

Abstandflächen Traufseite
- regulär 0, 4 x Wandhöhe H n, mindestens 3 m
- in GE- und GI-Gebieten 0,2 x H n, mindestens 3 m
- Höhe des Daches auch als Wandhöhe berechnen

- bei Absatz 5 Satz 3 nur 3 m
  (keine Anrechnung von Giebelflächen im Bereich des Daches)

Abstandflächen Traufseite
- regulär, 4 x Wandhöhe H0, mindestens 3 m
- in GE- und GI-Gebieten 0,2 x H 0, mindestens 3 m
- hier keine Anrechnung des Daches, da Dachneigung ≤ 45°

- bei Absatz 5 Satz 3 nur 3 m
  (keine Anrechnung von Giebelflächen im Bereich des Daches)

Gebäudegiebelseite

Länge des Gebäudes

Pultdach

DN < 45°

H n

H 0

Länge des Gebäudes

0,4 x H n

0,4 x H 0

Abstandflächen Giebelseite
- regulär 0,4 x Wandhöhe H, mindestens 3 m
- in GE- und GI-Gebieten 0,2 x H, mindestens 3 m
- Giebelflächen im Bereich des Daches sind zu berücksichtigen

- bei Absatz 5 Satz 3 nur 3 m
  (keine Anrechnung von Giebelflächen im Bereich des Daches)

Absatz 5 Satz 4 stellt neu – wie es bisher auch schon Absatz 1 Satz 4 Nr. 2 vorsieht – eine **Vorrangregelung für das Bauplanungsrecht** gegenüber den bauordnungsrechtlichen Abstandflächenregelungen dar. Er bewirkt, dass **auch städtebauliche Satzungen oder örtliche Bauvorschriften nach § 84** hinsichtlich der Bemessung der Abstandflächen gegenüber § 6 Abs. 5 Satz 1 bis 3 **Vorrang** haben und stellt somit eine weitere Maßnahme zur **Harmonisierung bauplanungs- und bauordnungsrechtlicher Anforderungen** dar. Weil Satzungen Gebietsbereiche unterschiedlicher Festsetzungen enthalten können, dürfen sie sowohl Abweichendes regeln als auch gleichzeitig die Geltung der Vorschriften dieses Gesetzes anordnen.

Absatz 6 regelt die **Zulässigkeit untergeordneter Bauteile und Vorbauten** in den Abstandflächen.

Nummer 1 behandelt vor die Außenwand **vortretende Bauteile wie Gesimse und Dachüberstände.** Die Regelung stellt **nur** auf die dem jeweiligen Dachüberstand **gegenüber liegenden Nachbargrenzen** ab.

Nummer 2 erfasst **Vorbauten,** also nicht das (Haupt)Gebäude selbst. Der **unbestimmte Rechtsbegriff** des **Vorbaus umfasst** ein Bauteil bzw. ein bautechnisches Element, das – in begrenztem Umfang – aus funktionalen oder gestalterischen Gründen aus der Außenwand hervortritt. Es muss sich also **sowohl quantitativ** (also in seinem baulichen Umfang) **als auch** funktional der jeweils maßgeblichen **Außenwand** (Bezugswand) **deutlich unterordnen. Kein Vorbau** ist ein bautechnisches Element, das beispielsweise dazu dient, weitere Wohn- oder Nutzflächen zu erschließen (vgl. im Einzelnen OVG Schleswig, Beschl. vom 12. Dezember 2014 – 1 LA 57/14 –, NordÖR 2015, 127; VG Schleswig, Urt. vom 16. Juni 2014 – 8 A 39/13 –, juris [Vorinstanz]), wie etwa ein vom Wohnhaus zugänglicher Wintergarten.

Die in **Nummer 1 und 2** im Einzelnen enthaltenen Maßangaben verleiten bei Prüfung der Abstandflächen leicht dazu, das Augenmerk fälschlicherweise zuerst auf die Einhaltung der Maße zu richten und dann – bei deren Einhaltung – daraus zu schlussfolgern, dass es sich um einen vor die Außenwand vortretenden Bauteil (**Nummer 1**) oder Vorbau (**Nummer 2**) handelt. Die Maßangaben kommen jedoch erst dann zum Tragen, wenn im jeweiligen Einzelfall geklärt ist, dass es einen vor die Außenwand vortretenden Bauteil bzw. Vorbau darstellt.

Die **neue Nummer 3** soll **vermeiden,** dass für Dachaufbauten, die ge-
danklich wie ein selbstständiges Gebäude zu betrachten sind, **Abweichungen** nach § 71 erteilt werden müssen, wenn sie in der geschlossenen Bauweise nicht an der (seitlichen) Grundstücksgrenze errichtet
werden. Die genannten Vorbauten sind solche, die dem Hauptgebäude
untergeordnet sind. Zur Klarstellung nimmt die Regelung auf die
Maße der Nummer 2 Buchst. a und b Bezug.
Die **neue Nummer 4** sieht – wie der bisherige § 6 Abs. 6 Nr. 3 – im
Hinblick auf die zunehmende Bedeutung der Nutzung erneuerbarer
Energien und das Erfordernis der Energieeinsparung eine **abstandflächenrechtliche Privilegierung von Maßnahmen der Wärmedämmung
und von Solaranlagen an bestehenden Gebäuden** vor.
Hinsichtlich der Solaranlagen steht die Formulierung in Parallelität
zur ebenfalls neu gefassten Regelung der Verfahrensfreiheit nach § 63
Abs. 1 Nr. 3 Buchst. a. Daher umfasst die **Formulierung Solaranlagen
„an Gebäuden" nur Solaranlagen an Außenwänden und an Dachflächen. Nicht erfasst** sind die in § 63 unter die Formulierung „auf Dachflächen" fallenden **aufgeständerten Solaranlagen,** weil sie insbesondere auch abstandflächenrechtliche Probleme aufwerfen können.
Hinsichtlich der Maßnahmen zum Zwecke der Energieeinsparung ist
das **enge Beziehungsgeflecht zum Bauplanungsrecht** zu beachten.
Nach § 248 BauGB sind in Gebieten mit Bebauungsplänen oder In-
nenbereichssatzungen bei Maßnahmen an bestehenden Gebäuden
zum Zwecke der Energieeinsparung geringfügige Abweichungen insbesondere vom Maß der baulichen Nutzung und der überbaubaren
Grundstücksfläche zulässig, soweit dies mit nachbarlichen Interessen
und baukulturellen Belangen vereinbar ist.
Trotz der **abstandflächenrechtlichen Privilegierung** der in **Absatz 6
Nr. 4** aufgeführten Maßnahmen zur Energieeinsparung bzw. der Solaranlagen **wird** mit einem **Mindestabstand von 2,30 m den Nachbarinteressen ausreichend Rechnung** getragen. Mit einer Stärke von 20 cm
kann nach bisherigen Erkenntnissen ein optimales Dämmergebnis erreicht werden. Bei Sanierungen werden üblicherweise Dämmungen
zwischen 10 und 15 cm aufgetragen. Zur Erreichung eines Passivhaus-
standards sind i. d. R. bereits 20 cm ausreichend. Der unveränderte
Mindestabstand berücksichtigt nach wie vor die energetische Sanie-
rung von Bestandsgebäuden mit geringeren Abstandflächen (2,50 m)

nach früherem Recht. Auf eine Angabe der Dämmstoffstärke ist verzichtet worden, um Innovationen und alternative Techniken nicht zu erschweren.

6.   In Abstandflächen zulässige Anlagen (Absatz 7 und 8)

Absatz 7 befasst sich mit der **Zulässigkeit untergeordneter baulicher Anlagen in den Abstandflächen und ohne eigene Abstandflächen.**
Satz 1 lässt solche untergeordneten baulichen Anlagen nicht nur alternativ an der Grundstücksgrenze bzw. als Anbau an ein anderes Gebäude oder durch Einhaltung einer Abstandfläche zu, sondern auch (nur) grenz- und gebäudenah. **Abgestellt wird** dabei **auf die eigene,** nicht die nachbarliche **Grundstücksgrenze.**
Nummer 1 begünstigt abstandflächenrechtlich **Garagen,** also **Gebäude** oder Gebäudeteile zum Abstellen von Kraftfahrzeugen (vgl. Definitionen in § 2 Abs. 3 und 9 Satz 2). Als **Gebäudeteile** sind Garagen Räume in Verbindung mit einem sonst anders genutzten Gebäude, die **ausschließlich** dem Abstellen von Kraftfahrzeugen dienen.
Nummer 2 erfasst besonders genutzte, öffentlichen Interessen dienende Gebäude ohne Aufenthaltsräume und Feuerstätten (vgl. auch § 1 Abs. 2 Nr. 3 und § 63 Abs. 1 Nr. 3 Buchst. b).
Nummer 3 begünstigt **sonstige Gebäude ohne Aufenthaltsräume,** die als selbstständige Gebäude und auch zusammen mit Kleingaragen oder Kleingaragen einschließlich Abstellräumen zulässig sind. Diese sonstigen Gebäude dürfen keine Aufenthaltsräume haben. **In solchen Gebäuden** sind nach **Satz 2** auch **Leitungen und Zähler** für Energie und Wasser, **Feuerstätten** für flüssige oder gasförmige Brennstoffe mit einer Nennwärmeleistung bis zu 28 kW **und Wärmepumpen** entsprechender Leistung **zulässig.**
Nummer 4 privilegiert gebäudeunabhängige (also selbstständige) Solaranlagen mit einer **mittleren Höhe** (nicht: Wandhöhe!) **bis zu 2,75 m und** einer **Gesamtlänge** je Grundstücksgrenze von **9 m.**
Nummer 5 erfasst **Stützwände** und **geschlossene Einfriedungen** in Gewerbe- und Industriegebieten, außerhalb dieser Baugebiete mit einer Höhe von 1,50 m. **Gebiete i. S. d. 1. Halbsatzes** sind durch Bebauungsplan **festgesetzte** (vgl. §§ 8 und 9 BauNVO) **und faktische Gewerbe- und Industriegebiete** innerhalb im Zusammenhang bebauter Ortsteile (vgl. § 34 Abs. 2 BauGB). Außerhalb dieser Gebiete ist die Zulässig-

keit von Stützwänden und geschlossenen Einfriedungen in den Abstandflächen bis zu einer Höhe von 1,50 m beschränkt (**2. Halbsatz**).

Absatz 7 Satz 2 enthält für die in **Satz 1** (Nummer 1 bis 3) genannten **Gebäude** einschließlich darauf errichteter Anlagen zur Gewinnung von Solarenergie **längen- und höhenmäßige Beschränkungen, soweit** sie den **Abstand zur Grundstücksgrenze** von 3 m **unterschreiten**.

Nach **Nummer 1** darf die **Gesamt**länge der Gebäude an **keiner der jeweiligen Grundstücksgrenzen des Baugrundstücks** größer als **9 m** sein. Bei der Ermittlung der Gesamtlänge kommt es auf die jeweilige Grundstücksgrenze des Baugrundstücks an, nicht darauf, an wie viele Grundstücksgrenzen von Nachbargrundstücken das Baugrundstück angrenzt. **Dachüberstände und Dachrinnen** beeinflussen die Gesamtlänge der Gebäude und dürfen daher **nicht herausgerechnet** werden. Das Wort „**soweit**" macht deutlich, dass sich die Längenbeschränkung nur auf die Teile der begünstigten Gebäude bezieht, die den Abstand von 3 m zur Grundstücksgrenze unterschreiten.

Nach **Nummer 2** darf die **mittlere Wandhöhe** der den Abstand von 3 m zur Grundstücksgrenze unterschreitenden Gebäude (oder Gebäudeteile) **2,75 m** über der **an der Grundstücksgrenze festgelegten Geländeoberfläche** nicht übersteigen. Dieser Beschränkung unterliegen also nicht Teile der Gebäude, welche die erforderliche Abstandflächentiefe nach Absatz 4 bis 6 einhalten. Ausgangspunkt für die Ermittlung der mittleren Wandhöhe ist die an der Grundstücksgrenze (des Baugrundstücks) festgelegte Geländeoberfläche, auch wenn die nach Absatz 7 begünstigten Gebäude nicht an der Grundstücksgrenze, sondern im 3-m-Bereich davon errichtet werden. Die mittlere Wandhöhe muss mathematisch korrekt unter Berücksichtigung der Einzelhöhen in Verbindung mit der entsprechenden Wandlänge ermittelt werden. Da **Nummer 2** nur die Wandhöhe regelt, ist auf den Gebäuden nach Satz 1 Nr. 1 bis 3 ein Dach mit einer Neigung von bis zur 45° zulässig (Umkehrschluss aus Absatz 4 Satz 3 Nr. 1 Buchst. a). Dies betrifft allerdings nur die Giebelaußenflächen an der Grundstücksgrenze. Steht eine Garage mit Satteldach giebelseitig an einer Grundstücksgrenze oder im 3-m-Bereich davon, müssen bei der Berechnung der mittleren Wandhöhe die Giebelflächen im Bereich des Daches mit einbezogen werden.

Nicht unter **Absatz 7 Satz 2** fallen grundsätzlichdie in **Satz 1 Nr. 4** genannten **gebäudeunabhängigen Solaranlagen** mit den in Nummer 4 bereits aufgeführten maximalen höhen- und längenmäßigen Beschränkungen; diese Anlagen sind in aller Regel keine Gebäude i. S. d. § 2 Abs. 3.

Ebenfalls **nicht** von **Absatz 7 Satz 2** erfasst werdenaußerdem die in **Satz 1 Nr. 5** genannten **Stützwände und geschlossenen Einfriedungen,** weil auch sie **keine Gebäude** i. S. d. § 2 Abs. 3 sind; unterschreiten sie den Abstand von 3 m zur Grundstücksgrenze, ist ihre Zulässigkeit abstandflächenrechtlich an Absatz 1 Satz 2 und 3 zu messen. Die Prüfung nach Absatz 1 Satz 2 und 3, ob von baulichen Anlagen, die selbst keine Gebäude sind, **Wirkungen wie von Gebäuden** ausgehen, muss – **aus** der **Sicht des Nachbargrundstücks** – anhand des „Gebäudetypischen" – erfolgen, vor dem § 6 schützen kann und soll (vgl. OVG NRW, Beschl. vom 18. Mai 2015 – 2 A 126/15 –, juris Rn. 12, m. w. N.; s. a. VG Schleswig, Urt. vom 8. Mai 2014 – 8 A 197/ 12 –, juris Rn. 37; zum Schutzziel der Abstandflächenregelungen s. Erläuterungen unter Allgemeines). Die **Höhenbegrenzung** für Stützwände und geschlossene Einfriedungen außerhalb von Gewerbe- und Industriegebieten auf bis zu **1,50 m bezieht sich auf** das jeweilige **Baugrundstück** und – vorbehaltlich anderweitiger Festlegungen i. S. d. § 2 Abs. 4 Satz 3 – auf dessen **natürliche Geländeoberfläche,** d. h. den (nicht veränderten) „gewachsenen Boden" (vgl. OVG RP, Beschl. vom 6. Juni 2011 – 8 A 10377/11 –, BRS 78 Nr. 140 = BauR 2012, 77 = NVwZ-RR 2011, 757). Hat eine Bauherrin oder ein Bauherr ihr oder sein Grundstück zuvor grenzständig aufgeschüttet, bleibt für die Bemessung der Höhe die ursprüngliche natürliche Geländeoberfläche des Baugrundstücks maßgebend (a. a. O.).

Die in **Absatz 8** genannten, in den Abstandflächen sowie ohne eigene Abstandflächen zulässigen Anlagen sind **selbstständige** Anlagen, die sowohl freistehend als auch in (lockerer) Verbindung mit Gebäuden oder anderen Anlagen errichtet werden. Kleinkinderspielplätze, Abstellanlagen für Fahrräder ohne Überdachung, Schwimmbecken. Maste und untergeordnete bauliche Anlagen wie offene Einfriedungen, sind keine Gebäude i. S. d. § 2 Abs. 3; von ihnen gehen im Regelfall auch keine Wirkungen wie von einem Gebäude aus (vgl. Absatz 1 Satz 2 und 3); gleiches gilt für (ebenerdige), nicht überdachte Terras-

sen sowie für Pergolen, die nach oben hin mindestens zur Hälfte offen
sind. Von Terrassen, die höher als 1 m sind, gehen hingegen Wirkungen wie von einem Gebäude aus (vgl. Absatz 1 Satz 3). **Überdachungen** von Freisitzen sind nach dem Willen des Gesetzgebers ebenfalls in
den Abstandflächen sowie ohne eigene Abstandflächen zulässig (s. zu
Freisitzen und deren Überdachungen: OVG Schleswig, Beschl. vom
1. Februar 2011 – 1 LA 1/11 –, juris Rn. 4 ff., und Urt. vom 15. März
2007 – 1 LB 20/06 –, juris Rn. 42).

§ 7 Teilung von Grundstücken

(1) Durch die Teilung eines Grundstückes dürfen keine Verhältnisse geschaffen werden, die Vorschriften dieses Gesetzes oder aufgrund dieses
Gesetzes widersprechen.

(2) Soll bei einer Teilung nach Absatz 1 von Vorschriften dieses Gesetzes
oder aufgrund dieses Gesetzes abgewichen werden, ist § 71 entsprechend
anzuwenden.

Erläuterungen

1. Allgemeines

§ 7 soll sicherstellen, dass eine Anlage, die aufgrund einer Baugenehmigung, einer Genehmigungsfreistellung nach § 68 oder ihrer Verfahrensfreiheit nach § 63 legal erstellt worden ist, möglichst für die Dauer
ihres Bestehens auch legal bleibt und eine **Realteilung** des Baugrundstücks **nicht** zu **bauordnungswidrigen Zuständen** führt. Die Vorschrift
korrespondiert mit § 4 Abs. 3 und § 19 BauGB.

2. Teilung

Nach **Absatz 1** dürfen durch eine Teilung eines Grundstücks keine
Verhältnisse geschaffen werden, die Vorschriften der LBO oder Vorschriften, die auf der Grundlage der LBO erlassen worden sind, widersprechen. Maßgeblich für den Begriff Teilung ist § 19 Abs. 1 BauGB.
Danach ist die Teilung eines Grundstücks die dem Grundbuchamt gegenüber abgegebene oder sonst wie erkennbar gemachte Erklärung
des Eigentümers, dass ein Grundstücksteil grundbuchmäßig abgeschrieben und als selbstständiges Grundstück oder als ein Grundstück

zusammen mit anderen Grundstücken oder mit Teilen anderer Grundstücke eingetragen werden soll (vgl. auch § 890 BGB).

Die Bauaufsichtsbehörde kann in diesen Fällen im Regelfall nicht präventiv tätig werden und beispielsweise die Herbeiführung eines bauordnungswidrigen Zustandes durch eine Untersagung der Teilung verhindern; sie kann allenfalls nach § 59 Abs. 2 Satz 2 die (Wieder)Herstellung eines baurechtmäßigen Zustandes anordnen.

3. Herstellung baurechtmäßiger Zustände

Absatz 2 stellt klar, dass **vor** Durchführung einer Teilung ggf. eine **Abweichungsentscheidung** nach § 71 zu treffen ist, wenn durch die Teilung bauordnungswidrige Verhältnisse entstünden.

§ 8 Nicht überbaute Flächen der bebauten Grundstücke, Kleinkinderspielplätze

(1) [1]Die nicht überbauten Flächen der bebauten Grundstücke sind
1. wasseraufnahmefähig zu belassen oder herzustellen und
2. zu begrünen oder zu bepflanzen,

soweit dem nicht die Erfordernisse einer anderen zulässigen Verwendung der Flächen entgegenstehen. [2]Satz 1 findet keine Anwendung, soweit Satzungen Festsetzungen zu den nicht überbauten Flächen treffen.

(2) [1]Bei der Errichtung von Gebäuden mit mehr als zehn Wohnungen ist auf dem Baugrundstück oder in unmittelbarer Nähe auf einem anderen geeigneten Grundstück ein ausreichend großer Spielplatz für noch nicht schulpflichtige Kinder (Kleinkinder) anzulegen, dessen dauerhafte Nutzung für diesen Zweck öffentlich-rechtlich gesichert sein muss. [2]Dies gilt nicht, wenn in unmittelbarer Nähe eine Gemeinschaftsanlage oder ein sonstiger für die Kinder nutzbarer Spielplatz geschaffen wird oder vorhanden oder ein solcher Spielplatz wegen der Art und der Lage der Wohnung nicht erforderlich ist. [3]Bei bestehenden Gebäuden nach Satz 1 kann die Anlage von Spielplätzen für Kleinkinder verlangt werden, sofern auf dem Baugrundstück die benötigten Flächen in geeigneter Lage und Größe vorhanden sind. [4]Die Gemeinde kann durch Satzung für genau abgegrenzte Teile des Gemeindegebietes bestimmen, dass für bestehende Gebäude nach Satz 1 Spielplätze für Kleinkinder anzulegen sind.

Erläuterungen

1. Allgemeines

§ 8 konkretisiert die allgemeinen Anforderungen des § 3 Abs. 1 in Bezug auf die **nicht überbauten Flächen der bebauten Grundstücke** und auf **Kleinkinderspielplätze**. **Absatz 1** dient der Reduzierung der Belastung der **Stadtökologie**, dem Wasserhaushalt und der Erhöhung der Lebensqualität. **Absatz 2** dient **sozialen Zwecken** und der **Gefahrenabwehr**.

2. Nicht überbaute Flächen der bebauten Grundstücke

Nach **Absatz 1** sind die nicht überbauten Flächen der bebauten Grundstücke wasseraufnahmefähig zu belassen oder herzustellen und zu begrünen oder zu bepflanzen, **soweit** die Erfordernisse einer **anderen zulässigen Verwendung** der Flächen **nicht entgegenstehen (Satz 1) und Satzungen keine Festsetzungen** zu den nicht überbauten Flächen **treffen (Satz 2)**. **Begrünung oder Bepflanzung** beinhaltet die (Neu)Anlegung von Rasenflächen, das Anpflanzen von Bäumen und Sträuchern, das Anlegen von Beeten, bei vorhandener erhaltenswerter Vegetation auch deren Belassung. Kombinationen zwischen gärtnerischer Begrünung oder Bepflanzung und naturnaher Belassung sind möglich. **Falls erforderlich,** muss der **Lageplan** die Aufteilung der nicht überbauten Flächen enthalten (vgl. § 7 Abs. 3 Nr. 14 BauVorlVO – abgedruckt unter C –). Eine **andere zulässige Verwendung** der Flächen beinhaltet beispielsweise **Gehwege, Zufahrten, Stellplätze und Nebenanlagen**.

3. Kleinkinderspielplätze

Absatz 2 Satz 1 legt die **grundsätzlichen Voraussetzungen** für das Anlegen von Kleinkinderspielplätzen **sowie** deren **Standort** fest. Danach ist bei **der Errichtung** von Gebäuden mit **mehr als zehn Wohnungen** ein ausreichend großer Spielplatz für noch nicht schulpflichtige Kinder (Kleinkinder) anzulegen. Als **Standorte** kommen in Betracht das **Baugrundstück oder** ein anderes geeignetes Grundstück **in unmittelbarer Nähe,** dessen dauerhafte Nutzung für diesen Zweck öffentlich-rechtlich (z. B. durch Baulast, vgl. § 80) gesichert sein muss.
Satz 2 relativiert diese Forderung für die Fälle, in denen in unmittelbarer Nähe eine Gemeinschaftsanlage oder ein sonstiger für die Kinder

nutzbarer Spielplatz geschaffen wird oder vorhanden oder ein solcher Spielplatz wegen der Art und der Lage der Wohnung nicht erforderlich ist.

Satz 3 eröffnet der Bauaufsichtsbehörde die Möglichkeit, die Regelung des Satzes 1 auf **bestehende Gebäude** auszudehnen: Sind auf dem Baugrundstück die benötigten Flächen in geeigneter Lage und Größe vorhanden, **kann** sie die Anlage von Kleinkinderspielplätzen verlangen. Die **Ermessensentscheidung,** bei der die Belange der Gesundheit und des Schutzes der Kleinkinder sowie auch die Belange der Eigentümerinnen oder Eigentümer berücksichtigt werden müssen, ist in dem Verwaltungsakt zu **begründen** (vgl. § 109 Abs. 1 LVwG). Der Verwaltungsakt muss außerdem inhaltlich hinreichend bestimmt sein (vgl. § 108 Abs. 1 LVwG) und deshalb insbesondere **Aussagen zur Lage** und zu Einzelheiten der **Gestaltung** des Spielplatzes enthalten (vgl. OVG NRW, Urt. vom 20. November 1979 – X A 907/79 –, BRS 35 Nr. 116, OVG Berlin, Urt. vom 6. April 1979 – II B 30.77 –, BRS 35 Nr. 115; OVG Lüneburg, Urt. vom 30. Juni 1978 – I A 140/77 –, BRS 33 Nr. 93).

Nach **Satz 4 kann** auch die **Gemeinde** für bestehende Gebäude nach Satz 1 bestimmen, dass Kleinkinderspielplätze anzulegen sind. Dafür muss sie eine **Satzung** erlassen, die die betroffenen, genau abgegrenzten Teile des Gemeindegebietes enthält. Diese Möglichkeit dürfte für gewöhnlich nur bei einer größeren Anzahl von Fällen in Betracht gezogen werden.

§ 9   Sicherheit und Überschaubarkeit der Wegführung

Die Fuß- und Radwege auf den Grundstücken zwischen öffentlicher Verkehrsfläche, Gemeinschaftsanlagen und Eingängen von Gebäuden mit mehr als zwei Wohnungen müssen überschaubar und barrierefrei gestaltet und beleuchtet sein.

Erläuterungen

1.   Allgemeines

§ 9 berücksichtigt – neben anderen Bestimmungen der LBO – den **Demografiewandel** und den Gesichtspunkt der **Barrierefreiheit** und damit die Bedürfnisse eines immer größer werdenden Anteils von **älteren Menschen** und **Menschen mit Behinderung** an der Gesamtbevölkerung. Er konkretisiert die Regelung des § 3 Abs. 1, nach der bei der Planung, Errichtung, Änderung und Nutzungsänderung baulicher Anlagen und der Gestaltung von Grundstücken auf den Schutz der natürlichen Grundlagen des Lebens sowie auf die besonderen Belange von Familien mit Kindern, von alten Menschen sowie Menschen mit Behinderung durch den Grundsatz barrierefreien Bauens Rücksicht zu nehmen ist. Außerdem greift er die **verfassungsrechtlichen Vorgaben** der Art. 1 bis 3 GG auf, nach denen letztendlich allen Menschen die gleichen Entfaltungsmöglichkeiten zu gewähren sind und insbesondere niemand wegen seiner Behinderung **benachteiligt** werden darf.

2. Anwendungsbereich und Ausbildung der Wege

§ 9 findet Anwendung auf **Gebäude** mit **mehr als zwei Wohnungen.** Der Begriff des Gebäudes ist im § 2 Abs. 3 definiert. Danach sind beispielsweise **ein** Reihenmittelhaus, **ein** Reihenendhaus und **eine** Doppelhaushälfte jeweils **ein Gebäude.** Die **Überschaubarkeit** der Wegführung dient der Verkehrssicherheit der Nutzerinnen und Nutzer der Fuß- und Radwege; sie soll insbesondere auch „Angsträume" vermeiden. **Barrierefreie Wegführung** bedeutet beispielsweise auch, für Menschen mit Sehbehinderung Wegepflasterungen mit **Rillen, abgesenkte Bordsteine** und farbig abgesetzte Materialien zu verwenden. Für Menschen mit Gehbehinderung, insbesondere Rollstuhlbenutzerinnen und -benutzer, müssen die Wege **stufenlos** sein. Die Wege müssen außerdem **beleuchtet** sein. Ausreichend ist hier beispielsweise eine Beleuchtung, die über einen Bewegungsmelder gesteuert wird und sich bei Dämmerung oder Dunkelheit beim Betreten oder Befahren des Weges einschaltet. Die Bauherrin oder der Bauherr muss nicht in allen Fällen selbst für Beleuchtung sorgen: Insbesondere bei Gebäuden in gut ausgeleuchteten Innenstadtbereichen könnte sie oder er auf (weitere) Beleuchtung verzichten. Abweichungen i. S. d. § 71 Abs. 1 von den Anforderungen des § 9 können in Betracht gezogen werden, wenn die Voraussetzungen des § 52 **Abs. 4** vorliegen.

Dritter Teil   **Bauliche Anlagen**

Abschnitt I **Gestaltung**

§ 10   Gestaltung

[1]Bauliche Anlagen müssen nach Form, Maßstab, Verhältnis der Baumassen und Bauteile zueinander, Werkstoff und Farbe so gestaltet sein, dass sie nicht verunstaltet wirken. [2]Bauliche Anlagen dürfen das Straßen-, Orts- und Landschaftsbild nicht verunstalten.

Erläuterungen

1.   Allgemeines

§ 10 enthält keine Gestaltungsgebote, sondern **Verunstaltungsverbote;** er soll ästhetische Missgriffe verhindern. Danach dürfen bauliche Anlagen **weder** für sich allein **verunstaltend wirken (Satz 1) noch** ihre Umgebung **verunstalten (Satz 2).** Diese Anforderungen müssen **während der gesamten Lebensdauer der baulichen Anlage** beachtet werden.

Eine **positive Gestaltungspflege** ist auf der Grundlage von **örtlichen Bauvorschriften** möglich (vgl. OVG Schleswig, Urt. vom 9. Mai 1995 – 1 L 165/94 –, juris Rn. 40, Urt. vom 21. Dezember 1994 – 1 L 64/94 –, BRS 57 Nr. 172, Urt. vom 6. Juli 1994 – 1 L 83/93 –, juris Rn. 20, und Urt. vom 8. Juni 1994 – 1 K 10/92 –, juris Rn. 28, jeweils m. w. N.).

2.   Bauwerksbezogener Umweltschutz (Satz 1)

Nach **Satz 1** müssen bauliche Anlagen nach Form, Maßstab, Verhältnis der Baumassen und Bauteile zueinander, Werkstoff und Farbe so gestaltet sein, dass sie nicht verunstaltet wirken. Für die Beurteilung, ob ein Bauwerk verunstaltend wirkt, wird seit dem Urt. des BVerwG vom 28. Juni 1955 – I C 146.53 –, BVerwGE 2, 172 = NJW 1955, 1647 = MDR 1955, 694 = DVBl 1955, 640 = Buchholz 406.41 § 1 Baugestaltungsrecht – allgemein abgestellt auf das ästhetische Empfinden einer für Gestaltungsfragen aufgeschlossenen Durchschnittsbetrachterin oder eines entsprechenden Durchschnittsbetrachters. Bei dieser Beurteilung ist eine Verunstaltung nicht bereits jede Störung der architektonischen Harmonie, also der bloßen Schönheit, sondern sie ist ein „hässlicher, das ästhetische Empfinden des Beschauers nicht bloß beeinträchtigender, sondern verletzender Zustand" (zur Frage, wann Dachgauben verunstaltend wirken, s. OVG Schleswig, Urt. vom 31. Juli 1996 – 1 L 123/95 –, juris Rn. 7; zur Frage, wann eine Werbeanlage verunstaltend wirkt, s. OVG Schleswig, Urt. vom 19. Juli 1991 – 1 L 40/91 –, Die Gemeinde 1991, 354).

3. Umgebungsbezogener Umweltschutz (Satz 2)

Soweit bei den **umgebungsbezogenen Gestaltungsanforderungen** nach **Satz 2** auf ein vorhandenes Straßen-, Orts- und Landschaftsbild abgestellt wird, ergeben sich bei den gestalterischen Anforderungen Abstufungen nach der Schutzwürdigkeit des Straßenzuges, des Ortsteils oder der Landschaft. Je schöner, reizvoller oder empfindlicher sie sind, desto höhere Anforderungen müssen an die Gestaltung gestellt werden. Aber auch in einem bereits gestörten Straßenbild kann eine bauliche Anlage verunstaltend wirken. Einen Rechtssatz, dass nicht mehr verunstaltet werden könne, was bereits verunstaltet sei, gibt es nicht (OVG NRW, Urt. vom 6. Februar 1992 – 11 A 2235/89 –, BRS 54 Nr. 129 = BauR 1992, 487 = NVwZ 1993, 89; s. dazu auch VG Ansbach, Urt. vom 23. Juni 2004 – AN 3 K 04.00397 –, juris Rn 12; zur Verunstaltung des Orts- und Landschaftsbildes s. OVG Schleswig, Urt. vom 4. September 1996 – 1 L 317/95 –, juris Rn 33).

§ 11 Anlagen der Außenwerbung, Warenautomaten

(1) [1]Anlagen der Außenwerbung (Werbeanlagen) sind alle ortsfesten Einrichtungen, die der Ankündigung oder Anpreisung oder als Hinweis auf Gewerbe oder Beruf dienen und vom öffentlichen Verkehrsraum aus sichtbar sind. [2]Hierzu zählen insbesondere Schilder, Beschriftungen, Bemalungen, Lichtwerbungen, Schaukästen sowie für Zettelanschläge und Bogenanschläge oder Lichtwerbung bestimmte Säulen, Tafeln und Flächen.

(2) [1]Für Werbeanlagen, die bauliche Anlagen sind, gelten die in diesem Gesetz an bauliche Anlagen gestellten Anforderungen. [2]Werbeanlagen, die keine baulichen Anlagen sind, dürfen weder bauliche Anlagen noch das Straßenbild, Orts- oder Landschaftsbild verunstalten oder die Sicherheit des Verkehrs gefährden. [3]Die störende Häufung von Werbeanlagen ist unzulässig.

(3) [1]Außerhalb der im Zusammenhang bebauten Ortsteile sind Werbeanlagen unzulässig. [2]Ausgenommen sind, soweit in anderen Vorschriften nichts anderes bestimmt ist,

1. Werbeanlagen an der Stätte der Leistung,
2. Schilder, die die Inhaberin oder den Inhaber und die Art gewerblicher Betriebe kennzeichnen (Hinweisschilder), wenn sie vor Ortsdurchfahrten auf einer Tafel zusammengefasst sind,
3. einzelne Hinweiszeichen an Verkehrsstraßen und Wegabzweigungen, die im Interesse des Verkehrs auf außerhalb der Ortsdurchfahrten liegende Betriebe oder versteckt liegende Stätten aufmerksam machen,
4. Werbeanlagen an und auf Flugplätzen, Sportanlagen und Versammlungsstätten, soweit sie nicht in die freie Landschaft wirken,
5. Werbeanlagen auf Ausstellungs- und Messegeländen.

(4) [1]In Kleinsiedlungsgebieten, reinen Wohngebieten, allgemeinen Wohngebieten und Dorfgebieten sind Werbeanlagen nur zulässig an der Stätte der Leistung sowie Anlagen für amtliche Mitteilungen und zur Unterrichtung der Bevölkerung über kirchliche, kulturelle, politische, sportliche und ähnliche Veranstaltungen; freie Flächen dieser Anlagen dürfen auch für andere Werbung verwendet werden. [2]In reinen Wohngebieten darf an der Stätte der Leistung nur mit Hinweisschildern geworben werden. [3]Auf öffentlichen Verkehrsflächen können ausnahmsweise auch andere Werbeanlagen in Verbindung mit baulichen Anlagen, die dem öffentlichen Personennahverkehr dienen, zugelassen werden, soweit diese die Eigenart des Gebietes und das Ortsbild nicht beeinträchtigen.

(5) Die Absätze 1 bis 4 gelten für Warenautomaten entsprechend.

(6) Die Vorschriften diese Gesetzes sind nicht anzuwenden auf

1. Anschläge und Lichtwerbung an dafür genehmigten Säulen, Tafeln und Flächen,
2. Werbemittel an Zeitungs- und Zeitschriftenverkaufsstellen,
3. Auslagen und Dekorationen in Fenstern und Schaukästen,
4. Wahlwerbung für die Dauer eines Wahlkampfes,
5. Werbemittel für einmalige Veranstaltungen, die längstens für die Dauer von 14 Tagen aufgestellt oder angebracht werden.

Erläuterungen

1.   Allgemeines

§ 11 gehört zum **Gestaltungsrecht** und erfasst nur **Anlagen der Außenwerbung und Warenautomaten,** für die nach Absatz 5 die Vorschriften über Werbeanlagen entsprechend gelten. Werbende Anlagen im Inneren von baulichen Anlagen, die von außen nicht sichtbar sind, fallen zwar nicht unter diese Vorschrift; sie können jedoch beispielsweise in Warenhäusern, Teile von baulichen Anlagen sein, die die Anforderungen an die Standsicherheit nach § 13 erfüllen müssen.

2. Bauliche Anlagen der Außenwerbung (Absatz 1 und 2 Satz 1)

Nach **Absatz 1 Satz 1** erfüllen **Anlagen der Außenwerbung** (Werbeanlagen) die folgenden drei Voraussetzungen:
– Es handelt sich um **ortsfeste Einrichtungen**
– Die Einrichtungen dienen der **Ankündigung oder Anpreisung oder als Hinweis auf Gewerbe oder Beruf**
– Die Einrichtungen sind **vom öffentlichen Verkehrsraum aus sichtbar.**

Eine **Einrichtung** ist etwas künstlich Geschaffenes. **Satz 2** zählt **beispielhaft** Einrichtungen auf, die **Werbeanlagen** sind, **wenn** sie **ortsfest** sind **und** darüber hinaus die **anderen beiden** in der Auflistung enthaltenen **Voraussetzungen erfüllen. Ortsfest** ist eine Einrichtung, die selbst mit dem Erdboden fest verbunden ist (z. B. Litfaßsäule), aufgrund ihrer Schwere auf dem Erdboden ruht (z. B. Plakat mit Ständer) oder wenn an einem anderen ortsfesten Gegenstand angebracht ist (z. B. Bemalungen, Schilder). **Fahrende oder fliegende Werbung** auf oder in Kraftfahrzeugen, Schiffen oder an Luftfahrzeugen oder sonstigen beweglichen Einrichtungen unterliegt **nicht** der LBO. Werden **jedoch** an sich nicht ortsfeste Einrichtungen für **längere Zeit oder immer wiederkehrend** auch **für kürzere Zeit** an bestimmter Stelle auf Flächen neben Straßen oder Straßenkreuzen mit dem Hauptziel der Werbung abgestellt, sind sie **als ortsfeste Einrichtung anzusehen.**

Eine ortsfeste Einrichtung muss weiterhin der **Ankündigung oder Anpreisung oder als Hinweis auf Gewerbe oder Beruf** dienen. Da der Wortlaut offenlässt, was angekündigt oder angepriesen werden kann, ist Werbung nicht auf Wirtschaftswerbung beschränkt, sondern schließt auch politische und jede sonstige nicht kommerzielle Werbung ein. **Reine Hinweise** auf etwas anderes als Gewerbe oder Beruf gehören ebenso wenig dazu wie reine Bauschilder ohne Werbung für beteiligte Firmen. Ein Himmelsstrahler („Skybeamer") weist beispielsweise auf ein Gewerbe hin, wenn er für Besucherinnen und Besucher den

Standort einer Diskothek zeigt (vgl. OVG RP, Urt. vom 22. Januar 2003 – 8 A 11286/02 –, BRS 66 Nr. 149 = BauR 2003, 868 = NuR 2003, 701, und Urt. vom 22. Januar 2003 – 8 A 11217/02 –, juris).

Schließlich muss die ortsfeste Einrichtung **vom öffentlichen Verkehrsraum** aus **sichtbar** sein. Zum öffentlichen Verkehrsraum gehören beispielsweise Straßen, Wege, Plätze, Parks und Sportflächen. Das Wort „sichtbar" soll verdeutlichen, dass die Werbeanlage nicht unmittelbar am öffentlichen Verkehrsraum zu liegen braucht.

Nach **Absatz 2 Satz 1** gelten für **Werbeanlagen, die bauliche** Anlagen sind, die in der LBO an bauliche Anlagen gestellten Anforderungen. Dazu gehören auch die Vorschriften, die auf der Grundlage der LBO erlassen worden sind.

3.   Sonstige Anlagen der Außenwerbung (Absatz 2 Satz 2)

Für Werbeanlagen, die **keine baulichen Anlagen** sind, enthalten die **Sätze 2 und 3** abschließende Regelungen. Nach **Satz 2** dürfen sie weder bauliche Anlagen noch das Straßen-, Orts- oder Landschaftsbild verunstalten und die Sicherheit des Verkehrs gefährden.

4.   Störende Häufung (Absatz 2 Satz 3)

Satz 3 verbietet eine **störende Häufung** von Werbeanlagen. Ob eine störende Häufung anzunehmen ist, hängt maßgeblich von dem Gebietscharakter ihres Standortes sowie von der dort vorhandenen Bebauung und der tatsächlichen Nutzung ab. Allerdings ist auch in einem gewerblich geprägten und/oder durch viele Werbeanlagen gestalterisch vorbelasteten Bereich eine störende Häufung von Werbeanlagen unzulässig (OVG NRW, Beschlüsse vom 5. März 2015 – 10 A 1448/14 – und – 10 A 1449/14 –, jeweils juris Rn 7; s.a. OVG Sachsen, Urt. vom 22. April 2013 – 1 A 606/12 –, juris Rn. 17). Eine **Häufung** setzt ein **räumlich dichtes Nebeneinander** einer Mehrzahl gleicher oder verschiedener Werbeanlagen voraus. Dabei sind Werbeanlagen jeder Art in die Betrachtung einzubeziehen. Es kommt nicht darauf an, ob es sich um Fremd- oder Eigenwerbung, verfahrensfreie, genehmigungspflichtige oder nur geduldete Einrichtungen handelt. Eine Häufung von Werbeanlagen liegt nur vor, wenn mehrere, mindestens aber drei Werbeanlagen in eine enge räumliche Beziehung gebracht werden. Der Begriff der Häufung erfordert, dass diese **Werbeanlagen** gleichzeitig im Gesichtsfeld der Betrachterin oder des Betrachters liegen und ihre **optische Wirkung gleichzeitig gemeinsam** ausüben. Die Werbeanlagen müssen ohne Weiteres **mit einem Blick erfasst** werden können. Das **Straßenbild darf nicht** in verschiedene Teilstrecken aus unterschiedlicher Blickrichtung gleichsam **zerlegt werden** (vgl. OVG Sachsen, Urt. vom 28. Januar 2015 – 1 A 448/11 –, juris Rn. 37, unter Bezugnahme auf OVG NRW, Urt. vom 20. Februar 2004 – 10 A 3279/02 –, BRS 67 Nr. 162 = BauR 2004, 1769 = NVwZ-RR 2004, 560 = GewArch 2004, 433 = DÖV 2004, 840). Die **Störung** setzt voraus, dass der für die Häufung maßgebliche örtliche Bereich im **Gesichtsfeld** der Betrachterin oder des Betrachters **derart** mit Werbeanlagen **überladen** ist, **dass** das **Auge keinen Ruhepunkt mehr** findet und das **Bedürfnis nach werbungsfreien Flächen** stark hervortritt. Wann die störende Wirkung eintritt, hängt wesentlich von dem Baugebietscharakter der vorhandenen Bebauung und der tatsächlichen Nutzung des Gebiets ab (a. a. O.). Bei der Beurteilung, ob eine Häufung von Fremdwerbeanlagen stört, ist zu berücksichtigen, dass diese **in Misch-, Kern-, Gewerbe- und Industriegebieten grundsätzlich zulässig** sind (BVerwG, Urt. vom 28. April 1972 – IV C 11.69 –, BVerwGE 40, 94 = BRS 25 Nr. 127 = DVBl 1973, 40 = DÖV 1972, 828, m. w. N.).

5. **Werbeanlagen im Außenbereich und in besonders geschützten Baugebieten (Absatz 3 und 4)**

Absatz 3 regelt die Zulässigkeit bestimmter Werbeanlagen im Außenbereich. Die sich daraus ergebenden Beschränkungen dienen dem Bedürfnis an der Erhaltung der Landschaft. Von den in **Satz 2** aufgeführten Anlagen abgesehen, sind nach **Satz 1** im **Außenbereich** Werbeanlagen **grundsätzlich unzulässig**, d. h. verunstaltend.

Die in **Absatz 4** enthaltene **Beschränkung der Außenwerbung** betrifft vorwiegend Wohngebiete. Sie soll den jeweiligen Gebietscharakter wahren und trägt dem Bedürfnis der Bevölkerung nach Ruhezonen Rechnung. **Satz 1** beschränkt die bauordnungsrechtliche Zulässigkeit von Werbeanlagen in den dort genannten Gebieten nach den §§ 2 bis 5 BauNVO – abgedruckt unter D 2 – auf die **Stätte der Leistung** und auf Anlagen für amtliche Mitteilungen sowie zur Unterrichtung der Bevölkerung über bestimmte Veranstaltungen. Die Baugebiete werden in der Reihenfolge ihrer Aufzählungen in der BauNVO aufgeführt. **Satz 2** normiert einen **besonderen Schutz** vor Außenwerbung **in reinen Wohngebieten** nach § 3 BauNVO. Er schränkt die Werbemöglichkeiten an der Stätte der Leistung weiter ein. **Satz 3** betrifft das Privileg von Anlagen des öffentlichen Personenverkehrs für Werbeanlagen. Nach dem Wortlaut ist die Zulassungsmöglichkeit nicht lediglich für Werbeanlagen an Gebäuden beschränkt.

6.   Warenautomaten (Absatz 5)

Absatz 5 kommt eigenständige Bedeutung zu, auch wenn Warenautomarken häufig Werbedarstellungen enthalten und in diesen Fällen die Absätze 1 bis 4 uneingeschränkt einschlägig sind. **Im Gegensatz zu Absatz 1 Satz 1,** der den Begriff Werbeanlagen definiert, enthält die LBO **keine Definition** des Begriffs **Warenautomaten.**

7.   Vom Anwendungsbereich der LBO ausgenommene Werbeanlagen (Absatz 6)

Absatz 6 enthält einen **abschließenden Katalog** von Werbeeinrichtungen, die auch dann **keine Werbeanlagen** i. S. d. § 11 sind, wenn sie die Voraussetzungen das Absatzes 1 erfüllen. Diese Anlagen sind vom Anwendungsbereich der LBO ausgenommen. Unter **Nummer 4** des Katalogs fällt **Wahlwerbung für die Dauer eines Wahlkampfes.** Wahlwerbung in diesem Sinne ist nur die Werbung für die Zeit **bis zu zwei Monaten vor** dem **Wahltermin** (vgl. OVG Berlin, Beschl. vom 7. Januar 2002 – 2 SN 30.01 –, BRS 65 Nr. 152 = BauR 2002, 1078 = NVwZ 2002, 489 = ZfBR 2002, 374 = GewArch 2002, 115).

Abschnitt II   **Allgemeine Anforderungen an die Bauausführung**

§ 12   Baustelle

(1) Baustellen sind so einzurichten, dass bauliche Anlagen ordnungsgemäß errichtet, geändert oder beseitigt werden können und Gefahren oder vermeidbare Belästigungen nicht entstehen.

(2) ¹Bei Bauarbeiten, durch die unbeteiligte Personen gefährdet werden können, ist die Gefahrenzone abzugrenzen oder durch Warnzeichen zu kennzeichnen. ²Baustellen müssen, soweit erforderlich, mit einem Bauzaun abgegrenzt, mit Schutzvorrichtungen gegen herabfallende Gegenstände versehen und beleuchtet sein.

(3) Bei der Ausführung nicht verfahrensfreier Bauvorhaben haben die Unternehmerinnen oder Unternehmer an der Baustelle ein Schild, das die Bezeichnung des Bauvorhabens sowie die Namen und Anschriften der Entwurfsverfasserin oder des Entwurfsverfassers, der Bauleiterin oder des Bauleiters und der Unternehmerinnen oder Unternehmer für den Rohbau enthalten muss, dauerhaft und von der öffentlichen Verkehrsfläche aus sichtbar anzubringen.

(4) Bäume, Hecken und sonstige Bepflanzungen, die aufgrund anderer Rechtsvorschriften zu erhalten sind, müssen während der Bauausführung geschützt werden.

(5) Bei der Baustelleneinrichtung und während der Bauausführung ist mit Grund und Boden sparsam und sorgsam umzugehen.

Erläuterungen

1. Allgemeines

Die **Baustelle** ist ein Ort, an dem Arbeiten zur Errichtung, Änderung oder Beseitigung von Anlagen durchgeführt werden. Sie gehört zu den **Anlagen** i. S. d. § 3 Abs. 5 Nr. 3 BImSchG. Das sind Grundstücke, auf denen Stoffe gelagert oder abgelagert oder Arbeiten durchgeführt werden, die Emissionen verursachen können, ausgenommen öffentliche Verkehrswege.

2. Einrichtung von Baustellen (Absatz 1 und 2)

Nach **Absatz 1** sind Baustellen so einzurichten, dass bauliche Anlagen ordnungsgemäß errichtet, geändert oder beseitigt werden können und Gefahren oder vermeidbare Belästigungen nicht entstehen. Belästigungen sind durch Schutzvorkehrungen und Maßnahmen zu verhindern oder auf ein Mindestmaß zu beschränken. Absatz 1 stellt Anforderungen an die ordnungsgemäße Organisation der Baustelle und an die Abwehr von Gefahren i. S. d. § 3 Abs. 2 sowie an die Abwehr vermeidbarer Belästigungen. Unvermeidbare Belästigungen in der Nähe der

Baustelle müssen hingegen hingenommen werden. Vermeidbar sind Belästigungen, die nach dem Stand der Technik durch Schutzvorkehrungen bzw. Maßnahmen unterbunden oder auf ein Mindestmaß beschränkt werden können (vgl. § 3 Abs. 6 und § 22 Abs. 1 BImSchG). **Absatz 2** verlangt allgemein entsprechend der MBO, dass bei Bauarbeiten, durch die unbeteiligte Personen gefährdet werden können, die **Gefahrenzone abzugrenzen** oder durch **Warnzeichen** zu kennzeichnen ist. **Geschieht dies** vorsätzlich oder fahrlässig **nicht,** liegt ein **Ordnungswidrigkeitentatbestand** vor (vgl. § 82 Abs. 1 Nr. 12). Zu den unbeteiligten Personen gehören auch Menschen mit Behinderung, insbesondere Personen im Rollstuhl, Menschen mit Sehbehinderung und blinde Personen. Baustellen müssen, soweit erforderlich, mit einem **Bauzaun** abgegrenzt, mit **Schutzvorrichtungen** gegen herabfallende Gegenstände versehen und **beleuchtet** sein. Zum **Schutz der Allgemeinheit** sind Baustellen im Allgemeinen **gegen unbefugtes Betreten** abzusichern. Bei der Errichtung von Bauzäunen ist darauf zu achten, dass sie im Bereich der Baustellenausfahrten die Sicht auf den fließenden Verkehr nicht behindern. Alle **erforderlichen Maßnahmen** haben sich an der **gegebenen Situation** zu orientieren. Die **Inanspruchnahme öffentlicher Verkehrsflächen** zur Einrichtung von Baustellen ist eine über den Gemeingebrauch hinausgehende **Sondernutzung,** die beim Träger der Straßenbaulast beantragt werden muss (vgl. § 8 FStrG und § 21 StrWG). Die erforderliche **Erlaubnis** kann mit Nebenbestimmungen versehen sein, etwa mit der Reinigung der Straße von Verunreinigungen durch den Baustellenbetrieb oder Anforderungen an Bauzäune. Durch eine Tafel ist darauf hinzuweisen, dass Unbefugte die Baustelle nicht betreten dürfen (vgl. BGH, Urt. vom 11. Dezember 1984 – VI ZR 292/82 –, BauR 1985, 237 = NJW 1985, 1078 = ZfBR 1985, 130, unter Bezugnahme auf BGH, Urt. vom 11. Dezember 1956 – VI ZR 20/56 –, NJW 1957, 499). Bei mehrgeschossigen Fassadenarbeiten, etwa Sandstrahlarbeiten, sind die Gerüste mit den notwendigen **Schutzmaßnahmen** (Verkleidung durch Plane) zu versehen. **Warnbeleuchtungen** haben sich in erster Linie nach der Verkehrssicherheit zu richten.

3. Verantwortlichkeiten (Absatz 3)

Absatz 3 über das **Bauschild** verpflichtet die Unternehmerinnen oder Unternehmer nach § 56 für genehmigungsbedürftige Bauvorhaben nach den §§ 69 und 73 und für genehmigungsfreigestellte Bauvorhaben nach § 68 zur dauerhaften Anbringung eines **von der öffentlichen Verkehrsfläche aus sichtbaren Baustellenschildes** mit Bezeichnung des Bauvorhabens sowie die Namen und Anschriften der für den Bau näher bezeichneten verantwortlichen Personen. Diese Maßnahme dient der Gefahrenabwehr, weil auf einer Baustelle auch außerhalb der normalen Arbeitszeiten Gefahren auftreten können. Durch das Baustellenschild wird gewährleistet, dass diese Personen im Gefahrenfall kurzfristig durch die Polizei, Feuerwehr oder sonstige Ordnungskräfte sowie auch private Personen verständigt werden können. **Kommt** die Unternehmerin oder der Unternehmer ihrer oder seiner **Verpflichtung** nach **Absatz 3** vorsätzlich oder fahrlässig **nicht nach,** liegt ein **Ordnungswidrigkeitentatbestand** vor (vgl. § 82 Abs. 1 Nr. 13).

4. Schutz von Bäumen, Hecken und sonstigen Bepflanzungen (Absatz 4)

Absatz 4 schützt **Bäume, Hecken** und **sonstige** „Bepflanzungen" anstelle der sonstigen „Landschaftsbestandteile", die aufgrund anderer Rechtsvorschriften zu erhalten sind. **Werden** diese **Bepflanzungen** vorsätzlich oder fahrlässig **nicht geschützt,** liegt ein **Ordnungswidrigkeitentatbestand** vor (vgl. § 82 Abs. 1 Nr. 1). Schützenswerte Landschaftsbestandteile werden durch das Naturschutzrecht erfasst.

5. Sparsamer Umgang mit Grund und Boden (Absatz 5)

Absatz 5 fordert bei der Baustelleneinrichtung und während der Bauausführung einen **sparsamen** und **sorgsamen Umgang mit Grund und Boden.** Nach § 1 Abs. 1 Satz 3 Bundes-Bodenschutzgesetz (BBodSchG) sollen **bei Einwirkungen auf den Boden Beeinträchtigungen** seiner natürlichen Funktionen sowie seiner Funktion als Archiv der Natur- und Kulturgeschichte **so weit wie möglich vermieden** werden. Insoweit ist aus Sicht des vorbeugenden Bodenschutzes **bei** einer **Baustelleneinrichtung und während der Bauausführung** der **Flächeneingriff** möglichst **sorgsam** vorzunehmen bzw. **klein** zu **halten.**

§ 13   Standsicherheit

(1) [1]Jede bauliche Anlage muss im Ganzen und in ihren einzelnen Teilen für sich allein standsicher sein. [2]Die Standsicherheit anderer baulicher Anlagen und die Tragfähigkeit des Baugrundes der Nachbargrundstücke dürfen nicht gefährdet werden.

(2) Die Verwendung gemeinsamer Bauteile für mehrere bauliche Anlagen ist zulässig, wenn öffentlich-rechtlich gesichert ist, dass die gemeinsamen Bauteile bei der Beseitigung einer der baulichen Anlagen bestehen bleiben.

Erläuterungen

1.   Allgemeines

Die Regelungen des § 13 über **Standsicherheit** konkretisieren die Forderung des § 3 Abs. 2 als zentrale Regelung der Gefahrenabwehr im öffentlichen Interesse. Die LBO enthält weder eine Definition des Begriffs „Standsicherheit" noch stellt sie nähere Anforderungen hierzu auf. Die Anforderungen ergeben sich aus einer Vielzahl von technischen Regelwerken, die – soweit sie als Technische Baubestimmungen bekannt gemacht worden sind – nach § 3 Abs. 3 einzuhalten sind. Zur Gewährleistung der Standsicherheit gehört eine einwandfreie Gründung. Sie darf nicht durch aggressives Wasser oder sonstige schädliche Bestandteile im Boden (§ 14) beeinträchtigt werden.

2.   Anforderungen am die Standsicherheit (Absatz 1)

Nach **Absatz 1 Satz 1** muss die Standsicherheit für die bauliche Anlage im Ganzen und in ihren einzelnen Teilen für sich allein standsicher sein. **Satz 2** berücksichtigt klarstellend, dass die **Standsicherheit anderer baulicher Anlagen** und die **Tragfähigkeit des Baugrundes der Nachbargrundstücke** nicht gefährdet werden dürfen. „**Standsicherheit im Ganzen**" bedeutet, dass die bauliche Anlage nach ihrer Errichtung sicher steht und in der Lage ist, Nutzlasten, Wind- und Schneelasten sowie sonstige Kräfte sicher in den Baugrund abzuleiten. „**Standsicherheit einzelner Teile**" bedeutet, dass die Teile den zu erwartenden Belastungen standhalten. „**Standsicherheit für sich allein**" heißt, dass die bauliche Anlage in statischer Hinsicht sich nicht an andere bauliche Anlagen anlehnen oder auf andere bauliche Anlagen stützen darf, sofern nicht eine Abweichung nach Absatz 2 zulässig ist. Damit soll die Selbstständigkeit unmittelbar aneinander gebauter Anlagen und eine isolierte Beseitigung ohne Beeinträchtigung der Nachbaranlage gewährleistet werden.

3. Verwendung gemeinsamer Bauteile (Absatz 2)

Voraussetzung für die Verwendung gemeinsamer Bauteile nach **Absatz 2** ist, dass in **technischer und rechtlicher Hinsicht gesichert** ist, dass die gemeinsamen Bauteile stehen bleiben können, wenn eine bauliche Anlage beseitigt wird. Die rechtliche Absicherung muss durch Baulast nach § 80 erfolgen. Die privatrechtlichen Vorschriften für gemeinsame Bauteile nach den §§ 921, 922 BGB sowie dem Nachbarrechtsgesetz für das Land Schleswig-Holstein (NachbG) bleiben unberührt.

§ 14 Schutz gegen schädliche Einflüsse

Bauliche Anlagen müssen so angeordnet und beschaffen sein, dass durch Einflüsse im Sinne des § 4 Absatz 1 Gefahren oder unzumutbare Belästigungen nicht entstehen.

Erläuterungen

§ 14 überträgt die Anforderungen des § 4 Abs. 1 an die Beschaffenheit des Baugrundstücks **auf alle baulichen Anlagen.** Die Vorschrift regelt die Abwehr von Gefahren i. S. d. § 3 Abs. 2 sowie von unzumutbaren Belästigungen, die durch **Wasser, Feuchtigkeit** und **andere chemische, physikalische** oder **biologische Einflüsse** entstehen können. **Chemische Einflüsse** umfassen Beeinträchtigungen durch chemische Prozesse wie Rauch, Gerüche, Gase oder aggressive Substanzen. Zu den **physikalischen Einflüssen** gehören Lärm, Erschütterungen, Staub oder Strahlungen. **Biologische Einflüsse** sind tierische und pflanzliche Schädlinge. Die Anzeigepflicht bei Schädlingsbefall von Bauteilen durch Hausbock, Hausschwamm oder Termiten ist in Schleswig-Holstein bereits am 1. August 1994 mit Inkrafttreten der LBO 1994 weggefallen. Die Verantwortlichkeit richtet sich nach der Vorschrift des § 219

LVwG über die Verantwortlichkeit für Sachen. Im Übrigen greift das Aufsichtsmittel der unteren Bauaufsichtsbehörde nach § 59 Abs. 1. Die **Beschränkung des Anwendungsbereichs** auf „bauliche Anlagen" stellt klar, dass sich die Bestimmung auf bauphysikalische Anforderungen bezieht; damit grenzt sich das Bauordnungsrecht zugleich vom Umweltrecht ab.

§ 15   Brandschutz

Anlagen sind so zu planen, anzuordnen, zu errichten, zu ändern und instand zu halten, dass der Entstehung eines Brandes und der Ausbreitung von Feuer und Rauch (Brandausbreitung) vorgebeugt wird und bei einem Brand die Rettung von Menschen und Tieren sowie wirksame Löscharbeiten möglich sind; hierbei sind auch die Belange der Menschen mit **Behinderung** zu berücksichtigen.

Erläuterungen

§ 15 über Brandschutz ist eine allgemeine Vorschrift, die im **Halbsatz 1 drei Grundsatzforderungen** (Zielvorgaben) für den Brandschutz von Anlagen aufstellt:
– Der Entstehung eines Brandes und der Ausbreitung von Feuer und Rauch muss vorgebeugt werden
– Die Rettung von Menschen und Tieren muss möglich sein
– Bei einem Brand müssen wirksame Löscharbeiten durchgeführt werden können.
Nur wenn alle Anlagen diesen drei Grundsatzforderungen entsprechend geplant, angeordnet, errichtet, geändert und instand gehalten werden, ist der Brandschutz gewährleistet. Die Forderungen dienen sowohl dem **vorbeugenden Brandschutz** (vorbeugende Maßnahmen gegen die Entstehung eines Brandes und der Ausbreitung von Feuer und Rauch) als auch dem **abwehrenden Brandschutz** (Maßnahmen zur Rettung von Menschen und Tieren sowie zur Durchführung wirksamer Löscharbeiten).
Der **Entstehung eines Brandes** kann durch bauliche Maßnahmen nur in relativ geringem Umfang vorgebeugt werden, denn die Brandursachen (wie beispielsweise Fahrlässigkeit, Leichtsinn, Heizgeräte, -de-

cken und -kissen, Computer, Überlastung von Steckdosen, schadhafte elektrische Leitungen) können hierdurch häufig nicht beeinflusst werden.

Im Gegensatz dazu sind die Möglichkeiten, der **Ausbreitung von Feuer und Rauch** vorzubeugen, ungleich größer. Schon lange hat das Baurecht diesen Möglichkeiten große Aufmerksamkeit geschenkt. Der Zielsetzung dienen vor allem die zahllosen Anforderungen an ein bestimmtes Brandverhalten der Baustoffe und Bauteile sowie die Anordnung bestimmter Bauteile. Besondere Brandschutzanforderungen an Baustoffe und Bauteile enthalten die auf der Grundlage der LBO erlassenen Verordnungen, wie etwa die GarVO, die VStättVO, die VkVO, die BeVO, die FeuVO und die EltBauVO. Soweit sie nicht in den Anwendungsbereich dieser Verordnungen fallen, können an Sonderbauten i. S d. § 51 Abs. 2 im Einzelfall besondere Anforderungen gestellt aber auch Erleichterungen zugelassen werden (vgl. § 51 Abs. 1). Auch die bauaufsichtlich eingeführte Industriebaurichtlinie ermöglicht eine einheitliche Beurteilung über den baulichen Brandschutz im Industriebau. Weiterhin wird der Brandausbreitung auch durch entsprechende Anordnung der Anlagen auf dem Grundstück und durch geeignete Flächen für die Feuerwehr vorgebeugt.

Das Ziel, die **Rettung von Menschen und Tieren** zu ermöglichen, wird sowohl durch bauliche Maßnahmen, etwa durch die richtige Anordnung, Bauart und Ausbildung der notwendigen Treppen, der notwendigen Treppenräume und der notwendigen Flure, als auch durch die Anordnung von Brandabschnitten verfolgt. Dabei geht die LBO davon aus, dass jede Nutzungseinheit in jedem Geschoss mit Aufenthaltsräumen über mindestens zwei voneinander unabhängige Rettungswege verfügt. Der Rettung von Menschen dienen aber auch die Flächen für die Feuerwehr auf dem Grundstück.

Das Ziel, bei einem Brand **wirksame Löscharbeiten durchführen** zu können, wird durch Einzelvorschriften der LBO ermöglicht. So müssen auf dem Grundstück Zugänge oder Zufahrten und Aufstellflächen für die Feuerwehr vorhanden sein, wenn der zweite Rettungsweg über Rettungsgeräte der Feuerwehr führt. Auch die ausreichende Zugänglichkeit aller Räume einer Anlage dient bei einem Brand der Durchführung wirksamer Löscharbeiten.

Halbsatz 2 enthält eine redaktionelle Folgeänderung zum neu eingefügten § 2 Abs. 2.

§ 16   Wärme-, Schall- und Erschütterungsschutz

(1) Gebäude müssen einen ihrer Nutzung und den klimatischen Verhältnissen entsprechenden Wärmeschutz haben.

(2) [1]Gebäude müssen einen ihrer Nutzung entsprechenden Schallschutz haben. [2]Geräusche, Erschütterungen oder Schwingungen, die von ortsfesten Einrichtungen in baulichen Anlagen oder auf Baugrundstücken ausgehen, sind so zu dämmen, dass Gefahren oder unzumutbare Belästigungen nicht entstehen.

Erläuterungen

1.   Allgemeines

Die Anforderungen an einen der Nutzung von Gebäuden entsprechenden Wärmeschutz nach **Absatz 1** sowie an einen die Gebäudenutzung entsprechenden **Schall- und Erschütterungsschutz** und **Schwingungsschutz** nach **Absatz 2** bedingen **Schutzmaßnahmen gegen Einflüsse von außerhalb** von Gebäuden und Nutzungseinheiten. **Innerhalb** von Gebäuden und Nutzungseinheiten sind nach § 3 Abs. 2 zum Schutz der Gesundheit **gesunde Wohn- und Arbeitsverhältnisse** zu schaffen. Nähere **Konkretisierungen** ergeben sich aus den Anforderungen der §§ **18 bis 50,** den besonderen Anforderungen des § **51 sowie** den auf der Grundlage des § 83 erlassenen **einschlägigen Verordnungen.** Weitere konkretisierende Anforderungen ergeben sich aus den eingeführten Technischen Baubestimmungen, in erster Linie aus der DIN 4108 Wärmeschutz in Hochbau und der Norm 4109 Schallschutz im Hochbau, sowie der Energieeinsparverordnung.

2.   Wärmeschutz (Absatz 1)

Der in **Absatz 1** geforderte **Wärmeschutz** soll (nur) das **Wohlbefinden** und damit auch die **Gesundheit** der Personen gewährleisten, die ein Gebäude bewohnen oder nutzen; die Regelung vermittelt keinen Nachbarschutz.

3. Schallschutz und Erschütterungsschutz (Absatz 2)

Der **Schallschutz** nach **Absatz 2 Satz 1** soll ebenfalls innerhalb von Gebäuden und Nutzungseinheiten gesunde Wohnverhältnisse schaffen. besondere Bedeutung hat er in Wohngebäuden, Schulen, Krankenhäusern, Beherbergungsstätten und Bürogebäuden. Nach der **nachbarschützenden Vorschrift** des **Satzes 2** müssen **Geräusche, Erschütterungen oder Schwingungen,** die von ortsfesten Einrichtungen **in** baulichen Anlagen oder **auf** Baugrundstücken ausgehen, so **gedämmt** werden, dass Gefahren oder unzumutbare Belästigungen nicht entstehen. Erschütterungen und Schwingungen können nicht nur gesundheitsschädlich sein, sondern bei entsprechender Intensität auch die Standsicherheit und Dauerhaftigkeit baulicher Anlagen gefährden.

§ 17 Verkehrssicherheit

(1) Bauliche Anlagen und die dem Verkehr dienenden nicht überbauten Flächen von bebauten Grundstücken müssen verkehrssicher sein.

(2) Die Sicherheit des öffentlichen Verkehrs darf durch bauliche Anlagen oder deren Nutzung nicht gefährdet werden.

Erläuterungen

§ 17 gestaltet die auf Zivilrecht beruhende **Verkehrssicherungspflicht** (vgl. § 823 Abs. 1 BGB) in Bezug auf bauliche Anlagen auch öffentlich-rechtlich aus.

Absatz 1 stellt Anforderungen an die Verkehrssicherheit der baulichen Anlage selbst und die dem Verkehr dienenden nicht überbauten Flächen bebauter Grundstücke.

Absatz 2 will eine Gefährdung der Sicherheit des öffentlichen Verkehrs durch bauliche Anlagen oder deren Nutzung vermeiden.

Abschnitt III **Bauprodukte, Bauarten; Brandverhalten
von Baustoffen und Bauteilen**

§ 18 Bauprodukte

(1) [1]Bauprodukte dürfen für die Errichtung, Änderung und Instandhaltung baulicher Anlagen nur verwendet werden, wenn sie für den Verwendungszweck

1. von den nach Absatz 2 bekannt gemachten technischen Regeln nicht oder nicht wesentlich abweichen (geregelte Bauprodukte) oder nach Absatz 3 zulässig sind und wenn sie aufgrund des Übereinstimmungsnachweises nach § 23 das Übereinstimmungszeichen (Ü-Zeichen) tragen oder

2. nach
   a) der Verordnung (EU) Nr. 305/2011 des Europäischen Parlaments und des Rates vom 9. März 2011 zur Festlegung harmonisierter Bedingungen für die Vermarktung von Bauprodukten und zur Aufhebung der Richtlinie 89/106/EWG des Rates (Bauproduktenverordnung) (ABl. L 88 S. 5, ber. 2013 ABl. L 103 S. 10), zuletzt geändert durch Verordnung (EU) Nr. 574/2014 (ABl. L 159 S 41),
   b) anderen unmittelbar geltenden Vorschriften der Europäischen Union oder
   c) den Vorschriften zur Umsetzung von Richtlinien der Europäischen Union, soweit diese die Grundanforderungen an Bauwerke nach Anhang I der Bauproduktenverordnung berücksichtigen,
   in den Verkehr gebracht und gehandelt werden dürfen, insbesondere die CE-Kennzeichnung (Artikel 8 und 9 Bauproduktenverordnung) tragen und dieses Zeichen die nach Absatz 7 Nummer 1 festgelegten Leistungsstufen oder -klassen ausweist oder die Leistung des Bauprodukts angibt.

[2]Sonstige Bauprodukte, die von allgemein anerkannten Regeln der Technik nicht abweichen, dürfen auch verwendet werden, wenn diese Regeln nicht in der Bauregelliste A bekannt gemacht sind. [3]Sonstige Bauprodukte, die von allgemein anerkannten Regeln der Technik abweichen, bedürfen keines Nachweises ihrer Verwendbarkeit nach Absatz 3; § 3 Absatz 3 Satz 3 erster Halbsatz bleibt unberührt.

(2) [1]Das Deutsche Institut für Bautechnik macht im Einvernehmen mit der obersten Bauaufsichtsbehörde für Bauprodukte, für die nicht nur die Vorschriften nach Absatz 1 Satz 1 Nummer 2 maßgebend sind, in der Bauregelliste A die technischen Regeln bekannt, die zur Erfüllung der in diesem

Gesetz und in Vorschriften aufgrund dieses Gesetzes an bauliche Anlagen gestellten Anforderungen erforderlich sind. [2]Diese technischen Regeln gelten als Technische Baubestimmungen im Sinne des § 3 Absatz 3 Satz 1.

(3) [1]Bauprodukte, für die technische Regeln in der Bauregelliste A nach Absatz 2 bekannt gemacht worden sind und die von diesen wesentlich abweichen oder für die es Technische Baubestimmungen oder allgemein anerkannte Regeln der Technik nicht gibt (nicht geregelte Bauprodukte), müssen
1. eine allgemeine bauaufsichtliche Zulassung (§ 19),
2. ein allgemeines bauaufsichtliches Prüfzeugnis (§ 20) oder
3. eine Zustimmung im Einzelfall (§ 21)
haben. [2]Ausgenommen sind Bauprodukte, die für die Erfüllung der Anforderungen dieses Gesetzes oder aufgrund dieses Gesetzes nur eine untergeordnete Bedeutung haben und die das Deutsche Institut für Bautechnik im Einvernehmen mit der obersten Bauaufsichtsbehörde in einer Liste C öffentlich bekannt gemacht hat.

(4) Die oberste Bauaufsichtsbehörde kann durch Verordnungen vorschreiben, dass für bestimmte Bauprodukte, auch soweit sie Anforderungen nach anderen Rechtsvorschriften unterliegen, hinsichtlich dieser Anforderungen bestimmte Nachweise der Verwendbarkeit und bestimmte Übereinstimmungsnachweise nach Maßgabe dieser Bestimmung, der §§ 19 bis 21 und der §§ 23 bis 26 zu führen sind, wenn die anderen Rechtsvorschriften diese Nachweise verlangen oder zulassen.

(5) [1]Für Bauprodukte nach Absatz 1 Satz 1 Nummer 1, deren Herstellung in außergewöhnlichem Maß von der Sachkunde und Erfahrung der damit betrauten Personen oder von einer Ausstattung mit besonderen Vorrichtungen abhängt, kann in der allgemeinen bauaufsichtlichen Zulassung, in der Zustimmung im Einzelfall oder durch Verordnung der obersten Bauaufsichtsbehörde vorgeschrieben werden, dass die Herstellerin oder der Hersteller über solche Fachkräfte und Vorrichtungen verfügt und den Nachweis hierüber gegenüber einer Prüfstelle nach § 26 zu erbringen hat. [2]In der Verordnung können Mindestanforderungen an die Ausbildung, die durch Prüfung nachzuweisende Befähigung und die Ausbildungsstätten einschließlich der Anerkennungsvoraussetzungen gestellt werden.

(6) Für Bauprodukte, die wegen ihrer besonderen Eigenschaften oder ihres besonderen Verwendungszweckes einer außergewöhnlichen Sorgfalt bei Einbau, Transport, Instandhaltung oder Reinigung bedürfen, kann in der allgemeinen bauaufsichtlichen Zulassung, in der Zustimmung im Einzelfall oder durch Verordnung der obersten Bauaufsichtsbehörde die Überwachung dieser Tätigkeiten durch eine Überwachungsstelle nach § 26 vorgeschrieben werden.

(7) Das Deutsche Institut für Bautechnik kann im Einvernehmen mit der
obersten Bauaufsichtsbehörde in der Bauregelliste B
1. **festlegen, welche Leistungsstufen oder -klassen nach Artikel 27
   Bauproduktenverordnung oder nach Vorschriften zur Umsetzung
   der Richtlinien der Europäischen Union Bauprodukte nach Absatz 1 Satz 1 Nummer 2 erfüllen müssen, und**
2. **bekannt machen, inwieweit Vorschriften zur Umsetzung von
   Richtlinien der Europäischen Union die Grundanforderungen an
   Bauwerke nach Anhang I der Bauproduktenverordnung nicht berücksichtigen.**

Erläuterungen

1.   Allgemeines

Die in **Absatz 1** erfassten **Nachweisverfahren** gelten für die Verwendung von Bauprodukten in baulichen Anlagen generell, also unabhängig davon, ob ein bauaufsichtlichen Verfahren erforderlich ist oder die
baulichen Anlagen verfahrensfrei sind.

2.   Verwendbarkeit von Bauprodukten

Absatz 1 regelt, welche Bauprodukte bei der Errichtung, Änderung
und Instandhaltung baulicher Anlagen verwendet werden dürfen.
Absatz 1 verbindet
- die **landesrechtlichen Vorschriften** – Satz 1 Nr. 1 – mit
- den Vorschriften der **Europäischen Union** – Satz 1 Nr. 2 .

Ob im Einzelfall die landesrechtlichen Nachweise nach den §§ 18 ff.
oder die Vorschriften der **EU-Bauproduktenverordnung** (Nr. 305/
2011) zur Anwendung kommen, hängt davon ab, ob für das betreffende Bauprodukt bereits europäische harmonisierte Normen, Europäische Technische Bewertungen oder andere harmonisierte technische Spezifikationen vorliegen.

Nach dem **bisherigen Absatz 1 Satz 1 Nr. 2** durften Bauprodukte für
die Errichtung, Änderung und Instandhaltung baulicher Anlagen u. a.
nur verwendet werden, wenn sie
- nach den Vorschriften des **Bauproduktengesetzes (BauPG)** oder
- nach Vorschriften zur Umsetzung der **Bauproduktenrichtlinie
  (EWG)** durch andere Mitgliedstaaten der Europäischen Union und

andere Vertragsstaaten des Abkommens über den Europäischen Wirtschaftsraum in den Verkehr gebracht und gehandelt werden durften, insbesondere das **Zeichen der Europäischen Union (CE-Kennzeichnung)** trugen und dieses Zeichen die nach Absatz 7 Nr. 1 festgelegten Klassen und Leistungsstufen auswiesen oder die Leistung des Bauprodukts angaben.

Die **Bauproduktenrichtlinie (EWG)** ist mit Inkrafttreten der **EU-Bauproduktenverordnung** (Nr. 305/2011) zum 1. Juli 2013 **aufgehoben** worden. Da die **EU-Bauproduktenverordnung** als Rechtsvorschrift **unmittelbar** gilt, bedarf sie **keiner Umsetzung ins nationale Recht**. Die einschlägigen Transformationsvorschriften des BauPG sind damit gegenstandslos geworden, so dass ihre Inbezugnahme im bisherigen § 18 Absatz 1 Satz 1 Nr. 2 Buchst. a ins Leere ging. Der bisherige Buchstabe b ist deshalb an die **neue Rechtslage angepasst** worden.

3. Nachweisverfahren nach Landesbauordnung

Das Nachweisverfahren nach der LBO ergibt sich aus den Vorschriften nach **Absatz 1 Satz 1 Nr. 1 und Satz 2 und 3.** Die LBO unterscheidet dabei **drei Gruppen von Bauprodukten:**

3.1 Geregelte und nicht geregelte Bauprodukte

– **Geregelte Bauprodukte – Absatz 1 Satz 1 Nr. 1 erste Alternative** – entsprechen den in der **Bauregelliste A** nach **Absatz 2** bekannt gemachten technischen Regeln oder weichen von ihnen nicht wesentlich ab.

– **Nicht geregelte Bauprodukte – Absatz 1 Satz 1 Nr. 1 zweite Alternative** – sind nach Absatz 3 Bauprodukte, für die technische Regeln in der **Bauregelliste A** nach Absatz 2 bekannt gemacht worden sind und die von diesen **wesentlich abweichen** oder für die es Technische Baubestimmungen **oder** allgemein anerkannte Regeln der Technik **nicht gibt.**

Nach **Absatz 3** bedürfen **nicht geregelte Bauprodukte** eines **besonderen Verwendbarkeitsnachweises** in Form

– einer **allgemeinen bauaufsichtlichen Zulassung** (§ 19),
– eines **allgemeinen bauaufsichtlichen Prüfzeugnisses** (§ 20) oder
– einer **Zustimmung im Einzelfall** (§ 21).

Eine **Abweichung** von den maßgeblichen technischen Regeln ist **nicht wesentlich,** wenn das Bauprodukt nach diesen Regeln noch zweifels-

frei beurteilt und seine Verwendbarkeit zumindest aufgrund des Ge-
samtzusammenhanges nach den Regeln bejaht werden kann. Anderenfalls ist die Abweichung wesentlich.

3.2   Sonstige Bauprodukte

Sonstige Bauprodukte nach **Absatz 1 Satz 2 und 3** sind Bauprodukte,
für die es zwar **allgemein anerkannten Regeln der Technik** gibt, die
aber **nicht** Gegenstand der **Bauregelliste A** sind. An solche Bauprodukte werden keine erhöhten Anforderungen gestellt, sodass auch weder Verwendbarkeitsnachweise noch Übereinstimmungsnachweise erforderlich sind. Dementsprechend dürfen diese Bauprodukte auch
keine Ü-Zeichen tragen. Nach **Satz 2** dürfen die sonstigen Bauprodukte verwendet werden, wenn sie von den allgemein anerkannten
Regeln der Technik **nicht abweichen.** Nach **Satz 3 erster Halbsatz** bedürfen auch sonstige Bauprodukte, die von allgemein anerkannten Regeln der Technik abweichen, keines Ü-Zeichens; nach **Satz 3 zweiter
Halbsatz** kommen entsprechende **Abweichungen** allerdings **nur** in Betracht, wenn mit einer anderen Lösung in gleichem Maße **nachweislich** die allgemeinen Anforderungen des § 3 Abs. 2 erfüllt werden.

3.3   Bauprodukte der Liste C

Bauprodukte der Liste C sind nach **Absatz 3 Satz 2** nicht geregelte
Bauprodukte, die für die Erfüllung der Anforderungen dieses Gesetzes
oder aufgrund dieses Gesetzes **nur** eine **untergeordnete Bedeutung** haben und die das Deutsche Institut für Bautechnik in der Liste C öffentlich bekannt gemacht hat. Es handelt sich bei den Bauprodukten der
Liste C als nicht geregelte Bauprodukte um Bauprodukte, für die es
Technische Baubestimmungen oder allgemein anerkannte Regeln der
Technik nicht gibt. Bei diesen Bauprodukten entfallen Verwendbarkeitsnachweise, Übereinstimmungsnachweise und dementsprechend
auch die Ü-Zeichen.

4.   Nachweisverfahren nach EU-Bauproduktenverordnung oder entsprechender Vorschriften

Das Nachweisverfahren nach der **EU-Bauproduktenverordnung** oder
entsprechender Vorschriften ergibt sich aus **Absatz 1 Satz 1 Nr. 2:**
–   Nach **Absatz 1 Satz 1 Nr. 2 Buchst. a** darf nach der **EU-Baupro-
    duktenverordnung** ein Bauprodukt in den **Verkehr gebracht und**

gehandelt werden, wenn es die **CE-Kennzeichnung** trägt, weil die EU-Konformität in einem Verfahren nachgewiesen worden ist, das in harmonisierten technischen Spezifikationen festgelegt ist. Ermöglichen die harmonisierten technischen Spezifikationen – wie beispielsweise harmonisierte Normen – die Festlegung von Leistungsstufen oder -klassen für das Bauprodukt, so ergibt sich aus der **Bauregelliste B**, welche der **Leistungsstufen oder -klassen** für den jeweiligen Verwendungszweck des Bauproduktes erfüllt sein müssen. Derzeit weisen viele europäische harmonisierte Normen (noch) keine Leistungsstufen oder -klassen aus. Dann ist dem Bauordnungsrecht zu entnehmen, ob die angegebene Leistung für die geplante Verwendung ausreicht. Die jeweilige Leistungsstufe oder -klasse muss in der CE-Kennzeichnung ausgewiesen sein. Weitere Nachweise bedarf es nicht.

– Nach **Absatz 1 Satz 1 Nr. 2 Buchst. b** sind **Nachweise nach anderen unmittelbar geltenden Vorschriften der Europäischen Union** den Vorschriften der **EU-Bauproduktenverordnung gleichgestellt.** Insofern gelten die Erläuterungen zu Absatz 1 Satz 1 Nr. 2 Buchst. a entsprechend.

– Nach **Absatz 1 Satz 1 Nr. 2 Buchst. c** sind Nachweise nach den Vorschriften zur Umsetzung von Richtlinien der **Europäischen Union** ebenfalls den Vorschriften der **EU-Bauproduktenverordnung gleichgestellt** allerdings mit der Einschränkung, **soweit** die den Vorschriften zugrundeliegenden Richtlinien die Grundanforderungen an Bauwerke nach Anhang I der Bauproduktenverordnung berücksichtigen. Inwieweit solche Vorschriften die Grundanforderungen nicht berücksichtigen, gibt nach **Absatz 7 Nr. 2** das Deutsche Institut für Bautechnik in der **Bauregelliste B** bekannt. Insoweit können ggf. zusätzliche Nachweise nach Absatz 1 Satz 1 Nr. 1 erforderlich sein.

5. Geregelte Bauprodukte

Nach **Absatz 2 Satz 1** ist das **Deutsche Institut für Bautechnik** in Berlin ermächtigt, im Einvernehmen mit der obersten Bauaufsichtsbehörde (der Länder) in der **Bauregelliste A** Anforderungen aufzustellen und bekannt zu machen. Dabei können auch ausländische Regelwerke und europäische Normen aufgenommen werden, soweit es sich nicht

um harmonisierte oder anerkannte Normen i. S. d. Bauproduktengesetzes (BauPG) handelt.

In der **Bauregelliste A Teil 1** werden in **Spalte 3 ausgewählte technische Regeln für Bauprodukte** angegeben, die zur Erfüllung der Anforderungen der Landesbauordnungen von Bedeutung sind und die die
betroffenen Produkte hinsichtlich der Erfüllung der für den Verwendungszweck maßgebenden Anforderungen hinreichend bestimmen.
Diese **technischen Regeln** bezeichnen die **geregelten Bauprodukte**. Im
Einzelfall sind technische Regeln ggf. nur für bestimmte Verwendungs-
zwecke maßgeblich. Weitere Bestimmungen sind ggf. in den Anlagen
zur Bauregelliste A Teil 1 enthalten.

Die **Bauregelliste A Teil 1** führt nicht alle technischen Regeln auf, die
zur Erfüllung bauaufsichtlicher Anforderungen bedeutsam sind. Es
gibt auch zahlreiche bauaufsichtlich bedeutsame Bauprodukte, für die
es allgemein anerkannte Regeln der Technik gibt und die dennoch
nicht in der Bauregelliste aufgeführt sind. Hierbei handelt es sich um
„sonstige Bauprodukte" i. S. d. Landesbauordnungen. Nur beispielhaft und nicht abschließend sind hier die Bauprodukte aus dem Gas-/
Wasserbereich und der Elektroinstallation genannt. In diesen Bereichen gibt es ein seit vielen Jahrzehnten bewährtes System der privaten
Regelsetzung und Zertifizierung, das eine Aufnahme solcher Regeln
in die Listen aus bauaufsichtlicher Sicht bisher als verzichtbar erschei-
nen ließ. Solche Bauprodukte dürfen daher ohne bauaufsichtlichen
Verwendbarkeitsnachweis und ohne Ü-Zeichen verwendet werden.

Für die in der **Bauregelliste A Teil 1** bekannt gemachten technischen
Regeln ist in **Spalte 4** ein Übereinstimmungsnachweis vorgeschrieben,
der Voraussetzung für die Kennzeichnung mit dem bauaufsichtlichen
Ü-Zeichen durch die Herstellerin oder den Hersteller des Bauprodukts
ist.

In der **Bauregelliste A Teil 1** wird in **Spalte 5** bestimmt, in welchen
Fällen bei wesentlichen Abweichungen von den technischen Regeln
der Verwendbarkeitsnachweis
– durch eine **allgemeine bauaufsichtliche Zulassung (Z)** oder
– durch ein **allgemeines bauaufsichtliches Prüfzeugnis (P)**
zu führen ist.

Bauprodukte, die in der **Bauregelliste A Teil 2** genannt sind, bedürfen
zum Nachweis ihrer Verwendbarkeit regelmäßig nur eines **allgemei-**

nen bauaufsichtlichen Prüfzeugnisses (P). Der Übereinstimmungsnachweis, der Voraussetzung für die Kennzeichnung mit dem bauaufsichtlichen Ü-Zeichen durch die Herstellerin oder den Hersteller des Bauprodukts ist, bezieht sich auf die Übereinstimmung des Bauprodukts mit dem allgemeinen bauaufsichtlichen Prüfzeugnis.

Ausgenommen sind die in **Liste C** aufgeführten nicht geregelten Bauprodukte. Bei diesen Produkten entfallen Verwendbarkeits- und Übereinstimmungsnachweise. Diese Bauprodukte dürfen kein Übereinstimmungszeichen (Ü-Zeichen) tragen. Die Bedeutung der Liste C liegt darin, den Verzicht auf einen bauaufsichtlichen Verwendbarkeitsnachweis für bestimmte nicht geregelte Bauprodukte kenntlich zu machen. Die LBO wiederholt mit **Absatz 2 Satz 1** (nur), was in Art. 2 Abs. 1 der Bekanntmachung des Abkommens zwischen dem Bund und den Ländern vom 6. Juni 2007 (GVOBl. Schl.-H. S. 287) – **DIBt-Abkommen** – verbindlich festgelegt worden ist.

Die **technischen Regeln** aus der **Bauregelliste A** gelten nach **Absatz 2 Satz 2** als **Technische Baubestimmungen** i. S. d. § 3 Abs. 3 Satz 1 und sind wie alle eingeführten Technischen Baubestimmungen von den am Bau Beteiligten und den Bauaufsichtsbehörden zu beachten. Hiermit wird eine ansonsten zusätzlich erforderliche Einführung der technischen Regeln der Bauregelliste A nach § 3 Abs. 3 entbehrlich.

6. Nicht geregelte Bauprodukte

Nach **Absatz 3 Satz 1** müssen **Bauprodukte**, für die **technische Regeln in der Bauregelliste A** nach Absatz 2 bekannt gemacht worden sind und die von diesen **wesentlich abweichen** oder für die es Technische Baubestimmungen oder **allgemein anerkannte Regeln der Technik nicht gibt (nicht geregelte Bauprodukte)**, ihre Verwendbarkeit in den dort aufgeführten Verfahren nachweisen. Nach **Absatz 3 Satz 2** sind von diesen **Nachweisverfahren Bauprodukte befreit**, die von allgemein anerkannten Regeln der Technik abweichen und nicht in der Bauregelliste A bekannt gemacht worden sind, die nur untergeordnete Bedeutung haben und in der **Liste C** bekannt gemacht sind. Die Liste C wird vom Deutschen Institut für Bautechnik bekannt gemacht.

7. Anforderungen nach anderen Rechtsvorschriften

Absatz 4 eröffnet die Möglichkeit, dass für bestimmte Bauprodukte, auch soweit sie Anforderungen nach anderen Rechtsvorschriften unterliegen, hinsichtlich dieser Anforderungen **bestimmte Nachweise der Verwendbarkeit** und **bestimmte Übereinstimmungsnachweise** nach Maßgabe dieser Bestimmung, der §§ 19 bis 21 und der §§ 23 bis 26 zu führen sind. Dies entspricht dem Wunsch der Praxis. Voraussetzung für den Erlass solcher **Verordnungen** ist, dass die anderen Rechtsvorschriften diese Nachweise verlangen oder zulassen. Typisches Beispiel für Bauprodukte, die auch Anforderungen anderer Rechtsbereiche unterliegen, sind Bauprodukte für Anlagen zum Umgang mit wassergefährdenden Stoffen (§ 63 WHG). Diesem Umstand trägt die WasBauPVO, Rechnung: Für die in § 1 WasBauPVO aufgeführten serienmäßig hergestellte Bauprodukte und für folgende Bauarten sind auch hinsichtlich wasserrechtlicher Anforderungen Verwendbarkeits-, Anwendbarkeits- und Übereinstimmungsnachweise nach den §§ 19, 20 und 23 bis 25 LBO i. V. m. § 18 Abs. 1 Satz 1, § 18 Abs. 2 und 3 Satz 1 Nr. 1 und 2 und § 26 LBO zu führen.

8.   Nachweis über geeignete Fachkräfte und Vorrichtungen

Nach **Absatz 5 Satz 1** kann für **Bauprodukte nach Absatz 1 Satz 1 Nr. 1,** deren Herstellung in außergewöhnlichem Maß von der Sachkunde und Erfahrung der damit betrauten Personen oder von einer Ausstattung mit besonderen Vorrichtungen abhängt,
– in der allgemeinen bauaufsichtlichen Zulassung,
– in der Zustimmung im Einzelfall oder
– durch Verordnung der obersten Bauaufsichtsbehörde
vorgeschrieben werden, dass die Herstellerin oder der Hersteller über solche Fachkräfte und Vorrichtungen verfügt und den Nachweis hierüber gegenüber einer Prüfstelle nach § 26 zu erbringen hat.
Nach Absatz 5 Satz 2 können in der Verordnung Mindestanforderungen
– an die Ausbildung,
– an die durch Prüfung nachzuweisende Befähigung und die Ausbildungsstätten einschließlich der Anerkennungsvoraussetzungen
gestellt werden. **Entsprechende Anforderungen** können nach § 22 Abs. 1 Satz 4 an **Bauarten** gestellt und nach § 56 Abs. 2 der Unternehmerin oder dem Unternehmer auferlegt werden. Die Nachweise sind auf der Baustelle bereitzuhalten.

Die Ermächtigung nach Absatz 5 ist beschränkt auf **Bauprodukte nach Absatz 1 Satz 1 Nr. 1**, also auf Bauprodukte, die von den nach Absatz 2 in der Bauregelliste A bekannt gemachten technischen Regeln nicht oder nicht wesentlich abweichen (**geregelte Bauprodukte**) oder als **nicht geregelte Bauprodukte** nach Absatz 3 zulässig sind und wenn sie das ÜZeichen tragen. **Nicht betroffen** sind davon **Bauprodukte nach Absatz 1 Satz 1 Nr. 2** und **sonstige Bauprodukte nach Absatz 1 Satz 2 und 3**.

9. **Überwachung bei Transport, Einbau, Instandhaltung und Reinigung von Bauprodukten**

Absatz 6 erweitert in **besonderen Fällen**, die beim Transport, den Einbau, die Instandhaltung und die Reinigung von Bauprodukten bzw. der mit solchen Bauprodukten errichteten Anlagen einer besonderen Sorgfalt bedürfen, die **Möglichkeit der Überwachung**. Diese Überwachung kann
– in der **allgemeinen bauaufsichtlichen Zulassung** (§ 19),
– in der **Zulassung im Einzelfall** (§ 21) oder
– durch **Verordnung** der obersten Bauaufsichtsbehörde
gefordert werden. Damit können neben den Anforderungen für die Herstellung von Bauprodukten auch die Tätigkeiten mit bestimmten Bauprodukten geregelt werden. Da an Bauprodukte, die aufgrund eines allgemeinen bauaufsichtlichen Prüfzeugnisses (§ 20) hergestellt werden, hinsichtlich der Sicherheit keine erheblichen Anforderungen gestellt werden, ist auch eine besondere Erweiterung der Überwachung i. S. d. Absatzes 6 nicht erforderlich. Eine solche besondere Erweiterung der Überwachung kann auch nicht den am Bau Beteiligten auferlegt werden.

10. **Bauregelliste B**

Absatz 7 ist redaktionell angepasst worden. Wegen des unmittelbar geltenden Artikel 66 Abs. 1 **EU-Bauproduktenverordnung** ist eine Übergangsregelung nicht erforderlich. Die **Bauregelliste B** wird vom Deutschen Institut für Bautechnik im Einvernehmen mit der obersten Bauaufsichtsbehörde bekannt gemacht. In der Bauregelliste B werden Bauprodukte nach Absatz 1 Satz 1 Nr. 2 aufgenommen, also Bauprodukte, die nach der **Bauproduktenverordnung** oder entsprechenden

Vorschriften in den **Verkehr gebracht und gehandelt** werden und die **CE-Kennzeichnung** tragen.

Welche **Leistungsstufen oder -klassen** nach Artikel 27 **EU-Bauproduktenverordnung** oder nach Vorschriften zur Umsetzung der Richtlinien der Europäischen Union Bauprodukte nach Absatz 1 Satz 1 Nr. 2 erfüllen müssen, werden in der **Bauregelliste B Teil 1** festgelegt.

Die **Bauregelliste B Teil 2** macht für die betreffenden Bauprodukte bekannt, inwieweit **Vorschriften** zur Umsetzung von Richtlinien der Europäischen Union die Grundanforderungen an Bauwerke nach Anhang I der **EU-Bauproduktenverordnung nicht berücksichtigen**. Diese **Grundanforderungen nach Anhang I der EU-Bauproduktenverordnung** beziehen sich auf

– mechanische Festigkeit und Standsicherheit,
– Brandschutz,
– Hygiene, Gesundheit und Umweltschutz,
– Sicherheit und Barrierefreiheit bei der Nutzung,
– Schallschutz,
– Energieeinsparung und Wärmeschutz und
– nachhaltige Nutzung der natürlichen Ressourcen.

Außerdem muss das Bauwerk derart entworfen, errichtet und abgerissen werden, dass die natürlichen Ressourcen nachhaltig genutzt werden und dabei insbesondere die dort genannten Anforderungen wie beispielsweise die **Dauerhaftigkeit** des Bauwerks gewährleistet sind.

Werden einzelne der Vorschriften in den Umsetzungsvorschriften nach **Absatz 1 Satz 2 Nr. 2 Buchst. c nicht** berücksichtigt, sind für die Erfüllung dieser Anforderungen zusätzliche Verwendbarkeitsnachweise bzw. Übereinstimmungsnachweise nach der LBO erforderlich. Die betreffenden Bauprodukte bedürfen neben der **CE-Kennzeichnung** auch des **Ü-Zeichens** nach § 23.

§ 19   Allgemeine bauaufsichtliche Zulassung

(1) Das Deutsche Institut für Bautechnik erteilt eine allgemeine bauaufsichtliche Zulassung für nicht geregelte Bauprodukte, wenn deren Verwendbarkeit im Sinne des § 3 Absatz 5 nachgewiesen ist.

(2) ¹Die zur Begründung des Antrags erforderlichen Unterlagen sind beizufügen. ²Soweit erforderlich, sind Probestücke von der Antragstellerin oder

dem Antragsteller zur Verfügung zu stellen oder durch Sachverständige, die das Deutsche Institut für Bautechnik bestimmen kann, zu entnehmen oder Probeausführungen unter Aufsicht der Sachverständigen herzustellen. [3]§ 67 Absatz 2 gilt entsprechend.

(3) Das Deutsche Institut für Bautechnik kann für die Durchführung der Prüfung die sachverständige Stelle und für Probeausführungen die Ausführungsstelle und Ausführungszeit vorschreiben.

(4) [1]Die allgemeine bauaufsichtliche Zulassung wird widerruflich und für eine bestimmte Frist erteilt, die in der Regel fünf Jahre beträgt. [2]Die Zulassung kann mit Nebenbestimmungen erteilt werden. [3]Sie kann auf schriftlichen Antrag in der Regel um fünf Jahre verlängert werden; § 75 Absatz 2 Satz 2 gilt entsprechend.

(5) Die Zulassung wird unbeschadet der Rechte Dritter erteilt.

(6) Das Deutsche Institut für Bautechnik macht die von ihm erteilten allgemeinen bauaufsichtlichen Zulassungen nach Gegenstand und wesentlichem Inhalt öffentlich bekannt.

(7) Allgemeine bauaufsichtliche Zulassungen nach dem Recht anderer Bundesländer gelten auch im Geltungsbereich dieses Gesetzes.

Erläuterungen

1. Allgemeines

Nicht geregelte Bauprodukte bedürfen nach § 18 Abs. 1 Satz 1 Nr. 1 i. V. m. § 18 Abs. 3 eines gesonderten **Verwendbarkeitsnachweises** in Form

– einer allgemeinen bauaufsichtlichen Zulassung (§ 19),
– eines allgemeinen bauaufsichtlichen Prüfzeugnisses (§ 20) oder
– einer Zustimmung im Einzelfall (§ 21);

s. hierzu im Einzelnen die Erläuterungen unter § 18 zu den Nachweisverfahren für nicht geregelte Bauprodukte. Während das allgemeine bauaufsichtliche Prüfzeugnis nur in einfacheren Fällen und die Zustimmung nach § 21 nur in Einzelfällen zur Anwendung kommt, stellt die allgemeine bauaufsichtliche Zulassung den **regelmäßigen Verwendbarkeitsnachweis** für nicht geregelte Bauprodukte dar.

Der **Schutz vor Gefahren** unerprobter Bauarten stellt einen vernünftigen Allgemeinwohlbelang dar, der es rechtfertigt, neue Baustoffe und Bauarten einer Zulassungspflicht zu unterwerfen (BVerwG, Urt. vom 18. Juni

1997 – 4 C 8.95 –, BRS 59 Nr. 141 = BauR 1998, 107 = ZfBR 1998, 109 = UPR 1998, 146 NVwZ 1998, 614 = GewArch 1998, 64 = Buchholz 406.17 Bauordnungsrecht Nr. 62).

2.   Allgemeine bauaufsichtliche Zulassung

2.1   Gegenstand und Zuständigkeit

Nach **Absatz 1** erteilt das DIBt **allgemeine bauaufsichtliche Zulassungen** für **nicht geregelte Bauprodukte**. Die Zuständigkeit gilt nicht nur für die Erteilung oder Versagung der allgemeinen bauaufsichtlichen Zulassung, sondern für das ganze Verfahren, also auch für eventuelle Verlängerungen der Geltungsdauer, für eine Rücknahme und einen Widerruf von allgemeinen bauaufsichtlichen Zulassungen.

2.2   Rechtsnatur

Bei der jeweiligen Entscheidung handelt es sich um einen **Verwaltungsakt** in der **Form einer Allgemeinverfügung,** die sich auf einen bestimmten Zulassungsgegenstand einer bestimmten Antragstellerin oder eines bestimmten Antragstellers bezieht (OVG RP, Urt. vom 24. März 1971 – 2 A 80/70 –, DÖV 1971, 498; OVG NRW, Urt. vom 19. November 2010 – 2 A 63/08 –, BRS 76 Nr. 127 = ZfBR 2011, 293 L). Die allgemeine bauaufsichtliche Zulassung wird einer **Antragstellerin oder einem Antragsteller** gegenüber erteilt. Sie ist jedoch **nicht an die Person der Antragstellerin oder des Antragstellers gebunden** (BVerwG, Urt. vom 18. Juni 1997 – 4 C 8.95 –, BRS 59 Nr. 141 = BauR 1998, 107 = ZfBR 1998, 109 = UPR 1998, 146 NVwZ 1998, 614 = GewArch 1998, 64 = Buchholz 406.17 Bauordnungsrecht Nr. 62; OVG HH, Urt. vom 28. Januar 1982 – Bf II 115/77 –, BRS 39 Nr. 97). Ergibt die Prüfung, dass das Bauprodukt i. S. d. § 3 Abs. 5 **verwendbar** ist, **ist** die allgemeine bauaufsichtliche Zulassung **zu erteilen.** Darauf besteht ein **Rechtsanspruch. Entsprechendes** gilt für die **Verlängerung** der Geltungsdauer nach Absatz 4 Satz 3. Die Verlängerung der Geltungsdauer der allgemeinen bauaufsichtlichen Zulassung ist unter den gleichen rechtlichen Voraussetzungen zu erteilen wie die ursprüngliche Zulassung.

2.3 Durchführung der Prüfungen

Absatz 2 regelt Umfang und die besonderen Anforderungen bei der Antragstellung für eine allgemeine bauaufsichtliche Zulassung. Gleichzeitig sind dem DIBt die Regelungen für Sachverständige, Probeausführungen und stücke übertragen worden.

Nach **Absatz 3** hat das DIBt die Möglichkeit, die sachverständigen Stellen und für Probeausführungen die Ausführungsstelle sowie die Ausführungszeit zu bestimmen.

2.4 Entscheidung über den Antrag

Absatz 4 legt die **Fristen** für die Zulassungen fest und lässt **Nebenbestimmungen** i. S. d. § 107 LVwG für die Zulassungsbescheide zu. Das DIBt hat – insbesondere auch im Rahmen der Prüfung der Verlängerung der Geltungsdauer – auch zu prüfen, ob sich das Bauprodukt in der **Praxis bewährt** hat. Auch wenn die Verwendbarkeit im Zeitpunkt der Zulassung feststeht, bleibt immer ein **Restrisiko** übrig, das es später erforderlich machen könnte, Einschränkungen oder zusätzliche Vorkehrungen bei der Verwendung oder Anwendung zu machen. Aus diesem Grund wird die Zulassung nach **Absatz 4 Satz 1** nur **widerruflich und befristet** erteilt. Die Frist soll **i. d. R. fünf Jahre** betragen. Die Zulassung kann nach **Absatz 4 Satz 3 erster Halbsatz** auf schriftlichen Antrag um fünf Jahre verlängert werden. Die Frist kann entsprechend § 75 Abs. 2 Satz 2 auch rückwirkend verlängert werden, wenn der Antrag vor Fristablauf bei dem DIBt eingegangen ist. Aus Gründen der Sicherheit kann im Einzelfall die Frist auch kürzer als fünf Jahre betragen. Eine längere Frist kommt nur in begründeten Ausnahmefällen in Betracht.

Entstehen nachträglich **ernsthafte Zweifel** hinsichtlich der **Verwendbarkeit des Bauproduktes,** kann die allgemeine bauaufsichtliche Zulassung durch das DIBt nach pflichtgemäßem Ermessen zurückgenommen oder widerrufen werden (vgl. VG Ansbach, Urt. vom 21. Januar 2008 – AN 3 K 06.01583 –, juris). Lassen sich die Bedenken durch Nebenbestimmungen ausräumen, dann ist unter Berücksichtigung des Verhältnismäßigkeitsgrundsatzes statt der Rücknahme oder des Widerrufs der Zulassung diese mit nachträglichen Nebenbestimmungen zu versehen. Ein Widerruf der Zulassung kann auch dann in Betracht kommen, wenn Nebenbestimmungen nicht erfüllt werden.

Nach **Absatz 5** werden die Zulassungen **unbeschadet der Rechte Dritter** erteilt; vgl. § 73 Abs. 4. Im Zulassungsverfahren wird also nicht geprüft, ob der Verwertung des zugelassenen Bauproduktes etwa Rechte Dritter wie beispielsweise Patent- oder Urheberrechte entgegenstehen.

3.   Bekanntmachung allgemeiner bauaufsichtlicher Zulassungen

Nach **Absatz 6** wird die allgemeine bauaufsichtliche Zulassung durch das DIBt nach Gegenstand und wesentlichem Inhalt **öffentlich bekannt gemacht.** Damit wird die herstellerneutrale, dinglich-produktbezogene Ausgestaltung der Zulassung als **Verwaltungsakt in Form einer Allgemeinverfügung** deutlich (vgl. BVerwG, Urt. vom 18. Juni 1997 – 4 C 8.95 –, BRS 59 Nr. 141 = BauR 1998, 107 = ZfBR 1998, 109 = UPR 1998, 146 NVwZ 1998, 614 = GewArch 1998, 64 = Buchholz 406.17 Bauordnungsrecht Nr. 62).

4.   Geltung allgemeiner bauaufsichtlicher Zulassungen anderer Bundesländer

Nach **Absatz 7** gelten auch die **allgemeinen bauaufsichtlichen Zulassungen anderer Bundesländer** in Schleswig-Holstein. Eine entsprechende Vorschrift enthalten die Landesbauordnungen aller Länder der Bundesrepublik, so dass im Ergebnis die Zulassungen im gesamten Bundesgebiet gelten, unabhängig davon, wo die Antragstellerin oder der Antragsteller ihren oder seinen Wohn- oder Geschäftssitz hat.

§ 20   Allgemeines bauaufsichtliches Prüfzeugnis

(1) [1]Bauprodukte,
1.   deren Verwendung nicht der Erfüllung erheblicher Anforderungen an die Sicherheit baulicher Anlagen dient, oder
2.   die nach allgemein anerkannten Prüfverfahren beurteilt werden,
bedürfen anstelle einer allgemeinen bauaufsichtlichen Zulassung nur eines allgemeinen bauaufsichtlichen Prüfzeugnisses. [2]Das Deutsche Institut für Bautechnik macht dies mit der Angabe der maßgebenden technischen Regeln und, soweit es keine allgemein anerkannten Regeln der Technik gibt, mit der Bezeichnung der Bauprodukte im Einvernehmen mit der obersten Bauaufsichtsbehörde in der Bauregelliste A bekannt.

(2) [1]Ein allgemeines bauaufsichtliches Prüfzeugnis wird von einer Prüfstelle nach **§ 26 Satz 1 Nummer 1** für nicht geregelte Bauprodukte nach Absatz 1 erteilt, wenn deren Verwendbarkeit im Sinne des § 3 Absatz 5 nachgewiesen ist. [2]§ 19 Absatz 2 bis 7 gilt entsprechend. [3]**Die Anerkennungsbehörde für Stellen nach § 26 Satz 1 Nummer 1 oder für die nach einer Verordnung aufgrund § 83 Absatz 5 Nummer 1 zuständigen Stellen kann allgemeine bauaufsichtliche Prüfzeugnisse zurücknehmen oder widerrufen; die §§ 116 und 117 des Landesverwaltungsgesetzes finden Anwendung.**

Erläuterungen

1. Allgemeines

Nicht geregelte Bauprodukte bedürfen nach § 18 Abs. 1 Satz 1 Nr. 1 i. V. m. § 18 Abs. 3 eines gesonderten **Verwendbarkeitsnachweises** in Form

– einer allgemeinen bauaufsichtlichen Zulassung (§ 19),
– eines allgemeinen bauaufsichtlichen Prüfzeugnisses (§ 20) oder
– einer Zustimmung im Einzelfall (§ 21);

s. hierzu im Einzelnen die Erläuterungen unter § 18 zu den Nachweisverfahren für nicht geregelte Bauprodukte.

Das allgemeine bauaufsichtliche Prüfzeugnis kommt anstelle der allgemeinen bauaufsichtlichen Zulassung nur **in einfacheren Fällen** zur Anwendung, nämlich bei Bauprodukten, deren Verwendung nach Absatz 1 Satz 1 Nr. 1 **nicht der Erfüllung erheblicher Anforderungen** an die Sicherheit baulicher Anlagen dient. Des Weiteren müssen die Bauprodukte nach Absatz 1 Satz 1 Nr. 2 – unabhängig von ihrer Bedeutung für die Sicherheit der baulichen Anlagen – **nach allgemein anerkannten Prüfverfahren beurteilt werden können.** Allgemein anerkannt sind – wie andere Regeln der Technik – nur solche Prüfverfahren, die in der Praxis erprobt und bewährt sind und sich bei der Mehrheit der Praktiker durchgesetzt haben (OVG NRW, Urt. vom 19. November 2010 – 2 A 63/08 –, BRS 76 Nr. 127 = ZfBR 2011, 293 L).

2.   Allgemeines bauaufsichtliches Prüfzeugnis

2.1   Gegenstand und Zuständigkeit

Liegen die **Voraussetzungen nach Absatz 1 Satz 1 Nr. 1 und 2** vor, macht nach **Absatz 1 Satz 2** das DIBt dies mit der Angabe der maßgebenden technischen Regeln und, soweit es keine allgemein anerkannten Regeln der Technik gibt, mit der Bezeichnung der Bauprodukte in der **Bauregelliste A** bekannt.

Nach **Absatz 2 Satz 1** wird ein allgemeines bauaufsichtliches Prüfzeugnis von einer **Prüfstelle nach § 26 Satz 1 Nr. 1** erteilt. § 19 Abs. 2 bis 7 gilt **entsprechend;** das bedeutet, dass die wesentlichen Regelungen denen bei der allgemeinen bauaufsichtlichen Zulassung nach § 19 entsprechen. Die Zuständigkeit der Prüfstelle nach § 26 Satz 1 Nr. 1 gilt nicht nur für die Erteilung oder Versagung des allgemeinen bauaufsichtlichen Prüfzeugnisses, sondern für das ganze Verfahren, also auch für eventuelle Verlängerungen der Geltungsdauer, für eine Rücknahme und einen Widerruf von allgemeinen bauaufsichtlichen Prüfzeugnissen. Bei der jeweiligen Entscheidung handelt es sich um einen **Verwaltungsakt** in der **Form einer Allgemeinverfügung,** die sich auf einen bestimmten Zulassungsgegenstand einer bestimmten Antragstellerin oder eines bestimmten Antragstellers bezieht (OVG RP, Urt. vom 24. März 1971 – 2 A 80/70 –, DÖV 1971, 498; OVG NRW, Urt. vom 19. November 2010 – 2 A 63/08 –, BRS 76 Nr. 127 = ZfBR 2011, 293 L). Das allgemeine bauaufsichtliche Prüfzeugnisses wird einer **Antragstellerin oder einem Antragsteller gegenüber erteilt.** Es ist jedoch **nicht an die Person der Antragstellerin oder des Antragstellers gebunden** (BVerwG, Urt. vom 18. Juni 1997 – 4 C 8.95 –, BRS 59 Nr. 141 = BauR 1998, 107 = ZfBR 1998, 109 = UPR 1998, 146 NVwZ 1998, 614 = GewArch 1998, 64 = Buchholz 406.17 Bauordnungsrecht Nr. 62; OVG HH, Urt. vom 28. Januar 1982 – Bf II 115/77 –, BRS 39 Nr. 97).

Ergibt die Prüfung, dass das Bauprodukt i. S. d. § 3 Abs. 5 **verwendbar** ist, **ist** das allgemeine bauaufsichtliche Prüfzeugnis **zu erteilen.** Darauf besteht ein **Rechtsanspruch. Entsprechendes** gilt für die **Verlängerung** der Geltungsdauer. Die Verlängerung der Geltungsdauer des allgemeinen bauaufsichtlichen Prüfzeugnisses ist unter den gleichen rechtlichen

Voraussetzungen zu erteilen wie die ursprüngliche Zulassung. S. im Übrigen im Einzelnen die Erläuterungen unter § 19 Abs. 2 bis 7.

Absatz 2 Satz 3 hat im Vergleich zur bisherigen Rechtslage eine **Lücke im Instrumentarium der Fachaufsicht geschlossen.** Bisher hatte die **Anerkennungsbehörde** der Prüfstellen lediglich die Möglichkeit, einer Prüfstelle ihre Anerkennung zu entziehen bzw. ihr als milderes Mittel eine **fachaufsichtliche Weisung zu erteilen,** wenn die Prüfstelle ihre Aufgaben bei der Erteilung allgemeiner bauaufsichtlicher Prüfzeugnisse nicht ordnungsgemäß erfüllte. Das **Recht zur Ersatzvornahme,** das als weiteres Instrument der Fachaufsicht in Fällen erforderlich ist, in denen sich die Prüfstelle den Weisungen widersetzt, **stand ihr** dagegen **nicht zu.** Nach **Absatz 2 Satz 3 Halbsatz 2** ist nunmehr für die Rücknahme eines rechtswidrigen allgemeinen Prüfzeugnisses § 116 LVwG und für den Widerruf eines rechtmäßigen allgemeinen Prüfzeugnisses § 117 LVwG anzuwenden.

§ 21 Nachweis der Verwendbarkeit von Bauprodukten im Einzelfall

[1]Mit Zustimmung der obersten Bauaufsichtsbehörde dürfen im Einzelfall
1. **Bauprodukte, die nach Vorschriften zur Umsetzung von Richtlinien der Europäischen Union in Verkehr gebracht und gehandelt werden dürfen, hinsichtlich der nicht berücksichtigten Grundanforderungen an Bauwerke im Sinne des § 18 Absatz 7 Nummer 2,**
2. **Bauprodukte, die auf der Grundlage von unmittelbar geltendem Recht der Europäischen Union in Verkehr gebracht und gehandelt werden dürfen, hinsichtlich der nicht berücksichtigten Grundanforderungen an Bauwerke im Sinne des § 18 Absatz 7 Nummer 2,**
3. nicht geregelte Bauprodukte

verwendet werden, wenn **ihre** Verwendbarkeit im Sinne des § 3 Absatz 5 nachgewiesen ist. [2]Wenn Gefahren im Sinne des § 3 Absatz 2 nicht zu erwarten sind, kann die oberste Bauaufsichtsbehörde im Einzelfall erklären, dass ihre Zustimmung nicht erforderlich ist.

Erläuterungen

1.   Allgemeines

Nicht geregelte Bauprodukte bedürfen nach § 18 Abs. 1 Satz 1 Nr. 1
i. V. m. § 18 Abs. 3 eines gesonderten **Verwendbarkeitsnachweises** in
Form
– einer allgemeinen bauaufsichtlichen Zulassung (§ 19),
– eines allgemeinen bauaufsichtlichen Prüfzeugnisses (§ 20) oder
– einer Zustimmung im Einzelfall (§ 21);
s. hierzu im Einzelnen die Erläuterungen unter § 18 zu den Nachweisverfahren für nicht geregelte Bauprodukte.
Wenn das nicht geregelte Bauprodukt nicht allgemein, sondern **nur im
Einzelfall verwendet** werden soll, kann eine Zustimmung im Einzelfall
anstelle einer allgemeinen bauaufsichtlichen Zulassung bzw. eines allgemeinen bauaufsichtlichen Prüfzeugnisses beantragt werden.
Bauprodukte, für die eine Zustimmung im Einzelfall erteilt worden
ist, dürfen wie Bauprodukte, für die eine allgemeine bauaufsichtlichen
Zulassung bzw. ein allgemeines bauaufsichtliches Prüfzeugnis erteilt
worden ist, nur verwendet werden, wenn sie entsprechend § 23 Abs. 4
und 5 ein **Ü-Zeichen** tragen.

2.   Zustimmung im Einzelfall

2.1   Anwendungsbereich

Gegenstand des Nachweises der Verwendbarkeit im Einzelfall sind
– nach **Satz 1 Nr. 1** die dort erfassten Bauprodukte hinsichtlich der
  nicht berücksichtigten Grundanforderungen an Bauwerke im
  Sinne des § 18 Abs. 7 Nr. 2 (vgl. die Erläuterungen zu § 18 Abs. 7
  Nr. 2). Nach Nummer 1 der bisherigen Fassung durften mit Zustimmung der obersten Bauaufsichtsbehörde im Einzelfall Bauprodukte, die ausschließlich nach dem Bauproduktengesetz in Verkehr gebracht wurden und gehandelt werden durften, dessen
  Anforderungen jedoch nicht erfüllen, verwendet werden, wenn
  ihre Verwendbarkeit i. S. d. § 3 Abs. 5 nachgewiesen war. Die **Bauproduktenrichtlinie (EWG) ist** mit Inkrafttreten der **EU-Bauproduktenverordnung** zum 1. Juli 2013 **aufgehoben worden.** Da diese
  Verordnung unmittelbar gilt, musste sie nicht ins nationale Recht

umgesetzt werden; die einschlägigen Transformationsvorschriften des Bauproduktengesetzes sind damit gegenstandslos geworden, so dass ihre Inbezugnahme im bisherigen Satz 1 Nr. 1 ins Leere ging;

– nach **Satz 1 Nr. 2** die dort erfassten Bauprodukte hinsichtlich der nicht berücksichtigten Grundanforderungen an Bauwerke i. S. d. § 18 Abs. 7 Nr. 2 (vgl. auch hier die Erläuterungen zu § 18 Abs. 7 Nr. 2);

– nach **Satz 1 Nr. 3 nicht geregelte Bauprodukte.**

Für **alle Anwendungsfälle** setzt die Zustimmung die Verwendung der Bauprodukte im **Einzelfall** voraus. Ein Einzelfall ist gegeben, wenn das Bauprodukt lediglich für ein einzelnes Bauvorhaben hergestellt wird. Dabei kann das Bauprodukt auch mehrfach in dem Einzelvorhaben verwendet werden; es muss lediglich auf ein einziges, konkretes Bauvorhaben angewandt werden. Besteht ein größeres Vorhaben aus mehreren baulichen Anlagen, kann sich der Einzelfall auch auf das gesamte Vorhaben erstrecken; es muss aber ein räumlich-funktionaler Zusammenhang der baulichen Anlagen bestehen.

2.2 Zuständigkeit

Nach **Satz 1** entscheidet über einen **Antrag** auf Zustimmung der Verwendbarkeit eines Bauproduktes im Einzelfall die **oberste Bauaufsichtsbehörde.** Der Antrag ist häufig im Zuge eines bauaufsichtlichen Verfahrens nach den §§ 67, 69 oder 68 erforderlich. Der Antrag kann beispielsweise im Rahmen des Bauantrages gestellt werden. Falls der Antrag mit den Bauvorlagen bei der zuständigen unteren Bauaufsichtsbehörde vorgelegt wird, ist er zuständigkeitshalber an die oberste Bauaufsichtsbehörde weiterzuleiten.

2.3 Rechtsnatur

Wenn die die **Voraussetzungen nach Satz 1** vorliegen und die Verwendbarkeit des betreffenden Bauproduktes i. S. d. § 3 Abs. 5 nachgewiesen ist, besteht ein **Anspruch auf Erteilung** der Zustimmung im Einzelfall. Die **Zustimmung stellt verbindlich fest,** dass die **Verwendbarkeit** des Bauproduktes i. S. d. § 3 Abs. 5 **nachgewiesen** ist. Die Zustimmung ist ein selbstständiger **Verwaltungsakt,** der **allein** auf eine **Antragstellerin oder einen Antragsteller bezogen** ist; sie hat daher nicht wie die allgemeine bauaufsichtliche Zulassung oder das allgemeine bauaufsichtliche Prüfzeugnis die Wirkung einer **Allgemeinverfügung**.

3.   Verzicht auf Zustimmung

Nach **Satz 2** kann die oberste Bauaufsichtsbehörde im Einzelfall erklären, dass ihre Zustimmung nicht erforderlich ist, und zwar, wenn bei Verwendung des Bauproduktes im Einzelfall **Gefahren** i. S. d. § 3 Abs. 2 **nicht** zu erwarten sind. Der Verzicht wird wie eine Zustimmung im Einzelfall selbst **durch Verwaltungsakt** ausgesprochen.

§ 22   Bauarten

(1) [1]Bauarten, die von Technischen Baubestimmungen wesentlich abweichen oder für die es allgemein anerkannte Regeln der Technik nicht gibt (nicht geregelte Bauarten), dürfen bei der Errichtung, Änderung und Instandhaltung baulicher Anlagen nur angewendet werden, wenn für sie
1.   eine allgemeine bauaufsichtliche Zulassung oder
2.   eine Zustimmung im Einzelfall
erteilt worden ist. [2]Anstelle einer allgemeinen bauaufsichtlichen Zulassung genügt ein allgemeines bauaufsichtliches Prüfzeugnis, wenn die Bauart nicht der Erfüllung erheblicher Anforderungen an die Sicherheit baulicher Anlagen dient oder nach allgemein anerkannten Prüfverfahren beurteilt wird. [3]Das Deutsche Institut für Bautechnik macht diese Bauarten mit der Angabe der maßgebenden technischen Regeln und, soweit es keine allgemein anerkannten Regeln der Technik gibt, mit der Bezeichnung der Bauarten im Einvernehmen mit der obersten Bauaufsichtsbehörde in der Bauregelliste A bekannt. [4]§ 18 Absatz 5 und 6 sowie §§ 19, 20 Absatz 2 und § 21 gelten entsprechend. [5]Sind Gefahren im Sinne des § 3 Absatz 2 nicht zu erwarten, kann die oberste Bauaufsichtsbehörde im Einzelfall oder für genau begrenzte Fälle allgemein festlegen, dass eine allgemeine bauaufsichtliche Zulassung, ein allgemeines bauaufsichtliches Prüfzeugnis oder eine Zustimmung im Einzelfall nicht erforderlich ist.

(2) Die oberste Bauaufsichtsbehörde kann durch Verordnung vorschreiben, dass für bestimmte Bauarten, auch soweit sie Anforderungen nach anderen Rechtsvorschriften unterliegen, Absatz 1 ganz oder teilweise anwendbar ist, wenn die anderen Rechtsvorschriften dies verlangen oder zulassen.

Erläuterungen

1.   Allgemeines

Bauart ist nach **§ 2 Abs. 12** das Zusammenfügen von Bauprodukten zu baulichen Anlagen oder Teilen von baulichen Anlagen. Sie bezeichnet die technische Fertigungsart bzw. die technische Methode, mittels der Bauprodukte zu einer Konstruktion zusammengefügt werden.

2.   Anwendungsbereich und Anwendbarkeitsnachweis

Absatz 1 Satz 1 regelt für **Bauarten** die Fälle, in denen von Technischen Baubestimmungen wesentlich abgewichen wird oder in denen es allgemein anerkannte Regeln der Technik nicht gibt (**nicht geregelte Bauarten**). Danach bedürfen Bauarten, die Technischen Baubestimmungen entsprechen, keines weiteren Nachweises. Für die Anwendung nicht geregelter Bauarten ist
– eine **allgemeine bauaufsichtliche Zulassung (Nummer 1)** oder
– eine **Zustimmung im Einzelfall (Nummer 2)**
erforderlich. Nach **Absatz 1 Satz 2** wird für nicht geregelte Bauarten als Verwendungsnachweis an Stelle der allgemeinen bauaufsichtlichen Zulassung **auch** ein **allgemeines bauaufsichtliches Prüfzeugnis** ermöglicht. Diese Regelung erleichtert die Verfahren, weil bei nicht geregelten Bauarten, insbesondere wegen der Anforderungen bei Bauteileigenschaften hinsichtlich des Brandschutzes, ein großer Bedarf an allgemeinen bauaufsichtlichen Prüfzeugnissen besteht.
Die **Bauregelliste A Teil 3** enthält **nicht geregelte Bauarten**. Sie bedürfen anstelle einer allgemeinen bauaufsichtlichen Zulassung nur eines allgemeinen bauaufsichtlichen Prüfzeugnisses. Der Übereinstimmungsnachweis bezieht sich auf die Übereinstimmung mit dem allgemeinen bauaufsichtlichen Prüfzeugnis. Hierbei hat die Anwenderin oder der Anwender der Bauart zu bestätigen, dass die Bauart entsprechend den Bestimmungen des allgemeinen bauaufsichtlichen Prüfzeugnisses ausgeführt wurde und die hierbei verwendeten Produkte den Bestimmungen des allgemeinen bauaufsichtlichen Prüfzeugnisses entsprechen. Anders als für Bauprodukte führt der Übereinstimmungsnachweis für Bauarten nicht zum bauaufsichtlichen Ü-Zeichen.
Nach **Absatz 1 Satz 4** gilt § 18 Abs. 5 und 6 entsprechend. Aus **Gründen der Sicherheit** kann es geboten sein, entsprechend § 18 Abs. 5 für

die Herstellung bestimmter Bauarten den Einsatz besonders qualifizierten Fachpersonals oder die Verwendung bestimmter Vorrichtungen vorzuschreiben. In besonderen Fällen können entsprechend § 18 **Abs. 6** beim Einbau, beim Transport, bei der Instandhaltung oder Reinigung von Bauarten bzw. der mit solchen Bauarten errichteten Anlagen **besondere Überwachungen** gefordert werden.

Nach **Absatz 1 Satz 4** gelten auch die §§ **19, 20 Abs. 2 und § 21** entsprechend. Da es sich bei § 22 über Bauarten um **präventive Verfahren** wie **für nicht geregelte Bauprodukte** handelt, gilt entsprechend

- § 19 über die allgemeine bauaufsichtliche Zulassung,
- § 20 **Abs. 2** über das allgemeine bauaufsichtliche Prüfzeugnis und
- § 21 über den Nachweis der Verwendbarkeit von Bauprodukten im Einzelfall.

Sind **Gefahren** i. S. d. § 3 Abs. 2 **nicht** zu erwarten, kann nach **Absatz 1 Satz 5** die oberste Bauaufsichtsbehörde

- im **Einzelfall** oder
- für genau begrenzte Fälle allgemein

festlegen, dass eine allgemeine bauaufsichtliche Zulassung, ein allgemeines bauaufsichtliches Prüfzeugnis oder eine Zustimmung im Einzelfall **nicht erforderlich** ist. Ein **Verzicht** erfolgt

- „im **Einzelfall**" bei einem konkreten Bauvorhaben durch **Verwaltungsakt**,
- „**für genau begrenzte Fälle allgemein**" durch **Bekanntmachung** im Amtsblatt Schleswig-Holstein.

3. Ermächtigung zur Erweiterung des Anwendungsbereichs

Nach **Absatz 2** kann die oberste Bauaufsichtsbehörde durch **Verordnung** vorschreiben, dass für **bestimmte Bauarten**, auch soweit **sie Anforderungen nach anderen Rechtsvorschriften** unterliegen, Absatz 1 ganz oder teilweise anwendbar ist, wenn die anderen Rechtsvorschriften dies verlangen oder zulassen. Entsprechendes gilt beispielsweise für § 5 Landeswassergesetz i. V. m. § 19 g Abs. 1 und 2 Wasserhaushaltsgesetz.

§ 23 Übereinstimmungsnachweis

(1) Bauprodukte bedürfen einer Bestätigung ihrer Übereinstimmung mit den technischen Regeln nach § 18 Absatz 2, den allgemeinen bauaufsichtlichen Zulassungen, den allgemeinen bauaufsichtlichen Prüfzeugnissen oder den Zustimmungen im Einzelfall; als Übereinstimmung gilt auch eine Abweichung, die nicht wesentlich ist.

(2) [1]Die Bestätigung der Übereinstimmung erfolgt durch

1. Übereinstimmungserklärung der Herstellerin oder des Herstellers (§ 24 Absatz 1) oder
2. Übereinstimmungszertifikat (§ 25 Absatz 1).

[2]Die Bestätigung durch Übereinstimmungszertifikat kann in der allgemeinen bauaufsichtlichen Zulassung, in der Zustimmung im Einzelfall oder in der Bauregelliste A vorgeschrieben werden, wenn dies zum Nachweis einer ordnungsgemäßen Herstellung erforderlich ist. [3]Bauprodukte, die nicht in Serie hergestellt werden, bedürfen nur der Übereinstimmungserklärung der Herstellerin oder des Herstellers nach § 24 Absatz 1, sofern nichts anderes bestimmt ist. [4]Die oberste Bauaufsichtsbehörde kann im Einzelfall die Verwendung von Bauprodukten ohne das erforderliche Übereinstimmungszertifikat gestatten, wenn nachgewiesen ist, dass diese Bauprodukte den technischen Regeln, Zulassungen, Prüfzeugnissen oder Zustimmungen nach Absatz 1 entsprechen.

(3) Für Bauarten gelten die Absätze 1 und 2 entsprechend.

(4) Die Übereinstimmungserklärung und die Erklärung, dass ein Übereinstimmungszertifikat erteilt ist, hat die Herstellerin oder der Hersteller durch Kennzeichnung der Bauprodukte mit dem Übereinstimmungszeichen (Ü-Zeichen) unter Hinweis auf den Verwendungszweck abzugeben.

(5) Das Ü-Zeichen ist auf dem Bauprodukt, auf einem Beipackzettel oder auf seiner Verpackung oder, wenn dies Schwierigkeiten bereitet, auf dem Lieferschein oder auf einer Anlage zum Lieferschein anzubringen.

(6) Ü-Zeichen aus anderen Bundesländern und aus anderen Staaten gelten auch im Geltungsbereich dieses Gesetzes.

Erläuterungen

1. Allgemeines

Bauprodukte dürfen nach § 18 Abs. 1 Satz 1 Nr. 1 für die Errichtung, Änderung und Instandhaltung baulicher Anlagen nur verwendet werden, wenn sie

1. mit den nach § 18 Abs. 2 bekannt gemachten technischen Regeln übereinstimmen **oder**
2. nach § 18 Abs. 3 zulässig sind **und** wenn sie aufgrund des Übereinstimmungsnachweises nach § 23 das **Übereinstimmungszeichen (Ü-Zeichen)** tragen.

Die Bauprodukte dürfen des Ü-Zeichen nur tragen, wenn ihre Übereinstimmung mit ihren maßgeblichen technischen Spezifikationen nach entsprechend **Absatz 1** bestätigt ist. Die **Bestätigung der Übereinstimmung** kann nach **Absatz 2 Satz 1** durch

– **Übereinstimmungserklärung** der Herstellerin oder des Herstellers (**Nummer 1**) oder
– **Übereinstimmungszertifikat (Nummer 2)**

erfolgen.

2. Erfordernis eines Übereinstimmungsnachweises

Geregelte sowie nicht geregelte Bauprodukte (vgl. zu den Begriffen die Erläuterungen zu § 18 Abs. 1 Nr. 1 und Abs. 3) bedürfen somit **grundsätzlich** eines **Nachweises nach § 23**. Das Nachweisverfahren dient ausschließlich im öffentlichen Interesse an der Gefahrenabwehr. Die **Übereinstimmungserklärung** der Herstellerin oder des Herstellers ist die **Regelform** der Bestätigung der Übereinstimmung. Das **Übereinstimmungszertifikat** bedarf nach **Absatz 2 Satz 2** einer **besonderen Festlegung. Absatz 2 Satz 3** stellt sicher, dass Bauprodukte, die **nicht in Serie**, also handwerklich und in beschränkter Stückzahl, hergestellt werden, grundsätzlich nur der Übereinstimmungserklärung der Herstellerin oder des Herstellers ohne Einschaltung einer Stelle bedürfen. Die oberste Bauaufsichtsbehörde kann nach **Absatz 2 Satz 4** unter bestimmten Voraussetzungen **Ausnahmen** vom Erfordernis eines Übereinstimmungszertifikates zulassen.

3. Erfordernis eines Übereinstimmungsnachweises bei Bauarten

Absatz 3 stellt die **Bauarten** den **Bauprodukten gleich.**

4. Kennzeichnung mit dem Ü-Zeichen

Die **Absätze 4 und 5** regeln, dass das Vorhandensein einer Übereinstimmungserklärung oder eines Übereinstimmungszertifikats durch das Ü-Zeichen erbracht wird und wo dieses Ü-Zeichen anzubringen ist. Dabei werden die Anforderungen der jeweiligen Gegebenheiten zum Vertrieb von Bauprodukten berücksichtigt und so die Umsetzung erleichtert.

5.   Übereinstimmungszeichen anderer Bundesländer oder Staaten

Übereinstimmungszeichen anderer Bundesländer oder Staaten gelten nach **Absatz 6** auch in Schleswig-Holstein. Die Regelung dient der Gleichstellung der Übereinstimmungszeichen anderer Länder der Bundesrepublik Deutschland und anderer Staaten. Dabei kann es sich sowohl um Mitgliedstaaten der EU oder des europäischen Wirtschaftsraumes als auch um Drittstaaten, z. B. aufgrund von Anerkennungen von Prüf-, Überwachungs- und Zertifizierungsstellen ausländischer Stellen im Zusammenhang mit bilateralen oder multilateralen internationalen Vereinbarungen, handeln. Die Unternehmerin oder der Unternehmer hat die entsprechenden Nachweise auf der Baustelle bereitzuhalten (§ 56 Abs. 1 Satz 2).

§ 24   Übereinstimmungserklärung der Herstellerin oder des Herstellers

(1) Die Herstellerin oder der Hersteller darf eine Übereinstimmungserklärung nur abgeben, wenn sie oder er durch werkseigene Produktionskontrolle sichergestellt hat, dass das von ihr oder ihm hergestellte Bauprodukt den maßgebenden technischen Regeln, der allgemeinen bauaufsichtlichen Zulassung, dem allgemeinen bauaufsichtlichen Prüfzeugnis oder der Zustimmung im Einzelfall entspricht.

(2) [1]In den technischen Regeln nach § 18 Absatz 2, in der Bauregelliste A, in den allgemeinen bauaufsichtlichen Zulassungen, in den allgemeinen bauaufsichtlichen Prüfzeugnissen oder in den Zustimmungen im Einzelfall kann eine Prüfung der Bauprodukte durch eine Prüfstelle vor Abgabe der Übereinstimmungserklärung vorgeschrieben werden, wenn dies zur Sicherung einer ordnungsgemäßen Herstellung erforderlich ist. [2]In diesen Fällen hat die Prüfstelle das Bauprodukt daraufhin zu überprüfen, ob es den maßgebenden technischen Regeln, der allgemeinen bauaufsichtlichen Zulassung, dem allgemeinen bauaufsichtlichen Prüfzeugnis oder der Zustimmung im Einzelfall entspricht.

Erläuterungen

1.   Allgemeines

§ 24 unterscheidet zwei Arten der Nachweisführung:
– Übereinstimmungserklärung der Herstellerin oder des Herstellers
  ohne Einschaltung einer Prüfstelle (Absatz 1),
– Übereinstimmungserklärung der Herstellerin oder des Herstellers
  nach Erstprüfung durch eine Prüfstelle (Absatz 2).

2.   Übereinstimmungserklärung der Herstellerin oder des Herstellers ohne Einschaltung einer Prüfstelle

Nach **Absatz 1** darf die Herstellerin oder der Hersteller eine Übereinstimmungserklärung nur abgeben, wenn sie oder er durch **werkseigene Produktionskontrolle sichergestellt** hat, dass das von ihr oder ihm hergestellte Bauprodukt den maßgebenden technischen Regeln, der allgemeinen bauaufsichtlichen Zulassung, dem allgemeinen bauaufsichtlichen Prüfzeugnis oder der Zustimmung im Einzelfall entspricht. Die Übereinstimmungserklärung berechtigt und verpflichtet die Herstellerin oder den Hersteller, das Bauprodukt mit dem Ü-Zeichen zu versehen.

3.   Übereinstimmungserklärung der Herstellerin oder des Herstellers nach Erstprüfung durch eine Prüfstelle

Wenn es zur Sicherung einer ordnungsgemäßen Herstellung des Bauproduktes erforderlich ist, kann nach **Absatz 2 Satz 1** in den technischen Regeln nach § 18 Abs. 2, in der Bauregelliste A, in den allgemeinen bauaufsichtlichen Zulassungen, in den allgemeinen bauaufsichtlichen Prüfzeugnissen oder in den Zustimmungen im Einzelfall eine Prüfung der Bauprodukte durch eine Prüfstelle vor Abgabe der Übereinstimmungserklärung vorgeschrieben werden (**Erstprüfung**).
Nach **Absatz 2 Satz 2** hat in diesen Fällen die Prüfstelle das Bauprodukt daraufhin zu überprüfen, ob es den maßgebenden technischen Regeln, der allgemeinen bauaufsichtlichen Zulassung, dem allgemeinen bauaufsichtlichen Prüfzeugnis oder der Zustimmung im Einzelfall entspricht. Die Herstellerin oder den Hersteller hat die Prüfung bei einer anerkannten Prüfstelle nach § 26 Abs. 1 Nr. 2 zu beantragen. Die Übereinstimmungserklärung darf erst abgegeben werden, wenn das positive Ergebnis der Prüfstelle vorliegt.

§ 25 Übereinstimmungszertifikat

(1) Ein Übereinstimmungszertifikat ist von einer Zertifizierungsstelle nach § 26 zu erteilen, wenn das Bauprodukt
1. den maßgebenden technischen Regeln, der allgemeinen bauaufsichtlichen Zulassung, dem allgemeinen bauaufsichtlichen Prüfzeugnis oder der Zustimmung im Einzelfall entspricht und
2. einer werkseigenen Produktionskontrolle sowie einer Fremdüberwachung nach Maßgabe des Absatzes 2 unterliegt.

(2) [1]Die Fremdüberwachung ist von Überwachungsstellen nach § 26 durchzuführen. [2]Die Fremdüberwachung hat regelmäßig zu überprüfen, ob das Bauprodukt den maßgebenden technischen Regeln, der allgemeinen bauaufsichtlichen Zulassung, dem allgemeinen bauaufsichtlichen Prüfzeugnis oder der Zustimmung im Einzelfall entspricht.

Erläuterungen

1. Allgemeines

Geregelte sowie nicht geregelte Bauprodukte (vgl. zu den Begriffen die Erläuterungen zu § 18 Abs. 1 Nr. 1 und Abs. 3) bedürfen **grundsätzlich** eines **Nachweises** nach § 23; vgl. die Erläuterungen zu § 23. Die **Übereinstimmungserklärung der Herstellerin oder des Herstellers nach** § 24 ist die Regelform der Bestätigung der Übereinstimmung. Das **Übereinstimmungszertifikat nach** § 25 bedarf nach **§ 23 Abs. 2 Satz 2** einer besonderen Festlegung.

Absatz 1 bestimmt, unter welchen **Voraussetzungen** eine Zertifizierungsstelle verpflichtet ist, ein **Übereinstimmungszertifikat zu** erteilen. **Absatz 2** regelt die nach Absatz 1 Nr. 2 erforderliche **Fremdüberwachung** im Einzelnen.

2. Voraussetzungen für die Erteilung eines Übereinstimmungszertifikates

Das Bauprodukt muss der für dieses Produkt **maßgebenden Spezifikation** entsprechen, wie es sich bereits aus § 23 Abs. 1 ergibt. Die Anforderungen ergeben sich im Einzelnen aus **Absatz 1 Nr. 1.**

Das Bauprodukt muss ferner nach **Absatz 1 Nr. 2** einer
– ständigen **werkseigenen Produktionskontrolle** sowie
– einer **Fremdüberwachung** nach Absatz 2

unterliegen.

3. Fremdüberwachung

Nach **Absatz 2 Satz 1** ist die **Fremdüberwachung** von Überwachungsstellen nach § 26 durchzuführen. Die Fremdüberwachung hat nach **Absatz 2 Satz 2** regelmäßig zu überprüfen, ob das Bauprodukt den maßgebenden technischen Regeln, der allgemeinen bauaufsichtlichen Zulassung, dem allgemeinen bauaufsichtlichen Prüfzeugnis oder der Zustimmung im Einzelfall entspricht. Im Gegensatz zur Erstprüfung eines Bauproduktes durch eine Prüfstelle nach § 24 Abs. 2 Satz 2 wird die Fremdüberwachung im Rahmen einer **laufenden Überwachung** der Produktion anhand der in Absatz 2 Satz 2 genannten technischen Festlegungen tätig. Träger der produktionsbezogenen Fremdüberwachung sind nach **§ 26 Abs. 1 Satz 1 Nr. 4** anerkannte **Überwachungsstellen.**

Die betroffenen Herstellerinnen oder Hersteller haben privatrechtliche Verträge mit entsprechenden Überwachungsstellen abzuschließen. Die Entscheidung einer Überwachungsstelle, ob das betreffende Bauprodukt den maßgebenden technischen Regeln, der allgemeinen bauaufsichtlichen Zulassung, dem allgemeinen bauaufsichtlichen Prüfzeugnis oder der Zustimmung im Einzelfall entspricht oder aber nicht entspricht, ist eine **zivilrechtliche Erklärung.**

§ 26 Prüf-, Zertifizierungs- und Überwachungsstellen

(1) [1]Die oberste Bauaufsichtsbehörde kann eine natürliche oder juristische Person als

1. Prüfstelle für die Erteilung allgemeiner bauaufsichtlicher Prüfzeugnisse (§ 20 Absatz 2),
2. Prüfstelle für die Überprüfung von Bauprodukten vor Bestätigung der Übereinstimmung (§ 24 Absatz 2),
3. Zertifizierungsstelle (§ 25 Absatz 1),
4. Überwachungsstelle für die Fremdüberwachung (§ 25 Absatz 2),
5. Überwachungsstelle für die Überwachung nach § 18 Absatz 6 oder
6. Prüfstelle für die Überprüfung nach § 18 Absatz 5

anerkennen, wenn sie oder die bei ihr Beschäftigten nach ihrer Ausbildung, Fachkenntnis, persönlichen Zuverlässigkeit, ihrer Unparteilichkeit und ihren Leistungen die Gewähr dafür bieten, dass diese Aufgaben den öffentlich-rechtlichen Vorschriften entsprechend wahrgenommen werden, und wenn sie über die erforderlichen Vorrichtungen verfügen. ²Satz 1 ist entsprechend auf Behörden anzuwenden, wenn sie ausreichend mit geeigneten Fachkräften besetzt und mit den erforderlichen Vorrichtungen ausgestattet sind. ³Die Anerkennung von Prüf-, Zertifizierungs- und Überwachungsstellen anderer Bundesländer gilt auch im Geltungsbereich dieses Gesetzes.

Erläuterungen

1. Allgemeines

§ 26 regelt die **Anerkennung** von **Prüf-, Zertifizierungs- und Überwachungsstellen** und auch die Anerkennung von entsprechenden Stellen anderer Bundesländer. **Satz 1 und 2** ermächtigt die oberste Bauaufsichtsbehörde,
– natürliche oder juristische Personen sowie auch
– Behörden
als Prüf-, Zertifizierungs- und Überwachungsstellen anzuerkennen für die verschiedenen Aufgaben im Rahmen der §§ 18 ff. anzuerkennen und legt die Anforderungen für die Anerkennung fest. **Satz 3** regelt die **Anerkennung** von **Prüf-, Zertifizierungs- und Überwachungsstellen** anderer Bundesländer.

Das DIBt führt **Verzeichnisse** der anerkannten Prüf-, Zertifizierungs- und Überwachungsstellen getrennt nach Bauproduktengesetz (BauPG 2013) und Landesbauordnungen. Die Verzeichnisse werden regelmäßig in den „Mitteilungen des Deutsche Instituts für Bautechnik" sowie im Internet unter www.dibt.de > PÜZ-Stellen veröffentlicht.

Die im **bisherigen Absatz 2 Satz 2 und 3 sowie** im **bisherigen Absatz 3** enthaltenen Regelungen sind wegen Aufhebung der Bauproduktenrichtlinie (EWG) durch die **EU-Bauproduktenverordnung gestrichen** worden. Da in der Verordnung eine Übergangsregelung fehlt, konnte sie auch im nationalen Recht nicht in Betracht kommen.

2. Anerkennung als Prüf-, Zertifizierungs- und Überwachungsstellen

Satz 1 ermächtigt die oberste Bauaufsichtsbehörde, **natürliche oder juristische Personen** als Prüf-, Zertifizierungs- und Überwachungsstellen anzuerkennen, wenn sie oder die bei ihr Beschäftigten nach ihrer Aus-

bildung, Fachkenntnis, persönlichen Zuverlässigkeit, ihrer Unparteilichkeit und ihren Leistungen die Gewähr dafür bieten, dass diese Aufgaben den öffentlich-rechtlichen Vorschriften entsprechend
wahrgenommen werden, und wenn sie über die erforderlichen Vorrichtungen verfügen. Juristische Personen sind i. d. R. als eingetragene
Vereine organisiert.

Die auf der Grundlage des § 83 Abs. 5 Nr. 3 erlassene **PÜZ-Anerken-
nungsverordnung (PÜZAVO)** vom 6. Dezember 2009 (GVOBl. Schl.-
H. S. 887), geänd. d. VO vom 5. Dezember 2014 (GVOBl. Schl.-H.
S. 497), regelt die im Einzelnen die Anerkennung, die Anerkennungsvoraussetzungen, die allgemeinen Pflichten der Prüf-, Zertifizierungs-
und Überwachungsstellen, die besonderen Pflichten der Prüf- und
Überwachungsstellen, die Anforderungen an Antrag und Unterlagen
sowie Erlöschen und Widerruf der Anerkennung.

3.　Anerkennungsfälle

Nach Satz 1 können natürliche oder juristische Personen anerkannt
werden

–　nach **Nummer 1, 2 und 6** als **Prüfstellen;** die Prüfstellen erteilen
　nach § 20 Abs. 2 allgemeine bauaufsichtliche Prüfzeugnisse, füh-
　ren nach § 24 Abs. 2 eine Erstprüfung vor Abgabe der Überein-
　stimmungserklärung der Herstellerin oder der Hersteller durch
　und werden nach § 18 Abs. 5 für den Nachweis geeigneter Fach-
　kräfte und Vorrichtungen tätig;

–　nach **Nummer 3** als **Zertifizierungsstellen;** die Zertifizierungsstel-
　len erteilen nach § 25 Abs. 1 den Herstellerinnen oder Herstellern
　Übereinstimmungszertifikate;

–　nach **Nummer 4 und 5** als **Überwachungsstellen;** die Überwa-
　chungsstellen führen nach § 25 Abs. 2 die Fremdüberwachung
　durch und überwachen nach § 18 Abs. 6 vorgeschriebene be-
　stimmte Tätigkeiten.

Nach **Satz 2** ist Satz 1 **entsprechend** auf **Behörden** anzuwenden, wenn
sie ausreichend mit geeigneten Fachkräften besetzt und mit den erforderlichen Vorrichtungen ausgestattet sind.

Das Anerkennungsverfahren ist öffentlich-rechtlicher Natur. Anerkennungen und Versagungen der Anträge auf Anerkennung sind **Verwaltungsakte.**

4. Anerkennung von Prüf-, Zertifizierungs- und
    Überwachungsstellen anderer Bundesländer

Die Anerkennung von Prüf-, Zertifizierungs- und Überwachungsstellen anderer Bundesländer gilt auch in Schleswig-Holstein. Durch entsprechende Regelungen in den Landesbauordnungen der anderen Bundesländer gelten in Schleswig-Holstein erteilte Anerkennungen auch in den anderen Bundesländern.

§ 27 Allgemeine Anforderungen an das Brandverhalten von Baustoffen und Bauteilen

(1) [1]Nach den Anforderungen an ihr Brandverhalten werden
1. nichtbrennbare,
2. schwerentflammbare,
3. normalentflammbare

Baustoffe unterschieden. [2]Baustoffe, die nicht mindestens normalentflammbar sind, (leichtentflammbare Baustoffe) dürfen nicht verwendet werden; dies gilt nicht, wenn sie in Verbindung mit anderen Baustoffen normalentflammbar sind.

(2) [1]Nach den Anforderungen an ihre Feuerwiderstandsfähigkeit werden
1. feuerbeständige,
2. hochfeuerhemmende,
3. feuerhemmende

Bauteile unterschieden. [2]Die Feuerwiderstandsfähigkeit bezieht sich bei tragenden und aussteifenden Bauteilen auf deren Standsicherheit im Brandfall, bei raumabschließenden Bauteilen auf deren Widerstand gegen die Brandausbreitung. [3]Bauteile werden zusätzlich nach dem Brandverhalten ihrer Baustoffe unterschieden in
1. Bauteile aus nichtbrennbaren Baustoffen,
2. Bauteile, deren tragende und aussteifende Teile aus nichtbrennbaren Baustoffen bestehen und die bei raumabschließenden Bauteilen zusätzlich eine in Bauteilebene durchgehende Schicht aus nichtbrennbaren Baustoffen haben,
3. Bauteile, deren tragende und aussteifende Teile aus brennbaren Baustoffen bestehen und die allseitig eine brandschutztechnisch wirksame Bekleidung aus nichtbrennbaren Baustoffen (Brandschutzbekleidung) und Dämmstoffe aus nichtbrennbaren Baustoffen haben,
4. Bauteile aus brennbaren Baustoffen.

[4]Soweit in diesem Gesetz oder in Vorschriften aufgrund dieses Gesetzes nichts anderes bestimmt ist, müssen
1. Bauteile, die feuerbeständig sein müssen, mindestens den Anforderungen des Satzes 3 Nummer 2,
2. Bauteile, die hochfeuerhemmend sein müssen, mindestens den Anforderungen des Satzes 3 Nummer 3
entsprechen.

Erläuterungen

1.   Allgemeines

§ 27 regelt die **allgemeinen Anforderungen an das Brandverhalten von Baustoffen und Bauteilen.** Die Bestimmung bildet im Hinblick auf den Brandschutz die **systematische Grundlage** für die Anforderungen in Abschnitt IV über Wände, Decken, Dächer mit den §§ 28 bis 33, in Abschnitt V über Rettungswege, Öffnungen, Umwehrungen mit den §§ 34 bis 39 und in Abschnitt VI über technische Gebäudeausrüstung mit den §§ 40 bis 47. § 27 enthält das **grundlegende System** der allgemeinen brandschutztechnischen Anforderungen an
– die **Baustoffe** und
– die **Bauteile.**
§ 27 führt in die im Gesetz verwendeten **Begriffe** zur Beschreibung der brandschutztechnischen Anforderungen ein, **klassifiziert** die Anforderungen, stellt sie in ihrer **Zuordnung** zueinander dar und **bündelt** die **allgemeine Anforderungen** an das Brandverhalten von Baustoffen und Bauteilen. Die Bestimmung regelt dabei die **allgemeinen Anforderungen an das Brandverhalten von Baustoffen und Bauteilen** und greift die Regelungen zu der Feuerwiderstandsfähigkeit von Bauteilen und der Gliederung in Gebäudeklassen auf und vervollständigt sie, sodass darin entsprechend dem **Brandschutzkonzept** das gesamte System der im Gesetz verwendeten Begriffe und deren Zuordnung zueinander enthalten ist.
Die Zuordnung der Baustoff- und Bauteilklassen erfolgt entsprechend den Bezeichnungen in den Normen **DIN 4102 Brandverhalten von Baustoffen und Bauteilen** und den Normen **DIN EN 13501 Klassifizierung von Bauprodukten und Bauarten zu ihrem Brandverhalten.**

2. Baustoffe

2.1 Anforderungen

Absatz 1 Satz 1 führt die **Anforderungen** an das **Brandverhalten von Baustoffen** auf. Nach den **Anforderungen** an ihr **Brandverhalten** werden

- **nichtbrennbare** (Nummer 1),
- **schwerentflammbare** (Nummer 2),
- **normalentflammbare** (Nummer 3)

Baustoffe unterschieden.

Absatz 1 Satz 2 erster Halbsatz enthält das **Verbot der Verwendung leichtentflammbarer Baustoffe.** Leichtentflammbare Baustoffe dürfen nach **Absatz 1 Satz 2 zweiter Halbsatz** nur verwendet werden, wenn sie in Verbindung mit anderen Baustoffen normalentflammbar sind.

2.2 Baustoffklassen

Die **Baustoffklassen** bilden die Grundlage für die bauordnungsrechtlichen Brandschutzanforderungen an Baustoffe. Nach Anlage 0.2 der Bauregelliste A Teil 1 ergibt sich folgende Einteilung der Baustoffklassen:

Übersicht

Einteilung der Baustoffklassen

Bauaufsichtliche Anforderung	Baustoffklasse nach DIN 4102
nichtbrennbare Baustoffe ohne brennbare Bestandteile mit brennbaren Bestandteilen	**A** A 1 A 2
brennbare Baustoffe schwerentflammbare Baustoffe normalentflammbare Baustoffe	**B** B 1 B 2
leichtentflammbare Baustoffe	B 3

Damit unterscheidet **Absatz 1 Satz 1** zwischen
- **nichtbrennbaren** und
- **brennbaren**

Baustoffen.

Die **nichtbrennbaren Baustoffe** werden nicht weiter unterschieden. Nichtbrennbare Baustoffe können auch brennbare Bestandteile enthalten, sofern sie nicht selbst zur Brandausbreitung beitragen. Die maßgeblichen technischen Regeln, die Normen **DIN 4102-4:1994-03 Brandverhalten von Baustoffen und Bauteilen; Zusammenstellung und Anwendung klassifizierter Baustoffe, Bauteile und Sonderbauteile** und **DIN 4102-4/A 1:2004-11** – eingeführt als Technische Baubestimmungen – unterscheiden **nichtbrennbare Baustoffe** nach ihren Bestandteilen durch die **Baustoffklassen A 1 und A 2**.

Brennbare Baustoffe werden nach ihrem Verhalten hinsichtlich der Entflammbarkeit unterschieden, und zwar in
– **schwerentflammbare** (Absatz 1 Satz 1 Nr. 2),
– **normalentflammbare** (Absatz 1 Satz 1 Nr. 3),
– **leichtentflammbare** (Absatz 1 Satz 2)
Baustoffe.

Für **schwerentflammbare Baustoffen** ist Maßstab, ob das Feuer eines brennbaren Baustoffes von sich aus erlischt, wenn der Baustoff nicht mehr beflammt wird, also ein Stützfeuer fehlt. Ein solcher Baustoff darf nicht aktiv zur Brandentstehung oder Brandweiterleitung beitragen. Schwerentflammbare Baustoffe werden durch die Norm DIN 4102 mit der **Kurzbezeichnung B 1** klassifiziert.

Bei **normalentflammbaren Baustoffen** ist Maßstab, wie stark Baustoffe nach einer bestimmten Beflammung nach der Norm DIN 4102-1 weiter brennen; vgl. hierzu auch die Norm DIN 4102-4:1994-03 Abschnitt 2.3.2. **Alle übrigen brennbaren Baustoffe** gelten als **leichtentflammbare Baustoffe**.

3.   Bauteile

3.1 Allgemeines

Bauteile sind aus Baustoffen hergestellte Teile von baulichen Anlagen wie beispielsweise Wände, Stützen, Dachträger, Türen und Fenster. An **wesentliche Bauteile** stellt die LBO Anforderungen in Bezug auf den Brandschutz, insbesondere für Bauteile, die
– eine **tragende oder aussteifende Funktion** wahrnehmen,
– eine **raumabschließende Aufgabe** als Trennwände oder Brandwände bei Räumen, Nutzungseinheiten, zum Abschluss von Ge-

bäuden oder zur Unterteilung von Gebäuden in Brandabschnitte haben,
– als **Decken** eine tragende und raumabschließende Aufgabe zwischen Geschossen haben,
– als **Bedachungen** dienen,
– **vertikale und horizontale Rettungswege** ermöglichen.

3.2 Schutzziel der Anforderungen

Absatz 2 dient für Bauteile im Hinblick auf den Brandschutz als **systematische Grundlage** für die allgemeinen Anforderungen. Die dort geregelte Klassifizierung von Bauteilen ist nach Absatz 2 Satz 2 **schutzzielbezogen**. Die Klassifizierung der Bauteile nach der Feuerwiderstandsfähigkeit bezieht sich nach **Absatz 2 Satz 1** bei
– **tragenden und aussteifenden Bauteilen** auf deren **Standsicherheit im Brandfall**,
– **raumabschließenden Bauteilen** auf deren **Widerstand gegen die Brandausbreitung**.

Welche dieser **Anforderungen jeweils zu erfüllen** sind, ergibt sich aus den **Regelungen der** §§ 28 ff. Die Feuerwiderstandsfähigkeit tragender Wände, die nicht zugleich eine raumabschließende Aufgabe i. S. d. Absatzes 2 Satz 2 übernehmen, ist ausschließlich im Hinblick auf die Standsicherheit nach § 28 zu beurteilen. Haben Wände ausschließlich oder zusätzlich eine raumabschließende Aufgabe, sind beispielsweise hinsichtlich der raumabschließenden Aufgabe die Regelungen des § 30 über Trennwände, des § 31 über Brandwände und des § 37 bei notwendigen Fluren zu beachten. In diesem Zusammenhang sind auch die erforderlichen Abschlüsse wie beispielsweise nach § 36 Abs. 6 in notwendigen Treppenräumen von Bedeutung.

Die **Klassifizierung** ist auf die jeweiligen **Bauteile bezogen**. Da Bauteile nur **im System** funktionieren, sind auch die Anschlüsse und sonstigen Rahmenbedingungen in der Gesamtschau zu berücksichtigen. Die Anforderungen beziehen sich i. d. R. auf die Bauteile im **eingebauten Zustand**. Die Leistungsfähigkeit von Bauteilen ist in ihrer jeweiligen Einbausituation zu messen. Soweit beispielsweise allgemeine bauaufsichtliche Zulassungen nach § 19 oder allgemeine bauaufsichtliche Prüfzeugnisse nach § 20 vorliegen, gehen diese deshalb regelmäßig auch auf die Einbaubedingungen der Bauteile ein. Da die Klassifizierung immer im System zu bewerten ist, gilt dieses insbesondere für standsicherheitsrelevante Bauteile von Anlagen. Im Rahmen einer derartigen Bewertung sind in der Gesamtschau auch aussteifende und unterstützende Bauteile in die Beurteilung einzubeziehen, die für sich gesehen zwar nicht tragend sind, aber für tragende Systeme von Bedeutung sind wie beispielsweise aussteifende und unterstützende Bauteile. Die Betrachtung der Standsicherheit bezieht sich also nicht bloß allein auf die einzelnen Bauteile, sondern auf die **Gesamttragfähigkeit** von Anlagen und wichtige Teile im Brandfall.

3.3 Brandverhalten

Das Brandverhalten von Bauteilen wird im Wesentlichen durch ihre **Feuerwiderstandsdauer in Minuten** gekennzeichnet.

Die **Feuerwiderstandsfähigkeit von Bauteilen** nach **Absatz 2 Satz 1** ist der Maßstab der zeitlichen Dauer, welche die Bauteile unter Brandeinwirkung ihre Funktion bewahren.

Danach wird unterschieden in:
- feuerhemmend: 30 Minuten,
- hochfeuerhemmend: 60 Minuten,
- feuerbeständig: 90 Minuten.

Höhere Feuerwiderstandsdauern werden durch die LBO **nicht** geregelt. Sie können bei Sonderbauten wie beispielsweise Hochhäusern erforderlich sein. Höhere Feuerwiderstandsdauern wie F 120 oder F 180 sind in den Normen DIN 4102 und DIN EN 13501 näher bestimmt.

Absatz 2 Satz 2 bezieht die **Feuerwiderstandsfähigkeit** auf die **Funktionen,** auf die es im Brandfall ankommt: Bei
- **tragenden** (auch unterstützende) und **aussteifenden Bauteilen** auf deren **Standsicherheit** im Brandfall,
- bei **raumabschließenden Bauteilen** auf deren **Widerstand gegen die Brandausbreitung.**

Die **Einzelvorschriften** in den §§ 28 ff. **setzen** die allgemeinen Anforderungen im Einzelnen **um** und stellen diese Funktionen jeweils auch klar.

3.4 Typisierung nach dem Brandverhalten

Nach **Absatz 2 Satz 3** werden Bauteile zusätzlich nach dem Brandverhalten ihrer Baustoffe unterschieden in vier Typen:

– **Nummer 1: Bauteile aus nichtbrennbaren Baustoffen.**
Solche Bauteile sind beispielsweise massive Bauteile aus mineralischen Baustoffen, Stahl- und Glasbauteile und Trockenbauwände aus nichtbrennbaren Baustoffen. Die Typisierung „nichtbrennbar" kann auch Baustoffbestandteile in untergeordneter Menge enthalten, beispielsweise Zuschlagstoffe, Kleber oder Beschichtungen, sofern die Eigenschaft „nichtbrennbar" erhalten bleibt. Unter Umständen können solche brennbaren Bestandteile im Brandfall ausgasen. Dieser Umstand kann auch bei raumabschließenden Bauteilen zu Beeinträchtigungen auf der dem Brand abgewandten Seite des Bauteiles führen. Solche Wirkungen können im Wege der Produktzulassung nach den §§ 18 ff. zu Beschränkungen in der Verwendbarkeit führen.

– **Nummer 2: Bauteile, deren tragende und aussteifende Teile aus nichtbrennbaren Baustoffen bestehen und die bei raumabschließenden Bauteilen zusätzlich eine in Bauteilebene durchgehende Schicht aus nichtbrennbaren Baustoffen** haben. Die Bauteile werden häufig auch nach der Kurzbezeichnung in der sie konkretisierenden Prüfnorm als **„AB-Bauweise"** bezeichnet.
Solche Bauteile dürfen brennbare Bestandteile enthalten. Entscheidend ist, dass deren **tragende und aussteifende Teile** selbst **nichtbrennbar** sind und die für eine Brandbeanspruchung ausgelegte Seite der Bauteile mit einer ebenfalls nichtbrennbaren durchgehenden Schicht versehen sind. Dabei kommt es nicht darauf an, dass eine außenliegende Schicht verwendet wird; erforderlich ist, dass eine **in Bauteilebene durchgehende Schicht** aus nichtbrennbaren Baustoffen besteht.

– **Nummer 3: Bauteile, deren tragende und aussteifende Teile** (innerhalb der Bauteile) **aus brennbaren Baustoffen** (i. d. R. **Holz**) bestehen und die allseitig eine **brandschutztechnisch wirksame Bekleidung** aus **nichtbrennbaren Baustoffen (Brandschutzbekleidung)** und Dämmstoffe aus nichtbrennbaren Baustoffen haben. Diese Regelung wird hinsichtlich des Baustoffes Holz technisch konkretisiert durch die Muster-Richtlinie über brandschutztechnische Anforderungen an hochfeuerhemmende Bauteile in Holzbauweise – M-HFHHolzR – (Fassung Juli 2004), die als Technische Baubestimmung eingeführt ist.

Solche Bauteile kommen in der Hauptsache im Holzbau zum Einsatz. Bei diesem Bauteiltyp übernimmt die Brandschutzbekleidung den äußeren Schutz der tragenden und aussteifenden Teile und schützt vor einem Rauchdurchtritt. Die volle Innendämmung dient dem Schutz der tragenden und aussteifenden brennbaren Teile vor Selbstentzündung und verhindert eine Brandweiterleitung innerhalb der Bauteile. Entwickelt wurde der Bauteiltyp, um eine hochfeuerhemmende Bauweise auch im Holzbau zu ermöglichen.
– **Nummer 4: Bauteile aus brennbaren Baustoffen.**
Während die Nummern 1 bis 3 Anforderungstypen nennen, die von Nummer 1 bis 3 abnehmend die Verwendung nichtbrennbarer Baustoffe in bestimmter Weise vorschreiben, ist Nummer 4 durch das Fehlen solcher Anforderungen gekennzeichnet; sie erfasst allgemein **Bauteile aus brennbaren Baustoffen.**

3.5 Mindestanforderungen an die Baustoffe bei Anforderung „feuerbeständig" und „hochfeuerhemmend"

Absatz 2 Satz 4 ordnet den **Anforderungen** „feuerbeständig" und „hochfeuerhemmend" Mindestanforderungen an die Baustoffe zu. Soweit in diesem Gesetz oder in Vorschriften aufgrund dieses Gesetzes nichts anderes bestimmt ist, müssen
– Bauteile, die **feuerbeständig** sein müssen, mindestens den Anforderungen des Satzes 3 Nr. 2 (**Nummer 1**),
– Bauteile, die **hochfeuerhemmend** sein müssen, mindestens den Anforderungen des Satzes 3 Nr. 3 (**Nummer 2**)
entsprechen. Soweit in der LBO oder in Vorschriften aufgrund der LBO keine andere Baustoffverwendung verlangt oder zugelassen wird, ist **mindestens die hier verlangte** oder aber eine brandschutztechnisch bessere Ausführung (z. B. nach **Satz 3 Nr. 2** anstelle der Ausführung nach **Satz 3 Nr. 3** oder **Satz 3 Nr. 1** anstelle der Ausführung nach **Satz 3 Nr. 2**) erforderlich. An Bauteile, die **feuerhemmend** sein müssen, werden **keine besonderen Baustoffanforderungen** gestellt.

Abschnitt IV   **Wände, Decken, Dächer**

§ 28   Tragende Wände, Stützen

(1) [1]Tragende und aussteifende Wände und Stützen müssen im Brandfall ausreichend lang standsicher sein. [2]Sie müssen
1. in Gebäuden der Gebäudeklasse 5 feuerbeständig,
2. in Gebäuden der Gebäudeklasse 4 hochfeuerhemmend,
3. in Gebäuden der Gebäudeklassen 2 und 3 feuerhemmend,
sein. [3]Satz 2 gilt
1. für Geschosse im Dachraum nur, wenn darüber noch Aufenthaltsräume möglich sind; § 30 Absatz 4 bleibt unberührt,
2. nicht für Balkone, ausgenommen offene Gänge, die als notwendige Flure dienen.

(2) Im Kellergeschoss müssen tragende und aussteifende Wände und Stützen
1. in Gebäuden der Gebäudeklassen 3 bis 5 feuerbeständig,
2. in Gebäuden der Gebäudeklassen 1 und 2 feuerhemmend
sein.

Erläuterungen

1.   Allgemeines

Die Anforderungen des § 28 über **tragende Wände, Stützen** sollen die **Standsicherheit baulicher Anlagen** nach § 13 im **Brandfall** für einen bestimmten Zeitraum **sicherstellen** und damit die öffentliche Sicherheit und den Schutz von Leben und Gesundheit nach § 3 Abs. 2 für die Benutzerinnen und Benutzer von baulichen Anlagen gewährleisten. Die **Systemanforderung** an Bauteile ergibt sich aus der **allgemeinen Anforderung** des § 3 Abs. 2 zur Gefahrenabwehr und dem Schutzziel des Brandschutzes nach § 15. Nach § 15 müssen bei einem Brand die Rettung von Menschen und Tieren sowie wirksame Löscharbeiten möglich sein. Daraus leitet sich auch für den Brandfall eine **verlässliche Standzeit** von Anlagen ab. § 28 dient zusammen mit den anderen brandschutztechnischen baulichen Vorkehrungen wie Trennwände nach § 30, Brandwände nach § 31, Decken nach § 32, notwendige Treppenräume nach § 36, notwendige Flure nach § 37 der Sicherheit

der Benutzerinnen und Benutzer, der Feuerwehr und der Rettungsmannschaften im Brandfall.

2. Begriffe

Tragende Wände und Stützen sind Bauteile, die neben den Eigenlasten
von baulichen Anlagen die einwirkenden Verkehrslasten, Schneelasten
und Windlasten aufnehmen und ableiten. Dazu zählen auch **aussteifende Wände und Stützen**, auch wenn sie im engeren Sinne keine last-
abtragende Funktion erfüllen, jedoch die Standsicherheit im Gesamt-
gefüge von baulichen Anlagen sichern, indem sie diese gegen
horizontal wirkende Kräfte sichern. Die Regelung bezieht sich auf die
Standsicherheit des **gesamten konstruktiven Gefüges** von baulichen
Anlagen; nach der Bezugsregelung des § 13 über Standsicherheit muss
u. a. jede bauliche Anlage **im Ganzen und in ihren einzelnen Teilen**
für sich allein **standsicher** sein.

3. Schutzziel

Nach **Absatz 1 Satz 1** müssen tragende und aussteifende Wände und
Stützen **im Brandfall ausreichend lang standsicher** sein. Das **Schutzziel**
besteht demnach aus **zwei Elementen:**
–   Die vom **Bauteil** verlangte **Funktion im Brandfall (hier: Standsi-
    cherheit)** und
–   die **zeitliche Dauer (hier: ausreichend lang)**.
Die Anforderungen werden durch die geforderte **Feuerwiderstandsfähigkeit** in den nachfolgenden Regelungen konkretisiert, unterschieden
nach Gebäudeklassen und bestimmten Fallgestaltungen.

4. Feuerwiderstandsfähigkeitsanforderung

Die **allgemeinen Anforderungen nach Absatz 1 Satz 1** werden durch
die geforderte **Feuerwiderstandsfähigkeit nach Absatz 1 Satz 2**, unterschieden nach **Gebäudeklassen**, weiter konkretisiert. Die Anforderungen korrespondieren mit den Regelungen nach § 32 über Decken. § 2
Abs. 3 Satz 1 enthält die Gliederung der Gebäude in Gebäudeklassen
als **systematische Grundlage** für das **Brandschutzkonzept**. Die Gebäudeklassen bilden die Grundlage für die jeweils zugrunde zu legenden
materiell-rechtlichen Anforderungen.

Tragende und aussteifende Wände und Stützen müssen nach **Absatz 1 Satz 2** in **oberirdischen Geschossen** (außer Geschossen im Dachraum, wenn darüber keine Aufenthaltsräume möglich sind)
– in **Gebäuden der Gebäudeklasse 5** feuerbeständig (**Nummer 1**),
– in **Gebäuden der Gebäudeklasse 4** hochfeuerhemmend (**Nummer 2**),
– in **Gebäuden der Gebäudeklassen 2 und 3** feuerhemmend (**Nummer 3**)
sein.

5. Erleichterungen bei Geschossen im Dachraum

Nach **Absatz 1 Satz 3 Nr. 1** gilt die **Anforderung nach Absatz 1 Satz 2** für Geschosse im Dachraum nur, **wenn darüber noch Aufenthaltsräume möglich** sind. Für Geschosse im Dachraum, wenn über ihnen keine Aufenthaltsräume möglich sind, stellt die LBO – unabhängig von der Nutzung der Geschosse – **keine Anforderungen an die Feuerwiderstandsfähigkeit** tragender und aussteifender Wände und Stützen. Die Erleichterung für die erfassten Geschosse im Dachraum ist **in der Praxis bedeutsam**, weil Dachkonstruktionen häufig in Holz errichtet werden, die brandschutztechnisch nicht feuerhemmend sind.
„Dachraum" ist bei Satteldächern der Raum oberhalb der Ebene zwischen den äußeren Schnittlinien der Außenwände und der Dachhaut an den Traufseiten. Bei anderen Dachformen bestimmt sich der Dachraum sinngemäß. Unter „**Dachraum**" eines Gebäudes, in dem für Aufenthaltsräume die lichte Höhe ausreichend ist, ist der von dem Dach – bestehend aus Tragwerk und Dachhaut – und der Decke des obersten Geschosses gebildete Raum zu verstehen (OVG NRW, Urt. vom 20. November 1979 – X A 995/79 –, BRS 35 Nr. 107 = BauR 1980, 343). „Dachraum" kann als Raum bezeichnet werden, der von dem Dach, bestehend aus Tragwerk und Dachhaut, und der Decke des obersten Geschosses gebildet wird (OVG Bremen, Urt. vom 8. September 1981 – 1 BA 17/81 –, BRS 38 Nr. 117). Die letztere Definition geht allerdings davon aus, dass solche Geschosse stets eine (horizontale) Decke haben und die Räume unmittelbar unter einem geneigten Dach liegen. Als Dachraum ist bei verständiger Interpretation beispielsweise auch ein Raum zu beurteilen, der zum unteren steilen Teil

eines „Mansarddaches" gehört, nicht aber ein Raum hinter einer senkrechten Außenwand, dem eine Dachhaut vorgeblendet ist.

Begünstigt ist zunächst das **oberste Geschoss im Dachraum**, unabhängig von der Nutzung. Unterhalb des obersten Geschosses sind weitere Geschosse im Dachraum (nur) begünstigt, wenn in den darüber liegenden Geschossen **keine Aufenthaltsräume „möglich"** sind. Bei der Auslegung des unbestimmten **Rechtsbegriffes** „möglich" ist grundsätzlich von einer Zulässigkeit von Aufenthaltsräumen in dem darüber liegenden Dachraum auszugehen, wenn Aufenthaltsräume angesichts der Ausgestaltung des Dachraumes mit der zulässigen lichten Höhe nach § 48 Abs. 1 planbar und damit „möglich" wären. Die Regelung soll sicherstellen, dass Gebäude brandschutztechnisch so ausgelegt werden, dass rechtlich mögliche Nutzungserweiterungen durch Dachgeschossausbau aufgefangen werden können, ohne unverhältnismäßige Maßnahmen zur Ertüchtigung der tragenden Konstruktion erforderlich zu machen.

Nach **Absatz 1 Satz 3 Nr. 1 zweiter Halbsatz** bleibt § 30 Abs. 4 im Hinblick auf **Trennwände** unberührt. Sofern im Dachraum Trennwände nach § 30 erforderlich sind, ergibt sich daraus die entsprechende Anforderung im Hinblick auf die **Feuerwiderstandsfähigkeit**. Nach § 30 Abs. 4 sind Trennwände bis zur Rohdecke, im Dachraum bis unter die Dachhaut zu führen; werden in Dachräumen Trennwände nur bis zur Rohdecke geführt, ist diese Decke als raumabschließendes Bauteil einschließlich der sie tragenden und aussteifenden Bauteile **feuerhemmend herzustellen**. In diesem Fall ist der Bereich der an die Trennwand anschließenden Decke zwingender Bestandteil der Trennwandfunktion. **Tragende und aussteifende Bauteile** des Geschosses im Dachraum müssen diesbezüglich, um die Trennwandfunktion zu bewirken, in einem solchen Fall **mindestens feuerhemmend** hergestellt werden.

6. Erleichterungen für Balkone

Nach **Absatz 1 Satz 3 Nr. 2** gilt die **Anforderung nach Absatz 1 Satz 2 nicht für Balkone, ausgenommen offene Gänge**, die als **notwendige Flure** dienen. Für Balkone stellt die LBO keine Anforderungen an die Feuerwiderstandsfähigkeit tragender und aussteifender Wände und Stützen. Die Erleichterung erfasst Balkone als Teile von Gebäuden und vor Gebäuden freistehende Balkone. Einer Anforderung an die Feuerwiderstandsfähigkeit von Balkonen bedarf es nicht, weil Balkone, wenn sie nicht Bestandteil von Rettungswegen sind, für Personenrettung und Brandbekämpfung nicht erforderlich sind.

Etwas **anderes gilt**, wenn Balkone als **bauaufsichtlich erforderliche Rettungsbalkone** und als **offene Gänge**, die als **notwendige Flure** dienen, Teil von Rettungswegen sind. Nach § 37 Abs. 5 gilt für Wände und Brüstungen notwendiger Flure mit nur einer Fluchtrichtung, die als **offene Gänge** vor den Außenwänden angeordnet sind, § 37 Abs. 4 entsprechend. Nach § 37 Abs. 4 Satz 1 müssen **Wände notwendiger Flure** als raumabschließende Bauteile **feuerhemmend**, in Kellergeschossen, deren tragende und aussteifende Bauteile feuerbeständig sein müssen, feuerbeständig sein.

7. **Tragende und aussteifende Wände und Stützen im Kellergeschoss**

Tragende und aussteifende Wände und Stützen müssen nach **Absatz 2** im **Kellergeschoss**

– in **Gebäuden der Gebäudeklassen 3 bis 5** feuerbeständig (**Nummer 1**),
– in **Gebäuden der Gebäudeklassen 1 und 2** feuerhemmend (**Nummer 2**)

sein.

§ 29   Außenwände

(1) Außenwände und Außenwandteile wie Brüstungen und Schürzen sind so auszubilden, dass eine Brandausbreitung auf und in diesen Bauteilen ausreichend lang begrenzt ist.

(2) [1]Nichttragende Außenwände und nichttragende Teile tragender Außenwände müssen aus nichtbrennbaren Baustoffen bestehen; sie sind aus brennbaren Baustoffen zulässig, wenn sie als raumabschließende Bauteile feuerhemmend sind. [2]Satz 1 gilt nicht für

1. **Türen und Fenster,**
2. **Fugendichtungen und**
3. **brennbare Dämmstoffe in nichtbrennbaren geschlossenen Profilen der Außenwandkonstruktionen.**

(3) [1]Oberflächen von Außenwänden sowie Außenwandbekleidungen müssen einschließlich der Dämmstoffe und Unterkonstruktionen schwerentflammbar sein; Unterkonstruktionen aus normalentflammbaren Baustoffen sind zulässig, wenn die Anforderungen nach Absatz 1 erfüllt sind. [2]Balkonbekleidungen, die über die erforderliche Umwehrungshöhe hinaus hochgeführt werden, **und mehr als zwei Geschosse überbrückende Solaranlagen an Außenwänden** müssen schwerentflammbar sein. [3]**Baustoffe, die schwerentflammbar sein müssen, in Bauteilen nach Satz 1 Halbsatz 1 und Satz 2 dürfen nicht brennend abfallen oder abtropfen.**

(4) [1]Bei Außenwandkonstruktionen mit geschossübergreifenden Hohl- oder Lufträumen wie hinterlüfteten Außenwandbekleidungen sind gegen die Brandausbreitung die erforderlichen Vorkehrungen zu treffen. [2]**Satz 1 gilt für Doppelfassaden entsprechend.**

(5) **Die Absätze 2, 3 Satz 1 und 2 und Absatz 4 Satz 1 gelten nicht** für Gebäude der **Gebäudeklassen 1 bis 3**; **Absatz 4 Satz 2 gilt nicht für Gebäude der Gebäudeklassen 1 und 2.**

Erläuterungen

1. Allgemeines

§ 29 konkretisiert die allgemeinen Anforderungen nach § 3 Abs. 2 im Hinblick auf die öffentliche Sicherheit und die Anforderungen nach § 15 im Hinblick auf den Brandschutz in Bezug auf **Außenwände** von Gebäuden. Die Regelung dient der **Abwehr von Brandgefahren** sowie der **Brandbekämpfung** bei Gebäuden. Ihr liegt eine Brandschutzkonzeption zugrunde, mit der durch entsprechende Vorkehrungen einem Brand der Außenwände selbst, einem Brand innerhalb von Gebäuden und einem Brand benachbarter Gebäude begegnet werden soll. Die Regelung dient zusammen mit den anderen brandschutztechnischen baulichen Vorkehrungen wie tragende Wände, Stützen nach § 28, Trennwände nach § 30, Brandwände nach § 31, Decken nach § 32, notwendige Treppenräume nach § 36, notwendige Flure nach § 37 der Sicherheit der Benutzerinnen und Benutzer der Gebäude, der Feuerwehr und der Rettungsmannschaften im Brandfall. § 29 regelt die **Anforderungen an Außenwände** von Gebäuden und deren Bekleidung. Handelt es sich bei Außenwänden um **tragende Wände oder Stützen**, ist neben der Vorschrift die Regelung des § 28 anzuwenden.

2. Begriffe

Außenwände sind diejenigen Wände, Brüstungen, Stützen, Pfeiler und Unterzüge von Gebäuden, die schützend den Außenraum vom Innenraum trennen. Dazu zählen auch Wände von Erkern und Vorbauten. Außenwände übernehmen darüber hinaus weitere wichtige Aufgaben wie beispielsweise Wärmeschutz, Energieeinsparung und Schallschutz. In der Architektur sind Außenwände als Fassaden wichtige Gestaltungselemente von Gebäuden.

3. Schutzziel

Absatz 1 enthält das **Schutzziel:** Außenwände und Außenwandteile wie Brüstungen und Schürzen sind so auszubilden, dass eine Brandausbreitung auf und in diesen Bauteilen **ausreichend lang begrenzt** ist. Die Anforderungen stellen auf die **Einschränkung des aktiven Beitrags von Außenwänden zu einem Brand** ab. Besondere bauliche Maßnahmen zur **Herstellung von Feuerüberschlagwegen** zwischen den Geschossen werden als Regelanforderung **nicht** verlangt.

4. Allgemeine Anforderungen

Die **Anforderungen an Außenwände nach** § **29** reihen sich in die Systematik der **Bauteilanforderungen nach den übrigen** §§ **28 bis 37** ein. § 29 stellt vorrangig Anforderungen an das Brandverhalten der Baustoffe; ersatzweise ist bei Verwendung brennbarer Baustoffe eine raumabschließende feuerhemmende Ausführung der Bauteile zulässig. Eine Brandausbreitung begünstigende Außenwände müssen zusätzlichen Anforderungen erfüllen, um die Nachteile brennbarer Baustoffe auszugleichen. In der Gesamtschau dürfen Außenwände nicht zur Brandweiterleitung beitragen. Dadurch soll auch sichergestellt werden, dass vor Außenwänden bei einem Brand von Gebäuden eine Personenrettung mit Geräten der Feuerwehr durchgeführt werden kann. Im Übrigen darf durch die Art der Ausführung von Außenwänden ein Löschangriff der Feuerwehr nicht unzumutbar eingeschränkt werden. Die gemessen an den Anforderungen an Trennwände nach § 30, an Brandwände nach § 31 und an Decken nach § 32 **vergleichsweise geringen Anforderungen** nach § 29 sind darin begründet, dass Außenwände konkurrierende Anforderungen wie Belüftung und Beleuchtung mit Tageslicht von Aufenthaltsräumen, an den Wärmeschutz und die Energieeinsparung erfüllen müssen. Außerdem sind Außenwände für die Brandabschnittsbildung nicht sehr bedeutsam, weil im Brandfall i. d. R. ein Großteil an Wärme direkt ins Freie abgeführt werden kann. Im Übrigen ist eine Brandbekämpfung von Außenwänden i. d. R. einfacher als eine Brandbekämpfung innerhalb von Gebäuden. Bei **Hochhäusern** hingegen ist der Brandangriff von außen aufgrund der begrenzten Wurfweite der Strahlrohre regelmäßig nicht möglich. Deshalb werden an Außenwände von Hochhäusern nach der **Hochhaus-Richtlinie (HHR)** höhere Anforderungen gestellt, um einen Brandüberschlag von Geschoss zu Geschoss zu behindern. Dem bei Hochhäusern gebotenen Brandschutz dienen auch weitere Maßnahmen wie beispielsweise automatische Feuerlöschanlagen.

5. Anforderungen im Einzelnen

5.1 Nichttragende Außenwände und nichttragende Teile tragender Außenwände

Absatz 2 regelt die **Anforderungen** an **nichttragende Außenwände** und **nichttragende Teile tragender Außenwände**. Nichttragend sind Außenwände oder Teile von Außenwände, die nur die auf sie selbst wirkende Kräfte – also insbesondere Eigengewicht und Windlasten – aufnehmen und abtragen, aber selbst keine aussteifende Funktion haben. Ihr Fehlen oder Versagen darf die Standhaftigkeit baulicher Anlagen in ihrer Gesamtheit nicht gefährden.

Die **Anforderungen** an **nichttragende Außenwände** und **nichttragende Teile tragender Außenwände** sind **Folgende**:

– Nach **Absatz 2 Satz 1 erster Halbsatz** müssen sie aus **nichtbrennbaren Baustoffen** bestehen. Hiervon sind nach **Absatz 2 Satz 2 Türen und Fenster, Fugendichtungen und brennbare Dämmstoffe in nichtbrennbaren geschlossenen Profilen der Außenwandkonstruktionen** ausgenommen. Für die Oberflächen von Außenwänden sowie Außenwandbekleidungen gelten nach Absatz 3 besondere Regelungen.

– **Alternativ zulässig** sind sie nach **Absatz 2 Satz 1 zweiter Halbsatz** aus **brennbaren Baustoffen,** wenn sie als raumabschließende Bauteile **feuerhemmend** sind. Für die Oberflächen von Außenwänden sowie Außenwandverkleidungen gelten auch für diese Ausführung nach Absatz 3 besondere Regelungen.

Beide Ausführungsarten sind **kombinierbar,** und zwar beispielsweise insofern, dass ein Teil von Außenwänden als Glasfassade und damit in nichtbrennbaren Baustoffen ausgeführt wird und ein anderer Teil aus brennbaren Baustoffen als raumabschließender Bauteil feuerhemmend ist.

Zu der Anforderung an das Brandverhalten **nichtbrennbarer Baustoffe** vgl. § 27 Abs. 1 Satz 1 Nr. 1. Zu der Anforderung der Feuerwiderstandsfähigkeit **feuerhemmend** raumabschließende Bauteile vgl. § 27 Abs. 2. Nichttragende Außenwände und nichttragende Teile tragender Außenwände mit der Feuerwiderstandsfähigkeit feuerhemmend tragen die Bezeichnung **Feuerwiderstandsklasse W 30** nach DIN 4102-3:1977-09 Brandverhalten von Baustoffen und Bauteilen; Brandwände und nichttragende Außenwände, Begriffe, Anforderungen und Prüfungen.

Über **Lage und Anordnung von Öffnungen** in Außenwänden und an einen **Feuerüberschlagsweg** von Geschoss zu Geschoss stellt Absatz 2 keine Anforderungen. So können beispielsweise übereinander geschosshohe Fensterelemente angeordnet werden. Selbstverständlich dürfen nichttragende Außenwände und nichttragende Teile tragender Außenwände **im Brandfall nicht großflächig abfallen.** Dieses Erfordernis ergibt sich bereits aus den allgemeinen Anforderungen nach § 3 Abs. 2 im Hinblick auf die öffentliche Sicherheit, aus § 13 über die Standsicherheit und § 15 im Hinblick auf den Brandschutz. Befestigungen nichttragender Außenwände und nichttragender Teile tragender Außenwände sind ausreichend feuerwiderstandsfähig zu bemessen.

Weitergehende Anforderungen an nichttragende Außenwänden und nichttragende Teilen tragender Außenwände ergeben sich aus folgenden Regelungen:

– **§ 31 Abs. 4 Satz 2 Nr. 4 und 5** bei **geschossweise versetzten Brandwänden.** In diesem Fall müssen die Außenwände in der Breite des Versatzes in dem Geschoss oberhalb oder unterhalb des Versatzes feuerbeständig sein und Öffnungen in den Außenwänden im Bereich des Versatzes so angeordnet oder andere Vorkehrungen so getroffen sein, dass eine Brandausbreitung in andere Brandabschnitte nicht zu befürchten ist.

- § 36 Abs. 4 Satz 2 bei **Außenwänden von Treppenräumen,** die aus nichtbrennbaren Baustoffen bestehen und durch andere an diese Außenwände anschließende Gebäudeteile im Brandfall gefährdet werden können.

Weitergehende Anforderungen an nichttragende Außenwänden und nichttragende Teilen tragender Außenwände können bei **Sonderbauten** bestehen.

5.2 Erleichterungen nach Absatz 2 Satz 2

Nach **Absatz 2 Satz 2 gilt** Absatz 2 Satz 1 **nicht** für
- Türen und Fenster (**Nummer 1**),
- Fugendichtungen (**Nummer 2**) und
- brennbare Dämmstoffe in nichtbrennbaren geschlossenen Profilen der Außenwandkonstruktionen (**Nummer 3**).

Die gegenüber der bisherigen Erleichterung **erweiterte Regelung** stellt klar, dass **Fenster und Türen gänzlich (Profile und Verglasung)** vom Anwendungsbereich nach Satz 1 **ausgenommen** sind. Die Erleichterung **gilt allerdings** nur für (einzelne) Fenster und Türen in Außenwänden (Lochfassaden), **nicht** aber **für großflächige Verglasungen oder Glasfassaden.** Die Unterscheidung zwischen Fenster bzw. Tür und großflächiger Verglasung bzw. Glasfassade ergibt sich aus der jeweiligen Zweckbestimmung. Hier bietet die Begriffsdefinition des Entwurfs der Norm DIN 18055:2010-10 Anforderungen und Empfehlungen an Fenster und Außentüren Hilfestellung.

6.   Oberflächen von Außenwänden sowie Außenwandbekleidungen

6.1 Anforderungen

Nach **Absatz 3 Satz 1 erster Halbsatz** müssen **Oberflächen von Außenwänden sowie Außenwandbekleidungen** einschließlich der Dämmstoffe und Unterkonstruktionen **schwerentflammbar** sein; Unterkonstruktionen aus normalentflammbaren Baustoffen sind **zulässig,** wenn die Anforderungen nach Absatz 1 erfüllt sind. Diese **Regelung erfasst**
- sowohl **tragende Außenwände und tragende Teile tragender Außenwände** als auch
- nichttragende Außenwände und nichttragende Teile tragender Außenwände.

Danach dürfen Oberflächen von Außenwänden sowie Außenwandbe-kleidungen einschließlich der Dämmstoffe und Unterkonstruktionen **brennbar** sein, wenn sie **schwerentflammbar** sind. Absatz 3 Satz 1 ist eine **spezielle Regelung** im Verhältnis zur Grundanforderung nach Absatz 2, wonach nichttragende Außenwände und nichttragende Teile tragender Außenwände grundsätzlich aus nichtbrennbaren Baustoffen bestehen oder aber als raumabschließende Bauteile feuerhemmend sein müssen. Absatz 3 Satz 1 schränkt diese Grundanforderung insoweit ein. Zur Anforderung an das Brandverhalten **schwerentflammbar** (**Baustoffklasse B 1**) bei Baustoffen vgl. § 27 Abs. 1 Satz 1 Nr. 2. Die Ausführung der Oberflächen von Außenwänden sowie Außenwand-bekleidungen einschließlich der Dämmstoffe und Unterkonstruktio-nen in schwerentflammbaren Baustoffen darf die **Bauteileigenschaft feuerhemmend nicht in Frage** stellen.

Nach **Absatz 3 Satz 1 zweiter Halbsatz** sind **Unterkonstruktionen aus normalentflammbaren Baustoffen** zulässig, wenn die **Anforderungen nach Absatz 1 erfüllt** sind. Das Schutzziel nach Absatz 1 ist beispiels-weise erfüllt, wenn das Eindringen von Feuer in den Hinterlüftungs-spalt zwischen Außenwandbekleidung und Außenwand selbst durch geeignete Maßnahmen verhindert wird. Mit der gesetzlichen Regelung wird insbesondere die Verwendung von Holzlatten als Unterkonstruk-tion ermöglicht. Zu beurteilen ist durch die Entwurfsverfasserin oder den Entwurfsverfasser oder in den entsprechenden Fällen durch die Prüfingenieurin oder den Prüfingenieur für Brandschutz nach § 70 Abs. 4 und 5, ob evtl. geplante normalentflammbare Unterkonstrukti-onen das Schutzziel nach Absatz 1 berühren.

6.2 Hochgeführte Balkonbekleidungen und Solaranlagen

Nach **Absatz 3 Satz 2** müssen **Balkonbekleidungen**, die über die **erfor-derliche Umwehrungshöhe** hinaus hochgeführt werden, **schwerent-flammbar** sein. Absatz 3 Satz 2 stellt damit klar, dass Balkonbeklei-dungen wie beispielsweise Sicht- oder Wetterschutzblenden nur dann der Anforderung nach Absatz 3 Satz 1 unterliegen, wenn sie über die erforderliche Umwehrungshöhe hinaus hochgeführt werden. I. S. d. Schutzzieles nach Absatz 1, eine Brandausbreitung auf und in den Au-ßenwänden und Außenwandteilen ausreichend lang zu begrenzen, sind auch Balkonbekleidungen den Außenwänden gleichgestellt, die

im Brandfall ein Überspringen des Feuers in der Vertikalen begünstigen. Werden Balkonbekleidungen über das gesetzliche Mindestmaß
von 0,90 m oder 1,10 m nach § 39 Abs. 4 Nr. 1 oder 2 – je nach
Fallgestaltung – hinaus hochgeführt, müssen sie **schwerentflammbar**
sein. Zur Anforderung an das Brandverhalten **schwerentflammbar**
(**Baustoffklasse B 1**) bei Baustoffen vgl. § 27 Abs. 1 Satz 1 Nr. 2. Die
Anforderung erfasst nur **Bekleidungen**, nicht Handläufe und einzelne
konstruktive Bauteile von Balkonbrüstungen, weil die Gefahr der
Brandweiterleitung bei linearen Bauteilen und Einzelbauteilen ver-
nachlässigbar ist.

Die auf Bekleidungen, die über die erforderliche Umwehrungshöhe
hinaus hochgeführt werden, bezogene Regelung ist auch auf andere
geschosshohe oder geschossübergreifende Außenwandelemente wie
Sonnenschutz- und Fensterladenelemente anwendbar. Dieses ergibt
sich aus dem Schutzziel dieser Regelung. Die Anforderung an das
Brandverhalten **schwerentflammbar** (**Baustoffklasse B 1**) ist daher
auch bei geschosshohen oder geschossübergreifenden Bauteilen vor
den Außenwänden zu beachten.

Solaranlagen an Außenwänden müssen **als Teil der Außenwand ebenfalls schwer entflammbar sein, sofern sie nach Absatz 3 Satz 2 mehr
als zwei Geschosse überbrücken,** weil anderenfalls das Schutzziel nach
Absatz 1 im Hinblick auf eine begrenzte Brandausbreitung nicht gewährleistet wäre.

6.3 Verbot brennend abfallender oder abtropfender Baustoffe

Nach dem **neuen Absatz 3 Satz 3** dürfen **Baustoffen**, die **schwerentflammbar** sein müssen, in Bauteilen nach Absatz Satz 1 Halbsatz 1
und Satz 2 **nicht brennend abfallen oder abtropfen**. Damit soll verhindert werden, dass das Schutzziel des Absatzes 1 für Außenwände
durch abfallende oder abtropfende Bauteile unterlaufen wird. Deshalb
ist Absatz 3 Satz 3 auch von der **Ausnahmeregelung** nach **Absatz 5
ausgenommen**.

7. Doppelfassaden und hinterlüftete Außenwandbekleidungen

Neben einschaligen und zweischaligen Außenwänden werden in der
Praxis zunehmend **Außenwandkonstruktionen mit geschossübergreifenden Hohl- oder Lufträumen wie Doppelfassaden und hinterlüfteten**

Außenwandbekleidungen verwendet. Derartige Konstruktionen bedürfen nach **Absatz 4** einer **besonderen Risikobetrachtung** und **erforderlicher Vorkehrungen**, weil sie die Brandausbreitung, insbesondere der Rauchgase, innerhalb und außerhalb von Außenwänden durch die Kaminwirkung maßgeblich begünstigen und das Brandverhalten von Außenwänden auch bei Verwendung schwerentflammbarer oder nichtbrennbarer Baustoffe verschlechtern können.

Häufig werden **vorgehängte hinterlüftete Fassaden** – sog. **Curtain-Walls** – verwendet; derartige Fassaden bestehen aus mehrschichtigen Außenwandkonstruktionen, bei der die äußerste Schicht dem Schutz gegen Schlag-(Regen) dient und durch eine Luftschicht von den dahinter liegenden Schichten mit der Dämmung getrennt ist. Bei diesen Fassaden können ungünstige thermische Auswirkungen bereits bei Mindestspaltmaßen $\geq$ 40 mm eintreten. Deshalb ist die konkrete Ausführung derartiger Konstruktionen von besonderer Bedeutung. Vorgehängte hinterlüftete Fassaden werden i. d. R. in Kombination mit Skelettbauweisen verwendet.

Absatz 4 zielt auf eine brandschutztechnische Qualifizierung der erfassten Außenwandkonstruktionen mit geschossübergreifenden Hohl- oder Lufträumen wie Doppelfassaden und hinterlüfteten Außenwandbekleidungen. Die **erforderlichen Vorkehrungen** werden wegen der Vielzahl der Fallgestaltungen durch die Regelung nicht konkretisiert. Durch die erforderlichen Vorkehrungen ist das **Schutzziel nach Absatz 1 zu erfüllen**. Insbesondere bei Doppelfassaden und hinterlüfteten Fassaden ist einer Gefährdung durch Brandgasweiterleitung zu begegnen, weil durch die zweite Fassade eine Verteilung der Gase über weite Teile der Fassade in vertikaler und horizontaler Richtung begünstigt wird. Entgegenwirkende bauliche und/oder anlagentechnische Vorkehrungen müssen auf das Verhalten der Außenwandkonstruktionen und auf das Lüftungs- und Klimatisierungskonzept abgestimmt sein. Die Vorkehrungen richten sich auch nach den Angriffsmöglichkeiten der Feuerwehr. Die **erforderlichen Vorkehrungen** sind **zwingender Bestandteil des Brandschutznachweises**.

Als **Vorkehrungen** i. S. d. Absatzes 4 können in Betracht kommen:
– horizontale und vertikale Abtrennung der Hohl- oder Lufträume als Brand- und Brandgasbarrieren,

– Verringerung einer Brandentwicklung im Brandraum durch flächige Sprinklerung der an die Fassade angrenzenden Räume,
– verdichtete Sprinklerung in Fassadennähe durch Regenschleierdüsen oder Tankdüsen,
– brandschutztechnisch wirksame Kapselung der brennbaren Baustoffe (vor allem der Dämmung), insbesondere im Bereich der Öffnungen,
– Verwendung nichtbrennbarer Baustoffe,
– Unterbrechung flächig verbauter brennbarer Baustoffe durch nichtbrennbare Baustoffe (Brandbarrieren oder Brandsperren), um eine Brandausbreitung zu begrenzen.

Neben den Gefahren der Brandausbreitung sind auch die Gefahren im Hinblick auf die **Standsicherheit der Befestigungen der Außenwandbekleidungen** zu beachten. Die Befestigungen sind i. d. R. Gegenstand der erforderlichen allgemeinen bauaufsichtlichen Zulassungen nach § 19 für die hinterlüfteten Außenwandbekleidungssysteme.

Keine Bedenken bestehen i. d. R. bei **zweischaligen hinterlüfteten Mauerwerkskonstruktionen** mit nichtbrennbarer Dämmung. Schwerentflammbare Dämmung kann in Betracht kommen, wenn die Kaminwirkung im Hohlraum durch eine wirksame horizontale und vertikale Abtrennung unterbunden wird. Wenn die Dämmung wirksam gekapselt wird, kann ggf. auch eine normalentflammbare Dämmung in Betracht kommen.

Da bei **Doppelfassaden** die mit einer Brandausbreitung – insbesondere der Rauchgase – verbundenen möglichen Gefahren größer einzuschätzen sind als bei hinterlüfteten Außenwandbekleidungen, wird durch den **neuen Absatz 4 Satz 2** eine **Differenzierung** vorgenommen, auf die in der **Ausnahmeregelung des Absatzes 5 Bezug genommen** wird. Für Doppelfassaden wird der **Verzicht auf Vorkehrungen** auf **Gebäude der Gebäudeklasse 1 und 2** beschränkt.

§ 30   Trennwände

(1) Trennwände nach Absatz 2 müssen als raumabschließende Bauteile von Räumen oder Nutzungseinheiten innerhalb von Geschossen ausreichend lang widerstandsfähig gegen die Brandausbreitung sein.

(2) Trennwände sind erforderlich

1. zwischen Nutzungseinheiten sowie zwischen Nutzungseinheiten und anders genutzten Räumen, ausgenommen notwendigen Fluren,
2. zum Abschluss von Räumen mit Explosions- oder erhöhter Brandgefahr,
3. zwischen Aufenthaltsräumen und anders genutzten Räumen im Kellergeschoss.

(3) [1]Trennwände nach Absatz 2 Nummer 1 und 3 müssen die Feuerwiderstandsfähigkeit der tragenden und aussteifenden Bauteile des Geschosses haben, jedoch mindestens feuerhemmend sein. [2]Trennwände nach Absatz 2 Nummer 2 müssen feuerbeständig sein.

(4) Die Trennwände nach Absatz 2 sind bis zur Rohdecke, im Dachraum bis unter die Dachhaut zu führen; werden in Dachräumen Trennwände nur bis zur Rohdecke geführt, ist diese Decke als raumabschließendes Bauteil einschließlich der sie tragenden und aussteifenden Bauteile feuerhemmend herzustellen.

(5) Öffnungen in Trennwänden nach Absatz 2 sind nur zulässig, wenn sie auf die für die Nutzung erforderliche Zahl und Größe beschränkt sind; sie müssen feuerhemmende, dicht- und selbstschließende Abschlüsse haben.

(6) Die Absätze 1 bis 5 gelten nicht für Wohngebäude der Gebäudeklassen 1 und 2.

Erläuterungen

1. Schutzziel

Absatz 1 enthält das **Schutzziel. Trennwände** müssen als **raumabschließende Bauteile** zum **Abschluss von Räumen** oder **Nutzungseinheiten ausreichend lang widerstandsfähig gegen die Brandausbreitung** sein. Sinngemäß lauten auch die Schutzziele für tragende Wände, Stützen nach § 28 Abs. 1 Satz 1, für Außenwände nach § 29 Abs. 1, für Brandwände nach § 31 Abs. 1 und für Decken nach § 32 Abs. 1 Satz 1.

2. Geltungsbereich

§ 30 gilt für **alle Gebäude der Gebäudeklassen 1 bis 5.** Ausgenommen sind vom Geltungsbereich der Regelung nach Absatz 6 nur **Wohngebäude der Gebäudeklassen 1 und 2;** danach gelten die Absätze 1 bis 5 **nicht für Wohngebäude der Gebäudeklassen 1 und 2.** Absatz 6 nimmt damit **Ein- und Zweifamilienhäuser** von den Anforderungen der Absätze 1 bis 5 aus. In diesen Gebäuden werden auch keine Räume mit Explosions- oder erhöhter Brandgefahr erwartet.

3. Erfordernis

Absatz 2 nennt die **Fälle,** in denen solche **Trennwände erforderlich** sind:

– **Nummer 1: Zwischen Nutzungseinheiten sowie zwischen Nutzungseinheiten und anders genutzten Räumen, ausgenommen notwendigen Fluren.** Es sind Trennwände erforderlich, die **Nutzungseinheiten** gegeneinander und gegen anders genutzte Räume abschließen. Mit dieser Anforderung wird die der Differenzierung der Gebäudeklassen zugrunde liegende Betrachtung der Zahl und Größe von Nutzungseinheiten gerechtfertigt. Der **Begriff „Nutzungseinheiten"** wird durch § 34 Abs. 1 erster Halbsatz durch die beispielhafte Aufzählung „Wohnungen, Praxen, selbstständige Betriebsstätten" verdeutlicht (zum Begriff Nutzungseinheiten vgl. auch OVG NRW, Beschl. vom 7. Juli 1997 – 10 A 3367/94 –, BRS 59 Nr. 124 = BauR 1997, 1005). Nutzungseinheiten sind brandschutztechnisch abgegrenzte Einheiten, die gegeneinander geschützt sind und den Feuerwehreinsatz durch räumlich definierte Abschnitte für die Brandbekämpfung begünstigen. Für sie wird zudem jeweils ein eigenes Rettungswegsystem verlangt; s. § 34 über den ersten und zweiten Rettungsweg. Zwischen Nutzungseinheiten und (externen) notwendigen Fluren ist nicht eine Trennwand nach § 30, sondern eine Flur(trenn)wand nach § 37 Abs. 4 ausreichend.

– **Nummer 2: Zum Abschluss von Räumen mit Explosions- oder erhöhter Brandgefahr.** Danach sind Trennwände zum **Abschluss** von einzelnen **Räumen mit Explosions- oder erhöhter Brandgefahr** erforderlich. Um zu erreichen, dass einzelne Räume in sonst normal genutzten Gebäuden, auch innerhalb von Nutzungseinheiten, brandschutztechnisch abgekapselt werden, ohne das gesamte Gebäude einer (sonst nicht erforderlichen) Sonderbaubetrachtung unterziehen zu müssen, ist hierfür die brandschutztechnisch erforderliche Abtrennung **vereinfachend** standardmäßig **geregelt.** Die EltBauVO regelt für ihren Anwendungsbereich u. a. für bestimmte

Betriebsräume, die Räume mit Explosions- oder erhöhter Brandgefahr darstellen, ihre Ausführung als raumabschließende Räume (vgl. a. a. O. § 5 Abs. 1, § 6 Abs. 1 und § 7 Abs. 1).

– **Nummer 3: Zwischen Aufenthaltsräumen und anders genutzten Räumen im Kellergeschoss.** Damit sind zusätzlich zur Abtrennung von Nutzungseinheiten auch Trennwände zwischen Aufenthaltsräumen und **anders genutzten Räumen** im Kellergeschoss erforderlich. Die Anforderung berücksichtigt die in Kellergeschossen im Vergleich zu anderen Geschossen vielfach höhere **Brandlast** und den Umstand, dass **Brände** in Kellergeschossen vielfach **erst spät** entdeckt werden. Auch berücksichtigt die Anforderung die im Vergleich zu anderen Geschossen schwierigere Brandbekämpfung, die sich aus der Lage mit stärkerer Gefahr der Verqualmung und den häufig dort anzutreffenden Zündquellen und Brandlasten ergeben. Außerdem berücksichtigt die Anforderung die Sicherheit der Benutzerinnen und Benutzer der Kellergeschosse. Wegen der hohen Anforderungen an die Abschlüsse von Trennwänden nach Absatz 2 – sie müssen nach Absatz 5 **feuerhemmend, dicht- und selbstschließend** sein – führt die Anforderung in der Praxis i. d. R. dazu, Nutzungseinheiten im Kellergeschoss mit notwendigen Fluren zu errichten.

4. Anforderungen

Absatz 3 enthält die **Anforderungen an die Feuerwiderstandsfähigkeit der Trennwände nach Absatz 2 Nr. 1 und 3,** die den jeweils gestellten **Anforderungen an die Tragkonstruktion des Geschosses,** in dem sie angeordnet werden, **angeglichen** sind; sie müssen **mindestens feuerhemmend** sein. Die Trennwände von Räumen mit Explosions- oder erhöhter Brandgefahr müssen wegen der besonderen Gefahrenlage immer feuerbeständig sein.

Die Anforderungen an Trennwände entsprechen – außer für brandgefährliche Räume – den Anforderungen an die tragenden Bauteile; sie müssen jedoch **mindestens feuerhemmend** sein. **Trennwände** müssen **bei den jeweiligen Gebäudeklassen** (vgl. § 28 Abs. 1 Satz 2 und Abs. 2, § 32 Abs. 1 Satz 2 und Abs. 2 Satz 1) damit **folgenden Anforderungen** genügen:

- In Standardgeschossen:
  - In Gebäuden der Gebäudeklassen 1 bis 3 feuerhemmend (ausgenommen Wohngebäude der Gebäudeklassen 1 und 2; vgl. Absatz 6),
  - in Gebäuden der Gebäudeklasse 4 hochfeuerhemmend,
  - in Gebäuden der Gebäudeklasse 5 feuerbeständig.
- In Kellergeschossen:
  - In Gebäuden der Gebäudeklassen 1 und 2 feuerhemmend (ausgenommen Wohngebäude der Gebäudeklassen 1 und 2; vgl. Absatz 6),
  - in Gebäuden der Gebäudeklasse 3 bis 5 feuerbeständig.
- In Dachgeschossen:
  - In Gebäuden der Gebäudeklassen 1 bis 5 feuerhemmend (ausgenommen Wohngebäude der Gebäudeklassen 1 und 2; vgl. Absatz 6).

5. Führung bis zur Rohdecke

Nach **Absatz 4** sind die Trennwände nach Absatz 2 **bis zur Rohdecke,** im **Dachraum** bis unter die **Dachhaut** zu führen; werden in Dachräumen Trennwände nur bis zur Rohdecke geführt, ist diese Decke als raumabschließendes Bauteil einschließlich der sie tragenden und aussteifenden Bauteile feuerhemmend herzustellen. Sollen **Trennwände im Dachraum nicht bis unter die Dachhaut** geführt werden, dann sind sie **bis zu einem oberen Raumabschluss (Rohdecke)** zu führen, der einschließlich seiner tragenden und aussteifenden Teile **feuerhemmend** herzustellen ist, um ein „Überlaufen" eines Feuers in diesem Bereich für die Zeit der Feuerwiderstandsfähigkeit der Wand auszuschließen. Es wird in einem solchen Fall der Anschluss an die „Rohdecke" verlangt; unzulässig ist der Anschluss nur an eine abgehängte Decke oder Unterdecke.

6. Öffnungen

Nach **Absatz 5** sind **Öffnungen in Trennwänden** nach Absatz 2 nur zulässig, wenn sie auf die **für die Nutzung erforderliche Zahl und Größe beschränkt** sind; sie müssen feuerhemmende, dicht- und selbstschließende Abschlüsse haben. **Unvermeidbare Öffnungen** sind in der für die Nutzung erforderlichen Zahl und Größe **unmittelbar aufgrund** des Gesetzes zulässig. Zweck der Regelung ist es, die Zahl und Größe von Öffnungen in Trennwänden möglichst klein zu halten, weil Öffnungen den Raumabschluss schwächen. Nicht i. S. d. Regelung erforderliche Öffnungen sind nur auf dem Wege einer Abweichung nach § 71 Abs. 1 möglich.

Öffnungen in Trennwänden nach Absatz 2 müssen feuerhemmende, dicht- und selbstschließende Abschlüsse haben. Feuerhemmende, rauchdichte und selbstschließende Türen (T 30-RS-Türen) müssen den Anforderungen der Norm DIN 18095-1:1988-10 Rauchschutztüren; Begriffe und Anforderungen entsprechen. Sollen die Türen – beispielsweise aus betrieblichen Gründen – offen gehalten werden, sind sie mit Einrichtungen zu versehen, die bei Rauchentwicklung die Türen selbsttätig schließen. Hier kommen Türschließer mit integrierten, elektrisch betriebenen Feststellvorrichtungen und elektrisch betriebenen Freilauftürschließern in Betracht.

7. **Ausschluss der Anforderungen bei Wohngebäuden der Gebäudeklassen 1 und 2**

Nach **Absatz 6** gelten die Absätze 1 bis 5 **nicht** für **Wohngebäude der Gebäudeklassen 1 und 2.** Absatz 6 nimmt damit **Ein- und Zweifamilienhäuser** von den Anforderungen der Absätze 1 bis 5 aus. In diesen Gebäuden werden keine Räume mit Explosions- oder erhöhter Brandgefahr erwartet; auch auf Anforderungen an die Abtrennung von Aufenthaltsräumen im Keller wird verzichtet.

§ 31   Brandwände

(1) Brandwände müssen als raumabschließende Bauteile zum Abschluss von Gebäuden (Gebäudeabschlusswand) oder zur Unterteilung von Gebäuden in Brandabschnitte (innere Brandwand) ausreichend lang die Brandausbreitung auf andere Gebäude oder Brandabschnitte verhindern.

(2) Brandwände sind erforderlich
1. als Gebäudeabschlusswand, ausgenommen von Kleingaragen einschließlich Abstellräumen mit nicht mehr als 20 m² Grundfläche sowie von Gebäuden im Sinne des § 6 Absatz 7 Satz 1 Nummer 3 mit nicht mehr als 20 m² Grundfläche, wenn diese Abschlusswände an oder mit einem Abstand **von weniger als** 2,50 m gegenüber der Grundstücksgrenze errichtet werden, es sei denn, dass ein Abstand von mindes-

tens 5 m zu bestehenden oder nach den baurechtlichen Vorschriften zulässigen künftigen Gebäuden gesichert ist,

2. als innere Brandwand zur Unterteilung ausgedehnter Gebäude in Abständen von nicht mehr als 40 m,

3. als innere Brandwand zur Unterteilung landwirtschaftlich genutzter Gebäude in Brandabschnitte von nicht mehr als 10.000 m³ Brutto-Rauminhalt,

4. als Gebäudeabschlusswand zwischen Wohngebäuden und angebauten landwirtschaftlich genutzten Gebäuden sowie als innere Brandwand zwischen dem Wohnteil und dem landwirtschaftlich genutzten Teil eines Gebäudes.

(3) ¹Brandwände müssen auch unter zusätzlicher mechanischer Beanspruchung feuerbeständig sein und aus nichtbrennbaren Baustoffen bestehen. ²Anstelle von Brandwänden **sind in den Fällen des Absatzes 2 Nummer 1 bis 3** zulässig

1. für Gebäude der Gebäudeklasse 4 Wände, die auch unter zusätzlicher mechanischer Beanspruchung hochfeuerhemmend sind,

2. für Gebäude der Gebäudeklassen 1 bis 3 hochfeuerhemmende Wände,

3. für Gebäude der Gebäudeklassen 1 bis 3 Gebäudeabschlusswände, die jeweils von innen nach außen die Feuerwiderstandsfähigkeit der tragenden und aussteifenden Teile des Gebäudes, mindestens jedoch feuerhemmende Bauteile, und von außen nach innen die Feuerwiderstandsfähigkeit feuerbeständiger Bauteile haben.

³**In den Fällen des Absatzes 2 Nummer 4 sind anstelle von Brandwänden feuerbeständige Wände zulässig, wenn der Brutto-Rauminhalt des landwirtschaftlich genutzten Gebäudes oder Gebäudeteils nicht größer als 2 000 m³ ist.**

(4) ¹Brandwände müssen bis zur Bedachung durchgehen und in allen Geschossen übereinander angeordnet sein. ²Abweichend davon dürfen anstelle innerer Brandwände Wände geschossweise versetzt angeordnet werden, wenn

1. die Wände im Übrigen Absatz 3 Satz 1 entsprechen,

2. die Decken, soweit sie in Verbindung mit diesen Wänden stehen, feuerbeständig sind, aus nichtbrennbaren Baustoffen bestehen und keine Öffnungen haben,

3. die Bauteile, die diese Wände und Decken unterstützen, feuerbeständig sind und aus nichtbrennbaren Baustoffen bestehen,

4. die Außenwände in der Breite des Versatzes in dem Geschoss oberhalb oder unterhalb des Versatzes feuerbeständig sind und

5. Öffnungen in den Außenwänden im Bereich des Versatzes so ange-
    ordnet oder andere Vorkehrungen so getroffen sind, dass eine Brand-
    ausbreitung in andere Brandabschnitte nicht zu befürchten ist.

(5) [1]Brandwände sind 0,30 m über die Bedachung zu führen oder in Höhe
der Dachhaut mit einer beiderseits 0,50 m auskragenden feuerbeständigen
Platte aus nichtbrennbaren Baustoffen abzuschließen; darüber dürfen
brennbare Teile des Daches nicht hinweggeführt werden. [2]Bei Gebäuden
der Gebäudeklassen 1 bis 3 sind Brandwände mindestens bis unter die
Dachhaut zu führen. [3]Verbleibende Hohlräume sind vollständig mit nichtbrennbaren Baustoffen auszufüllen.

(6) Müssen Gebäude oder Gebäudeteile, die über Eck zusammenstoßen,
durch eine Brandwand getrennt werden, so muss der Abstand dieser Wand
von der inneren Ecke mindestens 5 m betragen; das gilt nicht, wenn der
Winkel der inneren Ecke mehr als 120° beträgt oder mindestens eine Außenwand auf 5 m Länge als öffnungslose feuerbeständige Wand aus nichtbrennbaren Baustoffen, **bei Gebäuden der Gebäudeklassen 1 bis 4 als
öffnungslose hochfeuerhemmende Wand,** ausgebildet ist.

(7) [1]Bauteile mit brennbaren Baustoffen dürfen über Brandwände nicht hinweggeführt werden. [2]**Bei Außenwandkonstruktionen, die eine seitliche
Brandausbreitung begünstigen können wie hinterlüfteten Außenwandbekleidungen oder Doppelfassaden, sind gegen die Brandausbreitung
im Bereich der Brandwände besondere Vorkehrungen zu treffen.** [3]**Außenwandbekleidungen von Gebäudeabschlusswänden müssen einschließlich der Dämmstoffe und Unterkonstruktionen nichtbrennbar
sein.** [4]Bauteile dürfen in Brandwände nur soweit eingreifen, dass deren
Feuerwiderstandsfähigkeit nicht beeinträchtigt wird; für Leitungen, Leitungsschlitze und Schornsteine gilt dies entsprechend.

(8) [1]Öffnungen in Brandwänden sind unzulässig. [2]Sie sind in inneren
Brandwänden nur zulässig, wenn sie auf die für die Nutzung erforderliche
Zahl und Größe beschränkt sind; die Öffnungen müssen feuerbeständige,
dicht- und selbstschließende Abschlüsse haben.

(9) In inneren Brandwänden sind feuerbeständige Verglasungen nur zulässig, wenn sie auf die für die Nutzung erforderliche Zahl und Größe beschränkt sind.

(10) Absatz 2 Nummer 1 gilt nicht für seitliche Wände von Vorbauten im
Sinne des § 6 Absatz 6, wenn sie von dem Nachbargebäude oder der
Nachbargrenze einen Abstand einhalten, der ihrer eigenen Ausladung ent-
spricht, mindestens jedoch 1 m beträgt.

(11) Die Absätze 4 bis 10 gelten entsprechend auch für Wände, die nach Absatz 3 Satz 2 **und 3** anstelle von Brandwänden zulässig sind.

Erläuterungen

1.   Schutzziel

Absatz 1 enthält das **Schutzziel**: Brandwände müssen als raumabschließende Bauteile **ausreichend lang** die **Brandausbreitung**
- als Gebäudeabschlusswand auf **andere Gebäude,**
- als **innere Brandwand** auf **andere Brandabschnitte**
verhindern. Brandwände sind damit Wände, die **bestimmte Qualitätsanforderungen** erfüllen müssen, um die Ausbreitung von Feuer zu verhindern. Sie müssen feuerbeständig sein, aus nichtbrennbaren Baustoffen bestehen und dürfen im Brandfalle ihre Standsicherheit nicht verlieren (Absatz 3). Die Anforderungen der dem Absatz 1 nachfolgenden Absätze beziehen sich teilweise nur auf Gebäudeabschlusswände oder auf innere Brandwände.

2.   Erfordernis

Absatz 2 zählt abschließend die **Fälle** auf, in denen **Brandwände erforderlich** sind.
- **Nummer 1: Als Gebäudeabschlusswand.**
  Nach Nummer 1 sind Kleingaragen einschließlich Abstellräumen mit nicht mehr als 20 m² Grundfläche sowie Gebäude i. S. d. § 6 Abs. 7 Satz 1 Nr. 3 mit nicht mehr als 20 m² Grundfläche von den **Anforderungen** der Regelungen über **Brandwände ausgenommen.** Wenn Garagen mit Abstellräumen als Einheit erstellt werden, ist auch ein Garagengebäude einschließlich Abstellraum an der Grenze oder in Grenznähe zulässig. Diese für die Praxis wichtige Erleichterung ist vertretbar, weil eine Brandgefährdung durch die erfassten Garagen, Räume und Gebäude mit ihrer räumlichen Begrenzung gering ist.
- **Nummer 2 als innere Brandwand zur Unterteilung ausgedehnter Gebäude in Abständen von nicht mehr als 40 m.** Die Regelung enthält den **größten zulässigen Abstand innerer Brandwände.**
  Diese Anforderung **greift innerhalb von Gebäuden.** Sie enthält den **größten zulässigen Abstand innerer Brandwände.** Die Anforde-

rung ist hinsichtlich **Gebäudebreite und Gebäudetiefe** einzuhalten. Die gesetzliche Vorgabe ergibt bei großen Gebäuden maximale Größen der jeweiligen Brandabschnitte von 40 m x 40 m = 1 600 m² Grundfläche. Diese Größenordnung für die brandschutztechnische Einteilung ist auch für eine Zuordnung von Gebäuden als Sonderbauten von Bedeutung. Nach § 51 Abs. 2 Nr. 3 sind **Sonderbauten Gebäude mit mehr als 1 600 m² Grundfläche** des Geschosses mit der größten Ausdehnung; ausgenommen hiervon sind allerdings Wohngebäude.

– **Nummer 3: Als innere Brandwand zur Unterteilung landwirtschaftlich genutzter Gebäude in Brandabschnitte von nicht mehr als 10 000 m³ Brutto-Rauminhalt.**
Bei **ausgedehnten landwirtschaftlich genutzten Gebäuden** stellt die Regelung damit nicht auf Abstände von nicht mehr als 40 m ab, sondern sachgerecht auf **nicht mehr als 10 000 m³ Brutto-Rauminhalt.** Übertragen auf den Maßstab entsprechend Absatz 2 Nr. 1 ergäbe dieses bei einer Grundfläche von 40 m x 40 m eine Gebäudehöhe von 6,25 m.

– **Nummer 4: Unterteilung Wohnteil und landwirtschaftlich genutzten Teil eines Gebäudes.**
Diese Anforderung besteht unabhängig von der Größe der Gebäudeteile; die Unterteilung ist erforderlich aufgrund der unterschiedlichen Nutzungen und der sich daraus ergebenden Brandgefahren insbesondere aufgrund der landwirtschaftlichen Nutzung im Hinblick auf den Wohnteil. Für kleinere Betriebsteile, wenn der **Brutto-Rauminhalt** des landwirtschaftlich genutzten Gebäudes oder Gebäudeteils **nicht größer als 2 000 m³** ist, genügen nach **Absatz 3 Satz 3** für eine Unterteilung **feuerbeständige Wände.**

3. Anforderungen an Brandwände und anstelle von Brandwänden zulässige Wände

3.1 Anforderungen an Brandwände

Nach **Absatz 3 Satz 1** müssen **Brandwände** auch **unter zusätzlicher mechanischer Beanspruchung feuerbeständig** sein und aus **nichtbrennbaren Baustoffen** bestehen. Die Regelung enthält die **grundsätzlichen Anforderungen an eine Brandwand.**

3.2 Anforderungen an anstelle von Brandwänden zulässige Wände

Absatz 3 Satz 2 regelt die **Zulässigkeit anderer Wände** anstelle von Brandwänden mit zum Teil deutlich geringeren Anforderungen. Die **verringerten Anforderungen** berücksichtigen die konstruktiv mögliche Aussteifung durch die (jeweils geforderte) Tragkonstruktion der Gebäude.

Anstelle von Brandwänden sind in den Fällen des Absatzes 2 Nr. 1 bis 3 **zulässig:**

– **Nummer 1:** Für Gebäude der **Gebäudeklasse 4** Wände, die auch unter zusätzlicher mechanischer Beanspruchung **hochfeuerhemmend** sind.

– **Nummer 2:** Für Gebäude der **Gebäudeklassen 1 bis 3** hochfeuerhemmende Wände.

– **Nummer 3:** Für Gebäude der **Gebäudeklassen 1 bis 3** Gebäudeabschlusswände, die jeweils von **innen nach außen** (bezogen auf die Wände) die Feuerwiderstandsfähigkeit der **tragenden und aussteifenden Teile des Gebäudes, mindestens** jedoch **feuerhemmende** Bauteile, und von **außen nach innen** (auch hier bezogen auf die Wände) die Feuerwiderstandsfähigkeit **feuerbeständiger Bauteile** haben. Nummer 3 enthält damit eine Spezialregelung für Gebäudeabschlusswände in **Systembauweise** bei den erfassten (teilweise auch aneinander gebauten) Gebäuden der Gebäudeklassen 1 bis 3.

Nach dem **neuen Absatz 3 Satz 3** sind in den **Fällen des Absatzes 2 Nr. 4** – also bei der Gebäudeabschlusswand zwischen Wohngebäuden und angebauten landwirtschaftlich genutzten Gebäuden sowie inneren Brandwänden zwischen dem Wohnteil und dem landwirtschaftlich genutzten Teil eines Gebäudes – **feuerbeständige Wände zulässig,** wenn der **Brutto-Rauminhalt** des landwirtschaftlich genutzten Gebäudes oder Gebäudeteils **nicht größer als 2 000 m³** ist.

4. Ausbildung von Brandwänden

4.1 Allgemeines

Die **Absätze 4 bis 10** regeln die **Ausbildung von Brandwänden im Einzelnen.** Nach **Absatz 11** gelten diese Anforderungen entsprechend auch für die Wände, die anstelle von Brandwänden zulässig sind.

4.2 Brandwände als durchgehende Bauteile

Nach **Absatz 4 Satz 1** müssen **Brandwände** grundsätzlich **bis zur Bedachung durchgehen** und in **allen Geschossen übereinander angeordnet** sein. Brandwände müssen damit **vom Kellergeschoss bis zur Bedachung** durchgehen und dabei übereinander angeordnet sein.

4.3 Brandwände als geschossweise versetzt angeordnete Bauteile

Nach **Absatz 4 Satz 2** dürfen abweichend davon anstelle **innerer** Brandwände Wände geschossweise versetzt angeordnet werden, wenn die dort genannten Voraussetzungen erfüllt werden. Die **Voraussetzungen** müssen **vollständig erfüllt** sein. Sie sind **erforderlich**, um das geschossweise Versetzen einer Brandwand überhaupt zu ermöglichen und einen annähernd gleichen Brandschutz zu gewährleisten. Wenn die Voraussetzungen erfüllt sind, ist der geschossweise Versatz **zulässig, ohne** dass es einer **Ermessensentscheidung** durch die Bauaufsichtsbehörde bedarf.

5. Brandwände im Dachbereich

5.1 Brandwände im Dachbereich bei Gebäuden der Gebäudeklassen 4 und 5

Brandwände müssen durch **weitere Anforderungen** ein Übergreifen von Feuer und Rauch auf andere Gebäude oder Gebäudeteile verhindern. Dazu gehören auch die Anforderungen nach **Absatz 5** an die **Ausführung von Brandwänden im Dachbereich,** die für die Bildung von Brandabschnitten von besonderer Bedeutung sind. Im Dachbereich von Brandwänden lassen hölzerne Dachkonstruktionen und Nutzungen zu Abstellzwecken ein Übergreifen von Feuer und Rauch auf andere Gebäude oder Gebäudeteile besorgen. Mangelhafte Ausführungen von Brandwänden im Dachbereich haben bereits häufig einen Feuerüberschlag von Brandabschnitt zu Brandabschnitt verursacht. Während in Dachräumen Trennwände nach § 30 Abs. 4 nur bis unter die Dachhaut zu führen sind, sind bei **Gebäuden der Gebäudeklassen 4 und 5** nach **Absatz 5 Satz 1 Brandwände**
– **0,30 m über die Bedachung** zu führen oder
– **in Höhe der Dachhaut mit einer beiderseits 0,50 m auskragenden feuerbeständigen Platte aus nichtbrennbaren Baustoffen** abzuschließen;

darüber dürfen **brennbare Teile des Daches nicht hinweggeführt** werden.
Verbleibende **Hohlräume** sind nach **Absatz 5 Satz 3** vollständig mit **nichtbrennbaren Baustoffen** auszufüllen.

5.2 Brandwände im Dachbereich bei Gebäuden der Gebäudeklassen 1 bis 3

Bei Gebäuden der Gebäudeklassen 1 bis 3 sind nach **Absatz 5 Satz 2** Brandwände **mindestens bis unter die Dachhaut** zu führen.
Auch hier sind verbleibende **Hohlräume** nach **Absatz 5 Satz 3** vollständig mit **nichtbrennbaren Baustoffen** auszufüllen.
Absatz 5 Satz 2 ist auch bei **weicher Bedachung** anwendbar. Da nach § 33 Abs. 2 weiche Bedachungen nur bei Gebäuden der Gebäudeklassen 1 bis 3 zulässig sind, brauchen die Brandwände nur bis unmittelbar unter die Dachhaut geführt zu werden. Damit kann weiche Bedachung durchlaufen. Bei mit weichen Bedachungen versehenen **Sonderbauten** können nach § 51 Abs. 1 Satz 3 besondere Anforderungen gestellt werden.

6.   Brandwände im Eckbereich von Gebäuden oder Gebäudeteilen

Müssen Gebäude oder Gebäudeteile, die **über Eck zusammenstoßen,** durch eine Brandwand getrennt werden, so muss nach **Absatz 6** der **Abstand dieser Wand von der inneren Ecke mindestens 5 m** betragen; das gilt **nicht, wenn**
– der **Winkel** der inneren Ecke **mehr als 120°** beträgt **oder**
– **mindestens eine Außenwand auf 5 m Länge als öffnungslose feuerbeständige Wand aus nichtbrennbaren Baustoffen** ausgebildet ist.
Die Regelung kann auch auf Gebäude auf verschiedenen Grundstücken angewandt werden.
In **Absatz 6** handelt es sich bei der **Ergänzung des zweiten Halbsatzes** um eine **Erleichterung,** die dem Umstand Rechnung trägt, dass die in Absatz 3 Satz 2 vorgesehenen Erleichterungen – Wände anstelle von Brandwänden – bei der Ausbildung der hier betroffenen Außenwände auch bei **Gebäuden der Gebäudeklassen 1 bis 4** Berücksichtigung finden (hochfeuerhemmende anstelle von feuerhemmenden Außenwänden).
Absatz 6 greift **nur,** wenn im Eckbereich von Gebäuden oder Gebäudeteilen eine **Brandwand erforderlich** ist. Die Anordnung von Gebäu-

den oder Gebäudeteilen über Eck erfordert für sich genommen keine zusätzlichen Brandschutzvorkehrungen.

7. Über Brandwände hinwegführende oder in Brandwände eingreifende Bauteile

7.1 Über Brandwände hinwegführende Bauteile

Bauteile mit brennbaren Baustoffen dürfen nach **Absatz 7 Satz 1** über **Brandwände nicht hinweggeführt** werden. Nach Absatz 11 gelten die Anforderungen nach Absatz 7 sinngemäß **auch für Wände, die anstelle von Brandwänden zulässig** sind. Im **Bereich der Außenwände** ist insbesondere aus Gründen der Gestaltung und des Wärmeschutzes i. d. R. eine Abdeckung der Brandwände erforderlich. Die Bauteile, die hier über Brandwände hinweggeführt werden, dürfen nicht aus brennbaren Baustoffen bestehen. Die Anforderung ist grundsätzlich erfüllt, wenn Außenwände aus nichtbrennbaren Baustoffen bestehen. Nach dem **neu gefassten Absatz 7 Satz 2** sind bei **Außenwandkonstruktionen, die eine seitliche Brandausbreitung begünstigen können wie hinterlüftete Außenwandbekleidungen oder Doppelfassaden,** gegen die **Brandausbreitung** im Bereich der Brandwände **besondere Vorkehrungen** zu treffen. Besondere Vorkehrungen können beispielsweise feuerhemmende Abschottungen bilden, die vertikal im Bereich der Brandwände verlaufen. Die **erforderlichen Vorkehrungen** werden wegen der Vielzahl der Fallgestaltungen durch die Regelung nicht konkretisiert.

Da die in **Absatz 7 Satz 2** beschriebene Funktion voraussetzt, dass auch die (äußeren) Bekleidungen der Wand (Außenwandbekleidungen) **nichtbrennbar** sind, hat der **neue Absatz 7 Satz 3** lediglich **klarstellende Bedeutung.** Die Anforderung an die Oberfläche der Bekleidungen wie beispielsweise Anstrich, Beschichtung oder Dünnputz ergibt sich, wie für andere Außenwände, aus § 29 Abs. 3 Satz 1.

7.2 In Brandwände eingreifende Bauteile

Nach **Absatz 7 Satz 4 erster Halbsatz** dürfen **Bauteile in Brandwänden nur soweit eingreifen,** dass deren **Feuerwiderstandsfähigkeit nicht beeinträchtigt** wird. Betroffen sind Bauteilanschlüsse bei Brandwänden, die den Raumabschluss beeinträchtigen können wie beispielsweise Decken und an Brandwände anschließende Wände. Die Anforderung betrifft auch Bauteile, die in Brandwände eingebunden sind wie beispielsweise Stahlträger, die im Brandfall die Brandwände zerstören können. Besonders sorgfältig ist deshalb das Eingreifen von Stahlbauteilen wie beispielsweise von Tragwerken und Trägern in Brandwände zu beurteilen, weil durch das unterschiedliche Brandverhalten bei Brandwänden und Stahlbauteilen im Brandfall die Gefahr der Beeinträchtigung der Standsicherheit der Brandwände besteht.

Für **Leitungen, Leitungsschlitze** und **Schornsteine** gilt **Absatz 7 Satz 4** entsprechend.

8.   Öffnungen in Brandwänden

8.1   Unzulässigkeit von Öffnungen in Brandwänden als Gebäudeabschlusswand

Nach **Absatz 8 Satz 1** sind **Öffnungen** in **Brandwänden als Gebäudeabschlusswand unzulässig.** Nach **Absatz 11** sind auch Öffnungen in **Wänden,** die nach Absatz 3 Satz 2 **anstelle von Brandwänden** zulässig sind, unzulässig.

Öffnungen würden die raumabschließende Wirkung der Brandwände zum Abschluss von Gebäuden **schwächen** und könnten auch nachbarliche Belange verletzen. Öffnungen würden, auch wenn sie mit besonders qualifizierten Abschlüssen versehen wären, die Funktion der Brandwände als Gebäudeabschlusswand infrage stellen; die Brandwände wären bei einer zusätzlichen mechanischen Beanspruchung weniger widerstandsfähig, die Öffnungsverschlüsse würden das Risiko von Fehlfunktionen in sich bergen.

8.2   Öffnungen in inneren Brandwänden

Nach **Absatz 8 Satz 2** sind **Öffnungen** in **inneren Brandwänden nur zulässig,** wenn sie auf die für die Nutzung erforderliche Zahl und Größe beschränkt sind; die Öffnungen müssen feuerbeständige, dicht- und selbstschließende Abschlüsse haben. **Unvermeidbare Öffnungen** in der für die Nutzung erforderlichen Zahl und Größe sind **unmittelbar aufgrund des Gesetzes zulässig,** ohne dass es einer Ermessensentscheidung durch die Bauaufsichtsbehörde bedarf. Zweck der Regelung ist es, die Zahl und Größe von Öffnungen in inneren Brandwänden möglichst klein zu halten, weil Öffnungen den Raumabschluss schwächen. Der **Zulässigkeitstatbestand** berücksichtigt das Erfordernis von

Öffnungen für die Funktionsfähigkeit von Gebäuden wie beispielsweise für ihre innere Erschließung. Auch in diesen Fällen sind die Öffnungen in inneren Brandwänden nur zulässig, wenn sie sich auf die für die **Nutzung erforderliche Zahl und Größe beschränken.** Bei gewerblichen Bauten kommen Öffnungen in inneren Brandwänden für technische Anlagen wie beispielsweise Förderanlagen in Betracht. Nicht im Sinne der Regelung erforderliche Öffnungen sind nur auf dem Wege einer Abweichung nach § 71 Abs. 1 möglich.

Wenn Öffnungen in inneren Brandwänden dem Grunde nach zulässig sind, müssen die Öffnungen nach **Absatz 8 Satz 2 zweiter Halbsatz feuerbeständige, dicht- und selbstschließende Abschlüsse** haben.

8.3 Verglasungen in inneren Brandwänden

Nach **Absatz 9** sind in **inneren Brandwänden** feuerbeständige **Verglasungen** nur **zulässig,** wenn sie auf die für die Nutzung erforderliche Zahl und Größe beschränkt sind.

Verglasungen sind damit in inneren Brandwänden stets dauerhaft geschlossen auszuführen. Die nutzungsbedingten Anforderungen ermöglichen eine Belichtung und auch die Herstellung wichtiger Blickbeziehungen zwischen Brandabschnitten. Die nutzungsbedingte Beschränkung soll sicherstellen, dass die Funktion innerer Brandwände nicht beeinträchtigt wird, insbesondere dass sie auch unter zusätzlicher mechanischer Beanspruchung ihre Bauteileigenschaft behalten. Verglasungen sind deshalb nicht in Bereichen von Brandwänden zulässig, in denen die Funktion von Brandwänden infrage zu stellen ist. Nach **Absatz 11** gelten die **Anforderungen** nach Absatz 9 **sinngemäß auch für Wände, die anstelle von Brandwänden zulässig sind.** Die erforderlichen Standsicherheitsnachweise sind im Rahmen der bautechnischen Nachweise zu führen.

9. Seitliche Wände von Vorbauten

Nach **Absatz 10** gilt **Absatz 2 Nr. 1 nicht für seitliche Wände von Vorbauten** i. S. d. § 6 Abs. 6, wenn sie von dem Nachbargebäude oder der Nachbargrenze einen Abstand einhalten, der ihrer eigenen Ausladung entspricht, mindestens jedoch 1 m beträgt. Diese **Erleichterung** erfasst Vorbauten; hinsichtlich des Begriffs vgl. § 6 Abs. 6 Nr. 2.

10. Entsprechende Anwendung bei Wänden, die anstelle von
     Brandwänden zulässig sind

Absatz 11 bestimmt für **Wände**, die nach Absatz 3 Satz 2 **anstelle von
Brandwänden** zulässig sind, die **entsprechende Anwendung** der Anforderungen an Brandwände. Die Detailanforderungen sind nicht direkt,
sondern dem **Sachzweck entsprechend** anzuwenden, der sich aus der
Schutzzielformulierung nach Absatz 1 ergibt.

§ 32 Decken

(1) [1]Decken müssen als tragende und raumabschließende Bauteile zwischen Geschossen im Brandfall ausreichend lang standsicher und widerstandsfähig gegen die Brandausbreitung sein. [2]Sie müssen
1. in Gebäuden der Gebäudeklasse 5 feuerbeständig,
2. in Gebäuden der Gebäudeklasse 4 hochfeuerhemmend,
3. in Gebäuden der Gebäudeklassen 2 und 3 feuerhemmend
sein. [3]Satz 2 gilt
1. für Geschosse im Dachraum nur, wenn darüber Aufenthaltsräume an-
    geordnet sind; § 30 Absatz 4 bleibt unberührt,
2. nicht für Balkone, ausgenommen offene Gänge, die als notwendige
    Flure dienen.

(2) [1]Im Kellergeschoss müssen Decken
1. in Gebäuden der Gebäudeklassen 3 bis 5 feuerbeständig,
2. in Gebäuden der Gebäudeklassen 1 und 2 feuerhemmend
sein. [2]Decken müssen feuerbeständig sein
1. unter und über Räumen mit Explosions- oder erhöhter Brandgefahr,
    ausgenommen in Wohngebäuden der Gebäudeklassen 1 und 2,
2. zwischen dem landwirtschaftlich genutzten Teil und dem Wohnteil ei-
    nes Gebäudes.

(3) Der Anschluss der Decken an die Außenwand ist so herzustellen, dass
er den Anforderungen aus Absatz 1 Satz 1 genügt.

(4) Öffnungen in Decken, für die eine Feuerwiderstandsfähigkeit vorgeschrieben ist, sind nur zulässig
1. in Gebäuden der Gebäudeklassen 1 und 2,
2. innerhalb derselben Nutzungseinheit mit nicht mehr als insgesamt
    400 m² in nicht mehr als zwei Geschossen,
3. im Übrigen, wenn sie auf die für die Nutzung erforderliche Zahl und
    Größe beschränkt sind und Abschlüsse mit der Feuerwiderstandsfähig-
    keit der Decke haben.

Erläuterungen

1. Allgemeines

§ 32 regelt im Wesentlichen die Anforderungen an den Brandschutz von Decken und ihren Öffnungen. Decken sind Bauteile, die raumabschließende Wirkung in waagerechter Richtung haben, selbst wenn sie von Öffnungen durchbrochen sind. Ebenso wie bei Wänden gelten bei Decken die Grundanforderungen nach ausreichender Standsicherheit nach § 13 und damit der sicheren Übertragung der statischen Kräfte auf die Auflager. Daneben haben Decken für den Brandfall die Funktion einer horizontalen Abschottung. In dieser Funktion sollen sie innerhalb eines Brandabschnitts eine vertikale Brandausbreitung über Geschosse hinweg verhindern. Ist eine Decke zugleich Dach eines Gebäudes, können keine anderen Anforderungen als an Dächer nach § 33 gestellt werden.

2. Schutzziel

Absatz 1 Satz 1 enthält das Schutzziel. Decken müssen als tragende und raumabschließende Bauteile zwischen Geschossen im Brandfall ausreichend lang standsicher und widerstandsfähig gegen die Brandausbreitung sein.

3. Anforderungen

3.1 Allgemeines

Die allgemeinen Anforderungen nach Absatz 1 Satz 1 werden durch die erforderliche Feuerwiderstandsfähigkeit der Decken nach Absatz 1 Satz 2, unterschieden nach Gebäudeklassen, weiter konkretisiert. Die Anforderungen an Decken korrespondieren mit den Regelungen nach § 28 über tragende Wände und Stützen. § 2 Abs. 4 Satz 1 enthält die Gliederung der Gebäude in Gebäudeklassen als systematische Grundlage für das Brandschutzkonzept. Die Gebäudeklassen bilden die Grundlage für die jeweils zugrunde zu legenden materiell-rechtlichen Anforderungen; zu den Gebäudeklassen.

Absatz 1 Satz 2 enthält die Anforderungen an Decken. Sie müssen
– in Gebäuden der Gebäudeklasse 5 feuerbeständig (Nummer 1),
– in Gebäuden der Gebäudeklasse 4 hochfeuerhemmend (Nummer 2),

– in Gebäuden der Gebäudeklassen 2 und 3 feuerhemmend (**Nummer 3**)

sein.

Nach **Absatz 1 Satz 3** gilt Absatz 1 Satz 2

– für **Geschosse im Dachraum** nur, wenn **darüber Aufenthaltsräume** angeordnet sind; § 30 Abs. 4 bleibt unberührt (**Nummer 1**),
– **nicht für Balkone**, ausgenommen offene Gänge, die als notwendige Flure dienen (**Nummer 2**).

Die Ausnahme für Geschosse im Dachraum nach **Absatz 1 Satz 3 Nr. 1** lässt § 30 Abs. 4 betreffend feuerhemmende Decken, an die Trennwände geführt werden, unberührt.

Nach **Absatz 2 Satz 1** müssen im **Kellergeschoss** Decken

– in Gebäuden der Gebäudeklassen 3 bis 5 feuerbeständig (**Nummer 1**),
– in Gebäuden der Gebäudeklassen 1 und 2 feuerhemmend (**Nummer 2**)

sein.

Nach **Absatz 2 Satz 2** müssen Decken **feuerbeständig** sein

– unter und über **Räumen mit Explosions- oder erhöhter Brandgefahr**, ausgenommen in Wohngebäuden der Gebäudeklassen 1 und 2 (**Nummer 1**),
– zwischen dem landwirtschaftlich genutzten Teil und dem Wohnteil eines Gebäudes (**Nummer 2**).

3.2   Anforderungen im Einzelnen

3.2.1   Gebäude der Gebäudeklasse 1

Absatz 1 Satz 2 stellt bei Gebäuden der Gebäudeklasse 1 **keine Anforderungen an** die **Feuerwiderstandsfähigkeit** von Decken. Nach § 27 **Abs. 1 Satz 2** dürfen **leichtentflammbare Baustoffe nicht verwendet** werden; dies gilt nicht, wenn sie in Verbindung mit anderen Baustoffen normalentflammbar sind.

Nach **Absatz 2 Satz 1 Nr. 2** müssen bei Gebäuden der Gebäudeklasse 1 Decken **im Kellergeschoss feuerhemmend** sein. Im Kellergeschoss ist eine ausreichend lange Standsicherheit bei Kellerbränden zu gewährleisten. Die Anforderung berücksichtigt die in Kellergeschossen im Vergleich zu anderen Geschossen vielfach höhere **Brandlast** und den Umstand, dass **Brände** in Kellergeschossen vielfach **erst spät** entdeckt werden. Auch berücsichtigt die Anforderung die im Vergleich zu anderen Geschossen schwierigere Brandbekämpfung, die sich aus der Lage mit stärkerer Gefahr der Verqualmung und den häufig dort anzutreffenden Zündquellen und Brandlasten ergeben. Außerdem berücksichtigt die Anforderung die Sicherheit der Benutzerinnen und Benutzer der Kellergeschosse. Aus diesem Grund muss auch nach § 38 Abs. 4 Satz 1 jedes **Kellergeschoss ohne Fenster mindestens eine Öffnung ins Freie** haben, um eine Rauchableitung zu ermöglichen.

Auch bei **freistehenden land- und forstwirtschaftlich genutzten Gebäuden** sind Holzkonstruktionen und nicht geschützten Stahlkonstruktionen möglich. Bei diesen Gebäuden sind eine Flächenbegrenzung und eine Begrenzung im Hinblick auf die Höhe nach § 2 Abs. 4 Satz 1 Nr. 1 Buchst. b nicht gegeben. Hierbei ist jedoch zu beachten, dass die **Einstufung von Gebäuden in Gebäudeklassen** grundsätzlich unabhängig von der Einstufung als Sonderbau nach § 2 Abs. 5 i. V. m. § 51 Abs. 2 steht. So ist der Neubau eines land- oder forstwirtschaftlich genutzten Gebäudes mit mehr als 1 600 m² oder die Erweiterung eines solchen Gebäudes zu einem Gebäude mit mehr als 1 600 m² Grundfläche ein Gebäude der Gebäudeklasse 1 Buchst. b und **zugleich ein Sonderbau nach § 51**, an den nach § 51 Abs. 1 besondere und damit weitergehende Anforderungen als nach § 28 gestellt werden können.

3.2.2   Gebäude der Gebäudeklasse 2

Decken müssen bei Gebäuden der Gebäudeklasse 2 nach **Absatz 1 Satz 2 Nr. 3** und **Absatz 2 Satz 1 Nr. 2 in allen Geschossen, also auch im Kellergeschoss, feuerhemmend** sein. Besondere Baustoffanforderungen bestehen – abgesehen vom generellen Verbot der Verwendung leichtentflammbarer Baustoffe nach § 27 Abs. 1 Satz 2 – nicht. Die gegenüber Gebäuden der Gebäudeklasse 1 höheren Anforderungen an die tragenden und aussteifenden Wände und Stützen berücksichtigen, dass Gebäude der Gebäudeklasse 2 nicht freistehend sind und damit die Gefahr einer Brandausbreitung größer ist als bei freistehenden Gebäuden der Gebäudeklasse 1.

3.2.3   Gebäude der Gebäudeklasse 3

Decken müssen bei Gebäuden der Gebäudeklasse 3 nach **Absatz 1 Satz 2 Nr. 3 feuerhemmend** sein.

Nach **Absatz 2 Satz 1 Nr. 1** müssen bei Gebäuden der Gebäudeklasse 3 Decken **im Kellergeschoss feuerbeständig** sein. S. im Einzelnen sinngemäß die Erläuterungen zum Kellergeschoss oben unter **Gebäude der Gebäudeklasse 1.**

3.2.4 Gebäude der Gebäudeklasse 4

Decken müssen bei Gebäuden der Gebäudeklasse 4 nach **Absatz 1 Satz 2 Nr. 2 hochfeuerhemmend** sein. Nach § 27 Abs. 2 Satz 4 Nr. 2 müssen Bauteile, die hochfeuerhemmend sein müssen, mindestens den Anforderungen nach § 27 Abs. 2 Satz 3 Nr. 3 entsprechen. Danach müssen Bauteile, deren tragende und aussteifende Teile aus brennbaren Baustoffen bestehen, eine allseitig brandschutztechnisch wirksame Bekleidung aus nichtbrennbaren Baustoffen (Brandschutzbekleidung) und Dämmstoffe aus nichtbrennbaren Baustoffen haben. Derartige Bauteile kommen in der Hauptsache im **Holzbau** zum Einsatz. Bei diesem Bauteiltyp übernimmt die **Brandschutzbekleidung** den äußeren Schutz der tragenden und aussteifenden Teile und schützt vor einem Rauchdurchtritt. Die volle Innendämmung dient dem Schutz der tragenden und aussteifenden brennbaren Teile vor Selbstentzündung und verhindert eine Brandweiterleitung innerhalb der Bauteile. Entwickelt wurde der Bauteiltyp, um eine **hochfeuerhemmende Bauweise** auch im **Holzbau** zu ermöglichen.

Nach **Absatz 2 Satz 1 Nr. 1** müssen bei Gebäuden der Gebäudeklasse 4 Decken im **Kellergeschoss feuerbeständig** sein. S. im Einzelnen sinngemäß die Erläuterungen zum Kellergeschoss oben unter **Gebäude der Gebäudeklasse 1.**

3.2.5 Gebäude der Gebäudeklasse 5

Decken müssen bei Gebäuden der Gebäudeklasse 5 nach **Absatz 1 Satz 2 Nr. 1 feuerbeständig** sein. Nach § 27 Abs. 2 Satz 4 Nr. 1 müssen Bauteile, die feuerbeständig sein müssen, mindestens den Anforderungen nach § 27 Abs. 2 Satz 3 Nr. 2 entsprechen. Danach müssen Bauteile aus nichtbrennbaren Baustoffen bestehen und bei raumabschließenden Bauteilen zusätzlich eine in Bauteilebene durchgehende Schicht aus nichtbrennbaren Baustoffen haben.

Nach **Absatz 2 Satz 1 Nr. 1** müssen bei Gebäuden der Gebäudeklasse 5 auch Decken **im Kellergeschoss feuerbeständig** sein. S. im Ein zelnen sinngemäß die Erläuterungen zum Kellergeschoss oben unter **Gebäude der Gebäudeklasse 1.**

3.2.6 Geschosse im Dachraum, wenn darüber keine Aufenthaltsräume angeordnet sind

Nach **Absatz 1 Satz 3 Nr. 1** gilt die **Anforderung nach Absatz 1 Satz 2** für **Geschosse im Dachraum** nur, wenn darüber noch Aufenthaltsräume angeordnet sind.

Für **Geschosse im Dachraum, wenn über ihnen keine Aufenthaltsräume angeordnet** sind, stellt die **keine Anforderungen an die Feuerwiderstandsfähigkeit** von Decken. Die Erleichterung für die erfassten Geschosse im Dachraum ist in der Praxis bedeutsam, weil Dachkonstruktionen häufig in Holz errichtet werden, die brandschutztechnisch nicht feuerhemmend sind. „**Dachraum**" ist bei Satteldächern der Raum oberhalb der Ebene zwischen den äußeren Schnittlinien der Außenwände und der Dachhaut an den Traufseiten. Bei anderen Dachformen bestimmt sich der Dachraum sinngemäß. Unter „**Dachraum**" eines Gebäudes, in dem für Aufenthaltsräume die lichte Höhe ausreichend ist, ist der von dem Dach – bestehend aus Tragwerk und Dachhaut – und der Decke des obersten Geschosses gebildete Raum zu verstehen (OVG NRW, Urt. vom 20. November 1979 – X A 995/79 –, BRS 35 Nr. 107 = BauR 1980, 343). „Dachraum" kann als Raum bezeichnet werden, der von dem Dach, bestehend aus Tragwerk und Dachhaut, und der Decke des obersten Geschosses gebildet wird (OVG Bremen, Urt. vom 8. September 1981 – 1 BA 17/81 –, BRS 38 Nr. 117). Die letztere Definition geht allerdings davon aus, dass solche Geschosse stets eine (horizontale) Decke haben und die Räume unmittelbar unter einem geneigten Dach liegen. Als Dachraum ist bei verständiger Interpretation beispielsweise auch ein Raum zu beurteilen, der zum unteren steilen Teil eines „Mansarddaches" gehört, nicht aber ein Raum hinter einer senkrechten Außenwand, dem eine Dachhaut vorgeblendet ist.

Begünstigt durch **Absatz 1 Satz 3 Nr. 1** ist zunächst das **oberste Geschoss im Dachraum**, unabhängig von der Nutzung. Unterhalb des obersten Geschosses sind weitere Geschosse im Dachraum (nur) begünstigt, wenn in den darüber liegenden Geschossen keine Aufenthaltsräume angeordnet sind.

Nach **Absatz 1 Satz 3 Nr. 1 zweiter Halbsatz** bleibt § 30 **Abs. 4** im Hinblick auf **Trennwände** unberührt. Sofern im Dachraum Trennwände nach § 30 erforderlich sind, ergibt sich daraus die entsprechende Anforderung im Hinblick auf die **Feuerwiderstandsfähigkeit.** Nach § 30 Abs. 4 sind Trennwände bis zur Rohdecke, im Dachraum bis unter die Dachhaut zu führen; werden in Dachräumen Trennwände nur bis zur Rohdecke geführt, ist diese Decke als raumabschließendes Bauteil einschließlich der sie tragenden und aussteifenden Bauteile **feuerhemmend herzustellen.** In diesem Fall ist der Bereich der an die Trennwand anschließenden Decke zwingender Bestandteil der Trennwandfunktion. **Tragende und aussteifende Bauteile** des Geschosses im Dachraum müssen diesbezüglich, um die Trennwandfunktion zu bewirken, in einem solchen Fall **mindestens feuerhemmend** hergestellt werden.

3.2.8   Erleichterungen für Balkone

Nach **Absatz 1 Satz 3 Nr. 2** gilt die **Anforderung nach Absatz 1 Satz 2 nicht für Balkone, ausgenommen offene Gänge,** die als **notwendige Flure** dienen.

Für Balkone stellt die LBO keine Anforderungen an die Feuerwiderstandsfähigkeit von Decken. Die Erleichterung erfasst Balkone als Teile von Gebäuden und vor Gebäuden freistehende Balkone. Einer Anforderung an die Feuerwiderstandsfähigkeit von Balkonen bedarf es nicht, weil Balkone, wenn sie nicht Bestandteil von Rettungswegen sind, für Personenrettung und Brandbekämpfung nicht erforderlich sind. Etwas **anderes** gilt, wenn Balkone als **bauaufsichtlich erforderliche Rettungsbalkone** oder als **offene Gänge,** die als **notwendige Flure** dienen, Teile von Rettungswegen sind; in einem solchen Fall greifen die Anforderungen nach **Absatz 1 Satz 2.**

3.2.9   Decken unter und über Räumen mit Explosions- oder erhöhter Brandgefahr

Nach **Absatz 2 Satz 2 Nr. 1** müssen Decken **feuerbeständig** sein **unter und über Räumen mit Explosions- oder erhöhter Brandgefahr,** ausgenommen in Wohngebäuden der Gebäudeklassen 1 und 2. Absatz 2 Satz 2 Nr. 1 korrespondiert mit der entsprechenden Trennwandregelung nach § 30 Abs. 2 Nr. 2 i. V. m. Abs. 3 Satz 2.

3.2.10 Decken zwischen dem landwirtschaftlich genutzten Teil und dem Wohnteil eines Gebäudes

Nach **Absatz 2 Satz 2 Nr. 2** müssen Decken **feuerbeständig** sein zwischen dem **landwirtschaftlich genutzten Teil und dem Wohnteil eines Gebäudes**. Gebäudeabschlusswände **zwischen** Wohngebäude und angebaute landwirtschaftlich genutzte Gebäude sowie innere Brandwände zwischen dem Wohnteil und dem landwirtschaftlich genutzten Teil eines Gebäudes sind nach § 31 Abs. 2 Nr. 4 bzw. § 31 Abs. 3 Satz 2 Nr. 4 auszubilden. Decken, die den Abschluss zwischen dem Betriebsteil und dem Wohnteil bilden, müssen **unabhängig von der Größenordnung des Gebäudes feuerbeständig** ausgeführt werden.

4. Anschluss der Decken an die Außenwand

Nach **Absatz 3** ist der **Anschluss der Decken an die Außenwand** so herzustellen, dass er dem **Schutzziel nach Absatz 1 Satz 1** genügt. Die Vorschrift berücksichtigt die zunehmend verwendeten Fassadensysteme, die vor den Geschossdecken hochgeführt und nicht durch diese getrennt werden. Zu Außenwandkonstruktionen mit Hohl- oder Lufträumen, die durch die Decke nicht getrennt werden, s. auch § 29 Abs. 4 und die dortigen Erläuterungen.

5. Öffnungen in Decken

Nach **Absatz 4** sind **Öffnungen in Decken**, für die eine Feuerwiderstandsfähigkeit vorgeschrieben ist, nur zulässig
– in Gebäuden der Gebäudeklassen 1 und 2 (Nummer 1);
– innerhalb derselben Nutzungseinheit mit nicht mehr als insgesamt 400 m² in nicht mehr als zwei Geschossen (Nummer 2). Die Zulässigkeit von Öffnungen **ist gegeben in einer zweigeschossigen Nutzungseinheit** mit insgesamt nicht mehr als 400 m² – unabhängig von der Gebäudeklasse –;
– im Übrigen, wenn die Öffnungen **auf die für die Nutzung erforderliche Zahl und Größe beschränkt** sind und Abschlüsse mit der **Feuerwiderstandsfähigkeit der Decke** haben (Nummer 3). Für alle anderen Fälle sind danach **unvermeidbare Öffnungen** in der für die Nutzung erforderlichen Zahl und Größe **unmittelbar gesetzesabhängig zulässig**. Die Öffnungen müssen **Abschlüsse mit der Feuerwiderstandsfähigkeit der Decke** haben.

Absatz 4 Nr. 3 korrespondiert mit der Regelung nach § 30 Abs. 5 über Öffnungen in Trennwänden. **Zweck** des Absatzes 4 Nr. 3 ist es, die Zahl und Größe von Öffnungen in Decken möglichst klein zu halten, weil Öffnungen den Raumabschluss schwächen. Nicht im Sinne der Regelung erforderliche Öffnungen sind nur auf dem Wege einer Abweichung nach § 71 Abs. 1 möglich. Die erforderlichen **Abschlüsse** müssen die **Feuerwiderstandsfähigkeit der Decke** haben.

§ 33   Dächer

(1) Bedachungen müssen gegen eine Brandbeanspruchung von außen durch Flugfeuer und strahlende Wärme ausreichend lang widerstandsfähig sein (harte Bedachung).

(2) [1]Bedachungen, die die Anforderungen nach Absatz 1 nicht erfüllen, sind zulässig bei Gebäuden der Gebäudeklassen 1 bis 3, wenn die Dächer der Gebäude
1. einen Abstand von der Grundstücksgrenze von mindestens 12 m,
2. von Gebäuden auf demselben Grundstück mit harter Bedachung einen Abstand von mindestens 15 m,
3. von Gebäuden auf demselben Grundstück mit Bedachungen, die die Anforderungen nach Absatz 1 nicht erfüllen, einen Abstand von mindestens 24 m,
4. von Gebäuden auf demselben Grundstück ohne Aufenthaltsräume und ohne Feuerstätten mit nicht mehr als 50 m^3 Brutto-Rauminhalt einen Abstand von mindestens 5 m

einhalten. [2]Soweit Gebäude nach Satz 1 Abstand halten müssen, genügt bei Wohngebäuden und Ferienwohngebäuden jeweils der **Gebäudeklasse 1** in den Fällen
1. des Satzes 1 Nummer 1 ein Abstand von mindestens 6 m,
2. des Satzes 1 Nummer 2 ein Abstand von mindestens 9 m,
3. des Satzes 1 Nummer 3 ein Abstand von mindestens 12 m.
[3]Gebäude mit harter Bedachung müssen von vorhandenen Gebäuden mit weicher Bedachung nach Satz 1 auf demselben Grundstück einen Abstand von mindestens 15 m, von vorhandenen Gebäuden mit weicher Bedachung nach Satz 2 auf demselben Grundstück einen Abstand von mindestens 9 m einhalten. [4]Abweichungen von den Sätzen 1 und 2 sind auf Halligen, Warften sowie in Ortskernen mit bauhistorisch oder volkskundlich wertvollem Baubestand zulässig, wenn wegen der Lage der Gebäude zueinander Bedenken hinsichtlich des Brandschutzes zurückgestellt werden

können. [5]Abweichungen von Satz 3 sind zulässig, wenn wegen des Brandschutzes Bedenken nicht bestehen. [6]Zur Befestigung weicher Bedachung dürfen nur nichtbrennbare Stoffe verwendet werden. [7]In den Fällen des Satzes 1 Nummer 1 und des Satzes 2 Nummer 1 gilt § 6 Absatz 2 Satz 2 entsprechend.

(3) Die Absätze 1 und 2 gelten nicht für
1. Gebäude ohne Aufenthaltsräume und ohne Feuerstätten mit nicht mehr als 50 m³ Brutto-Rauminhalt,
2. lichtdurchlässige Bedachungen aus nichtbrennbaren Baustoffen; brennbare Fugendichtungen und brennbare Dämmstoffe in nichtbrennbaren Profilen sind zulässig,
3. **Dachflächenfenster,** Oberlichte und Lichtkuppeln von Wohngebäuden,
4. Eingangsüberdachungen und Vordächer aus nichtbrennbaren Baustoffen,
5. Eingangsüberdachungen aus brennbaren Baustoffen, wenn die Eingänge nur zu Wohnungen führen.

(4) Abweichend von den Absätzen 1 und 2 sind
1. lichtdurchlässige Teilflächen aus brennbaren Baustoffen in Bedachungen nach Absatz 1 und
2. begrünte Bedachungen
zulässig, wenn eine Brandentstehung bei einer Brandbeanspruchung von außen durch Flugfeuer und strahlende Wärme nicht zu befürchten ist oder Vorkehrungen hiergegen getroffen werden.

(5) [1]Dachüberstände, Dachgesimse und Dachaufbauten, lichtdurchlässige Bedachungen**, Dachflächenfenster,** Oberlichte, Lichtkuppeln und **Solaranlagen** sind so anzuordnen und herzustellen, dass Feuer nicht auf andere Gebäudeteile und Nachbargrundstücke übertragen werden kann. [2]Von Brandwänden und von Wänden, die anstelle von Brandwänden zulässig sind, müssen mindestens 1,25 m entfernt sein
1. **Dachflächenfenster,** Oberlichte, Lichtkuppeln und Öffnungen in der Bedachung, wenn diese Wände nicht mindestens 0,30 m über die Bedachung geführt sind,
2. **Solaranlagen,** Dachgauben und ähnliche Dachaufbauten aus brennbaren Baustoffen, wenn sie nicht durch diese Wände gegen Brandübertragung geschützt sind.

(6) [1]Dächer von traufseitig aneinander gebauten Gebäuden müssen als raumabschließende Bauteile für eine Brandbeanspruchung von innen nach außen einschließlich der sie tragenden und aussteifenden Bauteile feuerhemmend sein. [2]Öffnungen in diesen Dachflächen müssen, waagerecht

gemessen, mindestens 2 m von der Brandwand oder der Wand, die anstelle der Brandwand zulässig ist, entfernt sein.

(7) [1]Dächer von Anbauten, die an Außenwände mit Öffnungen oder ohne Feuerwiderstandsfähigkeit anschließen, müssen innerhalb eines Abstands von 5 m von diesen Wänden als raumabschließende Bauteile für eine Brandbeanspruchung von innen nach außen einschließlich der sie tragenden und aussteifenden Bauteile die Feuerwiderstandsfähigkeit der Decken des Gebäudeteils haben, an den sie angebaut werden. [2]Dies gilt nicht für Anbauten an Wohngebäude der Gebäudeklassen 1 bis 3.

(8) Für vom Dach aus vorzunehmende Arbeiten sind sicher benutzbare Vorrichtungen anzubringen.

Erläuterungen

1.   Allgemeines

Dächer sind nach allgemeinem Sprachgebrauch die oberen Abschlüsse von Gebäuden. Nach § 2 Abs. 3 sind Gebäude selbstständig benutzbare, **überdeckte bauliche Anlagen,** die von Menschen betreten werden können und geeignet oder bestimmt sind, dem Schutz von Menschen, Tieren oder Sachen zu dienen. Hauptaufgabe von Dächern ist es, Gebäude gegen Witterungseinflüsse zu schützen. Fehlt einem Bauteil diese Bestimmung, ist kein Dach im Sinne dieser Vorschrift gegeben (VGH BW, Urt. vom 21. Dezember 1971 – VIII 672/70 –, BRS 25 Nr. 104). Daneben übernehmen Dächer eine Reihe allgemeiner Anforderungen; der Brandschutz stellt hierbei eine besondere Anforderung dar.

2.   Allgemeine Anforderungen

Die brandschutztechnischen Anforderungen an Dächer regeln in erster Linie Abstände, die von oder zu Gebäuden einzuhalten sind, und sollen eine **Brandübertragung von Gebäude zu Gebäude verhindern.** Im Vordergrund stehen Anforderungen an die Dachhaut der Bedachungen nach den Absätzen 1 und 2. Dazu zählen auch die Anordnung und Herstellung von Dachüberständen, Dachgesimsen und Dachaufbauten nach Absatz 5 und von Dächern von Anbauten nach Absatz 7. Hinzu kommt der Schutz von traufseitig aneinander gebauten Gebäuden gegen eine Brandbeanspruchung der Dächer von innen nach außen nach Absatz 6.

§ 33 stellt bei Gebäuden **keine Anforderungen an die Feuerwider-standsfähigkeit der Bauteile der Dachkonstruktion** mit Ausnahme von Absatz 6 bei traufseitig aneinander gebauten Gebäuden und mit Aus-nahme von Absatz 7 bei Dächern von Anbauten. Bei **Sonderbauten** nach § 51 Abs. 2 können weitergehende Anforderungen bestehen.

3. Bedachungen

3.1 Harte Bedachungen

Absatz 1 enthält das **Schutzziel** für die Anforderungen an die **harte Bedachung**: Bedachungen müssen gegen eine **Brandbeanspruchung von außen** durch Flugfeuer und **strahlende Wärme ausreichend lang widerstandsfähig** sein.

Eine **harte Bedachung** liegt in folgenden Fällen vor:

Die **Bedachung entspricht** – **ohne** dass es eines konkreten **Nachweises** bedarf – einer klassifizierten Bedachung nach der Norm **DIN 4102-4:1994-03 Brandverhalten von Baustoffen und Bauteilen; Zusammen-stellung und Anwendung klassifizierter Baustoffe, Bauteile und Son-derbauteile**, die als Technische Baubestimmung eingeführt ist. **Mit** – einem konkreten – **Nachweis** liegt eine **harte Bedachung** nach der Norm **DIN 4102-7:1998-05 Brandverhalten von Baustoffen und Bau-teilen; Bedachungen; Begriffe, Anforderungen und Prüfungen** vor.

3.2 Weiche Bedachungen

Eine **weiche Bedachung** ist eine **Bedachung**, die **nicht** den Anforderun-gen nach **Absatz 1** entspricht. Nach **Absatz 2** sind unter den dort ge-nannten Voraussetzungen weiche Bedachungen bei **Gebäuden der Ge-bäudeklassen 1 bis 3** zulässig.

4. Abstände bei Gebäuden mit weicher Bedachung

4.1 Allgemeines

Nach **Absatz 2** ist eine **weiche Bedachung** bei **Gebäuden der Gebäude-klassen 1 bis 3** unter den dort genannten Voraussetzungen zulässig. Zu den weichen Bedachungen zählen beispielsweise Reetdächer. Sie sind zulässig, wenn sie die in **Absatz 2** genannten besonderen, größeren als nach § 6 erforderlichen **Abstände** von den **Grundstücksgrenzen**, von **anderen Gebäuden** und **untereinander** einhalten. Diese Regelungen berücksichtigen die gegenüber harten Bedachungen **größeren Risiken einer weichen Bedachung** gegen Brandbeanspruchung von außen sowie eine hohe Brandlast und die leichte Entflammbarkeit bei für diese Bedachungen verbreiteten Baustoffen.

Es brauchen grundsätzlich nur die eigenen Abstandflächen auf dem Baugrundstück eingehalten zu werden, auch bei zu geringen Abständen vorhandener weichgedeckter Gebäude auf Nachbargrundstücken zur Grundstücksgrenze. Werden allerdings durch nachträgliche Teilung bebauter Grundstücke Verhältnisse geschaffen, die den Vorschriften dieses Gesetzes oder Vorschriften aufgrund dieses Gesetzes zuwiderlaufen, kann die Bauaufsichtsbehörde verlangen, dass ein baurechtmäßiger Zustand der Gebäude oder Gebäudeteile wiederhergestellt wird; vgl. die Erläuterungen zu § 7 Abs. 1 und § 59 Abs. 2 Satz 2.

4.2　Abstände bei Gebäuden der Gebäudeklassen 1 bis 3

Nach **Absatz 2 Satz 1** ist bei **Gebäuden der Gebäudeklassen 1 bis 3** unter den dort genannten Voraussetzungen **weiche Bedachung zulässig.** Durch die **Höhenbeschränkung auf 7 m** (7 m als Maß der Fußbodenoberkante des höchstgelegenen Aufenthaltsraumes über der festgelegten Geländeoberfläche im Mittel an den Außenwänden des Gebäudes i. S. d. § 2 Abs. 4 Satz 2) und die festgelegten Nutzungseinheiten – mit Ausnahme bei Gebäuden der Gebäudeklasse 3 – ist das Risiko bei den erfassten Gebäuden beschränkt. Falls Gebäude der Gebäudeklassen 1 bis 3 Sonderbauten nach § 51 Abs. 2 sind, können besondere Anforderungen nach § 51 Abs. 1 Satz 1 gestellt werden.

Die dort genannten Abstände sind **brandschutztechnisch erforderlich** und auch **nachbarschützend.** Den Abstand müssen die Gebäude nicht nur mit ihren Außenwänden, sondern **grundsätzlich von der Außenkante des Daches** einhalten (OVG Lüneburg, Urt. vom 28. Juni 1988 – 1 A 151/85 –, BRS 48 Nr. 89). Die **Gebäude** müssen mit der **Gesamtheit ihrer Gebäudeteile** den erforderlichen Abstand einhalten. Bei der „Gesamtheit der Gebäudeteile" handelt es sich i. d. R. **um die Dachhaut.** Die Abstandregelungen für Weichdächer gelten nicht nur für den Abstand weichgedeckter Gebäudeteile, sondern grundsätzlich auch für die sonstigen Teile der Gebäude, auch wenn diese nicht weich gedeckt sind (OVG Schleswig, Urt. vom 19. Dezember 1995 – 1 L 81/ 95 –, n. v.).

4.3 Abstände bei Wohngebäuden und Ferienwohngebäuden der Gebäudeklasse 1

Nach **Absatz 2 Satz 2** genügen bei **Wohngebäuden und Ferienwohngebäuden der Gebäudeklasse 1** die dort erfassten **geringeren Abstände** gegenüber den bei Gebäuden der Gebäudeklassen 1 bis 3 grundsätzlich erforderlichen Abständen; ausschlaggebend hierfür ist die weitere Eingrenzung der Brandlast durch Beschränkung auf nicht mehr als zwei Nutzungseinheiten und Festlegung auf Wohnnutzung und Ferienwohnnutzung.

Die **bisherige Vergünstigung für Wohngebäude und Ferienwohngebäude der Gebäudeklasse 2**, die in der Musterbauordnung und dem Bauordnungsrecht der meisten Bundesländer wie beispielsweise von Hamburg, Mecklenburg-Vorpommern, Niedersachsen, Berlin, Bremen, Nordrhein-Westfalen, Rheinland-Pfalz, Baden-Württemberg und Bayern verankert ist, ist durch den Gesetzgeber unter Bezugnahme auf den Beschluss des OVG Schleswig vom 8. November 2010 – 1 LA 64/10 –, n. v., **gestrichen** worden; vgl. LT-Drs. 18/2778, S. 61.

Die Streichung ist nach Auffassung dieser Kommentierung auf Grundlage der genannten Rechtsprechung **nicht erforderlich** gewesen. Die ARGEBAU hatte bewusst – auch angesichts dessen, dass diese Gebäude aneinandergebaut sind – auch für Wohngebäude der Gebäudeklasse 2 die Verringerung der Abstände bei der spezifischen Nutzung der Gebäude für vertretbar gehalten und zum Gegenstand der Musterbauordnung gemacht. Die in der LT-Drs. 18/2778 genannte Rechtsprechung ist für die erfasste Thematik nicht einschlägig. Der Beschluss des OVG Schleswig betrifft kleine, nur Nebenzwecken dienende Gebäude. Falls solche Gebäude **aneinandergebaut** sind, dürfen sie nach der schlüssigen Entscheidung nicht isoliert beurteilt werden, sondern sind im Hinblick auf die Brandgefahren als Einheit zu sehen und deren **Gesamt-Brutto-Rauminhalt** zugrunde zu legen, so dass bei Überschreitung des in Absatz 2 Satz 1 Nr. 4 enthaltenen Brutto-Rauminhaltes von 50 m³ die dort erfasste Vergünstigung nicht mehr greift. Diese Thematik hat mit Wohngebäuden und Ferienwohngebäuden der Gebäudeklasse 2 indes nichts zu tun.

4.4 Abstände bei Gebäuden mit harter Bedachung von vorhandenen Gebäuden mit weicher Bedachung

Absatz 2 Satz 1 Nr. 2 und Satz 2 Nr. 2 regeln die Abstände von Dächern der Gebäude mit weicher Bedachung zu Gebäuden mit harter Bedachung auf **demselben Grundstück. Absatz 2 Satz 3** regelt den umgekehrten Fall. **Gebäude mit harter Bedachung** müssen

– von vorhandenen Gebäuden mit weicher Bedachung nach Absatz 2 **Satz 1** auf demselben Grundstück einen Abstand von **mindestens 15 m,**
– von vorhandenen Gebäuden mit weicher Bedachung nach Absatz 2 **Satz 2** auf demselben Grundstück einen Abstand von **mindestens 9 m** einhalten.

Der Abstand ist von den Außenwänden der Gebäude mit harter Bedachung bis zur Außenkante des Daches der Gebäude mit weicher Bedachung einzuhalten.

Abweichungen von den **Anforderungen nach Absatz 2 Satz 3** sind nach **Absatz 2 Satz 5** zulässig, **wenn wegen des Brandschutzes Bedenken nicht** bestehen. In den erfassten Fällen besteht jeweils ein **unmittelbar gesetzesabhängiger Zulässigkeitstatbestand.**

4.5 Abweichungen bei Halligen, Warften sowie in Ortskernen mit bauhistorisch oder volkskundlich wertvollem Baubestand

Nach **Absatz 2 Satz 4** sind **Abweichungen von Absatz 2 Sätze 1 und 2** auf Halligen, Warften sowie in Ortskernen mit bauhistorisch oder volkskundlich wertvollem Baubestand **zulässig, wenn wegen der Lage der Gebäude zueinander Bedenken hinsichtlich des Brandschutzes zurückgestellt** werden können.

Diese Regelung ist **weitergehend** als die Abweichensregelung nach Absatz 2 Satz 5, wenn wegen des Brandschutzes Bedenken nicht bestehen. Um dem gesetzgeberischen Ziel einer Erhaltung und Fortentwicklung auf Halligen, Warften sowie in Ortskernen mit bauhistorisch oder volkskundlich wertvollem Baubestand gerecht zu werden, sind **weitergehend** Abweichungen von Absatz 2 Sätze 1 und 2 zulässig, nämlich wenn wegen der Lage der Gebäude zueinander Bedenken hinsichtlich des Brandschutzes (nur) zurückgestellt werden können, mithin auch derartige Bedenken verbleiben und in Kauf genommen werden. In den erfassten Fällen besteht jeweils ein **unmittelbar gesetzesabhängiger Zulässigkeitstatbestand.**

4.6 Lage der Abstände auf öffentlichen Flächen

Nach **Absatz 2 Satz 7** gilt in den Fällen des Satzes 1 Nr. 1 und des Satzes 2 Nr. 1 **§ 6 Abs. 2 Satz 2** entsprechend. Nach § 6 Abs. 2 Satz 2 dürfen die Abstandflächen auch **auf öffentlichen Verkehrsflächen, öffentlichen Grünflächen und öffentlichen Wasserflächen** liegen, jedoch nur bis zu deren Mitte.

5. Befestigung weicher Bedachung

Nach **Absatz 2 Satz 6** dürfen zur **Befestigung weicher Bedachung nur nichtbrennbare Stoffe** verwendet werden. Nichtbrennbare Baustoffe entsprechen der Baustoffklasse A nach der Norm DIN 4102. Damit sind bei Reetdächern **Befestigungen mit Draht** vorzunehmen, um das Herabrutschen des Dachdeckungsmaterials bei einem Brand zu verhindern.

6. Bedachungen ohne Anforderungen an die Dachhaut

Für die in **Absatz 3** abschließend aufgeführte **Gebäude und Bauteile** bestehen nicht die Grundanforderungen an eine harte Bedachung nach Absatz 1 und im Fall einer weichen Bedachung auch **keine Anforderungen** nach Absatz 2.
Die **Erweiterung des Ausnahmetatbestandes des Absatzes 3 Nr. 3 auf Dachflächenfenster** korrespondiert mit der Ausnahmeregelung nach § 29 für Fenster in Außenwänden.

7. Abweichungen nach Absatz 4

7.1 Lichtdurchlässige Teilflächen aus brennbaren Baustoffen in Bedachungen nach Absatz 1

Nach **Absatz 4 Nr. 1** sind abweichend von den Absätzen 1 und 2 lichtdurchlässige Teilflächen aus brennbaren Baustoffen in Bedachungen nach Absatz 1 zulässig, wenn eine Brandentstehung bei einer Brandbeanspruchung von außen durch Flugfeuer und strahlende Wärme nicht zu befürchten ist oder Vorkehrungen hiergegen getroffen werden.

Teilflächen im Sinne der Regelung bedeutet, dass nur ein Teil der Dachfläche und nicht etwa mehr als die Hälfte oder gar die gesamte Dachfläche lichtdurchlässig aus brennbaren Baustoffen hergestellt wird. Wichtig sind die Abstände der Teilflächen aus brennbaren Baustoffen vom Gebäude zu Nachbargebäuden und auch innerhalb eines Gebäudes von einer Nutzungseinheit zur nächsten Nutzungseinheit. In dem erfassten Fall besteht jeweils ein **unmittelbar gesetzesabhängiger Zulässigkeitstatbestand.**

7.2 Begrünte Bedachungen

Nach **Absatz 4 Nr. 2** sind **abweichend von den Absätzen 1 und 2 begrünte Bedachungen zulässig,** wenn eine Brandentstehung bei einer Brandbeanspruchung von außen durch Flugfeuer und strahlende Wärme nicht zu befürchten ist oder Vorkehrungen hiergegen getroffen werden.
Als Grundlage für die diesbezügliche Beurteilung bei **begrünten Bedachungen** kommt der **Mustererlass Brandverhalten begrünter Dächer – Stand Juni 1989 –** der ARGEBAU in Betracht, der den Bauherrinnen und Bauherren sowie unteren Bauaufsichtsbehörden zur Beurteilung der Zulässigkeit begrünter Dächer dienen soll.

8.   Untergeordnete Bauteile und Gebäudeteile

Nach **Absatz 5 Satz 1** sind Dachüberstände, Dachgesimse und Dachaufbauten, lichtdurchlässige Bedachungen, Dachflächenfenster, Oberlichte, Lichtkuppeln und Solaranlagen so anzuordnen und herzustellen, dass **Feuer nicht auf andere Gebäudeteile und Nachbargrundstücke** übertragen werden kann. Sie müssen deshalb insbesondere von **Brandwänden** (§ 31 Abs. 3 Satz 1) und von **Wänden, die anstelle von Brandwänden zulässig** sind (§ 31 Abs. 3 Satz 2), und damit auch von Treppenraumwänden nach § 36 Abs. 4 Satz 1 entsprechend entfernt sein. Nach **Absatz 5 Satz 2** müssen von **Brandwänden und von Wänden, die anstelle von Brandwänden zulässig sind, mindestens 1,25 m entfernt** sein
– Dachflächenfenster, Oberlichte, Lichtkuppeln und Öffnungen in der Bedachung, wenn diese **Wände nicht mindestens 0,30 m über die Bedachung geführt** sind (Nummer 1),

– Solaranlagen, Dachgauben und ähnliche Dachaufbauten aus
  brennbaren Baustoffen, wenn sie nicht durch diese Wände gegen
  Brandübertragung geschützt sind (**Nummer 2**).

Abstände sind damit nicht erforderlich bei Dachflächenfenstern,
Oberlichten, Lichtkuppeln und Öffnungen in der Bedachung, wenn
die **Brandwände oder die Wände anstelle von Brandwänden mindestens 0,30 m über Dach** geführt sind (§ 31 Abs. 5 Satz 1), bei Solaranlagen, Dachgauben und ähnlichen Dachaufbauten aus brennbaren
Baustoffen, wenn sie durch die Brandwände oder Wände anstelle von
Brandwänden gegen Brandübertragung geschützt sind, z. B. durch eine
entsprechend höher geführte Wand. Falls die Dachgauben oder Dachaufbauten aus nichtbrennbaren Baustoffen (Baustoffklasse A) bestehen, entfällt das Erfordernis nach Abständen. Abweichungen nach
§ 71 von den Vorschriften über den vorbeugenden Brandschutz ohne
entsprechenden Ausgleich – mithin auch von Absatz 5 – kommen regelmäßig nicht in Betracht (vgl. OVG Berlin, Urt. vom 29. Mai 1987
– 2 B 27.85 –, BRS 47 Nr. 147).

Die Änderungen in **Absatz 5** dienen der **Anpassung an Absatz 3**. Da,
bedingt durch die Ausnahmeregelung, Dachflächenfenster dort nunmehr ausdrücklich genannt werden, ist auch in **Absatz 5** durch aus-
drückliche Nennung **klarzustellen** gewesen, dass sich das **Schutzziel
des Satzes 1 und die Anforderung des Satzes 2 (auch) auf Dachflächenfenster erstrecken**. Die **Ergänzung von Solaranlagen** trägt der zu-
nehmenden Errichtung dieser Anlagen auf Dächern Rechnung.

9. Dächer von traufseitig aneinander gebauten Gebäuden

Eine Sonderstellung nehmen nach **Absatz 6 Dächer von traufseitig aneinander gebauten Gebäuden** ein. Diese Bauform kommt vor allem
bei **Stadt- oder Reihenhäusern** und in historischen Altstadtbereichen
zur Anwendung. In solchen Fällen sind

– bei traufseitig aneinander gebauten Gebäuden auf gemeinsamem
  Grundstück **Trennwände** nach § 30 Abs. 3,
– bei traufseitig aneinander gebauten Gebäuden auf verschiedenen
  Grundstücken **Brandwände oder Wände, die anstelle von Brandwänden zulässig sind**, nach § 31 Abs. 3

erforderlich. Um eine Brandübertragung zwischen den gegenüberlie-
genden geneigten Dachflächen zu verhindern, müssen nach **Absatz 6**

Satz 1 die Dächer (einschließlich ihrer Unterstützungen) als raumabschließende Bauteile für eine Brandbeanspruchung von innen nach
außen einschließlich der sie tragenden und aussteifenden Bauteile feuerhemmend sein. Dies gilt unabhängig von der Frage, ob die Dachräume für Aufenthaltszwecke genutzt werden. Es ist die feuerhemmende Ausführung des **gesamten Dachraumes** erforderlich; damit sind
auch die Dachschrägen nicht genutzter Dachteile erfasst.
Die **Unterstützungen des Daches** und damit auch die tragenden **und
aussteifenden Bauteile** müssen **von innen nach außen feuerhemmend**
sein.
Öffnungen in diesen Dachflächen müssen nach **Absatz 6 Satz 2, waagerecht gemessen, mindestens 2 m** von der Brandwand oder der
Wand, die anstelle der Brandwand zulässig ist, **entfernt** sein. Dieses
gilt sinngemäß auch bei traufseitig aneinander gebauten Gebäuden auf
gemeinsamem Grundstück im Hinblick auf die dann erforderlichen
Trennwände nach § 30 Abs. 3. Dabei ist es unerheblich, ob es sich um
stehende oder liegende Dachfenster handelt.

10. Dächer von Anbauten

**Dächer von Anbauten, die an Außenwände mit Öffnungen oder ohne
Feuerwiderstandsfähigkeit anschließen,** müssen nach **Absatz 7 Satz 1
innerhalb eines Abstands von 5 m von diesen Wänden** als raumab-
schließende Bauteile für eine **Brandbeanspruchung von innen nach au-
ßen** einschließlich der sie tragenden und aussteifenden Bauteile die
Feuerwiderstandsfähigkeit der Decken des Gebäudeteils nach § 32 ha-
ben, **an den sie angebaut** werden. Mit dieser Anforderung soll eine
Brandübertragung aus den Anbauten auf das übrige Gebäude verhin-
dert werden.
Nach **Absatz 7 Satz 2** gilt die Anforderung **nicht** für **Anbauten an
Wohngebäude der Gebäudeklassen 1 bis 3.** Hier sind insbesondere
Anbauen von Wintergärten erfasst. Bei **Wohngebäuden** mit weicher
Bedachung nach Absatz 2 können die Anbauten ebenfalls eine weiche
Bedachung aufweisen; die Abstände nach Absatz 2 Sätze 1 oder 2 sind
in diesem Fall **von der Außenkante des Daches** der Anbauten einzuhal-
ten.

11. Vorrichtungen für vom Dach aus vorzunehmende Arbeiten

Nach **Absatz 8** sind **für vom Dach aus vorzunehmende Arbeiten sicher benutzbare Vorrichtungen** anzubringen. Erfasst sind damit Vorrichtungen für vom Dach aus vorzunehmende Arbeiten wie beispielsweise für die bevollmächtigte Bezirksschornsteinfegerin oder den bevollmächtigten Bezirksschornsteinfeger, für Dachreparaturen und die Wartung von Antennenanlagen. Dazu gehören u. a. Dachausstiegsöffnungen, Laufstege, Trittroste, Dachhaken und Steigeisen.

12. Streichung des bisherigen Absatzes 8

Der **bisherige Absatz 8 ist gestrichen** worden. Er sah vor, dass Dächer an Verkehrsflächen und über Eingängen Vorrichtungen zum Schutz gegen das Herabfallen von Schnee und Eis haben müssen, wenn dies die Verkehrssicherheit erfordert. Die **Regelung entspricht der bereits zivilrechtlich bestehenden Verkehrssicherungspflicht** der Grundeigentümerinnen oder Grundeigentümer.

Abschnitt V   **Rettungswege, Öffnungen, Umwehrungen**

§ 34   Erster und zweiter Rettungsweg

(1) Für Nutzungseinheiten mit mindestens einem Aufenthaltsraum wie Wohnungen, Praxen, selbstständige Betriebsstätten müssen in jedem Geschoss mindestens zwei voneinander unabhängige Rettungswege ins Freie vorhanden sein; beide Rettungswege dürfen jedoch innerhalb des Geschosses über denselben notwendigen Flur führen.

(2) [1]Für Nutzungseinheiten nach Absatz 1, die nicht zu ebener Erde liegen, muss der erste Rettungsweg über eine notwendige Treppe führen. [2]Der zweite Rettungsweg kann eine weitere notwendige Treppe sein oder über eine mit Rettungsgeräten der Feuerwehr erreichbare Stelle der Nutzungseinheit führen. [3]Ein zweiter Rettungsweg ist nicht erforderlich, wenn die Rettung über einen sicher erreichbaren Treppenraum möglich ist, in den Feuer und Rauch nicht eindringen können (Sicherheitstreppenraum).

(3) [1]Gebäude, deren zweiter Rettungsweg über Rettungsgeräte der Feuerwehr führt und bei denen die Oberkante der Brüstung von zum Anleitern bestimmten Fenstern oder Stellen mehr als 8 m über der festgelegten Geländeoberfläche liegt, dürfen nur errichtet werden, wenn die Feuerwehr

über die erforderlichen Rettungsgeräte wie Hubrettungsfahrzeuge verfügt.
[2]Bei Sonderbauten ist der zweite Rettungsweg über Rettungsgeräte der
Feuerwehr nur zulässig, wenn keine Bedenken wegen der Personenrettung bestehen.

Erläuterungen

1.   Allgemeines

§ 34 über den **ersten und zweiten Rettungsweg** steht in enger Verbindung mit § 15 über den Brandschutz. Er soll sicherstellen, dass bei
einem Brand die Rettung von Menschen und Tieren sowie wirksame
Löscharbeiten möglich sind.

2.   Zwei voneinander unabhängige Rettungswege

Absatz 1 enthält das **Rettungswegsystem**, das für **jede Nutzungseinheit mit** mindestens einem **Aufenthaltsraum in jedem Geschoss zwei
voneinander unabhängige Rettungswege** fordert.
Der Begriff der „**Nutzungseinheit**" wird in der LBO zwar nicht definiert, aber durch die beispielhafte Aufzählung „**Wohnungen, Praxen,
selbstständige Betriebsstätten**" verdeutlicht. Unter einer „Nutzungseinheit" wird eine räumliche Einheit verstanden, die von einer einzelnen Person oder einer Gruppe von Personen für einen gemeinsamen
Zweck in der Weise genutzt wird, dass eine baulich nachhaltige Tren-
nung der einzelnen Räumlichkeiten entbehrlich ist (vgl. OVG NRW,
Beschl. vom 7. Juli 1997 – 10 A 3367/94 –, BRS 59 Nr. 124 =
BauR 1997, 1005). Kennzeichnend für eine Nutzungseinheit ist der
in den Regelungen über den vorbeugenden Brandschutz aufgegriffene
Umstand, dass die funktional zusammengehörenden Räumlichkeiten
von einer Person oder mehreren Personen gemeinsam in Anspruch
genommen werden und die einzelnen Räumlichkeiten damit jeder Person im Prinzip unbeschränkt auch dafür offenstehen, dort im Gefahrenfall einen Fluchtweg zu finden. Der Begriff der Nutzungseinheit
bestimmt sich daher grundsätzlich nach der Nutzung und dem Kreis
der Nutzerinnen oder Nutzer.
Unter den Begriff „**Geschoss**" fallen **auch** oberirdische Geschosse und
Kellergeschosse, die **keine Vollgeschosse** sind (vgl. § 2 Abs. 7 und 8).
Die Rechtsfolge des **Absatzes 1** tritt allerdings nur ein, wenn eine Nut-

zungseinheit **mindestens einen Aufenthaltsraum** hat (vgl. zu separat vermieteten Einzelzimmern: VG München, Urt. vom 27. Juni 2005 – M 8 K 05.21 –, juris Rn. 24; VG Bremen, Beschl. vom 12. Juni 2015 – 1 V 197/15 –, juris Rn. 31). Ein Aufenthaltsraum ist nach der Legaldefinition in § 2 Abs. 6 ein Raum, die zum nicht nur vorübergehenden Aufenthalt von Menschen **bestimmt oder geeignet** ist. Nutzungsbedingte Anforderungen an Aufenthaltsräume enthält beispielsweise § 48. Gehören mehrere Geschosse zu einer Nutzungseinheit, müssen in jedem Geschoss mindestens zwei voneinander unabhängige Rettungswege vorhanden sein. Beide (erforderlichen) Rettungswege müssen ins Freie führen, also zu einer Stelle, die nicht Bestandteil der Nutzungseinheit ist.

Absatz 1 Halbsatz 2 beschreibt die Fälle, in denen erster und zweiter Rettungsweg über **denselben notwendigen Flur** in **zwei** möglichst entgegengesetzte notwendige Treppenräume (§ 36 Abs. 2 Satz 3) führen und von dort direkt ins Freie bzw. durch einen Raum nach § 36 Abs. 3 Satz 3 ins Freie.

3. Erster Rettungsweg (Absatz 2 Satz 1)

Absatz 2 enthält die Regelungen für **Nutzungseinheiten**, die **nicht zu ebener Erde** liegen. Nach **Satz 1** muss für solche Nutzungseinheiten der **erste Rettungsweg** über eine **notwendige Treppe** i. S. d. § 35 Abs. 1 Satz 1 führen. Anstelle einer notwendigen Treppe ist **auch eine Rampe mit bis zu 6° Neigung** zulässig (vgl. § 35 Abs. 1 Satz 2).

4. Zweiter Rettungsweg (Absatz 2 Satz 2)

Der **zweite Rettungsweg kann** nach **Absatz 2 Satz 2** eine **weitere notwendige Treppe** sein **oder** über eine mit Rettungsgeräten der Feuerwehr **erreichbare Stelle** der Nutzungseinheit führen. Die **zweite Alternative** steht im engen Zusammenhang mit § 5, der u. a. die Zugänge sowie die Zufahrten und Aufstellflächen für die Feuerwehr zu und auf den Grundstücken mit Gebäuden regelt, deren zweiter Rettungsweg mit Rettungsgeräten der Feuerwehr führen soll; diese Alternative kann jedoch beispielsweise **nicht in Betracht** kommen, **wenn**
– die Feuerwehr kein geeignetes Rettungsgerät vorhält,
– die erreichbare Stelle außerhalb der Nutzungseinheit liegt oder deshalb ungeeignet ist, weil das als zweiter Rettungsweg vorgesehene Fenster nicht die Anforderungen des § 38 Abs. 5 erfüllt,

– eine zu hohe Zahl von Personen gerettet werden müsste oder
– die Bewohnerinnen und Bewohner oder Benutzerinnen und Benutzer aufgrund geistiger oder körperlicher Behinderung nicht in der Lage sind, über diese Rettungsgeräte in Sicherheit zu kommen.

5. Sicherheitstreppenraum (Absatz 2 Satz 3)

Nach **Absatz 2 Satz 3** ist ein **zweiter Rettungsweg nicht erforderlich**, wenn die Rettung über einen sicher erreichbaren Treppenraum möglich ist, in den **Feuer und Rauch nicht eindringen** können (**Sicherheitstreppenraum**). Sicherheitstreppenräume müssen deutlich höheren Anforderungen genügen als (normale) notwendige Treppenräume nach § 36; sie werden regelmäßig bei **Hochhäusern** (vgl. § 51 Abs. 2 Nr. 1) benötigt, aber auch bei niedrigeren Gebäuden, bei denen Rettungsgeräte der Feuerwehr nicht eingesetzt werden können, wie etwa bei einem nicht anfahrbaren Blockinnenbereich. Sicherheitstreppenräume müssen besondere Anforderungen erfüllen, die sich im Einzelnen aus **Nummer 4.2 Hochhaus-Richtlinie (HHR)** ergeben.

6. Zweiter Rettungsweg bei Gebäuden mit mehr als 8 m Anleiterhöhe (Absatz 3 Satz 1)

Absatz 3 Satz 1 enthält Bedingungen für die **Zulässigkeit** des **zweiten Rettungswegs über Rettungsgeräte der Feuerwehr** bei Gebäuden, bei denen die Oberkante der Brüstung von zum Anleitern bestimmten Fenstern oder Stellen **mehr als 8 m** über der Geländeoberfläche liegt. Zur Verdeutlichung der erforderlichen Rettungsgeräte nennt die Vorschrift beispielhaft **Hubrettungsfahrzeuge**. Weitere Voraussetzung ist, dass die Fenster oder Stellen erreichbar sind. Die Regelung korrespondiert mit § 5 Abs. 1 Satz 2 über eine Zu- und Durchfahrt für Feuerwehrfahrzeuge für diese Gebäude anstelle eines Zu- oder Durchgangs nach § 5 Abs. 1 Satz 1. Bei Neubauten mit mehr als 8 m Anleiterhöhe, die keine weitere notwendige Treppe erhalten sollen, kommen als zweiter Rettungsweg nur noch Rettungsgeräte wie Hubrettungsfahrzeuge in Betracht; werden solche Fahrzeuge von der Feuerwehr nicht vorgehalten, muss die Bauherrin oder der Bauherr den erforderlichen zweiten Rettungsweg anderweitig sicherstellen.

7. Zweiter Rettungsweg bei Sonderbauten (Absatz 3 Satz 2)

Absatz 3 Satz 2 schränkt die **Wahlmöglichkeit**, den zweiten Rettungsweg über Rettungsgeräte der Feuerwehr zu führen, bei Sonderbauten **ein:** Nur wenn **keine Bedenken wegen der Personenrettung** bestehen, kann von dieser Möglichkeit Gebrauch gemacht werden. Die Vorschrift beruht auf der Erkenntnis, dass Personen im Ernstfall nur einzeln und nacheinander über Rettungsgeräte der Feuerwehr gerettet werden können. Sonderbauten können die Benutzerinnen, Benutzer oder die Allgemeinheit gefährden oder in unzumutbarer Weise belästigen. Deshalb haben die Bauaufsichtsbehörden mit § 51 eine Grundlage, sowohl **erforderliche besondere Anforderungen** zu **stellen** als auch **Erleichterungen** zu **gestatten.** Sonderbauten sind heutzutage so vielgestaltig und unterliegen einem derartigen Wandel der Entwicklung und auch wandelnden Ansprüchen der Gesellschaft, dass sie nicht (nur) durch die LBO selbst mit ins Einzelne gehenden Anforderungen geregelt werden können. Das gilt insbesondere für solche Sonderbauten, bei denen eine Rettung über Rettungsgeräte der Feuerwehr so erschwert wäre, dass sie in nicht (mehr) vertretbarer Zeit durchgeführt werden könnte. Dazu gehören beispielsweise Bauten mit einer großen Zahl von Personen in einer Nutzungseinheit oder mit kranken Personen, Menschen mit Behinderung oder Kleinkindern. Für Gebäude, die keine Sonderbauten sind, bestehen dagegen in vielen Fällen keine Bedenken gegen einen zweiten Rettungsweg über Rettungsgeräte der Feuerwehr. Gebäudenutzungen, die Bedenken wegen der Personenrettung über Rettungsgeräte der Feuerwehr aufwerfen können, führen regelmäßig zur **Einstufung der Gebäude als Sonderbau** (vgl. insbesondere § 51 Abs. 2 Nr. 4 bis 13 und 19).

§ 35   Treppen

(1) [1]Jedes nicht zu ebener Erde liegende Geschoss und der benutzbare Dachraum eines Gebäudes müssen über mindestens eine Treppe zugänglich sein (notwendige Treppe). [2]Statt notwendiger Treppen sind Rampen mit bis zu 6 % Neigung zulässig.

(2) [1]Einschiebbare Treppen und Rolltreppen sind als notwendige Treppen unzulässig. [2]In Gebäuden der Gebäudeklassen 1 und 2 sind einschiebbare

Treppen und Leitern als Zugang zu einem Dachraum ohne Aufenthaltsraum zulässig.

(3) [1]Notwendige Treppen sind in einem Zuge zu allen angeschlossenen
Geschossen zu führen; sie müssen mit den Treppen zum Dachraum unmittelbar verbunden sein. [2]Dies gilt nicht für Treppen
1. in Gebäuden der Gebäudeklassen 1 bis 3,
2. nach § 36 Absatz 1 Satz 3 Nummer 2.

(4) [1]Die tragenden Teile notwendiger Treppen müssen
1. in Gebäuden der Gebäudeklasse 5 feuerhemmend und aus nichtbrennbaren Baustoffen,
2. in Gebäuden der Gebäudeklasse 4 aus nichtbrennbaren Baustoffen,
3. in Gebäuden der Gebäudeklasse 3 aus nichtbrennbaren Baustoffen
   oder feuerhemmend
sein. [2]Tragende Teile von Außentreppen nach § 36 Absatz 1 Satz 3 Nrum-
mer 3 für Gebäude der Gebäudeklassen 3 bis 5 müssen aus nichtbrennbaren Baustoffen bestehen.

(5) Die nutzbare Breite der Treppenläufe und Treppenabsätze notwendiger
Treppen muss für den größten zu erwartenden Verkehr ausreichen.

(6) [1]Treppen müssen einen festen und griffsicheren Handlauf haben. [2]Für
Treppen sind Handläufe auf beiden Seiten und Zwischenhandläufe vorzusehen, soweit die Verkehrssicherheit dies erfordert.

(7) Eine Treppe darf nicht unmittelbar hinter einer Tür beginnen, die in
Richtung der Treppe aufschlägt; zwischen Treppe und Tür ist ein ausreichender Treppenabsatz anzuordnen.

(8) In und an Gebäuden, in denen mit der Anwesenheit von Kindern gerechnet werden muss, darf bei Treppen ohne Setzstufen oder ohne geschlossene Unterseiten das lichte Maß der Öffnung zwischen den Trittstufen 12 cm nicht übersteigen.

Erläuterungen

1. Allgemeines

Treppen und Rampen sollen **Nutzungsebenen** miteinander **verbinden,**
die sich **nicht auf einer Höhe befinden.** Eine Folge von **weniger als
drei Stufen** birgt eine **Stolpergefahr** in sich und wird nicht als Treppe
wahrgenommen (vgl. § 37 Abs. 2 Satz 2). § 35 bestimmt die an Treppen und Rampen gestellten Anforderungen im Hinblick auf den

Brandschutz und die Verkehrssicherheit. Daneben müssen die allgemein in den §§ 13 ff. enthaltenen Vorgaben beachtet werden. Im Brandfall sind Treppen **wichtige Rettungswege** und stellen bei nicht zu ebener Erde liegenden Nutzungseinheiten den **ersten Rettungsweg** dar. **Besondere Anforderungen** an Treppen enthalten neben § 35 insbesondere §§ 13 und 14 GarVO, § 8 VStättVO und §§ 10 bis 12 VkVO. Außerdem kann die Bauaufsichtsbehörde bei Sonderbauten nach § 51 Abs. 2 und bei Anlagen, die von einem besonderen Personenkreis genutzt werden, besondere Vorgaben für die Errichtung machen. **Sonstige, nicht notwendige Treppen** müssen die in § 35 Abs. 1 bis 5 enthaltenen strengen Vorgaben **nicht** erfüllen; für sie gelten **aber** die in **Absatz 6 bis 8** enthaltenen Regelungen sowie die Vorgaben der §§ 13 ff. **Keine Anwendung** findet § 35 auf eine **Treppenanlage**, die Teil eines **öffentlichen Weges** ist (vgl. dazu § 1 Abs. 2 Nr. 1 und HessVGH, Beschl. vom 4. Juli 1983 – 4 TG 36/83 –, BRS 40 Nr. 174).

2. Treppen und Rampen (Absatz 1)

Absatz 1 Satz 1 enthält den **Begriff** der **notwendigen Treppe.** Danach muss zu jedem **nicht zu ebener Erde liegenden** Geschoss und zu dem **benutzbaren** Dachraum eines Gebäudes mindestens eine Treppe führen (**notwendige Treppe**). Die Vorschrift bezieht sich auf alle Geschosse, also gleichermaßen auf Voll- und Nicht-Vollgeschosse. Nicht zu ebener Erde liegt **auch** ein **Kellergeschoss.** Der im Ansatz nicht speziell auf brandschutzrechtliche Anforderungen zugeschnittene Begriff „Dachraum eines Gebäudes" ist nach allgemeinem Sprachverständnis der Raum, der **nach oben** von der Dachkonstruktion und den (i. d. R. geneigen) Dachflächen **und nach unten** von einer vorhandenen waagerechten Fläche (i. d. R. der die Dachkonstruktion tragenden obersten Geschossdecke) gebildet wird (OVG Berlin, Urt. vom 10. März 1989 – 2 B 4.87 –, juris Rn. 29; OVG Bremen, Urt. vom 8. September 1981 – 1 BA 17/81 –, BRS 38 Nr. 117; OVG NRW, Urt. vom 20. November 1979 – X A 995/79 –, BRS 35 Nr. 107). Zum **benutzbaren Dachraum** eines Gebäudes gehören nicht nur Aufenthaltsräume, sondern beispielsweise auch **Abstell-, Lager- und Trockenräume** (vgl. OVG Lüneburg, Urt. vom 7. Mai 1974 – I A 169/73 –, BRS 28 Nr. 71). Zum Begriff „Geschosse im Dachraum" i. S. d. § 28 Abs. 1 Satz 3 Nr. 1 s. OVG NRW, Urt. vom 16. März 2012 – 2 A

2540/10 –, BRS 79 Nr. 133 = BauR 2012, 1930 (nachgehend: BVerwG, Beschl. vom 29. November 2012 – 4 B 26.12 –, BRS 79 Nr. 148). Der Begriff „notwendige Treppe" korrespondiert mit den gleichnamigen Begriffen in § 34 Abs. 2 Satz 1 und 2. Eine notwendige Treppe ist danach eine Treppe innerhalb eines Gebäudes, die für eine nicht zu ebener Erde liegende Nutzungseinheit als **erster Rettungsweg** zwingend erforderlich ist. Jede notwendige Treppe muss im Regelfall in einem eigenen, durchgehenden Treppenraum, dem notwendigen Treppenraum nach § 36 Abs. 1 Satz 1, liegen. Notwendige Treppen bilden i. V. m. notwendigen Treppenräumen nach § 36 und notwendigen Fluren nach § 37 die Rettungswege für die Benutzerinnen und Benutzer von Gebäuden sowie die Angriffswege der Feuerwehr. Selbst in den Fällen, in denen kein Treppenraum erforderlich ist, und bei Außentreppen nach § 36 Abs. 1 Satz 3 müssen die notwendigen Treppen entsprechend § 35 ausgebildet werden. Auch weitere erforderliche Treppen zur Rettung von Menschen im Brandfall sind notwendige Treppen. Sie sind notwendig, weil der zweite Rettungsweg über Rettungsgeräte der Feuerwehr nicht ausreicht. Notwendige Treppen als Rettungswege für die Feuerwehr müssen die brandschutztechnischen Anforderungen und die Anforderungen an die Verkehrssicherheit nach § 36 erfüllen; dazu gehört nicht zuletzt die Einhaltung der bauaufsichtlich eingeführten Technischen Baubestimmungen. **Weitergehende Anforderungen** an notwendige Treppen können sich **bei Sonderbauten** aus Rechts- und Verwaltungsvorschriften über Sonderbauten direkt ergeben; im Übrigen können bei **Sonderbauten** im Einzelfall nach § 51 Abs. 1 Satz 1 **besondere Anforderungen** gestellt werden. **Sonstige Treppen** sind solche, die **nicht** die **Aufgabe notwendiger Treppen** haben. Dazu gehören **Treppen**, die **innerhalb einzelner Geschosse** von Gebäuden Verbindungen herstellen (etwa repräsentative Treppen in Hotelhallen und Verwaltungsgebäuden), und solche, die sich **in oder an baulichen Anlagen** befinden, die **keine Gebäude** sind.

Statt notwendiger Treppen sind als erste Rettungswege auch **Rampen** mit **bis zu 6 % Neigung** zulässig (**Absatz 1 Satz 2**). Sie tragen dem **Grundsatz des barrierefreien Bauens** Rechnung und kommen insbesondere in den Fällen des § 52 Abs. 2 und 3 in Betracht. Gefahrlos nutzbar sind Rampen, die den Bestimmungen des § 52 Abs. 4 Satz 3 bis 5 i. V. m. der Norm **DIN 18040-1:2010-10** „Barrierefreies Bauen

– Planungsgrundlagen – Teil 1: Öffentlich zugängliche Gebäude" bzw. der Norm **DIN 18040-2:2011-09** „Barrierefreies Bauen – Planungsgrundlagen – Teil 2: Wohnungen" entsprechen. Es versteht sich von selbst, dass **in Verlängerung einer Rampe keine abwärts führende Treppe** angeordnet werden darf.

3.   Einschiebbare Treppen und Rolltreppen (Absatz 2)

Einschiebbare Treppen und Rolltreppen sind nach **Absatz 2 Satz 1** als notwendige Treppen **unzulässig**. Nach **Satz 2** sind sie allerdings in **Gebäuden der Gebäudeklassen 1 und 2** als **Zugang** zu einem **Dachraum ohne Aufenthaltsraum** zulässig.

4.   Führung notwendiger Treppen in einem Zuge (Absatz 3)

Um eine möglichst kurze und verkehrssichere Rettungswegführung zu erzielen, müssen nach **Absatz 3 Satz 1 Halbsatz 1** notwendige Treppen in **einem Zuge** zu allen angeschlossenen Geschossen geführt werden. Diese Vorschrift ergänzt § 36 Abs. 1 Satz 1, der für jede notwendige Treppe zur Sicherstellung der Rettungswege aus den Geschossen ins Freie einen eigenen, durchgehenden Treppenraum verlangt. Nach **Satz 1 Halbsatz 2** müssen notwendige Treppen mit den **Treppen zum Dachraum** grundsätzlich eine **unmittelbare Verbindung** haben; liegt zwischen den Treppen kein weiterer Raum, ist in diesem Falle also ein geschossweiser Versatz zulässig. Nach **Satz 2** gelten die Anforderungen nach Satz 1 an notwendige Treppen und Treppen zum Dachraum **nicht** für Treppen
–   in **Gebäuden der Gebäudeklassen 1 bis 3 (Nummer 1)** und
–   für **maisonetteartige Nutzungseinheiten** über höchstens zwei Geschosse von insgesamt nicht mehr als 200 m² Brutto-Grundfläche, wenn in jedem Geschoss ein anderer Rettungsweg erreicht werden kann (**Nummer 2**).

5.   Brandschutzanforderungen an tragende Teile notwendiger Treppen (Absatz 4)

Da **notwendige Treppen** der Rettung von Menschen und als Angriffsweg für die Feuerwehr dienen, stellt **Absatz 4** an die **tragenden Teile** dieser Treppen in Gebäuden der **Gebäudeklassen 3 bis 5** besondere **brandschutztechnische Anforderungen:**

Nach **Nummer 3** müssen die tragenden Teile notwendiger Treppen in **Gebäuden der Gebäudeklasse 3**
– aus **nichtbrennbaren Baustoffen** oder
– **feuerhemmend**
sein.
Nach **Nummer 2** müssen die tragenden Teile notwendiger Treppen in **Gebäuden der Gebäudeklasse 4 aus nichtbrennbaren Baustoffen** sein. Nach § **36 Abs. 1 Satz 1** müssen in **Gebäuden der Gebäudeklasse 4** notwendige Treppen in **notwendigen Treppenräumen** liegen.
Nach **Nummer 1** müssen die tragenden Teile notwendiger Treppen in **Gebäuden der Gebäudeklasse 5**
– aus **nichtbrennbaren Baustoffen** und
– **feuerhemmend**
sein. Damit müssen die tragenden Teile notwendiger Treppen in Gebäuden der Gebäudeklasse 5 **sowohl** aus **nichtbrennbaren Baustoffen als auch feuerhemmend** sein. Nach § **36 Abs. 1 Satz 1** müssen in **Gebäuden der Gebäudeklasse 5** notwendige Treppen in **notwendigen Treppenräumen** liegen.
An notwendige Treppen bei **Gebäuden der Gebäudeklassen 1 und 2** stellt **Absatz 4** keinen besonderen brandschutztechnischen Anforderungen. Nach § 36 Abs. 1 Satz 3 Nr. 1 sind in Gebäuden der Gebäudeklassen 1 und 2 **notwendige Treppen ohne eigenen Treppenraum zulässig.** Im Normalfall sind notwendige Treppen aus brennbaren Baustoffen und damit beispielsweise als Holztreppen zulässig.

6. Nutzbare Breite (Absatz 5)

Nach **Absatz 5** muss die **nutzbare Breite** der Treppenläufe und Treppenabsätze notwendiger Treppen für den größten zu erwartenden Verkehr ausreichen. Die nutzbare Treppenlaufbreite ergibt sich aus der bauaufsichtlich eingeführten Norm **DIN 18 065:2011-06 „Gebäudetreppen – Begriffe, Messregeln, Hauptmaße".** Dabei ist zu beachten, dass die Anwendung auf Treppen in Wohngebäuden der Gebäudeklasse 1 und 2 und in Wohnungen von der Einführung ausgenommen ist (vgl. Anlage 7.1/1 der Liste der Technischen Baubestimmungen – Fassung September 2014). **Besondere Anforderungen** stellen Rechts- und Verwaltungsvorschriften an eine Reihe von **Sonderbauten** nach § 51 Abs. 2, etwa an Hochhäuser (vgl. Nr. 4.1.2 HHR), Versammlungsstätten (vgl. § 7 Abs. 4 VStättVO) und Verkaufsstätten (vgl. § 11 Abs. 2 VkVO).

7. Handläufe und Treppengeländer (Absatz 6)

Nach **Absatz 6 Satz 1** müssen **Treppen** – auch nicht notwendige Treppen – **einen festen und griffsicheren Handlauf** haben. Handläufe müssen starr angebracht und so profiliert sein, dass die Hand sie sicher ergreifen kann. Seile oder Taue erfüllen diese Voraussetzung nicht.

Soweit die Verkehrssicherheit dies erfordert, sind nach **Satz 2 Handläufe auf beiden Seiten und Zwischenhandläufe** vorzusehen. Dies gilt insbesondere für Gebäude mit hohem Personenverkehrsaufkommen, die Sonderbauten nach § 51 Abs. 2 sind, sowie Gebäude nach § 52 Abs. 2 und 3 im Rahmen des barrierefreien Bauens. **Handläufe auf beiden Seiten** sind für eine Reihe von **Sonderbauten** nach § 51 Abs. 2 in Rechts- und Verwaltungsvorschriften vorgeschrieben, etwa für Versammlungsstätten nach der VStättVO (vgl. § 8 Abs. 4 VStättVO) und Verkaufsstätten nach der VkVO (vgl. § 11 Abs. 2 VkVO). **Zwischenhandläufe** sind bei sehr breiten Treppen sinnvoll. Sie sind in vielen Fällen notwendig, wenn die Höchstmaße überschritten werden, etwa bei Versammlungsstätten nach der VStättVO (vgl. § 8 Abs. 3 VStättVO), Verkaufsstätten nach der VkVO (vgl. § 11 Abs. 2 VkVO) und Schulen (vgl. Nummer 4 SchulbauR).

Die **Anordnung** von **Treppenhandläufen und Treppengeländern** ergibt sich aus der bauaufsichtlich eingeführten Norm **DIN 18 065:2011-06 „Gebäudetreppen – Begriffe, Messregeln, Hauptmaße"**, bei **Treppengeländern zusätzlich** aus § 39. Bei einem Rückgriff auf die DIN 18 065 ist zu beachten, dass die Anwendung auf Treppen in Wohngebäuden der Gebäudeklasse 1 und 2 und in Wohnungen von der Einführung ausgenommen ist (vgl. Anlage 7.1/1 der Liste der Technischen Baubestimmungen – Fassung September 2014).

8. Türen an Treppen (Absatz 7)

Nach **Absatz 7** darf eine **Treppe nicht unmittelbar hinter einer Tür** beginnen, die in Richtung der Treppe aufschlägt; zwischen Treppe und Tür muss ein **ausreichender Treppenabsatz** angeordnet werden. **Ausreichend** ist ein Treppenabsatz, der mindestens so tief bemessen ist, wie das Türblatt aufschlägt. Diese Regelung **gilt für notwendige und sonstige Treppen.**

9.   Kleinkindergerechte Ausbildung von Treppen (Absatz 8)

Absatz 8 verfolgt das Ziel, **Treppen kleinkindgerecht** auszubilden. Danach darf in und an Gebäuden, in denen mit der Anwesenheit von Kindern gerechnet werden muss, **bei Treppen ohne Setzstufen oder ohne geschlossene Unterseiten das lichte Maß** der Öffnung zwischen **den Trittstufen 12 cm nicht übersteigen.** Das Maß stellt auf die Größe eines Kinderkopfes ab und soll vermeiden, dass Kleinkinder nicht durch die Treppenöffnungen schlüpfen und abstürzen können.

§ 36   Notwendige Treppenräume, Ausgänge

(1) [1]Jede notwendige Treppe muss zur Sicherstellung der Rettungswege aus den Geschossen ins Freie in einem eigenen, durchgehenden Treppenraum liegen (notwendiger Treppenraum). [2]Notwendige Treppenräume müssen so angeordnet und ausgebildet sein, dass die Nutzung der notwendigen Treppen im Brandfall ausreichend lang möglich ist. [3]Notwendige Treppen sind ohne eigenen Treppenraum zulässig
1. in Gebäuden der Gebäudeklassen 1 und 2,
2. für die Verbindung von höchstens zwei Geschossen innerhalb derselben Nutzungseinheit von insgesamt nicht mehr als 200 m², wenn in jedem Geschoss ein anderer Rettungsweg erreicht werden kann,
3. als Außentreppe, wenn ihre Nutzung ausreichend sicher ist und im Brandfall nicht gefährdet werden kann.

(2) [1]Von jeder Stelle eines Aufenthaltsraumes sowie eines Kellergeschosses muss mindestens ein Ausgang in einen notwendigen Treppenraum oder ins Freie in höchstens 35 m Entfernung erreichbar sein. [2]Übereinander liegende Kellergeschosse müssen jeweils mindestens zwei Ausgänge in notwendige Treppenräume oder ins Freie haben. [3]Sind mehrere notwendige Treppenräume erforderlich, müssen sie so verteilt sein, dass sie möglichst entgegengesetzt liegen und die Rettungswege möglichst kurz sind.

(3) [1]**Jeder notwendige Treppenraum muss einen unmittelbaren Ausgang ins Freie haben.** [2]Sofern der Ausgang eines notwendigen Treppenraumes nicht unmittelbar ins Freie führt, muss der Raum zwischen dem notwendigen Treppenraum und dem Ausgang ins Freie
1. mindestens so breit sein wie die dazugehörigen Treppenläufe,
2. Wände haben, die die Anforderungen an die Wände des Treppenraumes erfüllen,
3. rauchdichte und selbstschließende Abschlüsse zu notwendigen Fluren haben und

4. ohne Öffnungen zu anderen Räumen, ausgenommen zu notwendigen Fluren, sein.

(4) [1]Die Wände notwendiger Treppenräume müssen als raumabschließende Bauteile

1. in Gebäuden der Gebäudeklasse 5 die Bauart von Brandwänden haben,
2. in Gebäuden der Gebäudeklasse 4 auch unter zusätzlicher mechanischer Beanspruchung hochfeuerhemmend und
3. in Gebäuden der Gebäudeklasse 3 feuerhemmend

sein; **§ 28 Absatz 2 Nummer 1 bleibt unberührt.** [2]Dies ist nicht erforderlich für Außenwände von Treppenräumen, die aus nichtbrennbaren Baustoffen bestehen und durch andere an diese Außenwände anschließende Gebäudeteile im Brandfall nicht gefährdet werden können. [3]Der obere Abschluss notwendiger Treppenräume muss als raumabschließendes Bauteil die Feuerwiderstandsfähigkeit der Decken des Gebäudes haben; dies gilt nicht, wenn der obere Abschluss das Dach ist und die Treppenraumwände bis unter die Dachhaut reichen.

(5) [1]In notwendigen Treppenräumen und in Räumen nach Absatz 3 Satz **2** müssen

1. Bekleidungen, Putze, Dämmstoffe, Unterdecken und Einbauten aus nichtbrennbaren Baustoffen bestehen,
2. Wände und Decken aus brennbaren Baustoffen eine Bekleidung aus nichtbrennbaren Baustoffen in ausreichender Dicke haben,
3. Bodenbeläge, ausgenommen Gleitschutzprofile, aus mindestens schwerentflammbaren Baustoffen bestehen.

(6) [1]In notwendigen Treppenräumen müssen Öffnungen

1. zu Kellergeschossen, zu nicht ausgebauten Dachräumen, Werkstätten, Läden, Lager- und ähnlichen Räumen sowie zu sonstigen Räumen und Nutzungseinheiten mit einer Fläche von mehr als 200 m², ausgenommen Wohnungen, mindestens feuerhemmende, rauchdichte und selbstschließende Abschlüsse,
2. zu notwendigen Fluren rauchdichte und selbstschließende Abschlüsse,
3. zu sonstigen Räumen und Nutzungseinheiten mindestens dicht- und selbstschließende Abschlüsse

haben. [2]Die Feuerschutz- und Rauchschutzabschlüsse dürfen lichtdurchlässige Seitenteile und Oberlichte enthalten, wenn der Abschluss insgesamt nicht breiter als 2,50 m ist.

(7) [1]Notwendige Treppenräume müssen zu beleuchten sein. [2]**Notwendige Treppenräume ohne Fenster** müssen in Gebäuden mit einer Höhe nach § 2 Absatz **4** Satz 2 von mehr als 13 m eine Sicherheitsbeleuchtung haben.

(8) [1]Notwendige Treppenräume müssen belüftet und zur Unterstützung wirksamer Löscharbeiten entraucht werden können. [2]Sie müssen

1. in jedem oberirdischen Geschoss unmittelbar ins Freie führende Fenster mit einem freien Querschnitt von mindestens 0,50 m² haben, die geöffnet werden können, oder
2. an der obersten Stelle eine Öffnung zur Rauchableitung haben.

[3]In den Fällen des Satzes 2 Nummer 1 ist in Gebäuden der Gebäudeklasse 5 mit einer Höhe nach § 2 Absatz 4 Satz 2 von mehr als 13 m an der obersten Stelle eine Öffnung zur Rauchableitung erforderlich; in den Fällen des Satzes 2 Nummer 2 sind in Gebäuden der Gebäudeklassen 4 und 5, soweit dies zur Erfüllung der Anforderungen nach Satz 1 erforderlich ist, besondere Vorkehrungen zu treffen. [4]Öffnungen zur Rauchableitung nach Satz 2 und 3 müssen in jedem Treppenraum einen freien Querschnitt von mindestens 1 m² und Vorrichtungen zum Öffnen ihrer Abschlüsse haben, die vom Erdgeschoss sowie vom obersten Treppenabsatz aus bedienbar sind.

Erläuterungen

1. Allgemeines

Notwendige Treppenräume nach § 36 besitzen einen besonderen Stellenwert im System der Rettungswege innerhalb von Gebäuden. Sie verbinden die einzelnen Geschosse über notwendige Treppen nach § 35, und in ihnen münden die notwendigen Flure und offenen Gänge nach § 37. Abhängig von Gebäudeklasse und einzelfallbezogenen Sicherheitsstandards bestimmen die acht Absätze des § 36 die Anforderungen an die jeweiligen Treppenräume. Notwendige Treppenräume bestehen aus den **Treppenraumwänden** (Absatz 4), dem **oberen Abschluss** (Absatz 4 Satz 3), den **Öffnungen** (Absatz 6), der **Beleuchtung und Belüftung** (Absatz 7 und 8) sowie dem **sicheren Ausgang ins Freie** (Absatz 3). Eine Sonderstellung als notwendige Treppenräume haben Sicherheitstreppenräume, die nicht durch § 36 geregelt werden (vgl. § 34 Abs. 2 Satz 3).

2. Notwendiger Treppenraum (Absatz 1 Satz 1 und 2)

Absatz 1 Satz 1 soll die Rettungswege aus den Geschossen ins Freie durch den notwendigen Treppenraum sicherstellen. **Satz 2** verfolgt das

Ziel, im Brandfall eine ausreichend lange Nutzung notwendiger Treppen durch den notwendigen Treppenraum zu gewährleisten.

3. Notwendige Treppen ohne eigenen Treppenraum (Absatz 1 Satz 3)

Absatz 1 Satz 3 erfasst drei Fälle, in denen eine notwendige Treppe nicht in einem notwendigen Treppenraum zu liegen braucht:

– Gebäude der Gebäudeklassen 1 und 2 (**Nummer 1**),
– Fälle, in denen höchstens zwei Geschosse innerhalb derselben Nutzungseinheit von insgesamt nicht mehr als 200 m² verbunden sind, wenn in jedem Geschoss ein anderer Rettungsweg erreicht werden kann (**Nummer 2**),
– und notwendige Treppen als Außentreppen, wenn ihre Nutzung ausreichend sicher ist und im Brandfall nicht gefährdet werden kann (**Nummer 3**), vgl. auch § 35 Abs. 4 Satz 2.

4. Ausgänge (Absatz 2 und 3)

Absatz 2 Satz 1 enthält die Anforderungen an die Lage und Anzahl notwendiger Treppenräume, die sich insbesondere aus der **Rettungsweglänge von 35 m Lauflinie** von der ungünstigsten Stelle eines Aufenthaltsraumes sowie eines Kellergeschosses bis zum Treppenraum oder ins Freie ergeben. Ergänzend verlangt **Satz 3,** dass mehrere notwendige Treppenräume möglichst entgegengesetzt liegen müssen, um im Rahmen der Möglichkeiten eine alternative Rettungsrichtung zu erhalten. **Übereinander liegende Kellergeschosse** müssen nach **Satz 2** jeweils mindestens zwei Ausgänge in notwendige Treppenräume oder ins Freie haben. Dies soll dem Umstand gerecht werden, dass bei einem Kellerbrand die Rettung von Menschen und Tieren ungleich schwieriger ist als bei einem Brand in einem oberirdischen Geschoss; denn Kellergeschosse können im Regelfall nicht durch Rettungsgeräte der Feuerwehr errichtet werden. Ausreichende Rettungsmöglichkeiten i. S. d. § 34 gewährleisten deshalb nur bauseitig hergestellte Ausgänge. Insoweit müssen bei übereinander liegenden Kellergeschossen für jedes Kellergeschoss zwei voneinander unabhängige Rettungswege (Ausgänge) geschaffen werden.

Im **umformulierten Absatz 3 Satz 1,** nach dem jeder notwendige Treppenraum einen unmittelbaren Ausgang ins Freie haben muss, ist zur

Vereinfachung und zur besseren Verständlichkeit der Regelung **auf** die durchgängige **Differenzierung zwischen außen liegenden und innen liegenden Treppenräumen** verzichtet worden mit der Folge, dass der bisherige **Satz 2 entfallen und Absatz 8 neu gefasst** worden ist. **Satz 2** regelt Fälle, in denen der Ausgang eines notwendigen Treppenraumes nicht unmittelbar ins Freie führt. In diesen Fällen muss der Raum zwischen dem notwendigen Treppenraum und dem Ausgang ins Freie

– mindestens so breit sein wie die dazugehörigen Treppenläufe (**Nummer 1**),

– Wände haben, die die Anforderungen an die Wände des Treppenraumes erfüllen (**Nummer 2**),

– rauchdichte und selbstschließende Abschlüsse zu notwendigen Fluren haben (**Nummer 3**) und

– ohne Öffnungen zu anderen Räumen, ausgenommen zu notwendigen Fluren, sein (**Nummer 4**).

Einengungen der Rettungswege sind **unzulässig**. Die **Wände** des vor dem Ausgang ins Freie befindlichen Raums – der sogenannten Treppenraumerweiterung – müssen den Anforderungen entsprechen, die die **Wände des notwendigen Treppenraumes** erfüllen müssen. **Öffnungen** sind nur zulässig zu notwendigen Fluren, und zwar mit **rauchdichten und selbstschließenden Abschlüssen**. Mit diesen Anforderungen gewährleistet die sog. Treppenraumerweiterung die gleiche Sicherheit wie der notwendige Treppenraum.

5.   Wände und Bekleidungen (Absatz 4 und 5)

Absatz 4 enthält die Anforderungen an die Treppenraumwände und den oberen Abschluss des Treppenraums. Die **Wände notwendiger Treppenräume** müssen nach **Satz 1 Halbsatz 1** als raumabschließende Bauteile

– in Gebäuden der Gebäudeklasse 5 die Bauart von Brandwänden haben (**Nummer 1**),

– in Gebäuden der Gebäudeklasse 4 auch unter zusätzlicher mechanischer Beanspruchung hochfeuerhemmend (**Nummer 2**) und

– in Gebäuden der Gebäudeklasse 3 feuerhemmend (**Nummer 3**)

sein. Die Anforderungen an die Wände werden danach in **Satz 1 Halbsatz 1 Nr. 2 und 3** für Gebäude der Gebäudeklassen 3 und 4 auf die erforderliche Feuerwiderstandsfähigkeit der jeweiligen Tragkonstruktion bezogen, und zwar in Gebäuden der Gebäudeklasse 3 feuerhemmend, in Gebäuden der Gebäudeklasse 4 hochfeuerhemmend unter zusätzlicher mechanischer Beanspruchung.

Der **neu hinzugefügte Absatz 4 Satz 1 Halbsatz 2** soll der **Klarstellung** dienen, dass an **Treppenhauswände in Kellergeschossen** der Gebäudeklassen 3 und 4 (vgl. § 28 Abs. 2 Nr. 1) **höhere Anforderungen** gestellt werden.

Nach **Satz 2** greifen die Anforderungen des **Satzes 1** nicht für **Außenwände** (notwendiger) Treppenräume, die aus **nichtbrennbaren Baustoffen** bestehen **und durch andere** an diese Außenwände **anschließende Gebäudeteile im Brandfall nicht gefährdet** werden können. Eine Feuerwiderstandsfähigkeit ist danach nur dann erforderlich, wenn die Wände einer direkten Brandbeanspruchung ausgesetzt sein könnten. Liegen Treppenräume in einer in der Ebene durchlaufenden Außenwand von Gebäuden, können ihre Außenwände bei einem Brand innerhalb von Gebäuden nicht direkt durch Feuer beaufschlagt werden. Hinsichtlich dieser Problematik wird auf die diesbezüglichen Ausführungen und Maßgaben des **Bauprüfdienstes 1/2007** des Amtes für Bauordnung und Hochbau der Freien und Hansestadt Hamburg verwiesen. Die Anforderungen an den oberen Abschluss nach **Satz 3** sind den Anforderungen an Decken des Gebäudes „gleichgeschaltet". Sie übernehmen die Erleichterung für Gebäude der Gebäudeklasse 4.

Absatz 5 enthält die **Anforderungen an die treppenraumseitigen Baustoffe** in notwendigen Treppenräumen und in Räumen nach Absatz 3 Satz 2 (den sog. Treppenraumerweiterungen).

6. Öffnungen (Absatz 6)

Absatz 6 enthält die Anforderungen an die Öffnungen in den raumabschließenden Bauteilen von Treppenräumen. Diese Öffnungen sind im Regelfall Türen. Aber auch Öffnungen, wie etwa in Decken zu nicht ausgebauten Dachräumen, kommen in Betracht. Die Vorschrift bezieht sich **nur** auf Öffnungen von zu **Satz 1 Nr. 1 bis 3** erfassten **Geschossen, notwendigen Fluren und Räumen, nicht** auf **Öffnungen ins Freie**. Die erforderlichen Abschlüsse müssen den Raumabschluss der notwendigen Treppenräume im Brandfall über einen möglichst langen Zeitraum gewährleisten. Dabei soll der Gefahr einer Verrauchung der notwendigen Treppenräume und einer dadurch eingeschränkten Nutzung begegnet werden. Nach **Satz 2** dürfen Feuerschutz- und Rauchschutzabschlüsse lichtdurchlässige Seitenteile und Oberlichte enthalten, wenn der Abschluss insgesamt nicht breiter als 2,50 m ist. Während die **Breite** dieser Abschlüsse **begrenzt** ist, ist **in der Höhe** eine **geschosshohe Ausführung zulässig.** Die lichtdurchlässigen Seitenteile und Oberlichte sind **Bestandteile des qualifizierten Abschlusses;** die Abschlüsse müssen in ihrer Gesamtheit den jeweiligen Anforderungen nach **Satz 2** entsprechen.

7. Beleuchtung, Sicherheitsbeleuchtung (Absatz 7)

Nach **Absatz 7 Satz 1** müssen notwendige Treppenräume **zu beleuchten** sein. Bei notwendigen Treppen an einer Außenwand stehen für eine **Beleuchtung mit Tageslicht** regelmäßig Fenster zur Verfügung. Um die Fenster **bei Dunkelheit** benutzen zu können, schließt Regelung auch die Anforderung nach **ausreichender elektrischer Beleuchtung** ein.

Wegen des **Verzichts** auf die durchgängige **Differenzierung** zwischen **außen liegenden** und **innen liegenden Treppenräumen** in **Absatz 3 Satz 1** ist auch **Absatz 7 Satz 2 redaktionell umformuliert** worden, der in Gebäuden mit einer Höhe i. S. d. § 2 Abs. 4 Satz 2 von **mehr als 13 m** eine **Sicherheitsbeleuchtung** in notwendigen Treppenräumen **ohne Fenster** fordert.

8. Belüftung, Rauchableitung (Absatz 8)

Absatz 8 ist unter Berücksichtigung des Absatzes 3 Satz 2, der entfallen ist, **neu gefasst** worden. **Satz 1** enthält die **Grundanforderung. Satz 2 unterscheidet** zwischen **Treppenräumen mit und ohne Fenstern.** Die Fenster dienen der Belüftung und Belichtung sowie der Rauchableitung und – i. V. m. der geöffneten Haustür – als Nachströmöffnung für die Zuluft.

Wie bisher und damit abweichend von der Regelung der Musterbauordnung, ist nach **Satz 3 Halbsatz 1 für notwendige Treppenräume in Gebäuden mit mehr als 13 m Höhe** i. S. d. § 2 Abs. 4 Satz 2 eine **Öffnung zur Rauchableitung an der obersten Stelle erforderlich.** Der **Musterbauordnung folgend sind** zur Erfüllung der Grundanforderung nach **Satz 3 Halbsatz 2** nunmehr **in Abhängigkeit von der Gebäudeklasse und der Beschaffenheit des Treppenraums zusätzliche Maßnah-**

men erforderlich, wenn es die Umstände des Einzelfalls erfordern. Diese können bei Treppenräumen ohne Fenster z. B. darin bestehen, dass der Raucheintritt aus anschließenden Nutzungseinheiten begrenzt (Anordnung notwendiger Flure/ Vorräume, qualifizierte Abschlüsse) und die Zuluftzufuhr verstärkt wird (ggf. maschinelle Spülluft). **Satz 4** bestimmt die **Mindestgröße der Öffnungen für die Rauchableitung** und regelt die **Bedienung der Abschlüsse** dieser Öffnungen.

9. **Leitungs- und Lüftungsanlagen in notwendigen Treppenräumen, Systemböden**

Nach § **41 Abs. 1 Halbsatz 1** dürfen **Leitungen** durch raumabschließende Bauteile, für die eine Feuerwiderstandsfähigkeit vorgeschrieben ist, nur hindurchgeführt werden, wenn eine Brandausbreitung über einen ausreichend lang bemessenen Zeitraum nicht zu befürchten ist oder Vorkehrungen hierfür getroffen sind; dies gilt nach **Halbsatz 2 nicht**
– für Gebäudeder Gebäudeklassen 1 und 2 (**Nummer 1**),
– innerhalb von Wohnungen (**Nummer 2**),
– innerhalb derselben Nutzungseinheit mit nicht mehr als insgesamt 400 m² in nicht mehr als zwei Geschossen (**Nummer 3**).

Nach § **41 Abs. 2** sind Leitungsanlagen in notwendigen Treppenräumen, in Räumen nach § 36 Abs. 3 Satz 2 und in notwendigen Fluren nur zulässig, wenn eine Nutzung als Rettungsweg im Brandfall ausreichend lang möglich ist.

Die **näheren Anforderungen** an Leitungsanlagen, Installationsschächte und -kanäle ergeben sich aus der **Muster-Leitungsanlagen-Richtlinie – MLAR –**, die als Technische Baubestimmung eingeführt ist. Die Richtlinie gilt für
– Leitungsanlagen in notwendigen Treppenräumen, in Räumen zwischen notwendigen Treppenräumen und Ausgängen ins Freie, in notwendigen Fluren ausgenommen in offenen Gängen vor Außenwänden,
– die Führung von Leitungen durch raumabschließende Bauteile (Wände und Decken),
– den Funktionserhalt von elektrischen Leitungsanlagen im Brandfall.

§ 37   Notwendige Flure, offene Gänge

(1) [1]Flure, über die Rettungswege aus Aufenthaltsräumen oder aus Nutzungseinheiten mit Aufenthaltsräumen zu Ausgängen in notwendige Treppenräume oder ins Freie führen (notwendige Flure), müssen so angeordnet und ausgebildet sein, dass die Nutzung im Brandfall ausreichend lang möglich ist. [2]Notwendige Flure sind nicht erforderlich

1. in Wohngebäuden der Gebäudeklassen 1 und 2,
2. in sonstigen Gebäuden der Gebäudeklassen 1 und 2, ausgenommen in Kellergeschossen,
3. **innerhalb von Nutzungseinheiten mit nicht mehr als 200 m² und innerhalb von Wohnungen,**
4. innerhalb von Nutzungseinheiten, die einer Büro- oder Verwaltungsnutzung dienen, mit nicht mehr als 400 m²; das gilt auch für Teile größerer Nutzungseinheiten, wenn diese Teile nicht größer als 400 m² sind, Trennwände nach § 30 Absatz 2 Nummer 1 haben und jeder Teil unabhängig von anderen Teilen Rettungswege nach § 34 Absatz 1 hat.

(2) [1]Notwendige Flure müssen so breit sein, dass sie für den größten zu erwartenden Verkehr ausreichen. [2]In den Fluren ist eine Folge von weniger als drei Stufen unzulässig.

(3) [1]Notwendige Flure sind durch nichtabschließbare, rauchdichte und selbstschließende Abschlüsse in Rauchabschnitte zu unterteilen. [2]Die Rauchabschnitte sollen nicht länger als 30 m sein. [3]Die Abschlüsse sind bis an die Rohdecke zu führen; sie dürfen bis an die Unterdecke der Flure geführt werden, wenn die Unterdecke feuerhemmend ist. [4]Notwendige Flure mit nur einer Fluchtrichtung, die zu einem Sicherheitstreppenraum führen, dürfen nicht länger als 15 m sein. [5]Die Sätze 1 bis 4 gelten nicht für offene Gänge nach Absatz 5.

(4) [1]Die Wände notwendiger Flure müssen als raumabschließende Bauteile feuerhemmend, in Kellergeschossen, deren tragende und aussteifende Bauteile feuerbeständig sein müssen, feuerbeständig sein. [2]Die Wände sind bis an die Rohdecke zu führen. [3]Sie dürfen bis an die Unterdecke der Flure geführt werden, wenn die Unterdecke feuerhemmend und ein demjenigen nach Satz 1 vergleichbarer Raumabschluss sichergestellt ist. [4]Türen in diesen Wänden müssen dicht schließen; Öffnungen zu Lagerbereichen im Kellergeschoss müssen feuerhemmende, dicht- und selbstschließende Abschlüsse haben.

(5) [1]Für Wände und Brüstungen notwendiger Flure mit nur einer Fluchtrichtung, die als offene Gänge vor den Außenwänden angeordnet sind, gilt

Absatz 4 entsprechend. [2]Fenster sind in diesen Außenwänden ab einer Brüstungshöhe von 0,90 m zulässig.

(6) In notwendigen Fluren sowie in offenen Gängen nach Absatz 5 müssen
1. Bekleidungen, Putze, Unterdecken und Dämmstoffe aus nichtbrennbaren Baustoffen bestehen,
2. Wände und Decken aus brennbaren Baustoffen eine Bekleidung aus nichtbrennbaren Baustoffen in ausreichender Dicke haben.

Erläuterungen

1. Allgemeines

Notwendige Flure stellen in Gebäuden die Verbindung und damit die Rettungswege dar zwischen
– Aufenthaltsräumen oder Nutzungseinheiten mit Aufenthaltsräumen und
– notwendigen Treppenräumen oder ins Freie.
Den notwendigen Fluren kommt als **horizontaler Teil des ersten Rettungsweges** erhebliche Bedeutung für die Selbstrettung von Benutzerinnen und Benutzern von Gebäuden, für die Fremdrettung durch die Feuerwehr und als Angriffswege für die Feuerwehr zu.
Die **Überschrift** des § 37 stellt klar, dass nur **offene Gänge vor** den **Außenwänden von Gebäuden** erfasst werden.

2. Begriff, Anordnung und Ausbildung notwendiger Flure; gesetzlicher Verzicht auf notwendige Flure (Absatz 1)

In Gebäuden stellen **notwendige Flure** die Verbindung und damit die horizontalen **Rettungswege zwischen Aufenthaltsräumen oder Nutzungseinheiten** mit Aufenthaltsräumen auf der einen **und Ausgängen** in notwendige Treppenräume oder ins Freie auf der anderen Seite dar. Sie müssen nach **Absatz 1 Satz 1** so angeordnet und ausgebildet sein, dass sie im Brandfall **ausreichend lange genutzt werden können. Satz 2** nimmt bestimmte Fälle von den Anforderungen an notwendige Flure aus (vgl. **Nummern 1 bis 4**). Nach der **textlich umgestellten Nummer 3** sind notwendige Flure nicht erforderlich innerhalb von Nutzungseinheiten mit nicht mehr als 200 m² und innerhalb von Wohnungen. Die Umstellung **stellt klar**, dass sich die **Größenbegrenzung von**

200 m² nur auf die Nutzungseinheiten und nicht auch auf Wohnungen bezieht.

3.   Breite notwendiger Flure, Stufen (Absatz 2)

Notwendige Flure müssen nach **Absatz 2 Satz 1** so **breit** sein, dass sie **für den größten zu erwartenden Verkehr ausreichen.** Die gleichen Bedingungen stellt § 35 Abs. 5 an die nutzbare Breite von Treppenläufen und Treppenabsätzen notwendiger Treppen. Bestimmte Rechts- und Verwaltungsvorschriften über **Sonderbauten** legen die Mindestbreiten von Rettungswegen fest, wie beispielsweise § 7 Abs. 4 VStättVO, § 13 VkVO und Nummer 3.4 SchulbauR; bei anderen Nutzungen können diese Regelungen als Maßstab dienen. Die erforderliche Breite notwendiger Flure darf durch Bauteile, Einbauten oder Einrichtungen nicht eingeengt werden (vgl. § 13 Abs. 5 VkVO und Nummer 3.4 SchulbauR).

Für notwendiger Flure ist auch eine ausreichende lichte Höhe von Bedeutung. Als ausreichend angesehen werden kann dabei regelmäßig eine **lichte Mindesthöhe von 2 m,** die der lichten Treppendurchgangshöhe entspricht (vgl. Abschnitt 6.4.1 der bauaufsichtlich eingeführten Norm DIN 18 065:2011-06 Gebäudetreppen – Begriffe, Messregeln, Hauptmaße). **Fußböden** müssen **eben und rutschfest** sein, besonders bei den der Witterung ausgesetzten offenen Gängen.

Einzelne Stufen in notwendigen Fluren (horizontale Rettungswege) stellen eine Stolpergefahr dar. Deshalb ist nach **Satz 2** in den notwendigen Fluren eine Folge von **weniger als drei Stufen unzulässig;** Höhenunterschiede lassen sich besser durch Rampen mit nicht mehr als 6 % Neigung überwinden.

4.   Rauchabschnitte in notwendigen Fluren (Absatz 3)

Absatz 3 regelt die Unterteilung langer Flure durch Rauchabschlüsse in Rauchabschnitte. Nach **Satz 1 und 2** sind notwendige Flure durch **nichtabschließbare, rauchdichte und selbstschließende** Abschlüsse in **Rauchabschnitte** zu unterteilen, die **nicht länger als 30 m** sein sollen. Enthält ein Gebäude einen **Sicherheitstreppenraum,** kommt dem notwendigen Flur eine besondere Bedeutung zu, da in diesem Fall ein **zweiter Rettungsweg nicht erforderlich** ist und ein Versagen des Flures zu einem Verlust jeglicher Rettungswege führt. Nach **Satz 4** dürfen notwendige Flure mit nur einer Fluchtrichtung zu dem Sicherheitstreppenraum nicht länger als 15 m sein. Rauchschutztüren (RS-Türen) müssen der Norm DIN 18 095-1:1988-10 „Rauchschutztüren; Begriffe und Anforderungen" entsprechen. Sollen diese Türen beispielsweise aus betrieblichen Gründen offen gehalten werden, müssen sie mit Einrichtungen versehen werden, die die Türen bei Rauchentwicklung selbsttätig schließen; in Betracht kommen etwa Türschließer mit integrierter, elektrisch betriebener Feststellvorrichtung und elektrisch betriebene Freilauftürschließer. Um zu verhindern, dass oberhalb abgehängter Decken Rauch von Rauchabschnitt zu Rauchabschnitt überläuft, müssen die Abschlüsse nach **Satz 3 Halbsatz 1** bis an die Rohdecke geführt werden. Ist die Unterdecke feuerhemmend, dürfen die Abschlüsse nach **Halbsatz 2** bis an die Unterdecke der Flure geführt werden.

Nach **Satz 5** gelten die **Sätze 1 bis 4 nicht für offene Gänge** nach Absatz 5. Für solche Laubengänge mit zwei Fluchtrichtungen vor der Außenwand besteht keine Gefahr der Verrauchung.

5.   Brandschutzanforderungen an Wände, Türen und notwendige Flure (Absatz 4)

Nach **Absatz 4 Satz 1** müssen die **Wände notwendiger Flure** als raumabschließende Bauteile feuerhemmend, in Kellergeschossen – deren **tragende und aussteifende Bauteile feuerbeständig** sein müssen – feuerbeständig sein. Die Anforderungen an die Wände notwendiger Flure sind damit einheitlich – unabhängig von der Gebäudeklasse – bestimmt als raumabschließende Bauteile, die feuerhemmend sein müssen. Lediglich die **Wände notwendiger Flure in Kellergeschossen**, deren **tragende und aussteifende Bauteile feuerbeständig** sein müssen, müssen als raumabschließende Bauteile feuerbeständig sein. Ist der oberste Abschluss offener Gänge gleichzeitig Dach, gilt zusätzlich § 33 über Dächer. Raumabschließend sind Bauteile, wenn sie in Bauteilebene durchlaufend und geschlossen ausgeführt sind, sodass Feuer und Rauch nicht in den Raum eindringen können.

Der Raumabschluss notwendiger Flure und damit die Sicherstellung der Rettungswege sind nicht allein über die Wände erreichbar. Die in den Wänden notwendiger Flure angeordneten Türen tragen wesentlich zur Funktionsfähigkeit der Rettungswege bei. Nach **Absatz 4**

Satz 4 erster Halbsatz müssen Türen in den Wänden notwendiger Flure dicht schließen.

Türen gelten im bauaufsichtlichen Sinne als „dichtschließend", wenn sie mit einer mindestens dreiseitig umlaufenden und ggf. mit einer im Mittelfalz angeordneten dauerelastischen Dichtung zur Behinderung des Durchtritts von Rauch ausgeführt werden. Für dicht- und selbstschließende Türen bedarf es keines Verwendbarkeitsnachweises.

Nach Absatz 4 Satz 4 zweiter Halbsatz müssen Öffnungen zu Lagerbereichen im Kellergeschoss feuerhemmende, dicht- und selbstschließende Abschlüsse haben. Die Anforderung berücksichtigt die in Kellergeschossen im Vergleich zu anderen Geschossen vielfach höhere Brandlast und den Umstand, dass Brände in Kellergeschossen vielfach erst spät entdeckt werden. Auch berücksichtigt die Anforderung die im Vergleich zu anderen Geschossen schwierigere Brandbekämpfung, die sich aus der Lage mit stärkerer Gefahr der Verqualmung und den häufig dort anzutreffenden Zündquellen und Brandlasten ergeben. Außerdem berücksichtigt die Anforderung die Sicherheit der Benutzerinnen und Benutzer der Kellergeschosse.

6.   Offene Gänge als notwendige Flure (Absatz 5)

Absatz 5 befasst sich – neben § 28 Abs. 1 Satz 3 Nr. 2 und § 32 Abs. 1 Satz 3 Nr. 2 – mit der Ausbildung der Wände und Brüstungen von offenen Gängen, die als notwendige Flure dienen. Offene Gänge (auch Laubengänge genannt) sind balkonartig vor Außenwänden von Gebäuden angeordnet; sie verbinden die Eingangstüren von Aufenthaltsräumen und anderen Nutzungseinheiten mit den notwendigen Treppenräumen und stellen damit den ersten Rettungsweg dar. Satz 1 stellt klar, dass Anforderungen lediglich an solche Gänge gestellt werden, die nur in einer Fluchtrichtung benutzt werden können. Unter Wänden sind hier die Außenwand, vor der der Gang liegt, und seine Brüstung zu verstehen. Für sie gilt die Anforderung des Absatzes 4 entsprechend, d. h. sie müssen (raumabschließend) feuerhemmend sein. Fenster in der Außenwand sind nach Satz 2 ohne besondere Anforderung ab einer Brüstungshöhe von 0,90 m zulässig. Die Brüstung muss geschlossen ausgebildet werden. Ist ein Feuerüberschlag – beispielsweise wegen besonders tiefer Gangbreiten und/oder der Anordnung von Schürzen – nicht zu befürchten, kann im Rahmen einer Abweichung nach § 71 auf die geschlossene feuerhemmende Brüstung teilweise oder ganz verzichtet werden.

7. Zulässige Baumaterialien in notwendigen Fluren und offenen Gängen (Absatz 6)

Nach **Absatz 6** müssen aus diesen Gründen in **notwendigen Fluren** sowie in **offenen Gängen** nach Absatz 5

– Bekleidungen, Putze, Unterdecken und Dämmstoffe aus nichtbrennbaren Baustoffen bestehen (**Nummer 1**),

– Wände und Decken aus brennbaren Baustoffen eine Bekleidung aus nichtbrennbaren Baustoffen in ausreichender Dicke haben (**Nummer 2**).

Bekleidungen, die mit den Wänden und Decken erst die erforderliche Feuerwiderstandsdauer feuerhemmend bzw. feuerbeständig erreichen, müssen einschließlich der Anschlüsse und Befestigungen den einschlägigen technischen Regeln entsprechen. Bekleidungen, bei denen die erforderliche Feuerwiderstandsdauer bereits durch die Wände und Decken ohne eine Bekleidung erbracht wird, müssen die Entzündung der brennbaren Oberflächen von Wänden oder Decken verhindern. Dies lässt sich bereits durch vollflächig verlegten Gipskarton- oder Gipsfaserplatten in einer Stärke von ca. 1 cm erreichen.

§ 38   Fenster, Türen, sonstige Öffnungen

(1) Können die Fensterflächen nicht gefahrlos vom Erdboden, vom Innern des Gebäudes, von Loggien oder Balkonen aus gereinigt werden, so sind Vorrichtungen wie Aufzüge, Halterungen oder Stangen anzubringen, die eine Reinigung von außen ermöglichen.

(2) [1]Glastüren und andere Glasflächen die bis zum Fußboden allgemein zugänglicher Verkehrsflächen herabreichen, müssen bruchsicher sein und sind so zu kennzeichnen, dass sie leicht erkannt werden können. [2]Weitere Schutzmaßnahmen sind für größere Glasflächen vorzusehen, wenn dies die Verkehrssicherheit erfordert.

(3) Eingangstüren von Wohnungen, die über Aufzüge erreichbar sein müssen, müssen eine lichte Durchgangsbreite von mindestens 0,90 m haben.

(4) [1]Jedes Kellergeschoss ohne Fenster muss mindestens eine Öffnung **mit einem freien Querschnitt von mindestens 0,50 m²** ins Freie haben,

um eine Rauchableitung zu ermöglichen. [2]Gemeinsame Kellerlichtschächte für übereinander liegende Kellergeschosse sind unzulässig.

(5) [1]Fenster, die als Rettungswege nach § 34 Absatz 2 Satz 2 dienen, müssen im Lichten mindestens 0,90 m x 1,20 m groß und dürfen nicht höher als 1,20 m über der Fußbodenoberkante angeordnet sein. [2]Liegen diese Fenster in Dachschrägen oder Dachaufbauten, so darf ihre Unterkante oder ein davor liegender Austritt von der Traufkante horizontal gemessen nicht mehr als 1 m entfernt sein.

Erläuterungen

1.   Allgemeines

§ 38 enthält die Anforderungen an **Fenster, Türen und sonstige Öffnungen** hinsichtlich der **Verkehrs- und Betriebssicherheit** (Absätze 1 und 2), des **barrierefreien Bauens** (Absatz 3) und des **Brandschutzes** (Absätze 4 und 5).

Fenster dienen nach § 48 Abs. 2 Satz 1 als notwendige Fenster der Beleuchtung von Räumen mit Tageslicht. Sie schließen als lichtdurchlässige Bauteile Öffnungen in Gebäuden und anderen baulichen Anlagen ab. Können Fenster geöffnet werden, dienen sie auch der Belüftung von Räumen, der Verbindung von Innen- und Außenraum sowie unter bestimmten Voraussetzungen als zweiter Rettungsweg. **Absatz 5** fasst die Anforderungen an **Fenster, die als Rettungsweg** dienen, zusammen. Die nutzungsbedingten Anforderungen hinsichtlich **Beleuchtung und Belüftung von Aufenthaltsräumen** mit und ohne Fenster enthalten § 48 Abs. 2 und 3. Regelungen zur Beleuchtung und Belüftung **in notwendigen Treppenräumen** enthalten § 36 Abs. 7 und 8. Zu **Fenstern, die geöffnet werden können,** gehören Drehkipp-, Kipp-, Schiebe-, Schwing- und Dachfenster. **Keine Fenster** sind durchsichtige Wandflächen, feuerbeständige Verglasungen, wie z. B. nach § 31 Abs. 9 bei inneren Brandwänden, sowie Ausführungen von Treppenaußenwänden mit lichtdurchlässigen Bauprodukten, wie Glasbausteinen.

Türen dienen dem Betreten von Gebäuden oder Räumen. Im brandschutztechnischen Sinne sind sie Verschlüsse von Öffnungen, an die aus Gründen des Brandschutzes feuerwiderstandsfähige Anforderungen gestellt werden in § 30 Abs. 5 (Öffnungen in Trennwänden), § 31

Abs. 8 (Öffnungen in Brandwänden), § 36 Abs. 6 (Türen notwendiger Treppenräume), § 37 Abs. 4 Satz 4 (Türen notwendiger Flure) und § 40 Abs. 2 Satz 2 (Fahrschachttüren und andere Öffnungen in Fahrschachtwänden). **Keine Türen** sind Luken, Klappen und Schachtabdeckungen, auch wenn sie als Notausstiege ausgebildet sind.

Tore sind größere Raumabschlüsse für den Verkehr mit Fahrzeugen und den Transport von Lasten (vgl. § 3 Abs. 2 GarVO und § 9 Abs. 1 und 2 VkVO).

Kellerlichtschächte dienen der Beleuchtung und Belüftung von Kellerräumen, nach **Absatz 4** zusätzlich der **Rauchableitung.**

2. Sicherheit und Verkehrssicherheit (Absatz 1 und 2)

Absatz 1 soll Eigentümerinnen und Eigentümern oder Nutzerinnen und Nutzern eine **gefahrlose Reinigung von Fenstern ermöglichen.** Eine **Reinigungsverpflichtung** ist damit grundsätzlich **nicht** verbunden. Ist ein **gefahrloses Reinigen** nicht vom Erdboden, vom Innern des Gebäudes, von Loggien oder Balkonen aus möglich, sind nach **Absatz 1** Vorrichtungen wie Aufzüge, Halterungen oder Stangen anzubringen, die eine Reinigung von außen ermöglichen. Grenzen Gebäudewände mit Fensterflächen an befahrbare Flächen, können **Hubplattformen** eingesetzt werden. Werden **Fassadenaufzüge** eingeplant, unterliegen diese Aufzüge als sog. Fassadenbefahranlage der Betriebssicherheitsverordnung (BetrSichV). Vorrichtungen zur gefahrlosen Fensterreinigung – wie etwa bei Fensterflächen voll klimatisierter Gebäude – müssen auch den Unfallverhütungsvorschriften entsprechen.

Nach **Absatz 2 Satz 1** müssen **Glastüren** und **andere Glasflächen,** die bis zum Fußboden **allgemein zugänglicher Verkehrsflächen** herabreichen, **bruchsicher** sein und sind so **zu kennzeichnen,** dass sie leicht erkannt werden können. Allgemein zugänglich sind öffentliche und private Verkehrsflächen, die an die jeweilige bauliche Anlage angrenzen. **Satz 1** berücksichtigt, dass den Berufsgenossenschaften verstärkt Unfälle durch zersplitternde Glastüren gemeldet wurden, bei denen Personen schwere Schnittverletzungen erlitten haben. Betroffen waren u. a. Türen von Ladengeschäften, Heimen und Verwaltungsgebäuden. Der gefährdete Personenkreis umfasst damit nicht nur Arbeitnehmerinnen und Arbeitnehmer, sondern auch die Öffentlichkeit. Glastüren und Glasflächen können beispielsweise durch eingeschliffene Ornamente oder aufgeklebte Folien gekennzeichnet werden. Bei Türen kann dies durch Handgriffe in Türbereite erfolgen. **Bruchsicher** sind Glasarten, die absehbaren Belastungen standhalten oder im Fall von Glasbruch keine gefährlichen Schnittverletzungen bei Personen verursachen. In Betracht kommen Verglasungen, die der als Technische Baubestimmung eingeführten Norm **DIN 18 008-4:2013-07 „Zusatzanforderungen an absturzsichernde Verglasungen"** entsprechen. Nach **Absatz 2 Satz 2** sind für **größere Glasflächen weitere Schutzmaßnahmen** vorzusehen, **wenn die Verkehrssicherheit** dies erfordert. **Größere Glasflächen** sind beispielsweise Schaufenster oder bis zum Fußboden reichende Innenwandelemente.

3. **Eingangstüren von Wohnungen, die über Aufzüge erreichbar sein müssen (Absatz 3)**

Absatz 3 konkretisiert zur **Umsetzung des barrierefreien Bauens** die Türbreite der Eingangstüren von Wohnungen, die über Aufzüge erreichbar sein müssen, mit einer **lichten Durchgangsbreite von mindestens 0,90 m.** Damit sind in erster Linie Wohnungen in Gebäuden mit mehr als 13 m Höhe i. S. d. § 2 Abs. 4 Satz 2 gemeint, die nach § 40 Abs. 4 Aufzüge haben müssen. Für die Wohnungen, die nach § 52 Abs. 1 barrierefrei erreichbar sein müssen, ist die lichte Durchgangsbreite der Wohnungseingangstür von mindestens 0,90 m über die zwingende Voraussetzung der barrierefreien Erreichbarkeit und Nutzbarkeit geregelt. **Absatz 3** ist außerdem benutzerfreundlich, weil für die Benutzung von Aufzügen mit Kinderwagen und Rollstühlen auch die entsprechenden Türbreiten barrierefrei ausgebildet sein müssen (vgl. § 40 Abs. 5 Satz 1 Halbsatz 2). Die **barrierefreie Erreichbarkeit dieser Wohnungen** mit dem Rollstuhl wird damit hergestellt; **darüber hinaus** müssen die Räume in diesen Wohnungen **nicht** im Einzelnen mit dem Rollstuhl zugänglich sein, auch wenn dies zu wünschen wäre. Wenn es sich nicht um spezifische Nutzungen wie beispielsweise Altenwohnheime nach § 52 Abs. 3 handelt, ergeben sich entsprechende Verpflichtungen nur in den Fällen des § 52 Abs. 2.

4. **Kellerlichtschächte (Absatz 4)**

Nach dem **geänderten Absatz 4 Satz 1** muss **jedes Kellergeschoss ohne Fenster** mindestens eine Öffnung **mit einem freien Querschnitt von min-**

destens 0,50 m² ins Freie haben, um eine Rauchableitung zu ermöglichen. Ohne Öffnung ins Freie ist eine Rauchableitung aus einem Kellergeschoss nicht oder nur über den notwendigen Treppenraum (oder
durch eine anlagentechnische Maßnahme zur Rauchableitung) möglich.
Die neu eingefügte **Mindestgröße der Öffnung zur Rauchableitung dient
der Klarstellung,** damit wirksame Löscharbeiten/Rauchableitung mittels Druckbelüftern realisiert werden können und bauseits nicht nur eine
Kernbohrung mit 100 mm Durchmesser gesetzt wird.

Das in **Satz 2** enthaltene **Verbot gemeinsamer Kellerlichtschächte** für
übereinanderliegende Kellergeschosse soll eine Feuer- und Rauchüber-
tragung von einem Kellergeschoss in das andere vermeiden (zum Begriff Kellergeschoss s. § 2 Abs. 7 Satz 1 Halbsatz 2). Ein gemeinsamer
Kellerlichtschacht würde wie ein Kamin wirken und eine Brandübertragung von Kellergeschoss zu Kellergeschoss begünstigen. Deshalb
müssen die erforderlichen Lichtschächte für jedes Kellergeschoss getrennt angeordnet werden.

5. Fenster als zweiter Rettungsweg (Absatz 5)

Nach **§ 34 Abs. 2 Satz 2 kann** der **zweite Rettungsweg** u. a. über eine
mit Rettungsgeräten der Feuerwehr **erreichbare Stelle der Nutzungseinheit** führen. Die erreichbare Stelle darf nur **in bzw. an der Nutzungseinheit** liegen, nicht außerhalb. Das Wort „**kann**" stellt klar, dass
die Bauherrin oder der Bauherr **keinen Rechtsanspruch** auf diese Möglichkeit hat, etwa dann, wenn die zuständige Feuerwehr das im Einzelfall erforderliche Rettungsgerät nicht vorhält. Ein als zweiter Rettungsweg dienendes **Fenster** ist **kein Ausgang ins Freie nach** § 36
Abs. 2 Satz 1.

Fenster, die **als zweiter Rettungsweg** dienen, **müssen** den Anforderungen des **Absatzes 5** entsprechen. Nach **Satz 1** müssen sie **im Lichten
mindestens 0,90 m x 1,20 m groß** und dürfen **nicht höher als 1,20 m
über der Fußbodenoberkante** angeordnet sein. Da **Satz 1** dem Brandschutz dient, muss das erforderliche lichte Maß auch tatsächlich vorhanden sein; das Fenster muss sich in voller Größe öffnen lassen und
darf nicht durch besondere Anschlagsarten des Fensterflügels eingeschränkt werden. Liegen die Fenster **in Dachschrägen oder Dachaufbauten,** so darf nach **Satz 2** ihre **Unterkante** oder ein davor liegender
Austritt von der Traufkante horizontal gemessen nicht mehr als 1 m

entfernt sein. Werden die Maße des Satzes 2 überschritten, ist ein sicheres Anleitern der Fenster nicht mehr gewährleistet. Als Rettungsfenster können stehende und liegende Fenster dienen. Liegende Dachflächenfenster kommen mit oben angeschlagenen arretierbarem Klappflügel, mit seitlich angeschlagenem Drehflügel oder seitlich verschiebbarem Flügel in Betracht. Der Austritt kann eine trittsichere Bohle, ein entsprechender Gitterrost, ein Balkon, eine Dachterrasse oder ähnliches sein.

§ 39　Umwehrungen

(1) In, an und auf baulichen Anlagen sind zu umwehren oder mit Brüstungen zu versehen:
1. Flächen, die im Allgemeinen zum Begehen bestimmt sind und unmittelbar an mehr als 1 m tiefer liegende Flächen angrenzen; dies gilt nicht, wenn die Umwehrung dem Zweck der Flächen widerspricht,
2. nicht begehbare Oberlichte und Glasabdeckungen in Flächen, die im Allgemeinen zum Begehen bestimmt sind, wenn sie weniger als 0,50 m aus diesen Flächen herausragen,
3. Dächer oder Dachteile, die zum auch nur zeitweiligen Aufenthalt von Menschen bestimmt sind,
4. Öffnungen in begehbaren Decken sowie in Dächern oder Dachteilen nach Nummer 3, wenn sie nicht sicher abgedeckt sind,
5. nicht begehbare Glasflächen in Decken sowie in Dächern oder Dachteilen nach Nummer 3,
6. die freien Seiten von Treppenläufen, Treppenabsätzen und Treppenöffnungen (Treppenaugen),
7. Kellerlichtschächte und Betriebsschächte, die an Verkehrsflächen liegen, wenn sie nicht verkehrssicher abgedeckt sind.

(2) [1]In Verkehrsflächen liegende Kellerlichtschächte und Betriebsschächte sind in Höhe der Verkehrsfläche verkehrssicher abzudecken. [2]An und in Verkehrsflächen liegende Abdeckungen müssen gegen unbefugtes Abheben gesichert sein. [3]Fenster, die unmittelbar an Treppen liegen und deren Brüstung unter der notwendigen Umwehrungshöhe liegen, sind zu sichern.

(3) [1]Fensterbrüstungen von Flächen mit einer Absturzhöhe bis zu 12 m müssen mindestens 0,80 m, von Flächen mit mehr als 12 m Absturzhöhe mindestens 0,90 m hoch sein. [2]Geringere Brüstungshöhen sind zulässig, wenn durch andere Vorrichtungen wie Geländer die nach Absatz 4 vorgeschriebenen Mindesthöhen eingehalten werden.

(4) Andere notwendige Umwehrungen müssen folgende Mindesthöhen haben:

1. Umwehrungen zur Sicherung von Öffnungen in begehbaren Decken und Dächern sowie Umwehrungen von Flächen mit einer Absturzhöhe von 1 m bis zu 12 m — 0,90 m,
2. Umwehrungen von Flächen mit mehr als 12 m Absturzhöhe — 1,10 m.

Erläuterungen

1. Allgemeines

Die Regelungen des § 39 über **Umwehrungen** konkretisieren die allgemeinen Anforderungen nach § 3 Abs. 2 im Hinblick auf die öffentliche Sicherheit und die Anforderungen des § 17 im Hinblick auf die Verkehrssicherheit im Allgemeinen zum Begehen bestimmter Flächen in, an und auf baulichen Anlagen. Außerdem ergänzen sie die in § 35 enthaltenen Anforderungen an Treppen.

Vom **Begriff Umwehrungen** werden alle baulichen Arten von Absturzsicherungen i. S. d. § 39 erfasst. Umwehrungen können selbstständige bauliche Anlagen (wie beispielsweise freistehende Umwehrungen) oder Teile baulicher Anlagen (wie beispielsweise Treppengeländer) sein; sie können als Absturzsicherungen offen und geschlossen sein. Auch Brüstungen, die im Gegensatz zu Geländern geschlossene Bauteile (wie Fensterbrüstungen) sind, zählen zu den Umwehrungen. Fensterbrüstungen nach **Absatz 3** sind Teile von Gebäudeaußenwänden, die sich zwischen dem Fußboden und den unteren Kanten der Fenster befinden. Geländer sind Umwehrungen mit Handlauf, Geländerpfosten und Stäben, Gittern oder anderen Ausführungen zwischen den Geländerpfosten. Geländer sichern insbesondere bei Treppen nach § 35, Balkonen, Fenstertüren, Galerien und Verbindungsgängen die freien Seiten. **Nicht** zu den Umwehrungen zählen Vorkehrungen wie beispielsweise **Schranken** nach § 3 Abs. 2 GarVO und **Wellenbrecher** nach § 28 VStättVO.

2. Erfordernis von Absturzsicherungen (Absatz 1)

Absatz 1 Nr. 1 bis 7 stellen klar, **wann und wo in, an und auf baulichen Anlagen Umwehrungen oder Brüstungen** vorzusehen sind. Dabei wird unterschieden zwischen Flächen, die im Allgemeinen zum Begehen bestimmt sind (**Nummer 1 und 2**) und Flächen, die **zum auch nur zeitweiligen Aufenthalt** bestimmt sind (**Nummer 3 bis 5**). Weiterhin erfasst werden in **Nummer 6** die freien Seiten von Treppenläufen, Treppenabsätzen und Treppenöffnungen (**Treppenaugen**) und in **Nummer 7 Kellerlichtschächte und Betriebsschächte**, die an Verkehrsflächen liegen, wenn sie nicht verkehrssicher abgedeckt sind.

Dabei gehören zu den im Allgemeinen zum Begehen bestimmten Flächen

- „**in**" baulichen Anlagen beispielsweise Treppen, Balkone, Loggien, offene Gänge, Galerien,
- „**an**" baulichen Anlagen beispielsweise private Verkehrsflächen, Freiflächen, Rampen, Kellerniedergänge, Eingangsbereiche, Stellplätze, Fahrrad-abstellanlagen, und
- „**auf**" baulichen Anlagen beispielsweise Terrassen und Aussichtsplattformen.

Das Wort „**unmittelbar**" in **Nummer 1** darf **nicht zu eng ausgelegt** werden. Insbesondere bei Flächen, die einem größeren Personenkreis zugänglich sind, wie etwa Eingangszonen von Verkaufsstätten und Stellplatzanlagen für Kraftfahrzeuge nach § 50, sind je nach Lage und Höhe der Absturzflächen auch solche Flächen abzusichern, die nicht ganz direkt angrenzen. Dies gilt auch bei Kellerlichtschächten und Rampeneinschnitten.

3. Kellerlichtschächte und Betriebsschächte in Verkehrsflächen, Fenster an Treppen (Absatz 2)

Nach **Absatz 2 Satz 1** sind **in Verkehrsflächen liegende Kellerlichtschächte und Betriebsschächte** in Höhe der Verkehrsfläche **verkehrssicher abzudecken**. Diese Anforderung gilt unabhängig vom Maß der Absturzhöhe. Erfasst sind öffentliche und private Verkehrsflächen. Handelt es sich um Schächte, die kurzfristig geöffnet werden müssen, wie beispielsweise Warenaufzüge, müssen die Schachtöffnungen entsprechend abgesichert werden. Die erforderliche Tragfähigkeit der Abdeckungen hängt ab von der Nutzung der Verkehrsflächen. Die als Technische Baubestimmung bauaufsichtlich eingeführte Norm DIN EN 1991-1-1:2010-12 „Allgemeine Einwirkungen auf Tragwerke – Wichten, Eigengewicht und Nutzlasten im Hochbau" ist zu beachten. Die Inanspruchnahme öffentlicher Verkehrsflächen ist eine Sondernutzung, für die die Erlaubnis des Trägers der Straßenbaulast erforderlich ist. Nach **Satz 2** müssen an und in **Verkehrsflächen liegende Abdeckungen** gegen unbefugtes Abheben gesichert sein. Dies ist nur der Fall, wenn sie ausreichend tragfähig und in ihrer Lage gesichert sind. **Satz 3** fordert die **Sicherung von Fenstern**, die unmittelbar an Treppen liegen und deren Brüstungen unter der notwendigen Umwehrungshöhe liegen.

4. Fensterbrüstungen (Absatz 3)

Absatz 3 regelt die **Höhe von Fensterbrüstungen,** die ebenfalls Sicherheit gegen einen Absturz von Nutzerinnen und Nutzern eines Gebäudes bieten sollen. Die erforderliche Höhe der Fensterbrüstungen richtet sich nach der **Absturzhöhe von 12 m**: Nach **Satz 1** müssen **Fensterbrüstungen** von Flächen
– mit einer **Absturzhöhe bis zu 12 m mindestens 0,80 m,**
– von Flächen **mit mehr als 12 m Absturzhöhe mindestens 0,90 m hoch** sein. Die **Brüstungshöhe** wird von der Oberkante Fertigfußboden, auf dem die zu schützende Person steht, bis zur Oberkante der Fensterbank oder eines anderen feststehenden Brüstungsbauteils ohne Hinzurechnung des Fensterrahmens gemessen; maßgeblich ist die Höhe der Brüstung als Bestandteil der Außenwand; sie endet dort, wo die Fensteröffnung anfängt. Die **Absturzhöhe** ist bei Außenwandfenstern der Unterschied zwischen der Oberkante Fertigfußboden und der an die Außenwand unterhalb des Fensters angrenzenden Fläche, auf die ein abstürzender Körper auftreffen kann oder auftrifft. Ist unterhalb der Fensterbank ein Sockel – etwa zur Verkleidung von Rohren – angebracht oder befindet sich dort eine sonstige waagerechte Fläche, die aufgrund ihrer Höhe, Tiefe und Festigkeit zum Betreten in Betracht kommt, muss als unterer Bezugspunkt für die Berechnung der Höhe der Fensterbrüstung auf die Oberkante des Sockels abgestellt werden. **Satz 2** lässt **geringere Brüstungshöhen** zu, wenn durch **andere Vorrichtungen** wie Geländer die nach **Absatz 4** vorgeschriebenen Mindesthöhen von **0,90 m bzw. 1,10 m** eingehalten werden.

5.   Andere Umwehrungen (Absatz 4)

Nach **Absatz 4** müssen **andere notwendige Umwehrungen** folgende **Mindesthöhen** haben:
– Umwehrungen zur Sicherung von Öffnungen in begehbaren Decken und Dächern sowie Umwehrungen von Flächen mit einer Absturzhöhe
  von 1 m bis zu 12 m   0,90 m,
– Umwehrungen von Flächen mit mehr als
  12 m Absturzhöhe   1,10 m.

Abschnitt VI   Technische Gebäudeausrüstung

§ 40   Aufzüge

(1) [1]Aufzüge im Innern von Gebäuden müssen eigene Fahrschächte haben, um eine Brandausbreitung in andere Geschosse ausreichend lang zu verhindern. [2]In einem Fahrschacht dürfen bis zu drei Aufzüge liegen. [3]Aufzüge ohne eigene Fahrschächte sind zulässig
1. innerhalb eines notwendigen Treppenraumes, ausgenommen in Hochhäusern,
2. innerhalb von Räumen, die Geschosse überbrücken,
3. zur Verbindung von Geschossen, die offen miteinander in Verbindung stehen dürfen,
4. in Gebäuden der Gebäudeklassen 1 und 2;
sie müssen sicher umkleidet sein.

(2) [1]Die Fahrschachtwände müssen als raumabschließende Bauteile
1. in Gebäuden der Gebäudeklasse 5 feuerbeständig und aus nichtbrennbaren Baustoffen,
2. in Gebäuden der Gebäudeklasse 4 hochfeuerhemmend,
3. in Gebäuden der Gebäudeklasse 3 feuerhemmend
sein; Fahrschachtwände aus brennbaren Baustoffen müssen schachtseitig eine Bekleidung aus nichtbrennbaren Baustoffen in ausreichender Dicke haben. [2]Fahrschachttüren und andere Öffnungen in Fahrschachtwänden mit erforderlicher Feuerwiderstandsfähigkeit sind so herzustellen, dass die Anforderungen nach Absatz 1 Satz 1 nicht beeinträchtigt werden.

(3) [1]Fahrschächte müssen zu lüften sein und eine Öffnung zur Rauchableitung mit einem freien Querschnitt von mindestens 2,5 % der Fahrschachtgrundfläche, mindestens jedoch 0,10 m² haben. [2]**Diese Öffnung darf ei-**

nen Abschluss haben, der sich im Brandfall selbsttätig öffnet und von mindestens einer geeigneten Stelle aus bedienbar ist. [3]Die Lage der Rauchaustrittsöffnungen muss so gewählt werden, dass der Rauchaustritt durch Windeinfluss nicht beeinträchtigt wird.

(4) [1]Gebäude mit einer Höhe nach § 2 Absatz **4** Satz 2 von mehr als 13 m müssen Aufzüge in ausreichender Zahl haben. [2]Von diesen Aufzügen muss mindestens ein Aufzug Kinderwagen, Rollstühle, Krankentragen und Lasten aufnehmen können und Haltestellen in allen Geschossen mit Aufenthaltsräumen und erforderlichen Nebenräumen haben. [3]Dieser Aufzug muss von allen Geschossen mit Aufenthaltsräumen und erforderlichen Nebenräumen im Gebäude und von der öffentlichen Verkehrsfläche aus **barrierefrei** erreichbar sein.

(5) [1]Fahrkörbe zur Aufnahme einer Krankentrage müssen eine nutzbare Grundfläche von mindestens 1,10 m x 2,10 m, zur Aufnahme eines Rollstuhls von mindestens 1,10 m x 1,40 m haben; Türen müssen eine lichte Durchgangsbreite von mindestens 0,90 m haben. [2]In einem Aufzug für Rollstühle und Krankentragen darf der für Rollstühle nicht erforderliche Teil der Fahrkorbgrundfläche durch eine verschließbare Tür abgesperrt werden. [3]Vor den Aufzügen muss eine ausreichende Bewegungsfläche vorhanden sein.

Erläuterungen

1. Allgemeines

Aufzüge dienen der vertikalen Erschließung von Gebäuden. Sie sind **keine Rettungswege**, weil bei einem Brandfall damit gerechnet werden muss, dass sie z. B. wegen Stromausfall nicht mehr funktionsfähig sind. Für Rollstuhlbenutzerinnen oder Rollstuhlbenutzer und Personen mit Kinderwagen bilden Aufzüge bei mehrgeschossigen Gebäuden i. d. R. die einzige Möglichkeit, ohne fremde Hilfe in höher oder tiefer gelegene Geschosse von Gebäuden zu gelangen. Aufzüge bestehen aus baulichen Teilen wie Fahrschacht, Maschinenraum und fest eingebauten Fahrschienen sowie dem beweglichen, maschinentechnisch-betrieblichen Teil einschließlich der Antriebsmaschine und der elektrischen Ausstattung.

2.   Brandschutztechnische Anforderungen

2.1   Fahrschächte

2.1.1   Erfordernis

Zur Umsetzung der allgemeinen Anforderungen nach § 3 Abs. 2 zur Gefahrenabwehr und des Schutzziels des Brandschutzes nach § 15 in Hinblick auf Aufzüge stellt **Absatz 1 brandschutztechnische Anforderungen, um eine Brandausbreitung in andere Geschosse ausreichend lang zu verhindern.** Besonders aufgrund der Kaminwirkung von Fahrschächten besteht die Gefahr der Übertragung von Feuer und Rauch in andere Geschosse.

Absatz 1 Satz 1 enthält das **Schutzziel der Fahrschachtforderung:** Aufzüge müssen im Innern von Gebäuden **eigene Fahrschächte** haben, um eine Brandausbreitung in andere Geschosse ausreichend lang zu verhindern.

Nach **Absatz 1 Satz 2** dürfen **in einem Fahrschacht bis zu drei Aufzüge** liegen.

Nach **Absatz 1 Satz 3 erster Halbsatz** sind **Aufzüge ohne eigene Fahrschächte** (nur) unter den dort genannten Voraussetzungen **zulässig:**

- Nach **Nummer 1** sind Aufzüge in **notwendigen Treppenräumen bis zur Hochhausgrenze** zulässig, weil erfahrungsgemäß keine von Aufzügen ausgehende Gefahr zu erwarten ist.
- Nach **Nummer 2 und 3** sind in beiden Fällen Aufzüge zulässig, weil bei ihnen bereits ein Luftverbund besteht.
- In den Fällen nach **Nummer 4** ist das Risiko im Hinblick auf den Brandschutz als gering einzuschätzen.

2.1.2   Fahrschachtwände

Nach **Absatz 2 Satz 1 erster Halbsatz** müssen die **Fahrschachtwände** als **raumabschließende Bauteile**

- in **Gebäuden der Gebäudeklasse 5** feuerbeständig und aus nichtbrennbaren Baustoffen (**Nummer 1**),
- in **Gebäuden der Gebäudeklasse 4** hochfeuerhemmend (**Nummer 2**),
- in **Gebäuden der Gebäudeklasse 3** feuerhemmend (**Nummer 3**)

sein. Die Regelung an die Fahrschachtwände stellt klar, dass sie sich auf den **Raumabschluss** beziehen.

Die **Anforderungen** werden danach, den **Anforderungen** an die **tragenden Teile der Gebäude der jeweiligen Gebäudeklasse** folgend, abgestuft. Fahrschachtwände, die auch aus brennbaren Baustoffen zulässig sind, und zwar feuerhemmend bei Gebäuden der Gebäudeklasse 3, müssen nach **Absatz 2 Satz 1 zweiter Halbsatz** schachtseitig eine Bekleidung aus nichtbrennbaren Baustoffen in ausreichender Dicke haben.

2.1.3 Fahrschachttüren

Nach **Absatz 2 Satz 2** sind **Fahrschachttüren und andere Öffnungen in Fahrschachtwänden** mit erforderlicher Feuerwiderstandsfähigkeit so herzustellen, dass die **Anforderungen nach Absatz 1 Satz 1 nicht beeinträchtigt** werden. Sie haben damit die **Brandausbreitung von Geschoss zu Geschoss ausreichend lang** zu verhindern.

2.1.4 Lüftung der Fahrschächte

Nach **Absatz 3 Satz 1** müssen **Fahrschächte zu lüften** sein und eine **Öffnung zur Rauchableitung** mit einem **freien Querschnitt von mindestens 2,5 %** der **Fahrschachtgrundfläche, mindestens jedoch 0,10 m²** haben. Die Bezeichnung „Öffnung zur Rauchableitung" stellt klar, dass **keine Anlagentechnik erforderlich** ist. Die Öffnung zur Rauchableitung ist erforderlich, um die Wirksamkeit der Fahrschachttüren (Verhinderung einer Brandübertragung von Geschoss zu Geschoss) sicherzustellen.

Aus Gründen der Energieeinsparung werden vermehrt die Öffnungen mit Verschlüssen versehen. Der **neue Absatz 3 Satz 2** regelt, welche **Anforderungen** solche **Abschlüsse** erfüllen müssen. Als eine geeignete Stelle für die Bedienung des Abschlusses (Handauslösung) kommt der Bereich vor der Fahrschachttür des Erdgeschosses (Zugangsebene des Gebäudes) in Betracht.

Nach **Absatz 3 Satz 3** muss die Lage so gewählt werden, dass der **Rauchaustritt durch Windeinfluss nicht beeinträchtigt** wird. Die **Öffnungen zur Rauchableitung** sind i. d. R. direkt im Dach anzuordnen. Enden Fahrschächte unterhalb der Dachfläche oder liegen Triebwerksräume über den Fahrschächten, sind die Öffnungen zur Rauchableitung durch dichte Leitungen herzustellen, die § 42 entsprechen müssen und über Dach zu führen sind. Öffnungen zur Rauchableitung dürfen nicht in nicht ausgebaute Dachräume münden; sie sind nicht zulässig, weil auf diese Weise Brandgase direkt in die Dachräume eintreten können.

3. Erfordernis

Nach **Absatz 4 Satz 1** müssen **Gebäude mit einer Höhe nach § 2 Abs. 4 Satz 2 von mehr als 13 m Aufzüge in ausreichender Zahl** haben. Absatz 4 stellt **systemgerecht** auf diese Höhe ab.

Zur **ausreichenden Zahl** von Aufzügen bietet **Nummer 7.1 HHR** einen Anhalt. Danach muss in Hochhäusern **jedes Geschoss von mindestens zwei Aufzügen angefahren** werden. Damit steht bei Ausfall oder Reparatur eines Aufzugs ein weiterer Aufzug zur Verfügung. Die Zahl der Aufzüge richtet sich ansonsten nach dem Personen- oder Güteraufkommen, das sich aus der Nutzung des Gebäudes ergibt.

Von den nach Absatz 4 Satz 1 erfassten Aufzügen muss nach **Absatz 4 Satz 2 mindestens ein Aufzug Kinderwagen, Rollstühle, Krankentragen und Lasten aufnehmen** können und **Haltestellen** in allen Geschossen mit Aufenthaltsräumen und erforderlichen Nebenräumen haben.

4. Barrierefreie Erreichbarkeit

Nach **Absatz 4 Satz 3** muss der Aufzug nach Absatz 4 Satz 2 erforderliche Aufzug von allen Geschossen mit Aufenthaltsräumen und erforderlichen Nebenräumen im Gebäude und von der öffentlichen Verkehrsfläche aus **barrierefrei erreichbar** sein. Nach **§ 2 Abs. 2** sind bauliche Anlagen **barrierefrei**, soweit sie für Menschen mit Behinderung in der allgemein üblichen Weise, ohne besondere Erschwernis und grundsätzlich ohne fremde Hilfe zugänglich und nutzbar sind.

Damit **Gebäude mit einer Höhe nach § 2 Abs. 4 Satz 2 von mehr als 13 m barrierefrei** erreichbar sind, muss **mindestens ein Aufzug**, und zwar mindestens der zur **Aufnahme zur Aufnahme von Kinderwagen, Rollstühlen, Krankentragen und Lasten bestimmte Aufzug**, den Anforderungen nach Absatz 4 Satz 3 entsprechen.

5. Größe

Die **Größe von Aufzügen** richtet sich – wie die ausreichende Zahl von Aufzügen – nach dem Verkehrsaufkommen. **Absatz 5 Satz 1 erster Halbsatz** bestimmt für die **Fahrkörbe** von Aufzügen **zwei Mindestgrößen:**

– Fahrkörbe zur Aufnahme einer Krankentrage müssen eine nutzbare Grundfläche von **mindestens 1,10 m x 2,10 m,**
– Fahrkörbe zur Aufnahme eines Rollstuhls müssen eine nutzbare
  Grundfläche von **mindestens 1,10 m x 1,40 m**
haben.

Aufgrund der erforderlichen unterschiedlichen Mindestgrößen der
nutzbaren Grundflächen der Fahrkörbe zur Aufnahme einer Krankentrage und der Fahrkörbe zur Aufnahme eines Rollstuhles bietet es sich
an, den **Fahrkorb mit der größten nutzbaren Grundfläche,** also mit
einer nutzbaren Grundfläche von **mindestens 1,10 m x 2,10 m,** einzu-
bauen, um diesbezüglich nicht zwei Fahrkörbe errichten zu müssen.
Nach **Absatz 5 Satz 2** darf in einem Aufzug für Rollstühle und Krankentragen der für Rollstühle nicht erforderliche Teil der Fahrkorbgrundfläche durch eine verschließbare Tür abgesperrt werden.

6. Ausreichende Bewegungsfläche

Nach **Absatz 5 Satz 3** muss **vor den Aufzügen eine ausreichende Bewegungsfläche** vorhanden sein. Größe und Ausgestaltung der Bewegungsfläche richten sich nach der Personenzahl, die mit den Aufzügen
befördert werden sollen. Für eine ausreichende Bewegungsfläche vor
den Aufzügen kann die Grundfläche der Fahrkörbe zuzüglich einer
Pufferfläche für den Einstiegs- oder Ausstiegsverkehr angenommen
werden. Für Aufzüge, die barrierefrei erreichbar sein müssen, ist die
Norm **DIN 18040-1:2010-10 Barrierefreies Bauen – Planungsgrundlagen – Öffentlich zugängliche Gebäude** zugrunde zu legen, die als
Technische Baubestimmung eingeführt ist. Nach der Norm müssen
die **Bewegungs- und Warteflächen vor Aufzugstüren mindestens
1,50 m × 1,50 m** betragen.

§ 41   Leitungsanlagen, Installationsschächte und -kanäle

(1) Leitungen dürfen durch raumabschließende Bauteile, für die eine Feuerwiderstandsfähigkeit vorgeschrieben ist, nur hindurchgeführt werden,
wenn eine Brandausbreitung über einen ausreichend lang bemessenen
Zeitraum nicht zu befürchten ist oder Vorkehrungen hierfür getroffen sind;
dies gilt nicht
1. **für Gebäude** der Gebäudeklassen 1 und 2,
2. innerhalb von Wohnungen,

3. innerhalb derselben Nutzungseinheit mit nicht mehr als insgesamt 400 m² in nicht mehr als zwei Geschossen.

(2) In notwendigen Treppenräumen, in Räumen nach § 36 Absatz 3 Satz **2** und in notwendigen Fluren sind Leitungsanlagen nur zulässig, wenn eine Nutzung als Rettungsweg im Brandfall ausreichend lang möglich ist.

(3) Für Installationsschächte und -kanäle gelten Absatz 1 sowie § **42** Absatz 2 und 3 entsprechend.

Erläuterungen

1. Allgemeines

Insbesondere, weil **Leitungsanlagen, Installationsschächte und -kanäle** regelmäßig **Geschosse** und auch **Brandabschnitte** überqueren und damit **durch raumabschließende Bauteile hindurchgeführt** werden, werden an sie **besondere Brandschutzanforderungen** gestellt.

2. Leitungen

Absatz 1 betrifft **Leitungen aller Art**, gleichgültig, ob sie der Stromversorgung dienen oder als Rohrleitungen für den Durchgang flüssiger, gasförmiger oder fein verteilter fester Stoffe. Die Regelung berücksichtigt, dass für alle Bauteile, die im Brandfall gegen die Brandausbreitung widerstandsfähig sein müssen, die Durchführung von Leitungen eine Schwachstelle darstellen kann. **Konkretisiert** wird die allgemeine Anforderung durch die **Muster-Leitungsanlagen-Richtlinie – MLAR –**, die als Technische Baubestimmung eingeführt ist.

Die **Anforderung** nach **Absatz 1 erster Halbsatz** gilt nach **Absatz 1 zweiter Halbsatz nicht**

– für Gebäude der Gebäudeklassen 1 und 2 (**Nummer 1**).

Bei **Gebäuden der Gebäudeklasse 1** bestehen nach § 32 an die Decken in Standardgeschossen keine Anforderungen an die Feuerwiderstandsfähigkeit; nur Kellergeschossdecken müssen bei ihnen feuerhemmend sein. Bei **Gebäuden der Gebäudeklasse 2** müssen die Decken in **allen Geschossen, auch im Kellergeschoss, feuerhemmend** sein. Öffnungen in Decken, für die eine Feuerwiderstandsfähigkeit vorgeschrieben ist, sind nach § **32 Abs. 4 Nr. 1** in **Gebäuden der Gebäudeklassen 1 und 2 zulässig;**

– innerhalb von Wohnungen (**Nummer 2**);

– innerhalb derselben Nutzungseinheit mit nicht mehr als insgesamt 400 m² in nicht mehr als zwei Geschossen (**Nummer 3**).
Öffnungen in Decken, für die eine Feuerwiderstandsfähigkeit vorgeschrieben ist, sind nach § 32 **Abs. 4 Nr. 2** innerhalb derselben Nutzungseinheit mit nicht mehr als insgesamt 400 m² in nicht mehr als zwei Geschossen zulässig.

3. Leitungen in Rettungswegen

Nach **Absatz 2** sind
– in **notwendigen Treppenräumen,**
– in **Räumen nach § 36 Abs. 3 Satz 2** und
– in **notwendigen Fluren**
Leitungsanlagen nur zulässig, wenn eine Nutzung als Rettungsweg im Brandfall ausreichend lang möglich ist. Eine Nutzung als Rettungsweg im Brandfall ist ausreichend lang möglich, wenn die Nutzerinnen und Nutzer eines Gebäudes es im Brandfall **in der dafür erforderlichen Zeit über den ersten Rettungsweg sicher verlassen** können. Dieses hängt ab von der **Art der Nutzung** und der **Art des Gebäudes.**
Die **Anforderungen** nach **Absatz 2** sind nach **Abschnitt 3.1 MLAR** erfüllt, wenn die Leitungsanlagen in den erfassten Räumen den Anforderungen der **Abschnitte 3.1.2 bis 3.5.6 MLAR** entsprechen.

4. Installationsschächte und -kanäle

Nach **Absatz 3** gelten für **Installationsschächte und -kanäle**
– **Absatz 1** sowie
– **§ 42 Abs. 2 und 3**
entsprechend.
Nach **Abschnitt 3.1.1 MLAR** werden die Anforderungen nach Absatz 3 erfüllt, wenn die Installationsschächte und -kanäle den Regelungen nach **Abschnitt 3.5 MLAR** entsprechen.

§ 42 Lüftungsanlagen

(1) Lüftungsanlagen müssen betriebssicher und brandsicher sein; sie dürfen den ordnungsgemäßen Betrieb von Feuerungsanlagen nicht beeinträchtigen.

(2) ¹Lüftungsleitungen sowie deren Bekleidungen und Dämmstoffe müssen aus nichtbrennbaren Baustoffen bestehen; brennbare Baustoffe sind zulässig, wenn ein Beitrag der Lüftungsleitung zur Brandentstehung und Brandweiterleitung nicht zu befürchten ist. ²Lüftungsleitungen dürfen raumabschließende Bauteile, für die eine Feuerwiderstandsfähigkeit vorgeschrieben ist, nur überbrücken, wenn eine Brandausbreitung ausreichend lang nicht zu befürchten ist oder wenn Vorkehrungen hiergegen getroffen sind.

(3) Lüftungsanlagen sind so herzustellen, dass sie Gerüche, Staub und Geräusche nicht in andere Räume übertragen.

(4) ¹Lüftungsanlagen dürfen nicht in Abgasanlagen eingeführt werden; die gemeinsame Nutzung von Lüftungsleitungen zur Lüftung und zur Ableitung der Abgase von Feuerstätten ist zulässig, wenn keine Bedenken wegen der Betriebssicherheit und des Brandschutzes bestehen. ²Die Abluft ist ins Freie zu führen. ³Gerüche, Staub und Geräusche aus Lüftungsanlagen dürfen nicht zu Gesundheitsbeeinträchtigungen oder unzumutbaren Belästigungen in der Nachbarschaft führen. ⁴Nicht zur Lüftungsanlage gehörende Einrichtungen sind in Lüftungsleitungen unzulässig.

(5) Die Absätze 2 und 3 gelten nicht
1. für Gebäude der Gebäudeklassen 1 und 2,
2. innerhalb von Wohnungen,
3. innerhalb derselben Nutzungseinheit mit nicht mehr als 400 m² in nicht mehr als zwei Geschossen.

(6) Für raumlufttechnische Anlagen und Warmluftheizungen gelten die Absätze 1 bis 5 entsprechend.

Erläuterungen

1.   Allgemeines

Weil besonders **Lüftungsanlagen** regelmäßig **Geschosse** und auch **Brandabschnitte** überqueren und damit **durch raumabschließende Bauteile hindurchgeführt** werden, werden an sie **besondere Brandschutzanforderungen** gestellt.

Die **näheren Anforderungen** an Lüftungsanlagen ergeben sich aus der **Muster-Lüftungsanlagen-Richtlinie – M-LüAR –,** die als Technische Baubestimmung eingeführt ist.

2.   Begriffe

Nach **Abschnitt 2 M-LüAR** sind **Lüftungsanlagen** auch
– **Klimaanlagen,**
– **raumlufttechnische Anlagen** und
– **Warmluftheizungen.**
Nach **Absatz 6** gelten für **raumlufttechnische Anlagen und Warmluft-heizungen** die Absätze 1 bis 5 und damit **sämtliche Regelungen nach** § 42 entsprechend.

3.   Schutzziel, Grundsatzanforderungen

Nach **Absatz 1 erster Halbsatz** müssen **Lüftungsanlagen**
– **betriebssicher** und
– **brandsicher**
sein. **Konkretisiert** werden die Grundsatzanforderungen durch
– die Regelungen nach **Absatz 2,**
– die Bestimmungen der **M-LüAR,**
– die **Regeln der Technik** und
– die Anforderungen der **Prüfverordnung (PrüfVO).**
Nach **Absatz 1 zweiter Halbsatz** dürfen **Lüftungsanlagen** den ord-nungsgemäßen **Betrieb von Feuerungsanlagen nicht beeinträchtigen.**
Konkretisiert werden die Grundsatzanforderungen durch
– die Regelungen nach **Absatz 4** und
– die Bestimmungen der **M-LüAR.**

4.   Betriebssicherheit

Nach **Absatz 1 erster Halbsatz** müssen Lüftungsanlagen **betriebssicher** sein. Voraussetzung dafür ist eine **Herstellung entsprechend** den **Re-geln der Technik** und damit entsprechend den einschlägigen Normen und technischen Regeln.
Des Weiteren sind Lüftungsanlagen **ordnungsgemäß zu warten** und **instand zu halten.** Bereits aufgrund der **Verpflichtung** nach § **15 erster Halbsatz,** wonach Anlagen so **instand zu halten** sind, dass der Entste-hung eines Brandes und der Ausbreitung von Feuer und Rauch (Brandausbreitung) vorgebeugt wird und bei einem Brand die Rettung von Menschen und Tieren sowie wirksame Löscharbeiten möglich sind, haben in Anlehnung an § 3 Abs. 2 Anlagen während **ihrer ge-samten Lebensdauer** den **brandschutztechnischen Anforderungen** zu

entsprechen. Dieses sind die Anforderungen, die im Zeitpunkt der Erteilung der Baugenehmigung bzw. der Durchführung der Genehmigungsfreistellung nach § 68 (oder der Durchführung der Baufreistellung nach dem früheren § 74 LBO 2000) galten. Nach alledem sind die für die Anlagen verantwortlichen Personen auch für die ordnungsgemäße Instandhaltung der Anlagen hinsichtlich der brandschutztechnischen Anlagen und Einrichtungen verantwortlich.

5. Brandsicherheit

5.1 Anforderungen an das Brandverhalten

Nach **Absatz 2 Satz 1 erster Halbsatz** müssen **Lüftungsleitungen sowie deren Bekleidungen und Dämmstoffe** aus **nichtbrennbaren Baustoffen** bestehen. Jedoch sind nach **Absatz 2 Satz 1 zweiter Halbsatz** brennbare Baustoffe zulässig, wenn ein **Beitrag** der Lüftungsleitung zur **Brandentstehung und Brandweiterleitung nicht zu befürchten** ist.
Bei der Kombination von Baustoffen ist auf die **Verbundwirkung gemäß** den Hinweisen in den **Verwendbarkeitsnachweisen** zu achten.
Die **Verwendung brennbarer Baustoffe** bei **Lüftungsleitungen** ergibt sich im Einzelnen aus **Abschnitt 3.2.1 M-LüAR**.
Die Anforderungen an **Beschichtungen** und **Bekleidungen** sowie **Dämmschichten** ergeben sich aus **Abschnitt 3.2.2 M-LüAR**.
Erleichterungen für lokal begrenzte und kleine Bauteile von Lüftungsanlagen ergeben sich aus **Abschnitt 3.2.3 M-LüAR**.
Für die **übrigen Bauteile und Einrichtungen** dürfen **brennbare Baustoffe** nur nach Maßgabe der **Anforderungen der Abschnitte 5.2.3, 6.2 und 6.4.4 M-LüAR** sowie der entsprechenden schematischen Darstellungen zur M-LüAR verwendet werden.

5.2 Überbrückung raumabschließender Bauteile durch Lüftungsleitungen

Lüftungsanlagen überqueren regelmäßig **Geschosse** und auch **Brandabschnitte** und werden damit **durch raumabschließende Bauteile hindurchgeführt**. Nach **Absatz 2 Satz 2** dürfen Lüftungsleitungen **raumabschließende Bauteile**, für die eine **Feuerwiderstandsfähigkeit** vorgeschrieben ist, nur **überbrücken**, wenn
– eine **Brandausbreitung ausreichend lang nicht zu befürchten** ist oder

– Vorkehrungen hiergegen getroffen sind.

Nur so kann sichergestellt werden, dass eine Brandausbreitung auf andere Geschosse und Brandabschnitte vermieden wird.

Nach **Abschnitt 4 M-LüAR gelten** diese **Anforderungen als erfüllt,** wenn die **Anforderungen der Abschnitte 5 bis 8 M-LüAR** eingehalten und die Lüftungsanlagen entsprechend den schematischen Darstellungen der Bilder 1 bis 6 zur M-LüAR nach Maßgabe der Bildunterschriften ausgebildet werden.

Dabei gilt, dass die **Feuerwiderstandsfähigkeit der Brandschutzklappen** der **vorgeschriebenen Feuerwiderstandsfähigkeit der Bauteile,** die von den Lüftungsleitungen durchdrungen werden, **entsprechen** muss. Brandschutzklappen sind dazu bestimmt, allein oder in Verbindung mit anderen Bauteilen wie beispielsweise Auslöseeinrichtungen die Übertragung von Feuer oder Rauch durch Lüftungsleitungen zu verhindern.

In **notwendigen Fluren mit feuerhemmenden Wänden** genügen anstelle von feuerhemmenden Lüftungsleitungen Lüftungsleitungen aus Stahlblech, ohne Öffnungen, mit Abhängern aus Stahl, vgl. Bild 3.1 und Bild 3.2 zur M-LüAR.

5.3 Anforderungen an die Installation von Lüftungsleitungen

5.3.1 Auswahl und Anordnung der Bauteile

Die **Anforderungen** an die **Installation von Lüftungsleitungen** ergeben sich aus **Abschnitt 5 M-LüAR.**

Lüftungsleitungen, in denen sich in besonderem Maße brennbare Stoffe ablagern können (z. B. Abluftleitungen von **Dunstabzugshauben in Wohnungsküchen**) oder die der Lüftung von Räumen mit erhöhter Brand- oder Explosionsgefahr dienen, dürfen **untereinander und mit anderen Lüftungsleitungen nicht verbunden** sein, es sei denn, die Übertragung von Feuer und Rauch ist durch geeignete Brandschutzklappen verhindert.

Die **Anforderungen** an die **Mündungen von Außenluft- und Fortluftleitungen** ergeben sich aus **Abschnitt 5.1.2 M-LüAR. Außenluft- und Fortluftöffnungen** (**Mündungen**) von Lüftungsleitungen, aus denen Brandgase ins Freie gelangen können, müssen so angeordnet oder ausgebildet sein, dass durch sie Feuer oder Rauch nicht in andere Geschosse, Brandabschnitte, Nutzungseinheiten, notwendige Treppenräume, Räumen zwischen den notwendigen Treppenräumen und den Ausgängen ins Freie oder notwendige Flure übertragen werden können. Dies gilt durch Einhaltung einer der in **Abschnitt 5.1.2 M-LüAR** aufgeführten Anforderungen als erfüllt.

Die **Anforderungen** an die **Zuluftanlagen** ergeben sich aus **Abschnitt 5.1.3 M-LüAR**; über Zuluftanlagen darf kein Rauch in das Gebäude übertragen werden.

Die **Anforderungen** an die **Umluftanlagen** ergeben sich aus **Abschnitt 5.1.4 M-LüAR**; bei Lüftungsanlagen mit Umluft muss die Zuluft gegen Eintritt von Rauch aus der Abluft durch Brandschutzklappen mit Rauchauslöseeinrichtungen oder durch Rauchschutzklappen geschützt sein.

Die **Kombination von Lüftungsleitungen und andere Installationen** muss **Abschnitt 5.1.5 M-LüAR** genügen.

5.3.2   Verlegung von Lüftungsleitungen

Die **Verlegung von Lüftungsleitungen** wird durch **Abschnitt 5.2 M-LüAR** geregelt.

Lüftungsleitungen oberhalb von Unterdecken müssen den Anforderungen nach **Abschnitt 5.2.4 M-LüAR** genügen.

5.3.3   Ausschluss nicht zur Lüftungsanlage gehörender Einrichtungen in Lüftungsleitungen

Nach **Absatz 4 Satz 4** sind **nicht zur Lüftungsanlage gehörende Einrichtungen in Lüftungsleitungen unzulässig.** Dieses Verbot bezieht sich auch auf elektrische Leitungen oder Sanitärleitungen, die nicht im Zusammenhang mit der Lüftungsanlage stehen.

6.   Einrichtungen zur Luftaufbereitung und Lüftungszentralen

Einrichtungen zur Luftaufbereitung und Lüftungszentralen müssen den Anforderungen nach **Abschnitt 6 M-LüAR** genügen. Dieses betrifft im Einzelnen

- Lufterhitzer,
- Filtermedien, Kontaktbefeuchter und Tropfenabscheider,
- Wärmerückgewinnungsanlagen und
- Lüftungszentralen für Ventilatoren und Luftaufbereitungseinrichtungen.

7. Besondere Bestimmungen für Lüftungsanlagen nach
   DIN 18017-3

Ein großer Anwendungsbereich für reine Abluftanlagen besteht für
WC-Abluftanlagen in Wohngebäuden oder Geschäftsgebäuden. Abluftanlagen für Sanitärbereiche werden durch die Norm **DIN 18017-3:2009-09 Lüftung von Bädern und Toilettenräumen ohne Außenfenster – Lüftung mit Ventilatoren** geregelt.

8. Abluftleitungen von gewerblichen oder vergleichbaren Küchen,
   ausgenommen Kaltküchen

Die Anforderungen an **Abluftleitungen von gewerblichen oder vergleichbaren Küchen, ausgenommen Kaltküchen,** ergeben sich aus Abschnitt 8 M-LüAR.

9. Gemeinsame Abführung von Abluft und Abgas aus
   Feuerstätten

Nach **Absatz 4 Satz 1 erster Halbsatz** dürfen **Lüftungsanlagen nicht in Abgasanlagen eingeführt** werden. Nach **Absatz 4 Satz 1 zweiter Halbsatz** ist die **gemeinsame Nutzung von Lüftungsleitungen zur Lüftung und zur Ableitung der Abgase von Feuerstätten zulässig,** wenn keine Bedenken wegen der Betriebssicherheit und des Brandschutzes bestehen. Die Anforderungen ergeben sich im Einzelnen aus **Abschnitt 9 M-LüAR.** Hieraus ergeben sich auch die Anforderungen an eine **gemeinsame Abführung von Küchenabluft und Abgas aus Feuerstätten** bei

– **Küchenabluft und Abgas aus Feuerstätten für gasförmige Brennstoffe** und
– **Küchenabluft und Abgas aus Kochgeräten für feste Brennstoffe.**

10. Vermeidung der Übertragung von Gerüchen, Staub und
    Geräuschen

Nach **Absatz 3** sind Lüftungsanlagen so herzustellen, dass sie **Gerüche, Staub und Geräusche nicht** in andere Räume **übertragen.** Die Anforderung im Hinblick auf **Gerüche und Staub** kann durch eine **dichte Ausführung** der Lüftungsleitungen und bei Umluftsystemen durch den **Einbau von Filtern** erfüllt werden. Um Personen, empfindliche Geräte oder Fertigungen in Betrieben vor Verunreinigungen aus der Luft wie beispielsweise Staub oder ansteckende Erreger zu schützen, werden Zuluftanlagen und Umluftsysteme je nach Anwendung mit entsprechenden Luftfiltern ausgestattet.

Absatz 3 soll auch sicherstellen, dass Lüftungsanlagen **Geräusche nicht in andere Räume übertragen.** Insoweit **konkretisiert** die Bestimmung die Anforderung nach **§ 16 Abs. 2 Satz 1,** wonach Gebäude einen ihrer Nutzung entsprechenden **Schallschutz** haben müssen.

Nach **Absatz 4 Satz 3** dürfen **Gerüche, Staub und Geräusche** aus Lüftungsanlagen auch **nicht zu Gesundheitsbeeinträchtigungen oder unzumutbaren Belästigungen in der Nachbarschaft** führen. Diese Regelung ist **nachbarschützend.** Sie **konkretisiert** insoweit **§ 14** über den **Schutz gegen schädliche Einflüsse,** wonach bauliche Anlagen so angeordnet und beschaffen sein müssen, dass durch Einflüsse i. S. d. § 4 Abs. 1 **Gefahren oder unzumutbare Belästigungen nicht** entstehen. Die Zumutbarkeit hängt auch von der **planungsrechtlichen Situation** ab. Als **anlagenbezogener Schutz gegen Geräusche** kommen insbesondere in Betracht

- Einsatz besonders geräuscharmer Anlagenteile,
- besondere Anordnung der Zu- und Abluftanlagen im Bereich der baulichen Anlage,
- Abstände der Zu- und Abluftanlagen zu schutzwürdigen Nutzungen,
- Dämmung der Anlagen,
- massive Einhausungen der Anlagen und
- Schalldämpfer.

11. Ausschluss vom Anwendungsbereich

Nach **Absatz 5 gelten nicht** die **Absätze 2 und 3**
- für Gebäude der Gebäudeklassen 1 und 2 (**Nummer 1**),
- innerhalb von Wohnungen (**Nummer 2**),
- innerhalb derselben Nutzungseinheit mit nicht mehr als 400 m² in nicht mehr als zwei Geschossen (**Nummer 3**).

Der **Verzicht auf die Anforderungen** an Lüftungsanlagen nach Absatz 2 und 3 steht im **systematischen Zusammenhang** mit den Regelungen bei Trennwände nach § 30 Abs. 6 und Decken nach § 32 Abs. 4 in den erfassten Fällen.

§ 43 Feuerungsanlagen, sonstige Anlagen zur Wärmeerzeugung, Brennstoffversorgung

(1) Feuerstätten und Abgasanlagen (Feuerungsanlagen) müssen betriebssicher und brandsicher sein.

(2) Feuerstätten dürfen in Räumen nur aufgestellt werden, wenn nach der Art der Feuerstätte und nach Lage, Größe, baulicher Beschaffenheit und Nutzung der Räume Gefahren nicht entstehen.

(3) [1]Abgase von Feuerstätten sind durch Abgasleitungen, Schornsteine und Verbindungsstücke (Abgasanlagen) so abzuführen, dass keine Gefahren oder unzumutbaren Belästigungen entstehen. [2]Abgasanlagen sind in solcher Zahl und Lage und so herzustellen, dass die Feuerstätten des Gebäudes ordnungsgemäß angeschlossen werden können. [3]Sie müssen leicht gereinigt werden können.

(4) [1]Behälter und Rohrleitungen für brennbare Gase und Flüssigkeiten müssen betriebssicher und brandsicher sein. [2]Diese Behälter sowie feste Brennstoffe sind so aufzustellen oder zu lagern, dass keine Gefahren oder unzumutbaren Belästigungen entstehen.

(5) Für die Aufstellung von ortsfesten Verbrennungsmotoren, Blockheizkraftwerken, Brennstoffzellen und Verdichtern sowie die Ableitung ihrer Verbrennungsgase gelten die Absätze 1 bis 3 entsprechend.

Erläuterungen

1. Allgemeines

§ 43 über Feuerungsanlagen, sonstige Anlagen zur Wärmeerzeugung, Brennstoffversorgung beschränkt sich auf die im Gesetz erforderlichen Grundanforderungen zu diesen Anlagen. Anlagen, die mit Hilfe von Verbrennungsprozessen (auch) Wärme erzeugen, aber keine Feuerstätten sind, werden hinsichtlich ihrer Aufstellung und der Ableitung von Verbrennungsgasen erfasst, weil bei der Ableitung dieser Abgase bauliche Vorkehrungen zum Gesundheitsschutz und Brandschutz erforderlich sind. Nähere Anforderungen ergeben sich aus der FeuVO.

2.   Geltungsbereiche nach der Landesbauordnung

2.1 Geltungsbereiche für Feuerungsanlagen

In den Geltungsbereich nach der LBO fallen grundsätzlich Feuerungs-
anlagen bis zu unterhalb der Grenze einer Genehmigungsbedürfigkeit
nach dem BImSchG.
Es sind im Einzelnen:
– Feuerungsanlagen für feste Brennstoffe   < 1 MW,
– Feuerungsanlagen für gasförmige Brennstoffe < 10 MW,
– Feuerungsanlagen für flüssige Brennstoffe   < 20 MW.

2.2 Geltungsbereiche für Anlagen zur Brennstoffversorgung

Unter Beachtung der Leistungsgrenzen nach dem **Anhang zur
4. BImSchV** fallen folgende Anlagen in den Geltungsbereich nach der
LBO:
– Anlagen zur Lagerung von brennbaren Gasen
  in Behältern   < 3 Tonnen.
– Anlagen zur Lagerung brennbarer Flüssigkeiten,
  die nicht leicht- oder hochentzündlich sind   < 10 000 Tonnen.
Nach § 1 Abs. 2 Satz 1 Nr. 4 Buchst. a BetrSichV fallen folgende Anlagen in den Geltungsbereich:
– **Lageranlagen,** soweit entzündliche, leichtentzündliche oder hoch-
  entzündliche Flüssigkeiten gelagert oder abgefüllt werden, mit einem **Gesamtrauminhalt**   ≤ 10 000 Litern.

3.   Begriffe

3.1 Feuerungsanlagen

3.1.1   Allgemeines

Der **Begriff Feuerungsanlagen** ist der **Oberbegriff** der Begriffe
– **Feuerstätten** und
– **Abgasanlagen.**
Nach § 2 Abs. 10 sind Feuerstätten in oder an Gebäuden **ortsfest ge-
nutzte Anlagen oder Einrichtungen,** die dazu bestimmt sind, durch
Verbrennung Wärme zu erzeugen.

3.1.2 Feuerstätten

Ortsfest genutzte Feuerstätten sind
- **geschlossenen Feuerstätten** mit **allseits umschlossenen Feuerungsraum** wie beispielsweise Heizkessel, Öfen und Kaminöfen und
- **offene Feuerstätten** wie beispielsweise offene Feuerstätten, deren Abgase über Rauchfänge in Kamine eingeleitet werden, und offen betriebene Kaminöfen. Der Begriff Kamin ist mit dem Begriff Schornstein inhaltsgleich.

3.1.3 Abgasanlagen

3.1.3.1 Allgemeines

Der **Begriff Abgasanlagen** ist der **Oberbegriff** für
- **Schornsteine,**
- **Abgasleitungen** und
- **Verbindungsstücke.**

Die Norm **DIN V 18160-1:2006-01 Abgasanlagen; Planung und Ausführung** gilt für die Planung und Ausführung von Abgasanlagen für die Abführung von Abgasen von Feuerstätten, die mit festen, flüssigen oder gasförmigen Brennstoffen betrieben werden, sowie z. B. für die Abführung von Abgasen von Wärmepumpen, Blockheizkraftwerken und ortsfesten Verbrennungsmotoren.

Nach § 7 Abs. 2 Satz 1 FeuVO müssen die **Abgase** von **Feuerstätten für feste Brennstoffe** in **Schornsteine,** die **Abgase** von **Feuerstätten für flüssige oder gasförmige Brennstoffe dürfen auch in Abgasleitungen** eingeleitet werden.

3.1.3.2 Schornsteine

Nach **Abschnitt 3.2** der Norm **DIN V 18160-1** sind **Schornsteine** Abgasanlagen, die **rußbrandbeständig** sind. Die **Abgase** von **Feuerstätten für feste Brennstoffe müssen** in **Schornsteine** eingeleitet werden.

3.1.3.3 Abgasleitungen

Nach **Abschnitt 3.4** der Norm **DIN V 18160-1** sind **Abgasleitungen** Abgasanlagen, die **nicht rußbrandbeständig** sein müssen. Abgasleitungen sind Leitungen, die Abgase aus Feuerstätten für flüssige oder gasförmige Brennstoffe abführen.

3.1.3.4 Verbindungsstücke

Nach **Abschnitt 3.3** der Norm **DIN V 18160-1** sind **Verbindungsstücke** aus Bauprodukten hergestellte bauliche Anlagen zwischen
- den **Abgasstutzen der Feuerstätten** und
- den **senkrechten Teilen der Abgasanlagen.**

3.2 Sonstige Anlagen zur Wärmeerzeugung

Sonstige Anlagen zur Wärmeerzeugung sind nach **Absatz 5**
- ortsfeste Verbrennungsmotoren,
- **Blockheizkraftwerke,**
- **Brennstoffzellen** und
- **Verdichter.**

3.3 Brennstoffversorgung

Folgende **Brennstoffarten** kommen zur Anwendung:
- **Feste Brennstoffe,** beispielsweise Kohle, Koks, Holz, Torf und Holzpellets,
- **flüssige Brennstoffe,** insbesondere Heizöl,
- **gasförmige Brennstoffe,** insbesondere Erdgas und Flüssiggas.

Die **zulässigen Brennstoffe für kleine und mittlere Feuerungsanlagen** ergeben sich aus § 3 der Verordnung über kleine und mittlere Feuerungsanlagen (1. BImSchV).

4. Anforderungen

4.1 Schutzziel, Grundsatzanforderungen

Absatz 1 enthält das **Schutzziel** und damit die **Grundsatzanforderungen an Feuerungsanlagen. Feuerstätten** und **Abgasanlagen (Feuerungsanlagen)** müssen
- **betriebssicher** und
- **brandsicher**

sein. Die **Grundsatzanforderungen** werden erfüllt, indem
- die **Anforderungen nach § 43,**
- die **Anforderungen** nach der **FeuVO** und
- das **einschlägige technische Regelwerk** wie die zugrunde zu legenden Normen und technischen Regeln

eingehalten werden.

4.2 Anforderungen an Räume

4.2.1 Aufstellung von Feuerstätten

Feuerstätten dürfen nach **Absatz 2** in **Räumen** nur **aufgestellt** werden, wenn

– nach der **Art der Feuerstätte** und
– nach **Lage, Größe, baulicher Beschaffenheit und Nutzung der Räume**

Gefahren nicht entstehen. Die allgemeinen Anforderungen an Aufstellungsräume von Feuerstätten, an Aufstellungsräume für ortsfeste Verbrennungsmotoren und an Aufstellungsräume von Behältern für brennbare Gase und Flüssigkeiten ergeben sich aus der Feuerungsverordnung. Die Anforderungen nehmen Bezug auf die **Art der Feuerstätten**; die jeweiligen Feuerstätten dürfen in der Verbindung mit den Räumen, in denen sie aufgestellt werden sollen, keine Gefahr entstehen lassen. Hierbei ist auch auf **Lage, Größe, baulicher Beschaffenheit und Nutzung der Räume** abzustellen. § 4 FeuVO regelt die **Aufstellung von Feuerstätten**.

Die **Verbrennungsluftversorgung** hat für die **Betriebssicherheit** als **Grundsatzanforderung nach Absatz 1** an Feuerungsanlagen eine wesentliche Bedeutung. § 3 FeuVO regelt die **Verbrennungsluftversorgung von Feuerstätten**.

Es ist zu unterscheiden zwischen

– **raumluftabhängige Feuerstätten** und
– **raumluftunabhängige Feuerstätten**.

Nach § 2 Abs. 2 FeuVO sind Feuerstätten **raumluftunabhängig**,

– denen die **Verbrennungsluft** über Leitungen oder Schächte **nur direkt vom Freien zugeführt** wird und
– bei denen **kein Abgas** in **gefahrdrohender Menge** in den Aufstellraum **austreten** kann.

Andere Feuerstätten sind **raumluftabhängig**.

4.2.2 Aufstellräume für Feuerstätten

§ 5 FeuVO regelt i. V. m. § 6 FeuVO die Anforderungen an die **Räume zur Aufstellung von Feuerstätten**. Die Anforderungen richten sich nach der Art des Brennstoffes und der Summe der Nennleistungen der Feuerstätten, die gleichzeitig betrieben werden sollen.

4.2.3 Heizräume

Im Vergleich zu den Feuerstätten für gasförmige und flüssige Brennstoffe sind **Feuerstätten für feste Brennstoffe** im Allgemeinen nicht so
schnell regelbar, weil die zugeführte Brennstoffmenge noch verbrennt,
auch wenn die Brennstoffzufuhr bereits unterbrochen wurde. § 6
FeuVO regelt die Anforderungen an **Heizräume**.

4.3 Abführung der Abgase von Feuerstätten

4.3.1 Abführung durch Abgasanlagen

Absatz 3 enthält die **grundsätzlichen Anforderungen** an die **Abgasanlagen**. Nach **Absatz 3 Satz 1** sind **Abgase von Feuerstätten** durch Abgasleitungen, Schornsteine und Verbindungsstücke (**Abgasanlagen**) so
abzuführen, dass **keine Gefahren oder unzumutbare Belästigungen**
entstehen. Alle Feuerstätten, die Abgase erzeugen, müssen an Abgasanlagen angeschlossen sein. Nach **Absatz 3 Satz 2** sind **Abgasanlagen**
in solcher **Zahl und Lage** und so herzustellen, dass die **Feuerstätten
des Gebäudes ordnungsgemäß angeschlossen** werden können. § 7
FeuVO stellt die **Anforderungen** an Abgasanlagen.

§ 8 FeuVO regelt die **Abstände von Abgasanlagen zu brennbaren Bauteilen**.

§ 9 FeuVO regelt die **Abführung von Abgasen**. Nach **§ 9 Abs. 1 Satz 1**
FeuVO müssen **Mündungen von Abgasanlagen**
- den **First um mindestens 40 cm überragen oder** von der **Dachfläche mindestens 1 m entfernt** sein; ein Abstand von der Dachfläche
  von 40 cm genügt, wenn nur raumluftunabhängige Feuerstätten
  für flüssige oder gasförmige Brennstoffe angeschlossen sind, die
  Summe der Nennleistungen der angeschlossenen Feuerstätten
  nicht mehr als 50 kW beträgt und das Abgas durch Ventilatoren
  abgeführt wird (**Nummer 1**),
- **Dachaufbauten, Gebäudeteile, Öffnungen zu Räumen und unge-
  schützte Bauteile aus brennbaren Baustoffen**, ausgenommen Bedachungen, um **mindestens 1 m überragen**, soweit deren Abstand zu
  den Abgasanlagen weniger als 1,5 m beträgt (**Nummer 2**),
- bei **Feuerstätten für feste Brennstoffe** in Gebäuden, deren Bedachung überwiegend nicht den Anforderungen des § 33 Abs. 1 LBO
  entspricht, am **First des Daches** austreten und diesen um **mindestens 80 cm überragen (Nummer 3)**.

Zur **Anordnung von Abgasanlagen** im Hinblick auf
– Lage der Mündung,
– Höhe der Mündungen über Dach,
– Abgasanlagen und angrenzende Bauteile,
– Führung von Verbindungsstücken
ergeben sich auch Anforderungen nach **Abschnitt 6.10 der Norm DIN V 18160-1:2006-01 Abgasanlagen; Planung und Ausführung.**
Die **notwendige Höhe der Mündungen von Abgasanlagen** ist grundsätzlich **nachbarschützend** (vgl. BayVGH, Urt. vom 19. November 1979 – 6 XIV 78 –, BRS 35 Nr. 181; HessVGH, Beschl. vom 30. September 2008 – 3 UZ 1788/03 –, BRS 67 Nr. 134 = UPR 2005, 120 L = DÖV 2005, 485 L; zur Frage einer erheblichen Belästigung durch einen offenen Kamin vgl. BayVGH, Urt. vom 11. Dezember 1998 – 2 B 88.2397 –, juris; VG München, Urt. vom 14. Januar 2008 – M 8 K 07.2339 –, juris, VG Saarland, Urt. vom 4. November 2009 – 5 K 110/09 –, juris).

4.3.2 Reinigung der Abgasanlagen

Nach **Absatz 3 Satz 3** müssen **Abgasanlagen leicht gereinigt** werden können. Bei Abgasanlagen müssen deshalb an den erforderlichen Stellen **Reinigungsöffnungen** vorgehalten oder Verbindungsstücke herausgenommen werden können.

5. Brennstofflagerung, Behälter und Rohrleitungen

5.1 Allgemeines

Absatz 4 stellt die **grundsätzlichen Anforderungen** an die **Brennstofflagerung** und an **Rohrleitungen für brennbare Gase und Flüssigkeiten.** **Behälter und Rohrleitungen für brennbare Gase und Flüssigkeiten** müssen **betriebssicher** und **brandsicher** sein. Die Behälter sowie feste Brennstoffe sind so aufzustellen bzw. zu lagern, dass **keine Gefahren oder unzumutbaren Belästigungen** entstehen.

5.2 Brennstofflagerung in Brennstofflagerräumen

Der Betrieb von Feuerstätten erfordert den Einsatz von Brennstoffen, die über öffentliche Versorgungsnetze leitungsgebunden herangeführt werden (Erdgas) oder als Flüssiggas, feste Brennstoffe oder flüssige Brennstoffe auf dem Grundstück oder im Gebäude bevorratet werden

(Brennstofflagerung). Die **Brennstofflagerung im Gebäude** erfordert beim **Überschreiten bestimmter Mengen** zur Wahrung der öffentlichen Sicherheit, insbesondere aus Gründen des Brandschutzes, besondere Räume (**Brennstofflagerräume**). § 11 FeuVO regelt die Brennstofflagerung in Brennstofflagerräumen. **Wasserrechtliche Belange** gelten zusätzlich für die **Lagerung flüssiger Brennstoffe** und bleiben deshalb unberührt.

5.3 Brennstofflagerung außerhalb von Brennstofflagerräumen

Außerhalb von Brennstofflagerräumen ist innerhalb von Gebäuden **die Lagerung von Brennstoffen nach Lagerort, Brennstoffart und Lagermengen** aus Gründen des gebotenen Brandschutzes und weiterer Belange der öffentlichen Sicherheit **eingeschränkt**. Die Lagerung von Brennstoffen außerhalb von Gebäuden (oberirdische Lagerung im Freien und unterirdische Lagerung) ist nicht Gegenstand der Feuerungsverordnung. § 12 FeuVO regelt die Brennstofflagerung außerhalb von Brennstofflagerräumen.

6. Ortsfeste Verbrennungsmotoren, Blockheizkraftwerke, Brennstoffzellen und Verdichter

Absatz 5 regelt die entsprechende Anwendung der Absätze 1 bis 3 für die **Aufstellung** von **ortsfesten Verbrennungsmotoren, Blockheizkraftwerken, Brennstoffzellen und Verdichter** sowie die **Ableitung** ihrer **Verbrennungsgase**. § 10 FeuVO regelt Wärmepumpen, Blockheizkraftwerke und ortsfeste Verbrennungsmotoren.

§ 44   Sanitäre Anlagen, Wasserzähler

(1) Fensterlose Bäder und Toiletten sind nur zulässig, wenn eine wirksame Lüftung gewährleistet ist.

(2) [1]Jede Wohnung oder Nutzungseinheit in Gebäuden, die überwiegend Wohnzwecken dienen, muss einen eigenen Wasserzähler haben. [2]Die Eigentümerinnen oder Eigentümer bestehender Gebäude sind verpflichtet, jede Wohnung bis zum 31. Dezember 2020 mit solchen Einrichtungen nachträglich auszurüsten. [3]Abweichungen sind zuzulassen, soweit die Ausrüstung wegen besonderer Umstände durch einen unangemessenen Aufwand oder in sonstiger Weise zu unverhältnismäßigen Kosten führt.

Erläuterungen

1. Bäder und Toiletten

Nach **Absatz 1** sind **fensterlose Bäder und Toiletten nur zulässig,** wenn eine **wirksame Lüftung gewährleistet** ist.
Nach § **49 Abs. 3** muss **jede Wohnung** ein **Bad mit Badewanne oder Dusche** und eine **Toilette** haben. **Toiletten für Wohnungen** müssen **innerhalb der Wohnung** liegen. Die Regelungen nach § **49 Abs. 3** stellen eine Ausformung der Bestimmung des § 3 Abs. 2 im Hinblick auf Bäder und Toiletten dar, wonach Anlagen so anzuordnen, zu errichten, zu ändern und instand zu halten sind, dass die öffentliche Sicherheit – zu der auch die Gesundheit gehört – nicht gefährdet werden.
Eine **wirksame Lüftung fensterloser Bäder und Toiletten** in Wohnungen ist gewährleistet, wenn die **Bauaufsichtliche Richtlinie über die Lüftung fensterloser Küchen, Bäder und Toilettenräume in Wohnungen** – Ausgabe April 2009 –, die als Technische Baubestimmung eingeführt ist, beachtet wird. Die Richtlinie regelt insbesondere die lüftungstechnischen Mindestanforderungen, die Schallschutzanforderungen und die Brandschutzanforderungen.

2. Wasserzähler

2.1 Ausrüstung bei Neubauten und wesentlichen Änderungen

Nach **Absatz 2 Satz 1** muss **jede Wohnung** oder **Nutzungseinheit in Gebäuden, die überwiegend Wohnzwecken dienen,** einen **eigenen Wasserzähler** haben. Die Anforderung greift auch bei **wesentlichen Änderungen** von Wohnungen oder Nutzungseinheiten in Gebäuden, die überwiegend Wohnzwecken dienen, also bei Baumaßnahmen, die nicht mehr durch den Bestandschutz gedeckt sind und einem bauaufsichtlichen Verfahren unterliegen.

2.2 Nachrüstpflicht

Zur **Einsparung von Trinkwasser** müssen **nicht nur neue Wohnungen** oder **neue Nutzungseinheiten in Gebäuden, die überwiegend Wohnzwecken dienen,** eigene Wasserzähler haben. Das Gesetz erstreckt die Anforderung nach Wasserzählern auch auf **bestehende Gebäude.** Hintergrund der Anforderung ist die Erkenntnis, dass eine **individuelle Verbrauchserfassung** für Trinkwasser zu **wesentlichen Einsparungen** im Gesamtverbrauch führt; der Wasserverbrauch wird den Nutzerinnen oder Nutzern gleichsam vor Augen geführt. Nach **Absatz 2 Satz 2** sind die **Eigentümerinnen oder Eigentümer bestehender Gebäude** verpflichtet, **jede Wohnung** bis zum **31. Dezember 2020** mit solchen Einrichtungen **nachträglich auszurüsten**.

Bestandsschutz steht der Regelung zur nachträglichen Ausrüstung von Wohnungen mit Wasserzählern grundsätzlich **nicht entgegen**. Unter Beachtung des Grundsatzes der Verhältnismäßigkeit kann der Gesetzgeber neues Recht auf rechtmäßig bestehende bauliche Anlagen für anwendbar bestimmen. Der **Grundsatz der Verhältnismäßigkeit** erfordert, dass eine angemessene Übergangsregelung – wie im vorliegenden Fall geschehen – getroffen wird. Für die Nachrüstung von Wohnungen mit Wasserzählern wurde eine angemessene Zeitspanne eingeräumt. Die Ausdehnung der Regelung über die Ausstattung von Neubauten mit Wasserzählern hinaus hat der Gesetzgeber in einer nicht zu beanstandenden Weise als notwendig erachtet, um **mittelfristig** einen **wesentlichen Beitrag zur Einsparung von Trinkwasser** zu erzielen.

2.3 Abweichungen von der Nachrüstpflicht

Nach **Absatz 2 Satz 3** sind **Abweichungen von der Pflicht auf nachträgliche Ausrüstung von Wohnungen oder entsprechenden Nutzungseinheiten im Bestand** zuzulassen, soweit die Ausrüstung wegen besonderer Umstände durch einen unangemessenen Aufwand oder in sonstiger Weise zu unverhältnismäßigen Kosten führt. Die **Abweichungen** sind auf **Antrag** bei der Bauaufsichtsbehörde in einer **gebundenen Entscheidung** zuzulassen, wenn die in der Vorschrift genannten Voraussetzungen vorliegen. Ein unangemessener Aufwand oder unverhältnismäßige Kosten können im Einzelfall vorliegen, wenn die anrechenbaren Installationskosten pro m² der Wohnfläche oberhalb der Kostenobergrenze liegen und/oder die Anzahl der notwendigen Wasserzähler eine zumutbare Größenordnung übersteigt.

§ 45   Kleinkläranlagen, Gruben und Anlagen zum Lagern von Jauche, Gülle, Festmist und Silagesickersäften

(1) [1]Kleinkläranlagen und Gruben müssen wasserdicht und ausreichend groß sein. [2]Sie müssen eine dichte und sichere Abdeckung sowie Reini-

gungs- und Entleerungsöffnungen haben. [3]Diese Öffnungen dürfen nur vom Freien aus zugänglich sein. [4]Die Anlagen sind so zu entlüften, dass Gesundheitsschäden oder unzumutbare Belästigungen nicht entstehen. [5]Die Zuleitungen zu Abwasserentsorgungsanlagen müssen geschlossen, dicht, und, soweit erforderlich, zum Reinigen geeignet sein.

(2) [1]Anlagen zum Lagern von Jauche, Gülle, Festmist und Silagesickersäften sind mit wasserundurchlässigen Böden anzulegen. [2]Die Wände müssen ausreichend hoch wasserundurchlässig sein. [3]Flüssige Abgänge aus Ställen und Anlagen zum Lagern von Festmist sind in Jauche- und Güllebehälter, aus Silagen in dichte Behälter, insbesondere Güllebehälter, zu leiten, die keine Verbindung zu Abwasserbeseitigungsanlagen haben dürfen.

Erläuterungen

1. Begriffe

1.1 Kleinkläranlagen

Kleinkläranlagen sind **Anlagen zur Reinigung von Abwasser.** Sie kommen bei Einzelvorhaben in Betracht, wenn eine Abwasserbeseitigung durch Anschluss an eine kommunale Abwasserbeseitigung aus technischen, satzungsrechtlichen oder finanziellen Gründen nicht möglich ist.

Wesentliche Regelungen für Kleinkläranlagen ergeben sich insbesondere aus

– dem **Erlass Einführung der DIN 4261 „Kleinkläranlagen" als allgemein anerkannte Regeln der Technik und Landesrechtliche Regelung gemäß Anhang 1, Teil C, Absatz 4 und 5 der Abwasserverordnung** des Ministeriums für Landwirtschaft, Umwelt und ländliche Räume vom 18. März 2008 (Amtsbl. Schl.-H. S. 283), geändert durch Erlass vom 24. Juni 2008 (Amtsbl. Schl.-H. S. 628), und dem dazugehörigen Erlass vom 15. Januar 2010 (Amtsbl. Schl.-H. S. 199),

– der Norm **DIN 4261-1:2010-10 Kleinkläranlagen – Anlagen zur Schmutzwasservorbehandlung,**

– der Norm **DIN EN 12566-1:2004-05 Kleinkläranlagen für bis zu 50 EW – Werkmäßig hergestellte Faulgruben,**

– der Norm **DIN EN 12566-3:2009-07 Kleinkläranlagen für bis zu 50 EW** – Vorgefertigte und/oder vor Ort montierte Anlagen zur Behandlung von häuslichem Schmutzwasser,
– der Norm **DIN EN 12566-4:2008-01 Kleinkläranlagen für bis zu 50 EW** – Bausätze für vor Ort einzubauende Faulgruben.

1.2 Gruben

Gruben dienen der **vorübergehenden Sammlung** von **häuslichem Schmutzwasser**. Gruben müssen die **Anforderungen nach Absatz 1** erfüllen.

1.3 Anlagen zum Lagern von Jauche, Gülle, Festmist und Silagesickersäften

Anlagen zum Lagern von Jauche, Gülle, Festmist und Silagesickersäften dienen der Lagerung der genannten Stoffe. Die Anlagen müssen die **Anforderungen nach Absatz 2** erfüllen.

2. Anforderungen

2.1 Anforderungen an Kleinkläranlagen und Gruben

Absatz 1 stellt die **bauordnungsrechtlichen Anforderungen an Kleinkläranlagen und Gruben**; der Umfang der Regelungen beschränkt sich auf das bauordnungsrechtlich **Erforderliche:**
– Sie müssen **wasserdicht** und **ausreichend groß** sein (**Satz 1**);
– sie müssen eine **dichte und sichere Abdeckung** sowie **Reinigungs- und Entleerungsöffnungen** haben (**Satz 2**);
– die Reinigungs- und Entleerungsöffnungen dürfen **nur vom Freien aus zugänglich** sein (**Satz 3**);
– die Anlagen sind so **zu entlüften**, dass **Gesundheitsschäden** oder **unzumutbare Belästigungen nicht** entstehen (**Satz 4**);
– die Zuleitungen zu Abwasserentsorgungsanlagen müssen geschlossen, dicht und, soweit erforderlich, zum Reinigen geeignet sein (**Satz 5**).

2.2 Anforderungen an Anlagen zum Lagern von Jauche, Gülle, Festmist und Silagesickersäften

Absatz 2 stellt die **bauordnungsrechtlichen Anforderungen an Anlagen zum Lagern von Jauche, Gülle, Festmist und Silagesickersäften;**

der Umfang der Regelungen beschränkt sich auf das bauordnungsrechtlich **Erforderliche:**
- Sie sind mit **wasserundurchlässigen Böden** anzulegen (**Satz 1**);
- die **Wände** müssen **ausreichend hoch wasserundurchlässig** sein
  (**Satz 2**);
- **flüssige Abgänge aus Ställen und Anlagen zum Lagern von Festmist** sind in Jauche- und Güllebehälter zu leiten, die keine Verbindung zu Abwasserbeseitigungsanlagen haben dürfen (**Satz 3 erster
  Halbsatz**);
- **flüssige Abgänge aus Silagen** in dichte Behälter, insbesondere Güllebehälter, zu leiten, die keine Verbindung zu Abwasserbeseitigungsanlagen haben dürfen (**Satz 3 zweiter Halbsatz**).

Absatz 2 macht damit zur **Sicherstellung der Umsetzung** der Anforderungen nach Wasserrecht wesentliche Regelungen dieser Rechtsmate-
rie zum Bauordnungsrecht. Nach § 21 c VAwS sind ausdrücklich die
bauordnungsrechtlichen Anforderungen nach **Absatz 2** einzuhalten.
Im Hinblick auf den Immissionsschutz und die Wahrung der nachbarlichen Belange sind auch ausreichende Abstände dieser Anlagen zu
schutzwürdigen Nutzungen von großer Bedeutung; sie richten sich
nach der **gebotenen Rücksichtnahme** entsprechend den **planungsrechtlichen Anforderungen.**

Jauche, Gülle, Festmist und Silagesickersäften sind **wassergefährdende
Stoffe,** für die auch die **Vorschriften des Wasserhaushaltsgesetzes** gelten.

Nach § 21 a VAwS gelten für **Anlagen zum Lagern und Abfüllen von
Jauche, Gülle und Silagen mit Silagesickersäften** i. S. d. § 19 g Abs. 2
WHG und für Anlagen zum Lagern von Festmist die §§ 2, 3 Nr. 1
Satz 1 und 2 sowie § 3 Nr. 2, die §§ 4, 5, 7, 8, 10 Abs. 1 und 2,
§ 27 Nr. 1, 3, 6 und 7 sowie die §§ 28, 29 Abs. 2 und 3 VAwS. Zum
Fassungsvermögen von Anlagen nach § 21 a VAwS ist § 21 b VAwS
zu beachten. Bei Erdbecken ist § 21 d Abs. 1 VAwS zu beachten.

Wesentliche technische Regelungen für Anlagen zum Lagern von Jauche, Gülle, Festmist und Silagesickersäften ergeben sich insbesondere
aus der **Norm DIN 11622 Gärfuttersilos und Güllebehälter.**

§ 46 Aufbewahrung fester Abfall- und Wertstoffe

[1]Feste Abfall- und Wertstoffe dürfen innerhalb von Gebäuden vorübergehend aufbewahrt werden, in Gebäuden der Gebäudeklassen 3 bis 5 jedoch
nur, wenn die dafür bestimmten Räume
1. Trennwände und Decken als raumabschließende Bauteile mit der Feuerwiderstandsfähigkeit der tragenden Wände und
2. Öffnungen vom Gebäudeinnern zum Aufstellraum mit feuerhemmenden, dicht- und selbstschließenden Abschlüssen haben,
3. unmittelbar vom Freien entleert werden können und
4. eine ständig wirksame Lüftung haben.
[2]In Wohngebäuden ist der Einbau von Abfallschächten unzulässig. [3]Bei
der Errichtung sonstiger Gebäude ist die Anlage von Abfallschächten nur
zulässig, wenn eine getrennte Erfassung der festen Abfall- und Wertstoffe
sichergestellt ist.

Erläuterungen

1. Allgemeines

§ 46 über **Aufbewahrung fester Abfall- und Wertstoffe** enthält aus
Gründen der Gefahrenabwehr, insbesondere des **Brand- und Gesund-
heitsschutzes,** besondere Anforderungen.
Das Abfallrecht wird durch das **Kreislaufwirtschaftsgesetz (KrWG)**
geregelt. Nach § 3 Abs. 1 KrWG sind **Abfälle** i. S. d. Gesetzes alle
Stoffe oder Gegenstände, derer sich ihr Besitzer entledigt, entledigen
will oder entledigen muss. Abfälle zur Verwertung sind Abfälle, die
verwertet werden; Abfälle, die nicht verwertet werden, sind Abfälle
zur Beseitigung.
Die **Abfallbeseitigung** in Schleswig-Holstein an sich wird durch das
Landesabfallwirtschaftsgesetz (LAbfWG) geregelt. Nach § 3 Abs. 1
LAbfWG sind die **Kreise und kreisfreien Städte öffentlich-rechtliche
Entsorgungsträger.** Sie haben die Aufgabe, die Abfallentsorgung in eigener Verantwortung zu erfüllen. Nach § 5 Abs. 1 Satz 1 LAbfWG
regeln die öffentlich-rechtlichen Entsorgungsträger die **Entsorgung der
Abfälle,** für die sie entsorgungspflichtig sind, durch **Satzung.** Nach
§ 5 Abs. 1 Satz 3 LAbfWG soll die **Satzung insbesondere Vorschriften**
darüber enthalten,
– in welcher Weise,

– an welchem Ort und
– zu welcher Zeit

dem öffentlich-rechtlichen Entsorgungsträger die Abfälle zu überlassen sind und unter welchen Voraussetzungen die von dem öffentlich-rechtlichen Entsorgungsträger zu entsorgenden Abfälle als in seinem Gebiet angefallen gelten. Nach § 5 Abs. 1 Satz 4 LAbfWG sind die **Besitzerinnen und Besitzer** von Abfällen **zur getrennten Überlassung zu verpflichten,** soweit dies zur Erfüllung der Anforderungen aufgrund des Kreislaufwirtschaftsgesetzes erforderlich ist oder in einer Rechtsverordnung vorgesehen ist.

2. Bauordnungsrechtliche Anforderungen

2.1 Allgemeines

Grundsätzlich müssen für die **vorübergehende Aufbewahrung fester Abfall- und Wertstoffe geeignete dichte Behälter außerhalb von Gebäuden** aufgestellt werden können. **Ausnahmsweise** können die Behälter für die vorübergehende Aufbewahrung fester Abfall- und Wertstoffe auch in besonderen Räumen innerhalb von Gebäuden aufbewahrt werden. Kellergänge und Treppenräume scheiden grundsätzlich aus.

I. d. R. werden Fragen zum **Standort der Behälter** in den **Satzungen über die Entsorgung** der Entsorgungsträger geregelt. Abstellflächen für bewegliche Behälter sind in den Abstandflächen zulässig; vgl. § 6 Abs. 8.

Die **spezifisch technischen Anforderungen** an die Abfallsammlung in Gebäuden und auf Grundstücken ergeben sich aus der **VDI-Richtlinie 2160 2008-10 Abfallsammlung in Gebäuden und auf Grundstücken – Anforderungen an Behälter, Standplätze und Transportwege.** Sie gilt für Wohn-, Büro- und Verwaltungsgebäude und kann sinngemäß für andere Nutzungen – wie beispielsweise Beherbergungsstätten, Verkaufsstätten und Krankenhäuser – herangezogen werden.

2.2 Anforderungen bei Gebäuden der Gebäudeklassen 3 bis 5

Nach **Satz 1 erster Halbsatz** dürfen feste Abfall- und Wertstoffe **innerhalb von Gebäuden vorübergehend aufbewahrt** werden; dieses ist in Gebäuden der Gebäudeklassen 3 bis 5 jedoch **nur zulässig,** wenn die **dafür bestimmten Räume**

- **Trennwände und Decken** als raumabschließende Bauteile mit der **Feuerwiderstandsfähigkeit der tragenden Wände** (**Nummer 1**) und
- **Öffnungen** vom Gebäudeinnern zum Aufstellraum mit **feuerhemmenden, dicht- und selbstschließenden Abschlüssen** haben (**Nummer 2**),
- **unmittelbar vom Freien entleert** werden können (**Nummer 3**) und
- eine **ständig wirksame Lüftung** haben (**Nummer 4**).

Nach **Satz 1 Nr. 1** müssen in den **Standardgeschossen Trennwände und Decken** als raumabschließende Bauteile entsprechend § 28 Abs. 1 Satz 2
- in **Gebäuden der Gebäudeklasse 5** feuerbeständig,
- in **Gebäuden der Gebäudeklasse 4** hochfeuerhemmend,
- in **Gebäuden der Gebäudeklassen 3** feuerhemmend

sein.

Nach **Satz 1 Nr. 1** müssen in **Kellergeschossen Trennwände und Decken** als raumabschließende Bauteile in **allen Gebäuden der Gebäudeklassen 3 bis 5** entsprechend § 28 Abs. 2 Nr. 1 **feuerbeständig** sein.

Nach **Satz 1 Nr. 2** müssen **Öffnungen vom Gebäudeinnern zum Aufstellraum** mit **feuerhemmenden, dicht- und selbstschließenden Abschlüssen** haben.

Durch die Abschlüsse wird ein eigener Brandabschnitt gebildet, der ein Übergreifen von Feuer und Rauch im Brandfall auf das übrige Gebäude verhindern soll. An **Öffnungen in Außenwänden** werden durch Satz 1 Nr. 2 **keine entsprechenden Anforderungen** gestellt.

Nach **Satz 1 Nr. 3** müssen die **Räume unmittelbar vom Freien entleert** werden können. Eine Entleerung über andere Räume wie beispielsweise über einen Flur oder eine Tiefgarage ist **nicht zulässig**. Die **Aufbewahrung fester Abfall- und Wertstoffe** in Tiefgaragen ist auch **nicht zulässig**. **Abweichungen** im Einzelfall von der Anforderung nach Satz 1 Nr. 3 regeln sich nach § 71 Abs. 1. Zugänge als **Öffnungen** vom Gebäudeinnern sind nach Satz 1 Nr. 2 auszubilden.

Nach **Satz 1 Nr. 4** müssen die **Räume** eine **ständig wirksame Lüftung** haben. Solche Lüftung kann durch Öffnungen ins Freie erreicht werden, die nicht verschlossen werden darf. Die Größe der Öffnungen richtet sich nach der Größe der Räume, in denen feste Abfall- und Wertstoffe innerhalb von Gebäuden vorübergehend aufbewahrt werden sollen.

Die **Voraussetzungen** nach Satz 1 Nr. 1 bis 4 müssen **alle zugleich er-füllt** werden, um feste Abfall- und Wertstoffe innerhalb von Gebäuden vorübergehend aufbewahren zu dürfen. Sie können nicht losgelöst voneinander betrachtet werden.

3.   Abfallschächte

3.1   Verbot von Abfallschächten in Wohngebäuden

Nach **Satz 2** ist **in Wohngebäuden** der **Einbau von Abfallschächten unzulässig.** Dieses Verbot rechtfertigt sich aus **Gründen des Gesund-heitsschutzes**, aber auch aus Gründen des Brandschutzes wegen der Gefahr der Weiterleitung von Feuer und Rauch.

4.   Abfallschächte bei Errichtung sonstiger Gebäude

Nach **Satz 3** ist bei der **Errichtung sonstiger Gebäude** die Anlage von Abfallschächten **nur zulässig,** wenn eine **getrennte Erfassung der festen Abfall- und Wertstoffe sichergestellt** ist. Die Regelung soll sicherstel-len, dass nicht Abfallschächte für eine nicht getrennte Abfallentsor-gung geschaffen werden, und trägt so zur **Sicherung der umweltver-träglichen Beseitigung von Abfällen** bei.

§ 47   Blitzschutzanlagen

Bauliche Anlagen, bei denen nach Lage, Bauart oder Nutzung Blitzschlag leicht eintreten oder zu schweren Folgen führen kann, sind mit dauernd wirksamen Blitzschutzanlagen zu versehen.

Erläuterungen

1.   Allgemeines

Nach § 47 sind **besonders gefährdete bauliche Anlagen** mit **Blitz-schutzanlagen** zu versehen.

2.   Erfordernis

2.1   Erfordernis hinsichtlich Lage

Hinsichtlich der Lage sind besonders gefährdet baulichen Anlagen, die ihre **Umgebung erheblich überragen** wie beispielsweise Hochhäuser,

Türme wie Fernmeldetürme und Kirchtürme, Schornsteine wie Industrieschornsteine, Windenergieanlagen sowie exponiert in der Landschaft stehende bauliche Anlagen wie landwirtschaftliche Gebäude. Deshalb sind Blitzschutzanlagen beispielsweise erforderlich bei Hochhäusern nach der HHR.

2.2 Erfordernis hinsichtlich Bauart

Hinsichtlich der Bauart sind besonders gefährdet **Gebäude mit weicher Bedachung** (vgl. § 33 Abs. 2). Bei derartigen Gebäuden ist zugleich mit schweren Folgen eines Blitzschlages zu rechnen wegen einer schnellen Brandentstehung und Brandausbreitung. So sind selbstverständlich **auch Beherbergungsstätten mit Weichdächern** nach der BeVO mit Blitzschutzanlagen auszustatten.

2.3 Erfordernis hinsichtlich Nutzung

Hinsichtlich der Nutzung sind besonders gefährdet bauliche Anlagen, in denen **gleichzeitig eine große Zahl von Personen anwesend** ist wie beispielsweise in **Versammlungsstätten, Verkaufsstätten, Schulen** und **Krankenhäusern.** Deshalb sind beispielsweise Blitzschutzanlagen erforderlich bei Verkaufsstätten nach der VkVO, bei Versammlungsstätten nach der VStättVO und bei Schulen nach der SchulbauR.

Hinsichtlich der Nutzung sind darüber hinaus besonders gefährdet Gebäude, in denen mit leicht **entzündlichen Stoffen gearbeitet** wird wie beispielsweise Holzbearbeitungsbetriebe, Mühlen, Lack- und Farbenfabriken, Munitions- und Zündholzfabriken, Feuerwerkereien und bauliche Anlagen, in denen **leicht entzündliche Stoffe gelagert** werden, wie Munitions- und Sprengstofflager, Lager für brennbare Flüssigkeiten und Gasbehälter. Bei derartigen baulichen Anlagen ist zugleich mit schweren Folgen eines Blitzschlages zu rechnen, weil Brand und Explosion die unmittelbaren Folgen eines Blitzschlages sind.

Blitzschutzanlagen sind nach § 63 Abs. 1 Nr. 2 Buchst. c **verfahrensfrei.** Die Verfahrensfreiheit erfasst allerdings nur die Errichtung oder Änderung von Blitzschutzanlagen an bestehenden baulichen Anlagen. Im Fall einer Errichtung oder wesentlichen Änderung baulicher Anlagen nehmen Blitzschutzanlagen am jeweiligen bauaufsichtlichen Verfahren teil; in solchen Fällen lässt sich beispielsweise nicht differenzieren zwischen genehmigungsbedürftigen und verfahrensfreien Teilen von baulichen Anlagen.

3.   Äußerer und innerer Blitzschutz

Ein vollständiger Blitzschutz besteht aus
– einem **äußeren Blitzschutz** und
– einem **inneren Blitzschutz**.

Äußerer Blitzschutz bietet Schutz bei Blitzeinschlägen in direkt zu schützende Anlagen. Er besteht aus Fangeinrichtungen, Ableitungsanlagen und Erdungsanlagen.

Innerer Blitzschutz ist die Gesamtheit der Maßnahmen gegen Auswirkungen des Blitzstromes und der Blitzspannung auf Installationen sowie elektrische und elektronische Anlagen von baulichen Anlagen.

Äußerer und zugleich innerer Blitzschutz sind erforderlich **insbesondere bei Sonderbauten**, bei denen **Blitzschlag nicht zum Ausfall der sicherheitstechnischen Einrichtungen** führen darf.

4.   Technische Regeln

Planung und Ausführung von Blitzschutzanlagen sind wegen der erforderlichen Spezialkenntnisse eine **Aufgabe von Sonderingenieurinnen und Sonderingenieure und Fachfirmen.**

Als Grundlage für die Planung und Ausführung dient insbesondere die Normenreihe **DIN EN 62305 (VDE 0185-305) Blitzschutz.**

Als wichtige Grundlage für die Planung und Ausführung dient des Weiteren das **ABB Merkblatt 15 „Leitfaden Blitz- und Überspannungsschutz für bauliche Anlagen und elektrische Installationen"**, herausgeben vom Ausschuss für Blitzschutz und Blitzforschung des VDE (ABB). Aus dem Merkblatt ergeben sich weitere spezielle Normen und Standards, die beim Blitzschutz zu beachten sind.

Abschnitt VII   **Nutzungsbedingte Anforderungen**

§ 48   Aufenthaltsräume

(1) [1]Aufenthaltsräume müssen eine lichte Raumhöhe von mindestens 2,40 m haben. [2]Aufenthaltsräume im Dachraum müssen eine lichte Höhe von mindestens 2,30 m über mindestens der Hälfte ihrer Grundfläche haben; Raumteile mit einer lichten Höhe bis zu 1,50 m bleiben bei der Berechnung der Grundfläche außer Betracht.

(2) [1]Aufenthaltsräume müssen unmittelbar ins Freie führende Fenster von solcher Anzahl und Beschaffenheit haben, dass die Räume ausreichend belüftet und mit Tageslicht **belichtet** werden können (notwendige Fenster). [2]**Das Rohbaumaß der Fensteröffnungen muss mindestens ein Achtel der nutzbaren Grundfläche des Raumes einschließlich der nutzbaren Grundfläche verglaster Vorbauten und Loggien haben.** [3]Oberlichter anstelle von Fenstern sind zulässig, wenn wegen der Nutzung des Aufenthaltsraumes Bedenken nicht bestehen. [4]Verglaste Vorbauten und Loggien sind vor notwendigen Fenstern zulässig, wenn für die dahinter liegenden Räume eine ausreichende **Belichtung** mit Tageslicht und Lüftung sichergestellt ist.

(3) Aufenthaltsräume, deren Nutzung eine Belichtung mit Tageslicht verbietet, sowie Verkaufsräume, Schank- und Speisegaststätten, ärztliche Behandlungs-, Sport-, Spiel-, Werk- und ähnliche Räume sind ohne Fenster zulässig.

Erläuterungen

1.   Allgemeines

§ 48 stellt im Interesse der öffentlichen Sicherheit, insbesondere zum Schutz von Leben und Gesundheit, **Mindestanforderungen an Aufenthaltsräume** (zum Begriff „Aufenthaltsräume" s. die Erläuterungen zu § 2 Abs. 6). Seine Regelungen werden ergänzt durch die Anforderungen nach § 49 über Wohnungen.

2.   Anforderungen (Absatz 1)

Aufenthaltsräume müssen nach **Absatz 1 Satz 1** grundsätzlich eine **lichte Raumhöhe** von **mindestens 2,40 m** haben. Die **lichte Raumhöhe** ist zwischen der Oberkante des fertigen Fußbodens und der Unterkante der fertigen Decke unter Berücksichtigung einer etwaigen Deckenverkleidung zu messen. Wenngleich weder eine bestimmte Mindestgrundfläche noch eine ausreichende Grundfläche gefordert ist, sollte aus Gründen des Gesundheitsschutzes ein Luftvolumen von deutlich mehr als 15 m³ geschaffen werden (vgl. VGH BW, Urt. vom 6. Februar 1987 – 8 S 1088/86 –, juris, wonach bei Gebäuden mit weniger als 15 m³ Größe in massiver Bauweise nicht ohne weiteres ein Aufenthaltsraum anzunehmen ist, und OVG Lüneburg, Urt. vom 11. Mai 1978 – VI A 7/78 –, OVGE 34, 407, wonach für den kleinstmöglichen Aufenthaltsraum noch das erforderliche Minimum an Luftraum für den Schlafraum einer Person von 15 m³ sicherzustellen ist; Anmerkung: Bei diesem Raumvolumen und der damaligen Raumhöhe von mindestens 2,50 m ergab sich eine Mindestgrundfläche für Aufenthaltsräume von 6 m²; s. zu Aufenthaltsräumen auch OVG Schleswig, Urt. vom 11. Mai 1999 – 1 L 39/97 –, NordÖR 2000, 433).

Satz 2 Halbsatz 1 fordert für **Aufenthaltsräume im Dachraum** eine lichte Höhe von mindestens 2,30 m über mindestens der Hälfte ihrer Grundfläche, wobei nach **Halbsatz 2** Raumteile mit einer lichten Höhe bis zu 1,50 m bei der Berechnung der Grundfläche außer Betracht bleiben. Die niedrigere Mindestraumhöhe im Dachgeschoss liegt darin begründet, dass Aufenthaltsräume im höher gelegenen Dachraum i. d. R. günstig belichtet und belüftet werden können; sie kommt auch konstruktiven Gegebenheiten im Dachraum entgegen, insbesondere beim nachträglichen Ausbau von Dachräumen zu Wohnzwecken. Zur Begriffsbestimmung „Dachraum" s. Erläuterungen zu § 35 Abs. 1. **Staffelgeschosse** i. S. d. § 2 Abs. 8 Satz 2 mit senkrechten Außenwänden und Flachdächern liegen **nicht im Dachraum;** bei ihnen kommt die **Erleichterung** des **Satzes 2 nicht** in Betracht.

Bei Gebäuden **bis** einschließlich **Gebäudeklasse 4,** die
– als Sonderbauten i. S. d. § 51 Abs. 2 Nr. 10 der Unterbringung von **Flüchtlingen oder Asylbegehrenden** dienen,
– als Wohngebäude nach landesrechtlichen Regelungen zum **sozialen Wohnungsbau** gefördert werden und auch der Wohnraumversorgung von Flüchtlingen dienen und
– als Wohngebäude mit mindestens 20 % ihrer Wohnungen der Unterbringung von **Flüchtlingen oder Asylbegehrenden** dienen,

braucht die lichte Raumhöhe für Aufenthaltsräume nur **mindestens 2,30 m** zu betragen, im **Dachraum** nur **mindestens 2,20 m** über mindestens der Hälfte ihrer Grundfläche; bei der Berechnung der Grundfläche bleiben Raumteile mit einer lichten Höhe bis zu 1,50 m außer Betracht (vgl. § 85a Abs. 3 Nr. 1 und Abs. 4 Satz 1 Nr. 1).

3. Belüftung und Belichtung (Absatz 2)

Nach dem **redaktionell geänderten Absatz 2 Satz 1** (das Wort „beleuchtet" wurde ersetzt durch „belichtet") müssen Aufenthaltsräume unmittelbar ins Freie führende Fenster von solcher Anzahl und Beschaffenheit haben, dass die Räume ausreichend belüftet und mit Tageslicht **belichtet** werden können (**notwendige Fenster**). Notwendige Fenster müssen eine ausreichende **Belüftung** von Aufenthaltsräumen gewährleisten. Dies wird i. d. R. durch Fenster möglich, die sich öffnen lassen.

Notwendige Fenster, die Bestandteil des **zweiten Rettungsweges** sind, müssen **zugleich** die Anforderungen des § **38 Abs. 5 erfüllen.** Lassen sich Fenster aus Gründen der Energieeinsparung nicht öffnen, können raumlufttechnischeAnlagen wie Lüftungs- oder Klimaanlagen eingesetzt werden. **Glasbausteinfelder** erfüllen (u. a. wegen der verminderten Lichtdurchlässigkeit) nicht die Anforderungen an notwendige Fenster (vgl. Niders. OVG, Beschl. vom 24. Januar 2011 – 1 ME 275/10 –, BRS 78 Nr. 189 = BauR 2011, 994; OVG Brandenburg, Beschl. vom 17. Juni 2004 – 3 A 428/01.Z –, juris Rn. 13; VGH BW, Urt. vom 28. März 1979 – III 1455/77 –, BRS 35 Nr. 106; a. A. Komm. BW § 34 Rn. 16). Bei Aufenthaltsräumen mit **raumluftabhängigen Feuerstätten** sind insbesondere die §§ 3 und 4 Abs. 2 FeuVO zu beachten, um Gefahren für Leben und Gesundheit der Nutzerinnen und Nutzer der Aufenthaltsräume zu vermeiden.

Der **neu eingefügte Satz 2** definiert – der MBO folgend – die **Mindestfensterfläche** in Bezug auf die **nutzbare Grundfläche** (Netto-Grundfläche gemäß DIN 277-1).

Nach **Satz 3** sind **Oberlichter** anstelle von Fenstern sind zulässig, wenn wegen der Nutzung des Aufenthaltsraumes Bedenken nicht bestehen. Die Frage, ob Bedenken nicht bestehen, richtet sich nach der **konkret beabsichtigten Nutzung.** Oberlichter sind beispielsweise Lichtkuppeln, Lichtbänder oder Öffnungen in Sheddächern unterhalb der Decke, die den „Blick ins Freie" nicht mehr zulassen. Bei besonderen Nutzungen, wie etwa Hörsälen, Sitzungssälen und ähnlichen Räumen, in denen sich derselbe Personenkreis regelmäßig und nur zeitweise aufhält, sind sie zulässig und ermöglichen die natürliche Beleuchtung mit Tageslicht. Zur Bemessung von Oberlichtern kann die Norm **DIN 5034-6:2007-02** „Tageslicht in Innenräumen – Teil 6: Vereinfachte Bestimmung zweckmäßiger Abmessungen von Oberlichtöffnungen in Dachflächen" herangezogen werden.

Nach dem **redaktionell geänderten Satz 4** sind **verglaste Vorbauten und Loggien** vor notwendigen Fenstern zulässig, wenn für die dahinter liegenden Räume eine **ausreichende Belichtung** mit Tageslicht und Lüftung sichergestellt ist. Die am Bau Beteiligten müssen diese Regelung eigenständig und eigenverantwortlich umsetzen und können dabei (ebenfalls) die Regelungen der Norm DIN 5034-6:2007-02 heranziehen.**Verglaste Vorbauten** sind vor die Außenwand von Gebäuden vorspringende Gebäudeteile, die im Regelfall dreiseitig durch – nicht immer vollflächig verglaste – Glaswände umschlossen sind. **Loggien** sind offene überdeckte Räume, die in das Gebäude eingezogen sind und meist dreiseitig von Wänden oder Fenstern der dahinter liegenden Räume umschlossen werden („zurückspringende" Terrassen).

4. Aufenthaltsräume ohne Fenster (Absatz 3)

Ohne Fenster zulässig sind nach **Absatz 3** Aufenthaltsräume, deren Nutzung eine Belichtung mit Tageslicht verbietet, sowie Verkaufsräume, Schank- und Speisegaststätten, ärztliche Behandlungs-, Sport-, Spiel-, Werk- und ähnliche Räume. Aufenthaltsräume, deren Nutzung eine **Belichtung mit Tageslicht verbietet,** sind **beispielsweise** Räume, die aus betriebstechnischen Gründen ein andauernd gleichbleibendes Raumklima oder gleichbleibende Lichtverhältnisse benötigen oder wegen ihrer besonderen Nutzung kein Tageslicht benötigen oder vertragen, wie etwa Dunkelkammern, Kinos, Theater und besondere Hörsäle. Die **Nachteile,** die sich für die im Absatz 3 genannten Räume durch das Fehlen von Fenstern ergeben, müssen durch besondere raumlufttechnische Maßnahmen und Beleuchtungsanlagen ausgeglichen werden. Dabei müssen raumlufttechnische Anlagen den allgemein anerkannten Regeln der Lüftungstechnik entsprechen.

5. Aufenthaltsräume in Kellergeschossen

Auch in Kellergeschossen sind nach § 48 Aufenthaltsräume zulässig. Hier sind in besonderem Maße die **ausreichende natürliche Beleuchtung und Belüftung** sowie der **ausreichende Feuchtigkeits- und Wärmeschutz** zu berücksichtigen. Diese Aufenthaltsräume müssen (unmittelbar ins Freie führende) notwendige Fenster i. S. d. Absatzes 2 Satz 1 besitzen; eine Belichtung allein über Kellerlichtschächte genügt nicht. **Wenngleich** die **Regelung** des früheren § 53 Abs. 1 LBO 2000, nach der Aufenthaltsräume und Wohnungen in Kellergeschossen nur zulässig waren, wenn das Gelände vor Außenwänden mit notwendigen

Fenstern in einer für die Beleuchtung mit Tageslicht ausreichenden Entfernung und Breite **nicht mehr als 0,70 m** über dem Fußboden lag, mit Inkrafttreten der LBO 2009 am 1. Mai 2009 **weggefallen** ist, **sollte** bei der Beurteilung der Zulässigkeit von Aufenthaltsräumen im Kellergeschoss **weiterhin von diesem Maß ausgegangen werden.** Dem Umstand, dass bei Aufenthaltsräumen im Kellergeschoss naturgemäß die **Rettung von Menschen und Tieren sowie** die **Brandbekämpfung wesentlich erschwert** ist, tragen sowohl die Anforderungen nach § 34 über den **ersten und zweiten Rettungsweg** Rechnung, als auch die gegenüber normalen Geschossen teilweise **erhöhten Anforderungen** nach § 37 über **notwendige Flure** und nach §§ 28 ff. über **Wände, Decken und Dächer.**

§ 49   Wohnungen

(1) [1]Jede Wohnung muss eine Küche oder Kochnische haben. [2]Fensterlose Küchen oder Kochnischen sind zulässig, wenn eine wirksame Lüftung gewährleistet ist.

(2) [1]Jede Wohnung muss über Abstellraum von mindestens 6 m² verfügen; davon muss mindestens 1 m² Abstellfläche innerhalb der Wohnung liegen. [2]In Wohngebäuden der Gebäudeklassen 3 bis 5 sind leicht erreichbare und gut zugängliche abschließbare Abstellräume für Kinderwagen, Fahrräder **sowie abgetrennt auch für Rollstühle und Mobilitätshilfen** herzustellen. [3]Sie sind auch ebenerdig in der Abstandfläche von Gebäuden zulässig.

(3) [1]Jede Wohnung muss ein Bad mit Badewanne oder Dusche und eine Toilette haben. [2]Toiletten für Wohnungen müssen innerhalb der Wohnung liegen.

(4) [1]In Wohnungen müssen Schlafräume, Kinderzimmer und Flure, über die Rettungswege von Aufenthaltsräumen führen, jeweils mindestens einen Rauchwarnmelder haben. [2]Die Rauchwarnmelder müssen so eingebaut und betrieben werden, dass Brandrauch frühzeitig erkannt und gemeldet wird. [3]Die Eigentümerinnen oder Eigentümer vorhandener Wohnungen sind verpflichtet, jede Wohnung bis zum 31. Dezember 2010 mit Rauchwarnmeldern auszurüsten. [4]Die Sicherstellung der Betriebsbereitschaft obliegt den unmittelbaren Besitzerinnen und Besitzern, es sei denn, die Eigentümerin oder der Eigentümer übernimmt diese Verpflichtung selbst.

Erläuterungen

1. Allgemeines

Die Regelungen des § 49 enthalten **Mindestanforderungen an Wohnungen,** die ergänzt werden durch die Anforderungen in § 48 (Aufenthaltsräume), § 52 Abs. 1 (barrierefreies Bauen), § 44 (sanitäre Anlagen und Wasserzähler) und § 38 Abs. 3 (Eingangstüren von Wohnungen, die über Aufzüge erreichbar sein müssen). Wohnungen benötigen nicht nur Aufenthaltsräume, sondern auch **Nebenräume.** Der Begriff „**Wohnung**" ist im Gesetz nicht definiert. Nach der Rechtsprechung ist „Wohnen" durch eine auf Dauer angelegte Häuslichkeit, Eigengestaltung und Haushaltsführung und des häuslichen Wirkungskreises sowie Freiwilligkeit des Aufenthalts gekennzeichnet; Wohnen bedeutet die auf gewisse Dauer angelegte Nutzungsform des selbstbestimmt geführten Lebens „in den eigenen vier Wänden", die keinem anderen in der BauNVO vorgesehenen Nutzungszweck, insbesondere keinem Erwerbszweck, dient (vgl. BVerwG, Beschl. vom 25. März 2004 – 4 B 15.04 –, BRS 67 Nr. 70, Beschl. vom 25. März 1996 – 4 B 302.95 –, BRS 58 Nr. 56 = BauR 1996, 676 = NVwZ 1996, 893 = DÖV 1996, 746 = ZfBR 1996, 228 = Buchholz 406.12 § 3 BauNVO Nr. 12, und Beschl. vom 7. September 1984 – 4 N 3.84 –, BRS 42 Nr. 55 = BauR 1985, 173 = NVwZ 1985, 338 = DÖV 1985, 239 = DVBl 1985, 120 = ZfBR 1985, 44 = Buchholz 406.12 § 11 BauNVO Nr. 6). Von einer **Wohnung** ist dann auszugehen, **wenn** in einer Nutzungseinheit Räume bereitstehen, die dem Wohnen im beschriebenen Sinne dienen und die Führung eines selbstständigen Haushalts ermöglichen. Zu einer selbstständigen Haushaltsführung gehören neben **mindestens** einem **Aufenthaltsraum,** eine **Küche** oder Kochnische **und** eine **Toilette.**

2. Küche oder Kochnische (Absatz 1)

Nach **Absatz 1 Satz 1** muss **jede Wohnung** eine **Küche oder Kochnische** haben. Auf die Größe der Wohnung kommt es nicht an. Da Küche oder Kochnischen Aufenthaltsräume sind, greifen auch die Regelungen nach § 48 Abs. 1 und 2. Nach **Satz 2** sind **fensterlose Küchen** oder Kochnischen zulässig, **wenn** eine **wirksame Lüftung gewährleistet** ist. Eine ausreichende Lüftung fensterloser Küchen oder Kochnischen ist gewährleistet, wenn die als Technische Baubestimmung eingeführte **„Bauaufsichtliche Richtlinie über die Lüftung fensterloser Küchen, Bäder und Toilettenräume in Wohnungen"** – Ausgabe April 2009 – angewendet wird.

3.   Abstellräume (Absatz 2)

Nach **Absatz 2 Satz 1** muss jede Wohnung über **Abstellraum von mindestens 6 m²** verfügen (**Halbsatz 1**); davon muss **mindestens 1 m² Abstellfläche innerhalb** der Wohnung liegen (**Halbsatz 2**). **Halbsatz 2** hat insbesondere im Geschosswohnungsbau Bedeutung: Die erforderliche Abstellfläche von **mindestens 1 m² innerhalb** der Wohnung braucht nicht durch Bauteile (Wände) umschlossen zu sein. **Wo** im Einzelnen (der restliche) Abstellraum nachgewiesen ist, ist unerheblich. Er kann nach **Satz 3 auch ebenerdig in der Abstandfläche von Gebäuden** zulässig. Wichtig ist, dass er ohne Schwierigkeiten zu allen Tages- und Jahreszeiten benutzt werden kann.

Bei Wohngebäuden **bis** einschließlich **Gebäudeklasse 4,** die nach landesrechtlichen Regelungen zum **sozialen Wohnungsbau** gefördert werden und auch der Wohnraumversorgung von Flüchtlingen dienen **oder** die mit mindestens 20 % ihrer Wohnungen der Unterbringung von **Flüchtlingen oder Asylbegehrenden** dienen, **reduziert** sich die Mindestgröße für Abstellraum von 6 m² auf **3 m²** je Wohnung (vgl. § 85a Abs. 4 Satz 1 Nr. 2).

Satz 2 wurde in Anlehnung an die Änderung im § 52 Abs. 1 **angepasst.** Zusätzlich zum Abstellraum nach **Satz 1** sind **nunmehr** in Wohngebäuden der Gebäudeklassen 3 bis 5 leicht erreichbare und gut zugängliche abschließbare Abstellräumefür Kinderwagen, Fahrräder **sowie abgetrennt auch für Rollstühle und Mobilitätshilfen** herzustellen. Zu den Gebäudeklassen s. die Erläuterungen zu § 2 Abs. 4.

4.   Bäder und Toiletten (Absatz 3)

Nach **Absatz 3** muss **jede Wohnung** ein Bad mit Badewanne oder Dusche und eine Toilette haben (**Satz 1**), wobei Toiletten für Wohnungen **innerhalb** der Wohnung liegen müssen (**Satz 2**). Eine bestimmte Art von Toiletten wird nicht vorgeschrieben. **Standard** sind Toiletten mit **Wasserspülung**; sofern die allgemeinen Anforderungen nach § 3 Abs. 2 beachtet werden, sind auch Toiletten ohne Wasserspülung zulässig, wie beispielsweise Kompost- und Trockentoiletten.

Fensterlose Bäder und Toiletten sind nach § 44 Abs. 1 **nur** zulässig, **wenn eine wirksame Lüftung gewährleistet** ist. Das ist der Fall, wenn die als Technische Baubestimmung eingeführte „**Bauaufsichtliche Richtlinie über die Lüftung fensterloser Küchen, Bäder und Toilettenräume in Wohnungen**" – Ausgabe April 2009 – beachtet wird.

5. Rauchwarnmelder (Absatz 4)

Absatz 4 dient in erster Linie dem **Schutz schlafender Personen im Brandfall vor einer Rauchvergiftung.** Nach **Satz 1** müssen in Wohnungen Schlafräume, Kinderzimmer und Flure, über die Rettungswege von Aufenthaltsräumen führen, jeweils **mindestens** einen Rauchwarnmelder haben. Betroffen sind also Räume, in denen regelmäßig geschlafen wird oder geschlafen werden kann, sowie die Flure, über die Rettungswege von Aufenthaltsräumen führen.

Die Rauchwarnmelder müssen nach **Satz 2 so eingebaut und betrieben** werden, dass **Brandrauch frühzeitig erkannt und gemeldet** wird. Die Anforderungen an den Einbau, den Betrieb und die Instandhaltung von Rauchwarnmeldern ergeben sich aus der Norm **DIN 14676:2012-09** „Rauchwarnmelder für Wohnhäuser, Wohnungen und Räume mit wohnungsähnlicher Nutzung – Einbau, Betrieb und Instandhaltung". Die **Verpflichtung,** jede vorhandene Wohnung bis zum 31. Dezember 2010 mit Rauchwarnmeldern auszurüsten, traf die **Eigentümerinnen oder Eigentümer (Satz 3).** Die **Sicherstellung der Betriebsbereitschaft** obliegt nach **Satz 4** den **unmittelbaren Besitzerinnen und Besitzern,** es sei denn, die Eigentümerin oder der Eigentümer übernimmt diese Verpflichtung selbst. Dazu gehört die regelmäßige Funktionskontrolle installierter Rauchwarnmelder sowie die Auswechslung leerer Batterien oder Akkus bzw. die Information der Eigentümerin oder des Eigentümers über etwaige Funktionsstörungen.

§ 50   Stellplätze und Garagen, Abstellanlagen für Fahrräder

(1) [1]Bauliche Anlagen sowie andere Anlagen, bei denen ein Zu- oder Abgangsverkehr zu erwarten ist, dürfen nur errichtet werden, wenn Stellplätze oder Garagen in ausreichender Größe und in geeigneter Beschaffenheit (notwendige Stellplätze oder Garagen) sowie Abstellanlagen für Fahrräder hergestellt werden. [2]Ihre Anzahl und Größe richtet sich nach Art und An-

zahl der **tatsächlich** vorhandenen und zu erwartenden Kraftfahrzeuge und Fahrräder der ständigen Benutzerinnen und Benutzer und der Besucherinnen und Besucher der Anlagen. [3]**Wird die Anzahl durch eine örtliche Bauvorschrift nach § 84 Absatz 4 Nummer 8 festgelegt, ist diese maßgeblich.**[4]Es kann gestattet werden, dass die notwendigen Stellplätze oder Garagen sowie die Abstellanlagen für Fahrräder innerhalb einer angemessenen Frist nach Fertigstellung der Anlage im Sinne des Satzes 1 hergestellt werden. [5]Mit Einverständnis der Gemeinde kann ganz oder teilweise auf die Herstellung von Stellplätzen und Garagen und die Zahlung eines Geldbetrages zur Ablösung verzichtet werden. [6]**Das gilt insbesondere dann, wenn eine günstige Anbindung an den öffentlichen Personennahverkehr besteht oder ausreichende Fahrradwege vorhanden sind oder die Schaffung oder Erneuerung von Wohnraum, die im öffentlichen Interesse liegt, erschwert oder verhindert würde.**[7]Stellplätze, Garagen oder Abstellanlagen für Fahrräder können mit Einverständnis der Gemeinde in allen Baugebieten für verschiedene Vorhaben mehrfach genutzt werden, wenn sich ihre Nutzungszeiten nicht überschneiden und deren Zuordnung zu den Vorhaben öffentlich-rechtlich gesichert ist.

(2) [1]Änderungen von Anlagen nach Absatz 1 sind nur zulässig, wenn Stellplätze oder Garagen sowie Abstellanlagen für Fahrräder in solcher Anzahl und Größe hergestellt werden, dass sie die infolge der Änderung zusätzlich zu erwartenden Kraftfahrzeuge und Fahrräder aufnehmen können. [2]Absatz 1 Satz **5 bis 7** gilt entsprechend.

(3) [1]Für bestehende bauliche Anlagen und sonstige Anlagen kann die Bauaufsichtsbehörde im Einzelfall die Herstellung von Stellplätzen oder Garagen sowie Abstellanlagen für Fahrräder fordern, wenn dies im Hinblick auf die Art und Anzahl der Kraftfahrzeuge und der Fahrräder der ständigen Benutzerinnen und ständigen Benutzer und der Besucherinnen und Besucher der Anlage aus Gründen der Sicherheit des Verkehrs geboten ist. [2]Die hierfür benötigten Flächen müssen in geeigneter Lage und Größe auf dem Baugrundstück oder in zumutbarer Entfernung davon vorhanden sein oder durch zumutbare Maßnahmen frei und zugänglich gemacht werden können. [3]Die Gemeinde kann durch örtliche Bauvorschrift bestimmen, dass in genau abgegrenzten Teilen des Gemeindegebietes Stellplätze oder Garagen sowie Abstellanlagen für Fahrräder für bestehende bauliche Anlagen herzustellen sind, wenn die Bedürfnisse des ruhenden oder fließenden Verkehrs dies erfordern.

(4) Die Herstellung von Garagen anstelle von Stellplätzen oder von Stellplätzen anstelle von Garagen kann im Einzelfall gefordert werden, wenn

die öffentliche Sicherheit oder die in Absatz 9 genannten Erfordernisse dies gebieten.

(5) ¹Die Stellplätze und Garagen sowie Abstellanlagen für Fahrräder sind auf dem Baugrundstück herzustellen; die Stellplätze und Garagen dürfen auch in zumutbarer Entfernung vom Baugrundstück, die Abstellanlagen für Fahrräder in unmittelbarer Nähe auf einem geeigneten Grundstück hergestellt werden, dessen Benutzung für diesen Zweck öffentlich-rechtlich gesichert wird. ²Die Verpflichtung zur Herstellung notwendiger Stellplätze kann mit Einverständnis der Gemeinde auch durch Zahlung eines Geldbetrages erfüllt werden; Absatz 6 Satz 3 und 4 gilt entsprechend. ³Die Bauaufsichtsbehörde kann, wenn Gründe des Verkehrs dies erfordern, im Einzelfall bestimmen, dass die Stellplätze oder Garagen sowie Abstellanlagen für Fahrräder auf dem Baugrundstück oder auf einem anderen Grundstück herzustellen sind. ⁴Die Gemeinde kann durch örtliche Bauvorschrift für genau abgegrenzte Teile des Gemeindegebietes die Herstellung von Stellplätzen und Garagen untersagen oder einschränken, wenn und soweit Gründe des Verkehrs, städtebauliche Gründe oder Gründe des Umweltschutzes dies erfordern.

(6) ¹Ist die Herstellung von Stellplätzen und Garagen oder Abstellanlagen für Fahrräder nach Absatz 5 Satz 1 nicht oder nur unter großen Schwierigkeiten möglich, so kann die Bauaufsichtsbehörde mit Einverständnis der Gemeinde verlangen, dass die oder der zur Herstellung Verpflichtete an die Gemeinde einen Geldbetrag zahlt. ²Dies gilt auch, wenn nach Absatz 3 Satz 3 für bestehende bauliche Anlagen Stellplätze und Garagen oder Abstellanlagen für Fahrräder gefordert werden. ³Der Geldbetrag ist zur Herstellung zusätzlicher öffentlicher Parkeinrichtungen oder zusätzlicher privater Stellplätze und Stellplatzanlagen, zur Modernisierung und Instandhaltung öffentlicher Parkeinrichtungen oder zur Herstellung und Modernisierung baulicher Anlagen sowie anderer Anlagen und Einrichtungen für den öffentlichen Personennahverkehr und für den Fahrradverkehr, die den Bedarf an Parkeinrichtungen verringern, zu verwenden. ⁴Der Geldbetrag, den die oder der zur Herstellung von Stellplätzen oder Garagen Verpflichtete zu zahlen hat, darf 80 % der durchschnittlichen Herstellungskosten von Parkeinrichtungen nach Satz 3, der Geldbetrag, den die oder der zur Herstellung von Abstellanlagen für Fahrräder Verpflichtete zu zahlen hat, darf 80 % der durchschnittlichen Herstellungskosten von Abstellanlagen für Fahrräder, jeweils einschließlich der Kosten des Grunderwerbs im Gemeindegebiet oder in bestimmten Teilen des Gemeindegebietes, nicht übersteigen.

(7) Wird in einem Gebäude, dessen Fertigstellung mindestens drei Jahre zurückliegt, eine Wohnung geteilt oder Wohnraum durch Änderung der Nutzung, durch Aufstocken oder durch Änderung des Daches eines solchen Gebäudes geschaffen, braucht der dadurch verursachte Mehrbedarf an Stellplätzen und Garagen und Abstellanlagen für Fahrräder nicht gedeckt zu werden, wenn dies auf dem Grundstück nicht oder nur unter großen Schwierigkeiten möglich ist.

(8) [1]Stellplätze, Garagen, Abstellanlagen für Fahrräder und ihre Nebenanlagen müssen überschaubar und verkehrssicher sein; Stellplätze und Garagen müssen entsprechend dem Gefährlichkeitsgrad der Treibstoffe, der Anzahl und Art der abzustellenden Kraftfahrzeuge dem Brandschutz genügen. [2]Abfließende Treib- und Schmierstoffe müssen unschädlich beseitigt werden können. [3]Garagen und ihre Nebenanlagen müssen zu lüften sein.

(9) [1]Stellplätze und Garagen müssen so angeordnet und ausgeführt werden, dass ihre Benutzung die Gesundheit nicht schädigt und das Arbeiten und Wohnen, die Ruhe und die Erholung in der Umgebung durch Lärm oder Gerüche nicht über das zumutbare Maß hinaus stört. [2]Stellplatzanlagen sollen durch Bepflanzungen mit standortgerechten Bäumen und Sträuchern gestaltet werden; § 8 Absatz 1 ist entsprechend anzuwenden.

(10) Neu errichtete Stellplätze und Garagen sollen von den zugeordneten Gebäuden aus barrierefrei erreichbar sein. [2]**Stellplätze für Wohnungen und bauliche Anlagen nach § 52 müssen in ausreichender Zahl barrierefrei erreichbar sein.**

(11) [1]Stellplätze und Garagen müssen von den öffentlichen Verkehrsflächen aus auf möglichst kurzem Wege verkehrssicher zu erreichen sein. [2]Rampen sollen in Vorgärten nicht angelegt werden. [3]Es kann verlangt werden, dass Hinweise auf Stellplätze und Garagen angebracht werden.

(12) Für das Abstellen nicht ortsfester Geräte mit Verbrennungsmotoren gelten die Absätze 8 und 9 sinngemäß.

Erläuterungen

1. Allgemeines

§ 50 über **Stellplätze und Garagen, Abstellanlagen für Fahrräder** soll sicherstellen, dass der „ruhende Verkehr" grundsätzlich außerhalb der öffentlichen Verkehrsflächen auf privaten Grundstücken untergebracht wird und die öffentlichen Verkehrsflächen nicht durch abgestellte Fahrzeuge belastet werden (vgl. VGH BW, Urt. vom 5. Mai

1994 – 5 S 2644/93 –, BRS 56 Nr. 120 und Urt. vom 14. März 2001
– 8 S 2257/00 –, BRS 64 Nr. 141 = BauR 2002, 69; OVG Lüneburg,
Urt. vom 29. Juni 1979 – I A 37/78 –, BRS 35 Nr. 125 = BauR 1979,
494; BayVerfGH, Entscheidung vom 26. März 1991 – Vf. 42-VI-90 –,
NVwZ 1992, 160 = NJW 1992, 1094). Nach den Legaldefinitionen
in § 2 Abs. 9 Satz 1 und 2 regelt § 50 **nur** die Herstellung **privater**
Stellplätze und Garagen, aber **keine** Verpflichtung zur Schaffung öffentlicher Parkplätze durch die Gemeinden oder sonstige Träger der
Straßenbaulast. Im Rahmen der Widmung als Gemeingebrauch lässt
Straßenrecht alles zu, was nach verkehrsrechtlichen zum Verkehr gehört und von ihm geregelt wird. **Dauerparken** beispielsweise ist danach als Teil des **ruhenden Verkehrs** ein ausschließlich **straßenrechtli-
cher Vorgang** und deshalb nach den Verkehrsvorschriften zu
beurteilen.

2. Herstellung notwendiger Stellplätze und Garagen bei
    Errichtung von Anlagen und Änderung bestehender Anlagen;
    Herstellung von Fahrradabstellanlagen (Absatz 1 und 2)

Absatz 1 Satz 1 macht die Zulässigkeit der **Errichtung** baulicher Anlagen sowie anderer Anlagen, bei denen ein Zu- oder Abgangsverkehr
zu erwarten ist, grundsätzlich davon abhängig, dass Stellplätze oder
Garagen in **ausreichender Größe und** in **geeigneter Beschaffenheit**
(notwendige Stellplätze oder Garagen) sowie Abstellanlagen für Fahrräder hergestellt werden.
Abweichend von **Absatz 1 Satz 1** müssen bei Gebäuden **bis** einschließlich **Gebäudeklasse 4, die** als Sonderbauten i. S. d. § 51 Abs. 2 Nr. 10
der Unterbringung von **Flüchtlingen oder Asylbegehrenden** dienen,
notwendige Stellplätze und Fahrradabstellanlagen nicht nachgewiesen
werden (vgl. § 85a Abs. 3 Nr. 2).
Bei **Wohngebäuden bis** einschließlich **Gebäudeklasse 4,** die
– nach landesrechtlichen Regelungen zum **sozialen Wohnungsbau**
  gefördert werden und auch der Wohnraumversorgung von Flüchtlingen oder
– mit mindestens 20 % ihrer Wohnungen der Unterbringung von
  Flüchtlingen oder Asylbegehrenden
dienen, ist **abweichend von Absatz 1 Satz 1** der Nachweis von 0,5 **notwendigen Stellplätzen** sowie 0,75 **Abstellanlagen für Fahrräder** pro

Wohneinheit ausreichend (vgl. § 85a Abs. 4 Satz 1 Nr. 3 Halbsatz 1); die in **Absatz 1 Satz 6** enthaltene Regelung, dass im Einvernehmen mit den Gemeinden von der Herstellung der Stellplätze abgesehen und auf die Zahlung eines Ablösebetrages verzichtet werden kann (wenn die Schaffung oder Erneuerung von Wohnraum, die im öffentlichen Interesse liegt, sonst erschwert oder verhindert werden würde), **bleibt in diesem Zusammenhang bestehen** (vgl. § 85a Abs. 4 Satz 1 Nr. 3 Halbsatz 2).

In Satz 2, der die Richtschnur für die Anzahl und Größe notwendiger Stellplätze oder Garagen sowie Fahrradabstellanlagen vorgibt, ist **klarstellend das Wort „tatsächlich" eingefügt** worden. Eine inhaltliche Änderung ging damit nicht einher. **Satz 2 nimmt Bezug auf Satz 1** und damit auf zu errichtende (bauliche) Anlagen mit Zu- und Abgangsverkehr. **Bei tatsächlich vorhandenen Kraftfahrzeugen und Fahrrädern ist zunächst diese Zahl maßgebend.** Wird von dem Bauvorhaben als Verkehrsquelle jedoch ein **erhöhter Bedarf** an Stellplätzen oder Abstellanlagen ausgehen, ist auch dieser „zu erwartende" Bedarf zu **berücksichtigen.** Solange eine „tatsächlich vorhandene Anzahl" noch nicht zu Grunde gelegt werden kann (etwa bei Neubauten), ist ebenfalls von der „zu erwartenden" Anzahl auszugehen. Es handelt sich insoweit also um eine **Prognoseentscheidung.** Diese richtet sich nach dem (Stellplatz)Bedarf, den ein Vorhaben typischerweise auslöst, ist also in Bezug auf die jeweilige „Verkehrsquelle" nach **objektiven Gesichtspunkten** zu ermitteln, wobei **allgemeine Erfahrungswerte** zugrunde zu legen sind. Die **Pflicht** zur Herstellung der notwendigen Stellplätze oder Garagen sowie Abstellanlagen für Fahrräder **richtet sich an die Bauherrschaft, die den Nachweis im bauaufsichtlichen Verfahren** (§§ 67 bis 69) **zu führen hat.** Anzahl, Lage und Größe der Stellplätze sowie der Abstellanlagen für Fahrräder sind nach § 7 Abs. 3 Nr. 14 BauVorlVO – abgedruckt unter C – im **Lageplan** darzustellen. Ggf. ist eine **Erläuterung in der Baubeschreibung** nach § 9 Abs. 1 BauVorlVO erforderlich. Im Rahmen der Ermittlung der Stellplatzzahlen durch die Bauherrschaft **sind** i. d. R. **geeignete Berechnungen anzufertigen.** Die Berechnungen **können auf Gutachten** gestützt werden. Das ist **beispielsweise für großflächige Einzelhandelsansiedlungen** mit hohen Besucherzahlen und damit verbundenen Verkehrsströmen angezeigt.

Nach dem **neuen Satz 3,** der **mit** der eingeführten **Satzungsermächtigung in** § 84 Abs. 1 Nr. 8 korrespondiert, ist der **Bedarf** an notwendigen Stellplätzen oder Garagen sowie an Fahrradabstellanlagen nach den **Sätzen 1 und 2** zu ermitteln, **wenn** er **nicht** in einer **örtlichen Bauvorschrift** festgelegt ist. In einem normalen Baugenehmigungsverfahren nach § 67 muss die Bauaufsichtsbehörde den Bedarf prüfen und ggf. genehmigen.

Satz 4 gestattet eine **Herstellung** der notwendigen Stellplätze oder Garagen sowie der Fahrradabstellanlagen einer angemessenen Frist **nach Fertigstellung** der Anlage.

Satz 5 erlaubt im **Einverständnis** mit der **Gemeinde,** ganz oder teilweise auf die Herstellung von Stellplätzen und Garagen und die Zahlung eines Ablösebetrages zu **verzichten.**

Der **neue Satz 6** nennt Fallkonstellationen, in denen ein solcher Verzicht in Betracht kommen kann: Zunächst greift er die im bisherigen Satz 4 Halbsatz 2 genannten Beispiele einer günstigen Anbindung an den öffentlichen Personennahverkehr oder ausreichend vorhandene Fahrradwege auf und stellt nun außerdem **klar, dass** beispielsweise bei Ersatzbauten **im Einvernehmen mit** der **Gemeinde** ein **Verzicht auf die Bereitstellung von grundsätzlich notwendigen Stellplätzen** möglich sein soll. Die klarstellende Regelung betrifft jetzt **ausdrücklich auch Modernisierungsvorhaben für Wohnungen und Maßnahmen zur Schaffung von (zusätzlichem) Wohnraum durch Ersatzbau, an denen ein öffentliches Interesse besteht.** Ein Indiz für ein bestehendes öffentliches Interesse ist etwa die Schaffung bezahlbaren, energieeffizienten Dauerwohnraums im Allgemeininteresse. Außerdem lassen häufig in Stadtkernen oder Altstadtbereichen Bebauungsdichte und Straßennetz eine weitere Errichtung von Stellplätzen nicht mehr zu. Dafür bieten Städte i. d. R. gut ausgebaute Infrastrukturen wie den öffentlichen Personennahverkehr, ausreichende Fahrradwege oder auch andere Mobilitätskonzepte wie z. B. Carsharingangebote. Die **Aufzählung in Satz 6** ist **nicht abschließend.** Die einzelnen Tatbestandsmerkmale müssen nicht kumulativ erfüllt sein. Ein (teilweiser) Verzicht auf die Herstellung von Stellplätzen und Garagen sowie eines Ablösebetrages bei Vorhandensein von Mobilitätskonzepten, wie etwa Carsharingangeboten, ist damit auch bei Vorhaben möglich, die nicht der Schaffung oder Erneuerung von Wohnraum im öffentlichen Interesse dienen. Insbesondere bei Mobilitätskonzepten, wie etwa Carsharingangeboten, sollten die Stellplätze mit einer Ladeinfrastruktur für Elektrofahrzeuge ausgestattet sein, um der steigenden Bedeutung der Elektromobilität gerecht werden zu können.

Satz 7 lässt im **Einverständnis** mit der **Gemeinde** in allen Baugebieten eine **Mehrfachnutzung** von Stellplätze, Garagen oder Fahrradabstellanlagen zu, **wenn** sich die **Nutzungszeiten nicht überschneiden und** deren **Zuordnung** zu den Vorhaben **öffentlich-rechtlich gesichert** ist. Als öffentlich-rechtliche Sicherung kommt in erster Linie eine **Baulast** i. S. d. § 80 in Betracht.

Nach **Absatz 2 Satz 1** wird auch die Zulässigkeit einer **Änderung** von Anlagen davon abhängig gemacht, dass zahlen- und flächenmäßig Stellplätze oder Garagen sowie Fahrradabstellanlagen hergestellt werden, die zusätzlich zu erwartende Kraftfahrzeuge und Fahrräder aufnehmen können.

Satz 2 ist wegen Einfügung des neuen Absatzes 1 Satz 3 **angepasst** worden; danach gilt Absatz 1 **Satz 5 bis 7** bei einer Änderung von Anlagen entsprechend.

3. Nachforderung bei bestehenden Anlagen aus Gründen der Verkehrssicherheit (Absatz 3)

Nach **Absatz 3 Satz 1** kann für **bestehende** bauliche und sonstige **Anlagen** im Einzelfall die **Herstellung** von Stellplätzen oder Garagen sowie Abstellanlagen für Fahrräder gefordert werden, **wenn** dies im Hinblick auf die Art und Anzahl der Kraftfahrzeuge und der Fahrräder der ständigen Benutzerinnen und ständigen Benutzer und der Besucherinnen und Besucher der Anlage aus Gründen der **Sicherheit des Verkehrs** geboten ist. Eine solche **Nachforderung der Bauaufsichtsbehörde** ist mit Blick auf § 3 Abs. 2 beispielsweise geboten, wenn der Verkehrsfluss auf den öffentlichen Verkehrsflächen in der näheren Umgebung des Grundstücks durch parkende oder rangierende Fahrzeuge des genannten Personenkreises wesentlich behindert wird und das Problem nicht durch verkehrsregelnde Maßnahmen gelöst werden kann. **Satz 2** knüpft die Nachforderung an die **Voraussetzung**, dass die hierfür benötigten **Flächen** in geeigneter Lage und Größe **auf dem Baugrundstück** oder **in zumutbarer Entfernung** davon **vorhanden** sind

oder durch zumutbare Maßnahmen frei und **zugänglich** gemacht werden können.

Außerdem können die **Gemeinden** nach **Satz 3** durch örtliche **Bauvorschrift** bestimmen, dass in **genau abgegrenzten Teilen des Gemeindegebietes** Stellplätze oder Garagen sowie Abstellanlagen für Fahrräder für **bestehende** bauliche Anlagen herzustellen sind, wenn die Bedürfnisse des ruhenden oder fließenden Verkehrs dies erfordern. Kommen Verantwortliche ihren satzungsgemäßen Verpflichtungen nicht nach, kann die Bauaufsichtsbehörde entsprechende Anordnungen nach § 59 Abs. 1 erlassen.

4. Forderung eines anderweitigen Stellplatznachweises (Absatz 4)

Nach **Absatz 4** kann **im Einzelfall** die Herstellung von Garagen anstelle von Stellplätzen oder von Stellplätzen anstelle von Garagen gefordert werden, wenn die öffentliche Sicherheit oder die in Absatz 9 genannten Erfordernisse („Gebot der Rücksichtnahme") dies gebieten.

**5. Möglichkeiten der Erfüllung der Stellplatzverpflichtung
    (Absatz 5 und 6)**

Nach **Absatz 5 Satz 1** müssen Stellplätze und Garagen sowie Fahrradabstellanlagen **auf dem Baugrundstück** hergestellt werden (**Halbsatz 1**); die **Stellplätze und Garagen** dürfen aber auch **in zumutbarer Entfernung vom Baugrundstück**, die **Fahrradabstellanlagen** in **unmittelbarer Nähe** auf einem geeigneten Grundstück hergestellt werden, dessen **Benutzung** für diesen Zweck **öffentlich-rechtlich gesichert** wird (**Halbsatz 2**). Die öffentlich-rechtliche Sicherung erfolgt durch Baulast (vgl. § 80). Mit **Einverständnis der Gemeinde** kann die Verpflichtung zur Herstellung **notwendiger Stellplätze** auch durch Zahlung eines Geldbetrages erfüllt werden (**Satz 2 Halbsatz 1**); diese Möglichkeit besteht **nicht** für die Verpflichtung zur Herstellung von notwendigen Garagen und von Fahrradabstellanlagen. Den zu zahlenden Ablösebetrag muss die Gemeinde darlegen; der Verwendungszweck und die Höhe des Ablösebetrages werden durch Absatz 6 Satz 3 und 4 begrenzt (vgl. **Satz 2 Halbsatz 2**). Wenn **Gründe des Verkehrs** es erfordern, kann die **Bauaufsichtsbehörde** nach **Satz 3** im Einzelfall bestimmen, dass die Stellplätze oder Garagen sowie Fahrradabstellanlagen auf dem Baugrundstück oder auf einem anderen Grundstück herzustellen sind. Wenn und soweit **Gründe** des **Verkehrs,** des **Städtebaus** oder des **Umweltschutzes** es erfordern, kann die **Gemeinde** nach **Satz 4** durch **örtliche Bauvorschrift** für genau abgegrenzte Teile des Gemeindegebietes die Herstellung von **Stellplätzen und Garagen untersagen** oder **einschränken.**

Absatz 6 Satz 1 und 2 regeln die **Ablösung** der Verpflichtung zur Herstellung von notwendigen Stellplätzen oder Garagen sowie von Fahrradabstellanlagen. Eine Ablösung (Zahlung eines Geldbetrages an die Gemeinde) kommt in Betracht, wenn die Herstellung von **Stellplätzen oder Garagen nicht** oder nur **unter großen Schwierigkeiten** auf dem Baugrundstück oder in zumutbarer Entfernung vom Baugrundstück auf einem geeigneten Grundstück **möglich** ist; sie kommt auch in Betracht, wenn die Herstellung von **Fahrradabstellanlagen nicht** oder nur unter großen Schwierigkeiten auf dem Baugrundstück oder in unmittelbarer Nähe auf einem geeigneten Grundstück **möglich** ist (**vgl. Satz 1**). Gleiches gilt für die Fälle, in denen die **Gemeinde** nach Absatz 3 Satz 3 durch **örtliche Bauvorschrift** bestimmt hat, dass in **genau abgegrenzten Teilen des Gemeindegebietes** Stellplätze oder Garagen sowie Abstellanlagen für Fahrräder für **bestehende** bauliche Anlagen herzustellen sind (**vgl. Satz 2**). **Satz 3** regelt, für welche Zwecke die Ablösebeträge zu verwenden sind. Die Höhe der Ablösebeträge wird durch **Satz 4** begrenzt.

6.   **Verzicht auf Mehrbedarf an Stellplätzen oder Garagen bei Schaffung von Wohnraum ohne zusätzliche Bodenversiegelung (Absatz 7)**

Absatz 7 bestimmt den **Verzicht** auf Stellplätze oder Garagen sowie auf Fahrradabstellanlagen **bei nachträglicher Schaffung von Wohnraum.** Er erfasst die Änderung der Nutzung, das Aufstocken und die Änderung des Daches eines **Gebäudes,** dessen **Fertigstellung mindestens drei Jahre zurückliegt.** In diesen Fällen braucht der durch die Maßnahmen verursachte Mehrbedarf an Stellplätzen und Garagen und Abstellanlagen für Fahrräder nicht gedeckt zu werden, wenn dies auf dem Grundstück nicht oder nur unter großen Schwierigkeiten möglich ist. Nach dem Sinn und Zweck dieser Vorschrift braucht beim

Vorliegen der Voraussetzungen auch kein Ablösebetrag gezahlt zu werden.

7. Sicherheitsaspekte (Absatz 8)

Nach **Absatz 8 Satz 1 Halbsatz 1** müssen Stellplätze, Garagen, Fahrradabstellanlagen und ihre Nebenanlagen **überschaubar und verkehrssicher** sein; die Regelung steht in Verbindung mit § 9 über die Sicherheit und Überschaubarkeit der Wegführung. Die Verkehrssicherheit ist im Regelfall gewährleistet, wenn die Anlagen die Anforderungen der GarVO eingehalten und eine ausreichende Beleuchtung sichergestellt sind. **Satz 1 Halbsatz 2, Satz 2 und 3** sollen Gefahren bei der Anlegung und dem Betrieb von Stellplätzen, Garagen, Fahrradabstellanlagen und ihren Nebenanlagen vermeiden.

8. Gebot der Rücksichtnahme (Absatz 9)

Die **nachbarschützende Vorschrift** des **Absatzes 9 Satz 1** verlangt, **Stellplätze und Garagen** so anzuordnen und auszuführen, dass ihre **Benutzung** die Gesundheit nicht schädigt und das Arbeiten und Wohnen, die Ruhe und die Erholung in der **Umgebung** durch Lärm oder Gerüche **nicht über das zumutbare Maß hinaus** stört. Sie **unterscheidet nicht** zwischen **notwendigen und nicht notwendigen Stellplätzen und Garagen.** Zu beachten ist in dem Zusammenhang, dass die Toleranzschwelle in einem belebten Innenstadtbereich höher als in einem ruhigen Einfamilienhausgebiet ist und dass die durch **notwendige** Stellplätze und Garagen ausgelösten Immissionen grundsätzlich hinzunehmen und nur unter besonderen Umständen unzumutbar sind (vgl. VG Schleswig, Beschl. vom 18. Dezember 2014 – 8 B 37/14 –, juris Rn. 37, unter Bezugnahme auf BVerwG, Urt. vom 7. Dezember 2006 – 4 C 11.05 –, BVerwGE 127, 231 = BRS 70 Nr. 78 = BauR 2007, 672 = NVwZ 2007, 585 = ZfBR 2007, 265 = Buchholz 406.12 § 12 BauNVO Nr. 11). Darüber hinaus werden Lärm- und Geruchsbelästigungen von Stellplätzen oder Garagen, die im rückwärtigen Grundstücksbereich angeordnet sind, eher das Maß des Zumutbaren überschreiten als solche, die nahe der Straße angeordnet sind (vgl. OVG B-Bbg, Beschl. vom 19. August 2014 – 10 S 57.12 –, juris Rn. 5).

Nach **Satz 2 Halbsatz 1** sollen **Stellplatzanlagen** durch Bepflanzungen mit **standortgerechten** Bäumen und Sträuchern gestaltet werden. Das

Wort „sollen" deutet darauf hin, dass solche Bepflanzungen, die einer Abschirmung und besseren Einbindung in die Umgebung dienen, im Regelfall anzulegen sind. **Halbsatz 2** erklärt § 8 Abs. 1 für entsprechend anwendbar, wonach die nicht überbauten Flächen der bebauten Grundstücke u. a. zu begrünen oder zu bepflanzen sind.

9.   Barrierefreie Erreichbarkeit (Absatz 10)

Nach **Absatz 10 Satz 1 sollen neu errichtete** Stellplätze und Garagen von den zugeordneten Gebäuden aus **barrierefrei erreichbar** sein. Die Vorschrift hängt eng zusammen mit § 9 über **Sicherheit und Überschaubarkeit der Wegführung** und ergänzt die Anforderungen über das barrierefreie Bauen (s. Erläuterungen zu § 9). Das Wort „sollen" räumt der Bauaufsichtsbehörde ein Ermessen ein, in atypischen Situationen – etwa bei einer Hanglage, die eine barrierefreie Ausgestaltung nur mit unverhältnismäßigen Aufwendungen möglich macht – auf die barrierefreie Erreichbarkeit zu verzichten.

Der **neue Satz 2** stellt klar, dass **Stellplätze** für Wohnungen und bauliche Anlagen nach § 52 in ausreichender Zahl **barrierefrei erreichbar** sein **müssen**. Die Stellplätze müssen **barrierefrei** errichtet werden. Die entsprechenden Anforderungen, etwa an die Bewegungsflächen, sind zu erfüllen. Die Zahl richtet sich nach den tatsächlich vorhandenen und zu erwartenden Kraftfahrzeugender ständigen Benutzerinnen und Benutzer sowie der Besucherinnen und Besucher der Anlagen.

Abweichend von **Absatz 10** müssen bei Gebäuden **bis** einschließlich **Gebäudeklasse 4**, die als Sonderbauten i. S. d. § 51 Abs. 2 Nr. 10 der Unterbringung von **Flüchtlingen oder Asylbegehrenden** dienen, die Anforderungen an die Barrierefreiheit nicht erfüllt werden (vgl. § 85a Abs. 3 Nr. 3).

10.   Verkehrssicherheit (Absatz 11)

Nach **Absatz 11 Satz 1** müssen Stellplätze und Garagen von den öffentlichen Verkehrsflächen aus auf **möglichst kurzem Wege verkehrssicher** zu erreichen sein. Die **Regelung** enthält ein **Optimierungsgebot** und **dient** in erster Linie der **Verkehrssicherheit.** Sie soll erreichen, dass die **öffentlichen Verkehrsflächen** vom ruhenden Verkehr dadurch **entlastet** werden, dass auf den Grundstücken errichtete Stellplätze und Garagen auch angenommen werden. Um dieses Ziel zu erreichen, kann nach **Satz 3** verlangt werden, dass **Hinweise** auf Stellplätze und Garagen angebracht werden. **Satz 1** „ergänzt" aber auch die nachbarschützende Vorschrift des Absatzes 9 Satz 1 (vgl. OVG Schleswig, Urt. vom 30. September 1991 – 1 L 52/91 –, SchlHA 1993, 210; **kein Nachbarschutz:** BayVGH, Beschl. vom 9. November 2000 – 25 ZE 99.3496 –, juris Rn. 2; OVG Berlin, Urt. vom 14. Mai 1993 – 2 B 29.91 –, NVwZ 1994, 507 L; HessVGH, Beschl. vom 4. Januar 1983 – III TG 57/82 –, BRS 40 Nr. 215 = BauR 1983, 238 = NJW 1983, 2461). Nach **Satz 2** sollen Rampen in Vorgärten nicht angelegt werden. Dies dient ebenfalls der Verkehrssicherheit, aber auch der Minderung von Emissionen und nachbarlichen Beeinträchtigungen (s. zu Rampen auch § 4 GarVO).

11. **Abstellen nicht ortsfester Geräte mit Verbrennungsmotoren (Absatz 12)**

Nach **Absatz 12** gelten die **Absätze 8 und 9** sinngemäß **für das Abstellen nicht ortsfester Geräte mit Verbrennungsmotoren.** Diese Vorschrift erfasst beispielsweise fahrbare Rasenmäher, land- und forstwirtschaftliche Maschinen und Geräte sowie sonstige Arbeitsmaschinen, wie Schneeräumgeräte (s. zum Abstellen von Kfz in anderen Räume als Garagen auch § 20 GarVO).

§ 51 Sonderbauten

(1) [1]An Sonderbauten können im Einzelfall zur Verwirklichung der allgemeinen Anforderungen nach § 3 Absatz 2 besondere Anforderungen gestellt werden. [2]Erleichterungen können gestattet werden, soweit es der Einhaltung von Vorschriften wegen der besonderen Art oder Nutzung baulicher Anlagen oder Räume oder wegen besonderer Anforderungen nicht bedarf. [3]Die Anforderungen und Erleichterungen nach den Sätzen 1 und 2 können sich insbesondere erstrecken auf

1. die Anordnung der baulichen Anlagen auf dem Grundstück,
2. die Abstände von Nachbargrenzen, von anderen baulichen Anlagen auf dem Grundstück und von öffentlichen Verkehrsflächen sowie auf die Größe der freizuhaltenden Flächen der Grundstücke,
3. die Öffnungen nach öffentlichen Verkehrsflächen und nach angrenzenden Grundstücken,
4. die Anlage von Zu- und Abfahrten,

5. die Anlage von Grünstreifen, Baumpflanzungen und anderen Pflanzungen sowie die Begrünung oder Beseitigung von Halden und Gruben,
6. die Bauart und Anordnung aller für die Stand- und Verkehrssicherheit, den Brand-, Wärme-, Schall- oder Gesundheitsschutz wesentlichen Bauteile und die Verwendung von Baustoffen,
7. Brandschutzanlagen und -einrichtungen und sonstige Brandschutzvorkehrungen,
8. die Löschwasserrückhaltung,
9. die Anordnung und Herstellung von Aufzügen, Treppen, Treppenräumen, Fluren, Ausgängen und sonstigen Rettungswegen,
10. die Beleuchtung und Energieversorgung,
11. die Lüftung und Rauchableitung,
12. die Feuerungsanlagen und Heizräume,
13. die Wasserversorgung,
14. die Aufbewahrung und Entsorgung von Abwasser und festen Abfall- und Wertstoffen,
15. die Stellplätze und Garagen sowie Abstellanlagen für Fahrräder,
16. die barrierefreie Nutzbarkeit,
17. die zulässige Zahl der Benutzerinnen oder Benutzer, Anordnung und Zahl der zulässigen Sitz- und Stehplätze bei Versammlungsstätten, Tribünen und Fliegenden Bauten,
18. die Zahl der Toiletten für Besucherinnen oder Besucher,
19. Umfang, Inhalt und Zahl besonderer Bauvorlagen, insbesondere eines Brandschutzkonzepts,
20. weitere zu erbringende Bescheinigungen,
21. die Bestellung und Qualifikation der Bauleiterin oder des Bauleiters und der Fachbauleiterinnen oder Fachbauleiter,
22. den Betrieb und die Nutzung einschließlich der Bestellung und der Qualifikation einer oder eines Brandschutzbeauftragten,
23. Erst-, Wiederholungs- und Nachprüfungen und die Bescheinigungen, die hierüber zu erbringen sind.

(2) Sonderbauten sind Anlagen und Räume besonderer Art oder Nutzung, die einen der nachfolgenden Tatbestände erfüllen:
1. Hochhäuser (Gebäude mit einer Höhe nach § 2 Absatz 4 Satz 2 von mehr als 22 m),
2. bauliche Anlagen mit einer Höhe von mehr als 30 m,
3. Gebäude mit mehr als 1.600 m² Grundfläche des Geschosses mit der größten Ausdehnung, ausgenommen Wohngebäude,
4. Verkaufsstätten, deren Verkaufsräume und Ladenstraßen eine Grundfläche von insgesamt mehr als 800 m² haben,

5. Gebäude mit Räumen, die einer Büro- oder Verwaltungsnutzung dienen und einzeln eine Grundfläche von mehr als 400 m² haben,
6. Gebäude mit Räumen, die einzeln für die Nutzung durch mehr als
100 Personen bestimmt sind,
7. Versammlungsstätten
   a) mit Versammlungsräumen, die insgesamt mehr als 200 Besucherinnen oder Besucher fassen, wenn diese Versammlungsräume
   gemeinsame Rettungswege haben,
   b) **im Freien mit Szenenflächen sowie Freisportanlagen jeweils
   mit Tribünen, die keine Fliegenden Bauten sind und insgesamt
   mehr als 1.000 Besucherinnen oder Besucher fassen,**
8. Schank- und Speisegaststätten mit mehr als 40 Gastplätzen **einschließlich Gastplätzen im Freien, die gemeinsame Rettungswege
durch das Gebäude haben, oder mehr als 1.000 Gastplätzen im
Freien,** Beherbergungsstätten mit mehr als zwölf Betten und Vergnügungsstätten mit mehr als 150 m² Grundfläche,
9. **Krankenhäuser,**
10. **sonstige Einrichtungen zur Unterbringung oder Pflege von Personen sowie Wohnheime,**
11. Tageseinrichtungen für Kinder, Menschen mit **Behinderung** und alte
Menschen,
12. Schulen, Hochschulen und ähnliche Einrichtungen,
13. Justizvollzugsanstalten und bauliche Anlagen für den Maßregelvollzug,
14. Freizeit- und Vergnügungsparks,
15. Garagen mit mehr als 1.000 m² Nutzfläche,
16. Fliegende Bauten, soweit sie einer Ausführungsgenehmigung bedürfen,
17. Regallager mit einer Oberkante Lagerguthöhe von mehr als 7,50 m,
18. bauliche Anlagen, deren Nutzung durch Umgang oder Lagerung von
Stoffen mit Explosions- oder erhöhter Brand- oder Gesundheitsgefahr
verbunden ist,
19. Anlagen und Räume, die in den Nummern 1 bis **18** nicht aufgeführt
und deren Art oder Nutzung mit vergleichbaren Gefahren verbunden
sind.

(3) ¹Die Bauaufsichtsbehörden können auch Anforderungen an die Beschaffenheit von Maschinen und anderen beweglichen Teilen, die in Verbindung mit baulichen Anlagen aufgestellt werden, stellen. ²Dies gilt auch
für die Nachweise, dass die Anforderungen erfüllt sind, und für die heranzuziehenden sachverständigen Personen sowie sachverständigen Stellen.

Erläuterungen

1. Allgemeines

§ 51 trägt den **Sonderbauten** Rechnung, welche die Benutzerinnen oder Benutzer oder die Allgemeinheit gefährden oder unzumutbar belästigen können. Die **möglichen Gefahren oder Belästigungen** resultieren **vor allem aus der gleichzeitigen Anwesenheit einer großen Zahl überwiegend ortsunkundiger Personen auf engem Raum.** Die Vorschrift gibt den Bauaufsichtsbehörden Instrumente an die Hand, erforderliche **besondere Anordnungen** zu **stellen** oder **Erleichterungen** zu **gestatten.** Heutzutage sind Sonderbauten so vielgestaltig und unterliegen einem derartigen Wandel der Entwicklung sowie auch wandelnden Ansprüchen in der Gesellschaft, dass die LBO nicht allein ins Einzelne gehende Anforderungen an Sonderbauten regeln kann. Zu den **Sonderbauten** gehören **nicht nur Anlagen** (wie Gebäude), **sondern auch Räume** besonderer Art oder Nutzung. Der Begriff „Sonderbauten" hat nicht nur materiell-rechtliche Bedeutung, sondern auch **verfahrenssteuernde Wirkung:** Die in **Absatz 2** abschließend aufgelisteten **Sonderbauten** fallen (neben den in § 65 Abs. 4 genannten Vorhaben, die von einer nicht in der Liste eingetragenen Person entworfen worden sind) stets unter das **normale Baugenehmigungsverfahren nach** § 67, in dem ihre Vereinbarkeit mit dem öffentlichen Recht umfassend geprüft wird (vgl. § 73 Abs. 1 Satz 1).

2. Besondere Anforderungen und Erleichterungen (Absatz 1)

Absatz 1 Satz 1 und 2 ermächtigt die Bauaufsichtsbehörde, im **Einzelfall** zur Verwirklichung der allgemeinen Anforderungen nach § 3 Abs. 2 an Sonderbauten **besondere Anforderungen** zu **stellen (Satz 1) oder** bei Sonderbauten wegen der besonderen Art oder Nutzung oder wegen besonderer Anforderungen **Erleichterungen** zu **gestatten (Satz 2).** Die **Ermessensentscheidung** der Behörde, besondere Anforderungen zu stellen oder Erleichterungen zuzulassen, richtet sich **allein nach Absatz 1. Satz 3** enthält einen **nicht abschließenden** Katalog („Checkliste") von **Beispielen,** worauf sich die Anforderungen oder Erleichterungen erstrecken können. Zu beachten ist in diesem Zusammenhang, dass besondere **Anforderungen vielfach** bereits als **Kompensation für Erleichterungen** gestellt werden (z. B. automatische Feuerlöschanlagen bei Vergrößerung von Brandabschnitten; Alarmmeldeanlagen bei Verlängerung von Rettungswegen). Besondere Anforderungen sind auch **nicht zwangsläufig höhere Anforderungen**, als sie die LBO sonst vorsieht.

Soweit in **Verordnungen nach** § 83 (z. B. GarVO, VkVO, BeVO und VStättVO) bereits Regelungen für Sonderbauten enthalten sind, ergeben sich die zu stellenden Anforderungen und die Erleichterungen **abschließend** aus den Verordnungen; eine **Ermessensentscheidung** der Bauaufsichtsbehörde ist in diesen Fällen **nicht erforderlich**. **Abweichungen von** den Regelungen der **Verordnungen** sind nach § 71 zu beurteilen und müssen von der **Bauaufsichtsbehörde** beschieden werden. Entsprechende Anträge auf Zulassung einer Abweichung müssen zuvor gesondert schriftlich gestellt und begründet werden. Rechtsgrundlagen für **weitergehende Anforderungen** sind § 22 GarVO, § 29 VkVO und § 10 BeVO.

Richtlinien für Sonderbauten sind die Hochhaus-Richtlinie – **HHR –**, die Schulbau-Richtlinie – **SchulbauR –** sowie die Verwaltungsvorschriften über Ausführungsgenehmigungen für Fliegende Bauten und deren Gebrauchsabnahmen – **FlBauVwV**. Anforderungen und Erleichterungen für Sonderbauten, die unter Richtlinien fallen, ergeben sich aus der jeweiligen Richtlinie. Treffen Richtlinien keine Regelung, gelten die Bestimmungen der LBO. Da **Richtlinien** nicht in einem Rechtssetzungsverfahren zustande gekommen und daher **keine Rechtsvorschriften** sind, sind **Abweichungen** von den Bestimmungen einer Richtlinie nicht nach § 71, sondern **bei bauaufsichtlich eingeführten Technischen Baubestimmungen nach** § 3 Abs. 3 Satz 3 zu beurteilen. Eine **förmliche Entscheidung** der Bauaufsichtsbehörde ist in diesen Fällen **nicht erforderlich**. Allerdings dürfen nach § 3 Abs. 3 Satz 3 bei einer anderen Lösung **nachweislich** weder eine Gefährdung der öffentlichen Sicherheit, insbesondere von Leben und Gesundheit, noch unzumutbare Belästigungen entstehen. Den **Nachweis** hat die Antragstellerin oder der Antragsteller bei Bedarf durch Sachverständigengutachten zu führen.

3. Katalog der Sonderbauten (Absatz 2)

Absatz 2 enthält eine **abschließende Aufzählung** der **Sonderbauten** und ermöglicht damit den am Bau Beteiligten und den Bauaufsichtsbehörden eine **zuverlässige und rechtssichere Orientierung**. Der Begriff „Sonderbau" hat **verfahrenssteuernde Wirkung** (s. oben unter 1. Allgemeines). Der Katalog der Sonderbauten enthält solche Anlagen, bei denen wegen ihrer Größe, der Zahl und/oder der Schutzbedürftigkeit der sich in ihnen aufhaltenden Personen oder aus anderen Gründen ein besonderes Gefahrenpotenzial erwartet werden muss. Die Schwellenwerte beruhen auf bauaufsichtlichen Praxiserfahrungen.

Zum Katalog des Absatzes 2 im Einzelnen:

–   **Nummer 1 bis 3** erfasst bauliche **Anlagen, die unabhängig von** ihrer **Nutzungsart** aufgrund ihrer Höhe oder Ausdehnung als **Sonderbauten** eingeordnet werden. **Alle anderen Typen** sind **nach** der **Art ihrer Nutzung differenziert.**

–   In **Nummer 4 bis 8** sind **Nutzungsarten** aufgeführt, die nur in **Kombination mit einer größeren Zahl von Personen** zur **Sonderbaueigenschaft** führen, wie Verkaufsstätten, Versammlungsstätten oder Großraumbüros; in diesen Fällen ist über die **Flächengrößen** oder – soweit möglich – über **Personenzahlen** eine „Einstiegsschwelle" angegeben.

Die bisherige Regelung in **Nummer 7 Buchst. b** über Versammlungsstätten im Freien mit Szenenflächen ist **konkretisiert** worden, weil die Abgrenzung zwischen „Veranstaltungen im Freien" und „Versammlungsstätten im Freien" Schwierigkeiten bereitet hatte. Typische Versammlungsstätten im Freien sind Freilichttheater, Anlagen für den Rennsport oder Reitbahnen sowie Sportstadien – also ortsfeste, auf Dauer angelegte Anlagen mit tribünenartiger Anordnung der Besucherbereiche. **Nicht erfasst** werden **temporäre Veranstaltungen wie Musikfestivals** auf Freiflächen. Werden bei solchen Veranstaltungen Tribünen (und Bühnen) aufgestellt, handelt es sich um Fliegende Bauten i. S. d. § 76. Die am 1. Oktober 2014 in Kraft getretene VStättVO enthält die Konkretisierung bereits.

Nach **Nummer 8** sind **nunmehr** Schank- und Speisegaststätten mit mehr als 40 Gastplätzen **einschließlich Gastplätzen im Freien, die gemeinsame Rettungswege durch das Gebäude haben, oder mehr als 1 000 Gastplätzen im Freien,** Beherbergungsstätten mit mehr als zwölf Betten und Vergnügungsstätten mit mehr als 150 m² Grundfläche Sonderbauten. Die Ergänzung stellt **klar, dass sich** die Tatbestandsvoraussetzung von **40 Gastplätzen** auf **Plätze im Gebäude** sowie **ggf. einschließlich Gastplätzen im Freien, die gemeinsame Rettungswege** durch das Gebäude **haben, bezieht.** Durch die Aufnahme von Schank- und Speisegaststätten mit mehr als 1 000 Sitzplätzen im Freien sind **auch große Biergärten als Sonderbau** zu qualifizieren, sodass die Bauaufsichtsbehörde die Möglichkeit hat, nach Absatz 1 besondere Anforderungen – z. B. im Hinblick auf die Rettungswege oder auch auf eine angemessene Anzahl von Toiletten – zu stellen. Die Schwelle von 1 000 Sitzplätzen lehnt sich an den Grenzwert für Versammlungsstätten im Freien nach Nummer 7 Buchst. b an.

– **Nummer 9 bis 13** erfasst vor allem **Nutzungsarten**, bei denen stets mit einer größeren Zahl von Personen zu rechnen ist, die **hilfs-, betreuungs- oder erhöht schutzbedürftig** sind, wie beispielsweise Krankenhäuser, Einrichtungen für Kinder, alte Menschen, Menschen mit Behinderung und Schulen. Bei diesen Einrichtungen besteht insbesondere **im Brandfall** eine **besondere Gefahr.**
Mit Streichung der Heime und sonstigen Einrichtungen zur Unterbringung oder Pflege von Personen aus der **Nummer 9** sind **Krankenhäuser** jetzt eine **eigene Sonderbaukategorie.** Der Begriff „Heime" ist gestrichen weil, weil dieser Begriff mit Fürsorge und Abhängigkeit assoziiert wird und nicht mehr zeitgemäß ist.
Die **neu eingefügte Nummer 10** erfasst **sonstige Einrichtungen zur Unterbringung oder Pflege von Personen sowie Wohnheime.** Der Begriff „Einrichtung" ist im SGB VIII und XI sowie im Selbstbestimmungsstärkungsgesetz (SbStG) definiert. Die Abgrenzung von Hausgemeinschaften mit Betreuungs- und Pflegebedarf zu Einrichtungen (Sonderbauten) zur Unterbringung und Pflege von Personen erfolgt in § 8 Abs. 1 SbStG. Danach erfüllen Wohn- und Hausgemeinschaften nicht die Voraussetzungen einer Einrichtung. Bauordnungsrechtlich ist eine abweichende Einstufung im Hinblick auf die Definition in der aktuellen Fassung des SbStG nicht erforderlich. Die Einstufung von **Wohnheimen** als **Sonderbauten** war angezeigt, weil die dort den Nutzerinnen und Nutzern jeweils zur Eigennutzung zugewiesenen Räume jedenfalls vielfach nicht so voneinander abgetrennt sind, wie dies den an Nutzungseinheiten zu stellenden Anforderungen entspricht. Deshalb war die durch

die Einstufung als Sonderbau sichergestellte Prüfung der bauordnungsrechtlichen Anforderungen insbesondere an den **Brandschutz,** geboten (vgl. § 67, § 70 Abs. 5 Nr. 1). Für **Unterkünfte** bis einschließlich Gebäudeklasse 4, die der Unterbringung von **Flüchtlingen oder Asylbegehrenden** dienen, gelten die formellen und materiellen **Sonderregelungen des § 85a.**

Nummer 11 erfasst **Tageseinrichtungen für Kinder, Menschen mit Behinderung und alte Menschen.** Der Tatbestand soll in Bezug auf die Tageseinrichtungen für Kinder allein Einrichtungen i. S. d. §§ 22, 45 SGB VIII i. V. m. § 1 Abs. 1 KiTaG SH erfassen. Tatbestandlich nicht erfasst ist die Kindertagespflege durch Tagespflegepersonen nach den §§ 22, 43 SGB VIII i. V m. § 2 KiTaG SH. Beide Formen der Kinderbetreuung bedürfen unabhängig von der Anzahl der zu betreuenden Kinder einer Erlaubnis nach dem SGB VIII. Eine bauordnungsrechtliche Differenzierung i. S. d. Formulierung der MBO ist vor diesem Hintergrund nicht zwingend als erforderlich angesehen worden.

Die bisherigen Nummern 11 und 12 sind wegen **Einfügung der neuen Nummer 10** wortgleich als Nummern 12 und 13 übernommen worden.

– Die bisherigen Nummern 13 bis 18, die – ebenfalls **wegen Einfügung der neuen Nummer 10** – wortgleich als **neue Nummern 14 bis 19** übernommen worden sind, erfassen bauliche Anlagen, die wegen ihrer **Atypik** im umfassenden Baugenehmigungsverfahren nach § 67 zu behandeln sind. Dabei enthält die **neue Nummer 19** einen **Auffangtatbestand für Sonderfälle,** die bei Erstellung des Katalogs nicht von vornherein erkennbar waren, aber **vergleichbare Gefahren** aufweisen. Der Auffangtatbestand darf allerdings nicht dazu dienen, den **abschließenden Katalog** von Sonderbauten „durch die Hintertür" zu erweitern.

So dürften also beispielsweise Anlagen, die die Maßangaben in den Nummern 1 bis 8, 15 und 17 geringfügig unterschreiten (und damit keine Sonderbauten sind), **nicht** mithilfe der **neuen Nummer 19** in den Status eines Sonderbaus gehoben werden. Dann würden beispielsweise bauaufsichtlich verfahrensfreie Regale nach § 63 Abs. 1 Nr. 14 Buchst. c plötzlich zu baugenehmigungspflichtigen Sonderbauten i. S. d. Nummer 19, obwohl die Voraussetzungen der Nummer 17 nicht vorliegen.

4.   Anforderungen an die Beschaffenheit von Maschinen und anderen beweglichen Teilen (Absatz 3)

Nach **Absatz 3 Satz 1** können die Bauaufsichtsbehörden auch Anforderungen an die Beschaffenheit von Maschinen und anderen beweglichen Teilen stellen, die i. V. m. baulichen Anlagen aufgestellt werden. Die Regelung **begünstigt insbesondere** die Prüfung von **Windenergieanlagen.** Die eigentliche Prüfung der Maschinen und beweglichen Teile erfolgt durch sachverständige Personen oder Stellen. Nach **Satz 2** gilt dies auch für die Nachweise, dass die Anforderungen erfüllt sind, und für die heranzuziehenden sachverständigen Personen sowie sachverständigen Stellen. Der Bemessung ist die als Technische Baubestimmung bauaufsichtlich eingeführte „Richtlinie für Windenergieanlagen; Einwirkungen und Standsicherheitsnachweise für Turm und Gründung" – Ausgabe Oktober 2012 – zugrunde zu legen.

§ 52   Barrierefreies Bauen

(1) [1]In Gebäuden mit mehr als zwei Wohnungen müssen die Wohnungen mindestens eines Geschosses barrierefrei sein**;** **diese Verpflichtung kann auch durch eine entsprechende Zahl barrierefrei erreichbarer Wohnungen in mehreren Geschossen erfüllt werden.** [2]In diesen Wohnungen müssen die Wohn- und Schlafräume, eine Toilette, ein Bad, die Küche oder die Kochnische **sowie die zu diesen Räumen führenden Flure barrierefrei, insbesondere mit dem Rollstuhl zugänglich,** sein. [3]§ 40 Absatz 4 **gilt entsprechend.** [4]**Bei Wohnungen nach Satz 1 sind die Anforderungen nach § 49 Absatz 2 barrierefrei zu erfüllen.**

(2) [1]Bauliche Anlagen, die öffentlich zugänglich sind, müssen in den dem allgemeinen **Besucher- und Benutzerverkehr** dienenden Teilen **barrierefrei sein.** [2]**Dies gilt** insbesondere für
1.   Einrichtungen der Kultur und des Bildungswesens,
2.   Sport- und Freizeitstätten,
3.   Einrichtungen des Gesundheitswesens,
4.   Büro-, Verwaltungs- und Gerichtsgebäude,
5.   Verkaufs-, Gast- **und Beherbergungsstätten,**
6.   Stellplätze, Garagen und Toilettenanlagen.

[3]Für die der zweckentsprechenden Nutzung dienenden Räume und Anlagen genügt es, wenn sie in dem erforderlichen Umfang barrierefrei sind. [4]Toilettenräume und notwendige Stellplätze für Besucherinnen oder Besucher und Benutzerinnen oder Benutzer müssen in der erforderlichen Anzahl barrierefrei sein.

(3) Für
1. Wohnheime, Tagesstätten, Werkstätten und Heime für Menschen mit **Behinderung**,
2. Altenheime, Altenwohnheime, Altenpflegeheime und Altenbegegnungsstätten,
3. Kindertagesstätten und **Jugendhilfeeinrichtungen nach § 45 SGB VIII**

gilt Absatz 2 für die gesamte Anlage und die gesamten Einrichtungen.

(4) Abweichungen von **Absatz 1** können **zugelassen** werden, soweit wegen schwieriger Geländeverhältnisse, ungünstiger vorhandener Bebauung oder **im Hinblick auf die** Sicherheit der **Menschen mit Behinderung** oder alter Menschen die Anforderungen nur mit einem unverhältnismäßigen Mehraufwand erfüllt werden können.

Erläuterungen

1.   Allgemeines

Die Regelungen des § 52 leiten sich aus dem **Sozialstaatsprinzip** nach Art. 3 Abs. 3 Satz 2 GG ab, nach dem niemand wegen seiner Behinderung benachteiligt werden darf. Sie sollen die bauordnungsrechtlichen Voraussetzungen dafür schaffen, Menschen mit Behinderung, alte Menschen und Personen mit Kleinkindern eine ungehinderte Teilnahme am gesellschaftlichen Leben zu ermöglichen. Dafür muss der genannte Personenkreis öffentlich zugängliche bauliche Anlagen in den dem allgemeinen Besucherverkehr dienenden Teilen erreichen und ohne fremde Hilfe zweckentsprechend nutzen können.

Bei Sonderbauten i. S. d. § 51 Abs. 2 Nr. 10 bei **Gebäuden bis einschließlich Gebäudeklasse 4,** die der Unterbringung von **Flüchtlingen oder Asylbegehrenden** dienen, brauchen **abweichend** von § 52 die Anforderungen an die Barrierefreiheit nicht erfüllt zu werden (vgl. § 85a Abs. 3 Nr. 3).

2. Barrierefreie erreichbare Wohnungen in Gebäuden mit mehr als
    zwei Wohnungen (Absatz 1)

Absatz 1 Halbsatz 1 entspricht im Wesentlichen dem bisherigen Absatz 1 Satz 1. Der Wortlaut „barrierefrei erreichbar sein" ist ersetzt worden durch „barrierefrei sein". Der **eingefügte Halbsatz 2,** nach dem **diese Verpflichtung auch durch eine entsprechende Zahl barrierefrei erreichbarer Wohnungen in mehreren Geschossen erfüllt werden kann,** folgt einem Bedürfnis der Praxis, durch die mögliche Anordnung barrierefreier Wohnungen in entsprechendem Umfang in mehreren Geschossen eine **flexiblere Handhabung der Verpflichtung** zuzulassen. Da Halbsatz 2 auf die Verpflichtung aus Halbsatz 1 Bezug nimmt, verringert sich durch die Neuregelung die Zahl der zu schaffenden barrierefrei erreichbaren Wohnungen nicht.

Satz 2 ist etwas **umgestellt und ergänzt** worden. Danach müssen in diesen Wohnungen die Wohn- und Schlafräume, eine Toilette, ein Bad, die Küche oder die Kochnische **sowie die zu diesen Räumen führenden Flure barrierefrei, insbesondere mit dem Rollstuhl zugänglich,** sein. Die Differenzierung zwischen Erreichbarkeit und Barrierefreiheit/ Zugänglichkeit soll gewährleisten, dass Bauherrinnen oder Bauherren nicht nur die Barrierefreiheit zu den Wohnungen innerhalb des Geschosses umsetzen. Auch der Weg zu den Wohnungen muss barrierefrei sein. Die Anforderung der barrierefreien Nutzbarkeit wird in der Norm DIN 18040-2 durch den Begriff „barrierefrei nutzbare Wohnung" (ohne die Anforderungen mit der Kennzeichnung „R") konkretisiert und meint damit nicht nur „barrierefrei zugänglich".

Satz 3 enthält eine **Folgeänderung zur Streichung des bisherigen** § 40 Abs. 4 Satz 4 und dient der **Klarstellung,** dass der neue § 40 Abs. 4 entsprechend gilt.

Der **neue Satz 4,** nach dem **bei Wohnungen nach Satz 1 die Anforderungen nach** § 49 Abs. 2 barrierefrei zu erfüllen sind, stellt klar, dass die Anforderungen an die **Abstellräume für barrierefreie Wohnungen ebenfalls barrierefrei** zu erfüllen sind.

3. Öffentlich zugängliche bauliche Anlagen, die in den dem allgemeinen Besucherverkehr dienenden Teilen barrierefrei sein müssen (Absatz 2)

Absatz 2 Satz 1 ist redaktionell gestrafft worden. Danach müssen bauliche Anlagen, die öffentlich zugänglich sind, in den dem **allgemeinen Besucher- und Benutzerverkehr dienenden Teilen barrierefrei** sein. Die an dieser Stelle bisher genannten Personengruppen werden durch die barrierefreie Beschaffenheit der baulichen Anlagen in gleicher Weise begünstigt. Der Begriff „Besucherverkehr" wurde erweitert auf „Besucher- und Benutzerverkehr", um zu verdeutlichen, dass sich die Barrierefreiheit bei baulichen Anlagen mit ständigen Benutzerinnen und Benutzern, die nicht dort beschäftigt sind, wie z. B. Schülerinnen und Schüler in Schulen oder Studentinnen und Studenten in Hochschulen, auch auf die barrierefreie Benutzbarkeit für diesen Benutzerkreis erstreckt. Anforderungen zugunsten von Arbeitnehmerinnen und Arbeitnehmern bleiben – wie bisher – hiervon unberührt.
Im Satz 2 sind die Worte „Diese Anforderungen gelten" ersetzt worden durch „Dies gilt". **Nummer 5,** die bisher Verkaufs- und Gaststätten enthielt, wurde **ergänzt um Beherbergungsstätten.** Damit wurde klargestellt, dass die **Anforderungen weiterhin für Beherbergungsstätten** gelten, die **vor der Deregulierung des Gaststättenrechts noch durch** die Verwendung des gaststättenrechtlichen **Begriffs „Gaststätte"** mit **erfasst** waren.
Nach dem **neu eingefügten Satz 3** genügt es für die der zweckentsprechenden Nutzung dienenden Räume und Anlagen, wenn sie in dem erforderlichen Umfang barrierefrei sind. Das kommt insbesondere aus Verhältnismäßigkeitsgründen in Betracht, wenn mehrere gleichartige Räume oder Anlagen wie Gastplätze in Gaststätten oder Besucherplätze in Versammlungsstätten zur Verfügung stehen. Das Abstellen auf die zweckentsprechende Nutzung ist erforderlich, um materiell keine höheren Anforderungen als nach bisherigem Recht zu stellen.
Nach dem **neuen Satz 4 müssen Toilettenräume und notwendige Stellplätze für Besucherinnen oder Besucher und Benutzerinnen oder Benutzer in der erforderlichen Anzahl barrierefrei** sein. Er stellt heraus, dass sich die Zahl der barrierefreien Toilettenräume und der barrierefreien notwendigen Stellplätze nach der Art der Nutzung des Gebäudes richtet und nach den Umständen des jeweiligen Einzelfalls zu be-

messen ist. Hinsichtlich der Toilettenräume ist auf **Abschnitt 5.3.3 der Norm DIN 18040-1:2010-10** „Barrierefreies Bauen – Planungsgrundlagen – Öffentlich zugängliche Gebäude", die als Technische Baubestimmung eingeführt worden ist, und hinsichtlich der erforderlichen **Stellplätze oder Garagen** auf § 50 **Abs. 1 und** 10 und § 2 **Abs. 3 GarVO** zu verweisen.

4.   **Anlagen, die insgesamt barrierefrei sein müssen (Absatz 3)**

Absatz 3 enthält eine abschließende Auflistung der **Anlagen,** die **insgesamt barrierefrei** sein müssen. In **Nummer 1** wurde das Wort „Behinderungen" durch „**Behinderung**" ersetzt und in **Nummer 3** das Wort „Kinderheime" durch die Worte „**Jugendhilfeeinrichtungen nach** § 45 **SGB VIII**", weil auch Jugendliche in Einrichtungen nach der bisherigen Nummer 3 untergebracht werden.

5.   **Abweichungen (Absatz 4)**

Absatz 4 in der bisherigen Fassung ist **entfallen,** weil sich die konkreten Anforderungen an das barrierefreie Bauen nach der neuen Rechtslage aus der Technischen Baubestimmung **DIN 18040 Teile 1 und 2 unmittelbar** ergeben. Technische Baubestimmungen sind durch öffentliche Bekanntmachung eingeführte Regeln der Technik. Beim Gebot, die Technischen Baubestimmungen zu beachten, handelt es sich um eine materiell-rechtliche Verpflichtung der Verantwortlichen. Zur Umsetzung der Anforderungen von LBO und DIN-Norm gibt das Mitteilungsblatt der Arbeitsgemeinschaft für zeitgemäßes Bauen e. V. – ARGE –, Ausgabe Mai 2014, **Planungshilfen.**

Der **bisherige Absatz 5** wurde unter Streichung der Worte „und 4" (betraf Absatz 4 in der bisherigen Fassung, der entfallen ist) zum **neuen Absatz 4.** Danach können Abweichungen von **Absatz 1** zugelasssen werden, soweit wegen schwieriger Geländeverhältnisse, ungünstiger vorhandener Bebauung oder der Sicherheit der Menschen mit Behinderung oder alter Menschen die Anforderungen nur mit einem unverhältnismäßigen Mehraufwand erfüllt werden können.

Vierter Teil   **Die am Bau Beteiligten**

§ 53   Grundpflichten

Bei der Planung, Errichtung, Änderung, Nutzungsänderung Instandhaltung und Beseitigung von Anlagen sind die Bauherrin oder der Bauherr und im Rahmen ihres Wirkungskreises die anderen am Bau Beteiligten dafür verantwortlich, dass die öffentlich-rechtlichen Vorschriften eingehalten werden.

Erläuterungen

§ 54 stellt die **umfassende Verantwortlichkeit der Bauherrin oder des Bauherrn** bei der Planung, Errichtung, Änderung, Nutzungsänderung Instandhaltung und Beseitigung von Anlagen heraus, die das **Vorhaben veranlasst haben. Im Rahmen ihres Wirkungskreises sind die an-deren am Bau Beteiligten** dafür verantwortlich, dass die öffentlich-rechtlichen Vorschriften eingehalten werden.

§ 54   Bauherrin oder Bauherr

(1) [1]Die Bauherrin oder der Bauherr hat zur Vorbereitung, Überwachung und Ausführung eines nicht verfahrensfreien Bauvorhabens sowie der Be-seitigung von Anlagen geeignete Beteiligte nach Maßgabe der §§ 55 bis 57 zu bestellen, soweit sie oder er nicht selbst zur Erfüllung der Verpflich-tungen nach diesen Vorschriften geeignet ist. [2]Der Bauherrin oder dem Bauherrn obliegen außerdem die nach den öffentlich-rechtlichen Vorschrif-ten erforderlichen Anträge, Anzeigen und Nachweise. [3]Sie oder er hat vor Baubeginn den Namen und die Anschrift der Bauleiterin oder des Baulei-ters und während der Bauausführung einen Wechsel dieser Person unver-züglich der Bauaufsichtsbehörde schriftlich mitzuteilen. [4]Die Mitteilung ist von der Bauleiterin oder dem Bauleiter und bei einem Wechsel von der neuen Bauleiterin oder dem neuen Bauleiter mit zu unterschreiben. [5]Wech-selt die Bauherrin oder der Bauherr, hat die neue Bauherrin oder der neue Bauherr dies der Bauaufsichtsbehörde unverzüglich schriftlich mitzuteilen. [6]Die Bauherrin oder der Bauherr hat der Entwurfsverfasserin oder dem Entwurfsverfasser sowie den Personen, die nach § 70 Absatz 2 Satz 1 die bautechnischen Nachweise aufgestellt haben, den Baubeginn anzuzeigen und damit die Bauüberwachung zu veranlassen.

(2) [1]Treten bei einem Bauvorhaben mehrere Personen als Bauherrin oder Bauherr auf, so kann die Bauaufsichtsbehörde verlangen, dass ihr gegenüber eine Vertreterin oder ein Vertreter bestellt wird, die oder der die der Bauherrin oder dem Bauherrn nach den öffentlich-rechtlichen Vorschriften obliegenden Verpflichtungen zu erfüllen hat. [2]Im Übrigen findet § 80 b Absatz 1 Satz 2 und 3 und Absatz 2 Landesverwaltungsgesetz entsprechende Anwendung.

Erläuterungen

1.   Allgemeines

Bauherrin oder Bauherr ist, wer – etwa durch Stellung eines Bauantrages – nach außen zu erkennen gibt, dass sie oder er ein bestimmtes Vorhaben auf ihre oder seine Verantwortung verwirklichen oder verwirklichen lassen will (vgl. z. B. BVerwG, Urt. vom 28. Januar 2010 – 4 C 6.08 –, BRS 76 Nr. 163 = BauR 2010, 1049 = NVwZ 2010, 779 = ZfBR 2010, 482 = Buchholz 310 § 121 VwGO Nr. 99). Deshalb weist bereits § 53 ihr oder ihm die **umfassende Verantwortung** zu, dass die öffentlich-rechtlichen Vorschriften eingehalten werden. § 54 konkretisiert diese **Verantwortlichkeit.**
Die **Bauherrin oder** der **Bauherr muss nicht** zwangsläufig **Eigentümerin oder Eigentümer** des Grundstücks **sein,** auf die eine Anlage verwirklicht werden soll (vgl. OVG Schleswig, Urt. vom 27. Juni 1995 – 1 L 89/94 –, BRS 57 Nr. 199 = SchlHA 1995, 324 = NuR 1996, 478; BVerwG, Beschl. vom 18. Mai 1994 – 4 NB 27/93 –, BRS 56 Nr. 31 = NVwZ 1995, 264 = DÖV 1994, 875 = ZfBR 1994, 244 = Buchholz 310 § 47 VwGO Nr. 90). In einem solchen Fall hat die **Bauaufsichtsbehörde** nach § 64 Abs. 4 Satz 3 die **Möglichkeit,** von der Bauherrin oder dem Bauherrn eine **Zustimmungserklärung** der Grundstückeigentümerin oder dem Grundstückseigentümer **anzufordern** (vgl. OVG Schleswig, Urt. vom 19. Januar 1994 – 1 L 41/92 –, juris Rn. 27). Die **Bauherreneigenschaft endet** – abgesehen vom Bauherrenwechsel nach Satz 5 – regelmäßig mit der **abschließenden Fertigstellung** eines Vorhabens (vgl. § 79 Abs. 2 und 3). Wurde im Zuge der Bauarbeiten allerdings ein baurechtswidriger Zustand geschaffen, besteht die Handlungsverantwortlichkeit bis zu dessen Beseitigung

fort (vgl. OVG B-Bbg, Beschl. vom 20. Juni 2012 – 10 S 3.12 –, juris Rn. 11).

2. Pflichten der Bauherrin oder des Bauherrn (Absatz 1)

Absatz 1 beschreibt die **Pflichten** der Bauherrin oder des Bauherrn zur Vorbereitung, Überwachung und Ausführung eines nicht verfahrensfreien Bauvorhabens sowie der Beseitigung von Anlagen.

Nachstehende Liste enthält die **wesentlichen Verpflichtungen** einer **Bauherrin oder** eines **Bauherrn:**

§ 53	Einhaltung der öffentlich-rechtlichen. Vorschriften bei **Planung**, Errichtung, Änderung, Nutzungsänderung, Instandhaltung und Beseitigung von Anlagen
§ 54 Abs. 1 Satz 1	Bestellung geeigneter Beteiligter nach §§ 55-57 zur Vorbereitung, Überwachung und Ausführung eines nicht verfahrensfreien Bauvorhabens, wenn sie/er nicht selbst geeignet ist
Satz 2	Lieferung der nach den öffentlich-rechtlichen Vorschriften erforderlichen Anträge, Anzeigen und Nachweise
Satz 3 u. 4	Schriftliche Mitteilungen an die Bauaufsichtsbehörde – **vor Baubeginn** Namen und Anschrift der Bauleiterin oder des Bauleiters (Bauleiterin oder Bauleiter muss unterschreiben) – **während der Bauausführung** unverzüglich einen Bauleiterwechsel (neue Bauleiterin oder neuer Bauleiter muss unterschreiben)
Satz 5	Einen Bauherrenwechsel muss die neue Bauherrin oder der neue Bauherr unverzüglich schriftlich mitteilen
Satz 6	Den Baubeginn der Entwurfsverfasserin oder dem Entwurfsverfasser und der Aufstellerin oder dem Aufsteller der bautechnischen Nachweise nach § 70 Abs. 2 Satz 1 anzeigen
§ 64 Abs. 4 Satz 1	Bauantrag unterschreiben

Absatz 1 Satz 1 beschreibt die **Pflichten** der Bauherrin oder des Bauherrn zur Vorbereitung, Überwachung und Ausführung eines nicht verfahrensfreien Bauvorhabens sowie der Beseitigung von Anlagen. Dazu gehören vornehmlich die Bestellung einer Entwurfsverfasserin oder eines Entwurfsverfassers (§ 55), einer Unternehmerin oder eines Unternehmers (§ 56) und einer Bauleiterin oder eines Bauleiters (§ 57). Die Bauherrin oder der Bauherr kann die Aufgaben der am

Bau Beteiligten auch selbst wahrnehmen, wenn sie oder er selbst dafür geeignet ist.

Nach **Satz 2** obliegen der Bauherrin oder dem Bauherrn außerdem die nach den öffentlich-rechtlichen Vorschriften erforderlichen Anträge, Anzeigen und Nachweise. Da nicht immer der Bauaufsichtsbehörde Nachweise vorzulegen und Anzeigen zu erstatten sind (vgl. z. B. § 79 Abs. 1), wurde bereits mit Inkrafttreten der LBO 2009 zum 1. Mai 2009 der Adressat „an die Bauaufsichtsbehörde zu erbringen" gestrichen (ehemals § 61 Abs. 1 Satz 2 LBO 2000).

Satz 3 verpflichtet die Bauherrin oder den Bauherrn, der Bauaufsichtsbehörde **vor Baubeginn Namen und Anschrift der Bauleiterin oder des Bauleiters** und während der Bauausführung einen Wechsel dieser Person unverzüglich schriftlich mitzuteilen.

Die **Mitteilung** ist von der **Bauleiterin oder dem Bauleiter** und bei einem Wechsel von der neuen Bauleiterin oder dem neuen Bauleiter **mit zu unterschreiben.** Wechselt die Bauherrin oder der Bauherr, hat die neue Bauherrin oder der neue Bauherr dies der Bauaufsichtsbehörde unverzüglich schriftlich mitzuteilen. Die Bauherrin oder der Bauherr hat der **Entwurfsverfasserin oder dem Entwurfsverfasser** sowie den **Personen,** die nach § 70 Abs. 2 Satz 1 die **bautechnischen Nachweise aufgestellt haben,** den **Baubeginn anzuzeigen** und damit die **Bauüberwachung zu veranlassen.**

3. Mehrere Personen als Bauherrinnen oder Bauherren (Absatz 2)

Absatz 2 dient im Einzelfall der Beschleunigung und Vereinfachung des bauaufsichtlichen Verfahrens. Treten bei einem Bauvorhaben **mehrere Personen als Bauherrin oder Bauherr** auf, so kann die Bauaufsichtsbehörde nach **Satz 1 verlangen,** dass ihr gegenüber eine **Vertreterin oder** ein **Vertreter** bestellt wird, die oder der die der Bauherrin oder dem Bauherrn nach den öffentlich-rechtlichen Vorschriften obliegenden Verpflichtungen zu erfüllen hat. Diese **Aufforderung** muss **an jede einzelne Person** gerichtet werden und kann zur Verfahrensbeschleunigung bereits einen Vorschlag für eine Vertretung enthalten. Sie ist lediglich eine vorbereitende Maßnahme und damit noch **kein Verwaltungsakt** i. S. d. § 106 LVwG.

Mit dem Verweis in **Satz 2** auf § 80 b Abs. 1 Satz 2 und 3 sowie Abs. 2 LVwG wird klargestellt, dass mit **Satz 1** lediglich die „Massenschwelle" abgesenkt werden soll, im Übrigen aber die einschlägigen verfahrensrechtlichen Vorschriften gelten. Kommen also die Personen der Aufforderung **nicht fristgemäß** nach, kann die Bauaufsichtsbehörde **von Amts wegen** eine **natürliche Person** als gemeinsame Vertreterin oder gemeinsamen Vertreter bestellen. Die **Bestellung** ist ein **Verwaltungsakt** i. S. d. § 106 LVwG.

Kommt nur ein Teil der Personen der Aufforderung nicht nach, kann für diese Personen **nur** dann (noch) von Amts wegen eine Vertreterin oder ein Vertreter bestellt werden, **wenn** es **mehr als 50 Personen** sind.

§ 55   Entwurfsverfasserin oder Entwurfsverfasser

(1) [1]Die Entwurfsverfasserin oder der Entwurfsverfasser muss nach Sachkunde und Erfahrung zur Vorbereitung des jeweiligen Bauvorhabens geeignet sein. [2]Sie oder er ist für die Vollständigkeit und Brauchbarkeit ihres oder seines Entwurfs verantwortlich. [3]Die Entwurfsverfasserin oder der Entwurfsverfasser hat dafür zu sorgen, dass die für die Ausführung notwendigen Einzelzeichnungen, Einzelberechnungen und Anweisungen geliefert werden und den genehmigten oder den durch die Genehmigungsfreistellung nach § 68 erfassten Bauvorlagen und den öffentlich-rechtlichen Vorschriften entsprechen.

(2) [1]Hat die Entwurfsverfasserin oder der Entwurfsverfasser auf einzelnen Fachgebieten nicht die erforderliche Sachkunde und Erfahrung, so sind geeignete Fachplanerinnen oder Fachplaner heranzuziehen. [2]Diese sind für die von ihnen gefertigten Unterlagen, die sie zu unterzeichnen haben, verantwortlich. [3]Für das ordnungsgemäße Ineinandergreifen aller Fachplanungen bleibt die Entwurfsverfasserin oder der Entwurfsverfasser verantwortlich.

Erläuterungen

1.   Allgemeines

§ 55 regelt die **öffentlich-rechtlichen Pflichten und Aufgaben der Entwurfsverfasserin oder des Entwurfsverfassers.** Die Pflichten und Aufgaben entstehen mit dem **Abschluss** eines **zivilrechtlichen Werkvertrages** nach den §§ 631 ff. BGB zwischen ihr oder ihm auf der einen und der Bauherrin oder dem Bauherrn auf der anderen Seite. Mit diesem

Vertrag übernimmt die Entwurfsverfasserin oder der Entwurfsverfasser die **Aufgaben,** die bauliche Anlage bzw. das Gebäude künstlerisch, technisch, wirtschaftlich und umweltgerechten zu planen, zu gestalten und städtebaulich einzubinden, die Bauherrin oder den Bauherren zu beraten und zu betreuen, die Bauausführung zu überwachen und zu koordinieren sowie Fachgutachten zu erstatten (vgl. § 1 Abs. 1 und 2 ArchIngKG). Nach Abschluss des Werkvertrages schuldet die Entwurfsverfasserin oder der Entwurfsverfasser der Bauherrin oder dem Bauherrn als Werkerfolg grundsätzlich eine „**dauerhaft genehmigungsfähige Planung";** etwas anderes gilt dann, wenn die Auftraggeberin oder der Auftraggeber das Risiko der Genehmigungsfähigkeit der Planung auf Grund vertraglicher Vereinbarung übernimmt (vgl. BGH, Urt. vom 10. Februar 2011 – VII ZR 8/10 –, BauR 2011, 869 = NJW 2011, 1442 = ZfBR 2011, 454).

2. Eignung, Aufgaben und Pflichten der Entwurfsverfasserin oder des Entwurfsverfassers (Absatz 1)

Nach **Absatz 1 Satz 1** muss die Entwurfsverfasserin oder der Entwurfsverfasser nach Sachkunde und Erfahrung zur Vorbereitung des jeweiligen Bauvorhabens **geeignet** sein. Entwurfsverfasserin oder Entwurfsverfasser ist, wer die Bauvorlagen für einen Bauantrag nach § 64, für das Genehmigungsfreistellungsverfahren nach § 68 oder für die Bauausführung der Bauvorlagen anfertigt oder unter ihrer oder seiner Verantwortung anfertigen lässt. **Mit** der **Unterschrift** übernimmt sie oder er die volle öffentlich-rechtliche **Verantwortung** für die Vollständigkeit, Richtigkeit und Brauchbarkeit der Bauvorlagen (vgl. **Satz 2). Wer bauvorlageberechtigt** ist, regelt im Einzelnen § 65.

Nachstehende Liste enthält die **wesentlichen Verpflichtungen** einer Entwurfsverfasserin oder eines Entwurfsverfassers:

§ 55 Abs. 1	
Satz 2	Verantwortlich für Vollständigkeit und Brauchbarkeit seines oder ihres Entwurfs
Satz 3	Muss dafür sorgen, dass die für die Ausführung notwendigen Einzelzeichnungen, Einzelberechnungen und Anweisungen geliefert werden und den genehmigten bzw. den durch die Genehmigungsfreistellung erfassten Bauvorlagen und den öffentlich-rechtlichen Vorschriften entsprechen.

§ 55 Abs. 2	
Satz 1	Heranziehung geeigneter Fachplanerinnen oder Fachplaner, wenn sie oder er auf einzelnen Fachgebieten nicht die erforderliche Sachkunde und Erfahrung besitzt.
Satz 3	Verantwortung für das ordnungsgemäße Ineinandergreifen aller Fachplanungen.
§ 64 Abs. 4 Satz 1	Bauantrag unterschreiben
§ 65 Abs. 6 Satz 1	Ausreichend berufs- oder in sonstiger Weise für die Tätigkeit adäquat haftpflichtversichert. Muss der Bauherrin oder dem Bauherrn sowie der Architekten- und Ingenieurkammer im Einzelfall bestehende Haftungsausschlussgründe unverzüglich mitteilen.

3. Heranziehung geeigneter Fachplanerinnen oder Fachplaner (Absatz 2)

Nach **Absatz 2 Satz 1** sind **geeignete Fachplanerinnen oder Fachplaner** heranzuziehen, wenn die Entwurfsverfasserin oder der Entwurfsverfasser auf einzelnen Fachgebieten nicht die erforderliche Sachkunde und Erfahrung hat. Im **Unterschied zu Sachverständigen**, die eine Fachplanung einer anderen Person beurteilen (Vier-Augen-Prinzip), sind **Fachplanerinnen oder Fachplaner** Personen, die **unter Einsatz des eigenen Sachverstandes fachkundig planen.** Typische Fachgebiete, in denen geeignete Fachplanerinnen oder Fachplaner heranzuziehen sind, sind insbesondere die Bereiche der bautechnischen Nachweise über Standsicherheit, Schall- und Wärmeschutz sowie der technischen Gebäudeausrüstung wie Klima- und Lüftungstechnik sowie Energieversorgung. Die Heranziehung einer Fachplanerin oder eines Fachplaners veranlasst – im Regelfall nach Vorschlag der Entwurfsverfasserin oder des Entwurfsverfassers – die Bauherrin oder der Bauherr.

Satz 2 stellt die **Verantwortung** der **Fachplanerinnen oder Fachplaner für** die von ihnen gefertigten **Unterlagen** heraus und **verpflichtet** sie, die Unterlagen **zu unterzeichnen.** Die Vorschrift **ergänzt** die Verpflichtung zur Unterschrift nach § 64 Abs. 4 Satz 2. Für das **ordnungsgemäße Ineinandergreifen aller Fachplanungen** bleibt nach **Satz 3** die **Entwurfsverfasserin oder der Entwurfsverfasser verantwortlich.**

§ 56   Unternehmerin oder Unternehmer

(1) [1]Jede Unternehmerin oder jeder Unternehmer ist für die mit den genehmigten oder den durch die Genehmigungsfreistellung nach § 68 erfassten Bauvorlagen und den öffentlich-rechtlichen Anforderungen übereinstimmende Ausführung der von ihr oder ihm übernommenen Arbeiten und insoweit für die ordnungsgemäße Einrichtung und den sicheren Betrieb der Baustelle verantwortlich. [2]Sie oder er hat die erforderlichen Nachweise über die Verwendbarkeit der verwendeten Bauprodukte und Bauarten zu erbringen und auf der Baustelle bereitzuhalten.

(2) Jede Unternehmerin oder jeder Unternehmer hat auf Verlangen der Bauaufsichtsbehörde für Arbeiten, bei denen die Sicherheit der Anlage in außergewöhnlichem Maße von der besonderen Sachkenntnis und Erfahrung der Unternehmerin oder des Unternehmers oder von einer Ausstattung des Unternehmens mit besonderen Vorrichtungen abhängt, nachzuweisen, dass sie oder er für diese Arbeiten geeignet ist und über die erforderlichen Vorrichtungen verfügt.

Erläuterungen

1.   Allgemeines

Unternehmerin oder Unternehmer i S. d. § 56 ist, wer als selbstständige Gewerbetreibende oder Handwerkerin oder als selbstständiger Gewerbetreibender oder Handwerker von der Bauherrin oder dem Bauherrn Bauarbeiten zur Ausführung i. S. d. § 53 übernimmt (vgl. auch § 2 Abs. 1 UStG). Dabei kommt es nicht darauf an, ob die Bauarbeiten eine Anlage betreffen, die nach § 62 genehmigungsbedürftig, nach § 68 genehmigungsfreigestellt, nach § 77 zustimmungsbedürftig oder nach § 63 bauaufsichtlich verfahrensfrei ist. Die Unternehmerin oder der Unternehmer kann sich auf der Baustelle vertreten lassen und Pflichten, die ihr oder ihm auferlegt sind, auf geeignete Personen übertragen. Lässt eine Bauherrin oder ein Bauherr Bauarbeiten durch eigene, ihrer oder seiner Weisung unterliegende Kräfte ausführen, ist sie oder er zugleich Unternehmerin oder Unternehmer. **Keine Unternehmerinnen oder Unternehmer** sind Fachkräfte, die der Bauherrin oder dem Bauherrn bei Bauarbeiten in **Selbst- oder Nachbarschaftshilfe** zur Seite stehen.

2.   Verantwortlichkeit, Aufgaben und Pflichten der Unternehmerin oder des Unternehmers (Absatz 1)

Nach **Absatz 1 Satz 1** ist jede **Unternehmerin oder** jeder **Unternehmer für** die mit den genehmigten oder den durch die Genehmigungsfreistellung nach § 68 **erfassten Bauvorlagen** und den öffentlich-rechtlichen Anforderungen **übereinstimmende Ausführung der** von ihr oder ihm **übernommenen Arbeiten und** insoweit für die **ordnungsgemäße Einrichtung** und den **sicheren Betrieb der Baustelle verantwortlich.** Sie oder er hat die erforderlichen **Nachweise über** die **Verwendbarkeit** der verwendeten Bauprodukte und Bauarten zu **erbringen und** auf der Baustelle **bereitzuhalten (Satz 2).** Die Bauausführung richtet sich erstrangig nach den Bauvorlagen und den von der Entwurfsverfasserin oder dem Entwurfsverfasser gegebenen Anweisungen. Eine Abweichung von Bauvorlagen, die genehmigt sind oder einer Genehmigungsfreistellung zugrunde liegen, ist nicht zulässig und erfordert in aller Regel ein neues Verfahren.

3.   Besondere Nachweise (Absatz 2)

Nach **Absatz 2** hat jede Unternehmerin oder jeder Unternehmer auf **Verlangen der Bauaufsichtsbehörde** für Arbeiten, bei denen die **Sicherheit der Anlage** in außergewöhnlichem Maße von der **besonderen Sachkenntnis und Erfahrung** der Unternehmerin oder des Unternehmers oder von einer **Ausstattung des Unternehmens mit besonderen Vorrichtungen** abhängt, nachzuweisen, dass sie oder er für diese Arbeiten geeignet ist und über die erforderlichen Vorrichtungen verfügt. Dazu gehören beispielsweise bedeutsame Schweißarbeiten bei Stahlbauten, Stahlbauarbeiten im Hochbau, Spannbetonarbeiten, schwierige Gründungen, Brückenbauten, Untertunnelungen, Sportarenen, Beseitigungsarbeiten bei asbestbelasteten Bauteilen.

Nachstehende Liste enthält die **wesentlichen Verpflichtungen** einer Unternehmerin oder eines **Unternehmers:**

§ 12 Abs. 3	Bauschild anbringen bei der Ausführung nicht verfahrensfreier Bauvorhaben

§ 56	
Abs. 1 Satz 1	Verantwortlich für die mit den genehmigten oder den durch die Genehmigungsfreistellung erfassten Bauvorlagen und den öffentlich-rechtlichen Anforderungen übereinstimmende Ausführung der übernommenen Arbeiten und insoweit für die ordnungsgemäße Einrichtung und den sicheren Betrieb der Baustelle.
Abs. 1 Satz 2	Muss die erforderlichen Nachweise über die Verwendbarkeit der verwendeten Bauprodukte und Bauarten erbringen und auf der Baustelle bereithalten.
Abs. 2	Muss auf Verlangen der Bauaufsichtsbehörde für Arbeiten, bei denen die Sicherheit der Anlage in außergewöhnlichem Maße von ihrer oder seiner besonderen Sachkenntnis und Erfahrung oder von einer Ausstattung des Unternehmens mit besonderen Vorrichtungen abhängt, nachweisen, dass sie oder er für diese Arbeiten geeignet ist und über die erforderlichen Vorrichtungen verfügt.

§ 57 Bauleiterin oder Bauleiter

(1) ¹Die Bauleiterin oder der Bauleiter hat darüber zu wachen, dass die Baumaßnahme entsprechend den genehmigten oder den durch die Genehmigungsfreistellung nach § 68 erfassten Bauvorlagen und den öffentlich-rechtlichen Anforderungen durchgeführt wird, und die dafür erforderlichen Weisungen zu erteilen. ²Sie oder er hat im Rahmen dieser Aufgabe auf den sicheren bautechnischen Betrieb der Baustelle, insbesondere auf das gefahrlose Ineinandergreifen der Arbeiten der Unternehmerinnen oder Unternehmer, zu achten. ³Die Verantwortlichkeit der Unternehmerinnen oder Unternehmer bleibt unberührt.

(2) ¹Die Bauleiterin oder der Bauleiter muss über die für ihre oder seine Aufgabe erforderliche Sachkunde und Erfahrung verfügen. ²Verfügt sie oder er auf einzelnen Teilgebieten nicht über die erforderliche Sachkunde, so sind geeignete Fachbauleiterinnen oder Fachbauleiter heranzuziehen. ³Diese treten insoweit an die Stelle der Bauleiterin oder des Bauleiters. ⁴Die Bauleiterin oder der Bauleiter hat die Tätigkeit der Fachbauleiterinnen oder Fachbauleiter und ihre oder seine Tätigkeit aufeinander abzustimmen.

Erläuterungen

1.   Allgemeines

Die Bauüberwachung nach § 59 Abs. 1 und § 78 Abs. 2 liegt im pflichtgemäßen Ermessen der Bauaufsichtsbehörde und kann sich – bereits angesichts der Fülle ihrer Aufgaben – allenfalls auf Stichproben beschränken. Nicht zuletzt aus diesem Grund hat nach § 54 **Abs. 1 Satz 1** eine Bauherrin oder ein Bauherr zur **Vorbereitung, Überwachung und Ausführung** eines **nicht verfahrensfreien Bauvorhabens** sowie der Beseitigung von Anlagen u. a. eine **geeignete Bauleiterin oder** einen **geeigneten Bauleiter nach** § 57 zu **bestellen** (vgl. auch § 68 Abs. 10), soweit sie oder er nicht selbst zur Erfüllung der Verpflichtungen geeignet ist. Die Bauleiterin oder der Bauleiter ist aufgrund des zwischen ihr oder ihm auf der einen und der Bauherrin oder dem Bauherrn auf der anderen Seite geschlossenen **Vertrages** dieser oder diesem zivilrechtlich verantwortlich. Daneben trifft sie oder ihn – ebenso wie die Unternehmerin oder den Unternehmer nach § 56 – eine **öffentlich-rechtliche Verantwortung,** insbesondere gegenüber der Bauaufsichtsbehörde; sie besteht auch, wenn die Bauherrin oder der Bauherr ohne gesetzliche Verpflichtung eine Bauleiterin oder einen Bauleiter bestellt.

2.   Aufgaben und Funktion der Bauleiterin oder des Bauleiters (Absatz 1)

Bauleiterin oder Bauleiter ist die Person, die nach **Absatz 1 Satz 1** darüber zu **wachen** hat, dass die Baumaßnahme entsprechend den genehmigten oder den durch die Genehmigungsfreistellung nach § 68 erfassten Bauvorlagen und den öffentlich-rechtlichen Anforderungen durchgeführt wird, **und** die die dafür erforderlichen **Weisungen** zu erteilen hat. Im Rahmen dieser Aufgabe hat die Bauleiterin oder der Bauleiter auf den **sicheren bautechnischen Betrieb der Baustelle,** insbesondere auf das gefahrlose Ineinandergreifen der Arbeiten der Unternehmerinnen oder Unternehmer, zu achten, wobei die Verantwortlichkeit der Unternehmerinnen oder Unternehmer unberührt bleibt (**Satz 2 und 3**).

Die Funktion der **Bauleiterin oder des Bauleiters nach** § 57 ist **deutlich zu unterscheiden von** der Funktion der Bauleiterin oder des Bauleiters der Bauherrin oder des Bauherrn, die oder der als **örtliche Bauleiterin oder örtlicher Bauleiter** das **nach der HOAI** erfasste Leistungsbild Objektüberwachung (Bauüberwachung oder Bauoberleitung) übernommen hat und insoweit Beauftragte oder Beauftragter der Bauherrin oder des Bauherrn ist. Der **wesentliche Unterschied** zwischen beiden Funktionen besteht darin, dass die **Pflichten der Bauleiterin oder** des **Bauleiters nach § 57 zwingend gesetzlich festgelegt** sind, während die **Arbeiten** der **örtlichen Bauleiterin oder** des **örtlichen Bauleiters frei vereinbart** werden können. Insoweit kommt eine Bauherrin oder ein Bauherr ihren oder seinen Verpflichtungen nicht damit nach, dass sie oder er nur einer Person die Objektüberwachung nach der HOAI überträgt. Sie oder er muss deshalb sorgfältig darauf achten, auch ausdrücklich die Aufgaben als Bauleiterin oder Bauleiter nach § 57 einer geeigneten Person zu übertragen. Dies kann auch die Person sein, die bereits die Objektüberwachung nach der HOAI übernimmt.

3. **Sachkunde und Erfahrung der Bauleiterin oder des Bauleiters, Heranziehung von Fachbauleiterinnen und Fachbauleitern (Absatz 2)**

Nach **Absatz 2 Satz 1** muss die Bauleiterin oder der Bauleiter über die für ihre oder seine Aufgabe **erforderliche Sachkunde und Erfahrung** verfügen. Eine bestimmte Berufsausbildung oder formelle Qualifikation ist für die Tätigkeit als Bauleiterin oder Bauleiter nicht vorgeschrieben. Die Person muss lediglich über die erforderliche Sachkunde und Erfahrung **verfügen**. Dafür kann es im Einzelfall ausreichen, dass sie in der Lage ist, Personen mit der erforderlichen Qualifikation richtig einzusetzen. Welche Sachkunde und Erfahrung erforderlich ist, hängt im Einzelfall vom konkreten Bauvorhaben ab. Der Überwachungspflicht kann eine Bauleiterin oder ein Bauleiter nur nachkommen, wenn sie oder er regelmäßig auf der Baustelle anwesend ist und die auszuführenden und ausgeführten Arbeiten kontrolliert. Je umfangreicher oder schwieriger die Baumaßnahme ist umso häufiger wird ihre oder seine Anwesenheit geboten sein. Als Bauleiterin oder Bauleiter **beispielsweise nicht geeignet** ist danach eine Person, die wegen erkennbarer umfangreicher anderer Verpflichtungen zeitlich nicht in der Lage sein kann oder ist, die Baustelle während der Bauarbeiten im erforderlichen Umfang zu besuchen. Verfügt die Bauleiterin oder

der Bauleiter auf einzelnen Teilgebieten nicht über die erforderliche Sachkunde, so sind geeignete Fachbauleiterinnen oder Fachbauleiter heranzuziehen, die insoweit an die Stelle der Bauleiterin oder des Bauleiters treten (**Satz 2 und 3**). Die Bauleiterin oder der Bauleiter hat die **Heranziehung** geeigneter Fachbauleiterinnen oder Fachbauleiter **durch** die **Bauherrin oder** den **Bauherrn** zu veranlassen. Nach **Satz 4** hat die **Bauleiterin oder** der **Bauleiter** die **Tätigkeit** der Fachbauleiterinnen oder Fachbauleiter und ihre oder seine Tätigkeit **aufeinander abzustimmen.** Insoweit **bleibt** die Bauleiterin oder der Bauleiter im Rahmen ihrer oder seiner Koordinierungsaufgabe **weiterhin für** die **gesamte Baumaßnahme verantwortlich.**

Nachstehende Liste enthält die **wesentlichen Verpflichtungen** einer **Bauleiterin oder** eines **Bauleiters:**

§ 54 Abs. 1	
Satz 3	Baubeginnmeldung unterschreiben
Satz 4	Wechsel in der Bauleitung unterschreiben
§ 57	
Abs. 1 Satz 1	Muss darüber wachen, dass die Baumaßnahme entsprechend den genehmigten oder den durch die Genehmigungsfreistellung erfassten Bauvorlagen und den öffentlich-rechtlichen Anforderungen durchgeführt wird, und die dafür erforderlichen Weisungen erteilen.
Abs. 1 Satz 2	Muss auf den sicheren bautechnischen Betrieb der Baustelle, insbesondere auf das gefahrlose Ineinandergreifen der Arbeiten der Unternehmerinnen oder Unternehmer achten
Abs. 2	Muss über die für ihre oder seine Aufgabe erforderliche Sachkunde und Erfahrung verfügen. Wenn sie oder er auf einzelnen Teilgebieten nicht über die erforderliche Sachkunde verfügt, sind geeignete Fachbauleiterinnen oder Fachbauleiter heranzuziehen, die insoweit an die Stelle der Bauleiterin oder des Bauleiters treten. Die Bauleiterin oder der Bauleiter hat die Tätigkeit der Fachbauleiterinnen oder Fachbauleiter und ihre oder seine Tätigkeit aufeinander abzustimmen.

Fünfter Teil   Bauaufsichtsbehörden, Fachaufsicht

§ 58   Bauaufsichtsbehörden, Fachaufsicht

(1) Bauaufsichtsbehörden sind
1. das Ministerium für Inneres und Bundesangelegenheiten als oberste Bauaufsichtsbehörde und
2. die Landrätinnen und Landräte und Bürgermeisterinnen oder Bürgermeister der kreisfreien Städte als untere Bauaufsichtsbehörden.

(2) [1]Die oberste Bauaufsichtsbehörde kann durch Verordnung die Aufgaben der unteren Bauaufsichtsbehörde und in besonderen Fällen, wenn einzelne Aufgaben sonst nur erschwert erfüllt werden können, auch einzelne Aufgaben der unteren Bauaufsichtsbehörde auf amtsfreie Gemeinden und Ämter übertragen. [2]In diesen Fällen wird die Bürgermeisterin oder der Bürgermeister oder die Amtsdirektorin oder der Amtsdirektor, in ehrenamtlich verwalteten Ämtern die Amtsvorsteherin oder der Amtsvorsteher, untere Bauaufsichtsbehörde.

(3) Die Aufgaben der Bauaufsichtsbehörden werden, soweit durch Gesetz nichts anderes bestimmt ist, nach Weisung erfüllt.

(4) Fachaufsichtsbehörden sind
1. über die unteren Bauaufsichtsbehörden nach Absatz 1 Nummer 2 und über die Bürgermeisterinnen oder Bürgermeister der amtsfreien Gemeinden sowie über die Amtsdirektorinnen oder die Amtsdirektoren, in ehrenamtlich verwalteten Ämtern die Amtsvorsteherinnen oder Amtsvorsteher, der Ämter, denen alle Aufgaben der unteren Bauaufsichtsbehörde übertragen wurden, die oberste Bauaufsichtsbehörde und
2. über die Bürgermeisterinnen oder Bürgermeister der übrigen Gemeinden sowie über die Amtsdirektorinnen oder die Amtsdirektoren, in ehrenamtlich verwalteten Ämtern die Amtsvorsteherinnen oder Amtsvorsteher, der übrigen Ämter die Landrätinnen oder die Landräte.

Erläuterungen

1.   Allgemeines

§ 58 legt im **Absatz 1** fest, welche Behörden staatlicher und kommunaler Verwaltungsträger die Aufgaben der Bauaufsichtsbehörden wahrnehmen. Er ermächtigt mit **Absatz 2** die oberste Bauaufsichtsbehörde, Aufgaben der unteren Bauaufsichtsbehörde – abweichend vom gesetzlichen Regelfall – auf die Ebene kreisangehöriger Städte zu über-

tragen, und legt im **Absatz 3** den Aufgabencharakter als staatliche
Aufgabe zur Erfüllung nach Weisung fest, soweit gesetzlich nichts anderes bestimmt ist. Schließlich bestimmt § 58 mit **Absatz 4** die jeweiligen Fachaufsichtsbehörden.

2.   Bauaufsichtsbehörden kraft Gesetzes (Absatz 1)

Die Bauaufsichtsbehörden in Schleswig-Holstein sind zweistufig auf-
gebaut. Bauaufsichtsbehörden kraft Gesetzes sind nach **Absatz 1** das
Ministerium für Inneres und Bundesangelegenheiten (bis 29. September 2014: Innenministerium) als **oberste** Bauaufsichtsbehörde und die
Landrätinnen oder Landräte der elf **Kreise** sowie die (Ober)**Bürgermeisterinnen oder** (Ober)**Bürgermeister** der **kreisfreien Städte** als untere Bauaufsichtsbehörden.

3.   Bauaufsichtsbehörden durch Verordnung (Absatz 2)

Absatz 2 Satz 1 ermächtigt die oberste Bauaufsichtsbehörde, durch
Verordnung die Aufgaben der unteren Bauaufsichtsbehörde und in
besonderen Fällen, wenn einzelne Aufgaben sonst nur erschwert erfüllt werden können, auch einzelne Aufgaben der unteren Bauaufsichtsbehörde auf amtsfreie Gemeinden und Ämter zu übertragen. In
diesen Fällen wird nach **Satz 2** die Bürgermeisterin oder der Bürgermeister oder die Amtsdirektorin oder der Amtsdirektor, in ehrenamtlich verwalteten Ämtern die Amtsvorsteherin oder der Amtsvorsteher,
untere Bauaufsichtsbehörde. Von der Ermächtigung hat die oberste
Bauaufsichtsbehörde Gebrauch gemacht und mit § 1 der Landesverordnung zur Übertragung von Aufgaben der unteren Bauaufsichtsbehörde auf amtsfreie Gemeinden und Ämter (8. VO-LBO) die **Aufgaben der unteren Bauaufsichtsbehörde** auf die Bürgermeisterinnen oder
Bürgermeister der **Städte Ahrensburg, Bad Oldesloe, Bad Schwartau,
Brunsbüttel, Eckernförde, Elmshorn, Geesthacht, Heide, Husum, Itzehoe, Neustadt in Holstein, Norderstedt, Pinneberg, Preetz, Reinbek,
Rendsburg, Schleswig und Wedel (Holstein)** übertragen. In diesen Fällen ist die Bürgermeisterin oder der Bürgermeister untere Bauaufsichtsbehörde.
Mit § 2 der 8. VO-LBO wurden die **Teilaufgaben** „behördliche Bau-
kontrollen" und „behördliche Bauabnahmen" – nicht zuletzt wegen
der Entfernungen zu den zuständigen Kreisen – **auf** die amtsfreien
Gemeinden **Helgoland und Sylt übertragen.**

4. Art der Aufgabe (Absatz 3)

Nach **Absatz 3** werden die Aufgaben der Bauaufsichtsbehörden nach Weisung erfüllt, soweit durch Gesetz nichts anderes bestimmt ist. **Seit** dem **1. April 1996** werden die Aufgaben der unteren Bauaufsichtsbehörden **nach Weisung** erfüllt. An diesem Tage trat Artikel 10 des Gesetzes zur Änderung des kommunalen Verfassungsrechts 1995 vom 22. Dezember 1995 (GVOBl. Schl. H. S. 33 [S. 65 und 67]) in Kraft, mit dem die Landrätinnen und Landräte als untere Bauaufsichtsbehörden aus dem Katalog der unteren Landesbehörden gestrichen wurden (vgl. § 3 Abs. 1 Nr. 4 des Gesetzes über die Errichtung allgemeiner unterer Landesbehörden in Schleswig-Holstein vom 25. Februar 1971 (GVOBl. Schl.-H. S. 64), vor dem 1. April 1996 letztmalig geändert durch § 15 Abs. 1 des Kommunalprüfungsgesetzes (KPG) vom 25. Juli 1977 (GVOBl. Schl.-H. S. 186 [S. 189]).

5. Fachaufsicht (Absatz 4)

Die **Fachaufsicht** über die Bauaufsichtsbehörden, denen **alle Aufgaben** der unteren Bauaufsichtsbehörden durch Gesetz oder Verordnung **übertragen** worden sind, übt das Ministerium für Inneres und Bundesangelegenheiten (bis 29. September 2014: Innenministerium) als **oberste Bauaufsichtsbehörde** aus (**Absatz 4 Nr. 1**). In **allen anderen Fällen**, in denen Teilaufgaben übertragen worden sind, ist die jeweilige **Landrätin oder** der jeweilige **Landrat** die zuständige Fachaufsichtsbehörde (**Absatz 4 Nr. 2**).

Die **Fachaufsicht** beinhaltet die **Befugnis**, die Rechtmäßigkeit und Zweckmäßigkeit des Verwaltungshandelns der unterstellten Behörden zu überprüfen. Dazu gehört das Recht, sich von den Behörden Bericht erstatten und Akten vorlegen zu lassen, Prüfungen vorzunehmen und **Weisungen zu erteilen** (vgl. § 16 Abs. 1 LVwG). Die **Weisungen** der Fachaufsichtsbehörden **können** nach § 18 Abs. 3 LVwG **nicht** im Verwaltungsstreitverfahren **angefochten werden**.

Schaubild Bauaufsichtsbehörden und ihre Aufgabenverteilung:

§ 58 - Bauaufsichtsbehörden in Schleswig-Holstein

Oberste Bauaufsichtsbehörde
Abs. 1 Nr. 1 – Ministerium für Inneres und Bundesangelegenheiten

untere Bauaufsichtsbehörden
Abs. 1 Nr. 2 – LR der Kreise   Abs. 1 Nr. 2 – Bgm. d. kreisfreien Städte

Abs. 2 – Bgm. kreisangehöriger Städte,
Amtsdirektorinnen / Amtsdirektoren,
wenn durch 8. VO-LBO übertragen (meist > 20.000 Ew.)

zzt. 18: Ahrensburg, Bad Oldesloe, Bad Schwartau, Brunsbüttel,
Eckernförde, Elmshorn, Geesthacht, Heide, Husum, Itzehoe,
Neustadt in Holstein, Norderstedt, Pinneberg, Preetz,
Reinbek, Rendsburg, Schleswig, Wedel (Holstein)

Mögliche Aufgabenverteilung

Oberste Bauaufsichtsbehörde kann durch Verordnung (VO)
auf amtsfreie Gemeinden und Ämter übertragen...

alle Aufgaben (vgl. 8. VO-LBO)	in **besonderen** Fällen einzelne Aufgaben (z.B. Helgoland, Sylt)

→ Bgm. bzw. Amtsdirektor / AV = untere Bauaufsichtsbehörde

Fachaufsicht: Oberste BAB	Fachaufsicht: LR

Fachaufsicht = Kontrolle recht- und zweckmäßigen Handelns (§ 15 Abs. 2
LVwG). Berichterstattung, Aktenvorlage, Prüfungen, Weisungen
Gegen fachaufsichtliche Weisung keine Klage beim VG möglich!

§ 59 Aufgaben und Befugnisse der Bauaufsichtsbehörden

(1) [1]Die Bauaufsichtsbehörden haben bei der Errichtung, Änderung, Nutzungsänderung und Beseitigung sowie bei der Nutzung und Instandhaltung von Anlagen nach pflichtgemäßem Ermessen darüber zu wachen, dass die öffentlich-rechtlichen Vorschriften und die aufgrund dieser Vorschriften erlassenen Anordnungen eingehalten werden. [2]Sie haben die nach pflichtgemäßem Ermessen erforderlichen Maßnahmen zu treffen.

(2) [1]Die Bauaufsichtsbehörden können nach Absatz 1 Satz 2 insbesondere
1. die Einstellung der Arbeiten anordnen, wenn Anlagen im Widerspruch zu öffentlich-rechtlichen Vorschriften errichtet, geändert oder beseitigt werden; dies gilt auch dann, wenn
   a) die Ausführung eines Vorhabens entgegen den Vorschriften des § 73 Absatz **6** und **8** begonnen wurde, oder
   b) bei der Ausführung
      aa) eines genehmigungsbedürftigen Bauvorhabens von den genehmigten Bauvorlagen,
      bb) eines genehmigungsfreigestellten Bauvorhabens von den eingereichten Unterlagen
      abgewichen wird,
   c) Bauprodukte verwendet werden, die entgegen § 18 Absatz 1 kein CE-Kennzeichnung oder Ü-Zeichen tragen,
   d) Bauprodukte verwendet werden, die unberechtigt mit der CE-Kennzeichnung (§ 18 Absatz 1 Satz 1 Nummer 2) oder dem Ü-Zeichen (§ 23 Absatz 4) gekennzeichnet sind,
2. die Verwendung von Bauprodukten, die entgegen § 23 mit dem Ü-Zeichen gekennzeichnet sind, untersagen und deren Kennzeichnung entwerten oder beseitigen lassen,
3. die teilweise oder vollständige Beseitigung von Anlagen anordnen, die im Widerspruch zu öffentlich-rechtlichen Vorschriften errichtet oder geändert werden, wenn nicht auf andere Weise rechtmäßige Zustände hergestellt werden können, oder wenn aufgrund des Zustandes einer Anlage auf Dauer eine Nutzung nicht mehr zu erwarten ist, insbesondere bei Ruinen,
4. die Nutzung von Anlagen, die im Widerspruch zu öffentlich-rechtlichen Vorschriften genutzt werden, untersagen.
[2]Bei einem Verstoß gegen § 7 Absatz 1 gilt Satz 1 Nummer 3 und 4 sinngemäß.

(3) Werden unzulässige Arbeiten nach Absatz 2 Nummer 1 trotz einer schriftlich oder mündlich verfügten Einstellung fortgesetzt, kann die Bauaufsichtsbehörde die Baustelle versiegeln oder die an der Baustelle vor-

handenen Bauprodukte, Geräte, Maschinen und Bauhilfsmittel in amtlichen Gewahrsam bringen.

(4) Bauaufsichtliche Genehmigungen und sonstige Maßnahmen gelten auch für und gegen Rechtsnachfolgerinnen oder Rechtsnachfolger.

(5) [1]Die Bauaufsichtsbehörden können zur Erfüllung ihrer Aufgaben nach Anhörung und auf Kosten der Bauherrin oder des Bauherrn Sachverständige und sachverständige Stellen heranziehen. [2]Eine Anhörung entfällt, wenn es sich um die Heranziehung eines Prüfamtes für Standsicherheit, einer Prüfingenieurin oder eines Prüfingenieurs für Standsicherheit oder **einer Prüfingenieurin oder eines Prüfingenieurs für Brandschutz** handelt. [3]Die unteren Bauaufsichtsbehörden sind verpflichtet, sich bei bestimmten Prüfaufgaben, wie beispielsweise bei Teilen der bautechnischen Prüfung von Bauvorlagen nach § 64 Absatz 2, Sachverständiger zu bedienen. [4]Als Sachverständige gelten auch die Prüfämter für Standsicherheit.

(6) [1]Auf die Anerkennung als Sachverständige oder Sachverständiger besteht kein Anspruch. [2]Dies gilt nicht für die Einrichtung von Prüfämtern für Standsicherheit.

(7) [1]Die mit dem Vollzug dieses Gesetzes beauftragten Personen sind berechtigt, in Ausübung ihres Amtes Grundstücke und Anlagen einschließlich der Wohnungen zu betreten. [2]Das Grundrecht der Unverletzlichkeit der Wohnung nach Artikel 13 des Grundgesetzes wird insoweit eingeschränkt.

Erläuterungen

1. Allgemeines

§ 59 bestimmt mit **Absatz 1** die **Aufgaben und Befugnisse der Bauaufsichtsbehörde, spezifiziert** mit **Absatz 2 und 3,** welche Maßnahmen die Bauaufsichtsbehörde bei welchen Rechtsverstößen ergreifen kann, stellt mit **Absatz 4** klar, dass Baugenehmigungen und sonstige bauaufsichtliche Maßnahmen auch für und gegen Rechtsnachfolgerinnen oder Rechtsnachfolger gelten, regelt mit **Absatz 5** die **Heranziehung von Sachverständigen und sachverständigen Stellen,** nennt mit **Absatz 6** allgemeine Voraussetzungen für die Anerkennung als Sachverständige oder Sachverständiger und enthält mit **Absatz 7** die Befugnis zum Betreten von Grundstücken, baulichen Anlagen und Wohnungen. In **Absatz 5 Satz 2** wird die **bisherige privatrechtliche Beauftragung der Prüfsachverständigen für Brandschutz** (§ 2 Abs. 2 PPVO) durch die öffentlich-rechtliche ersetzt. Als Folge werden die **bisherigen Prüf-sachverständigen für Brandschutz zu Prüfingenieurinnen und Prüf-ingenieuren für Brandschutz.** Die Anerkennungsvoraussetzungen nach § 16 Abs. 1 Satz 1 Nr. 1 PPVO ermöglichen ein hoheitliches Tätigwerden dieser Personen und die Änderung ihrer Bezeichnungen.

2. Allgemeine Aufgaben und Befugnisse der Bauaufsichtsbehörde – Aufgabenzuweisungs- und Befugnisnorm – (Absatz 1)

Absatz 1 ist als **verfahrensrechtliche Generalermächtigung** des Bauordnungsrechts das **Gegenstück zu den materiell-rechtlichen Vorschriften** des § 3 Abs. 2 und 4 sowie des § 4 Abs. 1.

Absatz 1 Satz 1 weist der Bauaufsichtsbehörde im Interesse einer umfassenden Gefahrenabwehr eine **allgemeine Überwachungsaufgabe** bei Errichtung, Änderung, Nutzungsänderung, Beseitigung, Nutzung und Instandhaltung von Anlagen zu. Seit dem 1. August 1994 (Inkrafttreten der LBO 1994) ist die Überwachungsaufgabe ausdrücklich in das **pflichtgemäße Ermessen** der Bauaufsichtsbehörde gestellt, um sicherzustellen, dass „…nicht aufgrund jedweder materiellen Regelung öffentlich-rechtlichen Inhalts generelle Prüf- oder Überwachungspflichten der unteren Bauaufsichtsbehörden erwachsen. Es ist vornehmlich Aufgabe der Bauherrinnen und Bauherren, die öffentlich-rechtlichen Anforderungen zu erfüllen…" (so LT-Ds. 13/1335 vom 23. September 1993, S. 109). **Einschränkungen des Überwachungsumfangs** können sich für die Bauaufsichtsbehörde nach der LBO ergeben – etwa bei fehlender sachlicher Zuständigkeit nach § 61 Abs. 1 Satz 1 Halbsatz 2 – oder aufgrund von Vorschriften, die auf der LBO beruhen (vgl. z. B. § 13 Abs. 8 und § 19 Abs. 1 Satz 2 PPVO). Die umfassende **Überwachungsaufgabe** der Bauaufsichtsbehörde ist außerdem **eingeschränkt, wenn** eine **fachgesetzliche Genehmigung** die **Baugenehmigung** mit einschließt, wie beispielsweise ein Planfeststellungsbeschluss nach § 141 LVwG. **Ausgenommen von der Überwachung** bleiben auch alle **privatrechtlichen Vorschriften,** weil sich die allgemeine Überwachungsaufgabe nur auf die Einhaltung der öffentlich-rechtlichen Vorschriften bezieht. Dies gilt insbesondere für die nachbarrechtlichen Vorschriften des **Bürgerlichen Gesetzbuches und** die Vorschriften des **Nachbarrechtsgesetzes** für das Land Schleswig-Holstein, die ebenfalls privatrechtlichen Charakter haben. Die Gewährleistung der Privatrechtsordnung ist Sache der ordentlichen

Gerichte und der zur Vollstreckung ihrer Entscheidungen berufenen Organe. So kann beispielsweise eine **Wohnungseigentümerin oder** ein **Wohnungseigentümer** mangels eigener Rechtsverletzung **keine** öffentlich-rechtlichen **Abwehransprüche gegen** eine **auf** das **gemeinschaftliche Grundstück bezogene Baugenehmigung** geltend machen (vgl. BayVGH, Beschl. vom 8. März 2013 – 15 CE 13.236 –, juris; BVerfG, Beschl. vom 7. Februar 2006 – 1 BvR 2304/05 –, NJW-RR 2006, 726; BVerwG, Urt. vom 12. März 1998 – 4 C 3.97 –, BRS 60 Nr. 173 = BauR 1998, 997 = NVwZ 1998, 954 = DVBl 1998, 893 = ZfBR 1998, 25 = Buchholz 406.19 Nachbarschutz Nr. 149; OVG RP, Beschl. vom 10. Juli 2007 – 8 A 10279/07 –, NVwZ-RR 2008, 86).

Mit **Absatz 1 Satz 2** werden der Bauaufsichtsbehörde umfassende **Befugnisse** verliehen, zur Erfüllung dieser Aufgaben im Rahmen der – vornehmlich – **repressiven Kontrolle** in das Baugeschehen einzugreifen. Danach ist sie ermächtigt, (in Wahrnehmung ihrer Aufgabenzuweisung nach Satz 1) die nach **pflichtgemäßem Ermessen** erforderlichen Maßnahmen zu treffen. **Satz 2** findet allerdings **nur** Anwendung, **wenn** es **keine spezielleren Ermächtigungsgrundlagen** für Maßnahmen der Bauaufsichtsbehördegibt. **Speziellere Ermächtigungsgrundlagen** enthalten **beispielsweise** die **Absätze 2, 3 und 5.**

3.   Spezielle Befugnisse der Bauaufsichtsbehörde (Absätze 2, 3 und 5)

Die **allgemeine Befugnisnorm** des **Absatzes 1 Satz 2** wird **ergänzt durch** die **Absätze 2, 3, und 5** sowie § 58 Abs. 4 i. V. m. § 16 Abs. 1 und 3 LVwG. Wird die Bauaufsichtsbehörde aufgrund einer **speziellen Ermächtigungsgrundlage** tätig und erlässt eine sogenannte „unselbstständige Verfügung", braucht sie darin grundsätzlich **keine konkrete Gefahr nachzuweisen;** sie muss also nicht begründen, dass in den Fällen eine hinreichende Wahrscheinlichkeit dafür besteht, dass in absehbarer Zeit ein Schaden für ein (betroffenes) Schutzgut der öffentlichen Sicherheit entsteht.

Absatz 2 spezifiziert diese **allgemeine Befugnisnorm und nennt konkrete Maßnahmen,** die die Bauaufsichtsbehörde bei bestimmten Rechtsverstößen ergreifen kann. Genannt sind dort

– die Anordnung, Arbeiten einzustellen (**Satz 1 Nr. 1**),
– die Untersagung der Verwendung von Bauprodukten und Entwertung oder Beseitigung der Kennzeichnung (**Satz 1 Nr. 2**),

– die Anordnung der teilweisen oder vollständigen Beseitigung von
 Anlagen und Ruinen (**Satz 1 Nr. 3**),
– die Untersagung der Nutzung von Anlagen (**Satz 1 Nr. 4**),
– die Befugnis, die teilweise oder vollständige Beseitigung von Anlagen anzuordnen oder die Nutzung von Anlagen zu untersagen,
 wenn durch Teilung eines Grundstückes bauordnungswidrige Zustände geschaffen werden oder wurden (**Satz 2**).

Absatz 3 räumt der Bauaufsichtsbehörde die Möglichkeit ein, die **Baustelle** zu **versiegeln** und die an der Baustelle vorhandenen Bauprodukte, Geräte, Maschinen und Bauhilfsmittel in amtlichen Gewahrsam zu nehmen, **wenn unzulässige Arbeiten trotz** einer schriftlich oder
mündlich verfügten **Baueinstellung nach Absatz 2 Satz 1 Nr. 1 fortgesetzt werden.**

Absatz 5 Satz 1 und 2 eröffnet der Bauaufsichtsbehörde die **Möglichkeit,** zur Erfüllung ihrer Aufgaben **Sachverständige und sachverständige Stellen heranzuziehen.** Nach **Satz 3** ist die Bauaufsichtsbehörde
bei bestimmten Prüfaufgaben **verpflichtet,** sich Sachverständiger und
sachverständiger Stellen zu bedienen.

§ 58 Abs. 4 i. V. m. § 16 Abs. 1 und 3 LVwG gibt der **Fachaufsichtsbehörde** ein **Weisungsrecht** gegenüber der ihrer Fachaufsicht unterstehen-
den Behörde und räumt ihr im Fall der Nichtbefolgung der Weisung **bei
Gefahr im Verzug** ein **Selbsteintrittsrecht** ein (s. auch § 167 LVwG).

Neben den Absätzen 2, 3, 5 und 7 sowie § 58 Abs. 4 i. V. m. § 16
Abs. 1 und 3 LVwG **konkretisieren spezielle Vorschriften über** die **präventive Kontrolle** die in Absatz 1 enthaltenen **allgemeinen Aufgaben-
und Eingriffsbefugnisse** der Bauaufsichtsbehörde. Diese **Spezialvorschriften haben** ebenfalls **Vorrang vor der allgemeinen Befugnisnorm
des Absatzes 1 Satz 2.** Zu den **Spezialvorschriften** gehören beispielsweise § 66 (Vorbescheid), § 73 Abs. 1 (Baugenehmigung), § 74 (Teilbaugenehmigung), § 76 Abs. 2 (Ausführungsgenehmigung für Fliegende Bauten) und § 77 Abs. 1 Satz 2 (Zustimmung für bauliche
Maßnahmen des Bundes und der Länder).

4. Rechtsnachfolge, Pflichtennachfolge (Absatz 4)

Nach **Absatz 4** gelten **bauaufsichtliche Genehmigungen und sonstige
Maßnahmen für und gegen Rechtsnachfolgerinnen oder Rechtsnachfolger.** Die Regelung **verallgemeinert den Grundsatz der** aus der

Grundstücksbezogenheit folgenden „**Dinglichkeit**" bauaufsichtlicher Entscheidungen (vgl. LT-Ds. 16/1675 S. 220). „**Bauaufsichtliche Genehmigungen**" in diesem Sinne sind neben den Baugenehmigungen nach § 67, § 69 und § 74 **alle bauaufsichtlichen Bescheide mit** ihren grundstücks- und **vorhabenbezogenen Inhalts- und Nebenbestimmungen**, wie beispielsweise auch Vorbescheide (§ 66), Ausführungsgenehmigungen Fliegender Bauten (§ 76) und bauaufsichtliche Zustimmungen (§ 77). Auch die Zulassung von Abweichungen nach § 71, Ausnahmen nach § 31 Abs. 1 BauGB und Befreiungen nach § 31 Abs. 2 BauGB für **verfahrensfreie** Vorhaben nach § 63 **und genehmigungsfrei gestellte Vorhaben** nach § 68 sind „bauaufsichtliche Genehmigungen" in diesem Sinne. Schließlich erfasst der Begriff auch **selbstständige** (isolierte) **Zulassungsbescheide nach § 23 Abs. 5 BauNVO** (zu selbstständigen Zulassungsbescheiden vgl. BayVGH, Beschl. vom 14. Januar 2009 – 1 ZB 08.97 –, BRS 74 Nr. 142 = BauR 2009, 1430 = NVwZ-RR 2009, 628; s. auch unter „www.gesetze-bayern.de -> Gerichtsentscheidungen -> Erweiterte Suche": VG Augsburg, Urt. vom 15. März 2012 – Au 5 K 11.1354 –, Rn. 19 und VG München Urt. vom 17. Oktober 2011 – M 8 K 10.5297 –, Rn. 28).

Die **erste Alternative** des **Absatzes 4 gilt nicht** für Verfahren, die **keinen bauaufsichtlichen Bescheid zur Folge haben.** Dazu gehören das **Anzeigeverfahren für** die beabsichtigte **Beseitigung** von Anlagen nach § 63 Abs. 3 Satz 2 **und das Genehmigungsfreistellungsverfahren** nach § 68 (bis auf die Fälle, in denen Abweichungen, Ausnahmen oder Befreiungen nach § 68 Abs. 3 Satz 2 Halbsatz 2 und Abs. 5 gesondert schriftlich beantragt und beschieden werden).

Rechtsnachfolgerin oder **Rechtsnachfolger** ist die Person, die in die Rechtsstellung eintritt, die die Adressatin oder der Adressat der bauaufsichtlichen Genehmigung oder der sonstigen bauaufsichtlichen Maßnahme innehatte. **Absatz 4** gilt für alle Formen der Rechtsnachfolge, und zwar sowohl für die **Gesamtrechtsnachfolge** (Universalsukzession; Eintritt in **alle** Rechte und Pflichten, z. B. durch Erbfall oder Fusion von Kapitalgesellschaften; vgl. BVerwG, Urt. vom 10. Januar 2012 – 7 C 6.11 –, NVwZ 2012, 888 = NuR 2012, 634 = Buchholz 451.221 § 31 KrW-/AbfG Nr. 2), als auch für die **Einzelrechtsnachfolge** (Singularsukzession, Eintritt in ein **einzelnes** Recht, z. B. durch Eigentumsübertragung).

5. Sachverständige und sachverständige Stellen (Absatz 5)

Absatz 5 ergänzt die allgemeine Befugnisnorm des **Absatzes 1 Satz 2.** Nach **Satz 1 kann Bauaufsichtsbehörde** zur **Erfüllung ihrer Aufgaben** nach Anhörung und auf Kosten der Bauherrin oder des Bauherrn **Sachverständige und sachverständige Stellen heranziehen** (vgl. auch § 84 Abs. 1 LVwG). Mit ihrem Sachverstand und den gutachterlichen Äußerungen oder erstellten Gutachten, für die sie persönlich verantwortlich sind, liefern die Sachverständigen und sachverständigen Stellen der Bauaufsichtsbehörde als **Voraussetzung für baurechtliche Entscheidungen** die Sachkunde, die die Behörde regelmäßig nicht vorhält oder vorhalten kann. Die Heranziehung von Sachverständigen und sachverständigen Stellen soll die bauaufsichtlichen Verfahren außerdem vereinfachen und beschleunigen (vgl. § 75 Satz 2 LVwG) und die Bauaufsichtsbehörde entlasten. Prüfungen durch Sachverständige und sachverständigen Stellen bei besonderen sicherheitsrelevanten technischen Anlagen und Einrichtungen dienen der **öffentlichen Sicherheit.** Die Bauaufsichtsbehörde entscheidet **in den Fällen des Satzes 1** nach **pflichtgemäßem Ermessen, ob** und ggf. **welche** Sachverständige oder sachverständigen Stellen sie nach heranzieht. Dabei muss sie die Grundsätze der **Erforderlichkeit** und **Verhältnismäßigkeit** beachten. Eine **Heranziehung** kommt daher **nur** in Betracht, **wenn** im bauaufsichtlichen Verfahren **besondere, nicht typischerweise anfallende Fragen** zur Beurteilung anstehen, wie beispielsweise die Zumutbarkeit von Immissionen. **Vor** der **Heranziehung** von Sachverständigen oder sachverständigen Stellen **nach Satz 1** ist die **Bauherrin oder** der **Bauherr zu hören.** Eine formelle Entscheidung über die Heranziehung gegenüber der Bauherrin oder dem Bauherrn ist für den Regelfall nicht vorgesehen. Sie kann – sollte sie im Einzelfall erforderlich werden – nach den allgemeinen Grundsätzen des Verwaltungsrechts getroffen und auch verwaltungsrechtlich überprüft werden. Die **Heranziehung einer oder eines Sachverständigen** ist im Regelfall für die Verfahrensbeteiligten **kein Verwaltungsakt,** sondern ein innerdienstlicher Vorgang.

Eine **Anhörung entfällt** nach **Satz 2,** wenn ein Prüfamt für Standsicherheit, eine Prüfingenieurin oder ein Prüfingenieur für Standsicherheit oder **eine Prüfingenieurin oder ein Prüfingenieurs für Brandschutz** herangezogen wird.

Nach **Satz 3 müssen** sich die unteren **Bauaufsichtsbehörden** bei bestimmten Prüfaufgaben, wie beispielsweise bei Teilen der bautechnischen Prüfung von Bauvorlagen nach § 64 Abs. 2, **Sachverständiger bedienen.** So sind die **Bauaufsichtsbehörden** nach § **13 Abs. 1 Satz 1 PPVO verpflichtet,** sich bei der Prüfung von Standsicherheitsnachweisen, von Nachweisen des statisch-konstruktiven Brandschutzes und des Schall- und Wärmeschutzes (bautechnische Nachweise) und bei der konstruktiven Bauüberwachung **grundsätzlich** eines **Prüfamtes oder** einer **Prüfingenieurin oder** eines **Prüfingenieurs für Standsicherheit** zu bedienen. Prüfingenieurinnen und Prüfingenieure nehmen als **beliehene Unternehmerinnen und Unternehmer hoheitliche Aufgaben** der Bauaufsicht wahr (vgl. BVerwG, Urt. vom 25. November 1971 – I C 7.70 –, DÖV 1972, 500 = Buchholz 310 § 43 VwGO Nr. 40, und Urt. vom 27. Oktober 1978 – I C 15.75 –, BVerwGE 57, 55 = NJW 1979, 731 = GewArch 1979, 89 = Buchholz 431.2 Ingenieure Nr. 2). Den jeweiligen **Prüfauftrag** erteilt die **Bauaufsichtsbehörde** (§ 13 Abs. 4 Satz 1 PPVO); direkte Prüfaufträge durch die Bauherrin oder den Bauherrn kommen – zur Vermeidung von Interessenverflechtungen – nicht in Betracht. Die Prüfämter und die Prüfingenieurinnen und Prüfingenieure unterstehen nach der **Fachaufsicht** der **obersten Bauaufsichtsbehörde** (§ **2 Abs. 1 Satz 4 PPVO);** zur Fachaufsicht s. insbesondere die §§ 14 bis 18 LVwG. Die Prüfämter, die Prüfingenieurinnen und Prüfingenieure für Standsicherheit tragen gegenüber der Bauaufsichtsbehörde die **Verantwortung** für die **Vollständigkeit** und **Richtigkeit** der bautechnischen Nachweise (§ 13 Abs. 7 Satz 1 PPVO). Das **Prüfergebnis** braucht die Bauaufsichtsbehörde **nicht nachzuprüfen (§ 2 Abs. 1 Satz 3 PPVO).**
Die Nachweise der **Standsicherheit Fliegender Bauten** dürfen nach § 15 Abs. 3 PPVO **nur von** einem **Prüfamt für Standsicherheit** geprüft werden (s. auch Nummer 5.1 FlBauVwV).

6. Anerkennung als Sachverständige oder Sachverständiger
    (Absatz 6)

Absatz 6 Satz 1 stellt klar, dass auf die Anerkennung als Sachverständige oder Sachverständiger kein Anspruch besteht. Ausgenommen sind nach **Satz 2** die Prüfämter für Standsicherheit, die kraft Gesetzes als Sachverständige gelten (vgl. Absatz 5 Satz 4 und § 14 Abs. 1 PPVO).

7. Betretungsrecht (Absatz 7)

Absatz 7 Satz 1 räumt den **Bediensteten der Bauaufsichtsbehörde** und den sonst mit dem Vollzug der LBO beauftragten Personen die **Befugnis** ein, **in Ausübung ihres Amtes Grundstücke** und **Anlagen** einschließlich der **Wohnungen zu betreten.** Die Vorschrift ist eine echte Eingriffsnorm, die der Eigentümerin oder dem Eigentümer oder der Besitzerin oder dem Besitzer des Grundstücks und der baulichen Anlagen die Verpflichtung auferlegt, **das Betreten zu dulden.** Deshalb kann das Betretungsrecht ohne vorherige Verwaltungsanordnung unmittelbar ausgeübt werden, auch gegen den Willen der oder des Betroffenen und ggf. unter Anwendung unmittelbaren Zwangs. Eine Einwilligung der oder des Betroffenen zur Ausübung des Betretungsrechts ist nicht erforderlich. Andererseits braucht die oder der Betroffene aber auch nicht mehr zu tun, als zu dulden. Auch wenn es gesetzlich nicht vorgeschrieben ist, sollten Betroffene rechtzeitig über das beabsichtigte Betreten unterrichtet werden. Die **Unterrichtung** ist **kein Verwaltungsakt,** weil mit ihr keine Regelung getroffen wird.

Wird das Betreten verweigert, muss die Bauaufsichtsbehörde i. d. R. einen **räumlich, zeitlich und persönlich konkretisierten Verwaltungsakt** erlassen, der der oder dem Betroffenen die Duldung des Betretens aufgibt. Die **Duldungsanordnung** muss die **Gründe angeben,** die die Bauaufsichtsbehörde zur Ausübung des Betretungsrechts veranlassen. Eine Verfügung, die (nur) das Betreten eines Grundstücks zu dulden aufgibt, erstreckt sich nicht auf in Gebrauch genommene Wohnräume. Sollen **Räume** betreten werden, **sind** sie wegen der besonderen Voraussetzungen in der Duldungsanordnung **ausdrücklich zu bezeichnen** (Nieders. OVG, Urt. vom 26. Juli 1991 – 1 A 134/88 –, BRS 52 Nr. 224). Eine Duldungsanordnung kann auch **mündlich** ergehen. Sie muss auf Verlangen schriftlich bestätigt werden (vgl. § 108 Abs. 2 LVwG). Im Einzelfall kann das Betreten auch ohne vorherige Duldungsanordnung erfolgen (vgl. OVG Berlin, Beschl. vom 24. November 1987 – 2 S 51.87 –, BRS 47 Nr. 189 = NVwZ 1988, 844 = DÖV 1988, 385), z. B. bei Vorliegen einer gegenwärtigen Gefahr. Während der **Bauausführung** braucht die Bauaufsichtsbehörde die von ihr für notwendig erachteten **Baustellenkontrollen** nicht anzukündigen. Den mit dem Vollzug der LBO beauftragten Personen steht bei rechtmäßiger Ausübung des Betretungsrechts der **Schutz des § 113 StGB** (Widerstand gegen Vollstreckungsbeamte) zur Seite. Ihr Handeln ist **im Hinblick auf § 123 StGB** (Hausfriedensbruch) **gerechtfertigt.**

Absatz 7 Satz 2, mit dem das Grundrecht der **Unverletzlichkeit der Wohnung** (Art. 13 Abs. 1 GG) eingeschränkt wird, beruht auf dem **Zitiergebot** des Art. 19 Abs. 1 Satz 2 GG. Das Betreten eines Grundstücks oder einer Anlage einschließlich der Wohnung ist **nur gerechtfertigt, wenn** die in der Vorschrift genannten **Personen in Ausübung ihres Amtes handeln.** Das Betretungsrecht muss folglich in Beziehung zu den nach der LBO zulässigen Aufgaben der Bauaufsichtsbehörde im weiten Sinne stehen und zu deren Erfüllung notwendig sein (vgl. HessVGH, Beschl. vom 26. Oktober 1990 – 4 TH 1480/90 –, BRS 50 Nr. 202 = NVwZ-RR 1991, 526). Ein Recht zum **Durchsuchen,** also zum ziel- und zweckgerichteten Aufspüren von Sachen oder Personen, gewährt das Betretungsrecht jedoch **nicht** (vgl. BVerwG, Beschl. vom 7. Juni 2006 – 4 B 36.06 –, BRS 70 Nr. 185 = BauR 2006, 1460 = NJW 2006, 2504 = ZfBR 2006, 688 = DVP 2007, 258 = Buchholz 11 Art 13 GG Nr. 9, Vorinstanz = OVG RP, Urt. vom 15. Februar 2006 – 8 A 11500/05 –, BRS 70 Nr. 184 = BauR 2006, 971), wohl aber das Recht zur Besichtigung des Grundstücks usw. im Einzelnen oder z. B. zum Ausmessen. **Soweit** es für die Wahrnehmung der bauaufsichtlichen Aufgaben **erforderlich** ist, **umfasst** das **Betreten auch** das **Befahren.**

§ 60   Bestehende Anlagen

(1) Werden in diesem Gesetz oder in Vorschriften aufgrund dieses Gesetzes andere Anforderungen als nach dem bisherigen Recht gestellt, so kann verlangt werden, dass bestehende oder nach genehmigten Bauvorlagen bereits begonnene Anlagen dem geltenden Baurecht angepasst werden, wenn dies zur Erhaltung der öffentlichen Sicherheit erforderlich ist.

(2) Sollen Anlagen wesentlich geändert werden, so kann gefordert werden, dass auch die nicht unmittelbar berührten Teile der baulichen Anlage mit diesem Gesetz oder den aufgrund dieses Gesetzes erlassenen Vorschriften in Einklang gebracht werden, wenn

1. die Bauteile, die diesen Vorschriften nicht mehr entsprechen, mit den beabsichtigten Arbeiten in einem konstruktiven Zusammenhang stehen und
2. die Durchführung dieser Vorschriften bei den von den Arbeiten nicht berührten Teilen der Anlage keine unzumutbaren Mehrkosten verursacht.

Erläuterungen

1. Allgemeines

§ 60 erweitert die generelle Eingriffsermächtigung nach § 59 Abs. 1 Satz 2. Er regelt die Fälle einer **Anpassung** von Anlagen **an geändertes Bauordnungsrecht.** Zum (materiellen) Bauordnungsrecht gehören **auch örtliche Bauvorschriften,** die nach § 84 Abs. 3 Satz 1 als Festsetzungen in Bebauungspläne und in Satzungen nach § 34 Abs. 4 Satz 1 Nr. 2 und 3 BauGB aufgenommen worden sind (vgl. § 9 Abs. 4 BauGB i. V. m. § 84 Abs. 3 Satz 2). Auf § 60 gestützt werden kann **aber weder** ein Anpassungsverlangen wegen neuer oder geänderter **Technischer Baubestimmungen** (keine Rechtsvorschriften) **noch** wegen neuer **bauplanungsrechtlicher Vorschriften** (Bundesrecht).

2. Anpassung zur Beseitigung konkreter Gefahren (Absatz 1)

Absatz 1 ermöglicht zur **Erhaltung der öffentlichen Sicherheit** eine **Anpassung bestehender oder** nach genehmigten Bauvorlagen **bereits begonnener** Anlagen an das **geltende Baurecht,** wenn in der LBO oder in Vorschriften, die aufgrund der LBO erlassen worden sind, andere Anforderungen als nach dem bisherigen Recht gestellt werden. **Begonnen** sind Anlagen, die bereits zum Teil ausgeführt sind. Entgegen dem Wortlaut erfasst die Regelung nicht nur „nach genehmigten Bauvorlagen" begonnene Anlagen, sondern **auch bauaufsichtlich verfahrens- oder genehmigungsfrei gestellte Anlagen** (vgl. §§ 63 und 68). Nach herrschender Auffassung reicht für Maßnahmen nach **Absatz 1** ein bloßer Widerspruch zu neuen Rechtsvorschriften nicht aus; erforderlich ist vielmehr eine **konkrete Gefahr** für die öffentliche Sicherheit (OVG NRW, Beschl. vom 28. Dezember 1994 – 7 B 2890/94 –, BRS 57 Nr. 245 = BauR 1995, 528; HessVGH, Beschl. vom 18. Oktober 1999 – 4 TG 3007/97 –, BRS 62 Nr. 144 = BauR 2000, 553 = NVwZ-RR 2000, 581 = DÖV 2000, 338 = ZfBR 2000, 570).

Eine **konkrete Gefahr** ist gegeben, wenn aus einer tatsächlich vorhandenen Situation hinreichend wahrscheinlich eine Gefährdung der bedrohten Rechtsgüter (öffentlichen Sicherheit, insbesondere Leben und Gesundheit) folgt. Gerade im jeweiligen Einzelfall muss in überschaubarer Zukunft mit einem Schadenseintritt zu rechnen sein. Dabei hängen die Anforderungen an die Wahrscheinlichkeit von der Qualität des möglicherweise eintretenden Schadens ab. In Bezug auf Leben oder Gesundheit als geschützte Rechtsgüter sind an die Feststellung der Wahrscheinlichkeit des Schadenseintritts keine übermäßig hohen Anforderungen zu stellen. So sind die brandschutzrechtlichen Bestimmungen – insbesondere zum (zweiten) Rettungsweg – vorsorgliche Schutzbestimmungen für Leben und Gesundheit, die nur im Falle einer rechtzeitigen Umsetzung – also vor einem Brandfall – ihren Zweck erreichen können. Ein Anpassungsverlangen setzt daher in solchen Fällen keine konkrete Gefahr in dem Sinne voraus, dass ein Schadenseintritt in absehbarer Zeit hinreichend wahrscheinlich ist. Mit der Entstehung eines Brandes in einem Gebäude muss jederzeit gerechnet werden. Der Umstand, dass in vielen Gebäuden jahrzehntelang kein Brand ausgebrochen ist, beweist nicht, dass insofern keine Gefahr besteht, sondern stellt für die Betroffenen lediglich einen Glücksfall dar, mit dessen Ende jederzeit gerechnet werden muss. Kommt es zu einem solchen, jederzeit möglichen Brand, ist auch mit hinreichender Wahrscheinlichkeit mit einer Gefährdung von Leben und Gesundheit von Personen zu rechnen (vgl. OVG NRW, Beschl. vom 1. Juli 2011 – 2 B 740/11 –, juris Rn. 15 ff., und Urt. vom 25. August 2010 – 7 A 749/09 –, NVwZ-RR 2011, 47 m. w. N.). Eine **konkrete Gefahr** ist **nicht** gegeben, wenn der Eintritt eines Schadens lediglich theoretisch möglich ist.

3.   Anpassung bei wesentlicher Änderung von Anlagen (Absatz 2)

Absatz 2 stellt eine **Erweiterung** des Anpassungsverlangens gegenüber dem nach **Absatz 1** dar.

Wenn Anlagen **wesentlich geändert** werden sollen, **unterliegen** die **Maßnahmen in zwei Fällen** nicht den Vorschriften, die bei einer ursprünglich erteilten Genehmigung zugrunde gelegen haben, sondern

aktuellem Recht, unabhängig davon, ob sie einem bauaufsichtlichen Verfahren unterliegen oder nicht: Fall **Nummer 1** setzt voraus, dass die **Bauteile,** die diesen Vorschriften nicht mehr entsprechen, mit den beabsichtigten Arbeiten in einem **konstruktiven Zusammenhang** stehen, und Fall **Nummer 2,** dass die Durchführung dieser Vorschriften bei den von den Arbeiten nicht berührten Teilen der Anlage **keine unzumutbaren Mehrkosten** verursacht.

Nummer 1 ist begrenzt auf **Bauteile** und erlaubt deshalb beispielsweise nicht, bei Änderung einer Doppelhaushälfte oder eines Reihenmittel- oder Reihenendhauses, Änderungen an der anderen Doppelhaushälfte oder den anderen Gebäuden der Reihenhauszeile vornehmen zu lassen, selbst dann nicht, wenn zwischen ihnen ein konstruktiver Zusammenhang besteht.

Nummer 2 legt für ein Anpassungsverlangen fest, dass bei den von den Arbeiten nicht berührten Teilen der Anlage **allenfalls zumutbare Mehrkosten** entstehen dürfen. Als **Anhalt** kann die Regelung des § 83 **Abs. 3 der Niedersächsischen Bauordnung** vom 3. April 2012 (Nds. GVBl. S 46), geändert durch Art. 2 des Ges. vom 23. Juli 2014 (Nds. GVBl. S. 206), dienen. Danach dürfen sich durch die entsprechende Forderung die Kosten der Änderung um **nicht mehr als 20 % erhöhen.**

§ 61   Sachliche und örtliche Zuständigkeit

(1) [1]Für den Vollzug dieses Gesetzes sowie anderer öffentlich-rechtlicher Vorschriften für die Errichtung, Änderung, Nutzung, Instandhaltung oder die Beseitigung von Anlagen ist die untere Bauaufsichtsbehörde zuständig, soweit nichts anderes bestimmt ist. [2]Die örtlichen Ordnungsbehörden haben die untere Bauaufsichtsbehörde von allen Vorgängen zu unterrichten, die deren Eingreifen erfordern können.

(2) Örtlich zuständig sind die Bauaufsichtsbehörden oder die Ordnungsbehörden, in deren Bezirk die Anlage durchgeführt wird.

Erläuterungen

1.   Allgemeines

§ 61 regelt die **sachliche und örtliche Zuständigkeit** für den Vollzug der LBO, soweit sie nicht schon in Einzelvorschriften enthalten ist.

Ergänzt wird § 61 durch die **Regelungen nach** § 58 über die Gliederung der Bauaufsichtsbehörden und über die Fachaufsichtsbehörden, die §§ **165 und 166 LVwG** über die sachliche und örtliche Zuständigkeit der Ordnungsbehörden und § **168 LVwG** über die sachliche Zuständigkeit der Polizei bei Gefahr im Verzug. Eine weitere Ergänzung besteht durch § **16 Abs. 3 LVwG** mit der Regelung über das Selbsteintrittsrecht der Fachaufsichtsbehörde.

2. Sachliche Zuständigkeit (Absatz 1)

Absatz 1 über die **sachliche Zuständigkeit** bestimmt in **Satz 1,** für welche Gegenstände die **untere Bauaufsichtsbehörde** zuständig ist, und in **Satz 2,** dass die **örtlichen Ordnungsbehörden die untere Bauaufsichtsbehörde** von allen Vorgängen zu **unterrichten** haben, die deren Eingreifen erfordern können.

3. Örtliche Zuständigkeit (Absatz 2)

Nach **Absatz 2** sind **örtlich zuständig** die Bauaufsichtsbehörden oder die Ordnungsbehörden, in deren Bezirk die Anlage durchgeführt wird. Dieses „**Belegenheitsprinzip**" wird beispielsweise durchbrochen bei Fliegenden Bauten (vgl. § 76 Abs. 3).

4. Mehrere oder zweifelhafte Zuständigkeiten

Die **bisherige Regelung des Absatzes 3,** wonach bei zweifelhafter örtlicher Zuständigkeit die oberste Bauaufsichtsbehörde die zuständige Bauaufsichtsbehörde bestimmt, **ist im Hinblick auf § 31 Abs. 2 LVwG entfallen.**

Schaubild Aufgaben, Befugnisse und Zuständigkeiten:

Vollzug der LBO und anderer öff.-r. Vorschriften für Anlagen

Grundsätz. untere Bauaufsichtsbehörde (§ 61 Abs. 1 S. 1)

Örtl. Ordnungsbehörden **müssen** BAB unterrichten (§ 61 Abs. 1 S. 2)

Örtliche Zuständigkeit: Kreis- bzw. Stadtgebiet

Bei Unklarheiten zum Anknüpfungspunkt „Grundstück" gilt § 31 LVwG:

Doppelzuständigkeit:	Mehrere BAB	Zuständigkeit
zuständig ist erstbefasste BAB, wenn nicht oberste BAB andere Behörde bestimmt	erklären sich für (un)zuständig: oberste BAB bestimmt zuständige BAB	aus anderen Gründen zweifelhaft: oberste BAB bestimmt zuständige BAB

§ 62 Genehmigungsbedürftige Vorhaben

(1) Die Errichtung, Änderung, Nutzungsänderung und die Beseitigung von Anlagen bedürfen der Baugenehmigung, soweit in den §§ 63, 68, 76 und 77 nichts anderes bestimmt ist*; die Verpflichtung zur Einhaltung der Anforderungen, die durch öffentlich-rechtliche Vorschriften an Anlagen gestellt werden sowie die bauaufsichtlichen Eingriffsbefugnisse bleiben hiervon unberührt.*

(2) [1]Die Erlaubnis nach den aufgrund des **§ 34 des Produktsicherheitsgesetzes vom 8. November 2011 (BGBl. I S. 2178, 2179, ber. 2012 I S. 131), geändert durch Artikel 435 der Verordnung vom 31. August 2015 (BGBl. I S. 1474), erlassenen Vorschriften, die Erlaubnis nach § 15 Absatz 1 der Biostoffverordnung vom 15. Juli 2013 (BGBl. I S. 2514) sowie** die Genehmigung nach § 7 des Atomgesetzes in der Fassung der Bekanntmachung vom 15. Juli 1985 (BGBl. I S. 1565), zuletzt geändert durch **Artikel 1 des Gesetzes vom 20. November 2015 (BGBl. I S. 2053)**, schließen eine Genehmigung nach Absatz 1 sowie eine Zustimmung nach § 77 ein. [2]Die für die Genehmigung oder Erlaubnis zuständige Behörde entscheidet im Benehmen mit der zuständigen Bauaufsichtsbehörde, bei Anlagen nach § 7 des Atomgesetzes im Benehmen mit der obersten Bauaufsichtsbehörde. [3]Die Bauüberwachung nach § 78 obliegt

der Bauaufsichtsbehörde, bei Anlagen nach § 7 des Atomgesetzes der obersten Bauaufsichtsbehörde.

Erläuterungen

1. Allgemeines

Absatz 1 enthält den **Grundsatz**, dass die **Errichtung, Änderung, Nutzungsänderung und die Beseitigung von Anlagen**, an die in der LBO oder in Vorschriften aufgrund der LBO Anforderungen gestellt sind, der **Baugenehmigung bedürfen, soweit** in den §§ **63, 68, 76 und 77 nichts anderes bestimmt** ist. Die **Baugenehmigungsbedürftigkeit** ist damit die **Regel**; für eine **Abweichung** hiervon bedarf es einer ausdrücklichen Bestimmung. Die **Aufzählung** nach Absatz 1 ist **abschließend**.

Voraussetzung für eine **Genehmigungsbedürftigkeit** ist die **Anwendbarkeit der LBO** nach § 1 Abs. 1. Entsprechendes gilt für Regelungen aufgrund dieses Gesetzes. So gilt die LBO beispielsweise nicht für die in § 1 Abs. 2 aufgeführten Anlagen wie etwa Anlagen des öffentlichen Verkehrs.

Die **Baugenehmigung** bringt zum Ausdruck, dass dem beantragten Vorhaben keine öffentlich-rechtlichen Vorschriften entgegenstehen, die im bauaufsichtlichen Verfahren zu prüfen waren. Insoweit ist die Baugenehmigung ein **feststellender Verwaltungsakt**. Die Baugenehmigung stellt – soweit das Vorhaben einer Prüfpflicht unterliegt – eine **öffentlich-rechtliche Unbedenklichkeitsbescheinigung** dar. Sie hat – vom Sonderfall der Erteilung einer Abweichung, Ausnahme oder Befreiung abgesehen – **verfügende Wirkung** nur insofern, wie sie ein in verfahrensmäßiger Hinsicht bestehendes Hindernis für die Ausübung des an sich gegebenen Rechts auf Verwirklichung des Vorhabens beseitigt.

2. Genehmigungsbedürftige Vorhaben; Begriffe

2.1 Anlagen

§ 2 Abs. 1 Satz 3 enthält die Legaldefinition des **Begriffs „Anlagen"**.

2.2 Errichtung

Die **Errichtung** ist die **Herstellung** einer Anlage auf dem Baugrundstück. Der **Begriff „Errichtung"** ist **weit** gefasst und so zu verstehen wie der Begriff im bauaufsichtlichen Verfahren. Die Errichtung beginnt mit dem Abstecken der zu bebauenden Grundstücksfläche und umfasst den gesamten Vorgang einer Bauausführung bis zur Baufertigstellung (vgl. BayVGH, Urt. vom 10. Januar 1979 – 12 XV 76 –, BRS 35 Nr. 211 = BauR 1980, 159).

2.3 Änderung

Die **Änderung** von Anlagen setzt einen **vorhandenen Bestand** voraus. Sie ist die **äußere oder innere Umgestaltung der Substanz** von Anlagen, worunter auch kleinere Arbeiten fallen, die nicht nur Renovierungsmaßnahmen untergeordneter Bedeutung sind. Ist die Umgestaltung so gravierend, dass nach der Verkehrsauffassung ein neues Bauwerk entsteht, liegt eine Errichtung vor. Auch in der Bündelung einer Vielzahl von an sich verfahrensfreien Baumaßnahmen kann eine Errichtung liegen. Für die Auslegung des Begriffs ist die Frage der Genehmigungsbedürftigkeit der Maßnahme ohne Bedeutung (vgl. OVG Schleswig, Urt. vom 19. Januar 1994 – 1 L 70/92 –, juris). Soweit eine Änderung einer Anlage mit einer teilweisen Beseitigung oder mit Eingriffen in das konstruktive Gefüge verbunden ist, liegt eine Teilbeseitigung vor, die als notwendige Vorstufe der Änderung keiner eigenständigen Betrachtung zugänglich ist.

2.4 Nutzungsänderung

Nach § 3 Abs. 4 gelten für die Beseitigung von Anlagen und für die **Änderung ihrer Nutzung** § 3 Abs. 2 und 3 entsprechend. Die **Nutzungsänderung** ist die wenigstens teilweise **Änderung der Zweckbestimmung** einer Anlage. Die Zweckbestimmung ergibt sich bei
– genehmigungsbedürftigen Anlagen aus der Baugenehmigung (§ 73),
– Anlagen im Verfahren der Genehmigungsfreistellung nach § 68 aus den eingereichten Bauvorlagen und
– verfahrensfreien Vorhaben nach § 63 aus der ursprünglich manifestierten Willensentscheidung der oder des Verfügungsberechtigten bei der dem materiellen Recht entsprechenden Nutzungsaufnahme.

Erfasst werden **alle Nutzungsänderungen,** wenn für die neue Nutzung **andere öffentlich-rechtliche Anforderungen** als für die bisherige Nutzung in Betracht kommen, die im bauaufsichtlichen Verfahren zu prüfen sind; vgl. § 63 Abs. 2 Nr. 1. Solche anderen Anforderungen gelten nicht nur, wenn andere Vorschriften für die neue Nutzung maßgeblich sind, sondern auch, wenn das neue Vorhaben nach derselben Rechtsnorm wie beispielsweise § 34 BauGB anders zu beurteilen sein kann (vgl. OVG Lüneburg, Beschl. vom 27. Oktober 1978 – I B 78/78 –, BRS 33 Nr. 128 = Bauverwaltung 1980, 202 = NdsRpfl 1979, 112 L; Urt. vom 25. Mai 1978 – I A 196/73 –, OVGE 34, 412), beispielsweise hinsichtlich des Immissionsschutzes, des Brandschutzes, der Anzahl der Stellplätze, der Standsicherheit, des Schallschutzes und der Abstandflächen (vgl. OVG Schleswig, Urt. vom 7. Februar 1995 – 1 L 41/94 –, juris, im Hinblick auf eine Nutzungsänderung, bei der sich die Frage der Einhaltung der Abstandflächen neu stellt; BayVGH, Urt. vom 18. Mai 1982 – 1.B 179/79 –, BayVBl 1983, 656, zu einer Umwandlung eines Großhandelsbetriebs in einen Einzelhandelsbetrieb).

Nutzungsänderungen sind nicht nur **bauordnungsrechtlich**, sondern auch **bauplanungsrechtlich** zu beurteilen. Der eigenständige bauplanungsrechtliche Begriff der Nutzungsänderung nach § 29 Abs. 1 BauGB stimmt mit dem bauordnungsrechtlichen Begriff der Nutzungsänderung überein. Eine Nutzungsänderung im bauplanungsrechtlichen Sinne ist ein Vorhaben, durch dessen Verwirklichung die jeder Art von Nutzung eigene **Variationsbreite verlassen** wird und **bodenrechtliche Belange neu berührt werden können**, so dass sich die Frage der Genehmigungsfähigkeit unter bodenrechtlichen Aspekten neu stellt (vgl. BVerwG, Urt. vom 11. November 1988 – 4 C 50.87 –, BRS 48 Nr. 58 = ZfBR 1989, 72 = NuR 1989, 302 = RdL 1989, 148 = NVwZ-RR 1989, 340 = AgrarR 1989, 284 = Buchholz 406.11 § 35 BBauG/BauGB Nr. 252 = UPR 1989, 458 L).

Bei der **bauplanungsrechtlichen Beurteilung** sind **Gebäude** mit ihrer beabsichtigten **neuen Nutzung** als **Einheit** zugrunde zu legen. Dem gesetzlichen Ziel wird nur eine einheitliche Beurteilung von Anlagen und den ihnen zugedachten Funktionen gerecht. Die Beantwortung der Frage, ob einer Nutzungsänderung eine Relevanz i. S. d. Absatzes 1 zukommt, erfordert einen **Vergleich des bisherigen Bestandes der Anlage** mit der **Anlage**, wie sie sich nach der **vorgesehenen Nutzungsänderung** darstellen soll (vgl. BVerwG, Urt. vom 27. April 1993 – 1 C

9.92 –, NVwZ-RR 1993, 545 = GewArch 1993, 374 = DÖV 1994, 214 = Buchholz 451.20 § 33 i GewO Nr. 15).

2.5 Beseitigung

Nach § 3 Abs. 4 gelten für die **Beseitigung von Anlagen** und für die Änderung ihrer Nutzung § 3 Abs. 2 und 3 entsprechend. Die **vollständige Beseitigung** einer Anlage ist **kein Vorhaben i. S. d. § 29 Abs. 1 BauGB** und daher planungsrechtlich nicht erheblich.

3. Abweichungen vom Grundsatz der Genehmigungsbedürftigkeit

3.1 Allgemeines

Nach **Absatz 1 erster Halbsatz** bedürfen die Errichtung, Änderung, Nutzungsänderung und die Beseitigung von Anlagen, an die in diesem Gesetz oder in Vorschriften aufgrund dieses Gesetzes Anforderungen gestellt sind, der Baugenehmigung, **soweit** in den §§ **63, 68, 76 und 77 nichts anderes bestimmt** ist.

3.2 Verfahrensfreie Bauvorhaben, Beseitigung von Anlagen nach § 63

§ 63 zählt **abschließend** die **verfahrensfreien Vorhaben** auf. Die Bauherrinnen und Bauherren sowie deren Entwurfsverfasserinnen und Entwurfsverfasser handeln bei der Anwendung des § 63 **eigenverantwortlich**. Sie haben – wie im Verfahren der Genehmigungsfreistellung nach § 68 – von sich aus sicherzustellen, dass die von ihnen errichteten oder geänderten Anlagen **öffentlich-rechtlichen Vorschriften nicht widersprechen**, beispielsweise nach § 30 BauGB den Festsetzungen eines Bebauungsplanes oder den planungsrechtlichen Anforderungen nach § 34 BauGB oder nach § 35 BauGB.

Nach § 63 Abs. 3 Satz 1 und 2 ist die Beseitigung von
– **Anlagen nach Absatz 1 (Nummer 1)**,
– **freistehenden Gebäuden der Gebäudeklassen 1 und 3 (Nummer 2)**,
– **sonstigen Anlagen, die keine Gebäude sind, mit einer Höhe bis zu 10 m (Nummer 3)**

verfahrensfrei, soweit es sich **nicht** um **Kulturdenkmale** handelt.

3.3   Genehmigungsfreistellung nach § 68

§ 68 regelt die **Genehmigungsfreistellung,** für die – anstelle eines Bauantrages – nach § 68 Abs. 3 die erforderlichen Bauvorlagen bei der Gemeinde einzureichen sind; eine weitere Ausfertigung ist zeitgleich bei der Bauaufsichtsbehörde einzureichen, wenn die Bürgermeisterin oder der Bürgermeister der Gemeinde nicht Bauaufsichtsbehörde ist. Keiner Baugenehmigung bedarf nach § 68 **Abs. 1** unter den Voraussetzungen der Regelungen nach § 68 die Errichtung, Änderung und Nutzungsänderung von den dort erfassten Gebäuden und baulichen Anlagen, **ausgenommen Sonderbauten.**

3.4   Fliegende Bauten nach § 76

Fliegende Bauten nach § 76 sind bauliche Anlagen, die geeignet und bestimmt sind, an verschiedenen Orten wiederholt aufgestellt und zerlegt zu werden. Fliegende Bauten bedürfen – bevor sie erstmals aufgestellt und in Gebrauch genommen werden – nach § 76 Abs. 2 Satz 1 einer **Ausführungsgenehmigung.** Die in § 76 Abs. 2 Satz 2 aufgeführten Fliegenden Bauten sind verfahrensfrei gestellt.

3.5   Vorhaben im Rahmen der bauaufsichtlichen Zustimmung nach § 77

§ 77 enthält die Regelungen über die **bauaufsichtliche Zustimmung,** die bei Vorliegen der Voraussetzungen an die Stelle einer Baugenehmigung tritt. Nach § 77 **Abs. 1 Satz 1** bedürfen nicht verfahrensfreie Bauvorhaben keiner Genehmigung, Genehmigungsfreistellung und Bauüberwachung, wenn unter den dort genannten Voraussetzungen eine **Baudienststelle** tätig wird. Solche baulichen Anlagen bedürfen nach § 77 **Abs. 1 Satz 2** der Zustimmung der Bauaufsichtsbehörde. Unter den Voraussetzungen nach § 77 **Abs. 1 Sätze 3 und 4** entfällt auch die Zustimmung.

4.   Klarstellung nach Absatz 1 zweiter Halbsatz

Der **neue Absatz 1 zweiter Halbsatz** stellt in Anlehnung an § 59 Abs. 2 klar, dass bei verfahrensfreien und bei genehmigungsfrei gestellten Vorhaben

– die **Verpflichtung zur Einhaltung der öffentlich-rechtlichen Anforderungen** und

– die **bauaufsichtlichen Eingriffsbefugnisse** nach § 59 Abs. 2 **unberührt** bleiben. Diese Neuregelung entspricht der **bestehenden verwaltungsgerichtlichen Rechtsprechung.**

5. Genehmigungen nach anderen Rechtsvorschriften, die Baugenehmigungen einschließen

5.1 Allgemeines

Absatz 2 erfasst **Vorhaben, die neben der Genehmigung des Fachgesetzes grundsätzlich auch eine Baugenehmigung erfordern.** Damit in diesen Fällen nicht zwei Genehmigungen erteilt werden müssen, regelt die Vorschrift, dass die fachgesetzliche Genehmigung die Baugenehmigung mit einschließt.

5.2 Erlaubnis nach den aufgrund des § 34 Produktsicherheitsgesetz erlassenen Vorschriften

Absatz 2 Satz 1 ist **redaktionell** an das seit dem 1. Dezember 2011 geltende **Produktsicherheitsgesetz (ProdSG) angepasst** worden. Die **Erlaubnis** nach den **aufgrund des § 34 ProdSG erlassenen Vorschriften** schließt eine Genehmigung nach Absatz 1 sowie eine Zustimmung nach § 77 ein.

Zu diesen Vorschriften gehört die am 1. Juni 2015 in Kraft getretene **Betriebssicherheitsverordnung (BetrSichV).** Die Errichtung und der Betrieb sowie bestimmte Änderungen der in § 18 Abs. 1 Satz 1 BetrSichV genannten Anlagen bedürfen der Erlaubnis der zuständigen Behörde; diese Erlaubnis schließt die Baugenehmigung ein. Die nach dem Produktsicherheitsgesetz zuständige Behörde ergibt sich aus der Produktsicherheits-Zuständigkeitsverordnung (PSZustVO) vom 23. November 2013 (GVOBl. Schl.-H. S. 530).

Überwachungsbedürftige Anlagen, die **keiner Erlaubnis** bedürfen und Anlagen i. S. d. § 2 Abs. 1 Satz 3 LBO sind, die ansonsten verfahrensrechtlich nicht fachgesetzlich erfasst werden und nach § 63 LBO **nicht verfahrensfrei** gestellt sind, bedürfen einer Baugenehmigung oder des Verfahrens der Genehmigungsfreistellung nach § 68 LBO.

5.3 Erlaubnis nach § 15 Abs. 1 Biostoffverordnung

Absatz 2 Satz 1 ist **redaktionell** an die **Novelle der Biostoffverordnung angepasst** worden. Mit ihr ist eine **Erlaubnispflicht** für Tätigkeiten in Laboratorien der Schutzstufe 3 und 4 aufgenommen worden. Die Erlaubnispflicht betrifft Laboratorien, in denen z. B. Tätigkeiten mit hochpathogenen Keimen, Bakterien oder Viren durchgeführt werden. Wie bei den Erlaubnissen nach dem Produktsicherheitsgesetz ist es auch hier sachgerecht, die **Staatliche Arbeitsschutzbehörde** als **zuständige Anlaufstelle** tätig werden zu lassen.

5.4   Genehmigungen nach § 7 Atomgesetz

Absatz 2 Satz 1 ist **redaktionell** an die **aktuelle Fassung des Atomgesetzes (AtG) angepasst** worden. **Genehmigungen nach § 7 AtG schließen** eine Genehmigung nach Absatz 1 oder eine Zustimmung nach § 77 **ein.**

6.   Entscheidungen im Benehmen mit der Bauaufsichtsbehörde

In Fällen, in denen Erlaubnisse und Genehmigungen eine Baugenehmigung nach Absatz 1 oder eine Zustimmung nach § 77 einschließen, bedarf es in dem Verfahren nach anderem Recht der Beteiligung der Bauaufsichtsbehörde. Nach **Absatz 2 Satz 2** entscheidet die für die Genehmigung oder Erlaubnis zuständige Behörde im **Benehmen** mit der **zuständigen Bauaufsichtsbehörde,** bei **Anlagen nach § 7 AtG** im Benehmen mit der **obersten Bauaufsichtsbehörde.** Das bedeutet in diesem Fall nicht mehr als die (gutachtliche) Anhörung der Bauaufsichtsbehörde, die dadurch Gelegenheit erhält, ihre Vorstellungen in das Verfahren einzubringen (BVerwG, Urt. vom 29. April 1993 – 7 A 2.92 –, BVerwGE 92, 258 = NVwZ 1993, 890 = NuR 1994, 82 = DVBl 1993, 886 = DÖV 1993, 1008 = Buchholz 406.401 § 9 BNatSchG Nr. 2). Eine Entscheidung im **Benehmen** verlangt **keine Willensübereinstimmung.** Die Beteiligung der Bauaufsichtsbehörde in Form des Benehmens bildet sozusagen die **Zwischenstufe zwischen** der Beteiligung in Form der **Anhörung** auf der einen **und** der **Zustimmung bzw.** des **Einvernehmens** auf der anderen Seite. Ist also eine atomrechtliche Genehmigung im Benehmen mit der Bauaufsichtsbehörde zu erteilen, muss die Genehmigungsbehörde der Bauaufsichtsbehörde – wie bei einer Anhörung – unter Vorlage der erforderlichen Bauvorlagen **Gelegenheit zur Stellungnahme** geben, kann sich aber nur dann über ein fehlendes Benehmen mit der Bauaufsichtsbehörde hinwegsetzen, wenn sie zuvor vergeblich einen „ernsthaften Einigungsversuch" unternommen hat, bei dem die unterschiedlichen Standpunkte noch einmal ausgetauscht worden sind. Ihre Stellungnahme soll die Bauaufsichtsbehörde so abfassen, dass sie ohne zusätzlichen Aufwand in die atomrechtliche Genehmigungsentscheidung übernommen werden kann. Nebenbestimmungen, die von der atomrechtlichen Genehmigungsbehörde in den Genehmigungsbescheid übernommen werden sollen, sind zu begründen.

7. Bauüberwachung

Nach **Absatz 2 Satz 3** obliegen die **Bauüberwachung nach § 78 der unteren Bauaufsichtsbehörde, bei Anlagen nach § 7 AtG der obersten Bauaufsichtsbehörde.** Die Durchführung der Bauüberwachung steht im **pflichtgemäßen Ermessen.** Nach § 78 Abs. 1 kann die Bauaufsichtsbehörde die Einhaltung der öffentlich-rechtlichen Vorschriften und Anforderungen und die ordnungsgemäße Erfüllung der Pflichten der am Bau Beteiligten überprüfen. Die Regelung nach § 78 Abs. 1 konkretisiert die **Überwachungsaufgabe der Bauaufsichtsbehörde** nach **§ 59 Abs. 1 Satz 1.**

Prüfungsumfang:

	Bauplanungs-recht	Bauordnungs-recht	aufgedrängtes Recht
	Bund	Land	Bund und Land
	Städtebau	Öffentliche Sicherheit	Sonstiges
	BauGB, BauNVO	LBO, VStättVO, VkVO, GarVO	Natur- und Denkmalschutzrecht, Wasser- u. Straßenrecht, usw.
Normales Baugenehmigungs-verfahren	Ja	Ja	Ja
Vereinfachtes Baugenehmigungsver-fahren	Ja	Bei beantragten Abweichungen (§ 69 Abs. 2)	Ja

	Bauplanungs- recht	Bauordnungs- recht	aufgedrängtes Recht
Genehmigungsfrei- stellungsverfahren	Beantragte Ausnahmen und Befreiungen (§ 68 Abs. 5) und Zulassun- gen (§ 23 Abs. 5 BauNVO)	Beantragte Abweichungen (§ 68 Abs. 5)	Nein
Verfahrensfreie Vor- haben	Beantragte Ausnahmen und Befreiungen (§ 71 Abs. 2 S. 2) und Zulassun- gen (§ 23 Abs. 5 BauNVO)	Beantragte Abweichungen (§ 71 Abs. 2 S. 2)	Nein

§ 63   Verfahrensfreie Vorhaben, Beseitigung von Anlagen

(1) Verfahrensfrei sind
  1. folgende Gebäude:
     a) Gebäude ohne Aufenthaltsräume, ohne Toiletten und ohne Feuerstätten mit Ausnahme von Garagen, Verkaufs- und Ausstellungsständen **mit einem Brutto-Rauminhalt** bis zu 30 m³, im Außenbereich bis zu 10 m³,
     b) notwendige Garagen nach § 6 Absatz 7 Satz 1 sowie notwendige Garagen in den Abmessungen des § 6 Absatz 7 Satz 2, auch jeweils einschließlich nach § 6 Absatz 7 Satz 1 Nummer 3 genutzter Räume bis zu 20 m² Grundfläche,
     c) landwirtschaftlich, forstwirtschaftlich oder erwerbsgärtnerisch genutzte Gebäude ohne Aufenthaltsräume, ohne Toiletten und ohne Feuerstätten bis zu 4 m Firsthöhe, wenn sie nur zur Unterbringung von Ernteerzeugnissen, Geräten oder zum vorübergehenden Schutz von Tieren bestimmt sind,
     d) Gewächshäuser bis zu **5** m Firsthöhe, **die einem land, forstwirtschaftlichen oder erwerbsgärtnerischen Betrieb dienen und höchstens 100 m² Grundfläche haben,**
     e) Fahrgastunterstände, die dem öffentlichen Personenverkehr oder der Schülerbeförderung dienen,

f) Schutzhütten für Wanderer, die jedermann zugänglich sind und keine Aufenthaltsräume haben,

g) **Überdachungen ebenerdiger Terrassen** mit einer Fläche bis zu 30 m² und einer Tiefe bis zu 3 m,

h) Gartenlauben in Kleingartenanlagen im Sinne des § 1 Absatz 1 des Bundeskleingartengesetzes vom 28. Februar 1983 (BGBl. I S. 210), zuletzt geändert durch Artikel 11 des Gesetzes vom 19. September 2006 (BGBl. I S. 2146),

i) untergeordnete bauliche Anlagen zur Aufnahme sanitärer Anlagen auf Standplätzen von **Campingplätzen mit einem Brutto-Rauminhalt** bis zu 15 m³, wenn hierfür entsprechende Festsetzungen in einem Bebauungsplan getroffen worden sind,

j) **Campinghäuser im Sinne des § 1 Absatz 6 Camping- und Wochenendplatzverordnung vom 13. Juli 2010 (GVOBl. Schl.-H. S. 522), geändert durch Verordnung vom 24. Juli 2015 (GVOBl. Schl.-H. S. 301) auf Aufstellplätzen von Wochenendplätzen auf genehmigten Campingplätzen;**

2. Anlagen der technischen Gebäudeausrüstung:

   a) Abgasanlagen in und an Gebäuden sowie freistehende Abgasanlagen mit einer Höhe bis zu 10 m; § 68 Absatz 10 Satz 1 und § 79 Absatz 3 Satz 2 erster Halbsatz gelten entsprechend,

   b) Aufzüge,

   c) sonstige Anlagen der technischen Gebäudeausrüstung, die nicht durch hochfeuerhemmende oder feuerbeständige Decken oder Wände geführt werden;

3. **folgende Anlagen zur Nutzung erneuerbarer Energien:**

   a) **Solaranlagen in, an und auf Dach- und Außenwandflächen, ausgenommen bei oberirdischen Gebäuden der Gebäudeklassen 4 und 5 sowie Hochhäusern, und die damit verbundene Änderung der Nutzung oder der äußeren Gestalt des Gebäudes,**

   b) **gebäudeunabhängige Solaranlagen mit einer Höhe bis zu 2,75 m und einer Gesamtlänge bis zu 9 m,**

   c) **Windenergieanlagen bis zu 10 m Höhe gemessen von der Geländeoberfläche bis zum höchsten Punkt der vom Rotor bestrichenen Fläche und einem Rotordurchmesser bis zu drei Meter in Kleinsiedlungs-, Kern-, Gewerbe- und Industriegebieten sowie in vergleichbaren Sondergebieten und im Außenbereich, soweit es sich nicht um geschützte Teile von Natur und Landschaft im Sinne des § 20 Absatz 2 des Bundesnatur-**

schutzgesetzes oder um Natura 2000-Gebiete im Sinne von § 7
Absatz 1 Nummer 8 des Bundesnaturschutzgesetzes handelt,
soweit sie nicht an Kulturdenkmalen oder im Umgebungsschutzbereich von Kulturdenkmalen angebracht oder aufgestellt werden;

4. folgende Anlagen der Ver- und Entsorgung:
   a) Brunnen,
   b) Anlagen, die der Telekommunikation, der öffentlichen Versorgung
      mit Elektrizität, Gas, Öl, Wärme und Wasser oder der öffentlichen
      Abwasserbeseitigung dienen; ausgenommen sind oberirdische An-
      lagen und Gebäude mit **einem Brutto-Rauminhalt oder Behälter-
      inhalt von mehr als** 100 m³,
   c) Blockheizkraftwerke, Brennstoffzellen und Wärmepumpen; § 79
      Absatz 3 Satz 2 zweiter Halbsatz gilt entsprechend,
   d) Flüssiggastankstellen mit einem Flüssiggaslagerbehälter mit weni-
      ger als drei Tonnen Fassungsvermögen für die Eigenversorgung
      von Fahrzeugen,
   e) Tankstellen mit einem Dieselkraftstoff-Lagerbehälter bis zu 1 m³ In-
      halt für die Eigenversorgung von Fahrzeugen mit Dieselkraftstoff;

5. folgende Masten, Antennen und ähnliche Anlagen:
   a) unbeschadet der Nummer **4** Buchstabe b Antennen einschließlich
      der Masten mit einer Höhe bis zu 10 m und Parabolantennenanla-
      gen bis zu einer Größe der Reflektorschalen von 1,20 m Durch-
      messer, jeweils mit zugehörigen Versorgungseinheiten mit einem
      Brutto-Rauminhalt bis zu 10 m³ sowie, soweit sie in, auf oder an
      einer bestehenden baulichen Anlage errichtet werden, die damit
      verbundene Änderung der Nutzung oder der äußeren Gestalt der
      Anlage,
   b) Masten und Unterstützungen für Fernsprechleitungen, für Leitun-
      gen zur Versorgung mit Elektrizität, für Seilbahnen und für Leitun-
      gen sonstiger Verkehrsmittel, für Sirenen und für Fahnen,
   c) Masten, die aus Gründen des Brauchtums errichtet werden,
   d) Flutlichtmasten mit einer Höhe bis zu 10 m auf Sportanlagen;

6. folgende Behälter:
   a) ortsfeste Behälter für Flüssiggas mit einem Fassungsvermögen
      von weniger als drei Tonnen, für nicht verflüssigte Gase mit einem
      Brutto-Rauminhalt bis zu 6 m³,
   b) ortsfeste Behälter für brennbare oder wassergefährdende Flüssig-
      keiten mit einem Brutto-Rauminhalt bis zu 10 m³ einschließlich
      Rohrleitungen, Auffangräumen und Auffangvorrichtungen sowie

der zugehörigen Betriebs- und Sicherheitseinrichtungen sowie Schutzvorkehrungen,

c) ortsfeste Behälter sonstiger Art mit einem Brutto-Rauminhalt bis zu 50 m³ und einer Höhe bis zu 6 m,

d) Gärfutterbehälter mit einer Höhe bis zu 6 m und Schnitzelgruben,

e) Fahrsilos, landwirtschaftliche Silos, Kompostanlagen,

f) Wasserbecken mit einem Beckeninhalt bis zu 100 m³;

7. folgende Wände, Einfriedungen und Sichtschutzwände:

a) Stützwände mit einer Höhe bis zu 2 m sowie dazugehörige Umwehrungen bis zu 1,10 m Höhe,

b) Wände und Einfriedungen bis zu 1,50 m Höhe,

c) offene, sockellose Einfriedungen für Grundstücke, die einem land- oder forstwirtschaftlichen Betrieb dienen,

d) Sichtschutzwände bis zu 2 m Höhe und bis zu 5 m Länge;

8. private Verkehrsanlagen einschließlich Brücken und Durchlässen mit einer lichten Weite bis zu 5 m und Untertunnelungen mit einem Durchmesser bis zu 3 m;

9. selbständige Aufschüttungen oder Abgrabungen, die nicht größer als 1.000 m² sind und deren zu verbringende Menge nicht mehr als 30 m³ beträgt,

10. folgende Anlagen in Gärten und zur Freizeitgestaltung:

a) Schwimmbecken mit einem Beckeninhalt bis zu 100 m³, im Außenbereich nur als Nebenanlage eines höchstens 50 m entfernten Gebäudes mit Aufenthaltsräumen,

b) luftgetragene Schwimmbeckenüberdachungen bis zu 100 m² Grundfläche, außer im Außenbereich,

c) Sprungschanzen, Sprungtürme und Rutschbahnen mit einer Höhe bis zu 10 m,

d) Stege,

e) Anlagen, die der zweckentsprechenden Einrichtung von Spiel-, Abenteuerspiel-, Bolz- und Sportplätzen, Reit- und Wanderwegen, Trimm- und Lehrpfaden dienen, ausgenommen Gebäude und Tribünen,

f) Anlagen, die der Gartennutzung, der Gartengestaltung oder der zweckentsprechenden Einrichtung von Gärten dienen, ausgenommen Gebäude und Einfriedungen;

g) Wohnwagen, Zelte und bauliche Anlagen, die keine Gebäude sind, auf **Standplätzen von genehmigten Campingplätzen**;

11. folgende tragende und nichttragende Bauteile:

a) nichttragende oder nichtaussteifende Bauteile in baulichen Anlagen,

b) Fenster und Türen sowie die dafür bestimmten Öffnungen,

c) **Außenwandbekleidungen einschließlich Maßnahmen der Wärmedämmung** und Verblendungen, ausgenommen bei oberirdischen Gebäuden der **Gebäudeklassen** 4 und 5 sowie Hochhäusern, und Verputz baulicher Anlagen,

d) **Bedachung einschließlich Maßnahmen der Wärmedämmung ausgenommen bei oberirdischen Gebäuden der Gebäudeklassen 4 und 5 sowie Hochhäusern;**

12. folgende Werbeanlagen, soweit sie nicht an Kulturdenkmalen oder im Umgebungsschutzbereich von Kulturdenkmalen angebracht oder aufgestellt werden:

a) Werbeanlagen mit einer Ansichtsfläche bis zu 1 m²,

b) Warenautomaten,

c) Werbeanlagen, die nach ihrem erkennbaren Zweck nur vorübergehend für höchstens zwei Monate angebracht werden; im Außenbereich **nur soweit sie einem landwirtschaftlichen Betrieb dienen,**

d) Werbeanlagen, die an der Stätte der Leistung vorübergehend angebracht oder aufgestellt werden, soweit sie nicht mit dem Boden oder einer baulichen Anlage verbunden sind,

e) Schilder, die Inhaberinnen oder Inhaber und Art gewerblicher Betriebe kennzeichnen (Hinweisschilder), wenn sie vor Ortsdurchfahrten auf einer einzigen Tafel zusammengefasst sind,

f) Werbeanlagen in durch Bebauungsplan festgesetzten Gewerbe-, Industrie- und vergleichbaren Sondergebieten an der Stätte der Leistung mit einer Höhe bis zu 10 m über der festgelegten Geländeoberfläche

sowie, soweit sie in, auf oder an einer bestehenden baulichen Anlage errichtet werden, die damit verbundene Änderung der Nutzung oder der äußeren Gestalt der Anlage;

13. folgende vorübergehend aufgestellte oder benutzbare Anlagen:

a) Baustelleneinrichtungen einschließlich der Lagerhallen, Schutzhallen und Unterkünfte,

b) Gerüste,

c) Toilettenwagen,

d) Behelfsbauten, die der Landesverteidigung, dem Katastrophenschutz oder der Unfallhilfe dienen,

e) bauliche Anlagen, die für höchstens drei Monate auf genehmigtem Messe- oder Ausstellungsgelände errichtet werden, ausgenommen Fliegende Bauten,

f) Verkaufsstände und andere bauliche Anlagen auf Straßenfesten, Volksfesten und Märkten, ausgenommen Fliegende Bauten;

14. folgende Plätze:

a) unbefestigte Lager- und Abstellplätze, die einem land- oder forst-wirtschaftlichen Betrieb dienen,

b) notwendige Stellplätze mit einer Nutzfläche bis zu 50 m² je Grund-stück sowie deren Zufahrten und Fahrgassen,

c) Ausstellungsplätze, Abstellplätze und Lagerplätze bis zu 300 m² Fläche, außer in Wohngebieten und im Außenbereich,

d) Kleinkinderspielplätze im Sinne des § 8 Absatz 2 Satz 1;

15. folgende sonstige Anlagen:

a) Fahrradabstellanlagen,

b) Zapfsäulen und Tankautomaten genehmigter Tankstellen,

c) Regale mit einer Höhe bis zu 7,50 m Oberkante Lagergut,

d) Grabdenkmale auf Friedhöfen, Feldkreuze, Denkmäler und Skulp-turen jeweils mit einer Höhe bis zu 4 m,

e) die Herstellung oder Änderung künstlicher Hohlräume unter der Erdoberfläche bis zu 100 m³ Rauminhalts,

f) untergeordnete bauliche Anlagen **mit einem Brutto-Rauminhalt** bis zu 30 m³, im Außenbereich bis zu 10 m³,

g) andere unbedeutende Anlagen oder unbedeutende Teile von Anla-gen wie Hauseingangsüberdachungen, Markisen, Rollläden, Ter-rassen, Maschinenfundamente, Straßenfahrzeugwaagen, Pergo-len, Jägerstände, Wildfütterungen, Bienenfreistände, Taubenhäu-ser, Hofeinfahrten und Teppichstangen.

(2) Verfahrensfrei ist die Änderung der Nutzung von Anlagen, wenn

1. für die neue Nutzung keine anderen öffentlich-rechtlichen Anforderun-gen als für die bisherige Nutzung in Betracht kommen**, die im bauauf-sichtlichen Verfahren zu prüfen sind,** oder

2. die Errichtung oder Änderung der Anlagen nach Absatz 1 verfahrens-frei wäre.

(3) ¹Verfahrensfrei ist die Beseitigung von

1. Anlagen nach Absatz 1,

2. freistehenden Gebäuden der Gebäudeklassen 1 und 3,

3. sonstigen Anlagen, die keine Gebäude sind, mit einer Höhe bis zu 10 m.

²**Satz 1 gilt nicht,** soweit es sich um Kulturdenkmale handelt. ³**Die beab-sichtigte Beseitigung** von **nicht nach Satz 1 verfahrensfrei gestellten Anlagen und Gebäuden sowie Anlagen und Gebäuden nach Satz 2 ist** mindestens einen Monat zuvor der Bauaufsichtsbehörde anzuzeigen. ⁴**Die Sätze 1 und 3 gelten nicht für die genehmigungsbedürftige Beseiti-gung kerntechnischer Anlagen.**⁵Bei Gebäuden der Gebäudeklasse 2

muss die Standsicherheit von Gebäuden, an die das zu beseitigende Gebäude angebaut ist, von einer Person aus der Liste nach § 15 Absatz 1 Satz 1 Nummer 5 des Architekten- und Ingenieurkammergesetzes bestätigt sein. [6]Bei sonstigen nicht freistehenden Gebäuden muss die Standsicherheit von Gebäuden, an die das zu beseitigende Gebäude angebaut ist, bauaufsichtlich geprüft sein; Halbsatz 1 gilt entsprechend, wenn die Beseitigung eines Gebäudes sich auf andere Weise auf die Standsicherheit anderer Gebäude auswirken kann. [7]Die Sätze **5** und **6** gelten nicht, soweit an verfahrensfreie Gebäude angebaut ist. [8]§ 73 Absatz **6** Satz 1 Nummer • 3 und Absatz **8** gilt sinngemäß.

(4) Verfahrensfrei sind Instandhaltungsarbeiten.

Erläuterungen

1.   Allgemeines

Die **Verfahrensfreistellung** bestimmter Vorhaben von der Genehmigungsbedürftigkeit oder dem Verfahren der Genehmigungsfreistellung nach § 68 dient **der Erleichterung des bauaufsichtlichen Handelns.** Die Bauherrinnen und Bauherren sowie Entwurfsverfasserinnen und Entwurfsverfasser sind von der Pflicht befreit, Bauanträge einzureichen oder das Verfahren der Genehmigungsfreistellung mit den dazugehörigen Bauvorlagen zu betreiben. Dementsprechend werden die Bauaufsichtsbehörden bei den verfahrensfreien Bauvorhaben nicht durch bauaufsichtliche Verfahren sowie eine diesbezügliche Bauüberwachung in Anspruch genommen.

Für verfahrensfreie Bauvorhaben ist **kein Raum für ein Baugenehmigungsverfahren**; auch kann für verfahrensfreie Bauvorhaben kein Vorbescheidsverfahren nach § 66 durchgeführt werden (vgl. OVG Saarland, Urt. vom 8. Juni 1993 – 2 R 15/92 –, BRS 55 Nr. 142). Die Verfahrensfreistellung eines Bauvorhabens nach § 63 kann im Wege der Feststellungsklage nach § 43 Abs. 1 VwGO festgestellt werden (vgl. OVG NRW, Urt. vom 21. Dezember 2010 – 2 A 126/09 –, juris). Die in **Absatz 1 aufgeführten Anlagen** sind **regelmäßig bauplanungsrechtlich unbeachtlich**; insoweit bleiben die Regelungen des § 36 Abs. 1 Satz 3 BauGB unberührt. Soweit im konkreten Einzelfall eine bauplanungsrechtliche Relevanz festzustellen ist, kann die untere Bauaufsichtsbehörde unter Beteiligung der Gemeinde tätig werden.

Die Bauherrinnen und Bauherren sowie deren Entwurfsverfasserinnen und Entwurfsverfasser handeln bei der Anwendung des § 63 **eigenverantwortlich**. Sie haben – wie im Rahmen der Genehmigungsfreistellung nach § 68 – von sich aus sicherzustellen, dass die von ihnen errichteten oder geänderten Anlagen **öffentlich-rechtlichen Vorschriften nicht** widersprechen, z. B. den Festsetzungen eines Bebauungsplanes (s. BVerwG, Beschl. vom 4. März 1997 – 4 B 233.96 –, BRS 59 Nr. 127 = BauR 1997, 611 = DÖV 1997, 643 = ZfBR 1997, 218 = NJW 1997, 2063 = Buchholz 406.11 § 29 BauGB Nr. 59 = DVBl 1997, 856 L = NVwZ 1997, 899 L).

Ist für das verfahrensfreie Vorhaben die Zulassung einer **Abweichung** aufgrund der **LBO oder** einer **Ausnahme** oder **Befreiung** aufgrund des **BauGB** erforderlich, ist diese nach § 71 Abs. 2 Satz 2 **schriftlich** zu beantragen; mit dem **Bau** darf **erst begonnen** werden, wenn dem schriftlichen **Antrag entsprochen** wurde. Die Erteilung einer Ausnahme oder Befreiung nach § 31 BauGB durch die Bauaufsichtsbehörde bedarf des Einvernehmens der Gemeinde nach § 36 Abs. 1 BauGB.

Darüber hinaus hat die Bauherrin oder der Bauherr sicherzustellen, dass für das Vorhaben **nach anderen öffentlich-rechtlichen Vorschriften erforderliche Genehmigungen, Zustimmungen, Bewilligungen und Erlaubnisse vor Baubeginn** eingeholt werden. Diese sind z. B. Genehmigungen nach der Abwasserbeseitigungs- oder Baumschutzsatzung der Gemeinde, dem Denkmalschutzgesetz oder Landesnaturschutzgesetz.

Zu den verfahrensfreien Vorhaben nach Absatz 1 im Einzelnen:

Zu Nummer 1
Gebäude
Buchstabe a erfasst die **Gebäude ohne Aufenthaltsräume, ohne Toiletten und ohne Feuerstätten** mit Ausnahme von Garagen, Verkaufs- und Ausstellungsständen sowie untergeordnete bauliche Anlagen mit einem **Brutto-Raumgehalt bis zu 30 m³ – im Außenbereich bis zu 10 m³**. Die Gebäude sind in der Größenordnung und auch in der Nutzung **nicht identisch** mit den sonstigen Gebäuden nach § 6 Abs. 7 Satz 1 Nr. 3. Mit den Gebäuden nach § 6 Abs. 7 Satz 1 Nr. 3 sind **zusätzlich** Leitungen und Zähler für Energie und Wasser, Feuerstätten für flüssige oder gasförmige Brennstoffe mit einer Nennwärmeleistung bis zu

28 kW und Wärmepumpen entsprechender Leistung erfasst. Sind solche Einrichtungen geplant, sind die Gebäude nicht verfahrensfrei nach Buchstabe a. Gebäude nach Buchstabe a sind unter den Voraussetzungen des § 6 Abs. 7 auch an der Grundstücksgrenze oder mit einem geringeren Abstand als 3 m zur Grundstücksgrenze bauordnungsrechtlich zulässig.

Buchstabe b erfasst notwendige Garagen nach § 6 Abs. 7 Satz 1 sowie notwendige Garagen in den Abmessungen des § 6 Abs. 7 Satz 2, auch jeweils einschließlich nach § 6 Abs. 7 Satz 1 Nr. 3 genutzter Räume bis zu 20 m2 Grundfläche. Damit sind in den Abstandflächen von Gebäuden sowie ohne eigene Abstandflächen nach § 6 Abs. 7 erfasste notwendige Garagen verfahrensfrei; Gleiches gilt für notwendige Garagen in den Abmessungen des § 6 Abs. 7, die nicht an der Grundstücksgrenze oder in Grenznähe liegen. In die Verfahrensfreiheit fallen nur notwendige Garagen für ein vorhandenes zugelassenes Vorhaben, s. auch die Erläuterungen unter § 50. Nicht erfasst sind selbstständige Garagen, die nicht an ein zulässigerweise errichtetes Vorhaben (etwa im Außenbereich) anknüpfen. Da materiell-rechtlich zulässige Garagen nach näherer Maßgabe des § 12 BauNVO in den Baugebieten grundsätzlich allgemein zulässig sind, wird mit der Festsetzung eines Baugebiets oder beim faktischen Vorliegen eines solchen Baugebiets mit der Errichtung in diesem zulässer Bauvorhaben zugleich die Errichtung der dafür erforderlichen Garagen gleichsam in Kauf genommen. Entsprechendes gilt sinngemäß, wenn das bestehende Baugebiet keinem Baugebiet nach der BauNVO zugeordnet werden kann.

Buchstabe c stellt landwirtschaftlich, forstwirtschaftlich oder erwerbsgärtnerisch genutzte Gebäude mit den dort genannten Voraussetzungen verfahrensfrei. Dass die Gebäude keine Aufenthaltsräume, Toiletten und Feuerungsanlagen haben dürfen, hat – vor dem Hintergrund der verfahrensrechtlich privilegierten Nutzungszwecke – eher klarstellende Bedeutung.

Ein landwirtschaftlich oder forstwirtschaftlich genutztes Gebäude liegt vor, wenn es nach § 35 Abs. 1 Nr. 1 BauGB einem land- oder forstwirtschaftlichen (Nebenerwerbs-) Betrieb dient und nur einen untergeordneten Teil der Betriebsfläche einnimmt. Das Gebäude dient einem landwirtschaftlichen Betrieb, wenn zum einen das Gebäude – auch äußerlich erkennbar – nach seinen objektiven – nicht bloß behaupteten – Gegebenheiten nach Größe, Gestaltung, Ausstattung und sonstiger Beschaffenheit dem Betrieb zu- und untergeordnet ist, zum anderen ein **vernünftiger Landwirt** auch unter Berücksichtigung des Gebots größtmöglicher Schonung des Außenbereichs das Gebäude mit etwa gleichem Verwendungszweck und etwa gleicher Gestaltung und Ausstattung für einen vergleichbaren landwirtschaftlichen Betrieb errichten würde. Es reicht nicht aus, dass das Vorhaben dem landwirtschaftlichen Betrieb nur förderlich ist; auf der anderen Seite ist eine Unentbehrlichkeit des Vorhabens für den Betrieb nicht zu fordern (BVerwG, Urt. vom 3. November 1972 – 4 C 9.70 –, BVerwGE 41, 139, 143 = BRS 25 Nr. 137; Urt. vom 22. November 1985 – 4 C 71.82 –, BRS 44 Nr. 76 = BauR 1986, 188 = DÖV 1986, 573). Sinngemäße Voraussetzungen sind für einen Betrieb der gartenbaulichen Erzeugung zu beachten.

Zur Auslegung des **Begriffs Landwirtschaft** ist die Definition des **§ 201 BauGB** heranzuziehen: Landwirtschaft i. S. d. BauGB ist insbesondere der Ackerbau, die Wiesen- und Weidewirtschaft einschließlich Tierhaltung, soweit das Futter überwiegend auf den zum landwirtschaftlichen Betrieb gehörenden, landwirtschaftlich genutzten Flächen erzeugt werden kann, die gartenbauliche Erzeugung, der Erwerbsobstbau, der Weinbau, die berufsmäßige Imkerei und die berufsmäßige Binnenfischerei. Die Aufzählung einzelner zu landwirtschaftlich rechnender Betriebsformen ist – wie sich aus dem in § 201 BauGB enthaltenen Wort „insbesondere" ergibt – nicht abschließend.

Buchstabe d erfasst Gewächshäuser bis zu 5 m Firsthöhe, die einem
– **land-, forstwirtschaftlichen oder erwerbsgärtnerischen Betrieb dienen** und
– **höchstens 100 m² Grundfläche** haben.

Die Regelung ist an die Musterbauordnung **angepasst** worden. Sie **begrenzt** bei gleichzeitiger **Anhebung der Firsthöhe bis zu 5 m** die **höchstzulässige Grundfläche auf 100 m².** Außerdem betrifft die Verfahrensfreistellung **nur noch Vorhaben nach** § 35 **Abs. 1 Nr. 1 und 2 BauGB.** Zum Thema **landwirtschaftlich, forstwirtschaftlich erwerbsgärtnerisch genutzte Gebäude** s. die Erläuterungen zu Buchstabe c. **Kleinere Gewächshäuser** sind unter **Buchstabe a** zu subsumieren; sie sind mit einem Brutto-Rauminhalt bis zu 30 m³ – im Außenbereich bis zu 10 m³ – verfahrensfrei.

Buchstabe e erfasst **Fahrgastunterstände**, die dem öffentlichen Personenverkehr oder der Schülerbeförderung dienen. Diese Fahrgastunterstände sind ohne Größenbegrenzung verfahrensfrei. Eine Größenbeschränkung ergibt sich allerdings mittelbar aus dem Begriff „Unterstand". Größenordnungen, bei denen die Begriffe nicht mehr zutreffen, sind durch die Verfahrensfreistellung nicht mehr gedeckt. Die Vorhaben dürfen keine Aufenthaltsräume haben. Die Verfahrensfreiheit besteht unabhängig von der planungsrechtlichen Zuordnung des Aufstellungsbereichs; sie sind mithin auch im Außenbereich nach § 35 BauGB verfahrensfrei. Unabhängig davon müssen die Vorhaben den planungsrechtlichen Anforderungen entsprechen. Sie sind Gebäude i. S. d. § 2 Abs. 3. Dabei ist es unerheblich, ob sie ganz oder teilweise von Außenwänden umschlossen werden. Als Gebäude müssen die Fahrgastunterstände den Regelungen über Abstandflächen nach § 6 genügen; dies gilt auch, wenn sie auf einer öffentlichen Verkehrsfläche errichtet werden sollen.

Buchstabe f erfasst die dort aufgeführten **Schutzhütten**. Hinsichtlich der Größenordnung, der planungsrechtlichen Ausführungen und der Anwendung der Regelungen über Abstandflächen nach § 6 s. die Erläuterungen zu Buchstabe e.

Buchstabe g enthält eine redaktionelle Klarstellung, die der Regelung der MBO entspricht. Bauaufsichtlich verfahrensfrei sind danach **Überdachungen ebenerdiger Terrassen** mit einer **Fläche bis zu 30 m²** und einer **Tiefenbegrenzung bis zu 3 m.** Der Gesetzeswortlaut geht offensichtlich davon aus, dass bereits eine ebenerdige Terrasse – also eine offene Plattform für den Aufenthalt im Freien – vorhanden ist, die überdacht werden soll. Eine solche Überdachung ist bauplanungsrechtlich nicht (mehr) relevant i. S. d. § 29 BauGB (zur Verfahrensfreiheit von Terrassen s. auch Nummer 15 Buchst. g). Die Verfahrensfreiheit erfasst Terrassenüberdachungen sowohl als Anbauten an ein Gebäude als auch als freistehende Anlagen. Die Voraussetzungen sind genau zu beachten. So ist beispielsweise eine überdachte, etwa 25 m² große Fläche, die nach drei Seiten durch etwa 3 m hohe, bis zum Dach reichende geschlossene Seitenwände begrenzt ist, **keine solche Überdachung** und damit **nicht verfahrensfrei** und auch nicht in den Abstandflächen zulässig (vgl. OVG NRW, Beschl. vom 29. Dezember 1977 – X B 2688/77 –, BRS 32 Nr. 101 = DWW 1978, 102 = ZMR 1979,

190 L). Es versteht sich von selbst, dass **Dachterrassen nicht** unter die Verfahrensfreiheit fallen (vgl. § 6 Abs. 1 Satz 3 Halbsatz 2 und BayVGH, Beschl. vom 10. Juli 2015 – 15 ZB 13.2671 –, juris Rn. 7). **Buchstabe h** erfasst die dort genannten **Gartenlauben in Kleingartenanlagen.** Der Begriff „Kleingartenanlage" ist in § 1 Abs. 1 Nr. 2 Bundeskleingartengesetz (BKleingG) definiert. Nach § 3 Abs. 2 BKleingG ist im Kleingarten (nur) eine Laube in einfacher Ausführung mit höchstens 24 m² Grundfläche einschließlich überdachtem Freisitz zulässig. Sie darf nach ihrer Beschaffenheit, insbesondere nach ihrer Ausstattung und Einrichtung, nicht zum dauernden Wohnen geeignet sein. Erfasst werden mithin **nur Gartenlauben** in Gebieten, die in einem **Flächennutzungsplan** oder **Bebauungsplan** als **Dauerkleingartenfläche** dargestellt oder festgesetzt sind (§ 5 Abs. 2 Nr. 5 und § 9 Abs. 1 Nr. 15 BauGB i. V. m. Nummer 9 der Anlage zur Planzeichenverordnung vom 18. Dezember 1990 – BGBl. I 1991 S. 58 –, geänd. d. Art. 2 des Ges. vom 22. Juli 2011 – BGBl. I S. 1509).

Die **Beschränkung auf Kleingartenanlagen** nach dem **Bundeskleingartengesetz schließt** Eigentümergärten (§ 1 Abs. 2 Nr. 1 BKleingG), Wohnungsgärten (§ 1 Abs. 2 Nr. 2 BKleingG), Arbeitnehmergärten (§ 1 Abs. 2 Nr. 3 BKleingG) und Grabeland (§ 1 Abs. 2 Nr. 5 BKleingG) **aus,** und zwar trotz der Ausführungen des § 3 Abs. 3 BKleingG, der nur die Zulässigkeit von Lauben in bauplanungsrechtlicher Hinsicht anspricht, nicht aber auf die Genehmigungsbedürftigkeit oder Anzeigepflicht nach landesrechtlichem Bauordnungsrecht Einfluss hat. Gartenlauben in Eigentümergärten sind beispielsweise genehmigungsbedürftig oder unterliegen der Genehmigungsfreistellung nach § 68, es sei denn, sie überschreiten nicht die Größenordnung von 10 m³ Brutto-Rauminhalt nach Buchstabe a.

Buchstabe i erfasst **untergeordnete bauliche Anlagen zur Aufnahme sanitärer Anlagen auf Standplätzen von Campingplätzen mit einem Brutto-Rauminhalt bis zu 15 m³,** wenn hierfür entsprechende Festsetzungen in einem Bebauungsplan getroffen worden sind. Die **Verfahrensfreistellung** dient der Erleichterung für die Nutzerinnen und Nutzer von Standplätzen auf Camping- und Wochenendplätzen und auch der Erleichterung der Arbeit der unteren Bauaufsichtsbehörden. Sie greift **nur,** wenn hierfür entsprechende **Festsetzungen in einem Bebau-**

ungsplan getroffen worden sind; ansonsten unterliegen die Anlagen einem bauaufsichtlichen Verfahren.

Buchstabe j erfasst **neu Campinghäuser** i. S. d. Camping- und Wochenendplatzverordnung. Die **Camping- und Wochenendplatzverordnung** enthält **detaillierte Anforderungen** an Campinghäuser auf Campingplätzen. **Voraussetzung** der Verfahrensfreiheit von Campinghäusern auf Campingplätzen ist die **bauaufsichtliche Genehmigung des Campingplatzes, einschließlich integriertem Wochenendplatz** nach der Camping- und Wochenendplatzverordnung. Die **bauaufsichtliche Genehmigung** des Campingplatzes **setzt** wiederum eine Bauleitplanung der Gemeinde in Form eines **Bebauungsplanes voraus**. Nach alledem ist die **Verfahrensfreistellung** vertretbar.

Zu Nummer 2
Anlagen der technischen Gebäudeausrüstung
Buchstabe a stellt **Abgasanlagen in und an Gebäuden sowie freistehende Abgasanlagen mit einer Höhe bis zu 10 m** verfahrensfrei. Die **Beschränkung der Höhe** auf bis zu 10 m ist aus **Sicherheitsgründen** statisch-konstruktiv motiviert; vgl. § 70 Abs. 3 Satz 1 Nr. 2 Buchst. c. **§ 68 Abs. 10 Satz 1** und **§ 79 Abs. 3 Satz 2 erster Halbsatz** gelten bei Buchstabe a entsprechend. Das bedeutet hinsichtlich

– **§ 68 Abs. 10 Satz 1**, dass die Bauherrin oder der Bauherr für Feuerungsanlagen i. S. d. § 43 Abs. 1 **zehn Werktage vor Baubeginn** der Feuerungsanlage eine **Bescheinigung der bevollmächtigten Bezirksschornsteinfegerin oder des bevollmächtigten Bezirksschornsteinfegers** einholen muss, aus der hervorgeht, dass die Feuerungsanlage den öffentlich-rechtlichen Vorschriften entspricht und die Abgasanlagen, wie Schornsteine, Abgasleitungen und Verbindungsstücke, und die Feuerstätten so aufeinander abgestimmt sind, dass beim bestimmungsgemäßen Betrieb Gefahren oder unzumutbare Belästigungen nicht zu erwarten sind. Die Einholung der Bescheinigung dient der Sicherheit; die **Bescheinigung** ist **nicht** der Bauaufsichtsbehörde vorzulegen.

– **§ 79 Abs. 3 Satz 2 erster Halbsatz**, dass Feuerstätten erst in Betrieb genommen werden dürfen, wenn die bevollmächtigte Bezirksschornsteinfegerin oder der bevollmächtigte Bezirksschornsteinfeger die Tauglichkeit und die sichere Benutzbarkeit der Abgasanlagen bescheinigt hat. Die **Bescheinigung** ist ebenfalls **nicht** der Bauaufsichtsbehörde vorzulegen.

Buchstabe b stellt generell **Aufzüge** verfahrensfrei. **Alle Aufzüge** unterliegen in Schleswig-Holstein der **Betriebssicherheitsverordnung,** und zwar nach der Landesverordnung über die Anwendung von Vorschriften nach § 34 des Produktsicherheitsgesetzes im bauaufsichtlichen Bereich vom 23. November 2009 (GVOBl. Schl.-H. S. 856), geänd. d. VO vom 16. Mai 2014 (GVOBl. Schl.-H. S. 105), auch solche Aufzüge, die weder gewerblichen noch wirtschaftlichen Zwecken dienen und in deren Gefahrenbereich auch keine Arbeitnehmerinnen und Arbeitnehmer beschäftigt werden. Nach § 2 der Landesverordnung über die Anwendung von Vorschriften nach § 34 des Produktsicherheitsgesetzes im bauaufsichtlichen Bereich umfassen Erlaubnisse nach der Betriebssicherheitsverordnung Baugenehmigungen oder Zustimmungen nach § 62 oder § 77 LBO sowie Abweichungen nach § 71 LBO.

Buchstabe c stellt **sonstige Anlagen der technischen Gebäudeausrüstung, die nicht durch hochfeuerhemmende oder feuerbeständige Decken oder Wände geführt werden,** verfahrensfrei und erfasst damit u. a.

– **Anlagen zur Verteilung von Wärme bei Warmwasser- und Niederdruckdampfheizungen,**
– **Blockheizkraftwerke, Brennstoffzellen und Wärmepumpen** in Gebäuden; der **Sicherheit** bei den diesbezüglichen Anlagen dient § 79 **Abs. 3 Satz 2 zweiter Halbsatz,** wonach Verbrennungsmotoren und Blockheizkraftwerke erst dann in Betrieb genommen werden dürfen, wenn die bevollmächtigte Bezirksschornsteinfegerin oder der bevollmächtigte Bezirksschornsteinfeger die Tauglichkeit und sichere Benutzbarkeit der Leitungen zur Abführung von Verbrennungsgasen bescheinigt hat,
– **Lüftungsleitungen, Leitungen von Klimaanlagen und Warmluftheizungen, Installationsschächte und -kanäle,**
– **Wasserversorgungsanlagen** einschließlich der **Warmwasserversorgungsanlagen,** der **Einrichtungsgegenstände** und der **Armaturen,**
– **Abwasserbeseitigungsanlagen** einschließlich der **Einrichtungsgegenstände und der Armaturen.**

Nummer 2 stellt nach alledem **grundsätzlich alle wesentlichen Anlagen der technischen Gebäudeausrüstung** i. S. d. Abschnitts VI des Dritten Teils nach den §§ 40 ff. **verfahrensfrei. Maßgeblich** dafür ist, dass die Anlagen der technischen Gebäudeausrüstung, soweit sie **sicherheitsrelevant** sind, bei der (Erst-)Errichtung von Gebäuden – soweit Bauordnungsrecht geprüft wird – **Gegenstand des Baugenehmigungsverfahrens** sind oder (etwa im Rahmen des Brandschutzkonzepts) durch entfallende bauaufsichtliche Prüfungen **ersetzende kompensatorische Vorkehrungen** erfasst werden; Entsprechendes gilt für Änderungen, die konzeptionell in den Gebäudebestand eingreifen, jedenfalls dann, wenn dadurch von bauordnungsrechtlichen Anforderungen abgewichen wird, sodass eine Entscheidung nach § 71 Abs. 1 erforderlich wird. Ferner unterliegen sicherheitstechnische Anlagen und Einrichtungen nach näherer Maßgabe der Prüfverordnung der Verpflichtung zu wiederkehrenden Prüfungen, insbesondere auch bei wesentlichen Änderungen. Bei Feuerstätten werden die sicherheitsrechtlich relevanten Aspekte durch § 79 Abs. 3 Satz 2 abgedeckt.

Von der **Verfahrensfreiheit auszunehmen** sind danach nur noch unter anderen Aspekten bauaufsichtlich relevante Anlagen der technischen Gebäudeausrüstung, nämlich

– entsprechend **Buchstabe a freistehende Abgasanlagen mit einer Höhe von mehr als 10 m** wegen ihrer möglichen statisch-konstruktiven Schwierigkeit; zur Höhe vgl. § 70 Abs. 3 Satz 1 Nr. 2 Buchst. c,

– entsprechend **Buchstabe c** (alle) **sonstige Anlagen der technischen Gebäudeausrüstung, die durch hochfeuerhemmende oder feuerbeständige Decken oder Wände geführt** werden.

Zu Nummer 3
Anlagen zur Nutzung erneuerbarer Energien

Zur Förderung der Nutzung erneuerbarer Energien ist mit der neuen **Nummer 3** eine **eigenständige Regelung für Anlagen zur Nutzung erneuerbarer Energien** geschaffen worden, die neben den bisher schon als Anlagen der technischen Gebäudeausrüstung freigestellten Solaranlagen **auch Kleinwindenergieanlagen** erfasst.

Buchstabe a und b stellt die **bisher** als **Unterfall der technischen Gebäudeausrüstung** geregelten **Solarenergieanlagen und Sonnenkollektoren** unter dem **Oberbegriff Solaranlagen zusammengefasst** verfahrensfrei, soweit sie nicht an Kulturdenkmalen oder im Umgebungsschutzbereich von Kulturdenkmalen angebracht oder aufgestellt werden. Im Hinblick auf die Verfahrensfreiheit der Anlagen kann somit die **Frage**, ob die durch die Solaranlage erzeugte Energie dem **Eigengebrauch** dient **oder ins Stromnetz eingespeist wird, dahinstehen**. Neben Anlagen in und an Dach- und Außenwandflächen sind **nach der Neuregelung auch Anlagen auf solchen Flächen erfasst,** so dass die Anlagen nicht mehr in oder parallel zu Dach- und Wandflächen liegen müssen, sondern **auch aufgeständert** sein können, was insbesondere im Hinblick auf die Errichtung von Solaranlagen auf Flachdächern von Bedeutung ist.

Die Verfahrensfreiheit **gebäudeabhängiger Solaranlagen** gilt nach Buchstabe a **nicht** für **Anlagen an und auf oberirdischen Gebäuden der Gebäudeklassen 4 und 5 sowie auf Hochhäusern,** weil Solaranlagen brennbare Bestandteile aufweisen und damit an und auf diesen Gebäuden nicht ohne Weiteres zulässig sind. Diese Regelung entspricht systematisch den Regelungen der Nummer 11 Buchst. c und d.

Ferner ist zur **Klarstellung auch** die **mit** der **Errichtung der Anlage ggf. verbundene Änderung der Nutzung des Gebäudes oder** – im Hinblick auf die nun freigestellten aufgeständerten Anlagen – **seiner äußeren Gestalt von der Freistellung erfasst.**

Buchstabe b stellt **gebäudeunabhängige Solaranlagen mit einer Höhe bis zu 2,75 m und einer Gesamtlänge bis zu 9 m verfahrensfrei,** soweit sie nicht an Kulturdenkmalen oder im Umgebungsschutzbereich von Kulturdenkmalen angebracht oder aufgestellt werden. Im Sinne einer **einheitlichen Regelungssystematik** knüpft die Regelung an die Maßangaben nach § 6 Abs. 7 Satz 1 Nr. 4 an, ist allerdings hier nur mit einer **absoluten Höhe von 2,75 m** verfahrensfrei.

Buchstabe c stellt **Windenergieanlagen bis zu 10 m Höhe gemessen von der Geländeoberfläche bis zum höchsten Punkt der vom Rotor bestrichenen Fläche und einem Rotordurchmesser bis zu 3 m in Kleinsiedlungs-, Kern-, Gewerbe- und Industriegebieten sowie in vergleichbaren Sondergebieten und im Außenbereich** verfahrensfrei, soweit sie nicht an Kulturdenkmalen oder im Umgebungsschutzbereich von Kulturdenkmalen angebracht oder aufgestellt werden. Die Beschränkung der Höhe und des Rotordurchmessers korrespondiert mit der Anlage 2.7/9 der als Technische Baubestimmung eingeführten Richtlinie „Windenergieanlagen; Einwirkungen und Standsicherheitsnachweise für Turm und Gründung". Danach sind nur bei kleinen Windenergieanlagen besondere Gutachten zur Standsicherheit sowie besondere Abstände oder technische Vorkehrungen wegen der Gefahr des Eisabwurfs entbehrlich. Wegen **des möglichen nachbarschaftlichen Konfliktpotentials** von KWEA und der besonderen Schutzbedürftigkeit der Bevölkerung in vorwiegend dem Wohnen dienenden Gebieten (reine, allgemeine und besondere Wohngebiete) sowie in Gebieten, die neben der Unterbringung von Gewerbebetrieben, die das Wohnen nicht wesentlich stören, auch dem Wohnen dienen (Mischgebiete), besteht die **Verfahrensfreiheit nur in den genannten Baugebieten**. Angesichts der überwiegend ländlichen Struktur in Schleswig-Holstein sind zudem auch Dorfgebiete von der Verfahrensfreistellung ausgenommen. Gerade in Dorfgebieten können aufgrund der baulichen Struktur (wie ältere Gebäude, alte Bäume, mehr Grün) deutlich mehr artenschutzrechtliche Konfliktsituationen auftreten. Anlagen in diesen Baugebieten sind damit nicht grundsätzlich unzulässig; sie sind jedoch vor ihrer Errichtung einem bauaufsichtlichen Verfahren zu unterziehen.

Dass bei verfahrensfreien Anlagen **die materielle Rechtslage unberührt bleibt** und **folglich alle materiell-rechtlichen Anforderungen erfüllt werden müssen**, ergibt sich unmittelbar aus **§ 62 Abs. 1**. Diese Vorschrift stellt ausdrücklich klar, dass die Genehmigungs- bzw. Verfahrensfreiheit sowie die Beschränkung der bauaufsichtlichen Prüfung nicht von der Verpflichtung zur Einhaltung der öffentlich-rechtlichen Vorschriften entbindet und die bauaufsichtlichen Eingriffsbefugnisse unberührt bleiben. Das bedeutet für verfahrensfreie Solar- und Windenergieanlagen, dass insbesondere neben etwaigen zusätzlichen Anforderungen des Bauplanungsrechts für die Windenergieanlagen und für aufgeständerte Solaranlagen die abstandflächenrechtliche Privilegierung nach § 6 Abs. 6 Nr. 4 nicht gilt. Die dortige Privilegierung gilt nur für Maßnahmen zur Energieeinsparung und Solaranlagen „an" und nicht „auf" bestehenden Gebäuden.

Zu Nummer 4
Anlagen der Ver- und Entsorgung

Buchstabe a erfasst als Anlagen der Ver- und Entsorgung (selbstständige) **Brunnen**. Auch **Haus- und Gruppenbrunnen** sind verfahrensfrei. Die **Wasserversorgung** ist **bauplanungsrechtlich ein Teil einer gesicherten Erschließung**. Zu dem **von einer Gemeinde wahrzunehmenden Aufgabenkreis** gehört nach **§ 123 Abs. 1 BauGB** die **Erschließung der**

Baugrundstücke, also auch die **Wasserversorgung** und die Abwasserbeseitigung. Das Erfordernis der gesicherten Erschließung gilt für **alle Gebäude**, auch für solche, die nur zeitweise bewohnt werden, wie beispielsweise Wochenendhäuser. Im Hinblick auf die Frage, ab wann die Erschließung in Bezug auf die Ver- und Entsorgung eines Grundstücks gesichert ist, sind im Wesentlichen die Anforderungen an die **Nutzung des Gebäudes**, die **landesrechtlichen Bestimmungen** und die örtlichen **Gegebenheiten** maßgebend (BayVGH, Urt. vom 29. September 1982 – 4 N 80 A.2156 –, BRS 39 Nr. 118 = BayVBl 1983, 336). **Erschlossen** werden Baugrundstücke **im Hinblick auf die Wasserversorgung** i. d. R. durch **zentrale Wasserversorgungsanlagen**.

Trinkwassereinzelbrunnen sind bei Vorhaben im Rahmen bauaufsichtlicher Verfahren grundsätzlich nach § 3 Nr. 6 und § 9 Abs. 1 BauVorlVO – abgedruckt unter C – zu beschreiben. Trinkwasserbrunnen, die nur **für sich erstellt** werden sollen und damit verfahrensfrei sind, sind durch die Bauherrin oder den Bauherrn vor Inbetriebnahme beim **Gesundheitsamt** und – soweit erforderlich – bei der **Wasserbehörde** anzuzeigen. Ist für die Grundwasserentnahme eine **wasserbehördliche Erlaubnis** erforderlich, ist auch diese eigenverantwortlich durch die Bauherrin oder den Bauherrn bei der Wasserbehörde einzuholen.

Buchstabe b erfasst Anlagen, die der **Telekommunikation, der öffentlichen Versorgung mit Elektrizität, Gas, Öl, Wärme und Wasser** oder der **öffentlichen Abwasserbeseitigung** dienen; ausgenommen sind oberirdische Anlagen und Gebäude mit einem Brutto-Rauminhalt oder Behälterinhalt von mehr als 100 m³.

Diese Anlagen sind, soweit es sich um **unterirdische Anlagen** handelt, **ohne Größenbegrenzung** verfahrensfrei. Verfahrensfrei sind derartige oberirdische Anlagen sowie Gebäude mit einem Brutto-Rauminhalt oder Behälterinhalt von (jeweils) nicht mehr als 100 m³. Bei Gebäuden ist auch der umbaute Raum von Kellergeschossen mitzurechnen.

Zu den Telekommunikationsanlagen gehören auch **Antennen**, die aufgrund ihrer baulichen Eigenheiten nach **Nummer 5 Buchst. a** gesondert geregelt sind.

Zu den **Anlagen, die der öffentlichen Versorgung mit Elektrizität, Gas, Öl, Wärme und Wasser** oder der **öffentlichen Abwasserbeseitigung dienen,** zählen beispielsweise Transformatorenstationen und Verteilerstationen für die elektrische Versorgung, Reglerstationen für Gas, Öl und Wärme, Wasserwerksanlagen sowie Pumpstationen.

Gebäude ohne Aufenthaltsräume und Feuerstätten, die der **Telekommunikation, der öffentlichen Versorgung mit Wasser, Gas, Elektrizität, Wärme oder der öffentlichen Abwasserversorgung dienen,** sind unter den Voraussetzungen des § 6 Abs. 7 in den Abstandflächen sowie ohne eigene Abstandflächen zulässig. Private Windenergieanlagen sind nicht Teil einer öffentlichen Versorgung mit Elektrizität und deshalb nicht nach Buchstabe b verfahrensfrei.

Anlagen, die der öffentlichen Abwasserbeseitigung dienen, fallen auch unter die Regelungen des **Wasserhaushaltsgesetzes (WHG)** vom 31. Juli 2009 (BGBl. I S. 2585), zul. geänd. d. Art. 320 der VO vom 31. August 2015 (BGBl. I S. 1474), und des **Landeswassergesetzes** i. d. F. vom 11. Februar 2008 (GVOBl. Schl.-H. S. 91), zul. geänd. d. Art. 8 der VO vom 16. März 2015 (GVOBl. Schl.-H. S. 96).

Buchstabe c stellt **Blockheizkraftwerke, Brennstoffzellen und Wärmepumpen** verfahrensfrei. Die Regelung erstreckt sich **auch** auf Blockheizkraftwerke, Brennstoffzellen und Wärmepumpen **außerhalb von Gebäuden;** der **Sicherheit** bei den diesbezüglichen Anlagen dient § 79 Abs. 3 Satz 2 zweiter Halbsatz, wonach Verbrennungsmotoren und Blockheizkraftwerke erst dann in Betrieb genommen werden dürfen, wenn die bevollmächtigte Bezirksschornsteinfegerin oder der bevollmächtigte Bezirksschornsteinfeger die Tauglichkeit und sichere Benutzbarkeit der Leitungen zur Abführung von Verbrennungsgasen bescheinigt hat.

Die Einbringung eines **an sich verfahrensfreien Blockheizkraftwerkes in ein Gebäude** nach § 2 Abs. 3 führt **nicht** zur **Verfahrensfreiheit der damit verbundenen erstmaligen Nutzung** des Gebäudes oder der **damit verbundenen Änderung der Nutzung des Gebäudes** (vgl. VG Göttingen, Beschl. vom 17. September 2013 – 2 B 754/13 –, BauR 2014, 315 L). Selbst wenn es nach der Entscheidung des VG Göttingen bei dem Gebäude für eine – früher dort durchgeführte – Einzelhandelsnutzung eine Baugenehmigung gegeben hätte (welche nicht vorlag), bedürfte es einer Baugenehmigung für diese Nutzungsänderung, weil die Nutzung zur Unterbringung eines Blockheizkraftwerkes gegenüber einem Einzelhandel andere und weitergehende Anforderungen an das öffentliche Baurecht stelle. Insbesondere würden bauordnungsrechtlich an die neue Nutzung als Aufstellort für ein Blockheizkraftwerk andere Anforderungen gestellt. So ergäben sich für das Aufstellen eines Blockheizkraftwerkes nach den §§ 3 und 4 FeuVO besondere Anforderungen an Räume, in denen sich Blockheizkraftwerke befänden. Auch bauplanungsrechtlich seien möglicherweise andere Anforderungen gegeben.

Buchstabe d erfasst **Flüssiggastankstellen mit einem Flüssiggaslagerbehälter mit weniger als 3 t Fassungsvermögen für die Eigenversorgung von Fahrzeugen.** Die Anlagen gleichen in sicherheitstechnischer Hinsicht weitgehend den nach Nummer 5 Buchst. a verfahrensfrei gestellten ortsfeste Behältern für Flüssiggas. Die nach Buchstabe d erfassten Flüssiggastankstellen bedürfen **keiner Erlaubnis** nach § 18 Betriebssicherheitsverordnung (BetrSichV).

Buchstabe e stellt **Tankstellen mit einem Dieselkraftstoff-Lagerbehälter bis zu 1 m³ Inhalt für die Eigenversorgung von Fahrzeugen mit Dieselkraftstoff** verfahrensfrei. Die Anlagen gleichen in sicherheitstechnischer Hinsicht weitgehend den nach Nummer 5 Buchst. b verfahrensfrei gestellten ortsfesten Behältern für brennbare oder wassergefährdende Flüssigkeiten. Die nach Buchstabe e erfassten **Dieselkraftstoff-Tankstellen** bedürfen **keiner Erlaubnis** nach § 18 Betriebssicherheitsverordnung (BetrSichV). Sie müssen den einschlägigen Anforderungen, wie insbesondere an Lagerbehälter, genügen.

Zu Nummer 5
Masten, Antennen und ähnlichen Anlagen
Buchstabe a erfasst **Antennen einschließlich der Masten mit einer Höhe bis zu 10 m und Parabolantennenanlagen bis zu einer Größe der Reflektorschalen von 1,20 m Durchmesser, jeweils mit zugehörigen Versorgungseinheiten mit einem Brutto-Rauminhalt bis zu 10 m³; soweit Antennen und Parabolantennenanlagen in, auf oder an einer bestehenden baulichen Anlage errichtet werden, die damit verbundene Änderung der Nutzung oder der äußeren Gestalt der Anlage.** Die **Höhenbegrenzung** der Antennen einschließlich der Masten auf **bis zu 10 m** ist aus **Sicherheitsgründen** statisch-konstruktiv motiviert; s. § 70 Abs. 3 Satz 1 Nr. 2 Buchst. c. Bei der Errichtung von Antennenmasten auf (bestehenden) baulichen Anlagen kommt es auf die Höhe der Masten, nicht auf die Gesamthöhe der baulichen Anlage insgesamt an.

Die Höhe einer Antennenanlage rechnet im bauordnungsrechtlichen Sinne von deren Fuß- bis zur Antennenspitze, auch wenn sie auf einem Gebäude angebracht werden soll. Teile der Antenne, die sich unter der Dachhaut im Dachraum befinden, sind funktionell und konstruktiv untrennbarer Teil der über der Dachhaut befindlichen Antenne und somit bei der Ermittlung der Antennenhöhe mit zu berücksichtigen.

Der Verweis auf Nummer 4 Buchst. b stellt klar, dass die Verfahrensfreiheit nach Buchstabe a auch eingreift, wenn es sich um Anlagen handelt, die der Telekommunikation dienen.

Buchstabe b erfasst Masten und Unterstützungen für Fernsprechleitungen, für Leitungen zur Versorgung mit Elektrizität, für Seilbahnen und für Leitungen sonstiger Verkehrsmittel, für Sirenen und für Fahnen.

Buchstabe c stellt Masten, die aus Gründen des Brauchtums wie z. B. Mai- und Hochzeitsbäume errichtet werden, verfahrensfrei.

Buchstabe d stellt Flutlichtmasten bis zu einer Höhe von 10 m auf Sportanlagen verfahrensfrei. In aller Regel werden sie bestehenden Sportanlagen zugeordnet, werfen für sich genommen keine (zusätzlichen) baurechtlichen Schwierigkeiten auf und tangieren nicht die gemeindliche Planungshoheit. Die Höhenbegrenzung bis zu 10 m ist aus Sicherheitsgründen statisch-konstruktiv motiviert; s. § 70 Abs. 3 Satz 1 Nr. 2 Buchst. c.

Zu Nummer 6
Behälter

Buchstabe a erfasst ortsfeste Behälter für Flüssiggas mit einem Fassungsvermögen von weniger als 3 t, für nicht verflüssigte Gase mit einem Brutto-Rauminhalt bis zu 6 m³.

Die verfahrensfrei gestellten ortsfesten Behälter für Flüssiggas mit einem Fassungsvermögen von weniger als 3 t gleichen in sicherheitstechnischer Hinsicht weitgehend den nach Nummer 3 Buchst. d verfahrensfreien Flüssiggastankstellen mit einem Flüssiggaslagerbehälter mit weniger als 3 t Fassungsvermögen für die Eigenversorgung von Fahrzeugen. Die ortsfesten Behälter für Flüssiggas mit einem Fassungsvermögen von weniger als 3 t bedürfen keiner Erlaubnis nach § 18 Betriebssicherheitsverordnung (BetrSichV).

Die ortsfesten Behälter für nicht verflüssigte Gase mit einem Brutto-Rauminhalt bis zu 6 m³ bedürfen keiner Erlaubnis nach § 18 Betr-SichV.

Buchstabe b erfasst ortsfeste Behälter für brennbare oder wassergefährdende Flüssigkeiten mit einem Brutto-Rauminhalt bis zu 10 m³ einschließlich Rohrleitungen, Auffangräumen und Auffangvorrichtungen sowie der zugehörigen Betriebs- und Sicherungseinrichtungen sowie Schutzvorkehrungen.

Nach Anhang 2 der Verwaltungsvorschrift wassergefährdender Stoffe (VwVwS) in Zusammenhang mit § 6 Abs. 3 Anlagenverordnung (VAwS) haben **Heizöltankanlagen mit mehr als 1 m³ bis zu 10 m³ Behälterinhalt** die **Gefährdungsstufe B** und mit mehr als 10 m³ bis zu 100 m³ Behälterinhalt die Gefährdungsstufe C. Nach § 23 **Abs. 1 Satz 2 VAwS** müssen **Heizöltankanlagen der Gefährdungsstufe B** (mehr als 1 m³ bis zu 10 m³ Behälterinhalt) nach § 19 i Abs. 2 Satz 3 Nr. 1 Wasserhaushaltsgesetz (WHG) **vor Inbetriebnahme** oder **nach einer wesentlichen Änderung** durch eine **Sachverständige oder einen Sachverständigen geprüft** werden.

Buchstabe c erfasst **ortsfeste Behälter sonstiger Art mit einem Brutto-Rauminhalt bis zu 50 m³ und einer Höhe bis zu 6 m.** Die verfahrensfrei gestellten Behälter sind beispielsweise Wertstoff-Recycling-Container. Für die Standplätze solcher Container sind insbesondere die erforderlichen planungsrechtlichen Regelungen sowie die immissionsschutzrechtlichen Regelungen der §§ 22 ff. BImSchG zu beachten.

Buchstabe d stellt **Gärfutterbehälter mit einer Höhe bis zu 6 m und Schnitzelgruben** verfahrensfrei. Für **Gärfutterbehälter** (Silos) besteht die (alleinige) **Größenbegrenzung** mit einer **Höhe bis zu 6 m.** Für regional teilweise bedeutsame **Schnitzelgruben** ist **keine Größenbegrenzung** festgelegt.

Buchstabe e erfasst **Fahrsilos, landwirtschaftliche Silos, Kompostanlagen.** Die Regelung stellt **ohne Größenbegrenzung** generell **landwirtschaftliche Silos** und zusätzlich Fahrsilos und Kompostanlagen verfahrensfrei. Zum **Begriff Landwirtschaft** vgl. die Erläuterungen oben unter Nummer 1 Buchst. c.

Buchstabe f stellt **Wasserbecken mit einem Beckeninhalt bis zu 100 m³** verfahrensfrei. Die Verfahrensfreistellung betrifft generell Wasserbecken mit einem Beckeninhalt bis zu 100 m³ unabhängig von ihrer

Nutzung. Erfasst sind beispielsweise Wasserbecken zur Aufzucht von Fischen oder für sonstige Nutzungszwecke wie beispielsweise Löschwasserbecken, Regenwasserbecken und Bewässerungsbecken. Die Anlegung von Fischteichen unterliegt den Vorschriften des Landeswassergesetzes (LWG). Wasserbecken sind **nur mit einem Beckeninhalt bis zu 100 m³** verfahrensfrei. Das Anlegen von Wasserbecken ist naturschutzrechtlich genehmigungspflichtig, wenn die betroffene Bodenfläche größer als 1.000 m² ist oder die zu verbringende Menge mehr als 30 m³ beträgt. Der Rauminhalt des Wasserbeckens bemisst sich – unbeschadet der tatsächlichen Wasserfüllung – nach den Innenmaßen des Beckens. **Schwimmbecken** fallen **nicht** unter Buchstabe f, sondern unter **Nummer 9 Buchst. a.**

Zu Nummer 7
Wände, Einfriedungen und Sichtschutzwände
Buchstabe a erfasst **Stützwände mit einer Höhe bis zu 2 m sowie dazugehörige Umwehrungen bis zu 1,10 m Höhe. Stützwände bis zu 2 m Höhe über Geländeoberfläche** sind verfahrensfrei, und zwar trotz evtl. Wirkungen wie von Gebäuden i. S. d. § 6 Abs. 1 Satz 2. Die Bauherrin oder der Bauherr hat **eigenverantwortlich** für die Standsicherheit und die dafür erforderlichen bautechnischen Nachweise nach § 13 und u. a. dafür zu sorgen, dass Stützwände – falls erforderlich – die notwendigen Abstandflächen nach § 6 einhalten. Die Höhe der Stützwände bemisst sich nach § 2 Abs. 4 Satz 3 von ihrer Oberkante bis zur festgelegten Geländeoberfläche; ist eine Geländeoberfläche nicht festgelegt, gilt die Höhe der natürlichen Geländeoberfläche als festgelegt. **Zusätzlich** zu den Stützwänden sind **dazugehörige Umwehrungen bis zu 1,10 m verfahrensfrei** gestellt, um insoweit unnötige Verfahren zu vermeiden.

Buchstabe b erstreckt sich auf – i. d. R. geschlossene – **Wände** und auf (geschlossene oder offene) **Einfriedungen,** jeweils **bis zu 1,50 m Höhe.** Die Verfahrensfreistellung **korrespondiert** mit § 6 Abs. 7 Satz 1 Nr. 5, wonach Stützwände und **geschlossene Einfriedungen** außerhalb von Gewerbe- und Industriegebieten mit einer **Höhe bis zu 1,50 m in den Abstandflächen eines Gebäudes sowie ohne eigene Abstandflächen zulässig** sind, auch wenn sie nicht an die Grundstücksgrenze oder an das Gebäude angebaut werden. Wände und Einfriedungen mit einer größeren Höhe sind nicht verfahrensfrei, weil sie nachbarrechtlich relevant sind.

Einfriedungen sind Anlagen, die dazu bestimmt sind, Grundstücke vollständig oder teilweise zu umschließen und nach außen abzuschirmen, um unbefugtes Betreten oder Verlassen oder sonstige störende Einwirkungen – wie Lärm, Wind – abzuwehren (vgl. OVG NRW, Urt. vom 25. April 2005 – 10 A 773/03 –, BRS 69 Nr. 88 = BauR 2005, 1431 = ÖffBauR 2005, 71; HessVGH, Urt. vom 17. Mai 1990 – 4 TG 510/90 –, BRS 50 Nr. 121 = RdL 1991, 17 L).

Buchstabe c erfasst offene, sockellose Einfriedungen für Grundstücke, die einem land- oder forstwirtschaftlichen Betrieb dienen. Einfriedungen sind Anlagen, die dem Zweck dienen, Grundstücke oder wesentliche Teile davon gegen unbefugtes Betreten, gegen unerwünschte Einsicht, gegen Witterungseinflüsse oder gegen Immissionen nach außen abzuschirmen. Demzufolge ist als Einfriedung alles anzusehen, was ein Grundstück oder Teile eines Grundstücks gegenüber der Außenwelt schützen oder ein Hindernis für alles sein soll, was von außen her den Frieden des Grundstücks stören oder dessen Nutzung beeinträchtigen könnte (vgl. BayVGH, Urt. vom 10. Januar 1978 – 230 I 75 –, BayVBl 1978, 762). Einfriedungen nach Buchstabe c unterliegen keiner Höhenbeschränkung; eine diesbezügliche Einschränkung ergibt sich jedoch aus dem jeweils gegebenen Zweck. Die Regelung kommt **nur** für **land- oder forstwirtschaftlich genutzte Grundstücke** i. S. d. § 201 BauGB in Betracht; die Grundstücke müssen landwirtschaftlich i. S. d. BauGB genutzt werden. **Offene Einfriedungen** sind Einfriedungen, die einen ungehinderten Durchblick gestatten. Einfriedungen beispielsweise aus Mauerwerk oder geschlossenen Holzlattenzäunen gehören nicht dazu, weil sie geschlossene Einfriedungen sind. Sind Zaunteile breiter als die Zwischenräume, ist i. d. R. nicht von offenen Einfriedungen auszugehen. Das Tatbestandsmerkmal „offen" verlangt, dass alle Teile einer Einfriedung so beschaffen sind (vgl. BayVGH, Urt. vom 22. Februar 2000 – 2 B 94.2587 –, juris). Einfriedungen sind **sockellos**, wenn ihre **Pfosten ohne zusätzliche Halterung im Erdboden befestigt** sind. Dieses ist bereits dann nicht mehr der Fall, wenn die Pfosten einbetoniert werden (VGH BW, Urt. vom 26. Juni 1981 – 5 S 2135/80 –, BRS 38 Nr. 107 = DÖV 1982, 995 L).

Buchstabe d erfasst **Sichtschutzwände bis zu 2 m Höhe und bis zu 5 m Länge**. Die Verfahrensfreistellung orientiert sich an einem Umfang, bei dem von einer solchen baulichen Anlage **noch nicht die Wirkung wie von einem Gebäude** nach § 6 Abs. 1 Satz 2 ausgeht. Sichtschutzwände bis zu 2 m Höhe und bis zu 5 m Länge kommen insbesondere zum Schutz von Terrassen vor einer nachbarlichen Einsichtnahme bei Reihenhäusern in Betracht. Sie sind nach Bauordnungsrecht **in den Abstandflächen eines Gebäudes sowie ohne eigene Abstandflächen zulässig**, auch wenn sie nicht an die Grundstücksgrenze oder an das Gebäude angebaut werden. Es dürfen beispielsweise nicht Sichtschutzwände gehäuft hintereinander angeordnet werden mit der Folge, dass von ihnen in der Gesamtheit Wirkungen wie von Gebäuden ausgehen. In einem solchen Fall unterlägen die Sichtschutzwände einem bauaufsichtlichen Verfahren.

Zu Nummer 8
Private Verkehrsanlagen einschließlich Brücken und Durchlässen
Nummer 8 erfasst **private Verkehrsanlagen einschließlich Brücken und Durchlässen mit einer lichten Weite bis zu 5 m und Untertunnelungen mit einem Durchmesser bis zu 3 m**. Private Verkehrsanlagen sind solche Verkehrsanlagen, die keine öffentlichen Verkehrsanlagen i. S. d. § 1 Abs. 2 Nr. 1 sind. Verkehrsanlagen sind vor allem Straßen, Wege und Plätze. Zu den privaten Verkehrsanlagen gehören auch befestigte und zum Befahren angelegte Hofflächen und Zufahrten auf Grundstücken zu Garagen und Stellplätzen. Private Verkehrsanlagen sind auch private Flugplätze und private Hubschrauberlandeplätze (vgl. BayVGH, Beschl. vom 24. September 2003 – 14 CS 03.2041 –, BRS 66 Nr. 184 = NVwZ-RR 2004, 90 = BayVBl 2004, 308 = DÖV 2004, 170 = BauR 2004, 133 L = ZfBR 2004, 184 L, für einen Hubschrauberlandeplatz einer Universitätsklinik).
Brücken und Untertunnelungen dienen als bauliche Anlagen dazu, beispielsweise private Verkehrswege oder Rohrleitungen über künstliche oder natürliche Hindernisse zu führen (vgl. VGH BW, Urt. vom 16. Januar 1971 – II 670/68 –, BRS 24 Nr. 130).

Zu Nummer 9
Selbständige Aufschüttungen oder Abgrabungen

Nummer 9 erfasst **selbständige Aufschüttungen oder Abgrabungen, die nicht größer als 1 000 m² sind und deren zu verbringende Menge nicht mehr als 30 m³ beträgt.** Nummer 9 schließt bei den selbständigen Aufschüttungen oder Abgrabungen an die landesnaturschutzrechtlichen Regelungen an. Danach ist eine Genehmigung der unteren Naturschutzbehörde erforderlich, wenn die betroffene Bodenfläche größer als 1 000 m² ist oder die zu verbringende Menge mehr als 30 m³ beträgt.

Selbständige Aufschüttungen oder Abgrabungen haben eine eigene Funktion und Zweckbestimmung. **Nicht selbständige**, d. h. mit einem Vorhaben verbundene **Aufschüttungen oder Abgrabungen** – beispielsweise Baugrubenaushub – werden von Nummer 9 **nicht** geregelt. Diese unselbständigen Maßnahmen teilen das rechtliche Schicksal des Gesamtvorhabens und werden im bauaufsichtlichen Verfahren mit diesem zusammen erfasst.

Golfplätze sind als bauliche Anlagen nach § 2 Abs. 1 Satz 2 Nr. 9 **stets** bauaufsichtlich **verfahrenspflichtig**. Die genannte Regelung stellt sicher, dass es bei der rechtlichen Behandlung und Beurteilung von Golfplätzen nicht darauf ankommt, ob diese Plätze bei isolierter Betrachtung als bauliche Anlagen einzustufen sind.

Zu Nummer 10
Anlagen in Gärten und zur Freizeitgestaltung

Buchstabe a erfasst Schwimmbecken mit einem Beckeninhalt bis zu 100 m³, im Außenbereich nur als Nebenanlage eines höchstens 50 m entfernten Gebäudes mit Aufenthaltsräumen.

Schwimmbecken sind **bis zu 100 m³** Beckeninhalts verfahrensfrei. Die Verfahrensfreistellung gilt aus planungsrechtlichen Gründen **nicht** uneingeschränkt für Wasserbecken **im Außenbereich** nach § 35 BauGB; dort sind derartige Wasserbecken bis zu 100 m³ Beckeninhalt **nur als Nebenanlage** eines **höchstens 50 m** entfernten (zulässigerweise errichteten) **Gebäudes mit Aufenthaltsräumen** zulässig. Die Anlage von Wasserbecken im Außenbereich ist landesnaturschutzrechtlich genehmigungspflichtig. Der Rauminhalt des Wasserbeckens bemisst sich – unbeschadet der tatsächlichen Wasserfüllung – nach den Innenmaßen des Beckens. Schwimmbeckenüberdachungen sind nur als luftgetragene Schwimmbeckenüberdachungen nach Buchstabe b bis zu 100 m² Grundfläche – außer im Außenbereich – verfahrensfrei. Schwimmbecken sind nach § 6 Abs. 8 Satz 1 in den Abstandflächen sowie ohne eigene Abstandflächen zulässig.

Buchstabe b stellt **luftgetragene Schwimmbeckenüberdachungen bis zu 100 m² Grundfläche, außer im Außenbereich,** verfahrensfrei. Als luftgetragene Schwimmbeckenüberdachungen sind Tragluftbauten im Sinne der Norm DIN 4134:1983-02 Tragluftbauten; Berechnung, Ausführung und Betrieb zu verstehen. Luftgetragene Überdachungen erfüllen den Gebäudebegriff nach § 2 Abs. 3; sie sind unter Beachtung der Regelungen über die Abstandflächen nach § 6 auszuführen. Alle anderen Arten von Schwimmbeckenüberdachungen sind nicht verfahrensfrei. Schwimmbeckenüberdachungen rechnen nicht zu den Überdachungen von Freisitzen i. S. d. § 6 Abs. 8.

Buchstabe c stellt **Sprungschanzen, Sprungtürme und Rutschbahnen mit einer Höhe bis zu 10 m** verfahrensfrei. Unter den Begriff Sprungtürme fallen nicht nur Sprungtürme für den Schwimmsport, sondern z. B. auch Übungstürme für Fallschirmspringer. Sprungschanzen sind keine Sprungtürme. Die Höhe der Türme ist vom Beckenrand bzw. von der natürlichen Geländeoberfläche aus zu bemessen. Die Bauherrin oder der Bauherr muss eigenverantwortlich für die Standsicherheit nach § 13 und die dazu gehörenden bautechnischen Nachweise sorgen. Erfasst sind mit Rutschbahnen auch Wasserrutschbahnen.

Buchstabe d erfasst **Stege**. Stege sind bauliche Anlagen, die auf eingerammten Pfählen aufgelagert oder als schwimmende Stege durch eine dauerhafte Verankerung mit dem Festland verbunden sind. Nicht zu den Stegen zählen etwaige Aufbauten, die ggf. von Nummer 1 erfasst werden oder (für sich) genehmigungsbedürftig sind oder der Genehmigungsfreistellung nach § 68 unterliegen.

Stege unterliegen den landesnaturschutzrechtlichen Anforderungen über den **Schutzstreifen an Gewässern** zur Freihaltung der Uferzone. Wer eine Wasserfläche mit Hilfe einer Boje, eines Steges oder einer anderen Anlage als Liegeplatz für ein Sportboot außerhalb eines Hafens benutzen will, benötigt die Genehmigung der zuständigen Naturschutzbehörde. Unbeschadet bleibt das evtl. Erfordernis der was-

serrechtlichen Genehmigung nach z. B. § 31 Abs. 2 Bundeswasserstra-
ßengesetz (WaStrG) an einer Bundeswasserstraße, die sich an der
Sicherheit und Leichtigkeit des Verkehrs (§ 31 Abs. 5 WaStrG) orientiert.

Buchstabe e stellt **Anlagen, die der zweckentsprechenden Einrichtung
von Spiel-, Abenteuerspiel-, Bolz- und Sportplätzen, Reit- und Wanderwegen, Trimm- und Lehrpfaden dienen,** verfahrensfrei; **ausgenommen** sind Gebäude und Tribünen.

Anlagen zur zweckentsprechenden Einrichtung der genannten Plätze,
Wege und Pfade sind verfahrensfrei. Verfahrensfrei sind nur die Anlagen **auf** den Plätzen. **Spiel-, Abenteuerspiel-, Bolz- und Sportplätzen**
„an sich" unterliegen einem bauaufsichtlichen Verfahren. Bei der **Errichtung oder Änderung von Spiel-, Abenteuerspiel-, Bolz- und Sportplätzen** sind insbesondere das Planungsrecht sowie die Nachbarbe-
lange, insbesondere unter den Gesichtspunkten der §§ 22 ff. BImSchG
zu beachten. Bauliche Anlagen mit **Aufenthaltsräumen** sind **nicht** erfasst.

Reit- und Wanderwege, Trimm- und Lehrpfade werden i. d. R. auf
öffentlichen Flächen errichtet und unterliegen, wenn es sich um Anlagen des öffentlichen Verkehrs handelt, als Wege oder Pfade „an sich"
nach § 1 Abs. 2 Nr. 1 nicht der LBO. Die **Anlagen** zur zweckentsprechenden Einrichtung der Reit- und Wanderwege, Trimm- und Lehrpfade sind nach der LBO verfahrensfrei.

Buchstabe f erfasst **Anlagen, die der Gartennutzung, der Gartengestaltung oder der zweckentsprechenden Einrichtung von Gärten dienen;
ausgenommen** sind bewusst – weil grundsätzlich anderweitig geregelt – **Gebäude und Einfriedungen.**

Die Anlagen zur **Gartennutzung** sind beispielsweise Kompostanlagen
zur Eigenkompostierung auf dem Grundstück, Wäschepfähle und
Teppichstangen. Die Anlagen zur **Gartengestaltung** sind beispielsweise
Pergolen und Trockenmauern. Der zweckentsprechenden Einrichtung
von Gärten dienen u. a. Gartenwege. Damit sind in weitem Umfang
entsprechende Nebenanlagen nach § 14 BauNVO verfahrensfrei.
Spiel- und Sportplätze „**an sich**" sind genehmigungsbedürftig oder unterliegen der Genehmigungsfreistellung nach § 68.

Buchstabe g stellt **Wohnwagen, Zelte und bauliche Anlagen,** die keine
Gebäude sind, **auf Standplätzen von genehmigten Campingplätzen**
verfahrensfrei.
Bei der Aufstellung der Wohnwagen, Zelten und bauliche Anlagen,
die keine Gebäude sind, sind die **Anforderungen der Camping- und
Wochenendplatzverordnung (CPlV),** insbesondere des § 7 CPlV über
den Brandschutz, und der LBO zu beachten. Für die allgemeine Ordnung und den sicheren Betrieb auf Camping- oder Wochenendplätzen
ist nach § 7 CPlV die **Betreiberin oder der Betreiber verantwortlich.**

Zu Nummer 11
Bestimmte tragende und nichttragende Bauteile
Buchstabe a stellt **nichttragende und nichtaussteifende Bauteile in
baulichen Anlagen** verfahrensfrei. Nichttragende oder nichtaussteifende
fende Bauteile innerhalb baulicher Anlagen sind alle Trennwände nach
§ 30, die keine tragenden Wände und Stützen nach § 28 sind. Außenwände nach § 29 sowie Brandwände nach § 31 gehören nicht dazu.
Buchstabe a stellt nur auf die Standsicherheit der nichttragenden und
nichtaussteifenden Bauteile ab; werden an die Bauteile brandschutz-,
schallschutz- oder wärmeschutztechnische Anforderungen gestellt,
sind diese Anforderungen bei der verfahrensfreien Errichtung, Herstellung oder Änderung der Bauteile zu beachten. Auch sind nichttragende Decken von dem Begriff „nichttragende oder nichtaussteifende
Bauteile" innerhalb baulicher Anlagen mit umfasst. Nicht zu den
nichttragenden oder nichtaussteifenden Bauteilen gehört das Dach eines Gebäudes, weil es nicht in baulichen Anlagen liegt, sondern das
Gebäude wie die Außenwand nach außen abschließt.
Buchstabe b stellt den **Einbau von Fenstern und Türen sowie die** Herstellung der **dafür bestimmten Öffnungen** verfahrensfrei. Der Bereich
der Fenster und Türen sowie die dafür bestimmten Öffnungen sind
entsprechend der MBO **weit gefasst.** Die Bauherrin oder der Bauherr
hat **eigenverantwortlich** für die Standsicherheit und die dafür erforderlichen bautechnischen Nachweise zu sorgen.
Buchstabe c stellt **Außenwandbekleidungen einschließlich Maßnahmen der Wärmedämmung und Verblendungen,** ausgenommen bei
oberirdischen Gebäuden der Gebäudeklassen 4 und 5 sowie Hochhäusern, und Verputz baulicher Anlagen verfahrensfrei. Aus **Sicherheitsgründen** sind damit die brandschutz- bzw. standsicherheitsrelevanten

Außenwandverkleidungen und Verblendungen **bei oberirdischen Gebäuden der Gebäudeklasse 4 und 5 sowie Hochhäusern ausgeschlossen.**

Vor dem Hintergrund der Bestrebungen zur Energieeinsparung und der Regelungen der EnEV sind auch **Maßnahmen der Wärmedämmung** in den Katalog der verfahrensfreien Bauvorhaben neu aufgenommen worden. Auch wenn das Aufbringen einer Dämmung auf Wände bereits unter den Begriff der Außenwandbekleidung subsumiert werden könnte, werden Maßnahmen zur Wärmedämmung ausdrücklich genannt.

Die LBO unterstützt Maßnahmen zur **sparsamen und effizienten Nutzung von Energie.** Nach § 6 Abs. 6 Nr. 4 bleiben bei Bemessung der erforderlichen Abstandflächen **Maßnahmen zum Zwecke der Energieeinsparung und Solaranlagen an bestehenden Gebäuden** unabhängig davon, ob diese den Anforderungen nach § 6 Abs. 2 bis 6 Nr. 1 bis 3 entsprechen, außer Betracht, wenn ein **Abstand von mindestens 2,30 m zur Nachbargrenze** erhalten bleibt.

Buchstabe d erfasst die **Bedachung einschließlich Maßnahmen der Wärmedämmung, ausgenommen bei oberirdischen Gebäuden der Gebäudeklassen 4 und 5 sowie Hochhäusern.** Damit ist im Anschluss an Buchstabe c durch den neuen Buchstaben d auch das **Aufbringen einer Dämmung auf Dächer** verfahrensfrei.

Zu Nummer 12
Werbeanlagen

Die unter **Nummer 12** erfassten **Werbeanlagen** sind sämtlich **verfahrensfrei,** soweit sie **nicht an Kulturdenkmalen** oder im **Umgebungsschutzbereich von Kulturdenkmalen** angebracht oder aufgestellt werden.

Buchstabe a stellt **Werbeanlagen mit einer Ansichtsfläche bis zu 1 m²** verfahrensfrei. Die Größe einer Werbeanlage ergibt sich bei Schildern oder entsprechend einseitig wirkenden Anlagen aus dem einfachen Flächenmaß (der Flächenausdehnung), nicht aus dem Gesamtmaß aller werbewirksamen Flächen (OVG NRW, Urt. vom 11. März 1985 – 11 A 1030/84 –, BauR 1986, 549). Bei einem freistehenden Schild, das auf beiden Seiten Werbung trägt, gilt das einfache Flächenmaß; es sind mithin nicht beide Seitenflächen zu addieren. Wird eine Werbeanlage ohne eigene Unterlage unmittelbar auf eine Wand angebracht, bemisst sich ihre Ansichtsfläche bei unregelmäßiger Form nach dem Rechteck, das die Anlage umschließt. Bei dreidimensionalen Anlagen ist auf das Gesamtmaß aller werbewirksamen Flächen abzustellen. Auch verfahrensfreie Werbeanlagen müssen § 11 über **Anlagen der Außenwerbung, Warenautomaten** beachten. Werbeanlagen sind nach § 11 Abs. 3 Satz 1 **im Außenbereich grundsätzlich unzulässig**; ausgenommen sind nur die in § 11 Abs. 3 Satz 2 Nr. 1 bis 5 aufgeführten Werbeanlagen. Nach § 11 Abs. 4 Satz 1 sind Werbeanlagen in Kleinsiedlungsgebieten, reinen Wohngebieten, allgemeinen Wohngebieten und Dorfgebieten nur an der Stätte der Leistung zulässig; darüber hinaus sind dort nur Anlagen für amtliche Mitteilungen und zur Unterrichtung der Bevölkerung über kirchliche, kulturelle, politische, sportliche und ähnliche Veranstaltungen zulässig; freie Flächen dieser Anlagen dürfen auch für andere Werbung verwendet werden. Werbeanlagen dürfen nach § 11 Abs. 2 weder bauliche Anlagen noch das Straßen-, Orts- oder Landschaftsbild verunstalten oder die Sicherheit des Verkehrs gefährden. Die störende Häufung von Werbeanlagen ist unzulässig.

Bei Werbeanlagen sind auch die Vorschriften des **FStrG**, des **StrWG**, des **LNatSchG** und der **StVO** zu beachten. Nach § 9 Abs. 6 FStrG stehen Anlagen der Außenwerbung außerhalb der zur Erschließung der anliegenden Grundstücke bestimmten Teile der Ortsdurchfahrten den Hochbauten des § 9 Abs. 1 FStrG und den baulichen Anlagen des § 9 Abs. 2 FStrG gleich. Nach § 9 Abs. 1 Satz 1 Nr. 1 und 2 FStrG dürfen Hochbauten jeder Art sowie bauliche Anlagen in den dort genannten Bereichen nicht errichtet werden. Nach § 9 Abs. 6 Satz 2 FStrG dürfen Werbeanlagen an Brücken über Bundesfernstraßen, die außerhalb der Ortsdurchfahrten liegen, nicht angebracht werden. Entsprechende Regelungen ergeben sich aus den §§ 21 und 29 StrWG. Nach § 33 StVO ist außerhalb geschlossener Ortschaften jedwede Werbung verboten, wenn dadurch Verkehrsteilnehmerinnen oder Verkehrsteilnehmer in einer den Verkehr gefährdenden oder erschwerenden Weise abgelenkt oder belästigt werden. Werbeanlagen, die Zeichen oder Verkehrseinrichtungen gleichen, mit ihnen verwechselt oder deren Wirkung beeinträchtigen können, dürfen dort nicht angebracht oder sonst verwendet werden, wo sie sich auf den Verkehr auswirken können.

Buchstabe b stellt **Warenautomaten** verfahrensfrei. Erfasst sind Warenautomaten ohne Größenbegrenzung. Ihre materiell-rechtliche Beurteilung entspricht § 11 Abs. 1 bis 4 über Werbeanlagen. Warenautomaten sind damit auch in den **durch § 11 Abs. 4 besonders geschützten Baugebieten,** die insbesondere durch das Wohnen geprägt sind, **unzulässig.** Sind Warenautomaten zugleich Werbeträger, gelten die Regelungen nach § 11 Abs. 1 bis 4 unmittelbar. Warenautomaten dienen dem Verkauf von Waren ohne Verkaufspersonal durch Betätigung eines auf Geld ansprechenden Mechanismus seitens der Erwerberin oder des Erwerbers. Warenautomaten dürfen Rettungswege nicht verstellen oder einengen.

Buchstabe c stellt **Werbeanlagen, die nach ihrem erkennbaren Zweck nur vorübergehend für höchstens zwei Monate angebracht werden, im Außenbereich nur, soweit sie einem landwirtschaftlichen Betrieb dienen,** verfahrensfrei. **Neu ist die Erleichterung von Werbeanlagen im Außenbereich** für die **unmittelbare Vermarktung landwirtschaftlicher Erzeugnisse während der Erntezeit.** Der diesbezügliche Verzicht auf ein bauaufsichtliches Verfahren korrespondiert mit den Erlassen des Ministeriums für Wirtschaft, Technik und Verkehr vom 9. Juni 1995 – VII 640 a – 555.30 und des Ministeriums für Wirtschaft, Technologie und Verkehr vom 19. Juli 2002 – VII 422 – 555.30/VII 423 – 621.153.1, die für Fragen der Zulassung von Werbeanlagen für die Direktvermarktung landwirtschaftlicher Produkte an klassifizierten Straßen herangezogen werden können.

Buchstabe d stellt **Werbeanlagen, die an der Stätte der Leistung vorübergehend angebracht oder aufgestellt werden, soweit sie nicht mit dem Boden oder einer baulichen Anlage verbunden sind,** verfahrensfrei. Im Unterschied zu Buchstabe a und c setzt die Verfahrensfreiheit nach Buchstabe d bei Werbeanlagen voraus, dass die an der Stätte der Leistung vorübergehend angebrachten oder aufgestellten Werbeanlagen nicht mit dem Boden oder einer baulichen Anlage verbunden sind. Unter Verbindung mit dem Boden oder der baulichen Anlage ist nur eine konstruktive Verbindung zu verstehen, nicht eine bloße Aufstellung.

Buchstabe e stellt **Hinweisschilder an Ortseinfahrten** verfahrensfrei, die diesem Standort typischerweise funktional zugeordnet und deshalb auch unter dem Gesichtspunkt ortsplanerischer und -gestalterischer Interessen ohne Weiteres hinnehmbar sind.

Die Hinweisschilder haben **vor Ortsdurchfahrten** zu liegen. Dieses sind die Bereiche **unmittelbar vor der geschlossenen Ortslage.** Es kommt auf das äußere Bild im Straßenbereich, nicht auf eine etwaige Festsetzung durch die Straßenbehörde an (vgl. BVerwG, Urt. vom 3. September 1963 – I C 156.50 –, BVerwGE 16, 309 = BBauBl 1964, 259 = DVBl 1964, 189 = MDR 1964, 175 = DÖV 1964, 491 = Buchholz 407.4 § 9 FStrG Nr. 4). I. d. R. handelt es sich im Bereich „vor Ortsdurchfahrten" noch um den Außenbereich i. S. d. § 35 BauGB.

Buchstabe f stellt **Werbeanlagen in durch Bebauungsplan festgesetzten Gewerbe-, Industrie- und vergleichbaren Sondergebieten an der Stätte der Leistung bis zu einer Höhe von 10 m über der festgesetzten Geländeoberfläche sowie, soweit sie in, auf oder an einer bestehenden baulichen Anlage errichtet werden, die damit verbundene Änderung der Nutzung oder der äußeren Gestalt der Anlage** verfahrensfrei.

Unter dem Blickwinkel des Schutzes der gemeindlichen Planungshoheit sind diese Werbeanlagen gleichsam als **Zubehör der festgesetzten Baugebiete** zu beurteilen und nicht zusätzlich relevant. Es steht den Gemeinden frei, durch örtliche Bauvorschriften die Zulässigkeit von Werbeanlagen näher zu bestimmen. Wegen ihrer möglichen statisch-konstruktiven Schwierigkeit zur Höhe vgl. § 70 Abs. 3 Satz 1 Nr. 2 Buchst. c.

Die neue **Ergänzung in Buchstabe f** dient der **Klarstellung, dass** bei einer Errichtung von in **Nummer 12 Buchst. a bis f** geregelten Werbeanlagen in, auf oder an einer **bestehenden baulichen Anlage** die damit ggf. verbundene Änderung der Nutzung oder der äußeren Gestalt der Anlage ebenfalls von der Verfahrensfreiheit erfasst wird. Werbeanlagen können insbesondere bei Fremdwerbung an Wohngebäuden, aber auch an gewerblich genutzten Gebäuden, eine Nutzungsänderung darstellen. Mit der Ergänzung sollen zur Entlastung der Bauaufsichtsbehörden **Prüfungen eventueller Nutzungsänderungen entbehrlich** werden. Für die neue (gewerbliche) Zusatznutzung können andere bauplanungsrechtliche Anforderungen zu beachten sein, die aufgrund der Verfahrensfreistellung nicht von der Bauaufsichtsbehörde zu prüfen sind. Im Hinblick auf die unabhängig von der Verfahrensfreistellung bestehende Pflicht zur Einhaltung materieller Anforderungen enthält § 62 Abs. 1 nunmehr ausdrücklich eine (klarstellende) Regelung. Die eingefügte Ergänzung stellt zugleich eine Anpassung an die Regelung von Nummer 3 Buchst. a für Solaranlagen und von Nummer 5 Buchst. a für Mobilfunkmasten dar.

Zu Nummer 13
Vorübergehend aufgestellte oder benutzbare Anlagen

Buchstabe a stellt **Baustelleneinrichtungen einschließlich der Lagerhallen, Schutzhallen und Unterkünfte** verfahrensfrei. Bei der Einrichtung von Baustellen sind die Regelungen des **§ 12 über die Baustelle** zu beachten. Die zu den Baustelleneinrichtungen ebenfalls gehörenden **Gerüste** sind nach Buchstabe b verfahrensfrei. **Lager- und Schutzhallen** sind nur für den vorübergehenden Gebrauch auf der Baustelle verfahrensfrei. Falls sie über einen darüber hinaus reichenden Zeitraum errichtet werden sollen, sind sie genehmigungsbedürftig (OVG NRW, Beschl. vom 28. Dezember 1994 – 7 B 2739/94 –, BRS 57 Nr. 183; OVG MV, Beschl. vom 4. Januar 2006 – 3 M 144/05 –, BRS 70 Nr. 145). Stellt eine Baustelleneinrichtung selbst eine nach immissionsschutzrechtlichen Bestimmungen genehmigungsbedürftige Anlage dar, ist sie wegen des Vorrangs des Bundesrechts nicht nach landesrechtlichem Bauordnungsrecht verfahrensfrei (BVerwG, Beschl. vom 22. Februar 1988 – 7 B 28.88 –, DVBl 1988, 540). Zu den Baustelleneinrichtungen gehören **auch Lagerplätze für Baumaterialien**, die über die Größenordnung von 300 m² Fläche nach Nummer 14 Buchst. c hinausgehen. Zu den Baustelleneinrichtungen zählen auch **Unterkünfte** wie Bauwagen oder Container, die dem **vorübergehenden Aufenthalt** dienen (§ 6 Abs. 5 ArbStättVO).

Buchstabe b stellt **Gerüste** verfahrensfrei. Die am Bau Beteiligten haben im Rahmen des Baubetriebes **eigenverantwortlich** die maßgeblichen DIN-Normen zu beachten. Für die praktische Anwendung legt die Norm **DIN EN 12811-1:2003-03** Leistungsanforderungen sowie Verfahren für Entwurf, Konstruktion und Bemessung von Arbeitsgerüsten fest. Die Anforderungen gelten für Arbeitsgerüste, die das angrenzende Bauwerk zur Standsicherheit benötigen; grundsätzlich sind sie jedoch auch auf andere Arbeitsgerüste anwendbar. Sie legt darüber hinaus die Verwendung bestimmter Werkstoffe und allgemeine Regeln für vorgefertigte Gerüstbauteile fest. Auch ist die als **Technische Baubestimmung** eingeführte Norm **DIN 4421:1982-08 Traggerüste; Berechnung, **Konstruktion und Ausführung** zu beachten. Daneben sind fallbezogen weitere einschlägige DIN-Normen über Baugerüste anzuwenden.

Gerüste müssen auch den in der **Bauregelliste A** unter **lfd. Nr. 16** bekannt gemachten technischen Regeln entsprechen. Diese technischen Regeln gelten nach § 18 Abs. 2 Satz 2 als **Technische Baubestimmungen**. Die DIN-Vorschriften enthalten auch entsprechende Regelungen über Gerüstverankerungen. Zu den Baugerüsten zählen auch Gerüste als Trag-, Schal- und Stützgerüste, die als Hilfseinrichtungen zur statischen Sicherung von Bauzuständen dienen. Auch bei ihnen sind die maßgeblichen DIN-Vorschriften einzuhalten. Gerüste sind vor allem aus dem Gesichtspunkt des Arbeitsschutzes bedeutsam, der in die Zuständigkeit der **Unfallkasse Schleswig-Holstein** als **Staatliche Arbeitsschutzbehörde** fällt.

Buchstabe c stellt **Toilettenwagen** verfahrensfrei. Die Toilettenwagen müssen i. d. R. so beschaffen sind, dass sie jederzeit zum Verkehr auf öffentliche Straßen zugelassen werden können. Es handelt sich um Vorhaben, die keine Fliegenden Bauten i. S. d. § 76 zu sein brauchen, auch wenn sie i. d. R. geeignet und dazu bestimmt sind, an verschiedenen Orten wiederholt aufgestellt und zerlegt zu werden. Ihre Aufstellung kommt z. B. auf Straßen- und Volksfesten sowie im Zusammenhang mit kurzfristig aufzustellenden Behelfsbauten für die Unterbringung von Flüchtlingen und Asylbegehrenden in Betracht. Die Versorgung mit Frischwasser durch die örtlichen Versorgungsbetriebe sowie der Anschluss an die öffentliche Abwasserbeseitigung sind sicherzustellen. Für die ordnungsgemäße Beschaffenheit des Toilettenwagens sowie dessen Zulassungsfähigkeit für den öffentlichen Verkehr hat die Eigentümerin oder der Eigentümer eigenverantwortlich einzustehen.

Buchstabe d stellt **Behelfsbauten, die der Landesverteidigung, dem Katastrophenschutz oder der Unfallhilfe dienen**, verfahrensfrei. Zu den Behelfsbauten zählen insbesondere Zelte sowie einfache Gebäude, die für die Dauer eines Einsatzes – beispielsweise während einer Katastrophenschutzübung, einer Schneekatastrophe oder einer Unfallhilfe – aufgestellt werden. Zu den Anlagen gehören auch mobile Antennenträger. Die Behelfsbauten sind **ohne grundflächen- und höhenmäßige Beschränkung** verfahrensfrei.

Buchstabe e stellt bauliche Anlagen, die für höchstens drei Monate auf genehmigtem Messe- oder Ausstellungsgelände errichtet werden, ausgenommen Fliegende Bauten, verfahrensfrei. Bauliche Anlagen – gleich welcher Art – sind für die genannte Zeit auf genehmigtem Messe- oder Ausstellungsgelände verfahrensfrei. Sofern es sich um Fliegende Bauten handelt, gilt § 76. Das Messe- oder Ausstellungsgelände muss (durch eine Baugenehmigung) genehmigt sein. Durch die Baugenehmigung soll sichergestellt werden, dass das Gelände – insbesondere die Bereiche für die zu errichtenden baulichen Anlagen – den öffentlich-rechtlichen Anforderungen, insbesondere des Brandschutzes, entspricht. Falls das Gelände nicht entsprechend genehmigt ist, entfällt die Verfahrensfreiheit nach Buchstabe e.

Buchstabe f stellt Verkaufsstände und andere bauliche Anlagen auf Straßenfesten, Volksfesten und Märkten, ausgenommen Fliegende Bauten, verfahrensfrei. Erfasst sind bauliche Anlagen, die keine Fliegenden Bauten i. S. d. § 76 und – soweit sie größer sind – auch keine verfahrensfreien Gebäude nach Nummer 1 sind. Zur Abgrenzung zu Fliegenden Bauten s. § 76. Bei den verfahrensfreien baulichen Anlagen handelt es sich i. d. R. um nicht gewerbsmäßig betriebene Anlagen, die nur kurzfristig aufgestellt werden sollen. Da es sich vielfach um bauliche Anlagen handelt, die in Eigenhilfe errichtet werden, sind insbesondere Standsicherheit nach § 13 und Brandschutz nach § 15 eigenverantwortlich durch die Bauherrin oder den Bauherrn sicherzustellen. Erreichen die baulichen Anlagen Größenordnungen einer Versammlungsstätte nach § 1 VStättVO, sind durch die zuständige Ordnungsbehörde in Zusammenarbeit mit der Bauaufsichtsbehörde unter sinngemäßer Anwendung der Regelungen der VStättVO die entsprechenden Anordnungen zu treffen.

Zu Nummer 14
Plätze
Buchstabe a stellt unbefestigte Lager- und Abstellplätze, die einem land- oder forstwirtschaftlichen Betrieb im Sinne der § 35 Abs. 1 Nr. 1 und 2, § 201 BauGB dienen, verfahrensfrei. Diese Verfahrensfreistellung ist auch mit Blick auf den Schutz der gemeindlichen Planungshoheit vertretbar, weil es sich gewissermaßen um „Zubehör" planungsrechtlich privilegierter landwirtschaftlicher oder forstwirtschaftlicher Betriebe handelt. Die Plätze müssen unbefestigt und dürfen damit

nicht mit Bauprodukten wie beispielsweise Beton oder Asphalt befestigt sein. Zum Begriff „Lager- und Abstellplätze" vgl. § 2 Abs. 1 Satz 2 Nr. 2. Die Anforderungen nach dem LNatSchG und dem LWG sind zu beachten.

Buchstabe b stellt **notwendige Stellplätze mit einer Nutzfläche bis zu 50 m² je Grundstück sowie deren Zufahrten und Fahrgassen** verfahrensfrei. In die Verfahrensfreiheit fallen **nur notwendige Stellplätze, die an ein vorhandenes, zulässigerweise errichtetes oder zugelassenes Vorhaben anknüpfen.** So sind z. B. auch selbstständige Stellplätze im Außenbereich nicht erfasst, die nicht an ein dort vorhandenes, zulässigerweise errichtetes oder zugelassenes Vorhaben anknüpfen. Die **Nutzfläche von bis zu 50 m²** bezieht sich allein auf die **Fläche der notwendigen Stellplätze;** die Fläche der Zufahrten und Abfahrten zu diesen Stellplätzen wird hiervon nicht erfasst. Die **Fläche für Stellplätze** muss, um verfahrensfrei zu sein, **konkret bezeichnet** sein. Anders wäre es nicht feststellbar, ob das Vorhaben etwa mit Blick auf den Immissionsschutz den Anforderungen entspricht, die durch öffentlich-rechtliche Vorschriften an – auch verfahrensfreie – Anlagen gestellt werden (vgl. BayVGH, Beschl. vom 4. August 2004 – 15 CS 04.1648 –, BRS 67 Nr. 204 = BauR 2005, 79 = NVwZ-RR 2005, 611 = BayVBl 2005, 369 = DÖV 2005, 486 L). Die Verfahrensfreiheit **überdachter Stellplätze** (= Gebäude i. S. d. § 2 Abs. 3 und damit Garagen i. S. d. § 2 Abs. 9 Satz 2) regelt sich nach Nummer 1 Buchst. b.

Buchstabe c stellt **Ausstellungsplätze, Abstellplätze und Lagerplätze bis zu 300 m² Fläche, außer in Wohngebieten und im Außenbereich,** verfahrensfrei. Buchstabe c erfasst die dort genannten Plätze nur im Geltungsbereich von Bebauungsplänen nach § 30 BauGB, soweit sie nicht Wohngebiete oder einen (überplanten) Außenbereich betreffen, sowie innerhalb der im Zusammenhang bebauten Ortsteile nach § 34 BauGB – ausgenommen Wohngebiete . Die Regelung schließt die Verfahrensfreiheit solcher Plätze aus planungsrechtlichen Gründen in (schutzbedürftigen) Wohngebieten und im öffentlichen Interesse schutzbedürftigen Außenbereich nach § 35 BauGB aus. Plätze in diesen Gebieten unterliegen einem besonderen bauaufsichtlichen Verfahren wegen insbesondere der planungsrechtlichen Bedeutung. Auch die verfahrensfreien Plätze müssen im Rahmen der Eigenverantwortlichkeit der Bauherrinnen der Bauherren den planungsrechtlichen Anforderungen des BauGB genügen. Lagerplätze sind planungsrechtlich nach den §§ 8 und 9 BauNVO nur in Gewerbe- und Industriegebieten zulässig; Entsprechendes gilt in tatsächlich vorhandenen Baugebieten nach § 34 Abs. 2 BauGB. Darüber hinaus sind Lagerplätze auch grundsätzlich in Gebieten nach § 34 Abs. 1 BauGB zulässig, die keinem Gebiet der BauNVO zuzuordnen sind, aber u. a. durch bestehende Lagerplätze geprägt sind.

Buchstabe d stellt (notwendige) **Kleinkinderspielplätze i. S. d.** § 8 **Abs. 2 Satz 1** verfahrensfrei. Da materiell-rechtlich zulässige Kleinkinderspielplätzenach näherer Maßgabe des § 14 Abs. 1 BauNVO in den Baugebieten grundsätzlich allgemein zulässig sind, wird mit der Festsetzung eines Baugebiets oder beim faktischen Vorliegen eines solchen Baugebiets und der Errichtung von in diesem Gebiet zulässigen Bauvorhaben zugleich die Errichtung der dafür (notwendigen) Kleinkinderspielplätze in Kauf genommen. Entsprechendes gilt sinngemäß, wenn das bestehende Baugebiet keinem Baugebiet nach der BauNVO zugeordnet werden kann (sog. „Gemengelage"). Kleinkinderspielplätze sind **planungsrechtlich** auf die **Nähe zur Wohnbebauung** angewiesen. Sie sind als deren sinnvolle Ergänzung im allgemeinen und reinen Wohngebiet grundsätzlich zulässig. Die mit der bestimmungsgemäßen Nutzung verbundenen Beeinträchtigungen sind von den Nachbarinnen und Nachbarn deshalb hinzunehmen (vgl. BVerwG, Urt. vom 12. Dezember 1991 – 4 C 5.88 –, BRS 52 Nr. 47 = BauR 1992, 338 = ZfBR 1992, 144 = UPR 1992, 184 = NJW 1992, 1779 = NuR 1993, 76 = BayVBl 1992, 410 = Buchholz 406.12 § 3 BauNVO Nr. 7 = DVBl 1992, 577 L = NVwZ 1992, 884 L = DÖV 1992, 638 L = StädteT 1992, 391 L).

Zu Nummer 15
Sonstige Anlagen
Buchstabe a stellt **Fahrradabstellanlagen** verfahrensfrei, und zwar mit und auch ohne Witterungsschutz. Soweit allerdings Fahrradabstellanlagen in Gebäuden oder unter Schutzdächer gestellt werden sollen, sind diese Gebäude oder Schutzdächer für sich selbst zu beurteilen. Soweit es sich dabei um Gebäude nach Nummer 1 handelt, sind sie in den dort genannten Größenordnungen verfahrensfrei. Soweit es sich um notwendige Garagen – auch als sog. Carports – i. S. d. Nummer 1

Buchst. b handelt, sind sie nur für ihren Nutzungszweck – der Abstellung von Kraftfahrzeugen – unter den dort genannten Voraussetzungen verfahrensfrei. Dieses schließt als Nebennutzung das Abstellen von Fahrrädern nicht aus. Zum Abstellen von Fahrrädern kommen hier in der Hauptsache die in Nummer 1 Buchst. b genannten „nach § 6 Abs. 7 Satz 1 Nr. 3 genutzten Räume bis zu 20 m² Grundfläche" in Betracht.

Buchstabe b stellt **Zapfsäulen und Tankautomaten genehmigter Tankstellen** verfahrensfrei. Diese sind für sich baurechtlich nicht relevant. **Tankstellen** bedürfen einer **Erlaubnis** nach § 18 Betriebssicherheitsverordnung (BetrSichV).

Buchstabe c stellt **Regale bis zu einer Höhe von 7,50 m Oberkante Lagergut** verfahrensfrei. Oberhalb der Höhe **von 7,50 m Oberkante Lagergut** werden diese Anlagen aus **Gründen der Standsicherheit** – auch entsprechend der MBO – **baurechtlich bedeutsam**; vgl. auch § 51 Abs. 2 Nr. 16.

Buchstabe d stellt **Grabdenkmale auf Friedhöfen, Feldkreuze, Denkmäler und Skulpturen jeweils mit einer Höhe bis zu 4 m** verfahrensfrei. Der Begriff „Denkmal" steht **nicht** im Zusammenhang mit dem Denkmalschutzgesetz; erfasst sind mit dem Begriff insbesondere Erinnerungs- und Mahnmale (VGH BW, Urt. vom 1. Februar 1993 – 8 S 1594/92 –, BRS 55 Nr. 194). Denkmale sind solche Anlagen, die an bestimmte Personen oder Ereignisse erinnern oder deren alleiniger Zweck es ist, an bestimmte Ereignisse zu gemahnen. Allein der Umstand, dass ein Gegenstand ein gewisses Alter erreicht hat oder nicht mehr seiner ursprünglichen Bestimmung entsprechend verwendet wird und damit auch Erinnerungen an frühere Zeiten wachhält, macht ihn nicht zu einem Denkmal.

Buchstabe e stellt die **Herstellung oder Änderung künstlicher Hohlräume unter der Erdoberfläche bis zu 100 m³ Rauminhalts** verfahrensfrei. In derartigen künstlichen Hohlräumen sind **Aufenthaltsräume nicht** zulässig. Die künstlichen Hohlräume können z. B. Lagerzwecken dienen. Schutzbauten i. S. d. früheren Schutzbaugesetzes vom 9. September 1965 (BGBl. I S. 1232), aufgehoben d. Art. 7 Abs. 2 Nr. 3 des Ges. vom 25. März 1997 (BGBl. I S. 726), dienen im Bedarfsfall bestimmungsgemäß einem längeren Aufenthalt von Personen und sind deshalb nicht nach Buchstabe e verfahrensfrei. Bei unterirdischen Anlagen für die Telekommunikation, für die öffentliche Versorgung mit Elektrizität, Gas, Öl, Wärme und Wasser oder die öffentliche Abwasserbeseitigung greift regelmäßig die weitergehende Regelung der Nummer 4 Buchst. b.

Buchstabe f stellt **untergeordnete bauliche Anlagen mit einem Brutto-Rauminhalt bis zu 30 m³ – im Außenbereich bis zu 10 m³ – verfahrensfrei.** Der unbestimmte Rechtsbegriff „untergeordnet" ist eng auszulegen.

Buchstabe g stellt **andere unbedeutende Anlagen oder unbedeutende Teile von Anlagen wie Hauseingangsüberdachungen, Markisen, Rollläden, Terrassen, Maschinenfundamente, Straßenfahrzeugwaagen, Pergolen, Jägerstände, Wildfütterungen, Bienenfreistände, Taubenhäuser, Hofeinfahrten und Teppichstangen** verfahrensfrei. Der unbestimmte Rechtsbegriff „unbedeutend" ist eng auszulegen. Buchstabe g enthält – mit einem (offenen) **Katalog von Beispielen zur Orientierung** – einen **Auffangtatbestand** für andere unbedeutende Anlagen und Teile von Anlagen, die nicht durch Absatz 1 erfasst worden sind. Beispielsweise fallen unter Terrassen nur ebenerdige Terrassen oder nur Terrassen geringer Höhe; Überdachungen ebenerdige Terrassen fallen unter Nummer 1 Buchst. g. **Dachterrassen** sind grundsätzlich **nicht** verfahrensfrei.

Zu Absatz 2
Verfahrensfreiheit der Änderung der Nutzung von Anlagen
Nummer 1 stellt **die Änderung der Nutzung von Anlagen** verfahrensfrei, **wenn für die neue Nutzung keine anderen öffentlich-rechtlichen Anforderungen als für die bisherige Nutzung in Betracht kommen, die im bauaufsichtlichen Verfahren zu prüfen sind.** Nach der bisherigen Regelung war ein bauaufsichtliches Genehmigungsverfahren bei Nutzungsänderungen erforderlich, wenn an die neue Nutzung andere öffentlich-rechtliche Anforderungen gestellt werden. Dieses galt unabhängig davon, ob diese anderen Anforderungen im bauaufsichtlichen Genehmigungsverfahren Gegenstand der Prüfung sein konnten. Verfahrenspflichtig war daher beispielsweise die Umwandlung eines Einzelhandelbetriebs ohne Beachtung besonderer lebensmittelrechtlicher Vorschriften in einen Einzelhandelsbetrieb, in dem lebensmittelrechtliche Vorschriften zu beachten waren. Für beide gelten die gleichen bauplanungs- und bauordnungsrechtlichen Regelungen. Zusätzlich waren

jedoch Anforderungen des Lebensmittelrechts zu beachten, auch wenn diese im dann folgenden Genehmigungsverfahren nicht zu prüfen sind. Durch die **Änderung des Absatzes 2 Nr. 1** mit der Ergänzung „die im bauaufsichtlichen Verfahren zu prüfen sind" **entfällt die Verfahrenspflicht von Nutzungsänderungen, bei denen nur öffentliches Recht berührt wird, das nicht zum aufgedrängten Recht gehört** (vgl. LT-Drs. 18/2778, S. 79). Der **Kreis der verfahrensfreien Nutzungsänderungen** ist damit **erweitert** worden, indem nur noch solche **Anforderungen an die neue Nutzung zur Baugenehmigungsbedürftigkeit** einer Nutzungsänderung führen, die im **umfassenden Baugenehmigungsverfahren Prüfgegenstand sein können.** Das gilt also auch, wenn es sich um im Rahmen der bautechnischen Nachweise nach § 70 abzuarbeitende bauordnungsrechtliche Anforderungen handelt. Ergeben sich beispielsweise aus der neuen Nutzung nach § 70 andere Anforderungen hinsichtlich des Standsicherheits- und bzw. oder Brandschutznachweises, ist das Vorhaben nicht verfahrensfrei.

Im Übrigen bleibt es bei der bisherigen Rechtsanwendung. **Andere öffentlich-rechtliche Anforderungen** gelten nicht nur, wenn andere Vorschriften für die neue Nutzung maßgeblich sind, sondern auch, wenn das neue Vorhaben nach derselben Rechtsnorm (z. B. § 34 BauGB) anders zu beurteilen sein kann (OVG Lüneburg, Beschl. vom 27. Oktober 1978 – 1 B 78/78 –, BRS 33 Nr. 128; Urt. vom 25. Mai 1978 – 1 A 196/73 –, OVGE 34, 412; Urt. vom 12. Juni 1986 – 1 A 109/85 –, n. v.), z. B. hinsichtlich des Immissionsschutzes, des Brandschutzes, der Anzahl der Stellplätze, der Standsicherheit, des Schallschutzes oder der Abstandflächen (OVG Schleswig, Urt. vom 7. Februar 1995 – 1 L 41/94 –, n. v.; Urt. vom 30. Mai 1995 – 1 L 193/94 –, n. v.; Urt. vom 4. Dezember 1996 – 1 L 345/95 –, n. v; BayVGH, Urt. vom 18. Mai 1982 – 1.B 179/79 –, BayVBl 1983, 656).

Nummer 2 stellt – konsequent – ergänzend zu Absatz 1 die **Änderung der Nutzung verfahrensfreier Anlagen** ihrerseits verfahrensfrei. Voraussetzung für die verfahrensfreie Änderung der Nutzung einer Anlage ist nach alledem, dass alle Voraussetzungen für eine verfahrensfreie Errichtung oder Änderung der Anlage nach Absatz 1 tatsächlich vorlägen.

Zu Absatz 3
Verfahrensfreiheit bzw. vereinfachtes Anzeigeverfahren für die Beseitigung von Anlagen
Absatz 3 regelt
– die **Verfahrensfreiheit der Beseitigung** von Anlagen und
– für die **Beseitigung** nicht verfahrensfreier Anlagen ein **vereinfachtes Anzeigeverfahren.**

Absatz 3 Satz 1 bis 3 stellt klar, dass es **neben der Verfahrensfreiheit der Beseitigung** von Anlagen nach **Satz 1** nur ein **vereinfachtes Anzeigeverfahren** gibt.

Absatz 3 Satz 1 stellt die Beseitigung von Anlagen verfahrensfrei, bei denen die Beseitigung zumindest in aller Regel keine statisch-konstruktiven Schwierigkeiten aufwirft und auch mit Blick auf das Nachbarschaftsverhältnis keiner formalisierten bauaufsichtlichen Handhabung bedarf. Dieses sind
– die nach Absatz 1 verfahrensfreien Anlagen (**Nummer 1**),
– die freistehenden Gebäude der Gebäudeklassen 1 und 3 (**Nummer 2**),
– sonstige Anlagen, die keine Gebäude sind, mit einer Höhe bis zu 10 m (**Nummer 3**).

Die durch Satz 1 erfassten Anlagen sind nach **Satz 2** allerdings **nur** verfahrensfrei, soweit es sich **nicht um Kulturdenkmale** handelt.

Nach **Absatz 3 Satz 3** ist die **beabsichtigte Beseitigung** von
– **nicht nach Satz 1 verfahrensfrei gestellten Anlagen und Gebäuden sowie**
– **Anlagen und Gebäuden nach Satz 2**
mindestens **einen Monat zuvor** der Bauaufsichtsbehörde **anzuzeigen.**
Inhalt und Bauvorlagen ergeben sich aus der Bauvorlagenverordnung – abgedruckt unter C . Die **Anzeige** bezweckt eine – bewusst verfahrensrechtlich nicht näher ausgestaltete – Information der Bauaufsichtsbehörde, auf die sie in der ihr jeweils nach Lage der Dinge angezeigt erscheinenden Weise reagieren kann; Rechtsgrundlage für etwaige bauaufsichtliche Maßnahmen ist § 59 Abs. 1.

Nach dem **neu eingefügten Satz 4** gelten die Sätze 1 und 3 **nicht** für die **genehmigungsbedürftige Beseitigung kerntechnischer Anlagen.** Satz 4 **stellt klar,** dass die Beseitigung endgültig stillgelegter Anlagen oder Anlagenteilen nach § 7 Abs. 3 AtG genehmigungsbedürftig ist. Diese

Genehmigung schließt die baurechtliche Genehmigung ein (§ 62 Abs. 2 Satz 1). Damit wird deutlich, dass die Beseitigung dieser Anlagen genehmigungsbedürftig ist.

Absatz 3 Sätze 5 bis 7 regeln – mit einem demjenigen nach § 70 Abs. 2 und 3 vergleichbaren systematischen Ansatz – die Anforderungen an die bautechnischen Nachweise hinsichtlich der Standsicherheit in den **Fällen**, in denen das **zu beseitigende Gebäude** an **andere Gebäude angebaut** ist:

– Nach **Satz 5** muss bei der Beseitigung von **Gebäuden der Gebäudeklasse 2** – in Anlehnung an die MBO – die Standsicherheit von Gebäuden, an die das zu beseitigende Gebäude angebaut ist, von einer **Person aus der Liste nach § 15 Abs. 1 Satz 1 Nr. 5 ArchIngKG** bestätigt sein.

– Nach **Satz 6** gilt im Übrigen aus Sicherheitsgründen das **Vier-Augen-Prinzip**: Bei **sonstigen nicht freistehenden Gebäuden** muss die Standsicherheit von Gebäuden, an die das zu beseitigende Gebäude angebaut ist, **bauaufsichtlich geprüft** sein. **Satz 6 Halbsatz 2** erstreckt dies **auch** auf Fälle, in denen die Standsicherheit anderer Gebäude bei der Beseitigung der von Halbsatz 1 erfassten Gebäude **auf andere Weise** als dadurch beeinträchtigt werden kann, dass sie an das zu beseitigende Gebäude angebaut sind, insbesondere durch Veränderungen des Baugrunds; die Regelung ermöglicht auch der Bauaufsichtsbehörde, entsprechende Anforderungen zu stellen.

– **Satz 7** enthält eine **Bagatellklausel**, nach der – wegen des damit verbundenen geringen Risikopotenzials – die vorstehend beschriebenen Anforderungen nicht gelten, wenn das Gebäude, an welches das zu beseitigende Gebäude angebaut ist, verfahrensfrei ist.

– Nach **Satz 8** sind in den **Fällen der anzeigepflichtigen Beseitigung** die Vorschriften über die **Baubeginnsanzeige** des § 73 Abs. 6 Satz 1 Nr. 3 und Abs. 8 sinngemäß anzuwenden.

Zu Absatz 3
Instandhaltungsarbeiten
Nach **Absatz 4** sind **Instandhaltungsarbeiten** verfahrensfrei. Eine **Instandhaltung** umfasst die **Erhaltung oder Unterhaltung und die Instandsetzung** einer Anlage. Die **Instandhaltung** umfasst Maßnahmen, die der Wiederherstellung des einwandfreien baurechtlichen Zustan-

des einer Anlage dienen und die den Bestand einer Anlage oder Einrichtung unter Beibehaltung des bisherigen Nutzungszwecks unverändert lassen. Durch Instandhaltungsarbeiten werden zerstörte oder schadhafte Bauteile wiederhergerichtet, Mängel oder Schäden beseitigt durch Maßnahmen, die den **bisherigen Zustand** im **Wesentlichen unverändert** lassen oder ihn wiederherstellen und erhalten. Baurechtlich erhebliche Abweichungen vom bisherigen Zustand, die eine bauaufsichtliche Überprüfung notwendig machen, fallen nicht darunter. Zu Instandhaltungsarbeiten gehören u. a. eine fachgerechte Erneuerung zerstörter oder schadhafter Bauteile, eine Ausbesserung oder Erneuerung des Außenputzes oder Erneuerung des Anstrichs eines Gebäudes. Solche Arbeiten, die (nur) die weitere Nutzung des Bestandes in der bisherigen Weise ermöglichen, sind vom Bestandsschutz gedeckt (BVerwG, Urt. vom 18. Oktober 1974 – 4 C 75.71 –, BVerwGE 47, 126 = BRS 28 Nr. 114 = BauR 1975, 114 = DVBl 1975, 501 = VerwRspr 27, 38 = BayVBl 1975, 479 = Buchholz 406.11 § 35 BBauG Nr. 113). Nicht mehr um bloße Instandhaltungsmaßnahmen handelt es sich, wenn die Arbeiten der Qualität nach so intensiv sind, dass sie praktisch zu einem wesentlich neuen Bauwerk führen (BVerwG, Urt. vom 17. Januar 1986 – 4 C 80.82 –, NJW 1986, 2126; OVG Schleswig, Urt. vom 20. Februar 1997 – 1 L 29/96 –, n. v.). Instandhaltungsarbeiten bei bestandsgeschützten baulichen Anlagen sind im Rahmen des Bestandsschutzes nach Art. 14 GG materiell-rechtlich zulässig, auch wenn sie dem nunmehr geltenden Recht nicht (mehr) entsprechen.

Nach **Absatz 4** verfahrensfreie Instandhaltungsarbeiten können nach dem Denkmalschutzgesetz der Genehmigung bedürfen, wenn ein als Kulturdenkmal eingetragenes Vorhaben durch die Instandhaltungsarbeiten verändert werden soll. In solchen Fällen hat die Bauherrin oder der Bauherr einen Antrag auf Genehmigung der Veränderung des eingetragenen Kulturdenkmals direkt an die untere Denkmalschutzbehörde zu richten.

§ 64   Bauantrag und Bauvorlagen

(1) [1]Über den Bauantrag entscheidet die untere Bauaufsichtsbehörde. [2]Der Bauantrag ist schriftlich bei der Gemeinde einzureichen. [3]Diese hat ihn

unverzüglich, spätestens jedoch innerhalb einer Woche nach Eingang, an die untere Bauaufsichtsbehörde weiterzuleiten. [4]**Die Gemeinde soll mit der Übersendung des Bauantrages eine Stellungnahme abgeben; § 36 Absatz 2 des Baugesetzbuchs bleibt unberührt.**

(2) [1]Mit dem Bauantrag sind alle für die Beurteilung des Bauvorhabens und die Bearbeitung des Bauantrages erforderlichen Unterlagen (Bauvorlagen) einzureichen. [2]Es kann gestattet werden, dass einzelne Bauvorlagen nachgereicht werden. [3]Mit dem Bauantrag gelten alle nach anderen öffentlich-rechtlichen Vorschriften für die Errichtung, Änderung, Nutzung oder die Beseitigung von Anlagen oder Werbeanlagen erforderlichen Anträge auf Genehmigung, Zustimmung, Bewilligung und Erlaubnis als gestellt, soweit durch Rechtsvorschriften nichts anderes bestimmt ist. [4]§ 71 **Absatz 2** bleibt unberührt.

(3) In besonderen Fällen kann zur Beurteilung der Einwirkung der Anlage auf die Umgebung verlangt werden, dass die Anlage in geeigneter Weise auf dem Grundstück dargestellt wird.

(4) [1]Die Bauherrin oder der Bauherr und die Entwurfsverfasserin oder der Entwurfsverfasser haben den Bauantrag, die Entwurfsverfasserin oder der Entwurfsverfasser auch die Bauvorlagen zu unterschreiben. [2]Die von Fachplanerinnen oder Fachplanern nach § 55 Absatz 2 bearbeiteten Unterlagen müssen von diesen unterschrieben sein. [3]Die Bauaufsichtsbehörde kann von der Bauherrin oder dem Bauherrn, die oder der nicht Grundstückseigentümerin oder Grundstückseigentümer ist, die Vorlage einer Zustimmungserklärung der Grundstückseigentümerin oder des Grundstückseigentümers zu dem Bauvorhaben fordern.

Erläuterungen

1. Allgemeines

§ 64 enthält die **Anforderungen** an den **Bauantrag** und die **Bauvorlagen.** Ergänzt werden die gesetzlichen Regelungen über die Bauvorlagen durch die **BauVorlVO** – abgedruckt unter C . Die Bestimmungen über **Bauantrag und Bauvorlagen** sowie die Regelungen über die (verfahrensmäßige) **Behandlung des Bauantrages nach** § 67 bilden eine **Einheit.** Daneben gelten die allgemeinen Bestimmungen des LVwG über das Verwaltungsverfahren, soweit ihnen nicht spezielle Regelungen der LBO oder der Verordnungen aufgrund der LBO vorgehen. Die **Legaldefinition der Bauvorlagen** nach **Absatz 2 Satz 1** hat Bedeutung für das

– Baugenehmigungsverfahren nach § 67,
– vereinfachte Baugenehmigungsverfahren nach § 69,
– Verfahren der Genehmigungsfreistellung nach § 68 sowie
– Anzeigeverfahren der beabsichtigten Beseitigung von Anlagen nach § 63 Abs. 3 Satz 2;

darüber hinaus ist die Legaldefinition der Bauvorlagen bedeutsam für andere Regelungen wie die nach der PPVO.

2. Bauantrag

2.1 Allgemeines

Nach **Absatz 1 Satz 1** i. V. m. § 73 Abs. 1 ist ein **Bauantrag Voraussetzung** für die Erteilung eine **Baugenehmigung**. Nach **Satz 1** entscheidet über den **Bauantrag** die untere Bauaufsichtsbehörde. Nach **Satz 2** ist der Bauantrag schriftlich bei der **Gemeinde** einzureichen. Ein direktes Einreichen der Antragsunterlagen bei der Bauaufsichtsbehörde des Kreises verkürzt keine Fiktionsfristen. Erst wenn die Unterlagen von der Gemeinde beim Kreis vorliegen, beginnen die Fiktionsfristen zu laufen (OVG Schleswig, Beschl. vom 28. März 2012 – 1 LA 6/12 –, und VG Schleswig, Urt. vom 9. Dezember 2011 – 8 A 113/10 –, beide n. v.). Satz 2 ist keine reine verfahrensrechtliche Regelung; die Bestimmung **sichert auch** die **gemeindliche Planungshoheit ab,** so dass bei deren Nichteinhaltung die gemeindliche Planungshoheit verletzt werden kann (Nieders. OVG, Urt. vom 25. Februar 1994 – 1 L 5673/92 –, BRS 56 Nr. 150). Sollte eine Bauherrin oder ein Bauherr den Bauantrag versehentlich unmittelbar bei der unteren Bauaufsichtsbehörde einreichen, muss sie der Gemeinde eine Ausfertigung des Antrages zur Stellungnahme zuleiten. Es entspricht ständiger Rechtsprechung, dass eine Gemeinde dann in ihren Rechten verletzt wird, wenn eine Baugenehmigung (oder ein positiver Bauvorbescheid) ohne das nach § 36 Abs. 1 BauGB erforderliche gemeindliche Einvernehmen erteilt wird.

Die **Pflicht der Gemeinde** nach **Satz 3**, den Bauantrag unverzüglich, spätestens jedoch innerhalb einer Woche nach Eingang, an die untere

Bauaufsichtsbehörde weiterzuleiten, dient der **Verfahrensbeschleunigung**; es ist nicht erforderlich, innerhalb dieser Zeit auch das evtl. erforderliche Einvernehmen zu erteilen. Die Frist für die Entscheidung über die Erteilung des Einvernehmens ergibt sich bundesrechtlich aus § 36 Abs. 2 BauGB. Der neue **Satz 4 dient** ebenfalls der **Verfahrensbeschleunigung.** Die Sachinformationen zum Baugrundstück sind für die weitere Bearbeitung des Bauantrags für die untere Bauaufsichtsbehörde sehr hilfreich. Deshalb ist es sehr wichtig, dass die untere Bauaufsichtsbehörde diese **Informationen möglichst rechtzeitig** und unabhängig von der Entscheidung hinsichtlich des gemeindlichen Einvernehmens erhält. Die Entscheidung über das Einvernehmen kann innerhalb der nach § 36 BauGB festgesetzten Frist nachgereicht werden.

2.2 Anforderungen

Nach **Absatz 2 Satz 1** sind mit dem Bauantrag alle für die Beurteilung des Vorhabens und die Bearbeitung des Bauantrages erforderlichen Unterlagen (**Bauvorlagen**) einzureichen. Die erforderlichen Bauvorlagen ergeben sich aus der **Bauvorlagenverordnung** – abgedruckt unter C.

Nach **Satz 2** kann die Bauaufsichtsbehörde gestatten, dass einzelne Bauvorlagen nachgereicht werden.

Nach **Satz 3** gelten mit dem Bauantrag alle **nach anderen öffentlich-rechtlichen Vorschriften** für die Errichtung, Änderung, Nutzung oder Beseitigung von Anlagen oder Werbeanlagen **erforderlichen Anträge** auf Genehmigung, Zustimmung, Bewilligung und Erlaubnis als gestellt, soweit durch Rechtsvorschriften nichts anderes bestimmt ist. Diese zwingende Regelung liegt im öffentlichen Interesse. Das Gesetz hat die Tätigkeit und Entscheidung verschiedener mit dem Bauvorhaben und seiner Überprüfung befasster Fachbehörden koordiniert und zur Erreichung eines optimalen Ergebnisses im Interesse der Allgemeinheit und zur Wahrung ihrer Belange, nicht einer einzelnen Bauherrin oder eines einzelnen Bauherrn, zusammengefasst (OVG Lüneburg, Urt. vom 27. April 1989 – 3 A 222/88 –, n. v.).

Die Regelung nach **Satz 4** macht mit dem Hinweis auf § 71 Abs. 2 deutlich, dass mit einem Bauantrag zwar die in Satz 3 genannten Anträge, aber nicht gleichzeitig erforderliche Zulassungsanträge für Abweichungen vom materiellen Bauordnungsrecht sowie von Ausnahmen und Befreiungen nach § 31 BauGB als gestellt gelten.

3. Darstellung der Anlage auf dem Grundstück

Absatz 3 dient **besonders gelagerten Einzelfällen**, in denen die Bauaufsichtsbehörde verlangen kann, dass die bauliche Anlage in geeigneter Weise auf dem Grundstück – z. B. im Hinblick auf die künftigen Umrisse – dargestellt wird.

4. Unterschriften

Nach **Absatz 4 Satz 1** haben die **Bauherrin oder der Bauherr** und die **Entwurfsverfasserin oder der Entwurfsverfasser** den Bauantrag, die Entwurfsverfasserin oder der Entwurfsverfasser auch die Bauvorlagen zu **unterschreiben**.
Soweit die Entwurfsverfasserin oder der Entwurfsverfasser mangels eigener Sachkunde und Erfahrung auf einzelnen Fachgebieten geeignete Fachplanerinnen oder Fachplaner nach § 55 Abs. 2 heranzieht, müssen diese nach **Satz 2** die von ihnen bearbeiteten Bauvorlagen unterschreiben. Satz 2 ist entsprechend den Regelungen zu den am **Bau Beteiligten** gefasst. Als „Sachverständige" oder „Sachverständiger" i. S. d. Gesetzes wird nur verstanden, wer eine (Fach-)Planung einer oder eines anderen beurteilt (Vier-Augen-Prinzip), nicht aber, wer – unter Einsatz eigenen Sachverstands – fachkundig plant. **Fehlende Unterschriften** sind **erhebliche Mängel**, die regelmäßig zur **Aufforderung der Behebung der Mängel** nach § 67 Abs. 2 führen. Es ist vertretbar, die Bauvorlagen von der Entwurfsverfasserin oder dem Entwurfsverfasser allein im Original unterschreiben zu lassen und die Kopien dieser im Original unterschriebenen Bauvorlagen von der Bauaufsichtsbehörde anzuerkennen, wenn sie zweifelsfrei dem jeweiligen original unterschriebenen Bauantrag zugeordnet werden können.
Nach **Satz 3** kann die Bauaufsichtsbehörde nach pflichtgemäßem Ermessen von der Bauherrin oder dem Bauherrn, die oder der nicht Grundstückseigentümerin oder Grundstückseigentümer ist, die Vorlage einer **Zustimmungserklärung** der Grundstückseigentümerin oder des Grundstückseigentümers zu dem Bauvorhaben fordern. Die Bauaufsichtsbehörde muss in diesem Fall in Ausübung des pflichtgemäßen Ermessens entscheiden, ob sie eine Zustimmungserklärung der Grund-

stückseigentümerin oder des Grundstückseigentümers anfordert. Für eine solche Anforderung muss ein besonderer Grund vorliegen. Der Anspruch auf Erteilung einer Baugenehmigung findet seine Grundlage neben einem möglichen Eigentum auch in dem Recht auf Entfaltungsfreiheit nach Art. 2 Abs. 1 GG und setzt insoweit ein Recht an dem Grundstück nicht voraus (BVerwG, Urt. vom 23. März 1973 – IV C 49.71 –, BVerwGE 42, 115 = BRS 27 Nr. 130 = NJW 1973, 1518 = GewArch 1974, 156 = BayVBl 1973, 590 = MDR 1973, 787 = JZ 1973, 628 = JuS 1973, 717 = DWW 1974, 189 = Buchholz 406.11 § 36 BBauG Nr. 10; OVG Schleswig, Urt. vom 27. Juni 1995 – 1 L 89/94 –, BRS 57 Nr. 199 = NuR 1996, 478 = SchlHA 1995, 324 = Die Gemeinde 1996, 15). Ein Sachbescheidungsinteresse für die Durchführung eines Baugenehmigungsverfahrens kann dann verneint werden, wenn die Antragstellerin oder der Antragsteller aus Gründen, die außerhalb des von ihr oder ihm geplanten Vorhabens liegen, an einer Verwertung der begehrten Genehmigung gehindert und deshalb die beantragte Genehmigung für sie oder ihn „ersichtlich nutzlos" wäre.

§ 65   Bauvorlageberechtigung

(1) [1]Bauvorlagen für die nicht verfahrensfreie Errichtung und Änderung von Gebäuden müssen von einer Entwurfsverfasserin oder einem Entwurfsverfasser, welche oder welcher bauvorlageberechtigt ist, unterschrieben werden (§ 64 Absatz 4 Satz 1). [2]§ 55 Absatz 1 bleibt unberührt.

(2) Die Beschränkungen des Absatzes 1 gelten nicht
1. für Bauvorlagen, die üblicherweise von Fachkräften mit anderer Ausbildung als nach Absatz 3 bis 5 verfasst werden, und
2. bei geringfügigen oder technisch einfachen Bauvorhaben.

(3) Bauvorlageberechtigt ist, wer aufgrund
1. des Architekten- und Ingenieurkammergesetzes die Berufsbezeichnung „Architektin" oder „Architekt" zu führen berechtigt ist,
2. des § 9 Absatz 1 des Architekten- und Ingenieurkammergesetzes in die Liste der bauvorlageberechtigten Ingenieurinnen oder Ingenieure eingetragen ist oder bei deren oder dessen Tätigkeit als auswärtige Ingenieurin oder Ingenieur die Voraussetzungen des § 9a des Architekten- und Ingenieurkammergesetzes vorliegen,
3. des Architekten- und Ingenieurkammergesetzes die Berufsbezeichnung „Innenarchitektin" oder „Innenarchitekt" zu führen berechtigt ist

für die zu den Berufsaufgaben der Innenarchitektin oder des Innenarchitekten gehörenden Planungen nach § 1 Absatz 1 Nummer 2 des Architekten- und Ingenieurkammergesetzes oder

4. des Architekten- und Ingenieurkammergesetzes die Berufsbezeichnung „Landschaftsarchitektin" oder „Landschaftsarchitekt" zu führen berechtigt ist für die zu den Berufsaufgaben der Landschaftsarchitektin oder des Landschaftsarchitekten gehörenden Planungen nach § 1 Absatz 1 Nummer 3 des Architekten- und Ingenieurkammergesetzes.

(4) Bauvorlageberechtigt für Wohngebäude der Gebäudeklasse 1 und untergeordnete eingeschossige Anbauten an bestehende Wohngebäude der Gebäudeklassen 1 bis 3 sind auch Diplomingenieurinnen oder Diplomingenieure, Bachelor- und Master-Absolventinnen oder –Absolventen der Studiengänge Architektur, Hochbau oder Bauingenieurwesen, die an einer Wissenschaftlichen Hochschule, Fachhochschule oder gleichrangigen Bildungseinrichtung das Studium erfolgreich abgeschlossen haben, sowie Meisterinnen oder Meister des Maurer, Zimmerer-, Beton- und Stahlbetonbauerhandwerks und staatlich geprüfte Technikerinnen oder Techniker.

(5) [1]Unternehmen dürfen Bauvorlagen als Entwurfsverfasserin oder Entwurfsverfasser unterschreiben, wenn sie diese unter der Leitung einer oder eines Bauvorlageberechtigten nach den Absätzen 3 und 4 aufstellen. [2]Auf den Bauvorlagen ist der Name der oder des Bauvorlageberechtigten anzugeben.

(6) [1]Entwurfsverfasserinnen und Entwurfsverfasser nach den Absätzen 3 und 4 müssen ausreichend berufshaftpflichtversichert oder in sonstiger Weise für ihre Tätigkeit adäquat haftpflichtversichert sein. [2]Das Bestehen des Versicherungsschutzes für Entwurfsverfasserinnen und Entwurfsverfasser nach Absatz 3 überwacht die Architekten- und Ingenieurkammer Schleswig-Holstein. [3]Sie ist zuständige Stelle im Sinne des § 117 Absatz 2 des Versicherungsvertragsgesetzes vom 23. November 2007 (BGBl. I S. 2631), zuletzt geändert durch **Artikel 15 des Gesetzes vom 19. Februar 2016 (BGBl. I S. 254)**. [4]Die Entwurfsverfasserinnen und Entwurfsverfasser sind verpflichtet, den Bauherrinnen und Bauherren sowie der Architekten- und Ingenieurkammer im Einzelfall bestehende Haftungsausschlussgründe unverzüglich zu offenbaren.

Erläuterungen

1. Allgemeines

§ 65 enthält die konkreten **Anforderungen an die Bauvorlageberechtigung**, während § 55 die allgemeinen Anforderungen an Entwurfsverfasserinnen oder Entwurfsverfasser regelt. Danach müssen Bauvorlagen für die **nicht verfahrensfreie Errichtung und Änderung von Gebäuden** von einer Entwurfsverfasserin oder einem Entwurfsverfasser – ausgenommen die in Absatz 2 genannten Anlagen – unterschrieben werden. Diese Bauvorlagen müssen, mit Ausnahme der in den Absätzen 2 und 4 erfassten Fälle,
– von **Architektinnen oder Architekten oder**
– von **bauvorlageberechtigten Ingenieurinnen oder Ingenieuren**
gefertigt werden.

2. Erfordernis der Bauvorlageberechtigung

Nach **Absatz 1 Satz 1** müssen die Bauvorlagen für die **nicht verfahrensfreie Errichtung** und **Änderung** von **Gebäuden,** also
– **genehmigungsbedürftige** Gebäude oder
– der **Genehmigungsfreistellung** nach § 68 unterliegende Gebäude
von einer **bauvorlageberechtigten Entwurfsverfasserin oder einem bauvorlageberechtigten Entwurfsverfasser** unterschrieben werden (§ 64 Abs. 4 Satz 1). Zweck dieser Regelung ist die Sicherung der Gefahrenabwehr, der Wirtschaftlichkeit, der rationellen Gestaltung, der Funktionsfähigkeit und der Wahrung der Baukultur.
Nach **Satz 2** bleibt § 55 Abs. 1 unberührt; die Entwurfsverfasserin oder der Entwurfsverfasser muss die Voraussetzungen dieser Vorschrift einhalten. **Nicht** von Absatz 1 **erfasst** sind **reine** genehmigungspflichtige **Nutzungsänderungen,** die **nicht** mit genehmigungsbedürftigen oder der Genehmigungsfreistellung unterliegende Änderungen verbunden sind. Hierfür sind auch andere Personen befugt, die Bauvorlagen zu fertigen. Gleiches gilt für bauliche Anlagen, die keine Gebäude i. S. dieser Regelung sind, wie z. B. Werbeanlagen oder Einfriedungen. Nicht erfasst von Absatz 1 sind auch Vorbescheidsanträge, z. B. zur Frage der planungsrechtlich zulässigen Bebaubarkeit eines Grundstückes.

3. Ausnahmen vom Erfordernis der Bauvorlageberechtigung

Nach **Absatz 2** gelten die **Beschränkungen des Absatzes 1 nicht** für
– Bauvorlagen, die **üblicherweise** von **Fachkräften mit anderer Ausbildung** als nach Absatz 3 bis 5 **verfasst** werden (**Nummer 1**), und
– bei **geringfügigen** oder **technisch einfachen Bauvorhaben** (**Nummer 2**).

Bauvorlagen, die „**üblicherweise**" i. S. d. **Nummer 1** von Fachkräften
mit anderer Ausbildung als nach Absatz 3 bis 5 verfasst werden, sind
beispielsweise solche für **Windenergieanlagen;** dieses gilt sinngemäß
für **Werbeanlagen** und **Einfriedungen.** Der Begriff „üblicherweise" beschreibt beispielsweise bei Windenergieanlagen insbesondere Personen, die an der Entwicklung und Konstruktion von Windenergieanlagen beteiligt sind.

Nummer 2 enthält eine **generalklauselartige Regelung** dahingehend,
dass die Bauvorlageberechtigung auch für „geringfügige und technisch
einfache Bauvorhaben" nicht erforderlich ist. Die insoweit im Einzelfall ggf. erforderliche vorsorgliche Abstimmung mit der Bauaufsichtsbehörde erscheint der Bauherrin oder dem Bauherrn zumutbar.

4. Bauvorlageberechtigung

4.1 Umfassend bauvorlageberechtigte Personen

Absatz 3 Nr. 1 und 2 führt die **umfassend bauvorlageberechtigten Personen** auf. Umfassend bauvorlageberechtigt sind **Architektinnen und
Architekten** sowie die aufgrund des § 9 Abs. 1 ArchIngKG in die Liste
der **bauvorlageberechtigten Ingenieurinnen oder Ingenieure** eingetragenen Personen und die Personen, die als auswärtige Ingenieurinnen
oder Ingenieure die Voraussetzungen des § 9 a ArchIngKG erfüllen
oder als bauvorlageberechtigte Ingenieurinnen oder Ingenieure in der
entsprechenden Liste eines anderen Bundeslandes eingetragen sind.
Soweit Personen aus einem anderen Bundesland in keiner entsprechenden Liste eingetragen sind, hat die Bauaufsichtsbehörde **von sich aus**
zu prüfen, ob die auswärtigen Ingenieurinnen oder Ingenieure die in
§ 9 Abs. 1 ArchIngKG genannten Voraussetzungen erfüllen.

Absatz 3 Nr. 3 regelt für die **Innenarchitektinnen und Innenarchitekten** die **Bauvorlageberechtigung** für die zu den **Berufsaufgaben der
Innenarchitektin** oder des **Innenarchitekten** gehörenden **Planungen**

nach § 1 Abs. 1 Nr. 2 ArchIngKG. Nach § 67 und § 69 genehmigungsbedürftige sowie nach § 68 genehmigungsfreigestellte Vorhaben betreffen normalerweise nicht die mit den Berufsaufgaben der Innenarchitektin oder des Innenarchitekten verbundenen Tätigkeiten.
Gleichwohl gibt es Fälle, bei denen (zugleich) genehmigungsbedürftige
oder der Genehmigungsfreistellung unterliegende Baumaßnahmen an-
fallen. Nummer 3 ermöglicht es den Innenarchitektinnen oder Innenarchitekten, auch in diesen Fällen die **erforderlichen Bauvorlagen** zu
erstellen.
Absatz 3 Nr. 4 regelt die **Bauvorlageberechtigung für Landschaftspla-
nerinnen und Landschaftsplaner** – in analoger Weise wie für die Innenarchitektinnen oder Innenarchitekten in Nummer 3 – für die zu
den Berufsaufgaben der Landschaftsarchitektin oder des Landschaftsarchitekten gehörenden Planungen nach § 1 Abs. 1 Nr. 3 ArchIngKG.

4.2 Eingeschränkt bauvorlageberechtigte Personen

Absatz 4 regelt eine **eingeschränkte Bauvorlageberechtigung** für die
dort aufgeführten Personen. Danach sind bauvorlageberechtigt für
– **Wohngebäude der Gebäudeklasse 1** und
– **untergeordnete eingeschossige Anbauten an bestehende Wohngebäude der Gebäudeklassen 1 bis 3**
auch Diplomingenieurinnen oder Diplomingenieure, Bachelor- und
Master-Absolventinnen oder Absolventen der Studiengänge Architektur, Hochbau oder Bauingenieurwesen, die an einer Wissenschaftlichen Hochschule, Fachhochschule oder gleichrangigen Bildungseinrichtung das Studium erfolgreich abgeschlossen haben, sowie
Meisterinnen oder Meister des Maurer-, Zimmerer-, Beton- und Stahlbetonbauerhandwerks und staatlich geprüfte Technikerinnen oder
Techniker. Für diese Vorhaben sowie solche baulichen Anlagen, die
die Größenordnung dieser Vorhaben nicht überschreiten – wie Garagen nach § 12 BauNVO oder Nebenanlagen nach § 14 BauNVO –,
ist das **Baugenehmigungsverfahren nach § 67** durchzuführen, soweit
die Anlagen nicht verfahrensfrei nach § 63 sind.
Der Begriff „**Wohngebäude der Gebäudeklasse 1**" erfasst **nicht zwei
aneinander gebaute, im Übrigen aber freistehende Wohngebäude, wie
etwa Doppelhäuser,** die durch ihre einseitige Grenzbebauung nicht
mehr freistehend i. S. d. Gebäudeklasse 1 sind. Bereits durch einen ein-

seitigen Anbau an ein anderes Gebäude sind Gebäude nicht mehr allseitig freistehend i. S. dieser Vorschrift (vgl. VG Schleswig, Urt. vom 4. Oktober 1988 – 8 A 6/88 –, n. v.). „Wohngebäude" dürfen auch Nutzungen nach § 13 BauNVO enthalten. Absatz 4 erfasst außerdem untergeordnete eingeschossige Anbauten an bestehende Wohngebäude der Gebäudeklassen 1 bis 3. „**Untergeordnet**" bedeutet bei eingeschossigen Anbauten, dass sie dem Wohngebäude insbesondere **räumlich-gegenständlich** untergeordnet sind.

4.3 Unternehmen als Entwurfsverfasser

Absatz 5 regelt die **Bauvorlageberechtigung für Unternehmen** und trägt dem Umstand Rechnung, dass Bauunternehmen unter ihrem Firmennamen als Entwurfsverfasser auftreten. In diesem Fall muss das Unternehmen namentlich angeben, welche bauvorlagenberechtigte Person für den Entwurf verantwortlich ist. Unternehmen dürfen Bauvorlagen als Entwurfsverfasserin oder Entwurfsverfasser unterschreiben, wenn sie diese unter **Leitung einer oder eines Bauvorlageberechtigten nach den Absätzen 3 oder 4** aufstellen. Unternehmen sind umfassend bauvorlageberechtigt, wenn die Bauvorlagen unter Leitung einer oder eines Bauvorlageberechtigten nach Absatz 3 Nr. 1 oder 2 aufgestellt sind, und eingeschränkt bauvorlageberechtigt, wenn es sich dabei um eine Person nach Absatz 4 handelt.

5. Nachweis der Bauvorlageberechtigung

Die **Bauaufsichtsbehörden** haben in **allen bauaufsichtlichen Verfahren** darauf zu achten, dass die Bauvorlageberechtigung nachgewiesen ist, d. h. die Bauvorlagen **in den erforderlichen Fällen** von einer **bauvorlageberechtigten Entwurfsverfasserin oder einem bauvorlageberechtigten Entwurfsverfasser** nach Absatz 1 Satz 1 **unterschrieben** worden sind.

6. Haftpflichtversicherung

Nach **Absatz 6 Satz 1** müssen **Entwurfsverfasserinnen und Entwurfsverfasser** nach den Absätzen 3 und 4 **ausreichend berufshaftpflichtversichert** oder in sonstiger Weise für ihre Tätigkeit **adäquat haftpflichtversichert** sein. Im Hinblick auf die **Berufshaftpflichtversicherungspflicht** für **Entwurfsverfasserinnen und Entwurfsverfasser** nach Absatz 3 beträgt die **Mindestdeckungssumme** nach der Landesverordnung zur Festsetzung der Mindestversicherungssumme der Berufshaftpflichtversicherung vom 27. Mai 2008 (GVOBl. Schl.-H. S. 289), geändert d. VO vom 17. Mai 2013 (GVOBl. Schl.-H. S. 226), für jeden Versicherungsfall 1,5 Mio. Euro für Personenschäden und 250 000 Euro für Sach- und Vermögensschäden. **Auch Aufstellerinnen oder Aufsteller der bautechnischen Nachweise** aus der Liste nach § 15 Abs. 1 Satz 1 Nr. 5 ArchIngKG müssen **ausreichend berufshaftpflichtversichert** sein (§ 70 Abs. 2 Satz 2).

Entwurfsverfasserinnen und Entwurfsverfasser nach Absatz 4 müssen für ihre Tätigkeit **adäquat haftpflichtversichert** sein. Die Bauaufsichtsbehörden haben bei nicht verfahrensfreien Vorhaben auf das Vorliegen einer **Berufshaftpflichtversicherung** oder **adäquater Haftpflichtversicherung** der Entwurfsverfasserinnen und Entwurfsverfasser nach den Absätzen 3 und 4 zu achten. Die von der Landesverordnung zur Festsetzung der Mindestversicherungssumme der Berufshaftpflichtversicherung bestimmte **Angemessenheit** gibt auch Anhaltspunkte dafür, welche Anforderungen an eine adäquate Haftpflichtversicherung zu stellen sind, wenn sie an die Stelle der Berufshaftpflichtversicherung treten soll.

Nach **Absatz 6 Satz 2 überwacht** das Bestehen des Versicherungsschutzes für **Entwurfsverfasserinnen und Entwurfsverfasser nach Absatz 3** die **Architekten- und Ingenieurkammer Schleswig-Holstein;** die Kammer ist nach **Absatz 6 Satz 3** zuständige Stelle i. S. d. § 117 Abs. 2 des Gesetzes über den Versicherungsvertrag. Die Entwurfsverfasserinnen und Entwurfsverfasser nach den Absätzen 3 und 4 und die Aufstellerinnen oder Aufsteller der bautechnischen Nachweise sind nach **Absatz 6 Satz 4** verpflichtet, den Bauherrinnen und Bauherren sowie der Architekten- und Ingenieurkammer im Einzelfall bestehende Haftungsausschlussgründe unverzüglich zu offenbaren.

Eine ausreichende Berufshaftpflichtversicherung für die Personen nach Absatz 3 und die Aufstellerinnen und Aufsteller der bautechnischen Nachweise ist insbesondere auch aufgrund ihrer **besonderen Verantwortung** im Rahmen der Genehmigungsfreistellung nach § 68 und des vereinfachten Baugenehmigungsverfahrens nach § 69 erforderlich. Die **adäquate Haftpflichtversicherung der Entwurfsverfasserinnen und**

Entwurfsverfasser nach Absatz 4 dient dem **Verbraucherschutz** und ist zwingend einzuhalten.

§ 66 Vorbescheid

[1]Vor Einreichen des Bauantrages ist auf Antrag der Bauherrin oder des Bauherrn zu einzelnen Fragen des Bauvorhabens ein Vorbescheid zu erteilen. [2]Der Vorbescheid gilt drei Jahre. [3]§ 64, § 67 Absatz 1, 2 und 5, § 69 Absatz 5 bis 9, §§ 72, 73 Absatz 1 bis 4 und § 75 Absatz 2 gelten entsprechend.

Erläuterungen

1. Allgemeines

Ein **Vorbescheid** kann die Vorbereitung von Bauvorhaben erheblich erleichtern und der Bauherrin oder dem Bauherrn Kosten für die Fertigung der Bauvorlagen ersparen, weil zur Erlangung eines Vorbescheides nicht alle Bauvorlagen wie bei einem Bauantrag eingereicht werden müssen. Der Vorbescheid verschafft der Bauherrin oder dem Bauherrn frühzeitig Klarheit über wesentliche Aspekte ihres oder seines Vorhabens.

2. Begriff und Rechtsnatur

Der Vorbescheid ist die **verbindliche befristete Feststellung** der Bauaufsichtsbehörde, dass dem Vorhaben im Umfang der Entscheidung nach dem im Entscheidungszeitpunkt geltenden **öffentlichen Recht keine Hindernisse** entgegenstehen. Insoweit ist ein **bestandskräftiger Vorbescheid** ein **vorweggenommener Ausschnitt aus dem feststellenden Teil der späteren Baugenehmigung** (BVerwG, Urt. vom 3. Februar 1984 – 4 C 39.82 –, BVerwGE 69, 1 = BRS 42 Nr. 170 = BauR 1984, 384 = ZfBR 1984, 144 = NJW 1984, 1473 = UPR 1984, 237 = DÖV 1984, 852 = Buchholz 406.11 § 14 BBauG Nr. 10; OVG Schleswig, Urt. vom 18. Februar 1993 – 1 L 241/91 –, n. v.). Die nachfolgende Baugenehmigung übernimmt den Inhalt des bestandskräftigen Vorbescheides nur noch redaktionell, ohne dass die Bauaufsichtsbehörde eine neue Entscheidung zu treffen hat (BVerwG, Urt. vom 9. Dezember 1983 – 4 C 44.80 –, BVerwGE 68, 241 = BRS 40

Nr. 176 = BauR 1984, 164 = NJW 1984, 1474 = VBlBW 1984, 273 = BayVBl 1984, 189 = Buchholz 406.11 § 36 BBauG Nr. 31); Urt. vom 17. März 1989 – 4 C 14.85 –, BRS 49 Nr. 168 = BauR 1989, 454 = ZfBR 1989, 170 = DVBl 1989, 673 = NVwZ 1989, 863 = Buchholz 406.19 Nachbarschutz Nr. 88; OVG Schleswig, Urt. vom 18. Februar 1993 – 1 L 241/91 –, n. v.).

Das gilt allerdings nicht für den noch anfechtbaren Vorbescheid. Dessen Inhalt muss in der Baugenehmigung in der Art eines Zweitbescheides erneut geregelt werden. Die Bauaufsichtsbehörde kann die durch den Vorbescheid eingetretene Bindungswirkung innerhalb der Bindungsfrist nur durch Widerruf oder Rücknahme des begünstigenden Verwaltungsaktes aufheben. Der unanfechtbare Vorbescheid setzt sich gegenüber nachfolgenden Sach- und Rechtsänderungen, soweit sie die entschiedene Voranfrage betreffen, durch, auch gegenüber einer geänderten Rechtslage, wie einer Änderung eines Bebauungsplanes oder dem Erlass einer Veränderungssperre.

3. Anwendungsbereich

Aus **Satz 1 „vor Einreichen des Bauantrages"** sowie dem Sinn und Zweck des Rechtsinstituts als Vorabentscheidung folgt, dass der Vorbescheid i. d. R. nur bei **genehmigungsbedürftigen** Bauvorhaben i. S. d. § 62 Abs. 1 in Betracht kommt. Für Vorhaben, die dem **vereinfachten Baugenehmigungsverfahren** nach § 69 unterliegen, ist für einen Vorbescheid grundsätzlich nur Raum, soweit die Fragen der Prüfungspflicht der Bauaufsichtsbehörde unterworfen sind. Daneben gilt der Vorbescheid gemäß Verweisung in § 77 Abs. 5 für Vorhaben, die der **bauaufsichtlichen Zustimmung** nach § 77 Abs. 1 bedürfen.

Da der Vorbescheid zu „einzelnen Fragen des Bauvorhabens" ergeht, beschränkt sich sein Anwendungsbereich nicht allein auf das Bauordnungsrecht. **Gegenstand des Vorbescheides** können **alle öffentlich-rechtlichen Vorschriften** sein, über die die Bauaufsichtsbehörde im Rahmen ihrer **Sachentscheidungskompetenz** eigenverantwortlich zu befinden hat. Ein Vorbescheid kann daher nicht über privatrechtliche Rechtsverhältnisse ergehen; vgl. Satz 3 i. V. m. § 73 Abs. 3. Ferner kann **kein Vorbescheid** bezüglich öffentlich-rechtlicher Fragen erteilt werden, über die in **einem anderen Verfahren abschließend zu entscheiden** ist (BVerwG, Urt. vom 4. Juli 1986 – 4 C 31.84 –,

BVerwGE 74, 315 = ZfBR 1986, 240 = UPR 1987, 107 = DVBl 1986, 1273 = NuR 1987, 125 = NJW 1987, 1713 = GewArch 1989, 102 = DÖV 1987, 293 = RdL 1987, 37 = Buchholz 406.27 § 48 BBergG Nr. 1 = NVwZ 1987, 789 L = DWW 1986, 250 L). Dies gilt auch, wenn für die Entscheidung über Abweichungen, Ausnahmen und Befreiungen nach einem Fachgesetz nicht die Bauaufsichtsbehörde, sondern die Fachbehörde nach außen hin abschließend zuständig ist wie beispielsweise nach § 29 Abs. 3 StrWG der Träger der Straßenbaulast für eine Ausnahme vom Anbauverbot an Land- und Kreisstraßen außerhalb von Ortsdurchfahrten (vgl. OVG Lüneburg, Urt. vom 4. September 1980 – 6 A 39/79 –, BRS 36 Nr. 170 = NdsRpfl 1981, 61).

Hat ein Vorbescheid lediglich die **bauplanungsrechtliche Zulässigkeit eines Vorhabens** zum Gegenstand, ist von einer **Bebauungsgenehmigung** die Rede (vgl. BVerwG, Urt. vom 10. Mai 1968 – IV C 8.67 –, BRS 20 Nr. 142 = NJW 1969, 73 = BayVBl 1969, 61 = DÖV 1969, 143 = Buchholz 406.11 § 21 BBauG Nr. 6; Urt. vom 9. Dezember 1983 – 4 C 44.80 –, BVerwGE 68, 241 = BRS 40 Nr. 176 = BauR 1984, 164 = NJW 1984, 1474 = VBlBW 1984, 273 = BayVBl 1984, 189 = Buchholz 406.11 § 36 BBauG Nr. 31 = ZfBR 1984, 153 L = NVwZ 1984, 435 L = VR 1984, 255 L = DÖV 1984, 860 L; Urt. vom 17. März 1989 – 4 C 14.85 –, BRS 49 Nr. 168 = BauR 1989, 454 = ZfBR 1989, 170 = DVBl 1989, 673 = NVwZ 1989, 863 = Buchholz 406.19 Nachbarschutz Nr. 88 = NJW 1989, 3031 L = JuS 1990, 422 L = DÖV 1990, 37 L). Da es hierfür an bundesrechtlichen Verfahrensregelungen fehlt, unterliegt die Bebauungsgenehmigung in vollem Umfang den landesrechtlichen Regeln des Vorbescheides nach § 66 (vgl. BVerwG, Urt. vom 3. Februar 1984 – 4 C 39.82 –, BVerwGE 69, 1 = BRS 42 Nr. 170 = BauR 1984, 384 = ZfBR 1984, 144 = UPR 1984, 237 = NJW 1984, 1473 = VR 1984, 181 = DÖV 1984, 852 = Buchholz 406.11 § 14 BBauG Nr. 10 = NVwZ 1984, 435 L). Die Bebauungsgenehmigung ist als dessen Unterfall zu betrachten. Die Bauvoranfrage räumt der Bauherrin oder dem Bauherrn im Rahmen einer **Bebauungsgenehmigung** die Möglichkeit ein, vor Erstellung zum Teil aufwendiger Bauvorlagen für die Dauer von drei Jahren eine verbindliche Entscheidung der Bauaufsichtsbehörde über die Frage der grundsätzlichen Realisierbarkeit ihres oder seines Vorhabens einzuholen (vgl. OVG Saarland, Beschl.

vom 17. Juli 2011 – 2 B 231/11 –, BRS 78 Nr. 165 = BauR 2012,
612 = NVwZ-RR 2011, 888 L). Die Frage der bauplanungsrechtlichen Zulässigkeit kann im Baugenehmigungsverfahren oder auch im
Vorbescheidsverfahren geklärt werden. Soll sie vor Einreichung eines
Bauantrages geklärt werden, besteht die Möglichkeit des Vorbe-
scheidsverfahrens.

4.   Geltungsdauer

Der Vorbescheid gilt nach **Satz 2 drei Jahre**. Die Frist kann auf schriftlichen Antrag jeweils **bis zu zwei Jahren** verlängert werden (**Satz 3**
i. V. m. § 75 Abs. 2); sie kann **auch rückwirkend** verlängert werden,
wenn der Antrag **vor Fristablauf** bei der Bauaufsichtsbehörde eingegangen ist. Soll die Bindungswirkung des Vorbescheides greifen, muss
der Bauantrag innerhalb der Geltungsdauer des Vorbescheides bei der
Bauaufsichtsbehörde eingegangen sein.

Nach **Satz 3** gelten im Vorbescheidsverfahren in **weiten Teilen** die **Regelungen des Baugenehmigungsverfahrens**. Nach § 64 Abs. 1 ist der
Vorbescheidsantrag bei der Gemeinde einzureichen. Auch im Rahmen
des Bauvorbescheidsverfahrens hat die Bauaufsichtsbehörde nach
§ 67 Abs. 5, soweit andere Behörden zuständig sind, die für die Errichtung, Änderung, Nutzung oder die Beseitigung von Anlagen und
Werbeanlagen nach anderen öffentlich-rechtlichen Vorschriften erforderlichen Genehmigungen, Zustimmungen, Bewilligungen und Erlaubnisse einzuholen und mit dem Vorbescheid gleichzeitig auszuhändigen, soweit durch Rechtsvorschriften nichts anderes bestimmt ist.
Der Vorbescheid ist ein Verwaltungsakt i. S. d. § 106 LVwG und kann
daher nach § 107 LVwG mit Nebenbestimmungen versehen werden.

Im **Vorbescheidsverfahren** gelten auch die **Verfahrensregelungen des**
§ 69 Abs. 5 bis 9 des vereinfachten Baugenehmigungsverfahrens entsprechend. Zur **Anwendbarkeit der Fristenregelung des § 69 Abs. 9**
im Bauvorbescheidsverfahren ist zu beachten, **dass Satz 3 eine Rechts-
grundverweisung** mit der Folge darstellt, dass auch im Bauvorbescheidsverfahren die **Genehmigungsfiktion nach § 69 Abs. 9 nur** eintritt, wenn es sich auch um Vorhaben handelt, die in das **vereinfachte**
Baugenehmigungsverfahren fallen oder durch Entscheidung der Bauherrin oder des Bauherrn fallen können. § 69 Abs. 12 ermöglicht
wahlweise der Bauherrin oder dem Bauherrn, für Vorhaben nach § 68

anstelle des Verfahrens der Genehmigungsfreistellung auch das vereinfachte Baugenehmigungsverfahren nach § 69 durchführen zu lassen. Die **Genehmigungsfiktion** tritt mithin **nicht** ein, wenn ein **Sonderbau** i. S. d. § 51 **Gegenstand einer Bauvoranfrage** ist (OVG Schleswig, Urt. vom 19. Februar 2004 – 1 LB 63/03 –, n. v.; VG Schleswig, Urt. vom 8. Dezember 2015 – 2 A 277/13 –, juris Rn. 125 m. w. N.).

§ 67   Behandlung des Bauantrages

(1) [1]Die Bauaufsichtsbehörde hört zum Bauantrag die Gemeinde und diejenigen Stellen,

1. deren Beteiligung oder Anhörung für die Entscheidung über den Bauantrag durch Rechtsvorschrift vorgeschrieben ist, oder
2. ohne deren Stellungnahme die Genehmigungsfähigkeit des Bauantrags nicht beurteilt werden kann;

die Beteiligung oder Anhörung entfällt, wenn die Gemeinde oder die jeweilige Stelle dem Bauantrag bereits vor Einleitung des Baugenehmigungsverfahrens zugestimmt hat. [2]Bedarf die Erteilung der Baugenehmigung der Zustimmung oder des Einvernehmens einer anderen Körperschaft, Behörde oder sonstigen Stelle, so gilt diese als erteilt, wenn sie nicht einen Monat nach Eingang des Ersuchens unter Angabe der Gründe verweigert wird; von der Frist nach Halbsatz 1 abweichende Regelungen durch Rechtsvorschrift bleiben unberührt. [3]Stellungnahmen bleiben unberücksichtigt, wenn sie nicht innerhalb eines Monats nach Aufforderung zur Stellungnahme bei der Bauaufsichtsbehörde eingehen, es sei denn, die verspätete Stellungnahme ist für die Rechtmäßigkeit der Entscheidung über den Bauantrag von Bedeutung.

(2) [1]Ist der Bauantrag unvollständig oder weist er sonstige erhebliche Mängel auf, fordert die Bauaufsichtsbehörde die Bauherrin oder den Bauherrn zur Behebung der Mängel innerhalb einer angemessenen Frist auf, die zwei Monate nicht überschreiten soll. [2]Werden die Mängel innerhalb dieser Frist nicht behoben, gilt der Antrag als zurückgenommen.

(3) [1]Legt die Bauherrin oder der Bauherr Bescheinigungen einer sachverständigen Person oder sachverständigen Stelle im Sinne einer Verordnung nach § 83 Absatz 4 Satz 1 Nummer 4 in Verbindung mit Satz 2 und 3 vor, so wird vermutet, dass die bauaufsichtlichen Anforderungen insoweit erfüllt sind. [2]Die Bauaufsichtsbehörde kann die Vorlage solcher Bescheinigungen verlangen. [3]§ 70 bleibt unberührt.

(4) Die nicht prüfpflichtigen bautechnischen Nachweise müssen bei Baubeginn der Bauherrin oder dem Bauherrn, die prüfpflichtigen bautechnischen Nachweise müssen spätestens zehn Werktage vor Baubeginn geprüft bei der Bauaufsichtsbehörde vorliegen.

(5) [1]Die Bauaufsichtsbehörde hat, soweit andere Behörden zuständig sind, die für die Errichtung, Änderung, Nutzung oder Beseitigung von Anlagen nach anderen öffentlich-rechtlichen Vorschriften erforderlichen Genehmigungen, Zustimmungen, Bewilligungen und Erlaubnisse einzuholen und mit der Baugenehmigung gleichzeitig auszuhändigen, soweit durch Rechtsvorschriften nichts anderes bestimmt ist. [2]Versagt eine andere Behörde, die nach anderen öffentlich-rechtlichen Vorschriften dazu befugt ist, diese Genehmigung, Bewilligung oder Erlaubnis, so teilt sie dies, wenn bauaufsichtliche Gründe dem Bauantrag nicht entgegenstehen, unter Benachrichtigung der Bauaufsichtsbehörde der Antragstellerin oder dem Antragsteller durch schriftlichen Bescheid unmittelbar mit.

(6) Soweit die Errichtung, Änderung oder Beseitigung baulicher Anlagen für den Nachweis der Liegenschaften in öffentlichen Registern von Bedeutung ist, hat die Bauaufsichtsbehörde die registerführende Behörde über die erteilte Baugenehmigung und die durch die Genehmigungsfreistellung nach § 68 erfassten Bauvorhaben zu unterrichten.

(7) [1]Personenbezogene Daten, die der Bauaufsichtsbehörde im Zusammenhang mit von ihr durchzuführenden Verwaltungsverfahren bekannt werden, dürfen an Behörden und sonstige öffentliche Stellen übermittelt werden, soweit
1. dies für die Einholung einer Genehmigung, Zustimmung, Bewilligung oder Erlaubnis nach anderen öffentlich-rechtlichen Vorschriften erforderlich ist (Absatz 5, § 64 Absatz 2),
2. dies notwendig ist, um die Vereinbarkeit mit öffentlich-rechtlichen Vorschriften zu prüfen oder
3. dadurch die gesetzlich vorgeschriebene Fortführung des Nachweises der Liegenschaften in öffentlichen Registern gewährleistet wird,
an andere Stellen daneben auch, soweit
4. es erforderlich ist, dass die Bauaufsichtsbehörde sich zur ordnungsgemäßen Erfüllung ihrer Aufgaben der besonderen Sachkunde der Stellen bedient.
[2]Außerdem darf die Bauaufsichtsbehörde Baubeginn und Lage des Baugrundstücks an andere Behörden und sonstige öffentliche Stellen zur Bekämpfung der Schwarzarbeit und illegalen Beschäftigung nach dem Schwarzarbeitsbekämpfungsgesetz vom 23. Juli 2004 (BGBl. I S. 1842), zuletzt geändert durch **Artikel 2 des Gesetzes vom 2. Dezember 2014**

(BGBl. I S. 1922), übermitteln. [3]Darüber hinaus dürfen personenbezogene Daten an andere Behörden, sonstige öffentliche Stellen oder andere Stellen nur mit Einwilligung der Bauherrin oder des Bauherrn oder aufgrund besonderer gesetzlicher Zulassungen übermittelt werden. [4]Die Bauaufsichtsbehörde hat, wenn die Bauherrin oder der Bauherr entsprechende zusätzliche Bauvorlagen einreicht, die Übermittlung ohne Nennung von Namen und Anschrift der Bauherrin oder des Bauherrn, der Entwurfsverfasserin oder des Entwurfsverfassers und der oder des Bauvorlageberechtigten vorzunehmen, wenn der Zweck der Übermittlung auch auf diese Weise ohne zusätzliche Erschwerung erreicht werden kann.

(8) [1]Liegen die Voraussetzungen für das vereinfachte Baugenehmigungsverfahren nach § 69 vor, soll die Bauaufsichtsbehörde unter Benachrichtigung der Bauherrin oder des Bauherrn das Vorhaben in dieses Verfahren übernehmen, wenn die Bauherrin oder der Bauherr nicht innerhalb von drei Wochen nach Zugang der Benachrichtigung widerspricht; der Ablauf der Frist gilt als Eingang der Bauvorlagen nach § 69 Absatz 6. [2]Satz 1 gilt nicht für verfahrensfreie Vorhaben nach § 63.

Erläuterungen

1. Allgemeines

§ 67 über die **Behandlung des Bauantrages** gilt sowohl für das normale (umfassende) als auch – soweit § 69 nicht konkret etwas anderes bestimmt – für das vereinfachte Baugenehmigungsverfahren nach § 69; eingeschlossen ist jeweils das Verfahren zur Erteilung einer Teilbaugenehmigung nach § 74 (zur Bindungswirkung einer Teilbaugenehmigung s. OVG Schleswig, Beschl. vom 17. November 1994 – 1 M 65/94 –, juris).

Unter das **normale (umfassende) Baugenehmigungsverfahren** fallen zunächst einmal **Sonderbauten** nach § 51 Abs. 2, deren Bauvorlagen von einer **bauvorlageberechtigten Person** i. S. d. § 65 Abs. 3 erstellt werden müssen, **sowie Wohngebäude der Gebäudeklasse 1 und untergeordnete eingeschossige Anbauten an bestehende Wohngebäude der Gebäudeklassen 1 bis 3,** deren Bauvorlagen eine (**eingeschränkt**) **bauvorlageberechtigte Person** i. S. d. § 65 Abs. 4 erstellt hat. Das normale Baugenehmigungsverfahren findet außerdem Anwendung auf genehmigungsbedürftige reine Nutzungsänderungen nach § 65 Abs. 1 (die keinen Sonderbau entstehen lassen) sowie genehmigungsbedürftige

Vorhaben nach § 65 Abs. 2, wenn die Bauvorlagen von einer nicht bauvorlageberechtigten oder nur eingeschränkt bauvorlageberechtigten Person erstellt worden sind.

Unter das **vereinfachte Baugenehmigungsverfahren nach** § 69 fallen alle Anlagen, die nicht im normalen Baugenehmigungsverfahren zu prüfen sind, für die kein Genehmigungsfreistellungsverfahren nach § 68 stattfindet und die auch nicht nach § 63 bauaufsichtlich verfahrensfrei gestellt sind. Die Bauvorlagen müssen im vereinfachten Baugenehmigungsverfahren von einer **bauvorlageberechtigten Person** i. S. d. § 65 Abs. 3 erstellt werden.

Für **Unterkünfte** bis einschließlich Gebäudeklasse 4, die der Unterbringung von **Flüchtlingen oder Asylbegehrenden** dienen, gelten die formellen und materiellen **Sonderregelungen des** § 85a.

2.   Anhörung oder Beteiligung von Stellen (Absatz 1)

Absatz 1 dient der **Klärung** aller öffentlich-rechtlich bedeutsamen Gesichtspunkte im Baugenehmigungsverfahren. Denn eine Baugenehmigung darf nach dem ergänzten § 73 Abs. 1 Satz 1 nur erteilt werden, wenn dem Vorhaben keine öffentlich-rechtlichen Vorschriften entgegenstehen, **die im bauaufsichtlichen Genehmigungsverfahren zu prüfen sind; die Bauaufsichtsbehörde darf den Bauantrag auch ablehnen, wenn das Bauvorhaben gegen sonstige öffentlich-rechtliche Vorschriften verstößt.**

Die Bauaufsichtsbehörde muss dementsprechend nach **Satz 1 Halbsatz 1** die **Gemeinde und** diejenigen **Stellen hören,** deren Beteiligung oder Anhörung für die Entscheidung über den Bauantrag **durch Rechtsvorschrift vorgeschrieben** ist **(Nummer 1),** oder ohne deren Stellungnahme die **Genehmigungsfähigkeit** des Bauantrags **nicht beurteilt werden kann (Nummer 2);** hat die Gemeinde oder die jeweilige Stelle dem Bauantrag **bereits** vor Einleitung des Baugenehmigungsverfahrens **zugestimmt, entfällt** die Beteiligung oder Anhörung **(Halbsatz 2).**

Rechtsvorschriften, die eine Beteiligung von Fachstellen vorschreiben, sind beispielsweise

– § 9 Abs. 2 FStrG,
– § 30 Abs. 1 Satz 1 und Abs. 2 StrWG,
– § 24 Abs. 2 Satz 2 und 3 LWaldG,

- § 11 Abs. 1 Satz 1 LNatSchG i. V. m. § 17 Abs. 1 BNatSchG,
- § 11 Abs. 1 Satz 2 LNatSchG i. V. m. § 18 Abs. 3 Satz 1 BNatSchG,
- § 67 Abs. 5 Satz 1 LBO i. V. m. § 51 und § 35 Abs. 4 LNatSchG,
- § 67 Abs. 5 Satz 1 LBO i. V. m. § 12 Abs. 1 und § 13 DSchG,
- § 12 Abs. 2 Satz 1 und Abs. 3 LuftVG,
- § 14 LuftVG.

Ohne Stellungnahme einer Fachstelle nicht beurteilungsfähig sind beispielsweise Vorhaben, die in hochwassergefährdeten Gebieten realisiert werden sollen.

Zur **Beschleunigung des Verfahrens** räumt **Satz 2 Halbsatz 1** einer anderen Körperschaft, Behörde oder sonstigen Stelle **im Regelfall** (zur Ausnahme s. Halbsatz 2) eine **landesrechtliche Frist** von **maximal einen Monat ab Eingang** des **Ersuchens** der Bauaufsichtsbehörde ein, die Zustimmung oder das Einvernehmen zu erteilen oder **unter Angabe der Gründe** zu verweigern. Die **Zustimmung oder** das **Einvernehmen** ist eine **Beteiligungsform mit** dem **stärksten Einfluss** auf das Baugenehmigungsverfahren. Die positive **Entscheidung der Bauaufsichtsbehörde** wird damit **vom Einverständnis der anderen Stelle abhängig** gemacht. Zustimmung und Einvernehmen sind empfangsbedürftige Willenserklärungen, die **erst wirksam** werden, **wenn sie** der Bauaufsichtsbehörde **zugehen** (vgl. BayVGH, Beschl. vom 27. Oktober 2000 – 1 ZS/CS 00.2727 –, BRS 63 Nr. 119 = BauR 2001, 926 = NVwZ-RR 2001, 364 = ZfBR 2001, 140 = DÖV 2001, 257, m. w. N., und Urt. vom 30. Juli 2013 – 15 B 12.147 –, BRS 81 Nr. 172 = BauR 2014, 68 = DVBl 2013, 1400). Sie sind **behördenintern** zu erklären und stellen **keinen Verwaltungsakt** dar, der mit einer Verpflichtungsklage selbstständig erstritten werden könnte (BVerwG, Urt. vom 29. Mai 1968 – IV C 24.66, – NJW 1968, 2351 = DÖV 1969, 145 = Buchholz 406.11 § 36 BBauG Nr. 5); zum Erlass eines Verwaltungsaktes ist nur die Bauaufsichtsbehörde befugt. Geht bei der Bauaufsichtsbehörde **innerhalb der Einmonatsfrist keine schriftliche Verweigerung unter Angabe von Gründen** ein, **gilt** die **Zustimmung oder** das **Einvernehmen als erteilt.** Die Zustimmung oder das Einvernehmen **gelten auch als erteilt, wenn** zwar noch rechtzeitig **vor Ablauf der Einmonatsfrist** eine schriftliche **Verweigerung** der Zustimmung oder des Einvernehmens unter Angabe von Gründen eingeht, diese Erklärung aber durch eine oder mehrere hierfür weder zuständige noch ermächtigte Personen abgegeben wurde, und wenn darüber hinaus der Bauaufsichtsbehörde von dem zuständigen Gemeindeorgan erst nach Ablauf der Frist eine Billigung der schwebend unwirksamen Verweigerung zugeht (vgl. BayVGH, Beschl. vom 27. Mai 2014 – 15 ZB 13.105 –, NVwZ-RR 2014, 693). Eine rechtzeitige Verweigerung der Zustimmung oder des Einvernehmens ohne Angabe von Gründen hindert den Eintritt der Genehmigungsfiktion nicht.

Nicht unter Satz 2 Halbsatz 1 fällt das Benehmen mit einer Fachbehörde. Es bedeutet nicht mehr als die (gutachtliche) Anhörung der anderen Behörde, die dadurch Gelegenheit erhält, ihre Vorstellungen in das Verfahren einzubringen (BVerwG, Urt. vom 29. April 1993 – 7 A 2.92 –, BVerwGE 92, 258 = NVwZ 1993, 890 = NuR 1994, 82 = DVBl 1993, 886 = DÖV 1993, 1008 = Buchholz 406.401 § 9 BNatSchG Nr. 2). Eine Entscheidung im Benehmen verlangt keine Willensübereinstimmung. Die Beteiligung einer Fachbehörde in Form des Benehmens bildet sozusagen die Zwischenstufe zwischen der Beteiligung in Form der Anhörung auf der einen und der Zustimmung bzw. des Einvernehmens auf der anderen Seite. Ist also eine Baugenehmigung im Benehmen mit einer Fachstelle zu erteilen, muss die Bauaufsichtsbehörde der Fachstelle wie bei einer Anhörung unter Vorlage der erforderlichen Bauvorlagen Gelegenheit zur Stellungnahme geben, kann sich aber nur dann über ein fehlendes Benehmen mit der Fachstelle hinwegsetzen, wenn sie zuvor vergeblich einen „ernsthaften Einigungsversuch" unternommen hat, bei dem die unterschiedlichen Standpunkte noch einmal ausgetauscht worden sind.

Nicht unter die Fristenregelung des Satzes 2 Halbsatz 1 fallen des weiteren selbstständige Genehmigungs- oder Erlaubnisakte nach anderen öffentlich-rechtlichen Landesvorschriften.

Satz 2 Halbsatz 2 stellt klar, dass abweichende Regelungen durch Rechtsvorschrift von der Einmonatsfrist nach Halbsatz 1 unberührt bleiben.

Satz 3 schreibt vor, dass Stellungnahmen unberücksichtigt bleiben müssen, wenn sie nicht innerhalb eines Monats nach Aufforderung bei der Bauaufsichtsbehörde eingehen, es sei denn, die verspätete Stel-

lungnahme ist für die Rechtmäßigkeit der Entscheidung über den Bauantrag von Bedeutung.

3. Bauanträge mit erheblichen Mängeln (Absatz 2)

Vollständige und mängelfreie Bauvorlagen sind **unerlässliche Voraussetzung für einen Bauantrag.**
Der redaktionell gekürzte **Absatz 2 Satz 1** verpflichtet die **Bauaufsichtsbehörde,** bei einem **unvollständigen oder** mit sonstigen **erheblichen Mängeln** behafteten **Bauantrag** die **Bauherrin oder den Bauherrn
zur Behebung der Mängel** innerhalb einer angemessenen Frist **aufzu-
fordern,** die zwei Monate nicht überschreiten soll. Die bisher vor den
Worten „zwei Monate" stehenden **Worte „in der Regel"** sind **gestrichen** worden, weil durch das Wort „soll" schon hinreichend ausge-
drückt ist, dass die Frist von zwei Monaten nur in Ausnahmefällen
überschritten werden darf. Diese **Vorschrift dient** nicht nur der **Verfahrensbeschleunigung,** sondern auch der **Rechtsklarheit;** denn eine Baugenehmigung, die auf der Grundlage von in wesentlicher Beziehung
unrichtigen oder unvollständigen Angaben erteilt wird, kann ohne
Rücksicht auf Verschulden und ohne Ausgleich eines etwaigen Ver-
trauensschadens zurückgenommen oder eingeschränkt werden (vgl.
§ 116 Abs. 2 Satz 3 Nr. 2 LVwG).
Die **Aufforderung** der Bauaufsichtsbehörde **nach Absatz 2 Satz 1 zur
Nachbesserung** ist ein anfechtbarer **Verwaltungsakt.**
Absatz 2 Satz 1 ist im Lichte der Bestimmungen des **§ 64 Abs. 2 Satz 1
und 2** zu betrachten. Danach sind mit dem Bauantrag **alle für die Beurteilung des Bauvorhabens und die Bearbeitung des Bauantrages erforderlichen Unterlagen (Bauvorlagen) einzureichen,** wobei gestattet
werden kann, dass einzelne Bauvorlagen nachgereicht werden. Welche
Bauvorlagen im Einzelfall für ein Bauprüfverfahren **erforderlich** sind,
lässt sich der **BauVorlVO** – abgedruckt unter C – entnehmen. Da eine
Baugenehmigung ein **mitwirkungsbedürftiger Verwaltungsakt** ist und
nur auf Antrag erteilt wird, **bestimmen** die **Bauherrin oder der Bauherr** selbst, was **Gegenstand des Bauprüfverfahrens** sein soll. Es ist
deshalb Sache der Bauherrin oder des Bauherrn, durch den Bauantrag
den Verfahrensgegenstand festzulegen und zur Genehmigung zu stellen, sowie hierzu alle für die Genehmigung notwendigen Angaben zu
machen, von denen die Bauaufsichtsbehörde auszugehen hat. Der

Bauantrag muss so **bestimmt und klar** sein, dass auf ihn, würde ihm stattgegeben, ein verständlicher, inhaltlich genau abgegrenzter, **eindeutig** bestimmter Verwaltungsakt ergehen kann, der Umfang und Bindungswirkung der begehrten Baugenehmigung regelt (vgl. OVG NRW, Beschl. vom 12. Januar 2001 – 10 B 1827/00 –, BRS 64 Nr. 162 = BauR 2001, 755 = NVwZ-RR 2001, 430). Ein Bauantrag ist **nicht bescheidungsfähig,** wenn es an dieser Klarheit und Eindeutigkeit fehlt. **In der Praxis fehlen häufig** die nach § 9 Abs. 1 Satz 2 BauVorlVO zwingend erforderlichen **Angaben über Gebäudeklasse und die Höhe** i. S. d. § 2 Abs. 4 Satz 2 LBO, die **Teil der Baubeschreibung** sind. **Auf Bauvorlagen, die** zur Beurteilung eines Bauvorhabens **nicht erforderlich** sind, **soll** die Bauaufsichtsbehörde hingegen **verzichten** (vgl. § 1 Abs. 5 BauVorlVO).

Erhebliche (formelle) **Mängel** i. S. d **Absatzes 2 Satz 1** weist beispielsweise ein Bauantrag auf, wenn

– der Bauantrag **nicht** von der Bauherrin oder dem Bauherrn **und** der Entwurfsverfasserin oder dem Entwurfsverfasser **unterschrieben** ist (vgl. § 64 Abs. 3 Satz 1 Halbsatz 1),

– die Bauvorlagen **nicht** von der Entwurfsverfasserin oder dem Entwurfsverfasser **unterschrieben** sind (vgl. § 64 Abs. 3 Satz 1 Halbsatz 2 und § 65 Abs. 5 Satz 1),

– der **Lageplan unzureichend** ist (vgl. § 7 Abs. 3 BauVorlVO),

– die **Baubeschreibung nicht** die in § 9 Abs. 1 Satz 2 BauVorlVO geforderten Angaben über die **Gebäudeklasse und** die **Höhe** i. S. d. § 2 Abs. 4 Satz 2 LBO **enthält** (vgl. auch § 8 Abs. 2 Nr. 2 Buchst. c, d und g BauVorlVO),

– die eingereichten Bauvorlagen die Prüfung der materiellen Zulässigkeit des Vorhabens nicht ermöglichen.

Erhebliche (materielle) **Mängel** hat ein Bauantrag, dessen zugehörige Bauvorlagen widersprüchlich und unklar sind und die deshalb die Erteilung einer eindeutigen, inhaltlich hinreichend bestimmten Baugenehmigung nicht ermöglichen (vgl. OVG NRW, Beschlüsse vom 24. Juni 2015 – 2 A 325 und 326/15 –, jeweils juris Rn. 12 ff., m. w. N.).

Mit dem Bauantrag gelten nach § 64 Abs. 2 Satz 3 **zwar alle** nach anderen öffentlich-rechtlichen Vorschriften für die Errichtung, Änderung, Nutzung oder die Beseitigung von Anlagen oder Werbeanlagen erforderlichen **Anträge** auf Genehmigung, Zustimmung, Bewilligung und Erlaubnis **als gestellt,** soweit durch Rechtsvorschriften nichts anderes bestimmt ist. **Unberührt davon** bleibt nach Satz 4 der Bestimmung **allerdings § 71 Abs.** 2 über die Beantragung erforderlicher bauordnungsrechtlicher Abweichungen sowie bauplanungsrechtlicher Ausnahmen nach § 31 Abs. 1 BauGB und Befreiungen nach § 31 Abs. 2 BauGB.

Ein Bauantrag **im vereinfachten Baugenehmigungsverfahren nach** § 69 weist danach beispielsweise **keine erheblichen Mängel** auf, **wenn** der objektiv erforderliche **besondere Antrag** nach § 71 Abs. 2 Satz 1 **für eine Abweichung von einer bauordnungsrechtlichen Regelung nicht gestellt** wird. Denn wegen des gesetzgeberischen Verzichts auf eine bauordnungsrechtliche Prüfung kann nicht von einem unvollständigen Bauantrag ausgegangen werden. **Fehlt** in einem solchen Verfahren hingegen ein objektiv erforderlicher **besonderer Zulassungsantrag** für eine **bauplanungsrechtliche Ausnahme** nach § 31 Abs. 1 BauGB oder **Befreiung** nach § 31 Abs. 2 BauGB, muss die Bauaufsichtsbehörde von einem **unvollständigen Bauantrag** ausgehen.

Wird in einem **normalen Baugenehmigungsverfahren** nach § 67 der objektiv erforderliche gesonderte **Zulassungsantrag** nach § 71 Abs. 2 Satz 1 für eine **Abweichung** von einer bauordnungsrechtlichen Bestimmung **oder** für eine bauplanungsrechtliche **Befreiung** nach § 31 Abs. 2 BauGB **nicht gestellt, hat** die **Bauherrin oder der Bauherr** einen **unvollständigen Bauantrag** eingereicht. Die **Bauaufsichtsbehörde wird** bei der **umfassenden** formellen und materiellen **Prüfung** des Bauantrages nach § 67 im **Regelfall feststellen, dass** der erforderliche gesonderte **Zulassungsantrag fehlt.** Sie wird die **Bauherrin oder den Bauherrn** in diesem Fall nach **Absatz 2 auf** die Unvollständigkeit des Bauantrages **hinweisen und** sie oder ihn **auffordern, den fehlenden** gesonderten **schriftlichen Antrag mit Begründung** innerhalb einer angemessenen Frist **nachzureichen,** um die erforderliche **Ermessensentscheidung** über die Zulassung der **Abweichung** von einer materiellen bauordnungsrechtlichen Bestimmung **oder – im Einvernehmen mit der Gemeinde –** die Gewährung einer **Befreiung** nach § 31 Abs. 2 BauGB von einer planungsrechtlichen oder einer Abweichung nach § 71 Abs. 3 von einer örtlichen Bauvorschrift (vgl. § 84 Abs. 1 und 3) treffen zu können. Kommt die **Bauherrin oder** der **Bauherr** der Aufforderung nicht frist-

gerecht nach, **gilt** der Bauantrag nach Absatz 2 Satz 2 **als zurückgenommen.** Reicht die **Bauherrin oder der Bauherr** auf diese Aufforderung bei der Bauaufsichtsbehörde hingegen ein Schreiben mit dem
Hinweis ein, der geforderte **Zulassungsantrag** sei **ihrer oder seiner Ansicht nach nicht erforderlich,** muss die Bauaufsichtsbehörde die Baugenehmigung zurückweisen, d. h. aus formellen Gründen versagen,
weil der Bauantrag nicht prüffähig ist.

Werden erhebliche **Mängel innerhalb der** (maximal für zwei Monate
zu gewährenden) **Frist nicht behoben, gilt** nach **Satz 2** der **Antrag als
zurückgenommen.**

4.   Bescheinigungen von Sachverständigen oder sachverständigen Stellen (Absatz 3)

Nach **Absatz 3** kann sich die Bauherrin oder der Bauherr zur Vereinfachung und Beschleunigung bauaufsichtlicher Verfahren einer sachverständigen Person oder sachverständigen Stelle i. S. einer Verordnung
nach § 83 Abs. 4 Satz 1 Nr. 4 i. V. m. Satz 2 und 3 bedienen. Legt die
Bauherrin oder der Bauherr **Bescheinigungen** einer solchen Person
oder sachverständigen Stelle vor, so wird **gesetzlich vermutet,** dass die
bauaufsichtlichen Anforderungen insoweit erfüllt sind. Die **Bauaufsichtsbehörde kann** die Vorlage solcher **Bescheinigungen verlangen.** In
Betracht kommen insbesondere Bescheinigungen nach Maßgabe der
PPVO. Die Anforderungen nach § 70 über die **bautechnischen Nachweise** bleiben **unberührt.**

5.   Behandlung bautechnischer Nachweise (Absatz 4)

Nach **Absatz 4** und **§ 69 Abs. 3 Satz 2 ist im umfassenden** Baugenehmigungsverfahren nach § 67 **und im vereinfachten Baugenehmigungsverfahren** nach § 69 die Erteilung von **Baugenehmigungen zulässig,
auch wenn** die **bautechnischen Nachweise (noch) nicht vorliegen:**

– Die **nicht prüfpflichtigen** bautechnischen Nachweise müssen **(erst)
  bei Baubeginn** (nur) der Bauherrin oder dem Bauherrn vorliegen.
– Die **prüfpflichtigen** bautechnischen Nachweise müssen **zehn Werktage vor Baubeginn** bei der Bauaufsichtsbehörde vorliegen (vgl.
  auch § 14 Abs. 2 BauVorlVO – abgedruckt unter C).

Diese Regelung dient der **Verfahrensbeschleunigung und** der **Verfahrenserleichterung** für die Bauherrin oder den Bauherrn und für die
anderen am Bau Beteiligten.

Die **Anlage 2 zum Vordruckerlass über die Erklärung der Aufstellerin oder des Aufstellers der bautechnischen Nachweise aus der Liste** nach § 15 Abs. 1 Satz 1 Nr. 5 ArchIngKG braucht **nicht zwingend zusammen mit dem Bauantrag**/der Genehmigungsfreistellung entsprechend Anlage 1 zum Vordruckerlass eingereicht zu werden. Sie kann beispielsweise nachgereicht werden, wenn bei Bauantragstellung bautechnische Fragen bei einem Gebäude der Gebäudeklasse 3 noch nicht vollständig geklärt sind.

Braucht der Standsicherheitsnachweis **bauaufsichtlich nicht geprüft** zu werden, muss der Bauaufsichtsbehörde **spätestens mit der Baubeginnsanzeige** (s. § 73 Abs. 7 und 5 Nr. 2) **eine Woche vor Baubeginn** die (nachzureichende) **Anlage 2** vorliegen (vgl. auch § 14 Abs. 3 BauVorlVO – abgedruckt unter C). Die **konstruktive Bauüberwachung** führt **im Regelfall** die **Person** durch, **die die Anlage 2 ausgefüllt hat** (§ 78 Abs. 3). **Sie stellt auch** die **Bescheinigung** über die ordnungsgemäße Bauausführung hinsichtlich der Standsicherheit **aus,** die mit der Anzeige der beabsichtigten Nutzungsaufnahme vorgelegt wird (vgl. § 79 Abs. 2 Satz 2 Nr. 2).

Ergibt sich bei der Erarbeitung des Standsicherheitsnachweises eine **Prüfpflicht** durch eine Prüfingenieurin oder einen Prüfingenieur für Standsicherheit, muss der **zeitliche Vorlauf** für diese Prüfung **berücksichtigt** werden. Zunächst erteilt die **Bauaufsichtsbehörde** den **Auftrag für** die **Prüfung** des Standsicherheitsnachweises **und** die **konstruktive Bauüberwachung** (vgl. § 13 Abs. 4 Satz 1 PPVO). Erst wenn das Ergebnis der Prüfung des Standsicherheitsnachweises vorliegt, kann der Baubeginn ins Auge gefasst werden (**Absatz 4;** s. auch § 14 Abs. 2 Halbsatz 1 BauVorlVO). Die **konstruktive Bauüberwachung** führt die **Prüfingenieurin oder** der **Prüfingenieur für Standsicherheit** durch (**§ 78 Abs. 2**). **Sie oder er stellt auch** die **Bescheinigung** über die ordnungsgemäße Bauausführung hinsichtlich der Standsicherheit **aus,** die mit der Anzeige der beabsichtigten Nutzungsaufnahme vorgelegt wird (vgl. § 79 Abs. 2 Satz 2 Nr. 1).

Sollte sich im Zuge der Ausführung eine **Änderung der Anlage 2** ergeben (**geändertes Bauverfahren, Umplanung**), muss der Bauaufsichtsbehörde unverzüglich eine **neue Anlage 2** vorgelegt werden.

6. **Einholung erforderlichen Genehmigungen, Zustimmungen, Bewilligungen und Erlaubnisse anderer Behörden durch die Bauaufsichtsbehörde (Absatz 5)**

Absatz 5 hat die Regelungen des § 64 Abs. 2 Satz 3 und des (ergänzten) § 73 Abs. 1 Satz 1 im Auge. Nach § 64 Abs. 2 Satz 3, gelten mit dem Bauantrag grundsätzlich alle nach anderen öffentlich-rechtlichen Vorschriften für die Errichtung, Änderung, Nutzung oder die Beseitigung von Anlagen oder Werbeanlagen erforderlichen Anträge auf Genehmigung, Zustimmung, Bewilligung und Erlaubnis als gestellt. Nach § 73 Abs. 1 Satz 1 hat die Bauaufsichtsbehörde die Baugenehmigung (nur) zu erteilen, wenn dem Vorhaben keine öffentlich-rechtlichen Vorschriften entgegenstehen, die im bauaufsichtlichen Genehmigungsverfahren zu prüfen sind, und nach der sie den Bauantrag auch ablehnen darf, wenn das Bauvorhaben gegen sonstige öffentlich-rechtliche Vorschriften verstößt.

Soweit auch andere Behörden zuständig sind und durch Rechtsvorschrift nichts anderes bestimmt ist, **verpflichtet Absatz 5 Satz 1** die **Bauaufsichtsbehörde,** die für die Errichtung, Änderung, Nutzung oder Beseitigung von Anlagen nach anderen öffentlich-rechtlichen Vorschriften erforderlichen Genehmigungen, Zustimmungen, Bewilligungen und Erlaubnisse einzuholen und mit der Baugenehmigung gleichzeitig auszuhändigen. Um zu vermeiden, dass die Antragstellerin oder der Antragsteller irrtümlich bereits vor Zugang einer erforderlichen Baugenehmigung mit den Bauarbeiten beginnt, muss die Bauaufsichtsbehörde die selbstständigen Verwaltungsakte (Genehmigungen, Bewilligungen und Erlaubnisse) sowie die Zustimmungen der anderen zuständigen Behörden sammeln und mit einer zu erteilenden Baugenehmigung gleichzeitig aushändigen.

Satz 2 regelt Fälle, in denen eine **andere Behörde einen selbstständigen Verwaltungsakt (Genehmigung, Bewilligung oder Erlaubnis) versagt und bauaufsichtliche Gründe** dem Bauantrag **nicht entgegenstehen.** Unter diesen Umständen muss die andere Behörde unter Benachrichtigung der Bauaufsichtsbehörde der Antragstellerin oder dem Antragsteller den abschlägigen schriftlichen Bescheid unmittelbar bekannt geben. Auf diese Weise wird im Regelfall vermieden, dass sich die Antragstellerin oder der Antragsteller möglicherweise zwei verschiedenen abschlägigen Bescheiden ausgesetzt sieht (vgl. VG Schleswig, Ge-

richtsbescheid vom 4. August 2004 – 2 A 64/04 –, juris Rn. 22). Sie
oder er erfährt, dass dem Vorhaben zwar keine bauaufsichtlichen,
wohl aber sonstige öffentlich-rechtliche Vorschriften entgegenstehen,
die im bauaufsichtlichen Verfahren zu prüfen sind, und hat dann die
Möglichkeit, den abschlägigen Bescheid der anderen Behörde, der die
Bauaufsichtsbehörde an der Erteilung der erforderlichen Baugenehmigung hindert, direkt durch Widerspruch anzufechten. Macht sie oder
er von dieser Möglichkeit Gebrauch, kann die Bauaufsichtsbehörde
das bauaufsichtliche Verfahren bis zur abschließenden Entscheidung
in der anderen Sache aussetzen.

7. Unterrichtung des Landesamtes für Vermessung und Geoinformation (Absatz 6)

Nach **Absatz 6** hat die Bauaufsichtsbehörde die **registerführende Behörde über** die erteilte **Baugenehmigung und** die durch die **Genehmigungsfreistellung** nach § 68 erfassten Bauvorhaben zu **unterrichten,**
soweit die Errichtung, Änderung oder Beseitigung baulicher Anlagen
für den Nachweis der Liegenschaften in öffentlichen Registern von
Bedeutung ist. **Unabhängig davon** gelten die **Pflichten** der Eigentümerinnen, Eigentümer und Nutzungsberechtigten von Grundstücken
oder Gebäuden **nach § 16 VermKatG.**

8. Datenschutz, Übermittlung personenbezogener Daten (Absatz 7)

Absatz 7 enthält die Rechtsgrundlage für die Übermittlung personen-
bezogener Daten im bauaufsichtlichen Verfahren sowie zu ihrer ordnungsgemäßen Durchführung. Eine besondere Übermittlung perso-
nenbezogener Daten ergibt sich aus der Beteiligung von Eigentümerinnen oder Eigentümern benachbarter Grundstücke (Nachbarinnen
oder Nachbarn) i. S. d. § 72. Wenn zu erwarten ist, dass eine Baumaßnahme öffentlich-rechtlich geschützte nachbarliche Belange berührt –
etwa vor Erteilung von Abweichungen nach § 71 sowie von Ausnahmen und Befreiungen nach § 31 BauGB – soll die Bauaufsichtsbehörde
Nachbarinnen oder Nachbarn benachrichtigen (vgl. § 72 Abs. 1
Satz 1 und 2). Die Bauherrin oder der Bauherr hat der Bauaufsichtsbehörde auf Verlangen die Unterlagen zur Nachbarbeteiligung zur Verfügung zu stellen.

9.   Verfahrensumstellung (Absatz 8)

Fehlen die Voraussetzungen für ein (umfassendes) Baugenehmigungsverfahren nach § 67 (etwa weil das zur Genehmigung gestellte Vorhaben kein Sonderbau i. S. d. § 51 Abs. 2 ist oder weil die Bauvorlagen
für ein Wohngebäude der Gebäudeklasse 1 oder einen untergeordneten eingeschossigen Anbau an ein bestehendes Wohngebäude der Gebäudeklasse 1, 2 oder 3 nicht von einer eingeschränkt bauvorlageberechtigten, sondern einer umfassend bauvorlageberechtigten Person
nach § 65 Abs. 3 erstellt worden sind), kommt Absatz 8 Satz 1 zum
Tragen. Danach soll die Bauaufsichtsbehörde das Vorhaben unter Benachrichtigung der Bauherrin oder des Bauherrn in das vereinfachte
Baugenehmigungsverfahren nach § 69 übernehmen, wenn die Bauherrin oder der Bauherr nicht innerhalb von drei Wochen nach Zugang
der Benachrichtigung widerspricht (Halbsatz 1), wobei der Ablauf der
Frist als Eingang der Bauvorlagen nach § 69 Abs. 6 gilt (Halbsatz 2).
Für diese Art der Verfahrensumstellung wird also kein gesonderter
Bauantrag für ein vereinfachtes Baugenehmigungsverfahren nach § 69
benötigt. Die Benachrichtigung der Bauherrin oder des Bauherrn über
die beabsichtigte Übernahme des Vorhabens in ein vereinfachtes Baugenehmigungsverfahren ist eine behördliche Verfahrenshandlung
i. S. d. § 44a VwGO, die nicht gesondert angefochten werden kann.
Widerspricht die Bauherrin oder der Bauherr innerhalb von drei Wochen nach Zugang der Benachrichtigung der beabsichtigten Verfahrensumstellung, muss die Bauaufsichtsbehörde davon ausgehen, dass
keine Bearbeitung des Vorhabens im vereinfachten Baugenehmigungsverfahren gewünscht wird. Demzufolge muss das bauaufsichtliche
Verfahren eingestellt werden, weil der für das vereinfachte Baugenehmigungsverfahren erforderliche Bauantrag fehlt.
Auch wenn die Voraussetzungen für ein Genehmigungsfreistellungsverfahren nach § 68 vorliegen sollten, soll die Bauaufsichtsbehörde
nach Absatz 8 Satz 1 verfahren, denn die Bauherrin oder der Bauherr
hat mit der Stellung eines (normalen) Bauantrages nach § 67 zu erkennen gegeben, dass sie oder er eine bauaufsichtliche Prüfung der Zulässigkeit des Vorhabens wünscht. Diese Verfahrensweise ist mit Blick
auf das Wahlrecht der Bauherrin oder des Bauherrn nach § 68 Abs. 12
gerechtfertigt, für ein an sich genehmigungsfreigestelltes Vorhaben

auch das vereinfachte Baugenehmigungsverfahren nach § 69 durchführen lassen zu können.

Nach **Absatz 8 Satz 2** gilt Absatz 8 Satz 1 **nicht** für verfahrensfreie Vorhaben nach § 63. Verfahrensfreie Vorhaben bleiben verfahrensfrei, auch wenn für sie beispielsweise versehentlich ein Bauantrag gestellt wurde.

Schaubild formelle Genehmigungsvoraussetzungen

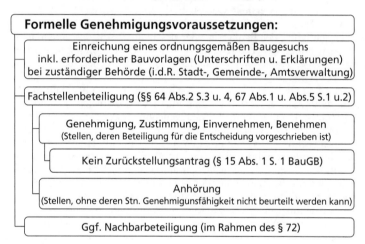

Formelle Genehmigungsvoraussetzungen:

Einreichung eines ordnungsgemäßen Baugesuchs inkl. erforderlicher Bauvorlagen (Unterschriften u. Erklärungen) bei zuständiger Behörde (i.d.R. Stadt-, Gemeinde-, Amtsverwaltung)

Fachstellenbeteiligung (§§ 64 Abs.2 S.3 u. 4, 67 Abs.1 u. Abs.5 S.1 u.2)

Genehmigung, Zustimmung, Einvernehmen, Benehmen (Stellen, deren Beteiligung für die Entscheidung vorgeschrieben ist)

Kein Zurückstellungsantrag (§ 15 Abs. 1 S. 1 BauGB)

Anhörung (Stellen, ohne deren Stn. Genehmigunsfähigkeit nicht beurteilt werden kann)

Ggf. Nachbarbeteiligung (im Rahmen des § 72)

§ 68 Genehmigungsfreistellung

(1) [1]Keiner Genehmigung bedarf unter den Voraussetzungen des Absatzes 2 die Errichtung, Änderung und Nutzungsänderung von

1. Gebäuden der Gebäudeklassen 1 bis 3,
2. sonstigen baulichen Anlagen, die keine Gebäude sind,
3. Nebengebäuden und Nebenanlagen zu Bauvorhaben nach Nummer 1 und 2,

ausgenommen Sonderbauten. [2]§ 63 bleibt unberührt.

(2) Ein Bauvorhaben nach Absatz 1 ist genehmigungsfrei gestellt, wenn

1. es im Geltungsbereich eines Bebauungsplans im Sinne des § 30 Absatz 1 oder 2 des Baugesetzbuchs liegt,
2. es den Festsetzungen des Bebauungsplans nicht widerspricht; wenn ein Widerspruch zu den Festsetzungen des Bebauungsplans vorliegt, bedarf es eines entsprechenden Antrags auf Erteilung einer Ausnahme oder Befreiung,
3. die Erschließung gesichert ist und
4. die Gemeinde nicht innerhalb der Frist nach Absatz 3 Satz 2 erklärt, dass ein vereinfachtes Baugenehmigungsverfahren durchgeführt werden soll, oder eine vorläufige Untersagung nach § 15 Absatz 1 Satz 2 des Baugesetzbuchs beantragt.

(3) Die Bauherrin oder der Bauherr hat die erforderlichen Bauvorlagen bei der Gemeinde einzureichen; eine weitere Ausfertigung ist zeitgleich bei der Bauaufsichtsbehörde einzureichen, wenn die Bürgermeisterin oder der Bürgermeister der Gemeinde nicht Bauaufsichtsbehörde ist. [2]Mit dem Bauvorhaben darf einen Monat nach Einreichung der erforderlichen Bauvorlagen bei der Gemeinde und der Bauaufsichtsbehörde begonnen werden; wenn Abweichungen sowie Ausnahmen oder Befreiungen nach § 31 des Baugesetzbuchs erforderlich sind, darf mit den Bauarbeiten erst begonnen werden, wenn dem schriftlichen Antrag entsprochen wurde. [3]Der Bauherrin oder dem Bauherrn müssen bei Baubeginn die bautechnischen Nachweise und im Fall des § 70 Absatz 3 Satz 1 Nummer 2 die geprüften bautechnischen Nachweise vorliegen.

(4) [1]Einer bauaufsichtlichen Prüfung bedarf es nicht. [2]§ 59 Absatz 1 bleibt unberührt.

(5) Über Abweichungen sowie Ausnahmen und Befreiungen nach § 31 des Baugesetzbuchs entscheidet die Bauaufsichtsbehörde auf besonderen Antrag.

(6) [1]Die Bauvorlagen, mit Ausnahme der bautechnischen Nachweise, müssen von Entwurfsverfasserinnen oder Entwurfsverfassern gefertigt werden, die nach § 65 Absatz 3 bauvorlageberechtigt sind. [2]Die Entwurfsverfasserinnen oder Entwurfsverfasser, die Aufstellerinnen oder Aufsteller der bautechnischen Nachweise und die Fachplanerinnen oder Fachplaner nach § 55 Absatz 2 haben die Erklärung abzugeben, dass die von ihnen gefertigten Bauvorlagen den öffentlich-rechtlichen Vorschriften entsprechen.

(7) [1]Die bautechnischen Nachweise müssen von Personen aufgestellt sein, die in der Liste nach § 15 Absatz 1 Satz 1 Nummer 5 des Architekten- und Ingenieurkammergesetzes eingetragen sind. [2]§ 70 bleibt im Übrigen unberührt. [3]§ 64 Absatz 2 Satz 1 und Absatz 4 Satz 1 und 2, § 73 Absatz **6** Satz 1 Nummer 2 und 3, Absatz **7** und **8** sind sinngemäß anzuwenden.

(8) Die Bauherrin oder der Bauherr hat eine Bauleiterin oder einen Bauleiter im Sinne des § 57 zu bestellen.

(9) [1]Die Erklärung der Gemeinde nach Absatz 2 Nummer 4 erste Alternative kann insbesondere erfolgen, wenn sie eine Überprüfung der sonstigen Voraussetzungen des Absatzes 2 oder des Bauvorhabens aus anderen Gründen für erforderlich hält. [2]Auf den Verzicht der Erklärungsmöglichkeit besteht kein Rechtsanspruch. [3]Erklärt die Gemeinde, dass ein vereinfachtes Baugenehmigungsverfahren durchgeführt werden soll, hat sie unter Benachrichtigung der Bauherrin oder des Bauherrn die Bauvorlagen an die Bauaufsichtsbehörde weiterzuleiten, wenn die Bauherrin oder der Bauherr nicht innerhalb von drei Wochen nach Zugang der Benachrichtigung widerspricht. [4]Absatz 13 Satz 2 und 3 gilt entsprechend.

(10) [1]Für die Feuerungsanlagen im Sinne des § 43 Absatz 1 muss die Bauherrin oder der Bauherr zehn Werktage vor Baubeginn der Feuerungsanlage eine Bescheinigung der **bevollmächtigten Bezirksschornsteinfegerin oder des bevollmächtigten Bezirksschornsteinfegers** einholen, aus der hervorgeht, dass sie den öffentlich-rechtlichen Vorschriften entsprechen und die Abgasanlagen, wie Schornsteine, Abgasleitungen und Verbindungsstücke, und die Feuerstätten so aufeinander abgestimmt sind, dass beim bestimmungsgemäßen Betrieb Gefahren oder unzumutbare Belästigungen nicht zu erwarten sind. [2]§ 79 Absatz 3 Satz 2 gilt entsprechend.

(11) Die Bauherrin oder der Bauherr hat, soweit andere Behörden zuständig sind, die für die Errichtung, Änderung, Erweiterung oder die Beseitigung der in Absatz 1 genannten Bauvorhaben nach anderen öffentlich-rechtlichen Vorschriften erforderlichen Genehmigungen, Zustimmungen, Bewilligungen und Erlaubnisse vor Baubeginn einzuholen.

(12) Die Bauherrin oder der Bauherr kann für Vorhaben nach Absatz 1 auch das vereinfachte Baugenehmigungsverfahren nach § 69 durchführen lassen.

(13) [1]Liegen die Voraussetzungen für das Verfahren der Genehmigungsfreistellung nicht vor, soll die Bauaufsichtsbehörde unter Benachrichtigung der Gemeinde und der Bauherrin oder des Bauherrn das Vorhaben in das erforderliche bauaufsichtliche Verfahren übernehmen, wenn die Bauherrin oder der Bauherr nicht innerhalb von drei Wochen nach Zugang der Benachrichtigung widerspricht. [2]Mit Zugang der Benachrichtigung gilt der Baubeginn als untersagt. [3]Der Ablauf der Frist von drei Wochen nach Zugang der Benachrichtigung gilt als Eingang der Bauvorlagen nach § 69 Absatz 6.

Erläuterungen

1. Allgemeines

Die Regelungen über die **Genehmigungsfreistellung nach** § 68 beschleunigen das Verfahren, entlasten die Bauaufsichtsbehörden, ersparen den Bauherrinnen und Bauherren Kosten und stellen die Eigenverantwortung der am Bau beteiligten Personen nach den §§ 53 bis 57 klar. Das **Genehmigungsfreistellungsverfahren** unterscheidet sich von dem normalen Baugenehmigungsverfahren nach § 67 und dem vereinfachten Baugenehmigungsverfahren nach § 69 dadurch, dass es – **bis auf** die Fälle nach **Absatz 5** – keiner bauaufsichtlichen Prüfung und damit auch **keiner bauaufsichtsbehördlichen Entscheidung** bedarf. Demzufolge ist die **Baufreigabe** nach **Absatz 3 Satz 2 Halbsatz 1** auch **kein Verwaltungsakt** in Gestalt einer Genehmigungsfiktion, **und die Entscheidung nach** Absatz 3 Satz 2 **Halbsatz 2 in den Fällen des Absatzes 5** keine allumfassende öffentlich-rechtliche Unbedenklichkeitsbescheinigung. Der **Prüfverzicht begegnet keinen Bedenken,** weil sich der Anwendungsbereich der Genehmigungsfreistellung nur auf Gebiete mit **qualifiziertem Bebauungsplan** i. S. d. § 30 Abs. 1 und 2 BauGB und auf **Gebäude und Anlagen mit** verhältnismäßig **geringem Gefährdungspotenzial** für die öffentliche Sicherheit bezieht, und weil darüber hinaus die **Bauvorlagen** (mit Ausnahme der bautechnischen Nachweise) von einer **qualifiziert bauvorlageberechtigten Person** i. S. d. § 65 Abs. 3 (bzw. einem Unternehmen i. S. d. § 65 Abs. 5 unter Leitung einer solchen bauvorlageberechtigten Person) **und die bautechnischen Nachweise von einer Person** erstellt sein müssen, die **in der Liste nach** § 15 **Abs. 1 Satz 1 Nr. 5 ArchIngKG** eingetragen ist; **diese Personen** müssen **zudem ausreichend berufshaftpflichtversichert** sein (vgl. § 65 Abs. 6 und § 70 Abs. 2 Satz 2). **Absatz 2 Nr. 4** räumt der **Gemeinde** im Genehmigungsfreistellungsverfahren eine **besondere Stellung** ein: Sie **kann** innerhalb der Monatsfrist nach Absatz 3 Satz 2 **erklären,** dass ein **vereinfachtes Baugenehmigungsverfahren** nach § 69 durchgeführt werden soll (**erste Alternative**), **oder** eine **vorläufige Untersagung** nach § 15 Abs. 1 Satz 2 BauGB beantragen (**zweite Alternative**).

2. Anwendungsbereich (Absatz 1 und 2)

Absatz 1 Satz 1 enthält die **Gebäude und Anlagen**, deren Errichtung, Änderung und Nutzungsänderung **genehmigungsfreigestellt** ist. Das sind

– nach **Nummer 1** Gebäude der Gebäudeklassen 1 bis 3,
– nach **Nummer 2** sonstige bauliche Anlagen, die keine Gebäude sind,
– nach **Nummer 3** Nebengebäude und Nebenanlagen zu Bauvorhaben nach Nummer 1 und 2,

sofern es sich im Einzelnen **nicht** um einen **Sonderbau** i. S. d. § 51 Abs. 2 handelt. **Satz 2** lässt § 63 unberührt und **schließt** damit vom Genehmigungsfreistellungsverfahren außerdem **bauaufsichtlich verfahrensfreie Anlagen aus.** Dazu gehört auch die **vollständige Beseitigung** der in **Satz 1** genannten Gebäude und Anlagen, die sich **nach** § 63 Abs. 3 richtet.

Absatz 2 regelt, unter welchen **Voraussetzungen** die in Absatz 1 genannten Gebäude und Anlagen genehmigungsfreigestellt sind:

– Das jeweilige Bauvorhaben muss im Geltungsbereich eines **qualifizierten** Bebauungsplans (§ 30 Abs. 1 BauGB) **oder** eines **vorhabenbezogenen Bebauungsplans** (§§ 12, 30 Abs. 2 BauGB) liegen (**Nummer 1**).
– Das Bauvorhaben **darf** den **Festsetzungen** des Bebauungsplans **nicht widersprechen;** falls ein Widerspruch zu den Festsetzungen des Bebauungsplans vorliegt, muss ein entsprechender Antrag auf Erteilung einer Ausnahme nach § 31 Abs. 1 BauGB oder Befreiung nach § 31 Abs. 2 BauGB gestellt werden (**Nummer 2**).
– Die **bauplanungsrechtliche Erschließung** muss – in Anlehnung an die Voraussetzungen des § 30 Abs. 1 bzw. 2 BauGB – gesichert sein (**Nummer 3**).
– Die **Gemeinde** darf **nicht** innerhalb der Monatsfrist nach Absatz 3 Satz 2 **erklärt** haben, dass ein **vereinfachtes Baugenehmigungsverfahren** durchgeführt werden soll (**Nummer 4 erste Alternative**), oder eine **vorläufige Untersagung** nach § 15 Abs. 1 Satz 2 BauGB beantragt haben (**Nummer 4 zweite Alternative**).

3.   Aufgaben der Bauherrin oder des Bauherrn, Baubeginn (Absatz 3)

Absatz 3 beschreibt die **Aufgaben** der **Bauherrin oder** des **Bauherrn** und legt fest, **wann** mit dem **Bauvorhaben begonnen** werden darf. Nach **Satz 1** muss die Bauherrin oder der Bauherr die **erforderlichen Bauvorlagen bei** der **Gemeinde einreichen (Halbsatz 1)**; ist die Bürgermeisterin oder der Bürgermeister der Gemeinde nicht Bauaufsichtsbehörde, muss eine **weitere Ausfertigung** ist **zeitgleich** bei der **Bauaufsichtsbehörde** eingereicht werden **(Halbsatz 2)**. Für das Genehmigungsfreistellungsverfahren **ist** der bauaufsichtlich eingeführte „**Vordruck für die bauaufsichtlichen Verfahren**" nach Anlage 1 zum Vordruckerlass zu verwenden (vgl. § 1 Abs. 3 BauVorlVO – abgedruckt unter C). **Erforderlich** sind alle **Bauvorlagen,** die **für** eine eventuelle **Beurteilung** und Bearbeitung **des Vorhabens** benötigt werden, **sowie** die **notwendigen Unterschriften** der am Bau beteiligten Personen (vgl. **Absatz 7 Satz 3** i. V. m. § 64 Abs. 2 Satz 1 und § 64 Abs. 4 Satz 1 und 2). **Unterschreiben müssen** danach die Bauherrin oder der Bauherr **und** die Entwurfsverfasserin oder der Entwurfsverfasser i. S. d. § 65 Abs. 3 auf dem „**Vordruck für die bauaufsichtlichen Verfahren**", die Entwurfsverfasserin oder der Entwurfsverfasser zusätzlich auf den Bauvorlagen und ggf. die Fachplanerinnen oder der Fachplaner auf den von ihnen bearbeiteten Bauvorlagen. Hat ein **Unternehmen** i. S. d. § 65 Abs. 5 die Bauvorlagen unter der Leitung einer Entwurfsverfasserin oder eines Entwurfsverfassers i. S. d. § 65 Abs. 3 aufgestellt, darf es die Bauvorlagen unterschreiben; der Name der Entwurfsverfasserin oder des Entwurfsverfassers muss auf den Bauvorlagen angegeben sein. Es ist **vertretbar,** die **Bauvorlagen** von der Entwurfsverfasserin oder dem Entwurfsverfasser **allein im Original unterschreiben** zu lassen **und** die **Kopien** dieser im Original unterschriebenen Bauvorlagen **von der Bauaufsichtsbehörde anzuerkennen,** wenn sie zweifelsfrei dem jeweils original unterschriebenen „Vordruck für die bauaufsichtlichen Verfahren" nach Anlage 1 zum Vordruckerlass zugeordnet werden können. Zu den **erforderlichen Bauvorlagen** gehören **auch** die in der Praxis häufig fehlenden, nach § 9 Abs. 1 Satz 2 BauVorlVO zwingend notwendigen **Angaben über Gebäudeklasse und** die **Höhe** i. S. d. § 2 Abs. 4 Satz 2 LBO, die **Teil der Baubeschreibung** sind. Auf Bauvorlagen, die für eine eventuelle Beurteilung des Bauvorhabens **nicht erforderlich** sind, soll die Bauaufsichtsbehörde verzichten (vgl. § 1 Abs. 5 BauVorlVO).

Satz 2 legt fest, wann mit dem Bauvorhaben **begonnen** werden darf. **Regulär ist der Baubeginn** einen Monat nach Eingang der erforderlichen **Bauvorlagen** bei der Gemeinde und der Bauaufsichtsbehörde (**Halbsatz 1**) zulässig. Ist allerdings eine **Abweichung, Ausnahme oder Befreiung** erforderlich, darf mit dem Bauvorhaben **erst** begonnen werden, **wenn** die Bauaufsichtsbehörde dem jeweiligen **Antrag** durch Zulassung der Abweichung, Ausnahme oder Befreiung **entsprochen** hat (**Halbsatz 2**); dabei muss sie die **Fristenregelung** des § 71 Abs. 4 **beachten**.

Satz 3 schreibt (abweichend von dem nach Absatz 7 Satz 3 sinngemäß anzuwendenden § 73 Abs. 5 Satz 1 Nr. 2) vor, dass der **Bauherrin oder** dem **Bauherrn bei Baubeginn** die (**nicht prüfpflichtigen**) bautechnischen Nachweise **und** im Fall des § 70 Abs. 3 Satz 1 Nr. 2 die **prüfpflichtigen bautechnischen Nachweise geprüft vorliegen** müssen.

Unter den Begriff „**bautechnische Nachweise**" fallen bei einer Genehmigungsfreistellung

- die **Standsicherheitsnachweise** und die Nachweise des **statisch-konstruktiven Brandschutzes** (vgl. § 10 Abs. 1 und § 11 Abs. 1 Satz 1 Nr. 1 BauVorlVO – abgedruckt unter C –),
- (nur) bei Mittelgaragen der Nachweis des **konzeptionellen Brandschutzes** (Brandschutznachweis) (vgl. Absatz 7 Satz 2 i. V. m. § 70 Abs. 5 sowie § 11 Abs. 1 Satz 1 Nr. 2 ff. BauVorlVO; ansonsten ist der Brandschutznachweis bei Gebäuden der Gebäudeklassen 1 bis 3 bereits in den übrigen Bauvorlagen enthalten, für die die umfassend bauvorlageberechtigte Person nach § 65 Abs. 3 verantwortlich ist, vgl. auch § Nr. 5 BauVorlVO – abgedruckt unter C –) sowie
- die Nachweise für **Wärme-, Schall- und Erschütterungsschutz** (vgl. § 12 BauVorlVO).

Die **Feststellung, ob** im Fall des § 70 Abs. 3 Satz 1 Nr. 2 die **Standsicherheitsnachweise** durch eine Prüfingenieurin oder einen Prüfingenieur für Standsicherheit oder ein Prüfamt für Standsicherheit **bauaufsichtlich geprüft werden müssen, trifft** die **Aufstellerin oder der Aufsteller der bautechnischen Nachweise aus der Liste** nach § 15 Abs. 1 Satz 1 Nr. 5 ArchIngKG durch **Ausfüllen und Unterschreiben der Anlage 2 zum Vordruckerlass** (s. a. Kriterienkatalog in Anlage 2 zur BauVorlVO – abgedruckt unter C). Den ggf. erforderlichen **Auf-**

trag zur **Prüfung** der **Standsicherheitsnachweise erteilt** unter Benen-
nung eines angemessenen Termins und ohne Anhörung der Bauherrin
oder des Bauherrn **die Bauaufsichtsbehörde** (vgl. § 13 Abs. 4 Satz 1
PPVO). Der Auftrag beinhaltet im Regelfall die bauaufsichtliche Prüfung der Standsicherheitsnachweise einschließlich der Feuerwiderstandsfähigkeit tragender Bauteile, ggf. erforderliche Abweichungen
nach § 71 sowie die konstruktive Bauüberwachung (§ 13 Abs. 1
Satz 1 PPVO sowie die § 70 Abs. 6 Satz 1 und § 78 Abs. 2 LBO).
Bei **Mittelgaragen** i. S. d. § 2 Abs. 10 Nr. 2 GarVO, die nach **Absatz 1
Satz 1 Nr. 1** unter die Genehmigungsfreistellung fallen können, muss
der **Nachweis** des **konzeptionellen Brandschutzes,** der ggf. zusätzliche
Angaben nach § 11 Abs. 2 BauVorlVO enthalten muss, von einer
Prüfingenieurin oder einem Prüfingenieurin für Brandschutz geprüft
und bescheinigt werden, es sei denn, die Bauaufsichtsbehörde prüft
den Brandschutz selbst (Absatz 7 Satz 2 i. V. m. § 70 Abs. 5; § 19
Abs. 1 PPVO). Die Prüfingenieurin oder der Prüfingenieur prüft und
bescheinigt die Vollständigkeit und Richtigkeit des Brandschutznachweises unter Beachtung der Leistungsfähigkeit der örtlichen Feuerwehr, hat die zuständige Brandschutzdienststelle zu beteiligen und deren Anforderungen hinsichtlich des Brandschutznachweises zu
würdigen sowie die ordnungsgemäße Bauausführung hinsichtlich des
geprüften und bescheinigten Brandschutznachweises zu überwachen
(§ 78 Abs. 4 Satz 1 LBO, § 19 Abs. 2 Satz 2 PPVO). Wird der **Nachweis** des **konzeptionellen Brandschutzes** für eine Mittelgarage **nicht
von** einer **Prüfingenieurin oder einem Prüfingenieurin für Brandschutz**
geprüft und bescheinigt, muss er bauaufsichtlich geprüft werden (Absatz 7 Satz 2 i. V. m. § 70 Abs. 5). **Prüft** die **Bauaufsichtsbehörde** den
Brandschutznachweis selbst, wird sie die Bauausführung selbst überwachen oder eine geeignete Person beauftragen, die ordnungsgemäße
Bauausführung hinsichtlich der brandschutztechnischen Anforderungen zu überwachen und mit der Anzeige der beabsichtigten Nutzungsaufnahme eine entsprechende Bescheinigung auszustellen (vgl. § 78
Abs. 4 Satz 2 und § 79 Abs. 2 Satz 2 Nr. 3). **Prüft** die **Bauaufsichtsbe-
hörde** den Brandschutznachweis **nicht selbst, erteilt sie** ohne vorherige
Anhörung der Bauherrin oder des Bauherrn einen **Prüfauftrag an** eine
Prüfingenieurin oder einen Prüfingenieur für Brandschutz (§ 59 Abs. 5
Satz 2 LBO; Absatz 7 Satz 2 i. V. m. § 19 Abs. 1 und § 13 Abs. 4

PPVO). Dieser Auftrag beinhaltet im Regelfall die bauaufsichtliche Prüfung des konzeptionellen Brandschutzes inkl. etwaiger Abweichungen nach § 71 und die bauaufsichtliche Überwachung der Bauausführung hinsichtlich des konzeptionellen Brandschutzes (vgl. § 19 Abs. 2 PPVO).

Die **übrigen bautechnischen Nachweise** (Wärme-, Schall- und Erschütterungsschutz) **werden** bauaufsichtlich **nicht geprüft** (vgl. § 68 Abs. 7 Satz 1 und 2 sowie § 70 Abs. 3 Satz 2); s. diesbezüglich die entsprechenden Erläuterungen unter § 70.

4. Prüfverzicht, Rechte der Bauaufsichtsbehörde (Absatz 4)

Absatz 4 Satz 1 stellt klar, dass im Genehmigungsfreistellungsverfahren keine bauaufsichtliche Prüfung erforderlich ist, ob dem Vorhaben öffentlich-rechtliche Vorschriften entgegenstehen. Mit Blick auf Absatz 13 Satz 1 darf die Bauaufsichtsbehörde jedoch in formeller Hinsicht klären, **ob** die Voraussetzungen für ein Genehmigungsfreistellungsverfahren gegeben sind, und zwar ob

– es sich um ein **Vorhaben i. S. d. Absatzes 1** handelt,
– ein **Bebauungsplan nach § 30 Abs. 1 oder 2 BauGB** vorliegt,
– eine **Entwurfsverfasserin oder ein Entwurfsverfasser nach § 65 Abs. 3** die Bauvorlagen gefertigt hat,
– eine **Aufstellerin oder ein Aufsteller der bautechnischen Nachweise** aus der Liste nach § 15 Abs. 1 Satz 1 Nr. 5 ArchIngKG tätig wird.

Mit dem Genehmigungsfreistellungsverfahren hat die LBO die (alleinige) **Verantwortung** der Bauherrin oder des Bauherrn sowie der anderen am Bau Beteiligten für die Erstellung der Bauvorlagen sowie die Bauausführung **klargestellt**. Die „Baufreigabe" ist **keine** öffentlich-rechtliche Unbedenklichkeitsbescheinigung, wie die Baugenehmigung im normalen Baugenehmigungsverfahren nach § 67 und (teilweise) im vereinfachten Baugenehmigungsverfahren nach § 69. Halten sich die Bauherrin oder der Bauherr oder die Entwurfsverfasserin oder der Entwurfsverfasser und die anderen am Bau Beteiligten nicht an die öffentlich-rechtlichen Vorgaben, tragen (allein) sie dafür die Verantwortung. Eine Bauherrin oder ein Bauherr sowie eine Entwurfsverfasserin oder ein Entwurfsverfasser kann von der Bauaufsichtsbehörde **nicht verlangen**, von einer bauaufsichtlichen Prüfung abzusehen. Die Bauaufsichtsbehörde ist frei, nach **pflichtgemäßem Ermessen** zu entscheiden, ob und ggf. welche Prüfungen sie im Einzelfall anstellt; dies mag beispielsweise von der Besonderheit eines Baugebiets abhängen oder wegen der Nachbarschaft zu einem Kulturdenkmal oder zu einem Denkmalbereich nach dem Denkmalschutzgesetz angezeigt sein.

Eine **regelmäßige Überprüfung** aller Bauvorlagen liefe dem Sinn und Zweck des Genehmigungsfreistellungsverfahrens zuwider, das der **Beschleunigung** des bauaufsichtlichen Verfahrens, der **Entlastung** der Bauaufsichtsbehörden und der **Klarstellung** und **Stärkung** der **Eigenverantwortung** der am **Bau Beteiligten** dienen soll. Diesem Sinn und Zweck entspricht es, dass sich die Bauaufsichtsbehörden hinsichtlich der materiell-rechtlichen Prüfung des Vorhabens soweit wie vertretbar zurückhalten. Es kommt auf die **konkreten Umstände des Einzelfalls** an, ob und ggf. welche Überprüfung die Bauaufsichtsbehörde vornimmt. Erkennt die Bauaufsichtsbehörde Verstöße gegen öffentlich-rechtliche Vorschriften, so hat sie **nach pflichtgemäßem Ermessen** zu entscheiden, ob und ggf. welche Maßnahmen sie trifft. Bei der Frage, ob sie tätig wird, hat sie auch ins Auge zu fassen, ob **bedeutsame Verstöße** gegen öffentlich-rechtliche Vorschriften vorliegen, beispielsweise ein Verstoß gegen die Baugebietsfestsetzungen des Bebauungsplanes oder gegen nachbarschützende Vorschriften, wie die Abstandflächenregelungen. Falls sie nicht nur unbedeutende Verstöße gegen öffentlich-rechtliche Vorschriften feststellt, verdichtet sich das pflichtgemäße Ermessen dahin, dass sie tätig wird und den Baubeginn oder die Bauausführung auf der Grundlage des § 59 **Abs. 1** untersagt.

Entsprechendes gilt im Hinblick auf die **bautechnischen Nachweise**. Nach **Absatz 7 Satz 1** müssen im Genehmigungsfreistellungsverfahren die bautechnischen Nachweise von Personen aus der Liste nach § 15 Abs. 1 Satz 1 Nr. 5 ArchIngKG aufgestellt sein. Ist das der Fall, kann die Bauaufsichtsbehörde nur in **konkret begründeten Einzelfällen** die bautechnischen Nachweise durch eine Prüfingenieurin oder einen Prüfingenieur für Standsicherheit oder ein Prüfamt für Standsicherheit überprüfen lassen. Hier darf die Anordnung einer Prüfung **nicht stichprobenartig dem Zufallsprinzip** überlassen werden. Bei einer nicht begründeten Prüfung hätte die Bauaufsichtsbehörde die Prüfkosten und die Verzögerung des Baubeginns mit den sich hieraus für alle Beteiligten ergebenden nachteiligen Folgen zu vertreten.

Nach **Absatz 4 Satz 2** bleibt § 59 Abs. 1 unberührt. Damit **kann** die Bauaufsichtsbehörde auch bei der Errichtung, Änderung, Nutzungsänderung und Beseitigung sowie bei der Nutzung und Instandhaltung von genehmigungsfreigestellten Anlagen nach **pflichtgemäßem Ermessen** darüber wachen, dass die öffentlich-rechtlichen Vorschriften und die aufgrund dieser Vorschriften erlassenen Anordnungen eingehalten werden (§ 59 Abs. 1 Satz 1). Stellt sie im Rahmen ihrer Überwachung einen Verstoß gegen öffentlich-rechtliche Vorschriften fest, hat sie die nach **pflichtgemäßem** Ermessen erforderlichen Maßnahmen zu treffen (§ 59 Abs. 1 Satz 2). Zu solchen Maßnahmen gehören beispielsweise die Einstellung von Arbeiten, wenn die Ausführung eines genehmigungsfreigestellten Vorhabens ohne geprüfte prüfpflichtige Standsicherheitsnachweise oder ohne Baubeginnsanzeige begonnen wird (§ 59 Abs. 2 Satz 1 Nr. 1 Buchst. a i. V. m. § 68 Abs. 7 Satz 3 und § 73 Abs. 6 Satz 1 Nr. 2 und 3 und Abs. 8) oder wenn bei der Ausführung von den eingereichten Unterlagen abgewichen wird (§ 59 Abs. 2 Satz 1 Nr. 1 Buchst. b Doppelbuchst. bb).

5.   Abweichungen, Ausnahmen und Befreiungen (Absatz 5)

Nach **Absatz 5** entscheidet die **Bauaufsichtsbehörde** auf **besonderen Antrag** über **Abweichungen** (von **materiellen** bauordnungsrechtlichen Bestimmungen) und über (**materielle** bauplanungsrechtliche) **Ausnahmen und Befreiungen** nach § 31 BauGB. In diesen Fällen hat die Bauaufsichtsbehörde in vollem Umfang zu überprüfen, ob die Voraussetzungen für die Zulassung einer Abweichung, Ausnahme oder Befreiung vorliegen, und ob die begehrte Zulassung (ggf. im Einvernehmen mit der Gemeinde) erteilt werden kann (Ermessensentscheidung).

Der **schriftliche** Antrag auf Zulassung einer **Abweichung, Ausnahme oder Befreiung** ist im Regelfall **zusammen** mit der **Genehmigungsfreistellung** entsprechend **Anlage 1 zum Vordruckerlass** bei der Bauaufsichtsbehörde einzureichen; der Antrag kann jedoch auch zu einem späteren Zeitpunkt gestellt werden, beispielsweise wenn nach Hinweis durch die Gemeinde oder durch die Bauaufsichtsbehörde die Bauherrrin oder der Bauherr erst im Nachhinein erkannt hat, dass für das Vorhaben eine gesonderte Zulassung erforderlich ist.

Nach **Absatz 3 Satz 2 erster Halbsatz** darf zwar mit dem Bauvorhaben einen Monat nach Einreichung der erforderlichen Bauvorlagen bei der Gemeinde und der Bauaufsichtsbehörde begonnen werden; wenn aber **Abweichungen oder Ausnahmen oder Befreiungen** nach § 31 BauGB **erforderlich** sind, darf mit den **Bauarbeiten erst begonnen** werden, wenn dem schriftlichen **Antrag entsprochen** wurde.

Nicht ausdrücklich geregelt ist die **anderweitige Zulassung** des Vorhabens im **Ermessen der Bauaufsichtsbehörde**. Nach § 23 Abs. 2 und 3 BauNVO – abgedruckt unter D 2 – kann bei Baulinien ein Vor- oder Zurücktreten von Gebäudeteilen und bei Baugrenzen ein Vortreten von Gebäudeteilen in geringfügigem Ausmaß zugelassen werden. Entsprechendes gilt für die Zulassung von Garagen sowie von Nebenanlagen i. S. d. § 14 BauNVO **auf den nicht überbaubaren Grundstücksflächen** nach § 23 Abs. 5 BauNVO. Die Worte „kann ... zugelassen werden" (nicht „sind zulässig") deuten darauf hin, dass solche Zulassungen einer **Ermessensentscheidung der Bauaufsichtsbehörde** bedürfen und demzufolge – wie bei Abweichungen, Ausnahmen oder Befreiungen – **besonders beantragt** werden müssen.

Abweichungen von den bauaufsichtlich eingeführten **Technischen Baubestimmungen** sind **nicht** nach § 71 zu beurteilen und **brauchen** daher (auch im Genehmigungsfreistellungsverfahren) **nicht gesondert beantragt und beschieden zu werden**. § 3 Satz 3 Halbsatz 1 lässt Abweichungen von den Technischen Baubestimmungen zu, wenn mit einer anderen Lösung in gleichem Maße **nachweislich** die die öffentliche Sicherheit, insbesondere Leben und Gesundheit, gewährleistet wird und keine unzumutbaren Belästigungen entstehen. Den **Nachweis** der **Gleichwertigkeit** müssen die **Bauherrin oder** der **Bauherr** – erforderlichenfalls durch Sachverständigengutachten – in den Bauvorlagen führen (vgl. OVG Schleswig, Urt. vom 11. September 1996 – 1 L 162/95 –, juris). Nach § 3 Satz 3 Halbsatz 2 sind bei Abweichungen im Bereich der Bauprodukte und Bauarten § 18 Abs. 3 und § 22 zu beachten.

6.   Anforderungen an die Bauvorlagen und Erklärungen (Absatz 6)

Nach **Absatz 6 Satz 1** müssen die **Bauvorlagen**, mit Ausnahme der bautechnischen Nachweise, von **Entwurfsverfasserinnen oder Entwurfsverfassern** gefertigt werden, die **nach § 65 Abs. 3** bauvorlageberechtigt sind. Als Entwurfsverfasserinnen oder Entwurfsverfasser scheiden damit eingeschränkt bauvorlageberechtigte Personen nach § 65 Abs. 4 wie beispielsweise Meisterinnen oder Meister aus. Nach § 65 **Abs. 3 Nr. 1 und 2** ist (qualifiziert) bauvorlageberechtigt, wer aufgrund

–   des Architekten- und Ingenieurkammergesetzes die Berufsbezeichnung „**Architektin**" oder „**Architekt**" zu führen berechtigt ist (**Nummer 1**),

–   des § 9 Abs. 1 ArchIngKG in die Liste der **bauvorlageberechtigten Ingenieurinnen oder Ingenieure** eingetragen ist oder bei deren oder dessen Tätigkeit als auswärtige Ingenieurin oder Ingenieur die Voraussetzungen des § 9 a ArchIngKG vorliegen (**Nummer 2**).

Auch **Unternehmen nach** § 65 Abs. 5 sind im Genehmigungsfreistellungsverfahren (qualifiziert) bauvorlageberechtigt, wenn sie die Bauvorlagen unter Leitung einer oder eines Bauvorlageberechtigten nach § 65 Abs. 3 fertigen.

Nach **Absatz 6 Satz 2** müssen die Entwurfsverfasserinnen oder Entwurfsverfasser, die Aufstellerinnen oder Aufsteller der bautechnischen Nachweise und die Fachplanerinnen oder Fachplaner nach § 55 Abs. 2 die **Erklärung** abgeben, dass die von ihnen gefertigten Bauvorlagen den **öffentlich-rechtlichen Vorschriften entsprechen**. Im Genehmigungsfreistellungsverfahren haben die am Bau Beteiligten (allein) dafür zu sorgen, dass die öffentlich-rechtlichen Vorschriften eingehalten werden; die Abgabe der Erklärungen stellt die **Verantwortung** der genannten Personen klar und führt ihnen ihre Verantwortung nochmals vor Augen. Auch Vorhaben im Genehmigungsfreistellungsverfahren haben das (gesamte) materielle **öffentliche Recht** einzuhalten. Mit ihrer Erklärung übernehmen die genannten Personen **gegenüber der Bauaufsichtsbehörde** die Verantwortung für die Einhaltung der öffentlich-rechtlichen Vorschriften. Diese Verantwortung haben die Entwurfsverfasserinnen und Entwurfsverfasser bereits gegenüber der Bauherrin oder dem Bauherrn privatrechtlich im Rahmen der Leistungsphase 4 – Genehmigungsplanung – nach der Honorarordnung für Architekten und Ingenieure (HOAI). Danach gehört zur Genehmigungsplanung u. a. das Erarbeiten der Vorlagen für die nach den öffentlich-rechtlichen Vorschriften erforderlichen Genehmigungen oder Zustimmungen einschließlich der Anträge auf Ausnahmen und Befreiungen unter Verwendung der Beiträge anderer an der Planung fachlich Beteiligter sowie noch notwendiger Verhandlungen mit Behörden. Die Erklärung der Entwurfsverfasserin oder des Entwurfsverfassers, dass sie die mit ihren Unterschriften versehenen Unterlagen unter Beachtung der öffentlich-rechtlichen Vorschriften verfasst haben, **vermag die Vereinbarkeit mit § 15 BauNVO nicht** mit einzuschließen. § 15 BauNVO beruht auf der Ermächtigung des § 9a Nr. 2 BauGB, die auch zum Erlass unmittelbar geltenden Rechts ermächtigt, und ist daher direkt ohne ein bauaufsichtliches Prüfverfahren anwendbar. **In Zweifelsfällen**, in denen sich die Frage aufdrängt, ob eine in den §§ 2 bis 14 BauNVO aufgeführte bauliche oder sonstige Anlage im Einzelfall unzulässig ist, weil sie nach Anzahl, Lage, Umfang oder Zweckbestimmung der Eigenart des Baugebiets widerspricht, oder weil sie nach § 15 Abs. 1 Satz 2 BauNVO unzulässig sein könnte, **bietet sich ein Vorbescheidsverfahren** nach § 66 **oder** anstelle des Genehmigungsfreistellungsverfahrens **das vereinfachte Baugenehmigungsverfahren nach § 69 an.**

Das **Erfordernis** der **Erklärung** durch die Entwurfsverfasserinnen oder Entwurfsverfasser ergibt sich auch aus der Zielrichtung des § 29 BauGB. Diese bundesrechtliche Vorschrift steht einer landesrechtlichen Zielsetzung entgegen, **bodenrechtlich relevante Anlagen** von einem präventiven bauaufsichtlichen Verfahren zu suspendieren. Die Landesgesetzgeber dürfen nicht beliebig die Anwendung der bundesrechtlichen Regelungen der §§ 30 ff. BauGB dadurch ausschalten, dass sie bauliche Anlagen vom Baugenehmigungsverfahren freistellen, sondern müssen stets die bundesrechtlichen Konsequenzen im Hinblick auf die §§ 30 ff. BauGB mitbedenken (vgl. BVerwG, Urt. vom 19. Dezember 1985 – 7 C 65.82 –, NVwZ 1986, 208). Das Genehmigungsfreistellungsverfahren beachtet diese verfassungsrechtlichen Vorgaben. Es zielt auf plankonforme Vorhaben ab und erfasst bestimmte Vorhaben im Geltungsbereich eines Bebauungsplans i. S. d. § 30 Abs. 1 oder 2 BauGB. Die Entwurfsverfasserinnen oder Entwurfsverfasser müssen mit ihrer Erklärung **dafür einstehen**, dass die von ihnen gefertigten Unterlagen (auch) den planungsrechtlichen Vorgaben entsprechen; denn in diesem Verfahren bedarf es keiner bauaufsichtlichen Prüfung (Absatz 4 Satz 1).

7. Anforderungen an die bautechnischen Nachweise (Absatz 7)

Nach **Absatz 7 Satz 1** müssen im Genehmigungsfreistellungsverfahren die **bautechnischen Nachweise zwingend** von **Personen** aufgestellt sein, die in der **Liste nach § 15 Abs. 1 Satz 1 Nr. 5 ArchIngKG** eingetragen sind.

Satz 2 stellt klar, dass die Genehmigungsfreistellung **nicht von den Anforderungen** an die Erstellung der bautechnischen Nachweise und erforderlichenfalls an deren Überprüfung durch eine Prüfingenieurin oder Prüfingenieur für Standsicherheit oder ein Prüfamt für Standsicherheit **nach § 70** entbindet.

Satz 3 erklärt – neben den Regelungen des § 64 Abs. 2 Satz 1 (über die einzureichenden Bauvorlagen) und Abs. 4 Satz 1 (über die erforderlichen Unterschriften) – für den **Baubeginn im Genehmigungsfreistellungsverfahren** auch die Bestimmungen des § 73 Abs. 6 Satz 1 Nr. 2 und 3, Abs. 7 und 8 für **sinngemäß anwendbar**.

Danach müssen

– **mindestens eine Woche vorher** die Bauherrin oder der Bauherr der Bauaufsichtsbehörde den Ausführungsbeginn (bzw. die Wiederaufnahme der Bauarbeiten nach einer Unterbrechung von mehr als drei Monaten) **schriftlich** mitteilen („**Baubeginnsanzeige**", vgl. § 73 Abs. 8),

– **spätestens mit der Baubeginnsanzeige** der Bauaufsichtsbehörde vorliegen

  – die Erklärung der Aufstellerin oder des Aufstellers der bautechnischen Nachweise und der Fachplanerinnen oder Fachplaner nach § 70 Abs. 2 Satz 1 bis 4, dass die von ihnen gefertigten Nachweise bauaufsichtlich nicht prüfpflichtig sind und den öffentlich-rechtlichen Vorschriften entsprechen (§ 14 Abs. 1 BauVorlVO),

  – die Erklärung der prüfbefreiten Statikaufstellerin oder des prüfbefreiten Statikaufstellers nach Anlage 2 zur BauVorlVO (s. auch Anlage 2 des Vordruckerlasses), dass die Standsicherheitsnachweise nicht bauaufsichtlich geprüft werden müssen (§ 14 Abs. 3 BauVorlVO, § 73 Abs. 6 Satz 1 Nr. 3 und Abs. 8 LBO),

– bei **Baubeginn der Bauherrin oder dem Bauherrn** die geprüften, nach dem Kriterienkatalog in Anlage 2 zur BauVorlVO (s. auch

Anlage 2 des VordrErl) prüfpflichtigen Standsicherheitsnachweise
(§ 14 Abs. 2 Halbsatz 2 i. V. m. Abs. 1 Satz 1 BauVorlVO, § 73
Abs. 5 Satz 1 Nr. 2 und § 70 Abs. 3 Satz 1 Nr. 2 LBO) und bei
Mittelgaragen auch der von der Prüfingenieurin oder dem Prüfingenieur für Brandschutz geprüfte und bescheinigte Brandschutznachweis (Absatz 7 Satz 3 i. V. m. § 73 Abs. 6 Satz 1 Nr. 2).
– **vor Baubeginn** die Grundrissfläche des Gebäudes abgesteckt und
  seine Höhenlage festgelegt sein (§ 73 Abs. 7).

8. Bauleiterin oder Bauleiter (Absatz 8)

Nach **Absatz 8** muss die Bauherrin oder der Bauherr eine Bauleiterin
oder einen Bauleiter i. S. d. § 57 bestellen und der Bauaufsichtsbehörde deren oder dessen Namen und Anschrift schriftlich mitteilen
(vgl. § 54 Abs. 1 Satz 3). Einen Wechsel in der Bauleitung muss die
Bauherrin oder der Bauherr der Bauaufsichtsbehörde unverzüglich
schriftlich mitteilen; die Mitteilung muss von der neuen Bauleiterin
oder dem neuen Bauleiter mit unterschrieben sein (a. a. O.).

9. Erklärung der Gemeinde, dass ein vereinfachtes Baugenehmigungsverfahren durchgeführt werden soll (Absatz 9), Antrag auf vorläufige Untersagung

Absatz 9 enthält nähere Regelungen über die Erklärung der Gemeinde
nach **Absatz 2 Nr. 4 erste Alternative**, dass ein **vereinfachtes Baugenehmigungsverfahren durchgeführt** werden soll, **und deren Auswirkungen.**
Nach **Satz 1** kann die Gemeinde die Erklärung **insbesondere** abgeben,
wenn sie eine Überprüfung der sonstigen Voraussetzungen des Absatzes 2 oder des Bauvorhabens aus anderen Gründen für erforderlich
hält. **Satz 1** enthält bewusst **keine abschließende Auflistung** der möglichen Beweggründe für eine solche Erklärung, um den Eindruck zu
vermeiden, die Gemeinde habe im Rahmen der Genehmigungsfreistellung bestimmte Prüfpflichten.
Nach **Satz 2** besteht **auf** den **Verzicht** der **Erklärungsmöglichkeit der
Gemeinde kein Rechtsanspruch.** Die Vorschrift unterstreicht auf der
einen Seite, dass die Bauherrin oder der Bauherr keinen rechtlichen
Einfluss auf die gemeindliche Erklärungsmöglichkeit nehmen kann,
und auf der anderen Seite, dass die Gemeinde eine Erklärung abgeben

muss, wenn sie eine Prüfung im vereinfachten Baugenehmigungsverfahren wünscht.

Satz 3 beschreibt das **Verfahren und** die **Rechtsfolgen der gemeindlichen Erklärung,** dass ein vereinfachtes Baugenehmigungsverfahren durchgeführt werden soll. Danach muss die Gemeinde die Bauvorlagen unter Benachrichtigung der Bauherrin oder des Bauherrn an die Bauaufsichtsbehörde weiterleiten, wenn die Bauherrin oder der Bauherr nicht innerhalb von drei Wochen nach Zugang der Benachrichtigung widerspricht. Die **Benachrichtigung** der Bauherrin oder des Bauherrn über die beabsichtigte Übernahme des Vorhabens in ein vereinfachtes Baugenehmigungsverfahren **ist** eine **behördliche Verfahrenshandlung** i. S. d. § 44a VwGO, die **nicht gesondert angefochten** werden kann. Ein innerhalb von drei Wochen nach Zugang der Benachrichtigung erhobener „Widerspruch" der Bauherrin oder des Bauherrn gegen die beabsichtigte Verfahrensumstellung leitet demzufolge **kein verwaltungsgerichtliches Vorverfahren** i. S. d. §§ 68 ff. VwGO ein, **sondern** ist so zu verstehen, dass **eine Bearbeitung** des Vorhabens **im vereinfachten Baugenehmigungsverfahren nicht gewünscht** wird.

Satz 4 erklärt Absatz 13 Satz 2 und 3 für entsprechend anwendbar. Das bedeutet zunächst, dass der **Baubeginn mit Zugang der Benachrichtigung** an die Bauherrin oder den Bauherrn als **untersagt** gilt (vgl. Absatz 13 Satz 2). Darüber hinaus gilt der **Fristablauf von drei Wochen nach Zugang** der Benachrichtigung als **Eingang der Bauvorlagen** nach § 69 Abs. 6 mit der **Folge,** dass bei **vollständigen Bauvorlagen** die **Frist für Genehmigungsfiktion** und bei **unvollständigen Bauvorlagen** die **Frist** nach § 69 Abs. 5 **für** die **Nachforderung** der noch einzureichenden Bauvorlagen zu laufen **beginnt.** Um belegen zu können, ab wann der Baubeginn als untersagt gilt und die Bauvorlagen nach § 69 Abs. 6 als eingegangen gelten, **sollte** die **Erklärung der Gemeinde,** dass ein vereinfachtes Baugenehmigungsverfahren durchgeführt werden soll, **mit Zustellungsnachweis erfolgen.**

Absatz 9 befasst sich **nicht mit Absatz 2 Nr. 4 zweite Alternative,** wonach eine **Genehmigungsfreistellung auch** dann **nicht** in Betracht kommt, **wenn** die **Gemeinde** (bei der Bauaufsichtsbehörde)eine **vorläufige Untersagung** nach § 15 Abs. 1 Satz 2 BauGB beantragt hat. Vorläufig untersagt werden können nach dieser bundesrechtlichen

Vorschrift nur Vorhaben, für die **kein Baugenehmigungsverfahren** – also kein bauaufsichtliches Verfahren – durchgeführt wird. Das sind sowohl die **Vorhaben,** die für gewöhnlich unter die **Genehmigungsfreistellung** nach § 68 fallen, als auch die bauordnungsrechtlich **verfahrensfreien Bauvorhaben** des § 63 Abs. 1 und 2, die den Begriff des Vorhabens i. S. d. § 29 Abs. 1 BauGB erfüllen und damit **planungsrechtlich relevant** sind (vgl. dazu BVerwG, Urt. vom 16. Dezember 1993 – 4 C 22.92 –, NVwZ 1994, 1010 = ZfBR 1994, 148 = Buchholz 406.11 § 29 BauGB Nr. 52, m. w. N.).

Da nach der **ersten Alternative** des Absatzes 2 Nr. 4 für die Durchführung eines vereinfachten Baugenehmigungsverfahrens **nur** eine **einfache Erklärung** der Gemeinde erforderlich ist, hat die **zweite Alternative** (Antrag der Gemeinde auf vorläufige Untersagung nach § 15 Abs. 1 Satz 2 BauGB) **für** die normalerweise unter die **Genehmigungsfreistellung** fallenden Vorhaben mit Blick auf die **umfangreichen Voraussetzungen und** die **engen Fristenregelungen kaum Bedeutung:** Denn die Inanspruchnahme der **zweiten Alternative** erfordert – wie eine Zurückstellung nach § 15 Abs. 1 Satz 1 BauGB – einen wirksamen Planaufhebungs- oder Planänderungsbeschluss, der nach § 2 Abs. 1 Satz 2 BauGB bekanntgemacht worden ist und ein rechtlich zulässiges, in einem Mindestmaß bestimmbares und absehbares Planungsziel zum Inhalt hat; darüber hinaus müssen konkrete Anhaltspunkte gegeben sein, dass das Vorhaben den Festsetzungen des künftigen Bebauungsplans widersprechen wird. Außerdem muss **vor Eintritt der gesetzlichen Baufreigabe** des Absatzes 3 Satz 2 Halbsatz 1 **sowohl** die **Gemeinde** das **Aufhebungs- oder Änderungsverfahren** für den Bebauungsplan **angeschoben und** den **Antrag** auf vorläufige Untersagung **stellen als auch** die **Bauaufsichtsbehörde** die **vorläufige Untersagung aussprechen können.** Die **zweite Alternative** wird nach alledem allenfalls zum Tragen kommen, wenn eine Bauherrin oder ein Bauherr für ein nach § 63 Abs. 1 oder 2 verfahrensfrei gestelltes, planungsrechtlich relevantes Vorhaben versehentlich eine Genehmigungsfreistellung nach § 68 eingereicht hat, und wenn die Realisierung dieses Vorhabens die Durchführung einer gemeindlichen Aufhebungs- oder Änderungsplanung unmöglich machen oder wesentlich erschweren würde. Obwohl weder **§ 68 noch § 15 Abs. 1 Satz 2 BauGB regelt, welche Form** für einen Antrag nach Absatz 2 Nr. 4 zweite Alternative zu wählen ist, **sollte** die **Gemeinde** den **Antrag** auf **vorläufige Untersagung schriftlich stellen und begründen** (s. a. Abschnitt 4 der „Stellungnahme der Gemeinde nach § 36 Baugesetzbuch (BauGB)/Erklärung der Gemeinde im Rahmen der Genehmigungsfreistellung nach § 68" – Anlage 4 zum Vordruckerlass). Auf diese Weise wird die Bauaufsichtsbehörde in die Lage versetzt, die für die gemeindliche Entscheidung maßgeblichen Gesichtspunkte nachzuvollziehen. Der Antrag ist – wie die Erklärung nach der **ersten Alternative,** dass ein vereinfachtes Baugenehmigungsverfahren durchgeführt werden soll –, lediglich eine **behördliche Verfahrenshandlung** i. S. d. § 44a VwGO, die die Bauherrin oder der Bauherr nicht gesondert anfechten kann. Die **vorläufige Untersagung der Bauaufsichtsbehörde** nach § 15 Abs. 1 Satz 2 BauGB ist ein belastender **Verwaltungsakt,** gegen den die Bauherrin oder den Bauherrn **Widerspruch** einlegen kann. Da ein solcher Widerspruch nach § 80 Abs. 1 VwGO **aufschiebende Wirkung** hat, ist die Baugenehmigungsbehörde gehalten, die vorläufige Untersagung mit einer **Anordnung der sofortigen Vollziehung** nach § 80 Abs. 2 Nr. 4 VwGO zu versehen.

Ist die **Gemeinde selbst** (auch) **Baugenehmigungsbehörde** – sind also die Funktionen der Trägerin der Planungshoheit und der Baugenehmigungsbehörde in derselben Behörde gebündelt – wird sie von sich aus Maßnahmen nach **Absatz 2 Nr. 4** ergreifen. Auch **Absatz 9** kommt in diesem Fall nur eingeschränkt zur Anwendung.

10. Feuerungsanlagen (Absatz 10)

Absatz 10 soll mit Blick auf den Prüfverzicht nach Absatz 4 Satz 1 Gefahren oder unzumutbare Belästigungen durch Feuerungsanlagen i. S. d. § 43 Abs. 3 Satz 1 **ausschließen.**

Nach **Satz 1** muss die Bauherrin oder der Bauherr **zehn Werktage vor Baubeginn der Feuerungsanlage** eine **Bescheinigung der bevollmächtigten Bezirksschornsteinfegerin oder des bevollmächtigten Bezirksschornsteinfegers** einholen, aus der hervorgeht, dass die Feuerungsanlagen den öffentlich-rechtlichen Vorschriften entsprechen und die Abgasanlagen, wie Schornsteine, Abgasleitungen und Verbindungsstücke, und die Feuerstätten so aufeinander abgestimmt sind, dass beim bestimmungsgemäßen Betrieb Gefahren oder unzumutbare Belästigungen nicht zu erwarten sind. Die **Bescheinigung** ist nach dem **Vor-**

druck für Feuerungsanlagen nach **Anlage 5 zum Vordruckerlass** beizubringen. Eine Ausfertigung der Bescheinigung ist für die Bauherrin
oder der Bauherr, eine Ausfertigung für die Bauaufsichtsbehörde bestimmt. Soweit erforderlich, ist für die Abgabe der Bescheinigung auch
der **Nachweis des Verbrennungsluftverbundes für raumluftabhängige
Feuerstätten ≤ 35 kW nach Feuerungsverordnung** nach **Anlage 6 zum
Vordruckerlass** beizubringen.
Nach **Satz 2** gilt **§ 79 Abs. 3 Satz 2** entsprechend. Danach dürfen Feuerstätten **erst in Betrieb genommen** werden, **wenn die bevollmächtigte
Bezirksschornsteinfegerin oder der bevollmächtigte Bezirksschornsteinfeger** die **Tauglichkeit und die sichere Benutzbarkeit der Abgasanlagen bescheinigt** hat. Für diese **Bescheinigung** ist der Vordruck **Bescheinigung über die Tauglichkeit und sichere Benutzbarkeit der
Abgasanlagen** nach § 79 Abs. 3 Satz 2 LBO nach **Anlage 7 zum Vordruckerlass** zu verwenden. Eine Ausfertigung der Bescheinigung erhält
die Bauaufsichtsbehörde, eine weitere Ausfertigung die Bauherrin oder
der Bauherr.

11. **Pflicht der Bauherrin oder des Bauherrn, die erforderlichen
    Genehmigungen, Zustimmungen, Bewilligungen und
    Erlaubnisse anderer Behörden einzuholen (Absatz 11)**

Anders als bei den Baugenehmigungsverfahren nach den §§ 67 und 69
ist nach **Absatz 11** im Genehmigungsfreistellungsverfahren die **Bauherrin oder der Bauherr verpflichtet,** die für die Errichtung, Änderung,
Erweiterung oder die Beseitigung der in Absatz 1 genannten Bauvorhaben nach anderen öffentlich-rechtlichen Vorschriften erforderlichen
Genehmigungen, Zustimmungen, Bewilligungen und Erlaubnisse **vor
Baubeginn** selbst einzuholen. Auf diese gesetzliche Verpflichtung sollte
die Bauherrin oder der Bauherr bei einer **Bauberatung** hingewiesen
werden. Das Beteiligungsverfahren, das im Regelfall die Entwurfsverfasserin oder der Entwurfsverfasser im Auftrag der Bauherrin oder
des Bauherrn übernimmt, ist bei Vorhaben im Geltungsbereich eines
Bebauungsplans i. S. d. § 30 Abs. 1 oder 2 BauGB überschaubar. Benötigt werden können vor Beginn der Bauarbeiten beispielsweise Genehmigungen nach den Abwassersatzungen und Baumschutzsatzun-
gen der Gemeinden.

12. Wahlfreiheit der Bauherrin oder des Bauherrn (Absatz 12)

Absatz 12 eröffnet der Bauherrin oder dem Bauherrn die Möglichkeit, für Vorhaben nach Absatz 1 **anstelle** des Verfahrens der Genehmigungsfreistellung das **vereinfachte Baugenehmigungsverfahren** durchführen lassen. Dazu muss sie oder er auf dem „**Vordruck für die bauaufsichtlichen Verfahren**" (Anlage 1 zum Vordruckerlass) das Feld „Bauantrag im vereinfachten Baugenehmigungsverfahren nach § 69 Landesbauordnung (LBO)" ankreuzen.

13. Verfahrensumstellung (Absatz 13)

Stellt die Bauaufsichtsbehörde im Fall einer Durchsicht der Genehmigungsfreistellungsunterlagen fest, dass die **Voraussetzungen für** eine **Genehmigungsfreistellung nach** § 68 fehlen (etwa weil die Voraussetzungen des Absatzes 1 oder 2 nicht vorliegen, weil die **Bauvorlagen** für ein Wohngebäude der Gebäudeklasse 1 oder einen untergeordneten eingeschossigen Anbau an ein bestehendes Wohngebäude der Gebäudeklasse 1, 2 oder 3 **von** einer eingeschränkt bauvorlageberechtigten Person nach § 65 Abs. 4 erstellt worden sind oder weil das zur Bebauung vorgesehene Grundstück im Gebiet einer Veränderungssperre i. S. d. § 14 BauGB liegt), kommt **Absatz 13** zum Tragen. Danach **soll** sie das Vorhaben unter Benachrichtigung der Gemeinde und der Bauherrin oder des Bauherrn **in das erforderliche bauaufsichtliche Verfahren übernehmen**, wenn die Bauherrin oder der Bauherr nicht innerhalb von drei Wochen nach Zugang der Benachrichtigung widerspricht (**Satz 1**), wobei

– **der Baubeginn mit Zugang der Benachrichtigung** als **untersagt** (**Satz 2**) und
– der **Ablauf der Frist** als **Eingang der Bauvorlagen** nach § 69 Abs. 6 gilt (**Satz 3**).

Eine **Verfahrensumstellung in** ein **umfassendes Baugenehmigungsverfahren** nach § 67 kommt beispielsweise in Betracht, **wenn** das als Genehmigungsfreistellung eingereichte Vorhaben ein **Sonderbau** i. S. d. § 51 Abs. 2 ist oder in einen solchen mündet **oder** wenn die Bauvorlagen für ein Wohngebäude der Gebäudeklasse 1 oder einen untergeordneten eingeschossigen Anbau an ein bestehendes Wohngebäude der Gebäudeklasse 1, 2 oder 3 von einer **eingeschränkt bauvorlageberechtigten Person** nach § 65 Abs. 4 erstellt worden sind. Eine **Verfahrens-**

umstellung in ein vereinfachtes Baugenehmigungsverfahren nach § 69 ist beispielsweise geboten, **wenn** das als Genehmigungsfreistellung eingereichte Vorhaben **weder** ein **Sonderbau** i. S. d. § 51 Abs. 2 ist noch in einen solchen mündet und wenn es darüber hinaus unter die **Gebäudeklasse 4 oder 5** fällt (Umkehrschluss aus Absatz 1 Satz 1 Nr. 1) **oder** – unabhängig von der Gebäudeklasse – **nicht im** Geltungsbereich eines **Bebauungsplans** i. S. d. § 30 Abs. 1 oder 2 BauGB liegt (Umkehrschluss aus Absatz 2 Nr. 1). Für diese Verfahrensumstellung wird kein gesonderter normaler oder vereinfachter Bauantrag benötigt. Die **Benachrichtigung** der Gemeinde und der Bauherrin oder des Bauherrn über die beabsichtigte Übernahme des Vorhabens in das erforderliche Verfahren ist eine **behördliche Verfahrenshandlung** i. S. d. § 44a VwGO, die **nicht gesondert angefochten** werden kann.

Ein innerhalb von drei Wochen nach Zugang der Benachrichtigung erhobener „**Widerspruch**" der Bauherrin oder des Bauherrn gegen die beabsichtigte Verfahrensumstellung leitet demzufolge **kein verwaltungsgerichtliches Vorverfahren** i. S. d. §§ 68 ff. VwGO ein, **sondern** muss von der Bauaufsichtsbehörde so verstanden werden, dass **eine Bearbeitung** des Vorhabens **in dem erforderlichen Verfahren nicht gewünscht** wird. In diesem Fall gilt der Baubeginn nach **Satz 2** als untersagt, und die Bauaufsichtsbehörde kann das erforderliche Verfahren nicht durchführen, weil der dafür erforderliche Antrag nicht als gestellt gilt. Das Verfahren muss deshalb eingestellt werden.

Widerspricht die **Bauherrin oder der Bauherr** innerhalb von drei Wochen nach Zugang der Benachrichtigung der beabsichtigten Verfahrensumstellung **nicht**, gilt nach **Satz 3** der **Fristablauf als Eingang der Bauvorlagen** nach § 69 Abs. 6 mit der **Folge,** dass bei **vollständigen Bauvorlagen** die **Frist für Genehmigungsfiktion und** bei **unvollständigen Bauvorlagen** die **Frist** nach § 69 Abs. 5 **für die Nachforderung** der noch einzureichenden Bauvorlagen zu laufen **beginnt.** Der **Baubeginn gilt** nach **Satz 2** (bis zur Baufreigabe in dem erforderlichen Verfahren) als untersagt.

Um belegen zu können, **ab wann der Baubeginn** nach **Satz 2** als **untersagt** gilt **und** die **Bauvorlagen** nach **Satz 3** i. V. m. § 69 Abs. 6 als **eingegangen** gelten, **sollte** die **Bauaufsichtsbehörde** die **Benachrichtigung** über die Übernahme in das erforderliche bauaufsichtliche Verfahren der Gemeinde und der Bauherrin oder dem Bauherrn **zustellen.**

§ 69   Vereinfachtes Baugenehmigungsverfahren

(1) [1]Außer bei Sonderbauten wird nicht geprüft die Vereinbarkeit der Vorhaben mit den Vorschriften dieses Gesetzes und den Vorschriften aufgrund dieses Gesetzes. [2]§ 65 Absatz 4, §§ 68 und 70 bleiben unberührt.

(2) Über Abweichungen sowie Ausnahmen und Befreiungen nach § 31 des Baugesetzbuchs entscheidet die Bauaufsichtsbehörde auf besonderen Antrag.

(3) [1]Auch soweit eine Prüfung entfällt, sind die Bauvorlagen, mit Ausnahme der nicht prüfpflichtigen bautechnischen Nachweise, einzureichen. [2]§ 67 Absatz 4 gilt entsprechend.

(4) [1]Die Bauvorlagen, mit Ausnahme der bautechnischen Nachweise, müssen von Entwurfsverfasserinnen oder Entwurfsverfassern gefertigt werden, die nach § 65 Absatz 3 bauvorlageberechtigt sind. [2]Die Entwurfsverfasserinnen oder Entwurfsverfasser, die Aufstellerinnen oder Aufsteller der bautechnischen Nachweise und die Fachplanerinnen oder Fachplaner im Sinne des § 55 Absatz 2 haben die Erklärung abzugeben, dass die von ihnen gefertigten Bauvorlagen den öffentlich-rechtlichen Vorschriften entsprechen.

(5) [1]Beim Eingang unvollständiger Bauvorlagen bei der Bauaufsichtsbehörde soll sie innerhalb von drei Wochen schriftlich der Bauherrin oder dem Bauherrn die noch einzureichenden Bauvorlagen angeben. [2]**Werden innerhalb einer angemessenen Frist, die zwei Monate nicht überschreiten soll, die Bauvorlagen nicht nachgereicht, gilt der Antrag als zurückgenommen.**

(6) Die Bauaufsichtsbehörde hat über den Bauantrag spätestens innerhalb einer Frist von drei Monaten nach Eingang der Bauvorlagen bei ihr, bei unvollständigen Bauvorlagen innerhalb einer Frist von drei Monaten nach Eingang der noch einzureichenden Bauvorlagen zu entscheiden.

(7) Sind für das Vorhaben Abweichungen oder Ausnahmen oder Befreiungen nach § 31 des Baugesetzbuchs erforderlich oder liegt es in einem Landschaftsschutzgebiet, verlängert sich die Frist nach Absatz 6 um einen Monat.

(8) Ergibt sich bei der weiteren Prüfung der Bauvorlagen, dass noch zusätzliche Unterlagen erforderlich sind, oder macht es die Beteiligung anderer Behörden, öffentlicher Stellen, anderer Stellen oder von Nachbarinnen oder Nachbarn erforderlich, kann die Bauaufsichtsbehörde die sich aus den Absätzen 6 und 7 ergebende Frist angemessen, längstens um drei

weitere Monate, verlängern und auch die zusätzlichen Unterlagen von der Bauherrin oder dem Bauherrn nachfordern.

(9) ¹Die Genehmigung gilt als erteilt, wenn sie nicht innerhalb der Frist versagt wird. ²Nach Ablauf der Frist ist dieses auf Antrag der Bauherrin oder des Bauherrn schriftlich zu bestätigen.

(10) § 68 Absatz 10 gilt entsprechend.

(11) Liegen die Voraussetzungen für das Baugenehmigungsverfahren nach § 67 vor, soll die Bauaufsichtsbehörde das Vorhaben unter Benachrichtigung der Bauherrin oder des Bauherrn in dieses Verfahren übernehmen, wenn die Bauherrin oder der Bauherr nicht innerhalb von drei Wochen nach Zugang der Benachrichtigung widerspricht.

Erläuterungen

1.   Allgemeines

Das **vereinfachte Baugenehmigungsverfahren nach** § 69 findet als „Regelverfahren" auf alle Anlagen Anwendung, die **nicht** im normalen Baugenehmigungsverfahren zu prüfen sind, für die kein Genehmigungsfreistellungsverfahren nach § 68 stattfindet und die auch nicht nach § 63 bauaufsichtlich verfahrensfrei gestellt sind. Es erfasst damit alle Gebäude der Gebäudeklassen 1 bis 5 mit unterschiedlicher Nutzung, soweit sie **nicht Sonderbauten** sind, und findet insoweit für das **gesamte Gebiet** einer Gemeinde Anwendung; die Bauvorlagen – mit Ausnahme der bautechnischen Nachweise – müssen von einer qualifiziert **bauvorlageberechtigten Person** i. S. d. § 65 Abs. 3 erstellt werden (vgl. Absatz 4 Satz 1). Die unter das **vereinfachte Baugenehmigungsverfahren** fallenden Vorhaben werden – im Unterschied zum normalen Baugenehmigungsverfahren nach § 67 – nicht daraufhin überprüft, ob sie **alle** grundstücks- und anlagebezogenen bauplanungsrechtlichen, bauordnungsrechtlichen und sonstigen öffentlich-rechtlichen Vorschriften einhalten. In diesem Verfahren wird vielmehr **generell auf** die **bauordnungsrechtliche Prüfung verzichtet,** ob das Vorhaben mit den Bestimmungen der LBO und den aufgrund der LBO erlassenen Vorschriften vereinbar ist; **lediglich über** die Zulassung gesondert schriftlich zu beantragender (und zu begründender) **Abweichungen von materiellen bauordnungsrechtlichen** Vorschriften hat die Bauaufsichtsbehörde zu befinden (vgl. Absatz 2 und § 71). Das vereinfachte

Baugenehmigungsverfahren enthält außerdem **Fristenregelungen** für die **Prüfung der Vollständigkeit** und Nachforderung von Bauvorlagen (Absatz 5), für die **Entscheidung** über den Bauantrag (Absatz 6, 7 und 8) und für den **Eintritt der Genehmigungsfiktion** (Absatz 9). Liegen die Voraussetzungen für ein vereinfachtes Baugenehmigungsverfahren nach § 69 vor, ist eine **Prüfung im umfassenden Baugenehmigungsverfahren** nach § 67 **nicht möglich. Nicht zulässig** ist es **auch,** einen **Sonderbau** – der unter das normale Baugenehmigungsverfahren nach § 67 fällt – **im vereinfachten Baugenehmigungsverfahren prüfen zu lassen oder als Genehmigungsfreistellung** nach § 68 **einzureichen.** Soweit § 69 nicht konkret etwas anderes bestimmt, gelten **im vereinfachten Baugenehmigungsverfahren** die **verfahrensrechtlichen Regelungen** über den **Bauantrag** nach § 64 **und die Behandlung des Bauantrages** nach § 67. Weiterhin sind im **vereinfachten Baugenehmigungsverfahren** nach § 69 die **Vorschriften des** § 73 über die Erteilung der **Baugenehmigung,** die Unterrichtung der **Gemeinde** und den **Baubeginn** anwendbar; **ausgenommen** ist die Regelung nach § 73 Abs. 5 Satz 1 Nr. 1 über den Zugang der Baugenehmigung im **Fall der als erteilt geltenden Baugenehmigung nach** § 69 **Abs. 9.** Darüber hinaus gelten auch die Bestimmungen des § 74 über die **Teilbaugenehmigung,** auch wenn angesichts der Fristenregelung im vereinfachten Baugenehmigungsverfahren **im Allgemeinen** die Erteilung einer Teilbaugenehmigung – die im **Ermessen** der Bauaufsichtsbehörde liegt – als **nicht erforderlich** erscheint (zur Bindungswirkung einer Teilbaugenehmigung s. OVG Schleswig, Beschl. vom 17. November 1994 – 1 M 65/94 –, juris). Schließlich findet auch § 75 über die **Geltungsdauer der Baugenehmigung** Anwendung.

Die Baugenehmigung nach § 73 Abs. 1 bestätigt im Rahmen des **vereinfachten Baugenehmigungsverfahrens** die **Vereinbarkeit des Vorhabens mit dem öffentlichen Recht, soweit** eine **Prüfpflicht** besteht, und bildet daher **insoweit** den „Schlusspunkt" eines öffentlich-rechtlichen **Verfahrens** (vgl. VG Schleswig, Gerichtsbescheid vom 4. August 2004 – 2 A 64/04 –, juris: „…zwar keine materielle Konzentration, aber eine Verfahrenskonzentration…"). Was **Gegenstand der Prüfung im bauordnungsrechtlichen Baugenehmigungsverfahren** ist, bestimmt die LBO als **maßgebliches Landesrecht** (vgl. BVerwG, Beschl. vom 25. Oktober 1995 – 4 B 216.95 –, BVerwGE 99, 351 = BRS 57

Nr. 186 = BauR 1996, 225 = NVwZ 1996, 377 = NuR 1997, 140 = DVBl 1996, 57 = DÖV 1996, 172 = ZfBR 1996, 55 = Buchholz 406.17 Bauordnungsrecht Nr. 53 , Beschl. vom 18. Juni 1997 – 4 B 238/96 –, BRS 59 Nr. 78 = BauR 1997, 807 = NVwZ-RR 1998, 157 = NuR 1997, 595 = ZfBR 1997, 324 = Buchholz 406.11 § 34 BauGB Nr. 186, und Beschl. vom 2. September 1999 – 4 B 27.99 –, BRS 62 Nr. 117 = BauR 2000, 1173 = ZfBR 2000, 278 = Buchholz 406.11 § 35 BauGB Nr. 340). Die im vereinfachten Verfahren erteilte Baugenehmigung ist **nur in Bezug auf** das **Bauplanungsrecht,** auf das sog. „**aufgedrängte Recht"** (z. B. Naturschutz-, Wasser-, Straßenrecht) **und** auf beantragte und **gewährte bauordnungsrechtliche Abweichungen** nach § 71 eine **öffentlich-rechtliche Unbedenklichkeitsbescheinigung.** Die Vereinbarkeit mit den bauordnungsrechtlichen Bestimmungen (der LBO und der auf ihrer Grundlage erlassenen Vorschriften) und den Bestimmungen des Arbeitsstättenrechts wird hingegen von ihr nicht festgestellt.

2. Erfasste Vorhaben und Prüfungsumfang (Absatz 1)

Absatz 1 Satz 1 erfasst die Errichtung, Änderung, und Nutzungsänderung **aller Anlagen außer Sonderbauten** nach § 51 Abs. 2.

Satz 2 lässt § 65 Abs. 4, § 68 und § 70 **unberührt,** d. h., dass

– ein **umfassendes Baugenehmigungsverfahren nach § 67** durchzuführen ist, **wenn** eine Person nach § **64 Abs. 4** (z. B. Maurermeisterin oder Maurermeister, Zimmerermeisterin oder Zimmerermeister, staatlich geprüfte Technikerin oder staatlich geprüfter Techniker) die Bauvorlagen für ein Wohngebäude der Gebäudeklasse 1 oder einen untergeordneten eingeschossigen Anbau an ein bestehendes Wohngebäude der Gebäudeklasse 1, 2 oder 3 erstellt hat und das Vorhaben nicht nach § 63 verfahrensfrei ist,

– bei Vorliegen der Voraussetzungen des § 68 ein **Genehmigungsfreistellungsverfahren** betrieben werden kann, aber nicht muss (vgl. dazu das Wahlrecht in § 68 Abs. 12),

– die Regelungen des § 70 über die bautechnischen Nachweise **anzuwenden** sind.

Das **vereinfachte Baugenehmigungsverfahren** ist auch durchzuführen, wenn durch eine **Nutzungsänderung kein Sonderbau** nach § 51 Abs. 2 entsteht und weder eine Genehmigungsfreistellung nach § 68 oder noch die Verfahrensfreiheit nach § 63 in Betracht kommt. Es erstreckt sich des Weiteren auf die zu den von ihm erfassten Vorhaben dazugehörigen **notwendigen Stellplätze und Garagen, Abstellanlagen für Fahrräder sowie Nebenanlagen.**

Der **Nachweis** notwendiger Stellplätze und Garagen sowie Abstellanlagen für Fahrräder ist bei der Errichtung, Änderung und Nutzungsänderung von Anlagen **unabhängig davon erforderlich, dass** nach § 63 Abs. 1 Nr. 1 Buchst. b **notwendige Garagen** nach § 6 Abs. 7 Satz 1 sowie notwendige Garagen in den Abmessungen des § 6 Abs. 7 Satz 2, auch jeweils **einschließlich** nach § 6 Abs. 7 Satz 1 Nr. 3 genutzter **Räume bis zu 20 m² Grundfläche,** sowie nach § 63 Abs. 1 Nr. 13 Buchst. b notwendige Stellplätze mit einer Nutzfläche bis zu 50 m² je Grundstück sowie deren Zufahrten und Fahrgassen **verfahrensfrei** sind. Die **Verfahrensfreiheit erstreckt sich** nämlich **nur auf notwendigen Stellplätze und Garagen,** Abstellanlagen für Fahrräder **für vorhandene zugelassene Vorhaben.** Nach alledem muss das **Gesamtvorhaben** zur Entscheidung gestellt werden; eine **Aufteilung des Gesamtvorhabens** in ein genehmigungsbedürftiges Vorhaben und ein verfahrensfreies Vorhaben ist **rechtlich nicht möglich.** Notwendige Stellplätze und Garagen sowie Abstellanlagen für Fahrräder müssen bei Anlagen nach § 50 Abs. 1 Satz 1 und 2 in ausreichender Größe und in geeigneter Beschaffenheit hergestellt werden; ihre Anzahl und Größe hat sich nach Art und Anzahl der vorhandenen und zu erwartenden Kraftfahrzeuge und Fahrräder der ständigen Benutzerinnen und ständigen Benutzer und der Besucherinnen und Besucher der Anlagen auszurichten; vgl. dazu die Erläuterungen unter § 50. Die Ausführungen gelten **sinngemäß für** dazugehörige **Nebenanlagen.**

Nach **Absatz 1 Satz 1** wird im **vereinfachten Baugenehmigungsverfahren** die **Vereinbarkeit der Vorhaben mit** den Vorschriften der LBO und den aufgrund des **Gesetzes erlassenen Vorschriften nicht geprüft.** Das soll der **Beschleunigung** des bauaufsichtlichen Verfahrens, der **Entlastung** der Bauaufsichtsbehörden und der **Klarstellung** und **Stärkung** der **Eigenverantwortung** der am **Bau Beteiligten** dienen. **Umfassend zu prüfen** ist im vereinfachten Baugenehmigungsverfahren hingegen die **Vereinbarkeit der Vorhaben mit den Vorschriften des Planungsrechts** (vgl. §§ 14, 15 und 29 bis 36 BauGB) **und** des sog. „**aufgedrängten Rechts"** (z. B. Naturschutz-, Wasser-, Straßenrecht, usw.). Zu der Vereinbarkeit der Vorhaben mit den Vorschriften des Planungsrechts ge-hört auch die **gesicherte Erschließung** (vgl. BVerwG, Urt. vom 3. Mai 1988 – 4 C 54.85 –, BRS 48 Nr. 92 = BauR 1988, 576 = NVwZ 1989, 353 = NuR 1989, 433 = ZfBR 1988, 283 = Buchholz 406.11 § 35 BBauG Nr. 246; OVG Schleswig, Urt. vom 2. Oktober 2008 – 1 LB 8/08 –, BRS 73 Nr. 109 = BauR 2009, 952). Regelmäßig sind auch die Anforderungen nach § 4 Abs. 2 zu beachten.

Ausgenommen von der Prüfpflicht sind **neben** dem **Bauordnungsrecht auch** die Anforderungen bei wirtschaftlichen Unternehmungen im Hinblick auf Vorschriften, die der Sicherheit und dem Gesundheits-schutz der Beschäftigten beim Einrichten und Ändern von **Arbeitsstät-ten** dienen; vgl. § 2 Abs. 1 der Landesverordnung zur Vereinfachung des bauaufsichtlichen Verfahrens.

Der gesetzlichen Einschränkung der präventiven Kontrolle durch die Bauaufsichtsbehörde korrespondiert ein Anspruch auf Erteilung der Baugenehmigung bei Vorliegen der entsprechend eingeschränkten Vor-aussetzungen, d. h. der Vereinbarkeit des Bauvorhabens mit den zum gesetzlichen Prüfungsprogramm gehörenden Vorschriften. Die **Bau-aufsichtsbehörde** ist **nicht befugt,** das ihr **gesetzlich vorgegebene Prü-fungsprogramm** und **damit** die **gesetzlichen Anspruchs-voraussetzungen** für im vereinfachten Baugenehmigungsverfahren zu erteilende Baugenehmigungen **zu erweitern.** Dies hat zur Folge, dass Rechtmäßigkeit der Baugenehmigung und (materielle) Rechtmäßigkeit des Bauvorhabens auseinanderfallen können.

Erkennt die Bauaufsichtsbehörde bei ihrer Prüfung Umstände, die auf eine Unvereinbarkeit des Vorhabens mit Bauordnungsrecht hindeuten, ist ihr aus den oben dargelegten Gründen zwar eine Erweiterung der gesetzlichen Anspruchsvoraussetzungen untersagt. Der teilweise ge-setzliche Prüfverzicht hindert sie jedoch **nicht,** im vereinfachten Bauge-nehmigungsverfahren nach pflichtgemäßem Ermessen im Rahmen der Eingriffsverwaltung auch die Einhaltung der nicht zu prüfenden öf-fentlich-rechtlichen Vorschriften zu überwachen und ggf. erforderliche Maßnahmen zu treffen (vgl. § 59 Abs. 1). Hat die Bauaufsichtsbe-hörde **Verstöße** gegen nicht der Prüfung im vereinfachten Baugenehmigungsverfahren unterliegende bauordnungsrechtliche Vorschriften erkannt, wird sie in aller Regel bereits im Vorwege in geeigneter Form – etwa durch einen Anruf bei der Bauherrin oder dem Bauherrn bzw.

der qualifiziert bauvorlageberechtigten Person i. S. d. § 65 Abs. 3 – darauf hinwirken, dass ein späteres bauaufsichtliches Einschreiten gegen ein – dem materiellen (Bauordnungs-)Recht widersprechendes – Vorhaben vermieden wird. Ist die Bauaufsichtsbehörde der festen Überzeugung, dass das im vereinfachten Baugenehmigungsverfahren eingereichte Vorhaben gegen (nicht zu prüfendes) materielles Bauordnungsrecht verstößt, und teilt die von ihr kontaktierte, qualifiziert bauvorlageberechtigte Person i. S. d. § 65 Abs. 3 diese Auffassung nicht, kann die Bauaufsichtsbehörde die Baugenehmigung um einen **Hinweis** zu einer möglichen Verletzung des materiellen Bauordnungsrechts ergänzen. In den äußerst seltenen Fällen des sog. **fehlenden Sachbescheidungsinteresses** – das dem fehlenden Rechtsschutzinteresse im gerichtlichen Verfahren entspricht – kann die Bauaufsichtsbehörde die **Erteilung einer Baugenehmigung** im vereinfachten Baugenehmigungsverfahren auch **ablehnen**. Das Sachbescheidungsinteresse fehlt, wenn ohne eine ins Einzelne gehende Prüfung erkennbar ist, dass das Bauvorhaben offensichtlich gegen bauordnungsrechtliche Vorschriften verstößt und dieser Verstoß offenkundig auch nicht (nachträglich) geheilt werden kann. Denn eine Bauherrin oder ein Bauherr hat **kein schutzwürdiges Interesse** an einer **Baugenehmigung** für ein **Vorhaben**, von dem **ausgeschlossen** ist, dass es **legal verwirklicht** werden kann (vgl. BayVGH, Urt. vom 25. November 2014 – 9 B 13.1401 –, juris; OVG B-Bbg, Beschl. vom 21. Juni 2013 – 10 N 72.11 –, juris; HessVGH, Beschl. vom 1. Oktober 2010 – 4 A 1907/10.Z –, BRS 76 Nr. 147 = BauR 2011, 993, m. w. N.). Beeinträchtigt das Vorhaben sonstige Belange, sind auch **selbstständige Anordnungen** möglich, die ggf. **mit der Baugenehmigung verbunden** werden können (BayVGH, Beschl. vom 6. Juni 2002 – 14 B 99.2545 –, BRS 65 Nr. 167 = BauR 2003, 683 = NVwZ-RR 2003, 478).

Die **Bauüberwachung** nach § 78 Abs. 1 erfolgt nach **pflichtgemäßem Ermessen** der Bauaufsichtsbehörde. Für den Fall, dass sich die Bauaufsichtsbehörde für eine Bauüberwachung entscheidet, braucht sie ihre Überprüfung nicht auf die Regelungen zu beschränken, die Prüfungsgegenstand im vereinfachten Baugenehmigungsverfahren waren; sie kann also auch hinsichtlich des Bauordnungsrechts Überprüfungen vornehmen. Bei der Entscheidung im Rahmen des pflichtgemäßen Ermessens, ob und ggf. inwieweit eine Bauüberwachung durchgeführt wird, muss die Bauaufsichtsbehörde auch berücksichtigen, dass grundsätzlich die Bauherrin oder der Bauherr sowie die am Bau Beteiligten, insbesondere die **Entwurfsverfasserin oder der Entwurfsverfasser** sowie die **Aufstellerin oder der Aufsteller der bautechnischen Nachweise aus der Liste** nach § 15 Abs. 1 Satz 1 Nr. 5 ArchIngKG, für die Einhaltung der öffentlich-rechtlichen Anforderungen verantwortlich sind (vgl. § 78 Abs. 3).

Für Vorhaben i. S. d. **Absatzes 1** ist ein **Vorbescheidsverfahren** nach § 66 **zulässig.** In besonderen Fällen, insbesondere wenn Abweichungen nach Bauordnungsrecht, Ausnahmen oder Befreiungen nach § 31 BauGB erforderlich sind, kann auch insoweit eine Prüfung angestellt werden, um zu vermeiden, dass ein vollständiger Bauantrag gestellt wird, ohne wichtige Vorfragen geklärt zu haben. Soweit das Vorhaben im vereinfachten Baugenehmigungsverfahren dem Vorbescheid entspricht, ist eine Prüfung im vereinfachten Baugenehmigungsverfahren nicht mehr erforderlich. Dies gilt jedoch wegen der aufschiebenden Wirkung des Rechtsbehelfs nicht für einen angefochtenen Vorbescheid. In diesem Fall muss die Bauaufsichtsbehörde, erneut in der Sache entscheiden.

3.   Abweichungen, Ausnahmen und Befreiungen (Absatz 2)

Nach **Absatz 2** entscheidet die Bauaufsichtsbehörde über **Abweichungen** (nach § 71) **sowie** über **Ausnahmen und Befreiungen nach § 31 BauGB auf besonderen Antrag. Entscheidungen** über Abweichungen, Ausnahmen und Befreiungen sind **Verwaltungsakte,** für deren Verfahren die §§ 71 und 72 förmliche Vorschriften enthalten. Danach muss der jeweilige Antrag **schriftlich** gestellt **und begründet** werden (vgl. § 71 Abs. 2 Satz 1). Im Gegensatz zum normalen Baugenehmigungsverfahren nach § 67 (vgl. § 71 Abs. 2 Satz 3) muss im **vereinfachten Baugenehmigungsverfahren** auch die Zulassung einer **Ausnahme § 31 Abs. 1 BauGB schriftlich beantragt und** der Antrag auch **begründet** werden. Unter § 31 Abs. 1 BauGB fällt beispielsweise die Zulassung einer **Ausnahme** von den allgemeinen Regelungen der Baugebietsvorschriften (vgl. Absätze 3 der §§ 2 bis 9 BauNVO), die **nur** in Betracht kommt, **wenn** die jeweilige **Gebietsverträglichkeit gewahrt** bleibt (vgl. z. B. BVerwG, Urt. vom 2. Februar 2012 – 4 C 14.10 –, BVerwGE 142, 1 = BRS 79 Nr. 86 = BauR 2012, 900 = NVwZ 2012, 825 = ZfBR 2012,

368 = GewArch 2012, 268 = Buchholz 406.11 § 31 BauGB Nr. 42, und Urt. vom 18. November 2010 – 4 C 10.09 –, BVerwGE 138, 166 = BRS 76 Nr. 76 = BauR 2011, 623 = NVwZ 2011, 748 = ZfBR 2011, 269 = DVBl 2011, 358 = Buchholz 406.11 § 31 BauGB Nr. 41). Die Entscheidung trifft die Bauaufsichtsbehörde im **Einvernehmen mit der Gemeinde** (vgl. § 36 Abs. 1 Satz 1 BauGB).

Fehlt beispielsweise ein objektiv erforderlicher **besonderer Zulassungsantrag** für eine **bauplanungsrechtliche Ausnahme** nach § 31 Abs. 1 BauGB oder **Befreiung** nach § 31 Abs. 2 BauGB, muss die Bauaufsichtsbehörde von einem **unvollständigen Bauantrag** ausgehen. Das ergibt sich aus § 69 Abs. 1 Satz 1 i. V. m. § 73 Abs. 1, wonach **Prüfungsgegenstand** des vereinfachten Baugenehmigungsverfahrens u. a. das **Bauplanungsrecht** ist, zu dem auch § 31 Abs. 1 und 2 BauGB gehören.

Fordert die Bauaufsichtsbehörde nach **Absatz 5** innerhalb von drei Wochen nach Eingang des Bauantrages einen schriftlichen Zulassungsantrag **nach,** beginnt die im vereinfachten Baugenehmigungsverfahren zu beachtende Frist nach **Absatz 6 nicht** zu laufen. Fordert sie erst **außerhalb** der Frist von drei Wochen nach Eingang des Bauantrages einen schriftlichen Zulassungsantrag **nach,** hat die Frist mit der gesetzlichen Fiktionswirkung bereits mit Eingang auch der unvollständigen Bauvorlagen zu laufen begonnen. In diesem Fall kann die Bauaufsichtsbehörde nach **Absatz 8** den schriftlichen Antrag als **zusätzliche Unterlage** anfordern sowie die Frist angemessen, **längstens um drei weitere Monate,** verlängern. Wird die Baugenehmigung ohne Zulassung einer evtl. notwendige Abweichung, Ausnahme oder Befreiung erteilt oder gilt sie nach Absatz 9 als erteilt, ist die Baugenehmigung auch insoweit wirksam.

Nach **Absatz 7 verlängert** sich die Frist nach Absatz 6 **um einen Monat,** wenn für das Vorhaben Abweichungen oder Ausnahmen oder Befreiungen nach § 31 BauGB erforderlich sind oder es in einem Landschaftsschutzgebiet liegt.

4. Einzureichende Bauvorlagen (Absatz 3)

Nach **Absatz 3 Satz 1** sind, **auch soweit eine Prüfung entfällt,** die **vollständigen Bauvorlagen,** mit Ausnahme der nicht prüfpflichtigen bautechnischen Nachweise, einzureichen. **Vollständige und mängelfreie Bauvorlagen** sind unerlässliche **Voraussetzung** für einen Bauantrag.

Nur vollständige Bauvorlagen ermöglichen ordnungsgemäße Überprüfung und lassen auch feststellen, ob die Planung in sich stimmig ist. Für den **Bauantrag** ist der **Vordruck für die bauaufsichtlichen Verfahren** nach **Anlage 1 zum Vordruckerlass** zu verwenden. Mit dem **Bauantrag** sind nach § 64 Abs. 2 Satz 1 **alle** für die Beurteilung des Bauvorhabens und die Bearbeitung des Bauantrages **erforderlichen Bauvorlagen einzureichen.** Welche das im Einzelnen sind, bestimmt die **BauVorlVO** – abgedruckt unter C . Nach § 1 Abs. 5 BauVorlVO **sollen** die **Bauaufsichtsbehörden auf Bauvorlagen verzichten, wenn** diese zur Beurteilung des Bauvorhabens **nicht erforderlich** sind. Grundsätzlich ist die Vollständigkeitsprüfung auf den Einzelfall abzustellen; d. h., die Beurteilung der Vollständigkeit ist an der Prüfbarkeit der Bauvorlagen in Bezug auf das Antragsziel und nicht allein nach der Bauvorlagenverordnung, die alle in Betracht kommenden Fälle erfasst, zu beurteilen. Bei **Vorbescheidsanträgen** ist die Prüfung der Vollständigkeit unter Berücksichtigung des § 5 **BauVorlVO** auszurichten. So müssen beispielsweise Bauantrag und Bauvorlagen die beantragte Anlage ausdrücklich und eindeutig bezeichnen (vgl. OVG NRW, Beschl. vom 6. Oktober 2014 – 2 A 434/13 –, juris Rn. 15, und Beschl. vom 12. Januar 2001 – 10 B 1827/00 –, BRS 64 Nr. 162 = BauR 2001, 755 = NVwZ-RR 2001, 430).

Nach **Satz 2** gilt § 67 Abs. 4 entsprechend. Im **vereinfachten Baugenehmigungsverfahren** ist – wie im Baugenehmigungsverfahren nach § 67 – die **Erteilung** der **Baugenehmigung ohne** das Vorliegen der **bautechnischen Nachweise** zulässig:

–   (erst) bei **Baubeginn** müssen die **nicht prüfpflichtigen bautechnischen Nachweise** (nur) der **Bauherrin oder dem Bauherrn** vorliegen,
–   **zehn Werktage vor Baubeginn** müssen die **prüfpflichtigen bautechnischen Nachweise bei der Bauaufsichtsbehörde geprüft** vorliegen.

Diese **Möglichkeit** dient der **Beschleunigung des Verfahrens** und der Erleichterung für die Bauherrin oder den Bauherrn und die am Bau Beteiligten.

Zu den prüfpflichtigen bautechnischen Nachweisen, die im **vereinfachten Baugenehmigungsverfahren** zehn Werktage vor Baubeginn bei der Bauaufsichtsbehörde geprüft vorliegen müssen, gehören

- die **Standsicherheitsnachweise** (inkl der Nachweise des statisch-konstruktiven Brandschutzes) **für Gebäude der Gebäudeklassen 4 und 5** (vgl. § 70 Abs. 3 Satz 1 Nr. 1),
- die nach Maßgabe des Kriterienkatalogs (Anlage 2 zur BauVorlVO) **prüfpflichtigen Standsicherheitsnachweise** (inkl. der Nachweise des statisch-konstruktiven Brandschutzes) für die in § 70 Abs. 3 Satz 1 Nr. 2 genannten baulichen Anlagen (ausgenommen Wohngebäude der Gebäudeklassen 1 und 2),
- der **Brandschutznachweis** (Nachweis des konzeptionellen Brandschutzes) für **Mittelgaragen und** Gebäude der **Gebäudeklasse 5,** wenn die Bauaufsichtsbehörde den Brandschutz nicht selbst prüft (vgl. § 70 Abs. 5 Nr. 2 und 3),
- der **Brandschutznachweis** für Gebäude der **Gebäudeklasse 4** (ausgenommen Mittelgaragen), wenn er nicht von einer Prüfingenieurin oder einem Prüfingenieur für Brandschutz oder einer Person nach § 70 Abs. 4 Satz 1 Halbsatz 1 Nr. 2 oder Halbsatz 2 erstellt worden ist und die Bauaufsichtsbehörde den Brandschutz nicht selbst prüft.

Der **Prüfantrag muss** in diesen Fällen die **Bauaufsichtsbehörde erteilen** (vgl. für die Standsicherheitsnachweise § 13 Abs. 4 Satz 1 PPVO und für den Brandschutznachweis § 19 Abs. 2 i. V. m. § 13 Abs. 4 Satz 1 PPVO). Sollte sich bei der Erarbeitung von bautechnischen Nachweisen also eine **Prüfpflicht** ergeben, wäre im Hinblick auf den ins Auge gefassten Baubeginn der für die Prüfung erforderliche zeitliche **Vorlauf** zu **berücksichtigen.**

Die Erklärung der Aufstellerin oder des Aufstellers der bautechnischen Nachweise aus der Liste nach § 15 Abs. 1 Satz 1 Nr. 5 ArchIngKG (**Anlage 2 zum Vordruckerlass**) ist **nicht zwingend zusammen** mit dem **Bauantrag** bei der Bauaufsichtsbehörde **einzureichen.** Sie **kann nachgereicht werden,** beispielsweise wenn bei Antragstellung bautechnische Fragen bei einem Gebäude der Gebäudeklasse 3 noch nicht vollständig geklärt sind. In einem solchen Fall soll eine **schriftliche Erklärung zum Bauantrag** abgegeben werden, die **Anlage 2 zum Vordruckerlass nachzureichen** (vgl. § 14 Abs. 1 Satz 1 BauVorlVO und das Bauantragsformular auf S. 4 unter Abschnitt VII). Die ausgefüllte und unterschriebene Anlage 2 hat jedoch **spätestens mit der Baubeginnsanzeige eine Woche vor Baubeginn** der Bauaufsichtsbehörde vorzuliegen.

Sollte sich im Zuge der Ausführung eine **Änderung der Anlage 2** zum Vordruckerlass ergeben (**geändertes Bauverfahren/Umplanung**), ist der Bauaufsichtsbehörde **unverzüglich** eine **neue Anlage 2** zum Vordruckerlass vorzulegen.

Personen aus der Liste nach § 15 Abs. 1 Satz 1 Nr. 5 ArchIngKG haben auch bei der **Bauausführung** die Einhaltung der bautechnischen Anforderungen **zu überwachen.** Hier ist Folgendes zu beachten:

– Die **Person** aus der Liste nach § 15 Abs. 1 Satz 1 Nr. 5 ArchIngKG **überwacht** nach § 78 **Abs. 3** die **Bauausführung** hinsichtlich des von ihr aufgestellten Standsicherheitsnachweises.

– Mit der **Anzeige der beabsichtigten Aufnahme der Nutzung** hat die Bauherrin oder der Bauherr nach § 79 **Abs. 2 Satz 2 Nr. 2** eine **Bescheinigung der Person** aus der Liste nach § 15 Abs. 1 Satz 1 Nr. 5 ArchIngKG über die **ordnungsgemäße Bauausführung** hinsichtlich der Standsicherheit vorzulegen.

Hat eine **Prüfingenieurin oder einen Prüfingenieur für Standsicherheit** oder ein Prüfamt für Standsicherheit **bautechnische Nachweise zu prüfen,** ist Folgendes zu beachten:

– Die **Prüfingenieurin oder der Prüfingenieur für Standsicherheit überwacht** nach § 78 **Abs. 2** die **Bauausführung** hinsichtlich des von ihr oder ihm oder einem Prüfamt für Standsicherheit bauaufsichtlich geprüften Standsicherheitsnachweises.

– Mit der **Anzeige der beabsichtigten Aufnahme der Nutzung** hat die Bauherrin oder der Bauherr nach § 79 **Abs. 2 Satz 2 Nr. 1** eine **Bescheinigung der Prüfingenieurin oder des Prüfingenieurs für Standsicherheit** über die **ordnungsgemäße Bauausführung** hinsichtlich der Standsicherheit vorzulegen.

Bei **Mittelgaragen und Gebäuden der Gebäudeklasse 5** überwacht die **Prüfingenieurin oder der Prüfingenieur für Brandschutz** nach Maßgabe der PPVO die **Bauausführung hinsichtlich** des von ihr oder ihm bauaufsichtlich geprüften und bescheinigten **Brandschutznachweises** (§ 78 Abs. 4 Satz 1).

5. Anforderungen an die Bauvorlagen und Erklärungen (Absatz 4)

Nach **Absatz 4 Satz 1** sind im vereinfachten Baugenehmigungsverfahren die Bauvorlagen von **Entwurfsverfasserinnen oder Entwurfsverfassern** zu fertigen, die nach § 65 Abs. 3 bauvorlageberechtigt sind. Zum

Schutz der Bauherrin oder des Bauherrn müssen diese Personen nach § 65 Abs. 6 **ausreichend berufshaftpflichtversichert** sein.

Die **Verantwortung** für die Übereinstimmung des Vorhabens mit den öffentlich-rechtlichen Bestimmungen tragen die Entwurfsverfasserinnen oder Entwurfsverfasser, die Aufstellerinnen oder Aufsteller der bautechnischen Nachweise und die Fachplanerinnen oder Fachplaner i. S. d. § 55 Abs. 2. Deshalb müssen diese Personen nach **Absatz 4 Satz 2** die **Erklärung** abgeben und unterschreiben, dass die von ihnen gefertigten Bauvorlagen den öffentlich-rechtlichen Vorschriften entsprechen.

6. Behandlung unvollständiger Bauvorlagen (Absatz 5)

Gehen bei der Bauaufsichtsbehörde **unvollständige Bauvorlagen** ein, **soll** sie der **Bauherrin oder** dem **Bauherrn** nach **Absatz 5** innerhalb von **drei Wochen** die noch **einzureichenden Bauvorlagen angeben.** Das Wort „soll" verdeutlicht, dass die Frist zur Nachforderung von Bauvorlagen im Regelfall eingehalten werden muss (st. Rspr. des BVerwG, vgl. etwa Urt. vom 2. Juli 1992 – 5 C 39.90 –, BVerwGE 90, 275 m. w. N). **Unvollständig** ist ein Bauantrag, mit dem **nicht alle** nach § 64 Abs. 2 Satz 1 für die Beurteilung des Bauvorhabens und die Bearbeitung Antrages **erforderlichen Bauvorlagen eingereicht** werden. Welche das im Einzelnen sind, bestimmt die **BauVorlVO** – abgedruckt unter C . Von einem **unvollständigen** Bauantrag muss die Bauaufsichtsbehörde **auch** ausgehen, **wenn** ein objektiv erforderlicher **besonderer Zulassungsantrag für** eine **bauplanungsrechtliche Ausnahme** nach § 31 Abs. 1 BauGB oder **Befreiung** nach § 31 Abs. 2 BauGB **fehlt.**

Nach Ablauf der Drei-Wochen-Frist beginnt die Fristenregelung zu laufen, auch wenn bei unvollständigen Bauvorlagen noch einzureichende Bauvorlagen gefordert werden. Die Bauaufsichtsbehörde kann in diesem Fall die Frist nach **Absatz 8** angemessen, längstens um drei weitere Monate, verlängern. Die Berechnung und das Ende der Frist ergeben sich aus den §§ 186 bis 193 BGB; s. hierzu die Erläuterungen unter § 67.

7. Reguläre Genehmigungsfristen (Absatz 6)

Nach **Absatz 6** hat die Bauaufsichtsbehörde über den Bauantrag **spätestens innerhalb einer Frist von drei Monaten** nach Eingang der (vollständigen) Bauvorlagen bei ihr, bei unvollständigen Bauvorlagen innerhalb einer Frist von drei Monaten **nach Eingang** der noch einzureichenden – also vervollständigten – Bauvorlagen zu entscheiden.

8. **Genehmigungsfristen bei Abweichungen, Ausnahmen und Befreiungen sowie bei Vorhaben im Landschaftsschutzgebiet (Absatz 7)**

Nach **Absatz 7 verlängert** sich die **gesetzliche Frist** nach Absatz 6 von drei Monaten **um einen Monat, wenn** für das Vorhaben **Abweichungen** oder **Ausnahmen** oder **Befreiungen** nach § 31 BauGB erforderlich sind **oder** es in einem **Landschaftsschutzgebiet** liegt. Damit sind Abweichungen von Regelungen der LBO, der aufgrund der LBO erlassenen Verordnungen und örtlichen Bauvorschriften sowie Ausnahmen oder Befreiungen nach § 31 BauGB erfasst.

9. **Fristverlängerungen (Absatz 8)**

Ergibt sich bei der **weiteren sachlichen Prüfung** der Bauvorlagen, dass noch **zusätzliche** Unterlagen erforderlich sind, oder macht es die **Beteiligung** anderer Behörden, öffentlicher Stellen, anderer Stellen und von Nachbarinnen oder Nachbarn erforderlich, kann die Bauaufsichtsbehörde nach **Absatz 8** die sich aus den Absätzen 6 und 7 ergebende **Frist** angemessen, längstens um drei weitere Monate, **verlängern** und auch die zusätzlichen Unterlagen von der Bauherrin oder dem Bauherrn nachfordern. Die **Fristverlängerung** muss **schriftlich** erfolgen. Die **Nachforderung zusätzlicher Unterlagen** im vereinfachten Baugenehmigungsverfahren ist **keine Anforderung** noch einzureichender Bauvorlagen beim Eingang **unvollständiger Bauvorlagen i. S. d. Absatzes 5.** Die **zusätzlichen Unterlagen** sind solche Bauvorlagen, deren Notwendigkeit sich aufgrund der Prüfung des Bauantrages in der Sache sowie aufgrund des Erfordernisses der Beteiligung anderer Behörden, Stellen oder von Nachbarinnen oder Nachbarn ergibt. Die **Nachforderung hat keinen Einfluss auf laufende Fristen;** die Regelung ermöglicht der Bauaufsichtsbehörde lediglich, die Frist angemessen, längstens um drei weitere Monate, zu verlängern.

In ihrer **schriftlichen** Nachforderung muss die Bauaufsichtsbehörde der Bauherrin oder dem Bauherrn die neue Frist angeben. Die **Möglichkeit der Fristverlängerung soll** im vereinfachten Baugenehmigungsverfahren mit der damit verbundenen **Aufgabe** i. S. d. § 67 Abs. 5 sicherstellen, dass das Vorhaben allen sonstigen öffentlich-rechtlichen Vorschriften entspricht. Beim Eingang der Bauvorlagen nach Absatz 5 ist es der Bauaufsichtsbehörde auch nicht immer möglich abzusehen, welche Unterlagen für ihre weitere Prüfung oder für andere Behörden, öffentliche Stellen, andere Stellen oder für Nachbarinnen oder Nachbarn (noch) erforderlich sind.

Eine **Fristverlängerung** kommt auch nach einer **erfolgten Zurückstellung des Baugesuchs** nach § 15 Abs. 1 BauGB in Betracht, die auf Antrag der Gemeinde veranlasst worden ist. Mit dem Ablauf der Zurückstellungsfrist nach § 15 Abs. 1 BauGB wird **nur die Zurückstellung beendet**; das vereinfachte Baugenehmigungsverfahren selbst ist noch nicht abgeschlossen. Die Fristen nach Absatz 6 bis 8 werden durch das Zurückstellungsverfahren **gehemmt**; nach Beendigung der Zurückstellung läuft die vor der Zurückstellung begonnene Frist weiter, sodass zwar nicht mit dem Ablauf der Zurückstellungsfrist, aber regelmäßig kurze Zeit danach die Fiktionsfrist erreicht wird (vgl. Niders. OVG, Beschl. vom 25. Januar 1993 – 1 L 85/90 –, BRS 55 Nr. 99 = BauR 1993, 314 = NVwZ 1994, 81 = DÖV 1993, 871). Nach alledem ist **bei einer Zurückstellung** des Baugesuchs nach Maßgabe des § 15 Abs. 1 BauGB eine **exakte Fristenkontrolle** vorzunehmen. Die Bauaufsichtsbehörde sollte rechtzeitig vor Ablauf der Frist prüfen, ob Gründe für eine materiell-rechtliche Entscheidung über den Bauantrag (endgültige Versagung oder Genehmigung) vorliegen. Die Zurückstellung nach § 15 Abs. 1 BauGB darf einen Zeitraum von **zwölf Monaten** nicht überschreiten. Die **Dauer** reicht grundsätzlich von der Zustellung des ersten Zurückstellungsbescheides an. Die Einlegung eines Rechtsbehelfs gegen die Zurückstellung hat keinen Einfluss auf den Fristablauf (VGH BW, Beschl. vom 28. Januar 1991 – 8 S 2238/90 –, BRS 52 Nr. 87). Die Dauer ist im Zurückstellungsbescheid konkret anzugeben (OVG NRW, Urt. vom 1. Oktober 1981 – 7 A 2238/79 –, BRS 38 Nr. 110). Sie darf sich auf einen Zeitraum **bis zu zwölf Monaten** erstrecken (**Höchstfrist**). Wird im Zurückstellungszeitraum eine Veränderungssperre erlassen oder fallen – durch Bekanntmachung des neuen Bebauungsplanes – die Voraussetzungen für sie fort, so wird die Zurückstellung gegenstandslos. In solchen Fällen ist die Gemeinde gehalten, **unverzüglich** die Bauaufsichtsbehörde zu unterrichten, und die Bauaufsichtsbehörde hat dann von sich aus auf den Bauantrag zurückzukommen und materiell-rechtlich über ihn zu entscheiden.

Die Fristverlängerung muss der Bauherrin oder dem Bauherrn durch „**Zwischenbescheid**" schriftlich mitgeteilt werden. Die Fiktionsfrist setzt voraus, dass bei der Behörde ein Antrag eingereicht ist, der in dem Sinne „genehmigungsfähig" ist, dass er in einem Genehmigungsverfahren auf seine Genehmigungsfähigkeit überprüft werden kann und nach Maßgabe des Antrags ein **genehmigungspflichtiger Sachverhalt** vorliegt (vgl. BVerwG, Urt. vom 6. April 1979 – IV C 76.76 –, BVerwGE 58, 20 = BRS 35 Nr. 86 = BauR 1979, 310 = NJW 1980, 304 = DVBl 1979, 623 = Buchholz 406.11 § 19 BBauG Nr. 43). Ein Zwischenbescheid, mit dem der Antragstellerin oder dem Antragsteller die Verlängerung der Genehmigungsfrist mitgeteilt wird, ist eine **behördliche Verfahrenshandlung** i. S. d. § 44a VwGO, die nicht gesondert angefochten werden kann. Ein **Widerspruch gegen** einen „Zwischenbescheid" wäre also **unzulässig** und hätte keine aufschiebende Wirkung.

10. Genehmigungsfiktion (Absatz 9)

Nach **Absatz 9 Satz 1** gilt die Genehmigung erteilt, wenn sie nicht innerhalb der Frist versagt wird. Mit „**Frist**" sind die Regelfristen des **Absatzes 6 und 7** bzw. die Verlängerungsfrist des **Absatzes 8** gemeint. **Maßgeblich für den Ausschluss der Genehmigungsfiktion** ist nicht der Zeitpunkt der Entscheidung der Bauaufsichtsbehörde (Baugenehmigung mit oder ohne Nebenbestimmungen; Versagung der Baugenehmigung), die Übergabe der Entscheidung der Bauaufsichtsbehörde an die Post oder ein sonstiges „Auslaufen", sondern vielmehr die **Bekanntgabe der Entscheidung** der Bauaufsichtsbehörde **an die Antragstellerin oder** den **Antragsteller** (vgl. zur Genehmigungsfiktion nach § 22 Abs. 5 Satz 4 BauGB Söfker in: Ernst/ Zinkahn/ Bielenberg/ Krautzberger, 121. EL Mai 2016, § 22 Rn. 55, u. a. unter Hinweis auf BVerwG, Urt. vom 19. September 1969 – IV C 16.68 –, NJW 1970, 345 = DVBl 1970, 77 = DÖV 1970, 139 = Buchholz 406.11 § 19 BBauG Nr. 23). Die im Fall einer Genehmigungsfiktion **als erteilt geltende vereinfachte Baugenehmigung** entfaltet die **gleiche Rechtswirkung wie** eine **tatsächlich erteilte Baugenehmigung**. Es „gilt" (vorbehaltlos) das Bauvorhaben als genehmigt, für das der Bauaufsichtsbehörde der Bauantrag und die Bauvorlagen vorliegen, auch wenn es nicht den im vereinfachten Verfahren zu prüfenden öffentlich-rechtlichen Vorschriften entspricht. Eine als erteilt geltende Baugenehmigung kann daher für alle am Bauprüfverfahren Beteiligten nur als „Notlösung" angesehen werden. Die Bauaufsichtsbehörde ist deshalb verpflichtet, durch **Terminüberwachung** sicherzustellen, dass das vereinfachte Baugenehmigungsverfahren nicht in die Genehmigungsfiktion mündet, sondern rechtzeitig durch Erteilung einer Baugenehmigung (ggf. mit Nebenbestimmungen) **oder** durch Versagung des Bauantrages abgeschlossen wird. Eine im vereinfachten Genehmigungsverfahren als erteilt geltende **rechtswidrige Baugenehmigung** lässt sich **nur nach Maßgabe der** allgemeinen Grundsätze **des § 116 LVwG** über die Rücknahme begünstigender **Verwaltungsakte zurücknehmen oder einschränken.** Die **Rücknahme** einer (fiktiv erteilten) Baugenehmigung ist eine Ermessensentscheidung, bei der das schutzwürdige Vertrauen am Bestand der fiktiven Baugenehmigung gegen das öffentliche Interesse an deren Aufhebung oder Einschränkung abzuwägen ist.

Nach **Satz 2** muss die Bauaufsichtsbehörde der Bauherrin oder dem Bauherrn auf Antrag schriftlich bestätigen, dass die Genehmigung als erteilt gilt. Diese **Bestätigung** ist eine **Tatsachenerklärung** und **kein Verwaltungsakt.** Verweigert die Bauaufsichtsbehörde diese Bestätigung, kann die Bauherrin oder der Bauherr sich die Bestätigung im Rahmen einer allgemeinen Leistungsklage (§ 44 a VwGO) erstreiten.

11. Feuerungsanlagen (Absatz 10)

Angesichts des **gesetzlichen Prüfverzichts** nach **Absatz 1 Satz 1** findet im vereinfachten Baugenehmigungsverfahren auch keine Prüfung nach den Regelungen des § 43 über **Feuerungsanlagen** statt. **Absatz 10** über die Feuerungsanlagen soll **Gefahren oder unzumutbare Belästigungen** i. S. d. § 43 Abs. 3 Satz 1 **ausschließen.** Nach Absatz 10 gilt § 68 **Abs. 10 entsprechend.** Insoweit wird auf die Erläuterungen zu § 68 Abs. 10 verwiesen.

12. Verfahrensumstellung (Absatz 11)

Liegen nach Durchsicht des Bauantrages und der Bauvorlagen **nicht** die Voraussetzungen für das **vereinfachte, sondern** für das **umfassende**

Baugenehmigungsverfahren nach § 67 vor, soll die Bauaufsichtsbehörde nach **Absatz 11** unter Benachrichtigung der Gemeinde und der Bauherrin oder des Bauherrn das **Vorhaben in dieses Verfahren übernehmen, wenn** die **Bauherrin oder** der **Bauherr nicht** innerhalb von drei Wochen nach Zugang der Benachrichtigung **widerspricht.** Die Voraussetzungen für das **umfassende Baugenehmigungsverfahren nach** § 67 sind gegeben, **wenn** es sich bei dem beantragten Vorhaben um einen **Sonderbau** nach § 51 Abs. 2 handelt **oder** wenn die **Bauvorlagen** für ein Wohngebäude der Gebäudeklasse 1 oder einen untergeordneten eingeschossigen Anbau an ein bestehendes Wohngebäude der Gebäudeklasse 1, 2 oder 3 **von** einer **eingeschränkt bauvorlageberechtigten Person** nach § 65 Abs. 4 erstellt worden sind. Bei dieser Art der Verfahrensumstellung ist **kein gesonderter Bauantrag** für das normale Baugenehmigungsverfahren **nach** § 67 erforderlich.

Die **Benachrichtigung** der Gemeinde und Bauherrin oder des Bauherrn über die beabsichtigte Übernahme des Vorhabens in ein umfassendes Baugenehmigungsverfahren nach § 67 **ist** eine **behördliche Verfahrenshandlung** i. S. d. § 44a VwGO, die **nicht gesondert angefochten** werden kann.

Ein innerhalb von drei Wochen nach Zugang der Benachrichtigung erhobener „**Widerspruch**" der Bauherrin oder des Bauherrn gegen die beabsichtigte Verfahrensumstellung leitet demzufolge **kein verwaltungsgerichtliches Vorverfahren** i. S. d. §§ 68 ff. VwGO ein, **sondern** muss von der Bauaufsichtsbehörde so verstanden werden, dass eine **Bearbeitung** des Vorhabens **in dem** vorgeschriebenen **umfassenden Baugenehmigungsverfahren** nach § 67 **nicht gewünscht** wird. Demzufolge muss das bauaufsichtliche Verfahren eingestellt werden, weil der für das umfassende Baugenehmigungsverfahren erforderliche Bauantrag fehlt.

Widerspricht die **Bauherrin oder** der **Bauherr** innerhalb von drei Wochen nach Zugang der Benachrichtigung der beabsichtigten Verfahrensumstellung **nicht,** ist der Bauantrag in dem erforderlichen Verfahren zu prüfen.

Die **Verfahrensumstellung** sollte mit **Zustellungsnachweis** erfolgen, um als Bauaufsichtsbehörde belegen zu können, dass eine Genehmigungsfiktion nach Absatz 9 nicht eingetreten ist.

§ 70 Bautechnische Nachweise

(1) Die Einhaltung der Anforderungen an die Standsicherheit, den Brand-, Schall-, Wärme- und Erschütterungsschutz ist durch bautechnische Nachweise nachzuweisen; dies gilt nicht für verfahrensfreie Bauvorhaben nach § 63, einschließlich der Beseitigung von Anlagen, soweit nicht in diesem Gesetz oder auf Vorschriften aufgrund dieses Gesetzes anderes bestimmt ist.

(2) [1]Bei
1. Gebäuden der Gebäudeklassen 1 bis 3,
2. sonstigen baulichen Anlagen, die keine Gebäude sind,
prüft die Bauaufsichtsbehörde die bautechnischen Nachweise nicht, wenn diese von Personen aufgestellt worden sind, die in die Liste nach § 15 Absatz 1 Satz 1 Nummer 5 des Architekten- und Ingenieurkammergesetzes eingetragen sind; Absatz 3 Satz 1 Nummer 2 bleibt unberührt. [2]§ 65 Absatz 6 gilt sinngemäß. [3]Werden die bautechnischen Nachweise von verschiedenen Personen aufgestellt, ist jede Person für die von ihr gefertigten Unterlagen verantwortlich; für das ordnungsgemäße Ineinandergreifen dieser Nachweise hat eine dieser von der Bauherrin oder dem Bauherrn der Bauaufsichtsbehörde zu benennenden Personen die Verantwortung zu übernehmen. [4]Die in Satz 1 genannten Personen haben bei der Bauausführung die Einhaltung der bautechnischen Anforderungen zu überwachen; Satz 3 letzter Halbsatz gilt entsprechend. [5]Abweichend von Satz 1 ist die Aufstellung der bautechnischen Nachweise auch von Personen zulässig, die nicht in der Liste nach § 15 Absatz 1 Satz 1 Nummer 5 des Architekten- und Ingenieurkammergesetzes eingetragen sind; die von diesen Personen aufgestellten Nachweise sind zu prüfen. [6]Satz 5 ist im Verfahren der Genehmigungsfreistellung nach § 68 nicht anwendbar.

(3) [1]Der Standsicherheitsnachweis muss durch eine Prüfingenieurin oder einen Prüfingenieur für Standsicherheit oder ein Prüfamt für Standsicherheit bauaufsichtlich geprüft **und bescheinigt** werden bei
1. Sonderbauten und Gebäuden der Gebäudeklassen 4 und 5,
2. a) Gebäuden der Gebäudeklassen 1 bis 3,
   b) Behältern, Brücken, Stützmauern, Tribünen,
   c) sonstigen baulichen Anlagen, die keine Gebäude sind, mit einer Höhe von mehr als 10 m,
   wenn dies nach Maßgabe eines in der Verordnung nach § 83 Absatz 3 geregelten Kriterienkatalogs erforderlich ist; das gilt nicht für Wohngebäude der Gebäudeklassen 1 und 2.
[2]Hinsichtlich der übrigen bautechnischen Nachweise gilt Absatz 2 sinngemäß.

(4) [1]Bei Gebäuden der Gebäudeklasse 4, ausgenommen Sonderbauten sowie Mittel- und Großgaragen, ist der Brandschutznachweis von

1. einer **Prüfingenieurin** oder einem **Prüfingenieur** für Brandschutz oder
2. einer oder einem für das Bauvorhaben Bauvorlageberechtigten aus einem anderen Mitgliedstaat der Europäischen Union oder einem nach dem Recht der Europäischen Gemeinschaften gleichgestellten Staat, die oder der den Tätigkeitsbereich und die erforderlichen Kenntnisse des Brandschutzes entsprechend Nummer 1 nachgewiesen hat, die oder der unter Beachtung des § 6 Absatz 9 des Architekten- und Ingenieurkammergesetzes in einer von der Architekten- und Ingenieurkammer Schleswig-Holstein zu führenden Liste eingetragen ist,

zu erstellen; vergleichbare Eintragungen anderer Bundesländer gelten auch im Geltungsbereich dieses Gesetzes. [2]Wenn der Brandschutznachweis nicht von einer Person im Sinne des Satzes 1 erstellt wird, ist der Brandschutz durch eine Person im Sinne des Satzes 1 **bauaufsichtlich** zu prüfen und zu bescheinigen**, es sei denn, die Bauaufsichtsbehörde prüft den Brandschutz selbst.** [3]Für Personen, die in einem anderen Mitgliedstaat der Europäischen Union oder einem nach dem Recht der Europäischen Gemeinschaften gleichgestellten Staat zur Erstellung von Brandschutznachweisen niedergelassen sind, gilt § 9 a Absatz 3 des Architekten- und Ingenieurkammergesetzes mit der Maßgabe entsprechend, dass die Anzeige oder der Antrag auf Erteilung einer Bescheinigung bei der Architekten- und Ingenieurkammer einzureichen ist.

(5) Bei
1. Sonderbauten,
2. Mittel- und Großgaragen,
3. Gebäuden der Gebäudeklasse 5

ist der Brandschutznachweis von einer **Prüfingenieurin** oder einem **Prüfingenieur** für Brandschutz **bauaufsichtlich** zu prüfen und zu bescheinigen**, es sei denn, die Bauaufsichtsbehörde prüft den Brandschutz selbst.**

(6) [1]Werden bautechnische Nachweise durch eine Prüfingenieurin oder einen Prüfingenieur für Standsicherheit oder ein Prüfamt für Standsicherheit oder Brandschutznachweise durch eine **Prüfingenieurin** oder einen **Prüfingenieur** für Brandschutz bauaufsichtlich geprüft und bescheinigt, werden die entsprechenden Anforderungen auch in den Fällen des § 71 **nicht durch die Bauaufsichtsbehörde** geprüft. [2]Einer bauaufsichtlichen Prüfung oder Bescheinigung bedarf es ferner nicht, soweit für bauliche Anlagen Standsicherheitsnachweise vorliegen, die von einem Prüfamt für Standsicherheit allgemein geprüft sind (Typenprüfung); Typenprüfungen anderer Länder gelten auch im Geltungsbereich dieses Gesetzes.

Erläuterungen

1. Allgemeines

§ 70 über **bautechnische Nachweise** enthält ein **Kernstück des Verfahrensrechts** der LBO. Eine von derjenigen der Bauvorlagen nach § 64 Abs. 2 losgelöste Regelung ist zunächst deshalb erforderlich, weil Bauvorlagen – jedenfalls im engeren Sinn – nur die für die Beurteilung des Bauvorhabens und die Bearbeitung des Bauantrags erforderlichen Unterlagen nach § 64 Abs. 2 Satz 1, also diejenigen Unterlagen sind, die in Baugenehmigungsverfahren einer (materiellen) Prüfung unterzogen werden.

Prüfung und Überwachung bautechnischer Anforderungen sind – weil die bautechnischen Risiko- und Gefährdungspotentiale nicht verfahrens-, sondern **vorhabenabhängig** sind – **eigenständig geregelt**, wobei je nach Schwierigkeitsgrad und Gefahrenpotential zwischen den Bauvorhaben differenziert wird. **Sonderbauten** nach § 51 Abs. 2 werden **grundsätzlich umfassend** geprüft.

Mit der **Beschränkung des Prüfprogramms** im **vereinfachten Baugenehmigungsverfahren** nach § 69 und der **Genehmigungsfreistellung** nach § 68 entfallen – soweit dort bestimmt – bauaufsichtliche Prüfungen auch hinsichtlich bautechnischer Anforderungen, sodass insoweit in diesen Verfahren die in **Absatz 1 Halbsatz 1** definierten **bautechnischen Nachweise** nicht (inhaltlich zu prüfende) Bestandteile der Bauvorlagen sind. Diese in § 70 enthaltenen Prüfeinschränkungen – vgl. Absatz 2 Satz 1 – müssen zudem durch **besondere Anforderungen** an die **Aufstellerinnen und Aufsteller bautechnischer Nachweise** und an die Prüfung solcher Nachweise außerhalb des Baugenehmigungsverfahrens ausgeglichen werden.

2. Verpflichtung zur Erstellung bautechnischer Nachweise

Absatz 1 Halbsatz 1 stellt die **Verpflichtung zur Erstellung bautechnischer Nachweise** für die dort erfassten baulichen Anlagen heraus. **Halbsatz 2** stellt klar, dass die Anforderungen des § 70 grundsätzlich **nicht** für **verfahrensfreie Bauvorhaben** nach § 63 einschließlich der **Beseitigung von Anlagen** gelten, soweit nicht in diesem Gesetz oder in Vorschriften aufgrund dieses Gesetzes anderes bestimmt ist. Dies rechtfertigt sich daraus, dass ein Verzicht auf ein Baugenehmigungs-

verfahren oder ein Verfahren der Genehmigungsfreistellung auch einen Verzicht auf die – bauaufsichtlich geforderte – Erstellung und Prüfung bautechnischer Nachweise beinhaltet; unberührt bleibt die
Verantwortlichkeit der Bauherrin oder des Bauherrn für die Einhaltung der materiell-rechtlichen Anforderungen (vgl. §§ 53 und 54), die
ggf. auch die Erstellung bautechnischer Nachweise erforderlich machen kann. Zugleich enthält Halbsatz 2 aber auch eine Gegenausnahme in Gestalt eines Vorbehalts abweichender Regelung im Gesetz
selbst; vgl. diesbezüglich § 63 Abs. 3 Satz 3 bis 6. Dieser Vorbehalt
ist darüber hinaus erforderlich, weil weitere bautechnische Nachweise
auch bei verfahrensfreien Vorhaben erforderlich sein können, z. B. ein
Energie- oder Wärmebedarfsausweis bei nach § 63 Abs. 1 Nr. 11
Buchst. c und d verfahrensfreien Außenwandbekleidungen und Bedachungen.

3.   Behandlung der bautechnischen Nachweise nach Absatz 2

Für die **Kompensation entfallender bauaufsichtlicher Prüfungen** sieht
§ 70 Folgendes vor: Nach **Absatz 2 Satz 1 Halbsatz 1** prüft die Bauaufsichtsbehörde die bautechnischen Nachweise **nicht** bei
– Gebäuden der Gebäudeklassen 1 bis 3 (**Nummer 1**) und
– sonstigen baulichen Anlagen, die keine Gebäude sind (**Nummer 2**),
wenn diese von **Personen aus der Liste nach § 15 Abs. 1 Satz 1 Nr. 5
ArchIngKG** aufgestellt worden sind. Nach **Satz 1 Halbsatz 2** bleibt
Absatz 3 Satz 1 Nr. 2 unberührt. Das bedeutet, dass dann, wenn dies
nach Maßgabe des in der **BauVorlVO** – abgedruckt unter C – geregelten **Kriterienkatalogs erforderlich** ist, bei Gebäuden der Gebäudeklassen 1 bis 3 der **Standsicherheitsnachweis** durch eine **Prüfingenieurin
oder einen Prüfingenieur für Standsicherheit** oder ein Prüfamt für
Standsicherheit **geprüft** werden muss; dieses gilt allerdings nicht für
Wohngebäude der Gebäudeklassen 1 und 2 (vgl. Absatz 3 Satz 1
Nr. 2).
Nach **Absatz 2 Satz 2** gilt § 65 Abs. 6 sinngemäß. Das bedeutet, dass
die **Personen** aus der Liste nach § 15 Abs. 1 Satz 1 Nr. 5 ArchIngKG
ebenso wie die Entwurfsverfasserinnen und Entwurfsverfasser nach
§ 65 Abs. 3 **ausreichend berufshaftpflichtversichert** sein müssen; s. die
Erläuterungen zu § 65 Abs. 6.

Absatz 2 Satz 3 regelt das Erforderliche bei **Aufstellung der bautechnischen Nachweise von verschiedenen Personen**. Werden diese Nachweise von verschiedenen Personen aufgestellt, ist jede Person für die von ihr gefertigten Unterlagen verantwortlich; für das ordnungsgemäße Ineinandergreifen dieser Nachweise hat eine dieser von der Bauherrin oder dem Bauherrn der Bauaufsichtsbehörde zu benennenden **Personen** die **Verantwortung** zu übernehmen.

Absatz 2 Satz 4 regelt das Erforderliche zur **Überwachung** der Einhaltung der bautechnischen Anforderungen bei der **Bauausführung**. Die Personen aus der Liste nach § 15 Abs. 1 Satz 1 Nr. 5 ArchIngKG haben bei der Bauausführung die Einhaltung der bautechnischen Nachweise zu überwachen; Satz 3 letzter Halbsatz gilt entsprechend. Dieses bedeutet: Wird bei der **Bauausführung** die Einhaltung der bautechnischen Nachweise von verschiedenen Personen überwacht, ist jede Person hinsichtlich von ihr gefertigten Unterlagen verantwortlich; für das ordnungsgemäße **Ineinandergreifen** im Hinblick auf die **Überwachung** hat eine dieser von der Bauherrin oder dem Bauherrn der Bauaufsichtsbehörde zu benennenden **Personen** die **Verantwortung** zu übernehmen.

Abweichend von Absatz 2 Satz 1 ist die Aufstellung der bautechnischen Nachweise auch von Personen **zulässig, die nicht in der Liste** nach § 15 Abs. 1 Satz 1 Nr. 5 ArchIngKG **eingetragen** sind. Nach **Absatz 2 Satz 5** sind in einem solchen Fall diese **bautechnischen Nachweise** zu **prüfen**.

Absatz 2 Satz 6 stellt systemgerecht klar, dass **Absatz 2 Satz 5** im **Verfahren der Genehmigungsfreistellung** nach § 68 **nicht anwendbar** ist. In einem solchen Fall – der Aufstellung der bautechnischen Nachweise von Personen, die nicht in der Liste nach § 15 Abs. 1 Satz 1 Nr. 5 ArchIngKG eingetragen sind – kommt wegen des **grundsätzlichen Prüfungserfordernisses** hinsichtlich der bautechnischen Nachweise nur das vereinfachte Baugenehmigungsverfahren nach § 69 in Betracht.

4. Prüfpflichtige bautechnische Nachweise nach Absatz 3

Absatz 3 Satz 1 regelt, soweit dies angesichts der **bautechnischen Schwierigkeit** und bzw. oder angesichts des **Risikopotenzials bestimmter Bauvorhaben** angezeigt ist, ein **Vier-Augen-Prinzip**. Danach muss der **Standsicherheitsnachweis** durch eine **Prüfingenieurin** oder einen

Prüfingenieur für Standsicherheit oder ein Prüfamt für Standsicherheit bauaufsichtlich geprüft und bescheinigt werden bei
1. Sonderbauten und Gebäuden der Gebäudeklassen 4 und 5,
2. a) Gebäuden der Gebäudeklassen 1 bis 3,
   b) Behältern, Brücken, Stützmauern, Tribünen,
   c) sonstigen baulichen Anlagen, die keine Gebäude sind, mit einer Höhe von mehr als 10 m,
   wenn dies nach Maßgabe des in der BauVorlVO – abgedruckt unter C – geregelten Kriterienkatalogs erforderlich ist; das gilt nicht für Wohngebäude der Gebäudeklassen 1 und 2.

Nummer 1 unterwirft eine standardisierte Auswahl von Bauvorhaben stets dem Vier-Augen-Prinzip. Einer solcher Regelung ist der Vorzug vor einer Anknüpfung der Erforderlichkeit einer Prüfung an die der Gebührenbemessung der Prüfingenieurinnen oder Prüfingenieure für Standsicherheit zugrunde liegenden Bauwerksklassen zu geben, weil die Abgrenzungen insoweit streitanfällig und für die Bauherrin oder den Bauherrn ggf. schwierig ablesbar sind. Es werden mit den Sonderbauten und Gebäuden der Gebäudeklassen 4 und 5 die besonders risikobehafteten Vorhaben erfasst.

Nummer 2 zählt Bauvorhaben auf, bei denen es demgegenüber der Nummer 1 nicht gerechtfertigt ist, sie pauschal dem Vier-Augen-Prinzip hinsichtlich der Standsicherheit zu unterwerfen. Vielmehr werden sie einer Einzelfallbetrachtung nach Maßgabe der jeweiligen statisch-konstruktiven Schwierigkeit unterzogen. Sie orientiert sich an den in der BauVorlVO – abgedruckt unter C – geregelten Kriterienkatalog. Dabei begründet – wie in der BauVorlVO verdeutlicht – die Beurteilung der Aufstellerin oder des Aufstellers der bautechnischen Nachweise öffentlich-rechtlich verbindlich die Prüfpflicht gegenüber der Bauherrin oder dem Bauherrn, unabhängig davon, ob die Voraussetzungen dafür im Zweifel vorliegen; damit soll eine zusätzliche Befassung der Bauaufsichtsbehörde, deren angestrebte Entlastung ansonsten konterkariert würde, mit dieser Einstufung des konkreten Bauvorhabens vermieden werden. So kommt es diesbezüglich im Einzelfall auch zu einer Prüfpflicht in Bezug auf die bautechnischen Nachweise im Verfahren der Genehmigungsfreistellung. Die Abwicklung der Überprüfung richtet sich nach der PPVO.

Nummer 2 Halbsatz 2 schließt die Geltung des Vier-Augen-Prinzips für **Wohngebäude der Gebäudeklassen 1 und 2** generell – also auch unabhängig von einer Beurteilung anhand des Kriterienkatalogs – **aus.** Diese „untere Abschneidegrenze" trägt zwar dem spezifisch auf die statisch-konstruktive Schwierigkeit zielenden Ansatz der Regelung insofern nicht mehr Rechnung, als auch bei diesen Gebäuden Einzelfälle besonderer statisch-konstruktiver Schwierigkeit nicht gänzlich auszuschließen sind. Angesichts der Größe und des Risikopotenzials dieser Vorhaben ist es jedoch vertretbar, es insoweit bei der **Eigenverantwortung der Bauherrin oder des Bauherrn und der übrigen am Bau Beteiligten** bewenden zu lassen. Die Begünstigung von Wohngebäuden der Gebäudeklassen 1 und 2 fügt sich auch in die Systematik der materiell-rechtlichen Anforderungen der LBO ein, die für solche Bauvorhaben – im Übrigen seit jeher – Erleichterungen vorsieht; vgl. § 6 Abs. 5 Satz 3, § 30 Abs. 6, § 32 Abs. 2 Satz 2 Nr. 1, § 33 Abs. 2 Satz 2 und Abs. 7 Satz 2, § 37 Abs. 1 Satz 2 Nr. 1, die rechtspolitisch motiviert und allein durch eine fachspezifische Beurteilung nicht begründbar sind.

Nach **Absatz 3 Satz 2** gilt hinsichtlich der **übrigen bautechnischen Nachweise** Absatz 2 sinngemäß. Das bedeutet:

– Die Bauaufsichtsbehörde **prüft** die **übrigen bautechnischen Nachweise nicht,** wenn diese von **Personen aus der Liste nach § 15 Abs. 1 Satz 1 Nr. 5 ArchIngKG** aufgestellt worden sind.

– Die **Personen** aus der Liste nach § 15 Abs. 1 Satz 1 Nr. 5 ArchIngKG müssen ebenso wie die Entwurfsverfasserinnen und Entwurfsverfasser nach § 65 Abs. 3 **ausreichend berufshaftpflichtversichert** sein; s. die Ausführungen zu § 65 Abs. 6.

– Werden die übrigen bautechnischen Nachweise von verschiedenen Personen aufgestellt, ist jede Person für die von ihr gefertigten Unterlagen verantwortlich; für das ordnungsgemäße Ineinandergreifen dieser Nachweise hat **eine** dieser von der Bauherrin oder dem Bauherrn der Bauaufsichtsbehörde zu benennenden **Personen** die **Verantwortung** zu übernehmen.

– Die Personen aus der Liste nach § 15 Abs. 1 Satz 1 Nr. 5 ArchIngKG haben bei der Bauausführung die Einhaltung der übrigen bautechnischen Nachweise zu überwachen; Satz 3 letzter Halbsatz gilt entsprechend. Dieses bedeutet: Wird bei der **Bauausführung** die Einhaltung der bautechnischen Nachweise von verschiedenen Personen überwacht, ist jede Person hinsichtlich von ihr gefertigten Unterlagen verantwortlich; für das ordnungsgemäße Ineinandergreifen im Hinblick auf die **Überwachung** hat **eine** dieser von der Bauherrin oder dem Bauherrn der Bauaufsichtsbehörde zu benennenden **Personen** die **Verantwortung** zu übernehmen.

– Auch ist die Aufstellung der bautechnischen Nachweise von **Personen** zulässig, die **nicht** in der Liste nach § 15 Abs. 1 Satz 1 Nr. 5 ArchIngKG **eingetragen** sind. Nach Absatz 2 Satz 5 sind bei Aufstellung der bautechnischen Nachweise durch Personen, die **nicht** in der Liste nach § 15 Abs. 1 Satz 1 Nr. 5 ArchIngKG eingetragen sind; deren **Nachweise** sind zu **prüfen. Absatz 2 Satz 6** stellt allerdings systemgerecht klar, dass eine solche Aufstellung der bautechnischen Nachweise im **Verfahren der Genehmigungsfreistellung** nach § 68 **nicht anwendbar** ist.

5. Brandschutznachweise bei Gebäuden der Gebäudeklasse 4, ausgenommen Sonderbauten sowie Mittel- und Großgaragen

Absatz 4 enthält – ähnlich dem Absatz 2 bei den dort erfassten Gebäuden im Hinblick auf die bautechnischen Nachweise – die Regelungen für den **Brandschutznachweis bei Gebäuden der Gebäudeklasse 4,** ausgenommen Sonderbauten sowie Mittel- und Großgaragen: Bei diesen Gebäuden ist nach **Satz 1 Nr. 1** der **Brandschutznachweis** von einer **hoheitlich zu beauftragenden Prüfingenieurin oder einem Prüfingenieur für Brandschutz zu erstellen.** Mit der **neu eingeführten hoheitlichen Beauftragung einer Prüfingenieurin oder eines Prüfingenieurs für Brandschutz** ergibt sich ein klares Prüfsystem. Ist der Brandschutznachweis nicht von einer Prüfingenieurin und einem Prüfingenieur für Brandschutz erstellt, entscheidet die Bauaufsichtsbehörde, ob sie selbst prüft oder eine Prüfingenieurin und einen Prüfingenieur für Brandschutz mit der Prüfung des Brandschutzes beauftragt. **Anstelle** einer hoheitlichen Beauftragung der Prüfingenieurinnen und Prüfingenieure für Brandschutz kommt auch eine Beauftragung einer **nach Satz 1 Nr. 2 beschriebenen qualifizierten Person** in Betracht.

Bei Erstellung des Brandschutznachweises durch eine **Prüfingenieurin oder eines Prüfingenieurs für Brandschutz** bzw. einer Person nach Satz 1 Nr. 2 **prüft** die **Bauaufsichtsbehörde** den Brandschutz **nicht.**

Hier genügt es, eine der genannten Personen tätig werden zu lassen.
Dabei ist auch zu beachten, dass die Brandschutzanforderungen an
solche Gebäude in der LBO standardisiert und leicht ablesbar sind;
für eine ordnungsgemäße Planung und Ausführung der hochfeuerhemmenden Bauweise in Holzbauweise sind in der Muster-Richtlinie
über brandschutztechnische Anforderungen an hochfeuerhemmende
Bauteile in Holzbauweise (M-HFHHolzR), die als Technische Baubestimmung eingeführt ist, die erforderlichen Anforderungen gestellt.
Ausgenommen sind nach Absatz 4 Satz 1 **Sonderbauten sowie Mittel-
und Großgaragen,** weil insoweit stets nach Absatz 5 Nr. 1 und 2 das
Vier-Augen-Prinzip gilt.

Wenn der **Brandschutznachweis nicht** von durch eine **Prüfingenieurin
oder eines Prüfingenieurs für Brandschutz** bzw. einer Person nach
Satz 1 Nr. 2 **erstellt** wird, ist nach **Satz 2 der Brandschutz** durch eine
Person i. S. d. Satzes 1 bauaufsichtlich zu **prüfen und zu bescheinigen,**
es sei denn, die Bauaufsichtsbehörde prüft den Brandschutz selbst.
Satz 2 ermöglicht damit wie bisher – nicht zuletzt im Hinblick auf eine
örtlich immer noch erforderliche Übergangszeit, bis eine genügende
Anzahl an **Prüfingenieurinnen und Prüfingenieure für Brandschutz** zur
Verfügung steht –, dass in den erfassten Fällen **Brandschutznachweise**
durch die **Bauaufsichtsbehörde geprüft** werden.

Die Erstellung und Einreichung von Brandschutznachweisen, die keiner bauaufsichtlichen Prüfung oder Bescheinigungspflicht unterliegen,
ist eine **besondere Dienstleistung,** für welche die **Bestimmungen der
EU-Dienstleistungsrichtlinie** gelten. **Satz 3** enthält die Anforderungen
hinsichtlich der entsprechenden Berechtigung zur Erstellung bautechnischer Nachweise.

6. Brandschutznachweise bei Sonderbauten, Mittel- und Großgaragen und Gebäuden der Gebäudeklasse 5

Absatz 5 enthält die Regelungen für die bauaufsichtliche **Prüfung des
Brandschutznachweises** – ähnlich dem Absatz 3 bei den dort erfassten
Gebäuden im Hinblick auf die Prüfung der bautechnischen
Nachweise: Hinsichtlich des **Brandschutzes** werden dem **Vier-Augen-
Prinzip** unterworfen:

– Sonderbauten (**Nummer 1**),
– Mittel- und Großgaragen (**Nummer 2**),

–   Gebäude der Gebäudeklasse 5 (**Nummer 3**).

Bei diesen Vorhaben ist nach **Absatz 5** erster Halbsatz der Brandschutznachweis von einer **Prüfingenieurin** oder einem **Prüfingenieur für Brandschutz** zu prüfen und zu bescheinigen.

Absatz 5 zweiter Halbsatz enthält eine Folgeänderung zu § 59 Abs. 5 Satz 2 und stellt klar, dass **Brandschutznachweise** für die in Nummer 1 bis 3 genannten Vorhaben durch

–   die **Prüfingenieurinnen oder Prüfingenieure für Brandschutz** zu prüfen und zu bescheinigen sind oder
–   die **Bauaufsichtsbehörden** zu prüfen sind

(**Vier-Augen-Prinzip**), wobei es (unverändert) ohne Belang ist, ob eine Prüfingenieurin oder ein Prüfingenieur für Brandschutz oder eine andere geeignete Person den Brandschutznachweis aufgestellt hat.

7.   Verzicht auf bauaufsichtliche Prüfung bei Tätigwerden von Prüfingenieurinnen oder Prüfingenieuren für Standsicherheit und Prüfingenieurinnen oder Prüfingenieure für Brandschutz

Werden

–   bautechnische Nachweise durch eine **Prüfingenieurin oder einen Prüfingenieur für Standsicherheit** oder ein **Prüfamt für Standsicherheit** bauaufsichtlich geprüft oder
–   **Brandschutznachweise** durch eine **Prüfingenieurin oder eines Prüfingenieurs für Brandschutz** geprüft und bescheinigt,

werden nach **Absatz 6 Satz 1** die entsprechenden Anforderungen **auch** in den **Fällen des** § 71 – also in den **Fällen einer Abweichung** – bauaufsichtlich **nicht geprüft; Entsprechendes** ergibt sichaus dem Sinnzusammenhang auch für den Fall der **Erstellung des Brandschutznachweises** durch eine **Prüfingenieurin oder eines Prüfingenieurs für Brandschutz nach Absatz 4 Satz 1**. Wegen dieser speziellen Regelung kommt § 71 Abs. 1 Satz 1, der für die Zulassung von Abweichungen grundsätzlich eine bauaufsichtliche Entscheidung fordert, nicht zum Zuge. Da es sich bei den berührten bautechnischen Anforderungen um solche handelt, die strukturell den unmittelbar gesetzesabhängigen Abweichungen von eingeführten Technischen Baubestimmungen nach § 3 Abs. 3 Satz 3 mindestens nahe kommen, begegnet eine solche Regelung auch mit Blick auf eine (ansonsten) etwaige (erst) rechtsbegründende (konstitutive) Wirkung der bauaufsichtlichen Ermessensentscheidung nach

§ 71 Abs. 1 Satz 1 keinen durchgreifenden Bedenken, in der Sache umso weniger, als die bauaufsichtlichen Eingriffsbefugnisse unberührt bleiben.

Entsprechend Absatz 6 Satz 1 bedarf es nach **Absatz 6 Satz 2** ferner nicht einer bauaufsichtlichen Prüfung oder Bescheinigung, soweit für bauliche Anlagen **Standsicherheitsnachweise** vorliegen, die von einem Prüfamt für Standsicherheit allgemein geprüft sind (**Typenprüfung**); Typenprüfungen anderer Länder gelten auch im Geltungsbereich dieses Gesetzes.

8. **Landesverordnung über die Prüfingenieurinnen oder Prüfingenieure für Standsicherheit, Prüfingenieurinnen oder Prüfingenieure für Brandschutz sowie Prüfsachverständigen (PPVO)**

Wie die nach bisherigem Recht bestehende Beauftragung der Prüfingenieurinnen und Prüfingenieure für Standsicherheit ist die **öffentlich-rechtliche Beauftragung durch die Bauaufsichtsbehörde** auch **für die Prüfingenieurinnen und Prüfingenieure für Brandschutz eingeführt** worden. Die **Beauftragung durch** die **Bauaufsichtsbehörde gewährleistet** eine **objektive Prüfung und sichert die erforderliche Sorgfalt bei der Prüfung, so dass die Ziele des vorbeugenden Brandschutzes umfassend berücksichtigt werden** können. Darüber hinaus wird durch die Beauftragung der Prüfung des Brandschutznachweises durch die Bauaufsichtsbehörde ein **enger Informationsaustausch zwischen Bauaufsichtsbehörde und Prüfingenieurin oder dem Prüfingenieur für Brandschutz**, z. B. im Hinblick auf Abweichungen und Änderungen, **sichergestellt.** Die Anerkennung, Aufgabenerledigung und Vergütung regelte bisher die „Landesverordnung über die Prüfingenieurinnen und Prüfingenieure für Standsicherheit sowie Prüfsachverständigen" (PPVO), die im Rahmen der Änderung der LBO entsprechend angepasst worden ist und nunmehr den Titel „Landesverordnung über die Prüfingenieurinnen oder Prüfingenieure für Standsicherheit, Prüfingenieurinnen oder Prüfingenieure für Brandschutz sowie Prüfsachverständigen" (PPVO) trägt.

§ 71   Abweichungen

(1) [1]Die Bauaufsichtsbehörde kann Abweichungen von Anforderungen dieses Gesetzes und aufgrund dieses Gesetzes erlassener Vorschriften zulassen, wenn sie unter Berücksichtigung des Zwecks der jeweiligen Anforderung und unter Würdigung der öffentlich-rechtlich geschützten nachbarlichen Belange mit den öffentlichen Belangen, insbesondere den Anforderungen des § 3 Absatz 2, vereinbar sind. [2]§ 3 Absatz 3 Satz 3 bleibt unberührt.

(2) [1]Die Zulassung von Abweichungen nach Absatz 1 sowie von Ausnahmen und Befreiungen nach § 31 des Baugesetzbuchs ist gesondert schriftlich zu beantragen; der Antrag ist zu begründen. [2]Für Anlagen, die keiner Genehmigung bedürfen, sowie für Abweichungen von Vorschriften, die im Genehmigungsverfahren nicht geprüft werden, gilt Satz 1 entsprechend. [3]Im Baugenehmigungsverfahren nach § 67 bedarf es für Ausnahmen nach § 31 des Baugesetzbuchs keines schriftlichen Antrags.

(3) Über Abweichungen nach Absatz 1 Satz 1 von örtlichen Bauvorschriften nach § 84 entscheidet die Bauaufsichtsbehörde im Einvernehmen mit der Gemeinde; § 36 Absatz 2 Satz 2 und 3 des Baugesetzbuchs gilt entsprechend.

(4) [1]Über Abweichungen sowie Ausnahmen und Befreiungen nach § 31 des Baugesetzbuchs, **die nicht im Verfahren nach den §§ 67 und 69 beantragt werden oder als beantragt gelten,** ist innerhalb einer Frist von zwei Monaten nach Eingang der vollständigen Bauvorlagen zu entscheiden. [2]Ist das Einvernehmen der Gemeinde erforderlich, darf diese Frist insoweit überschritten werden, als dass innerhalb eines Monats nach Zugang der Erklärung des Einvernehmens zu entscheiden ist. [3]§ 69 Absatz 5 und 9 gilt entsprechend.

Erläuterungen

1.   Allgemeines

Der mit der LBO 2009 eingeführte **Abweichungstatbestand beseitigte** die bisherige **Unterscheidung zwischen** bauordnungsrechtlichen **Ausnahmen und Befreiungen und schaffte** damit einen **einheitlichen, übergreifenden Tatbestand für Abweichungen** von bauordnungsrechtlichen Bestimmungen. Der Landesgesetzgeber ging davon aus, dass die bauordnungsrechtlichen Vorschriften bestimmte **Schutzziele** verfolgen und zur Erreichung dieser Ziele **einen Weg von mehreren** aufzeigen. Mit der Neuregelung sollte das **Schutzziel** der jeweiligen Norm **in den Vordergrund gerückt und** so das **materielle Bauordnungsrecht ohne Bindung an** das Erfordernis eines **atypischen Einzelfalles vollzugstauglich flexibilisiert werden** (vgl. LT-Drs. 16/1675 S. 268). Die Definition von **Schutzzielen** wird in der LBO beispielsweise **eingeleitet durch Formulierungen**, wie „ausreichend lang" (vgl. z. B. § 28 Abs. 1 Satz 1) oder „so anzuordnen, einzurichten, herzustellen…, **dass**" (vgl. z. B. § 3 Abs. 2, § 4 Abs. 1, § 10 Satz 1).

2. Abweichungsvoraussetzungen (Absatz 1)

Nach **Absatz 1 Satz 1 kann** die Bauaufsichtsbehörde eine Abweichung nur zulassen, wenn sie

– unter **Berücksichtigung** des Zwecks der jeweiligen Anforderung und

– unter **Würdigung** der **öffentlich-rechtlich geschützten nachbarlichen Belange**

– **mit** den **öffentlichen Belangen**, insbesondere den Anforderungen des § 3 Abs. 2, **vereinbar**

ist. Die in dieser Vorschrift enthaltenen **unbestimmten Rechtsbegriffe** muss die Bauaufsichtsbehörde erst durch Auslegung konkretisieren, um beurteilen zu können, ob ein Sachverhalt unter den Anwendungsbereich der Vorschrift fällt. Die **Auslegung und Anwendung** der unbestimmten Rechtsbegriffe **unterliegt** im Einzelfall der vollen **verwaltungsgerichtlichen Kontrolle** (vgl. OVG B-Bbg, Beschl. vom 19. Dezember 2012 – 2 S 44.12 –, NVwZ-RR 2013, 400, m. w. N.). Die Begriffe „Berücksichtigung", „Würdigung" und „vereinbar" verdeutlichen, dass die Bauaufsichtsbehörde **auf der Tatbestandsseite** der jeweiligen Vorschrift, von der abgewichen werden soll, eine **Abwägung** vornehmen muss. In diese Abwägung sind das Abweichungsinteresse der Antragstellerin oder des Antragstellers, der Zweck der gesetzlichen Anforderung, die öffentlich-rechtlich geschützten nachbarlichen Belange sowie die öffentlichen Belange einzustellen (vgl. Suttkus, „Abweichungen (Ausnahmen und Befreiungen) nach der Landesbauordnung Schleswig-Holstein 2009", Abschnitt 3, Die Gemeinde 2009, 172 [173]). Die Abwägung dient dem Ausgleich der Interessen, denen die Rechtsnorm verpflichtet ist, mit den Nachbarinteressen und den sonstigen öffentlichen Belangen, die durch das konkrete Vorhaben berührt werden (vgl. HessVGH, Urt. vom 14. März 2008, – 4 UE 2347/06 –, BRS 73 Nr. 121).

Wenn die **Bauaufsichtsbehörde** den Sachverhalt vollständig erfasst hat und weiß, von welchen bauordnungsrechtlichen Anforderungen abgewichen werden soll bzw. welche Vorgaben einer Vorschrift nicht erfüllt werden, **muss** sie **zunächst klären**, welches **Schutzziel** die jeweiligen bauordnungsrechtlichen Anforderungen verfolgen bzw. welche Bedeutung diesen Vorgaben im Hinblick auf das Schutzziel zukommt (vgl. OVG B-Bbg, Beschl. vom 6. Dezember 2013 – 10 N 24.11 –, juris). **Danach** muss sie **prüfen, ob und ggf. inwieweit** diesem **Schutzziel anderweitig Rechnung getragen** werden kann; sie muss dabei das Schutzziel **lediglich berücksichtigen** (d. h. „im Auge haben"), aber **nicht** strikt **beachten** (vgl. BayVGH, Beschl. vom 5. April 2012 – 15 CS 11.2628 –, juris Rn. 21).

Die am 1. Mai 2009 in Kraft getretene LBO 2009 reduzierte **beispielsweise** in Anlehnung an die MBO die regulären Abstandflächen nach § 6 (unter Beibehaltung der bisherigen Mindestabstandflächentiefe von 3 m) von 1 H auf 0,4 H. Seitdem haben die Regelungen über **Abstandflächen** und Abstände **nur noch das Ziel**, einen **bauordnungsrechtlichen Mindeststandard zu sichern.** Städtebauliche Nebenzwecke werden von ihnen **nicht mehr verfolgt;** es sei – so die Begründung des seinerzeitigen Gesetzentwurfs der Landesregierung – nicht Aufgabe des an der Gewährleistung eines sicherheitsrechtlichen Minimums ausgerichteten Bauordnungsrechts, angehobene Qualitätsanforderungen festzuschreiben (vgl. dazu i. E. Erl. zu § 6 Abs. 1, LT-Drs. 16/1675 S. 146, und Möller, „Die neue Landesbauordnung", Die Gemeinde 2009, 158 [161]). Mit dieser gesetzgeberischen Zielvorgabe sind – nicht zuletzt auch aus nachbarschutzrechtlichen Gesichtspunkten – die **Möglichkeiten** von vornherein **eingeschränkt,** die bauordnungsrechtliche **Mindestabstandflächentiefe** im Rahmen einer Abweichung **(weiter) zu reduzieren.**

Die besonderen **Anforderungen** der Vorschrift, von der abgewichen werden soll, sind als **Konkretisierung der öffentlichen Belange** zu verstehen. Je nach Art und Umfang der Zielerreichung lassen sich **zwei Fallgruppen** unterscheiden. Im **ersten Fall** können die **Ziele ebenso gut,** aber auf andere als die gesetzlich vorgeschriebene Weise oder unabhängig von der Anforderung der jeweiligen Norm erreicht werden. In der zweiten Fallgruppe werden die Ziele der Norm verfehlt (vgl. BayVGH, Beschl. vom 10. Mai 2012 – 2 CS 12.795 –, juris).

Die Bauaufsichtsbehörde muss bei ihrer Prüfung weiterhin öffentlich-rechtlich geschützte nachbarliche Belange würdigen. Außer Betracht bleiben danach auf der Tatbestandsseite zum einen nachbarliche Belange, die auf Privatrecht beruhen (z. B. § 906 Abs. 2 Satz 2 und § 922 Satz 3 BGB sowie die Regelungen des NachbG Schl.-H.; s. auch LG Itzehoe, Urt. vom 9. Juni 2010 – 6 O 345/09 –, juris), und zum anderen öffentlich-rechtliche Vorschriften, die keinen Drittschutz vermitteln. Diese Belange sind aber bei der abschließenden Ermessensentscheidung zu berücksichtigen (vgl. Alexejew, § 69 Rn. 24 und 26).

Soll hingegen von drittschützenden bauordnungsrechtlichen Vorschriften – etwa von Bestimmungen des § 6 über die Einhaltung von Abstandflächen und Abständen zu Nachbargrundstücken – abgewichen werden, sind nachbarliche Belange zu würdigen. Wird eine Abweichung von nachbarschützenden Vorschriften des Abstandflächenrechts zugelassen, kann die Nachbarin oder der Nachbar die objektive Rechtswidrigkeit der Abweichung rügen und geltend machen, dass die Voraussetzungen für die Erteilung der Abweichung nicht erfüllt sind (OVG B-Bbg, Beschl. vom 19. Dezember 2012 – 2 S 44/12 –, NVwZ-RR 2013, 400). Dabei steht der Nachbarin oder dem Nachbarn ein Abwehrrecht unabhängig davon zu, ob durch die Verkürzung der erforderlichen Abstandflächen, die mit der Abweichung zugelassen wurde, eine tatsächliche Beeinträchtigung bewirkt wird (vgl. OVG B-Bbg, Beschl. vom 14. März 2006 – 10 S 7/05 –, LKV 2006, 469). Insofern setzen zu würdigende nachbarliche Interessen nicht notwendig aktuelle eigene Bebauungsabsichten voraus, sondern auch zukünftige Nutzungsmöglichkeiten ggf. auch in Gestalt einer Bebauung durch Dritte (OVG Sachsen, Beschl. vom 25. Mai 2011 – 4 A 485/09 –, juris).

Solange eine erforderliche Abweichung von nachbarschützenden Vorschriften – etwa vom Erfordernis der Einhaltung von Abstandflächen nach § 6 – nicht (rechtmäßig) erteilt ist, ist die Baugenehmigung rechtswidrig und verletzt die Grundstücksnachbarin oder den Grundstücksnachbarn in ihren oder seinen Rechten (OVG Sachsen-Anhalt,

Beschl. vom 12. November 2010 – 2 M 142/10 –, BRS 76 Nr. 169 = BauR 2011, 667).

Die Abweichung muss schließlich **mit den öffentlichen Belangen vereinbar** sein. Dabei handelt es sich ebenfalls um einen **unbestimmten Rechtsbegriff.** Zu den öffentlichen Belangen gehören **alle Interessen, welche die** jeweilige **Regelung,** von der eine Abweichung begehrt wird, **schützen sollen.** In Betracht kommen beispielsweise die mit dem Bauordnungsrecht verfolgten Ziele der Gewährleistung der öffentlichen Sicherheit, des Brandschutzes und des Nachbarschutzes.

Absatz 1 Satz 1 ist zu entnehmen, dass eine **Abweichung ausgeschlossen** ist, **wenn** die Anforderungen des § 3 Abs. 2 nicht mehr erfüllt sind. Das ist der Fall, wenn mit Zulassung der Abweichung die **öffentliche Sicherheit, insbesondere Leben und Gesundheit, gefährdet** würde oder **unzumutbare Belästigungen entstünden.** Aus dem Verweis auf § 3 Abs. 2 lässt sich ableiten, dass **auch** der vorangestellte **§ 3 Abs. 1** die Grenzen für die Zulassung einer Abweichung markiert. Wird also bei der Planung, Errichtung, Änderung und Nutzungsänderung baulicher Anlagen und der Gestaltung von Grundstücken **keine Rücksicht** genommen auf den Schutz der natürlichen Grundlagen des Lebens (z. B. natürliche Umwelt) sowie auf die besonderen Belange (z. B. Mobilitätsbelange) von Familien mit Kindern, von alten Menschen sowie Menschen mit Behinderung (Grundsatz des barrierefreien Bauens), scheidet die Zulassung einer Abweichung grundsätzlich aus.

Werden die verhältnismäßig hoch gesteckten, engen tatbestandlichen Voraussetzungen des **Satzes 1** für eine Abweichung vom materiellen Bauordnungsrecht erfüllt, **muss** die **Bauaufsichtsbehörde** ihr **Ermessen ausüben** und nach sachlichen Gesichtspunkten **entscheiden,** ob und ggf. mit welchen Maßgaben (z. B. Nebenbestimmung nach § 107 Abs. 2 LVwG) sie die Abweichung zulässt (vgl. § 73 Abs. 1 LVwG). Das Ermessen ist ein tatbestandlich **intendiertes Ermessen,** sodass es **regelmäßig** ermessensgerecht ist, die Abweichung zuzulassen, wenn nicht besondere Umstände entgegenstehen (vgl. z. B. BayVGH, Beschl. vom 8. Dezember 2011 – 15 ZB 11.1882 –, juris).

Will die Bauaufsichtsbehörde eine beantragte **Abweichung in einem Baugenehmigungsbescheid oder isoliert** zulassen, muss sie **an § 109 LVwG denken.** Nach § 109 Abs. 1 LVwG ist „...Ein schriftlich oder elektronisch erlassener sowie ein schriftlich oder elektronisch bestätigter Verwaltungsakt ... mit einer **Begründung** zu versehen. In der Begründung sind die wesentlichen tatsächlichen und rechtlichen Gründe mitzuteilen, welche die Behörde zu ihrer Entscheidung bewogen haben. Die **Begründung von Ermessensentscheidungen soll** auch die Gesichtspunkte erkennen lassen, von denen die (Bauaufsichts-)Behörde bei der Ausübung ihres Ermessens ausgegangen ist. Eine **Begründung ist nicht erforderlich, soweit** die Bauaufsichtsbehörde **einem Antrag entspricht** oder einer Erklärung folgt **und der Verwaltungsakt nicht in Rechte einer anderen Person eingreift** (§ 109 Abs. 3 Nr. 1 LVwG). Daraus lässt sich ableiten, dass die Bauaufsichtsbehörde die Zulassung einer Abweichung von einer **nicht nachbarschützenden** bauordnungsrechtlichen Bestimmung **grundsätzlich nicht** zu **begründen** braucht, **wenn** einem **ausführlich begründeten Abweichungsantrag** einer Antragstellerin oder eines Antragstellers **entsprochen** werden soll. Wenn der Antrag hingegen weniger ausführlich begründet ist oder die Bauaufsichtsbehörde den Argumenten der Antragstellerin oder des Antragstellers nicht folgen kann, müsste sie die Zulassung (kurz) begründen.

Will die Bauaufsichtsbehörde eine Abweichung von einer **nachbarschützenden** bauordnungsrechtlichen Bestimmung (etwa von einer Regelung des § 6 über die Einhaltung von Abstandflächen) zulassen, sollte sie die den Zulassungsbescheid mit einer **ausführlichen Begründung** versehen (vgl. dazu auch § 72 sowie Knieß in: Foerster/ Friedersen/ Rohde, LVwG, 30. Lfg., Juli 2014, § 109 Erl. 4 S. 294d Abs. 4). Eine **Begründung kann** nach § 114 Abs. 1 Nr. 2 und Abs. 2 Satz 1 LVwG grundsätzlich **bis** zum **Abschluss** der letzten Tatsacheninstanz eines **verwaltungsgerichtlichen Verfahrens ergänzt** oder **nachgeholt** werden. Eine nachträgliche Heilung im verwaltungsgerichtlichen Verfahren **scheidet** allerdings **aus, wenn** beispielsweise die betroffene Nachbarin oder der betroffene Nachbar noch vor Abschluss des Widerspruchsverfahrens die Verletzung des Begründungsgebots geltend gemacht und die Widerspruchsbehörde den Fehler nicht geheilt hat (§ 114 Abs. 2 Satz 2 LVwG). Von § 114 Abs. 2 Satz 2 LVwG **nicht erfasst** ist das **Auswechseln oder Ändern der Begründung.** Die Vorschrift bietet insbesondere keine Handhabe dafür, eine falsche durch eine richtige Begründung zu ersetzen. Dieser Austausch beurteilt sich allein nach den **Grundsätzen über die Zulässigkeit des Nachschiebens**

von Gründen, die schon in der Vergangenheit umstritten war. In diesen Fällen genügt der Verwaltungsakt zwar den Anforderungen des § 109 Abs. 1 LVwG, jedoch sind die Rechtsgründe verfehlt, welche die Entscheidung sachlich rechtfertigen.

Die Bauaufsichtsbehörde darf außerdem **keine Ermessensfehler begehen.** U. a. muss sie die gesetzlichen **Grenzen des Ermessens einhalten** (vgl. z. B. § 3 Abs. 2).

Defizitäre Ermessenserwägungen hinsichtlich eines Zulassungsbescheides kann die Bauaufsichtsbehörde nach § **114 Satz 2 VwGO** im verwaltungsgerichtlichen Verfahren noch **ergänzen.** Ergänzen in diesem Sinne **bedeutet,** dass **bereits** eine **Begründung vorhanden** sein muss, die durch **zusätzliche Ermessenserwägungen gestützt** wird. Die **Grenze** des Nachschiebens von solchen Gründen ist dort zu ziehen, **wo** der Zulassungsbescheid durch die zusätzlichen Begründungteile in seinem **Wesen verändert** oder der Rechtsschutz für die betroffene Nachbarin oder den betroffenen Nachbarn unzumutbar erschwert wird (vgl. BVerwG, Beschl. vom 30. April 2010 – 9 B 42.10 –, NVwZ-RR 2010, 550 = Buchholz 310 § 114 VwGO Nr. 57, m. w. N.).

Nicht abgedeckt von der Vorschrift des § 114 Satz 2 VwGO ist allerdings die (nachträgliche) **Heilung eines zunächst ohne Ermessensbetätigung erlassenen Zulassungsbescheides,** weil die Bauaufsichtsbehörde in diesem Fall nicht nur verfahrensfehlerhaft ohne Begründung nach § 109 Abs. 1 LVwG, sondern auch materiell rechtsfehlerhaft entschieden hat, und weil durch **erstmals** angestellte Ermessenserwägungen ein völlig anderer Verwaltungsakt erlassen wird (vgl. OVG Schleswig, Urt. vom 27. August 1997 – 5 L 19/97 –, SchlHA 1997, 287; zur Möglichkeit, eine behördliche Ermessensentscheidung erstmals im gerichtlichen Verfahren zu treffen und zur gerichtlichen Prüfung zu stellen, wenn sich aufgrund neuer Umstände die Notwendigkeit einer Ermessensausübung erst nach Klageerhebung ergibt, s. BVerwG, Urt. vom 13. November 2011 – 1 C 14.10 –, BVerwGE 141, 253 = NVwZ 2012, 698; OVG Sachsen, Urt. vom 10. März 2015 – 1 A 589/13 –, juris).

Satz 2 verdeutlicht mit dem Hinweis auf § 3 Abs. 3 Satz 3, dass **Abweichungen von** bauaufsichtlich eingeführten **Technischen Baubestimmungen,** die nachweislich weder die öffentliche Sicherheit (insbesondere Leben und Gesundheit) gefährden noch unzumutbare Belästigungen verursachen, **ohne bauaufsichtsbehördliche Entscheidung zulässig sind.**

3. Antragsverfahren (Absatz 2)

Absatz 2 Satz 1 stellt klar, dass nicht nur für die Zulassung einer Abweichung von einer Anforderung der LBO oder einer auf der Grundlage der LBO erlassenen Vorschrift, sondern auch einer bauplanungsrechtlichen Ausnahme nach § 31 Abs. 1 BauGB und Befreiung nach § 31 Abs. 2 BauGB ein gesonderter schriftlicher und mit einer Begründung versehener Antrag erforderlich ist. Nach Absatz 2 Satz 3 entfällt das Antragserfordernis lediglich für die Prüfung einer bauplanungsrechtlichen Ausnahme im umfassenden Baugenehmigungsverfahren nach § 67. Eine Ausnahmeregelung i. S. d. § 31 Abs. 1 BauGB ist für gewöhnlich daran zu erkennen, dass die Baunutzungsverordnung (vgl. z. B. die Absätze 3 der §§ 2 bis 9 sowie § 21a Abs. 3 Halbsatz 2 BauNVO) oder der Bebauungsplan in dem betreffenden Fall das Wort „ausnahmsweise" gebrauchen (vgl. § 1 Abs. 5, 9 und 10 Satz 1 sowie § 10 Abs. 2 Satz 2 und Abs. 3 Satz 2 BauNVO). Über eine bauplanungsrechtliche Ausnahme nach § 31 Abs. 1 BauGB darf die Bauaufsichtsbehörde – wie über eine Befreiung – nur im Einvernehmen mit der Gemeinde entscheiden (vgl. § 36 Abs. 1 Satz 1 BauGB).

Der von der obersten Bauaufsichtsbehörde zur einheitlichen Anwendung in Schleswig-Holstein bekannt gemachte Vordruck für die bauaufsichtlichen Verfahren (Anlage 1 VordrErl) sieht unter Abschnitt II vor, Anträge für Abweichungen vom Bauordnungsrecht (§ 71 Abs. 2 LBO) bzw. für Ausnahmen/ Befreiungen nach § 31 BauGB zu stellen und zu begründen. Die Entwurfsverfasserin oder der Entwurfsverfasser bestätigt mit ihrer oder seiner Unterschrift unter Abschnitt V des Vordrucks u. a., dass die von ihm oder ihr gefertigten Bauvorlagen den öffentlich-rechtlichen Vorschriften entsprechen und – soweit für das Vorhaben Abweichungen nach § 71 LBO oder Ausnahmen oder Befreiungen nach § 31 BauGB erforderlich sind – die entsprechenden Anträge beigefügt sind.

4. Abweichungen von örtlichen Bauvorschriften (Absatz 3)

Zu den bauordnungsrechtlichen Bestimmungen, von denen auf der Grundlage des § 71 Abweichungen zugelassen werden können, gehören auch örtliche Bauvorschriften nach § 84, die als Festsetzungen in Bebauungspläne nach § 30 BauGB und in Satzungen nach § 34 Abs. 4 Satz 1 Nr. 2 und 3 BauGB aufgenommen worden sind (s. a. § 9 Abs. 4 BauGB).

Da nach § 84 Abs. 3 Satz 2 LBO **nur** die **verfahrensrechtlichen Vorschriften des BauGB** entsprechend **gelten,** lässt die Aufnahme von örtlichen Bauvorschriften in einen Bebauungsplan den **landesrechtlichen Charakter** dieser Regelungen **als Norm des Bauordnungsrechts unberührt** (BVerwG, Beschl. vom 18. Mai 2005 – 4 B 23.05 –, BRS 69 Nr. 12 = BauR 2005, 1752 m. w. N.); **materiell-rechtlich** ist die **Zulässigkeit von Abweichungen von örtlichen Bauvorschriften** (beispielsweise von einer festgesetzten Dachneigung, Trauf-, First- oder Zaunhöhe, Dachfarbe) also nicht an § 31 Abs. 2 BauGB, sondern **an § 71 Abs. 1 Satz 1 und Abs. 3 LBO zu messen.** Enthält ein Bebauungsplan eine Festsetzung zur **Höhe baulicher Anlagen,** muss geklärt werden, ob es sich bei dieser Festsetzung um eine bauplanungsrechtliche – also das **Maß der baulichen Nutzung** regelnde und damit im vereinfachten Baugenehmigungsverfahren ohnehin zu prüfende – Festsetzung (vgl. § 16 Abs. 2 Nr. 4 und § 18 BauNVO) **oder** ob es sich um tatsächlich um eine **örtliche Bauvorschrift** handelt (vgl. Söfker in: Ernst/ Zinkahn/ Bielenberg/ Krautzberger, BauGB, 121. EL Mai 2016: § 16 BauNVO Rn. 28). Auf welcher **Grundlage** die Gemeinde die Höhenfestsetzung getroffen hat, lässt sich im Regelfall der Zeichenerklärung (Teil A) oder der Begründung (Teil B) zum Bebauungsplan entnehmen. Nach **Absatz 3 Halbsatz 1** entscheidet die Bauaufsichtsbehörde über eine **Abweichung von einer örtlichen Bauvorschrift im Einvernehmen** mit der **Gemeinde; Halbsatz 2** erklärt die **Fristenregelung** des § 36 Abs. 2 Satz 2 **und die Befugnis** der nach Landesrecht zuständigen Behörde für entsprechend anwendbar, ein **rechtswidrig versagtes Einvernehmen** nach § 36 Abs. 2 Satz 3 BauGB ersetzen zu können.

5.   Fristen (Absatz 4)

Absatz 4 enthält Entscheidungs- und Fiktionsfristen. **Satz 1** ist um eine **Einschränkung** ergänzt worden, die klarstellt, dass **nur über isoliert beantragte Abweichungen** vom Bauordnungsrecht **sowie Ausnahmen und Befreiungen** nach § 31 BauGB **innerhalb der Frist von zwei Monaten nach Eingang der vollständigen Bauvorlagen zu entscheiden** ist; betroffen sind Vorhaben, die unter das Genehmigungsfreistellungsverfahren nach § 68 fallen, und verfahrensfreie Vorhaben nach § 63. Diese **Frist** darf **um maximal einen Monat überschritten** werden, **wenn das gemeindliche Einvernehmen erforderlich ist (Satz 2).** Erforderlich ist das gemeindliche Einvernehmen beispielsweise **bei Ausnahmen und Befreiungen** nach § 31 BauGB **sowie bei Abweichungen** nach § 71 **von örtlichen Bauvorschriften.**

Für die Zulassung von Abweichungen, Ausnahmen und Befreiungen, die im Zusammenhang mit einem normalen Baugenehmigungsverfahren nach § 67 **oder einem vereinfachten Baugenehmigungsverfahren** nach § 69 beantragt werden, **gelten die Fristen dieser Verfahren.**

Nach **Satz 3 ist § 69 Abs. 5 und 9 entsprechend anwendbar.** Ist also ein (nach Absatz 2 bereits **gestellter**) **Antrag auf Zulassung** einer isolierten Abweichung nach § 71, isolierten Ausnahme nach § 31 Abs. 1 BauGB oder isolierten Befreiung nach § 31 Abs. 2 BauGB **unvollständig, etwa weil** die erforderliche **Begründung fehlt, soll** die Bauaufsichtsbehörde der Antragstellerin oder dem Antragsteller **analog § 69 Abs. 5** innerhalb von **drei Wochen schriftlich** die noch einzureichenden Bauvorlagen angeben. Das Wort „**soll**" verdeutlicht, dass die Bauaufsichtsbehörde die **Drei-Wochen-Frist zur Nachforderung** von Bauvorlagen für eine beantragte Abweichung, Ausnahme oder Befreiung **grundsätzlich einhalten** muss (st. Rspr des BVerwG, vgl. s.a Urt. vom 2. Juli 1992 – 5 C 39.90 –, BVerwGE 90, 275 = DVBl 1992, 1487 = DÖV 1993, 74 = MDR 1992, 1156, m. w. N). Ist ein isolierter Zulassungsantrag **unvollständig** eingereicht, beginnt nach **Absatz 2** die Entscheidungsfrist erst nach Eingang der (fristgerecht) nachgeforderten Bauvorlagen bei der Bauaufsichtsbehörde zu laufen. Eine **beantragte** Zulassung einer isolierten **Abweichung** nach § 71, isolierten **Ausnahme** nach § 31 Abs. 1 BauGB oder isolierten **Befreiung** nach § 31 Abs. 2 BauGB **gilt als erteilt, wenn** sie **nicht innerhalb der** gesetzlich vorgegebenen **Frist** nach Satz 1 bzw. Satz 2 **versagt** wird. **In entsprechender Anwendung des § 69 Abs. 9** muss die Bauaufsichtsbehörde der Antragstellerin oder dem Antragsteller **nach Ablauf der Frist auf Antrag schriftlich bestätigten,** dass die isolierte Abweichung, Ausnahme oder Befreiung als zugelassen gilt.

Wird eine Abweichung, Ausnahme oder Befreiung in einen Baugenehmigungsbescheid aufgenommen, ist sie grundsätzlich – wie etwa eine „echte" Nachtragsbaugenehmigung – ein **rechtlich unselbstständiger** (akzessorischer) **Verwaltungsakt** (vgl. zu einer **Befreiung:** OVG Saarland, Urt. vom 30. November 1990 – 2 R 12/89 –, juris Rn. 27; s. a. BVerwG, Urt. vom 17. Februar 1971 – IV C 2.68 –, BRS 24 Nr. 168 =

BauR 1971, 106 = NJW 1971, 1147 = SchlHA 1973, 16 = DÖV 1971, 497 = Buchholz 406.11 § 31 BBauG Nr. 6; zu einer **Abweichung:** BayVGH, Beschl. vom 7. Februar 2012 – 9 CS 11.2166 –, juris Rn. 23); sie **teilt das rechtliche Schicksal der Baugenehmigung,** die in ihrem feststellenden Teil die verbindliche Erklärung der Bauaufsichtsbehörde enthält, dass die genehmigte Anlage „mit dem im Zeitpunkt der Erteilung der Genehmigung geltenden [von der Bauaufsichtsbehörde im Einzelfall zu prüfenden] öffentlichen Recht übereinstimmt" (vgl. BVerwG, Beschl. vom 16. Januar 2014 – 4 B 32.13 –, ZfBR 2014, 375 [376]). **Wird eine Baugenehmigung** als „Hauptverwaltungsakt" **zurückgenommen,** widerrufen, anderweitig aufgehoben oder erledigt sie sich durch Zeitablauf oder auf andere Weise (s. § 112 Abs. 2 LVwG), **büßt auch** die **Zulassung** der unselbstständigen Abweichung, Ausnahme oder Befreiung ihre **Wirksamkeit ein** (vgl. BayVGH, Urt. vom 20. Oktober 2014 – 11 BV 13.1063 –, juris Rn. 42). Ebenso wenig wie eine **isolierte Ausnutzung** einer „echten" Nachtragsbaugenehmigung rechtlich zulässig ist (vgl. OVG Schleswig, Beschl. vom 16. März 1993 – 1 M 8/93 –, juris Rn. 11), darf auch von **einer in** einem **Baugenehmigungsbescheid enthaltenen Abweichung,** Ausnahme oder Befreiung **nicht isoliert Gebrauch** gemacht werden. Eine – möglicherweise **zunächst rechtswidrige – Baugenehmigung kann** noch während eines (Widerspruchs- oder) verwaltungsgerichtlichen Verfahrens **durch** die **nachträgliche Zulassung** einer (beantragten) Abweichung, Ausnahme oder **Befreiung geändert** werden (vgl. VGH BW, Urt. vom 21. Februar 2014 – 3 S 1992/13 –, NVwZ-RR 2014, 548; BayVGH, Beschl. vom 9. Oktober 2009 – 1 CS 08.1999 –, juris Rn. 18). Mit Beschl. vom 12. September 1979 – 4 B 182.79 –, BRS 35 Nr. 201 = Buchholz 406.11 § 34 BBauG Nr. 68 hat das BVerwG bekräftigt, dass **durch** die **nachträgliche** Zulassung einer **Abweichung** (vom Maß der baulichen Nutzung nach § 34 Abs. 3 Satz 3 BBauG 1979) während eines anhängigen Verwaltungsstreitverfahrens nicht die „Begründung" eines Verwaltungsaktes nachgeschoben, sondern der **ursprüngliche Verwaltungsakt durch** den **Erlass eines weiteren Verwaltungsakts geändert und anstelle des bisherigen** Verwaltungsaktes in das **Verwaltungsstreitverfahren eingeführt** werde.

Rechtlich selbstständig ist die Zulassung einer **beantragten** Abweichung, Ausnahme oder Befreiung, wenn sie sich auf eine **genehmigungsfreigestellte oder verfahrensfreie** Anlage bezieht („isolierte" Zulassung) oder wenn sie **vor** Erteilung einer Baugenehmigung in Form eines positiven Bauvorbescheides nach § 66 erteilt wird.

§ 72 Beteiligung der Nachbarinnen oder Nachbarn

(1) [1]Die Bauaufsichtsbehörde soll die Eigentümerinnen oder Eigentümer benachbarter Grundstücke (Nachbarinnen oder Nachbarn) vor Erteilung von Abweichungen sowie Ausnahmen und Befreiungen nach § 31 des Baugesetzbuchs benachrichtigen, wenn zu erwarten ist, dass öffentlich-rechtlich geschützte nachbarliche Belange berührt werden. [2]Auch sonst soll nach Satz 1 verfahren werden, wenn die Baumaßnahme öffentlich-rechtlich geschützte Belange berührt. [3]Die Bauherrin oder der Bauherr hat der Bauaufsichtsbehörde auf Verlangen die betroffenen Nachbarinnen oder Nachbarn namhaft zu machen und Unterlagen zu ihrer Beteiligung zur Verfügung zu stellen. [4]Einwendungen sind innerhalb eines Monats nach Zugang der Benachrichtigung bei der Bauaufsichtsbehörde schriftlich oder zur Niederschrift vorzubringen. [5]Einwendungen von Nachbarinnen oder Nachbarn, die im Rahmen der Beteiligung nicht fristgerecht geltend gemacht worden sind, bleiben ausgeschlossen; hierauf ist in der Benachrichtigung hinzuweisen.

(2) Die Benachrichtigung entfällt, wenn die zu benachrichtigenden Nachbarinnen oder Nachbarn die Lagepläne und Bauzeichnungen unterschrieben oder dem Bauvorhaben auf andere Weise zugestimmt haben.

(3) [1]Haben die Nachbarinnen oder Nachbarn dem Bauvorhaben nicht zugestimmt, ist ihnen die Baugenehmigung oder die Entscheidung über die Abweichungen sowie Ausnahmen und Befreiungen nach § 31 des Baugesetzbuchs zuzustellen. [2]**Bei mehr als 20 Nachbarn, denen die Entscheidung nach Satz 1 zuzustellen ist, kann die Zustellung nach Satz 1 durch eine öffentliche Bekanntgabe ersetzt werden; die zu diesem Zweck durchzuführende örtliche Bekanntmachung hat den verfügenden Teil der Entscheidung nach Satz 1, die Rechtsbehelfsbelehrung sowie einen Hinweis darauf zu enthalten, wo die Akten des Verfahrens eingesehen werden können.**

Erläuterungen

1. Allgemeines

§ 72 befasst sich mit den Fällen, in denen die Bauaufsichtsbehörde die **Nachbarinnen oder Nachbarn** im Verwaltungsverfahren vor einer abschließenden Entscheidung benachrichtigen soll. Diese bauordnungsrechtliche Regelung verdrängt als die speziellere Norm die allgemeinen Bestimmungen des § 87 LVwG über die Anhörung und des § 78 LVwG über die Beteiligung.

2. Nachbarbeteiligungsfälle (Absatz 1)

Absatz 1 Satz 1 stellt klar, dass unter den Begriff „**Nachbarinnen oder Nachbarn**" i. S. d. LBO die Eigentümerinnen oder Eigentümer **benachbarter** Grundstücke fallen. Benachbart sind zunächst einmal die Grundstücke, die unmittelbar an das Baugrundstück angrenzen. Benachbart sind aber auch Grundstücke, auf die sich die Zulassung einer Abweichung, Ausnahme oder Befreiung negativ auswirken kann. Soll beispielsweise für eine Abstandfläche, die rechnerisch über die Mitte einer öffentlichen Verkehrsfläche hinausragt (vgl. § 6 Abs. 2 Satz 2), eine Abweichung zugelassen werden, ist das gegenüber liegende Grundstück „benachbart" (vgl. Niders. OVG, Beschl. vom 30. März 1999 – 1 M 897/99 –, BRS 62 Nr. 190 = BauR 1999, 1163 = NVwZ-RR 1999, 716, und Urt. vom 26. Februar 2003 – 1 LC 75/02 –, BRS 66 Nr. 146 = BauR 2004, 68 = NVwZ-RR 2003, 820 = NordÖR 2003, 242). Die Reichweite einer vom Baugrundstück ausgehenden störenden Wirkung bestimmt damit das Umfeld der benachbarten Grundstücke.

Satz 1 regelt, dass die **Bauaufsichtsbehörde Nachbarinnen oder Nachbarn vor** Erteilung von Abweichungen sowie Ausnahmen und Befreiungen nach § 31 BauGB **benachrichtigen** soll, wenn zu erwarten ist, dass **öffentlich-rechtlich geschützte nachbarliche Belange** berührt werden. Damit erfordert schon die bloße **Möglichkeit,** dass durch die Zulassung einer von der Bauaufsichtsbehörde ins Auge gefassten Abweichung, Ausnahme oder Befreiung öffentlich-rechtlich geschützte nachbarliche Belange berührt sein können, im Regelfall eine **Benachrichtigung** (keine förmliche Anhörung) der Nachbarinnen oder Nachbarn. Auch wenn **Absatz 1** keine besondere Form für eine **Benachrichtigung** vorschreibt, ist mit Blick auf den Inhalt der **Sätze 3 und 4** davon auszugehen, dass sie **schriftlich** zu erfolgen hat. Die Benachrichtigung, die bei **größeren Projekten** förmlich **zugestellt** werden sollte, sollte außerdem die Art, den Umfang und eine Begründung der ins Auge gefassten Zulassung enthalten. Mit der Benachrichtigung wird allerdings noch **keine Vorabentscheidung** darüber getroffen, dass öffentlich-rechtlich geschützte nachbarliche Belange tatsächlich verletzt werden und eine Zulassung nur mit Zustimmung der Nachbarinnen oder Nachbarn erfolgen kann. Die Benachrichtigung soll im Wesentlichen dazu dienen, die rechtzeitig innerhalb der Frist von einem Monat vorgebrachten nachbarlichen Belange (vgl. **Satz 4**) bei der Entscheidung über den Zulassungsantrag hinreichend würdigen zu können. Nach **Satz 2** soll „auch sonst" – d. h. wenn für ein Vorhaben keine Abweichung, Ausnahme oder Befreiung erforderlich ist – nach Satz 1 verfahren werden, wenn die Baumaßnahme öffentlich-rechtlich geschützte Belange berührt. Diese Regelung erfasst beispielsweise Fälle, in denen § 15 Abs. 1 BauNVO zum Tragen kommen kann. **Satz 3** erleichtert der Bauaufsichtsbehörde das Verfahren, weil sie von der Bauherrin oder dem Bauherrn verlangen kann, dass ihr die betroffenen Nachbarinnen oder Nachbarn benannt und Unterlagen zur Nachbarbeteiligung zur Verfügung gestellt werden.

Satz 4 und 5 dienen der **Verfahrensbeschleunigung**. Nach **Satz 4** sind Einwendungen **innerhalb eines Monats** nach Zugang der Benachrichtigung bei der Bauaufsichtsbehörde **schriftlich oder zur Niederschrift** vorzubringen. Den Einwendungen muss zumindest entnommen werden können, welches öffentlich-rechtlich geschützte Gut die Nachbarin oder der Nachbar als gefährdet ansieht und welche Beeinträchtigung sie oder er im Einzelnen befürchtet; sie oder er muss die Betroffenheit also „thematisieren" (vgl. VGH BW, Beschl. vom 20. Oktober 2004 – 8 S 2273/04 –, BRS 67 Nr. 190 = NVwZ-RR 2005, 160); dabei ist vom durchschnittlichen Wissen einer nicht-sachkundigen Person auszugehen (vgl. BayVGH, Beschl. vom 4. Juni 2003 – 22 CS 03.1109 –, NVwZ 2003, 1138). Eine Rücknahme von nachbarlichen Einwendungen (vor Ablauf der Frist) steht einer Nichterhebung gleich und ist so zu behandeln, als hätte die Nachbarin oder der Nachbar die Lagepläne und Bauzeichnungen unterschrieben oder dem Bauvorhaben auf andere Weise zugestimmt (vgl. Niders. OVG, Urt. vom 30. April 1997 – 7 K 3887/96 –, NVwZ-RR 1998, 718).

Satz 5 Halbsatz 1 stellt klar, dass Nachbarinnen oder Nachbarn, die von der ins Auge gefassten Zulassung einer Abweichung, Ausnahme oder Befreiung (vgl. Satz 1) oder aus einem sonstigen Grund (vgl. Satz 2) benachrichtigt worden sind und verspätet Einwendungen vorbringen, nicht nur einen Anspruch auf Behandlung dieser Einwendungen verlieren (**formelle Präklusion**), sondern dass sie ihre Einwendungen auch im nachfolgenden Verfahren nicht mehr geltend machen können (**materielle Präklusion**). Hat die Bauaufsichtsbehörde in ihrer Benachrichtigung – wie nach **Satz 5 Halbsatz 2** vorgesehen – auf die Rechtsfolge des **Halbsatzes 1** hingewiesen, ist eine Wiedereinsetzung in den vorigen Stand wegen unverschuldeten Fristversäumnisses unzulässig (vgl. § 90 Abs. 5 LVwG).

3. Verzicht auf Benachrichtigung (Absatz 2)

Nach **Absatz 2** braucht die Bauaufsichtsbehörde die betroffenen Nachbarinnen oder Nachbarn nicht zu benachrichtigen, die die Lagepläne und Bauzeichnungen **unterschrieben oder** dem Bauvorhaben **auf andere Weise zugestimmt** haben. Sind mehrere Personen Eigentümerinnen oder Eigentümer eines Grundstücks, müssen auf den Lageplänen und Bauzeichnungen alle erforderlichen Unterschriften vorhanden sein. Die Zustimmung „auf andere Weise" kann mündlich (vgl. OVG NRW, Urt. vom 6. Juni 2014 – 2 A 2757/12 –, juris Rn. 108) oder schriftlich gegenüber der Bauherrin oder dem Bauherrn oder der Bauaufsichtsbehörde erteilt werden. Erteilt eine Nachbarin oder ein Nachbar mündlich gegenüber der Bauaufsichtsbehörde ihre oder seine Zustimmung, sollte die Bauaufsichtsbehörde zumindest einen schriftlichen Vermerk zur Akte nehmen; besser ist es, wenn die Bauaufsichtsbehörde in solchen Fällen eine **Niederschrift** fertigt, die von der Nachbarin oder dem Nachbarn unterschrieben wird.

4. Verweigerung der Nachbarzustimmung (Absatz 3)

Nach **Absatz 3 Satz 1** ist den Nachbarinnen oder Nachbarn, die dem Bauvorhaben **nicht zugestimmt** haben, die **Baugenehmigung oder** die **Entscheidung** über die Abweichungen sowie Ausnahmen und Befreiungen nach § 31 BauGB zuzustellen. Die **ergänzende Regelung im** neuen **Satz 2** soll der Bauaufsichtsbehörde die Bekanntgabe der Baugenehmigung in Massenverfahren erleichtern, indem die Zustellung durch eine öffentliche Bekanntgabe i. S. d. § 110 Abs. 3 Satz 1 LVwG ersetzt werden kann. Die öffentliche Bekanntgabe erfolgt durch örtliche Bekanntmachung nach Maßgabe der Bekanntmachungsverordnung (BekanntVO) vom 14. September 2015 (GVOBl. Schl.-H. S. 338).

§ 73   Baugenehmigung, Baubeginn

(1) [1]Die Baugenehmigung ist zu erteilen, wenn dem Vorhaben keine öffentlich-rechtlichen Vorschriften entgegenstehen, **die im bauaufsichtlichen Genehmigungsverfahren zu prüfen sind; die Bauaufsichtsbehörde darf den Bauantrag auch ablehnen, wenn das Bauvorhaben gegen sonstige öffentlich-rechtliche Vorschriften verstößt.** [2]**Die durch eine Umweltverträglichkeitsprüfung ermittelten, beschriebenen und bewerteten Umweltauswirkungen sind nach Maßgabe der hierfür geltenden Vorschriften zu berücksichtigen.**

(2) Die Baugenehmigung bedarf der Schriftform; sie ist nur insoweit zu begründen, wie von nachbarschützenden Vorschriften eine Abweichung, eine Ausnahme oder eine Befreiung nach § 31 des Baugesetzbuchs erteilt wird und die Nachbarin oder der Nachbar nicht nach § 72 Absatz 3 zugestimmt hat.

(3) Die Baugenehmigung kann mit Auflagen, mit Bedingungen, einem Vorbehalt des Widerrufs und einem Vorbehalt der nachträglichen Aufnahme, Änderung oder Ergänzung einer Auflage sowie befristet erteilt werden.

(4) Die Baugenehmigung wird unbeschadet der privaten Rechte Dritter erteilt.

(5) [1]Die Gemeinde ist, wenn ihre Bürgermeisterin oder ihr Bürgermeister nicht Bauaufsichtsbehörde ist, von der Erteilung, Verlängerung der Geltungsdauer, Ablehnung, Rücknahme und dem Widerruf einer Baugenehmigung, Teilbaugenehmigung, eines Vorbescheides, einer Zustimmung, einer Abweichung, einer Ausnahme oder einer Befreiung nach § 31 des Baugesetzbuchs zu unterrichten. [2]Eine Ausfertigung des Bescheides ist beizufügen.

(6) [1]Mit der Bauausführung oder mit der Ausführung des jeweiligen Bauabschnitts darf erst begonnen werden, wenn
1. die Baugenehmigung der Bauherrin oder dem Bauherrn zugegangen ist sowie
2. die geprüften **bautechnischen Nachweise** nach § 70 und
3. die Baubeginnsanzeige
der Bauaufsichtsbehörde vorliegen. [2]§ 68 und § 69 Absatz 9 bleiben unberührt.

(7) [1]Vor Baubeginn muss die Grundrissfläche des Gebäudes abgesteckt und seine Höhenlage festgelegt sein. [2]Baugenehmigungen und Bauvorlagen müssen auf der Baustelle von Baubeginn an vorliegen.

(8) Die Bauherrin oder der Bauherr hat den Ausführungsbeginn genehmigungsbedürftiger Vorhaben und die Wiederaufnahme der Bauarbeiten nach einer Unterbrechung von mehr als drei Monaten mindestens eine Woche vorher der Bauaufsichtsbehörde schriftlich mitzuteilen (Baubeginnsanzeige).

Erläuterungen

1. Allgemeines

Eine **Baugenehmigung** bescheinigt als **feststellender Verwaltungsakt,** dass dem beantragten Vorhaben keine zum Zeitpunkt der Entscheidung geltenden öffentlich-rechtlichen Vorschriften entgegenstehen (BVerwG, Urt. vom 8. Juni 1979 – 4 C 23.77 –, BVerwGE 58, 124 = BRS 35 Nr. 82 = BauR 1979, 304 = NJW 1980, 1010 = SchlHA 1980, 75 = DVBl 1979, 626 = DÖV 1979, 676 = MDR 1980, 82 = Buchholz 406.11 § 35 BBauG Nr. 155). Sie stellt – soweit die Bauaufsichtsbehörde einer Prüfpflicht unterliegt – eine umfassende **öffentlich-rechtliche Unbedenklichkeitsbescheinigung** dar. Vom Sonderfall der Erteilung einer Abweichung, Ausnahme oder Befreiung abgesehen hat sie **verfügende Wirkung** nur insofern, wie sie ein in verfahrensmäßiger Hinsicht bestehendes Hindernis für die Ausübung des an sich gegebenen Rechts auf Verwirklichung des Vorhabens beseitigt (BVerwG, Urt. vom 11. Mai 1989 – 4 C 1.88 –, BVerwGE 82, 61 = BRS 49 Nr. 184 = NVwZ 1989, 1163 = NuR 1990, 116 = DVBl 1989, 1055). Ist eine Baugenehmigung erforderlich, darf **mit** der **Bauausführung** (oder mit der Ausführung des jeweiligen Bauabschnitts) **erst begonnen** werden, **wenn** die **Baugenehmigung** der Bauherrin oder dem Bauherrn **zugegangen** ist (Absatz 6 Satz 1 Nr. 1). Gleiches gilt bei **verfahrensfreien Vorhaben** nach § 63 **und genehmigungsfreigestellten** Vorhaben nach § 68 für die **Zulassung** einer Abweichung nach § 71, Ausnahme nach § 31 Abs. 1 BauGB oder Befreiung nach § 31 Abs. 2 BauGB und für eine selbstständige bauplanungsrechtliche Zulassung (vgl. z. B. § 23 Abs. 5 Satz 1 und 2 BauNVO – „können...zugelassen werden").

2. Rechtsanspruch auf Erteilung (Absatz 1)

Der **bisherige Absatz 1 Satz 1** wurde zum **neuen Absatz 1 Satz 1 Halbsatz 1,** der **außerdem ergänzt** worden ist. Danach hat die Bauherrin oder der Bauherr einen Anspruch auf die Erteilung einer Baugenehmigung, wenn dem Vorhaben keine öffentlich-rechtlichen Vorschriften entgegenstehen, **die im bauaufsichtlichen Genehmigungsverfahren zu prüfen sind.** Die Ergänzung soll zunächst dem Umstand Rechnung tragen, dass die Bauaufsichtsbehörde im vereinfachten Baugenehmigungsverfahren nach § 69 ("Regelverfahren") **generell auf** die **bauordnungsrechtliche Prüfung verzichtet,** ob das Vorhaben mit den Bestimmungen der LBO und den aufgrund der LBO erlassenen Vorschriften vereinbar ist; **lediglich über** die Zulassung gesondert schriftlich **zu beantragender** (und zu begründender) **Abweichungen von materiellen bauordnungsrechtlichen** Vorschriften hat die Bauaufsichtsbehörde zu befinden (vgl. § 69 Abs. 2 und § 71 Abs. 2 Satz 1). Der gesetzlichen Einschränkung der präventiven Kontrolle durch die Bauaufsichtsbehörde korrespondiert ein Anspruch auf Erteilung der Baugenehmigung bei Vorliegen der entsprechend eingeschränkten Voraussetzungen, d. h. der Vereinbarkeit des Bauvorhabens mit den zum gesetzlichen Prüfungsprogramm gehörenden Vorschriften.

Die **Bauaufsichtsbehörde** ist **nicht befugt,** das ihr **gesetzlich vorgegebene Prüfungsprogramm** und damit die **gesetzlichen Anspruchsvoraussetzungen** für im vereinfachten Baugenehmigungsverfahren zu erteilende Baugenehmigungen **zu erweitern.** Dadurch können Rechtmäßigkeit der Baugenehmigung und (materielle) Rechtmäßigkeit des Bauvorhabens auseinanderfallen. Erkennt die Bauaufsichtsbehörde bei ihrer Prüfung Umstände, die auf eine Unvereinbarkeit des Vorhabens mit dem materiellen Bauordnungsrecht hindeuten, ist ihr aus den oben dargelegten Gründen zwar eine Erweiterung der gesetzlichen Anspruchsvoraussetzungen untersagt. Der teilweise gesetzliche Prüfverzicht hindert sie jedoch **nicht,** im vereinfachten Baugenehmigungsverfahren nach pflichtgemäßem Ermessen im Rahmen der Eingriffsverwaltung auch die Einhaltung der nicht zu prüfenden öffentlich-rechtlichen Vorschriften zu überwachen und ggf. erforderliche Maßnahmen zu treffen (vgl. § 59 Abs. 1). Hat die Bauaufsichtsbehörde **Verstöße** gegen nicht der Prüfung im vereinfachten Baugenehmigungsverfahren unterliegende bauordnungsrechtliche Vorschriften erkannt, wird sie in aller Regel **bereits im Vorwege** in geeigneter Form – etwa durch einen Anruf bei der Bauherrin oder dem Bauherrn bzw. der qualifiziert bauvorlageberechtigten Person i. S. d. § 65 Abs. 3 – **da-**

rauf hinwirken, dass ein **späteres bauaufsichtliches Einschreiten** gegen
ein – dem materiellen (Bauordnungs-)Recht widersprechendes – Vorhaben **vermieden wird.** Ist die Bauaufsichtsbehörde der festen Überzeugung, dass das im vereinfachten Baugenehmigungsverfahren eingereichte Vorhaben gegen (nicht zu prüfendes) materielles
Bauordnungsrecht verstößt, und teilt die von ihr kontaktierte, qualifiziert bauvorlageberechtigte Person i. S. d. § 65 Abs. 3 diese Auffassung
nicht, kann die Bauaufsichtsbehörde die Baugenehmigung um einen
Hinweis zu einer möglichen Verletzung des materiellen Bauordnungsrechts ergänzen.

In den äußerst seltenen Fällen des sogenannten **fehlenden Sachbescheidungsinteresses** – das dem fehlenden Rechtsschutzinteresse im gerichtlichen Verfahren entspricht – kann die Bauaufsichtsbehörde die
Erteilung einer Baugenehmigung im vereinfachten Baugenehmigungsverfahren auch **ablehnen.** Diesem Gesichtspunkt trägt der **neue Satz 1
Halbsatz 2** Rechnung. Das Sachbescheidungsinteresse fehlt, wenn
ohne eine ins Einzelne gehende Prüfung erkennbar ist, dass das Bauvorhaben offensichtlich gegen bauordnungsrechtliche Vorschriften
verstößt und dieser Verstoß offenkundig auch nicht (nachträglich) geheilt werden kann. Denn eine Bauherrin oder ein Bauherr hat **kein
schutzwürdiges Interesse** an einer **Baugenehmigung** für ein **Vorhaben,**
von dem **ausgeschlossen** ist, dass es **legal verwirklicht** werden kann
(vgl. BayVGH, Urt. vom 25. November 2014 – 9 B 13.1401 –, juris;
OVG B-Bbg, Beschl. vom 21. Juni 2013 – OVG 10 N 72.11 –, juris;
HessVGH, Beschl. vom 1. Oktober 2010 – 4 A 1907/10.Z –, BRS 76
Nr. 147 = BauR 2011, 993, m. w. N.). Beeinträchtigt das Vorhaben
sonstige Belange, sind auch **selbstständige Anordnungen** möglich, die
ggf. **mit der Baugenehmigung verbunden** werden können (BayVGH,
Beschl. vom 6. Juni 2002 – 14 B 99.2545 –, BRS 65 Nr. 167 =
BauR 2003, 683 = NVwZ-RR 2003, 478).

Der **neue Satz 2** trägt dem Erfordernis Rechnung, dass nach der Änderung des **§ 17 des Gesetzes über die Umweltverträglichkeitsprüfung
(UVPG)** durch das Europarechtsanpassungsgesetz Bau (EAG Bau)
nicht mehr gewährleistet ist, dass die Umweltverträglichkeitsprüfung
(UVP) bei baugenehmigungsbedürftigen Bauvorhaben (vgl. Nr. 18 der
Anlage 1 zum UVPG) ausschließlich im Bauleitplanverfahren abzuar-
beiten ist, sondern auch Fälle denkbar sind, in denen die UVP ganz

oder teilweise im bauaufsichtlichen Genehmigungsverfahren geleistet werden muss. Bei § 17 Abs. 1 UVPG handelt es sich nach Ansicht in der umweltrechtlichen Kommentarliteratur um eine Absicherungsklausel, die die einstweilen suspendierten Vorgaben des UVPG wieder aktiviert, falls es zu Abstrichen an der bauleitplanerischen Umweltprüfung im BauGB kommt. Eine Ausweitung der materiell-rechtlichen Anforderungen an Bauvorhaben ist wegen der allein verfahrensrechtlichen Bedeutung der Umweltverträglichkeitsprüfung damit nicht verbunden. Satz 2 stellt klar, dass die **Baugenehmigungsbehörden die Ergebnisse der UVP bei der Erteilung der Baugenehmigung zu berücksichtigen** haben. Sofern eine Umweltprüfung im Bauleitplanverfahren stattgefunden hat, kann die Bauaufsichtsbehörde angesichts der gegenwärtigen Regelungen im BauGB zur Umweltprüfung nach Ansicht in der umweltrechtlichen Kommentarliteratur davon ausgehen, dass die Umweltprüfung nicht hinter den Vorgaben des UVPG zurückbleibt.

Schaubild

Prüfung materielle Genehmigungsvoraussetzungen

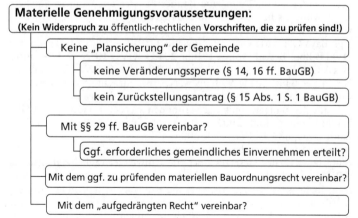

Materielle Genehmigungsvoraussetzungen:
(Kein Widerspruch zu öffentlich-rechtlichen Vorschriften, die zu prüfen sind!)

- Keine „Plansicherung" der Gemeinde
  - keine Veränderungssperre (§ 14, 16 ff. BauGB)
  - kein Zurückstellungsantrag (§ 15 Abs. 1 S. 1 BauGB)
- Mit §§ 29 ff. BauGB vereinbar?
  - Ggf. erforderliches gemeindliches Einvernehmen erteilt?
- Mit dem ggf. zu prüfenden materiellen Bauordnungsrecht vereinbar?
- Mit dem „aufgedrängten Recht" vereinbar?

Erteilung einer Baugenehmigung

```
┌─────────────────────────┐
│  Baugenehmigung         │
└─────────────────────────┘
  │
  │  ┌──────────────────────────────────────┐
  ├──│ i.d. R. gebundene Entscheidung       │
  │  │ ("...ist zu erteilen, wenn...")      │
  │  └──────────────────────────────────────┘
  │
  │  ┌──────────────────────────────────────┐
  └──│ Ermessensentscheidung bei            │
     └──────────────────────────────────────┘
       │
       │  ┌──────────────────────────────────────────────────────┐
       ├──│ Ausnahme von einer Veränderungssperre (§ 14 Abs. 2 BauGB) │
       │  └──────────────────────────────────────────────────────┘
       │
       │  ┌──────────────────────────────────────────────────────┐
       ├──│           Ausnahme/Befreiung                         │
       │  │ von einer Bebauungsplanfestsetzung (§ 31 BauGB)      │
       │  └──────────────────────────────────────────────────────┘
       │
       │  ┌──────────────────────────────────────────────────────┐
       └──│              Abweichung                              │
          │ von einer bauordnungsrechtlichen Vorschrift (§ 71 LBO) │
          └──────────────────────────────────────────────────────┘
```

3.   Schriftform, Begründung (Absatz 2)

Nach **Absatz 2 Halbsatz 1** (bisher Absatz 1 Satz 2 Halbsatz 1) bedarf die **Baugenehmigung** der **Schriftform**. Das dient der Rechtssicherheit und dem Schutz vor übereilten Erklärungen. Eine bloß mündlich erteilte Baugenehmigung ist unwirksam. Auf eine Zusicherung zur Erteilung einer Baugenehmigung kann sich eine Bauherrin oder ein Bauherr nur dann erfolgreich berufen, wenn die Zusicherung von der Bauaufsichtsbehörde gegeben und zu ihrer Wirksamkeit nach § 108 a Abs. 1 LVwG schriftlich erteilt wurde.

Absatz 2 Halbsatz 2 ist zu entnehmen, dass eine **Baugenehmigung nur in besonderen Fällen begründet** werden muss. **Keine Begründung** ist mit Blick auf § 109 Abs. 3 Nr. 1 LVwG erforderlich, **soweit** die Bauaufsichtsbehörde dem **Bauantrag entspricht** und die Baugenehmigung nicht in Rechte einer anderen Person eingreift. Wird hingegen mit Erteilung der Baugenehmigung von **nachbarschützenden Vorschriften** eine Abweichung, Ausnahme oder Befreiung nach § 31 BauGB zugelassen, der die **Nachbarin oder** der **Nachbar nicht** nach § 72 Abs. 3 **zugestimmt** hat, muss die Bauaufsichtsbehörde die **Zulassung begründen** und dabei die Gesichtspunkte erkennen lassen, von denen sie bei Ausübung ihres Ermessens oder bei der Entscheidung zugunsten des

Vorhabens unter Zurückstellung der nachbarlichen Belange ausgegangen ist (vgl. § 109 Abs. 1 Satz 2 LVwG). Diese Entscheidung ist der Nachbarin oder dem Nachbarn **zuzustellen** (vgl. § 72 Abs. 3).

4. Nebenbestimmungen (Absatz 3)

Nach **Absatz 3** kann eine Baugenehmigung mit Auflagen, Bedingungen, einem Vorbehalt des Widerrufs und einem Vorbehalt der nachträglichen Aufnahme, Änderung oder Ergänzung einer Auflage sowie befristet erteilt werden. Bei einer **gebundenen Entscheidung** (vgl. **Absatz 1 Satz 1 Halbsatz 1**) kommen nach § 107 Abs. 1 LVwG derartige **Nebenbestimmungen nur in zwei Fällen** in Betracht: Im **ersten Fall** muss die Nebenbestimmung „**durch Rechtsvorschrift zugelassen**" sein. Solche Rechtsvorschriften sind beispielsweise § 8 Abs. 2 Satz 3, § 50 Abs. 11 Satz 3 und § 79 Abs. 1 Satz 1; **Absatz 3** selbst gehört nicht zu diesen Rechtsvorschriften, denn er enthält lediglich eine abschließende Aufzählung zulässiger Nebenbestimmungen (vgl. Alexejew, § 72 Rn. 101, und Hornmann, HBO, 2. Aufl. 2011, § 64 Rn. 97 mit Verweis auf HessVGH, Beschl. vom 20. März 1991 – 4 TH 977/90 –, BRS 52 Nr. 159 = BauR 2003, 683 = NVwZ-RR 2003, 478). Im **zweiten Fall** soll die **Nebenbestimmung sicherstellen, dass** die **gesetzlichen Voraussetzungen** für den Erlass einer Baugenehmigung **erfüllt werden.** Diese Alternative eröffnet der Bauaufsichtsbehörde die Möglichkeit, **kleinere** Genehmigungshindernisse mit Hilfe einer Nebenbestimmung zur Baugenehmigung auszuräumen, statt die Baugenehmigung zu versagen. Von dieser Alternative kann **kein Gebrauch** gemacht werden, **wenn** der **Antragsgegenstand** in einer Baugenehmigung über eine Nebenbestimmung so **wesentlich geändert** werden müsste, dass im Vergleich zum eigentlich beantragten Vorhaben ein „**aliud**" entstünde (vgl. Alexejew, § 72 Rn. 102, und Hornmann, HBO, 2. Aufl. 2011, § 64 Rn. 98; zum Begriff „aliud" s. OVG B-Bbg, Urt. vom 31. Mai 2012 – 10 B 9.11 –, BRS 79 Nr. 224; OVG NRW, Beschl. vom 4. Mai 2004 – 10 A 1476/04 –, BRS 67 Nr. 169 = BauR 2004, 1771; OVG HH, Beschl. vom 17. März 2004 – 2 Bs 13/04 –, NordÖR 2004, 286). Nebenbestimmungen dürfen allerdings dem Zweck der Baugenehmigung nicht zuwiderlaufen (vgl. § 107 Abs. 3 LVwG).

5.   Private Rechte Dritter (Absatz 4)

Nach **Absatz 4** wird die Baugenehmigung **unbeschadet privater Rechte Dritter** erteilt. Das gilt auch für die fiktive Baugenehmigung nach § 69 Abs. 9 und die Genehmigungsfreistellung nach § 68.

6.   Unterrichtung der Gemeinde (Absatz 5)

Nach **Absatz 5** ist die Gemeinde, wenn ihre Bürgermeisterin oder ihr Bürgermeister nicht Bauaufsichtsbehörde ist, von der Erteilung, Verlängerung der Geltungsdauer, Ablehnung, Rücknahme und dem Widerruf einer Baugenehmigung, Teilbaugenehmigung, eines Vorbescheides, einer Zustimmung, einer Abweichung, einer Ausnahme oder Befreiung nach § 31 BauGB zu **unterrichten**. Eine **Ausfertigung des Bescheides** ist **beizufügen**.

7.   Voraussetzungen für den Baubeginn (Absatz 6)

Nach **Absatz 6 Satz 1** darf mit der Bauausführung oder mit der Ausführung des jeweiligen Bauabschnitts erst begonnen werden, wenn
– die **Baugenehmigung** der Bauherrin oder dem Bauherrn **zugegangen** ist (**Nummer 1**) sowie
– die **geprüften bautechnischen Nachweise** nach § 70 (**Nummer 2**) und
– die **Baubeginnsanzeige** (**Nummer 3**)
der Bauaufsichtsbehörde vorliegen. Dabei ist zu beachten, dass die prüfpflichtigen bautechnischen Nachweise (zusätzlich) nach § 67 Abs. 4 und § 69 Abs. 3 Satz 2 spätestens zehn Werktage vor Baubeginn geprüft der Bauaufsichtsbehörde vorliegen müssen (vgl. auch § 14 Abs. 2 BauVorlVO – abgedruckt unter C).
Nach **Absatz 6 Satz 2** bleiben die **§ 68 und § 69 Abs. 9** unberührt. Danach darf im Rahmen der Genehmigungsfreistellung nach § 68 nach ordnungsgemäßem Durchlaufen des Verfahrens und aufgrund der Genehmigungsfiktion im vereinfachten Baugenehmigungsverfahren nach § 69 Abs. 9 ohne Zugang einer Baugenehmigung mit den Bauarbeiten begonnen werden.

8. Absteckung der Grundrissfläche, Festlegung der Höhenlage, Vorhaltepflicht für Bauvorlagen (Absatz 7)

Nach **Absatz 7** muss vor Baubeginn die **Grundrissfläche** des Gebäudes **abgesteckt** und seine **Höhenlage festgelegt** sein. **Baugenehmigungen** und **Bauvorlagen** müssen auf der **Baustelle** von Baubeginn an vorliegen. Entsprechendes gilt sinngemäß für Vorhaben im Rahmen der Genehmigungsfreistellung (§ 68 Abs. 7 Satz 3).

9. Baubeginnsanzeige (Absatz 8)

Nach **Absatz 8** hat die Bauherrin oder der Bauherr den **Ausführungsbeginn** genehmigungsbedürftiger Vorhaben und die **Wiederaufnahme** der Bauarbeiten nach einer Unterbrechung von mehr als drei Monaten mindestens eine Woche vorher der Bauaufsichtsbehörde schriftlich mitzuteilen. Entsprechendes gilt sinngemäß für Vorhaben im Rahmen der Genehmigungsfreistellung (§ 68 Abs. 7 Satz 3). Das Erfordernis der **Baubeginnsanzeige** wird durch den Klammerzusatz besonders **hervorgehoben**.

§ 74 Teilbaugenehmigung

[1]Ist ein Bauantrag eingereicht, so kann der Beginn der Bauarbeiten für die Baugrube und für einzelne Bauteile oder Bauabschnitte auf schriftlichen Antrag schon vor Erteilung der Baugenehmigung schriftlich gestattet werden (Teilbaugenehmigung). [2]§ 73 gilt entsprechend.

Erläuterungen

1. Allgemeines

Ist bereits ein Bauantrag eingereicht, kann der Beginn der Bauarbeiten für die Baugrube und für einzelne Bauteile oder Bauabschnitte auf schriftlichen Antrag schon vor Erteilung der Baugenehmigung schriftlich gestattet werden (**Teilbaugenehmigung**). Eine derartige Teilbaugenehmigung soll die **Baudurchführung beschleunigen**. Sie berechtigt im Unterschied zum Vorbescheid nach § 66 zum Baubeginn, setzt aber voraus, dass bereits ein **Bauantrag mit allen notwendigen Unterlagen** für das gesamte Vorhaben gestellt ist, dessen **planungsrechtliche** und grundlegende bauordnungsrechtliche **Zulässigkeit** feststeht (vgl. OVG Schleswig, Beschl. vom 17. November 1994 – 1 M 65/94 –, juris Rn 16). Je nachdem, wofür die Teilbaugenehmigung beantragt wird, nähert sich die für die Teilbaugenehmigung erforderliche Prüfung der im Baugenehmigungsverfahren durchzuführenden Prüfung des Vorhabens an. Die Teilbaugenehmigung berechtigt aber nur zur Durchführung der genehmigten Teile des Bauvorhabens. Bedeutsam ist die **Bindung der Bauaufsichtsbehörde** durch eine vorliegende Teilbaugenehmigung. Nach ihrer Erteilung darf die Bauaufsichtsbehörde die Baugenehmigung grundsätzlich nicht mehr ablehnen. Die zu beachtende Bindungswirkung der Teilbaugenehmigung rechtfertigt sich aus dem **sachlichen Zusammenhang** zwischen **Teilvorhaben** und **Gesamtvorhaben**; sie reicht allerdings nur insoweit, wie das **Vertrauen** der Bauherrin oder des Bauherrn auf den Erlass der abschließenden Baugenehmigung **schutzwürdig** ist. Einen Vertrauensschutz können z. B. Vorbehalte ausschließen. Grundsätzliche rechtliche **Vorbehalte** gegen das Vorhaben – z. B. hinsichtlich der Erschließung –, müssen **vor Erteilung** einer Teilbaugenehmigung **ausgeräumt** werden.

2. Teilbaugenehmigung

Satz 1 räumt der Bauaufsichtsbehörde im Unterschied zu § 73 Abs. 1 ein **Ermessen** ein. Die Einräumung dieses Ermessens ist deshalb gerechtfertigt, weil die Erteilung einer **Teilbaugenehmigung** eine **zusätzliche Belastung** der Bauaufsichtsbehörde mit sich bringt, andererseits die Bauherrin oder der Bauherr nur in Grenzen schutzwürdig ist. Steht die Erteilung einer Baugenehmigung z. B. kurz bevor, kann eine Teilbaugenehmigung vorenthalten bleiben, ebenso wie bei offenkundig mangelnder Eilbedürftigkeit des Vorhabens.

Nach **Satz 2** gelten für die Teilbaugenehmigung die **Regelungen** des § 73 über **Baugenehmigung** und **Baubeginn entsprechend**; s. im Einzelnen hierzu die Ausführungen unter § 73.

§ 75 Geltungsdauer

(1) [1]Die Baugenehmigung und Teilbaugenehmigung erlöschen, wenn innerhalb von drei Jahren nach ihrer Erteilung mit der Ausführung des Vorhabens nicht begonnen oder die Ausführung länger als ein Jahr unterbrochen

worden ist; Entsprechendes gilt im Verfahren der Genehmigungsfreistellung nach § 68. **²Satz 1 gilt auch für die Entscheidungen über andere öffentlich-rechtliche Anforderungen, die in die Baugenehmigung eingeschlossen werden.**

(2) ¹Die Frist nach Absatz 1 kann auf schriftlichen Antrag jeweils bis zu zwei Jahren verlängert werden; dies gilt nicht für das Verfahren der Genehmigungsfreistellung nach § 68. ²Die Frist kann auch rückwirkend verlängert werden, wenn der Antrag vor Fristablauf bei der Bauaufsichtsbehörde eingegangen ist.

Erläuterungen

1. Allgemeines

Die Baugenehmigung (und Teilbaugenehmigung) stellt zum einen **verbindlich fest, dass** das genehmigte **Vorhaben** dem zum Zeitpunkt der Entscheidung geltenden, jeweils zu prüfenden **öffentlichen Recht entspricht, und gibt** zum anderen – wenn sie der Bauherrin oder dem Bauherrn zugegangen ist (vgl. § 73 Abs. 5 Satz 1 Nr. 1) – den **Bau** (für einen Teilbereich) **frei.** Wegen der im Baurecht häufigen Änderung der Sach- und Rechtslage und im Hinblick auf die Sicherung der Planungshoheit der Gemeinden ist die **zeitliche Wirkung** von Baugenehmigungen als Ergebnis einer sachgerechten Abwägung zwischen privaten und öffentlichen Interessen durch **Absatz 1 begrenzt** worden (vgl. OVG Schleswig, Urt. vom 4. September 1996 – 1 L 191/95 –, BRS 58 Nr. 152 = SchlHA 1997, 139, m. w. N.). Gleichzeitig wurde den Bauherrinnen und Bauherren mit **Absatz 2,** der auch für positive Bauvorbescheide gilt (vgl. § 66 Satz 3), die **Möglichkeit** eröffnet, (nur) einen schriftlichen Antrag auf **Verlängerung** der Geltungsdauer der ihnen erteilten Baugenehmigungen zu stellen, ohne erneut Bauvorlagen einreichen zu müssen.

2. Geltungsdauer der Baugenehmigung (Absatz 1)

Absatz 1 Satz 1 Halbsatz 1 regelt die **Geltungsdauer der Baugenehmigung und Teilbaugenehmigung.** Diese Genehmigungen **erlöschen,** wenn **innerhalb von drei Jahren nach ihrer Erteilung** mit der Ausführung des Vorhabens nicht begonnen oder die **Ausführung länger als ein Jahr unterbrochen** worden ist. **Entsprechendes** gilt für die in einem vereinfachten Baugenehmigungsverfahren als **erteilt geltende Bauge-nehmigung** (vgl. § 69 Abs. 9 Satz 1). Da die Baugenehmigung ein Ver-waltungsakt ist, beginnt die Drei-Jahres-Frist mit der Bekanntgabe der Genehmigung gegenüber der Bauherrin oder dem Bauherrn zu laufen (vgl. § 110 Abs. 1 LVwG). Für die Berechnung der Frist gelten die §§ 187 bis 193 BGB entsprechend (vgl. § 89 LVwG). Da eine Bauge-nehmigung – mit Ausnahme der Fälle des § 72 Abs. 3 – grundsätzlich nicht förmlich zugestellt werden muss, lässt sich der Fristbeginn häu-fig nicht genau festlegen (vgl. § 110 Abs. 2 LVwG; s. a. OVG NRW, Beschl. vom 2. Februar 2012 – 2 B 1525/11 –, BRS 79 Nr. 158 = BauR 2012, 927, und Urt. vom 17. Juli 2013 – 7 A 1896/12 –, BRS 81 Nr. 169 = BauR 2013, 1849 = NVwZ 2013, 1499).

Satz 1 Halbsatz 2 regelt, wie lange die Bauherrin oder der Bauherr nach Durchführung des Genehmigungsfreistellungsverfahrens § 68 noch mit dem Bau beginnen darf und demnach die Bauaufsichtsbe-hörde und die Gemeinde mit einem **Baubeginn nach Durchführung des Verfahrens der Genehmigungsfreistellung** rechnen müssen. Auch für ein Vorhaben, mit dessen Ausführung nach Maßgabe des § 68 Abs. 3 Satz 2 im **Rahmen der Genehmigungsfreistellung** begonnen werden darf, gilt eine **Frist von drei Jahren** nach zulässigem Baube-ginn. Die Festlegung der Geltungsdauer einer „Baufreigabe" aufgrund des Verfahrens der Genehmigungsfreistellung ist zum Schutz der Bau-leitplanung der Gemeinden geboten; denn nach § 14 Abs. 3 BauGB werden Vorhaben, von denen die Gemeinde nach Maßgabe des Bau-ordnungsrechts Kenntnis erlangt hat und mit deren Ausführung vor dem Inkrafttreten der Veränderungssperre hätte begonnen werden dürfen, von der Veränderungssperre nicht berührt. Wird innerhalb der Frist von drei Jahren nach Erteilung der Baugenehmigung mit der Aus-führung des Vorhabens nicht begonnen oder ist die Ausführung für ein Jahr unterbrochen worden, erlischt die Baugenehmigung. Entspre-chendes gilt bei einem Genehmigungsfreistellungsverfahren für die „Baufreigabe".

Der **neu eingefügte Satz 2** stellt klar, dass sich die **Geltungsdauer von Bescheiden** (wie beispielsweise Erlaubnisse und Genehmigungen) **an-derer Fachgesetze** der Baugenehmigung (Baugenehmigungsverfahren ist Trägerverfahren) **unterwerfen** muss.

3. Verlängerung der Geltungsdauer (Absatz 2)

Nach **Absatz 2 Satz 1 Halbsatz 1 kann** die Geltungsdauer der Bau- oder Teilbaugenehmigung auf **schriftlichen** Antrag jeweils **bis zu zwei Jahren** verlängert werden. Die Vorschrift erfasst auch nach § 69 Abs. 9 als erteilt geltende Baugenehmigungen im Rahmen des vereinfachten Baugenehmigungsverfahrens.

An die **Verlängerung der Frist** werden die **gleichen Voraussetzungen** geknüpft **wie** an die **erstmalige** Erteilung der **Baugenehmigung.** Damit wird eine erneute Beteiligung oder Anhörung von Fachstellen erforderlich, und auch die Gemeinde hat wiederum eine Stellungnahme abzugeben und von Neuem über das (bereits einmal erteilte) gemeindliche Einvernehmen zu befinden (vgl. § 64 Abs. 2 Satz 3, § 67 Abs. 1 und 5). **Entspricht** das **Vorhaben** (weiterhin) den zum Zeitpunkt der Entscheidung (über den Verlängerungsantrag) geltenden öffentlich-rechtlichen **Vorschriften,** besteht ein **Rechtsanspruch auf Verlängerung.** Hat sich **hingegen** die **Rechtslage** zu Ungunsten der Bauherrin oder des Bauherrn **geändert oder** soll eine **rechtswidrig erteilte Baugenehmigung verlängert** werden, **muss** der **Verlängerungsantrag abgelehnt werden, wenn sich Bedenken,** die sich aus den nunmehr geltenden und zu prüfenden öffentlich-rechtlichen Vorschriften ergeben, **nicht** durch die Zulassung einer Abweichung, Ausnahme oder Befreiung **ausräumen lassen.**

Satz 1 Halbsatz 2 schließt für **Vorhaben,** mit denen nach Durchführung des **Genehmigungsfreistellungsverfahrens** § 68 mit dem Bau beginnen darf, die Möglichkeit der Fristverlängerung aus; für sie wäre ein **erneutes Genehmigungsfreistellungsverfahren** durchzuführen.

Die Antragstellerin oder der Antragsteller muss dafür sorgen, der **schriftliche Verlängerungsantrag** rechtzeitig (d. h. nicht unmittelbar nach Bekanntgabe der zu verlängernden Baugenehmigung) **vor Ablauf** der Geltungsdauer der Baugenehmigung **bei** der **Bauaufsichtsbehörde** eingeht. Die Bauaufsichtsbehörde braucht über den (noch rechtzeitig eingegangenen) Antrag nicht innerhalb der noch laufenden Geltungsdauer der Baugenehmigung zu entscheiden, sondern kann die Geltungsdauer (einer bereits abgelaufenen Baugenehmigung) auch **rückwirkend** verlängern (vgl. **Absatz 2 Satz 2**).

§ 76 Genehmigung Fliegender Bauten

(1) [1]Fliegende Bauten sind bauliche Anlagen, die geeignet und bestimmt sind, an verschiedenen Orten wiederholt aufgestellt und zerlegt zu werden. [2]Baustelleneinrichtungen und Baugerüste sind keine Fliegenden Bauten.

(2) [1]Fliegende Bauten bedürfen, bevor sie erstmals aufgestellt und in Gebrauch genommen werden, einer Ausführungsgenehmigung. [2]Dies gilt nicht für

1. Fliegende Bauten mit einer Höhe bis zu 5 m, die nicht dazu bestimmt sind, von Besucherinnen oder Besuchern betreten zu werden,
2. Fliegende Bauten mit einer Höhe bis zu 5 m, die für Kinder betrieben werden und eine Geschwindigkeit von höchstens 1 m/s haben,
3. Bühnen, die Fliegende Bauten sind, einschließlich Überdachungen und sonstigen Aufbauten mit einer Höhe bis zu 5 m, einer Grundfläche bis zu 100 m² und einer Fußbodenhöhe bis zu 1,50 m,
4. **erdgeschossige** Zelte **und betretbare Verkaufsstände,** die Fliegende Bauten sind, **jeweils** mit einer Grundfläche bis zu 75 m²,
5. **aufblasbare Spielgeräte mit einer Höhe des betretbaren Bereichs von bis zu 5 m oder mit überdachten Bereichen, bei denen die Entfernung zum Ausgang nicht mehr als 3 Meter, sofern ein Absinken der Überdachung konstruktiv verhindert wird, nicht mehr als 10 m, beträgt.**

(3) [1]Die Ausführungsgenehmigung wird von der unteren Bauaufsichtsbehörde erteilt, in deren Bereich die Antragstellerin oder der Antragsteller ihre oder seine Hauptwohnung oder ihre oder seine gewerbliche Niederlassung hat. [2]Hat die Antragstellerin oder der Antragsteller ihre oder seine Hauptwohnung oder ihre oder seine gewerbliche Niederlassung außerhalb der Bundesrepublik Deutschland, so ist die Bauaufsichtsbehörde zuständig, in deren Bereich der Fliegende Bau erstmals aufgestellt und in Gebrauch genommen werden soll.

(4) Die oberste Bauaufsichtsbehörde kann durch Verordnung bestimmen, dass Ausführungsgenehmigungen für Fliegende Bauten nur durch bestimmte Bauaufsichtsbehörden erstellt werden dürfen.

(5) [1]Die Genehmigung wird für eine bestimmte Frist erteilt, die höchstens fünf Jahre betragen soll. [2]Sie kann auf schriftlichen Antrag von der für die Erteilung der Ausführungsgenehmigung zuständigen Behörde jeweils bis zu fünf Jahre verlängert werden; § 75 Absatz 2 Satz 2 gilt entsprechend. [3]Die Genehmigungen werden in ein Prüfbuch eingetragen, dem eine Ausfertigung der mit einem Genehmigungsvermerk versehenen Bauvorlagen

beizufügen ist. [4]Ausführungsgenehmigungen anderer Bundesländer gelten auch im Geltungsbereich dieses Gesetzes.

(6) [1]Die Inhaberin oder der Inhaber der Ausführungsgenehmigung hat den Wechsel ihrer oder seiner Hauptwohnung, ihrer oder seiner gewerblichen Niederlassung oder die Übertragung des Fliegenden Baues an Dritte der Bauaufsichtsbehörde anzuzeigen, die die Ausführungsgenehmigung erteilt hat. [2]Die Behörde hat die Änderungen in das Prüfbuch einzutragen und sie, wenn mit den Änderungen ein Wechsel der Zuständigkeit verbunden ist, der nunmehr zuständigen Behörde mitzuteilen.

(7) [1]Fliegende Bauten, die nach Absatz 2 Satz 1 einer Ausführungsgenehmigung bedürfen, dürfen unbeschadet anderer Vorschriften nur in Gebrauch genommen werden, wenn ihre Aufstellung der Bauaufsichtsbehörde des Aufstellungsortes unter Vorlage des Prüfbuches angezeigt ist. [2]Die Bauaufsichtsbehörde kann die Inbetriebnahme dieser Fliegenden Bauten von einer Gebrauchsabnahme abhängig machen. [3]Das Ergebnis der Abnahme ist in das Prüfbuch einzutragen. [4]In der Ausführungsgenehmigung kann bestimmt werden, dass Anzeigen nach Satz 1 nicht erforderlich sind, wenn eine Gefährdung im Sinne des § 3 Absatz 2 nicht zu erwarten ist.

(8) [1]Die für die Erteilung der Gebrauchsabnahme zuständige Bauaufsichtsbehörde kann Auflagen machen oder die Aufstellung oder den Gebrauch Fliegender Bauten untersagen, soweit dies nach den örtlichen Verhältnissen oder zur Abwehr von Gefahren erforderlich ist, insbesondere weil die Betriebs- oder Standsicherheit nicht oder nicht mehr gewährleistet ist oder weil von der Ausführungsgenehmigung abgewichen wird. [2]Wird die Aufstellung oder der Gebrauch untersagt, so ist dies in das Prüfbuch einzutragen. [3]Die ausstellende Behörde ist zu benachrichtigen, das Prüfbuch ist einzuziehen und der ausstellenden Behörde zuzuleiten, wenn die Herstellung ordnungsgemäßer Zustände innerhalb angemessener Frist nicht zu erwarten ist.

(9) [1]Bei Fliegenden Bauten, die von Besucherinnen oder Besuchern betreten und längere Zeit an einem Aufstellungsort betrieben werden, kann die für die Gebrauchsabnahme zuständige Bauaufsichtsbehörde aus Gründen der Sicherheit Nachabnahmen durchführen. [2]Das Ergebnis der Nachabnahme ist in das Prüfbuch einzutragen.

(10) § 64 Absatz 2 und 4 und § 78 Absatz 1, 3 und 4 gelten entsprechend.

Erläuterungen

1.   Begriffsdefinition

Absatz 1 Satz 1 enthält die **Begriffsdefinition** für **Fliegende Bauten**. Entscheidend sind danach ihre Eignung und Bestimmung, an verschiedenen Orten wiederholt aufgestellt und zerlegt zu werden. Wesentliches Merkmal eines Fliegenden Baues ist damit das Fehlen einer festen Beziehung zu einem Grundstück; ein Fliegender Bau hat den Charakter einer nicht ortsgebundenen Anlage. Es handelt sich dann nicht um Fliegende Bauten, wenn die Absicht fehlt, die Anlage in einer unbestimmten Anzahl von Fällen innerhalb eines überschaubaren Zeitraumes an verschiedenen Orten aufzustellen und wieder abzubauen – wie dieses bei Fahrgeschäften in Freizeitparks üblich ist – und die bauliche Anlage im Hinblick auf ihre Nutzung den Charakter einer ortsgebundenen Anlage erhält, wie z. B. ein Zelt, das auf Dauer als Lager- oder Ausstellungshalle eines Gewerbebetriebes oder der Erweiterung einer Verkaufsstätte dient (vgl. einzelne Fälle unter HessVGH, Beschl. vom 27. Januar – 4 TH 277/84 –, BRS 42, Nr. 151 = BauR 1984, 618 = DÖV 1985, 249 L; VGH BW, Beschl. vom 29. Januar 1982 – 8 S 1291/81 –, BRS 39 Nr. 146; VG Aachen, Beschl. vom 3. Juli 2013 – 5 L 193/13 –, juris; VG Köln, Beschl. vom 27. März 2014 – 23 L 485/14 –, juris). In solchen Fällen bedürfen die baulichen Anlagen einer Baugenehmigung.

Absatz 1 Satz 2 präzisiert die **Begriffsdefinition** der Fliegenden Bauten. Baustelleneinrichtungen und Baugerüste sind keine Fliegenden Bauten.

2.   Ausführungsgenehmigung, verfahrensfreie Fliegende Bauten

Bei den bauaufsichtlichen Prüfungen und Gebrauchsabnahmen Fliegender Bauten müssen wegen ihrer technischen Eigenart im **Interesse der öffentlichen Sicherheit besondere bauaufsichtliche Anforderungen** berücksichtigt werden. Im Einzelnen sind die **Verwaltungsvorschriften über Ausführungsgenehmigungen für Fliegende Bauten und deren Gebrauchsabnahmen (FlBauVwV)** zu beachten. Die als Technische Baubestimmungen eingeführten Normen

– **DIN EN 13782:2015-06 Fliegende Bauten – Zelte – Sicherheit** und

- DIN EN 13814:2005-06 Fliegende Bauten und Anlagen für Veranstaltungsplätze und Vergnügungsparks – Sicherheit,

sind zu beachten.

Nach **Absatz 2 Satz 1** bedürfen Fliegende Bauten vor ihrer Aufstellung einer **Ausführungsgenehmigung**. Nach **Absatz 10** gelten die Regelungen

- des § 64 Abs. 2 und 4 über **Bauantrag, Bauvorlagen** und
- des § 78 Abs. 1, 3 und 4 über die **Bauüberwachung**

entsprechend. Nach § **59 Abs.** 5 können die Bauaufsichtsbehörden zur Erfüllung ihrer Aufgaben nach Anhörung und auf Kosten der Bauherrin oder des Bauherrn **Sachverständige und sachverständige Stellen** heranziehen. Das gilt insbesondere für technisch schwierige Fliegender Bauten.

Der **Nachweis der Standsicherheit** Fliegender Bauten, die einer Ausführungsgenehmigung bedürfen, darf **nur** von hierfür anerkannten **Prüfämtern** geprüft werden. Die für die Ausführungsgenehmigung oder die Verlängerung der Geltungsdauer einer Ausführungsgenehmigung zuständige Bauaufsichtsbehörde hat aufgrund der Bauvorlagen festzustellen, ob zur Prüfung der Anlage **Sachverständige** hinzugezogen werden müssen. Sind für die Benutzer Gesundheitsschäden infolge besonderer Flieh- und Druckkräfte zu befürchten, müssen auch **medizinische Sachverständige** hinzugezogen werden. Sachverständige, denen die **Prüfung** Fliegender Bauten **vorwiegend maschineller Art** übertragen wird, sollen auch mit der Prüfung der nichtmaschinellen Teile und mit der Überwachung und Beurteilung des Probebetriebs beauftragt werden.

Absatz 2 Satz 2 erfasst – wie die verfahrensfreien Bauvorhaben in § 63 Abs. 1 – im Einzelnen die Fliegenden Bauten, die **keiner Ausführungsgenehmigung** bedürfen. **Auch verfahrensfreie Fliegende Bauten** müssen die materiellen Anforderungen einhalten.

Satz 2 Nr. 4 und 5 enthält Änderungen im Vergleich zum bisherigen Recht. **Erdgeschossige betretbare Verkaufsstände** bedurften nach dem bisherigen Absatz 2 Satz 2 Nr. 1 als Fliegende Bauten nur **dann keiner Ausführungsgenehmigung, wenn** sie **nicht dazu bestimmt** waren, von Besuchern **betreten zu werden, wohingegen Zelte**, die Fliegende Bauten sind, nach dem bisherigen Absatz 2 Satz 2 Nr. 4 **bis zu einer Größe von 75 m² auch bei Besucherverkehr** keiner Ausführungsgenehmigung bedurften. Dieser **Wertungswiderspruch** ist mit dem neu gefassten **Absatz 2 Satz 2 Nr.** 4 durch die **Gleichbehandlung von erdgeschossigen Zelten und betretbaren Verkaufsständen aufgehoben** worden.

Die Ausnahmetatbestände nach Satz 2 Nr. 1 bis 4 sind zugeschnitten auf die bereits seit langer Zeit existierenden „herkömmlichen" Fliegenden Bauten wie Zelte, Fahrgeschäfte, Bühnen und dergleichen. Die **neue Nummer 5 berücksichtigt** die in dieser Form erst seit kürzerer Zeit auftretenden „**aufblasbaren Spielgeräte**", die bisher unter keinen der Ausnahmetatbestände des Absatz 2 Satz 2 sinnvoll eingeordnet werden konnten, und befreit diese, soweit aufgrund ihrer Abmessungen Gefahren für die Sicherheit der Benutzerinnen und Benutzer nicht zu befürchten sind, vom Erfordernis der Ausführungsgenehmigung. Bei der Verfahrensfreistellung werden die **Höhe der für Besucherinnen und Besucher betretbaren Bereiche sowie unabhängig davon die Fluchtweglänge unter überdachten Bereichen begrenzt. Überdachte nicht betretbare Flächen haben in diesem Zusammenhang i. d. R. keine Bedeutung.** Mit den gewählten Formulierungen werden praktikable Abgrenzungskriterien dargestellt, ohne auf die nahezu grenzenlose räumliche Vielfalt aufblasbarer Spielgeräte unnötig eingehen zu müssen. Die Sicherheit der aufblasbaren Spielgeräte wird durch harmonisierte Regeln der Technik, wie etwa der DIN EN 14960, die bei Herstellung und Betrieb beachtet werden müssen, gewährleistet.

3.   Zuständigkeit für Erteilung der Ausführungsgenehmigung

Absatz 3 regelt die **Zuständigkeit** für die Erteilung der Ausführungsgenehmigung. **Absatz 3 Satz 1** stellt allein auf die Hauptwohnung oder gewerbliche Niederlassung ab.

Absatz 4 berücksichtigt die Entwicklung immer schwieriger und aufwendigerer Fliegender Bauten. Daher hat die oberste Bauaufsichtsbehörde die Möglichkeit, durch Verordnung zu bestimmen, dass Ausführungsgenehmigungen für Fliegende Bauten nur durch bestimmte Bauaufsichtsbehörden erteilt werden dürfen. Von dieser Möglichkeit ist bisher kein Gebrauch gemacht worden.

4.   Befristung der Ausführungsgenehmigung

Absatz 5 regelt – wegen der mit Fliegenden Bauten verbundenen besonderen Gefahren – die **erforderliche Befristung der Ausführungsge-**

nehmigung. Nach **Satz 1** wird die **Genehmigung** für eine **bestimmte Frist** erteilt, die **höchstens fünf Jahre** betragen soll. Nach **Satz 2** erster **Halbsatz** kann die **Frist** auf schriftlichen Antrag von der für die Erteilung der Ausführungsgenehmigung zuständigen Behörde **jeweils bis zu fünf Jahren verlängert** werden. Dabei kann nach **Satz 2** zweiter **Halbsatz** entsprechend § 75 Abs. 2 Satz 2 die **Frist auch rückwirkend** verlängert werden, wenn der Antrag vor Fristablauf bei der Bauaufsichtsbehörde eingegangen ist. Die Geltungsdauer einer Ausführungsgenehmigung darf nur verlängert werden, wenn festgestellt worden ist, dass die Anlage noch mit den geprüften und mit Genehmigungsvermerk versehenen Bauvorlagen übereinstimmt sowie stand- und betriebssicher ist. Hierbei sind Änderungen in den Technischen Baubestimmungen nur insoweit zu berücksichtigen, wie ansonsten Leben und Gesundheit gefährdet würden. Nach **Satz 3** werden die **Ausführungsgenehmigungen** in ein **Prüfbuch** eingetragen, dem eine Ausfertigung der mit einem Genehmigungsvermerk versehenen Bauvorlagen beizufügen ist. Nach **Satz 4** gelten Ausführungsgenehmigungen anderer Bundesländer auch in Schleswig-Holstein.

5. **Wechsel der Hauptwohnung, der gewerblichen Niederlassung oder Übertragung des Fliegenden Baues an Dritte**

Nach **Absatz 6 Satz 1** hat die **Inhaberin oder der Inhaber** der Ausführungsgenehmigung den Wechsel ihrer oder seiner Hauptwohnung, ihrer oder seiner gewerblichen Niederlassung oder die Übertragung des Fliegenden Baues an Dritte der Bauaufsichtsbehörde anzuzeigen, welche die Ausführungsgenehmigung erteilt hat. Diese Anzeigepflicht ermöglicht bei **Gefahrenzuständen** den unverzüglichen Zugriff der Bauaufsichtsbehörden auf die verantwortlichen Personen für die **Fliegenden Bauten**. Satz 1 stellt allein auf die **Hauptwohnung** oder **gewerbliche Niederlassung** der Inhaberin oder des Inhabers der Ausführungsgenehmigung ab. Nach **Satz 2** hat die Behörde die Änderungen in das Prüfbuch einzutragen und sie, wenn mit den Änderungen ein Wechsel der Zuständigkeit verbunden ist, der nunmehr zuständigen Behörde mitzuteilen.

6. **Anzeigepflicht vor Ingebrauchnahme eines Fliegenden Baues**

Nach **Absatz 7 Satz 1** dürfen Fliegende Bauten, die einer Ausführungsgenehmigung bedürfen, unbeschadet anderer Vorschriften nur in Gebrauch genommen werden, wenn ihre **Aufstellung** der Bauaufsichtsbehörde des Aufstellungsortes unter Vorlage des Prüfbuches **angezeigt** worden ist. Nach **Satz 2 kann** die Bauaufsichtsbehörde nach **pflichtgemäßem Ermessen** die Inbetriebnahme dieser Fliegenden Bauten von einer **Gebrauchsabnahme** abhängig machen. Bei Fliegenden Bauten, bei denen eine Gefährdung nicht auszuschließen ist, ist jedoch nach pflichtgemäßem Ermessen **regelmäßig** eine **Gebrauchsabnahme** vorzunehmen. Das Ergebnis der Abnahme ist nach **Satz 3** in das Prüfbuch einzutragen. Zur **Verfahrenserleichterung** kann nach **Satz 4** in der Ausführungsgenehmigung bestimmt werden, dass Anzeigen nach Satz 1 nicht erforderlich sind, wenn eine Gefährdung i. S. d. § 3 Abs. 2 nicht zu erwarten ist.

7. **Nach örtlichen Verhältnissen oder zur Abwehr von Gefahren erforderliche Maßnahmen**

Absatz 8 zeigt die
– nach den örtlichen Verhältnissen oder
– zur Abwehr von Gefahren
erforderlichen **Maßnahmen** auf, welche die zuständige Bauaufsichtsbehörde ergreifen kann.

Maßnahmen sind insbesondere erforderlich, weil die Betriebs- oder Standsicherheit nicht oder nicht mehr gewährleistet ist oder weil von der Ausführungsgenehmigung abgewichen wird. Wird die Aufstellung oder der Gebrauch untersagt, so ist dies in das Prüfbuch einzutragen. Die ausstellende Behörde ist zu benachrichtigen, das Prüfbuch ist einzuziehen und der ausstellenden Behörde zuzuleiten, wenn die Herstellung ordnungsgemäßer Zustände innerhalb angemessener Frist nicht zu erwarten ist.

Maßnahmen nach § 59 Abs. 1 hingegen hat die Bauaufsichtsbehörden nach pflichtgemäßen Ermessen zu ergreifen, wenn für ein Vorhaben keine Ausführungsgenehmigung nach § 76 Abs. 2 bzw. keine erforderliche Baugenehmigung vorliegt (vgl. einzelne Fälle unter VG Gelsenkirchen, Beschl. vom 20. September 2013 – 6 L 1267/13 –, juris; VG München, Beschl. vom 1. Oktober 2013 – M 8 S 13.4440 –, juris); Entsprechendes gilt, wenn für einen Fliegenden Bau keine erforderliche Anzeige auf Aufstellung nach Absatz 7 Satz 1 vorgenommen worden ist (VG Köln, Beschl. vom 13. November 2012 – 2 L 1309/12 –, juris).

8. Nachabnahmen aus Gründen der Sicherheit

Absatz 9 gibt der Bauaufsichtsbehörde die Möglichkeit, aus Gründen der Sicherheit **Nachabnahmen** durchzuführen.

9. Unfälle und Mängelbeseitigung

Werden **Unglücksfälle** bekannt, die aufgrund von Mängeln an Fliegenden Bauten entstanden sind, so hat die zuständige Bauaufsichtsbehörde **unverzüglich** für die **Abstellung der Mängel** zu sorgen. Die weitere Nutzung des Fliegenden Baues ist bis zum Abschluss der erforderlichen Untersuchung zu untersagen. Die Bauaufsichtsbehörde kann in Einzelfällen den Betrieb nach dem Unglücksfall wieder freigeben, wenn die Ursachen des Unfalles beseitigt worden sind. Die Vorgänge sind in das Prüfbuch einzutragen.

Die unteren Bauaufsichtsbehörden haben die **oberste Bauaufsichtsbehörde unverzüglich** über Unfälle, die durch den Betrieb Fliegender Bauten entstanden sind, zu **unterrichten**.

§ 77 Bauaufsichtliche Zustimmung

(1) [1]Nicht verfahrensfreie Bauvorhaben bedürfen keiner Genehmigung, Genehmigungsfreistellung und Bauüberwachung, wenn
1. die Leitung der Entwurfsarbeiten und die Bauüberwachung einer Baudienststelle des Bundes oder eines Landes übertragen ist und
2. die Baudienststelle mindestens mit einer oder einem Bediensteten mit der Befähigung zum höheren bautechnischen Verwaltungsdienst und mit sonstigen geeigneten Fachkräften ausreichend besetzt ist.
[2]Solche baulichen Anlagen bedürfen der Zustimmung der Bauaufsichtsbehörde. [3]Die Zustimmung entfällt, wenn die Gemeinde nicht widerspricht und, soweit ihre öffentlich-rechtlich geschützten Belange von Abweichungen, Ausnahmen oder Befreiungen nach § 31 des Baugesetzbuchs berührt sein können, die Nachbarinnen und Nachbarn dem Bauvorhaben zustimmen. [4]Keiner Genehmigung, Genehmigungsfreistellung oder Zustimmung bedürfen unter den Voraussetzungen des Satzes 1 Baumaßnahmen in oder an bestehenden Gebäuden, soweit sie nicht zu einer Erweiterung des Bauvolumens oder zu einer nicht verfahrensfreien Nutzungsänderung führen, sowie die Beseitigung baulicher Anlagen.

(2) ¹Im Zustimmungsverfahren wird nicht geprüft die Vereinbarkeit der Vorhaben mit den Vorschriften dieses Gesetzes und den Vorschriften aufgrund dieses Gesetzes. ²§ 65 Absatz 4 und § 68 bleiben unberührt.

(3) ¹Die Bauaufsichtsbehörde entscheidet über Abweichungen sowie Ausnahmen und Befreiungen nach § 31 des Baugesetzbuchs von den zu prüfenden sowie von anderen Vorschriften, soweit sie nachbarschützend sind und die Nachbarinnen oder Nachbarn nicht zugestimmt haben. ²Im Übrigen bedarf die Zulässigkeit von Abweichungen sowie Ausnahmen und Befreiungen nach § 31 des Baugesetzbuchs keiner bauaufsichtlichen Entscheidung.

(4) ¹Der Antrag auf Zustimmung nach Absatz 1 Satz 2 ist bei der Bauaufsichtsbehörde einzureichen. ²§ 64 Absatz 2 bis 4 gilt entsprechend.

(5) ¹Die Gemeinde ist vor Erteilung der Zustimmung zu hören. ²§ 36 Absatz 2 Satz 2 Halbsatz 1 des Baugesetzbuchs gilt entsprechend. ³Für das Zustimmungsverfahren gelten im Übrigen die §§ 66 und 67 sowie 73 bis 75 sinngemäß; § 64 Absatz 1 ist nicht anzuwenden.

(6) ¹Anlagen, die der Landesverteidigung, **dienstlichen Zwecken der Bundespolizei oder dem zivilen Bevölkerungsschutz** dienen, sind abweichend von den Absätzen 1 bis 5 der Bauaufsichtsbehörde vor Baubeginn in geeigneter Weise zur Kenntnis zu bringen; **Absatz 1 Satz 3 Halbsatz 1 gilt entsprechend.** ²Im Übrigen wirken die Bauaufsichtsbehörden nicht mit. ³§ 76 Absatz 2 bis 10 findet auf Fliegende Bauten, die der Landesverteidigung, **dienstlichen Zwecken der Bundespolizei oder dem zivilen Bevölkerungsschutz** dienen, keine Anwendung.

(7) Die öffentliche Baudienststelle trägt die Verantwortung dafür, dass Entwurf und Ausführung der baulichen Anlagen den öffentlich-rechtlichen Vorschriften entsprechen.

Erläuterungen

1.   Anwendungsvoraussetzungen für das Zustimmungsverfahren

Nach **Absatz 1 Satz 1** bedürfen nicht verfahrensfreie Bauvorhaben keiner Genehmigung, Genehmigungsfreistellung und Bauüberwachung, wenn

–   die **Leitung der Entwurfsarbeiten** und die **Bauüberwachung** einer **Baudienststelle** des Bundes oder eines Landes übertragen ist (**Nummer 1**) und

– die **Baudienststelle** mindestens mit einer oder einem **Bediensteten mit der Befähigung zum höheren bautechnischen Verwaltungsdienst** und mit **sonstigen geeigneten Fachkräften** ausreichend besetzt ist (**Nummer 2**).

Solche baulichen Anlagen bedürfen nach **Absatz 1 Satz 2** der **Zustimmung** der Bauaufsichtsbehörde. Nach § 1 Abs. 4 des Gesetzes zur Errichtung der Gebäudemanagement Schleswig-Holstein (GMSHG) vom 15. Juni 1999 (GVOBl. Schl.-H. S. 134), zul. geänd. d. Art. 2 des Ges. vom 23. Januar 2013 (GVOBl. Schl.-H. S. 16), ist die **Gebäudemanagement Schleswig-Holstein** – Anstalt des öffentlichen Rechts – (GMSH) **Baudienststelle** i. S. d. § 77.

2. Entfall der Zustimmung

Nach **Absatz 1 Satz 3 entfällt** die **Zustimmung**, wenn
– die **Gemeinde nicht widerspricht** und,
– soweit ihre **öffentlich-rechtlich geschützten Belange** von Abweichungen, Ausnahmen und Befreiungen berührt sein können, die **Nachbarinnen und Nachbarn** dem Vorhaben **zustimmen**.

Diese Regelung einer **besonderen Verfahrensfreiheit** beruht auf der Erwägung, dass die Zustimmung als Verwaltungsakt – nämlich als Einzelfallregelung mit Außenwirkung – nur dann erforderlich ist, wenn ihr eine gleichsam streitentscheidende Funktion zukommt. Daran fehlt es, wenn sich im konkreten Fall weder die Gemeinde in ihrer Planungshoheit noch die Nachbarinnen und Nachbarn in ihren öffentlich-rechtlich geschützten Belangen beeinträchtigt fühlen und dies schlüssig (Gemeinde) bzw. ausdrücklich (Nachbarinnen und Nachbarn) erklären.

3. Generelle Zustimmungsfreiheit für bestimmte Vorhaben

Absatz 1 Satz 4 zieht aus den zu Absatz 1 Satz 3 geäußerten Erwägungen die **weitere Konsequenz einer generellen Zustimmungsfreiheit für Vorhaben,** die – weil sie nicht in insoweit rechtserheblicher Weise hin nach außen in Erscheinung treten oder sich auswirken können – schon dem Grund nach weder Gemeinde noch Nachbarinnen und Nachbarn zu beeinträchtigen geeignet sind: Keiner Genehmigung, Genehmigungsfreistellung oder Zustimmung bedürfen unter den **Voraussetzungen des Satzes 1**

– Baumaßnahmen in oder an bestehenden Gebäuden, soweit sie nicht zu einer Erweiterung des Bauvolumens oder zu einer nicht verfahrensfreien Nutzungsänderung führen, sowie
– die Beseitigung baulicher Anlagen.

4.   Prüfverzicht im Zustimmungsverfahren

Nach **Absatz 2** wird für alle infrage kommenden Vorhaben – also auch Sonderbauten i. S. d. § 51 Abs. 2 – im Zustimmungsverfahren **nicht geprüft** die **Vereinbarkeit** der Vorhaben mit **sämtlichen Vorschriften der LBO** und den **Vorschriften aufgrund der LBO**. Dieser Prüfverzicht entspricht im Kern dem Prüfverzicht im vereinfachten Baugenehmigungsverfahren nach § 69 Abs. 1, wobei allerdings dort die Sonderbauten ausdrücklich ausgeschlossen sind. Dem liegt die Erwägung zugrunde, dass die die **Qualifikationsanforderungen** nach Absatz 1 Satz 1 erfüllende **Baudienststelle** in der Lage sein muss, insbesondere das **Bauordnungsrecht** ordnungsgemäß **anzuwenden**.
§ 65 Abs. 4 und § 68 bleiben unberührt, um fallbezogen auch die Erleichterungen dieser Regelungen in Anspruch nehmen zu können.

5.   Entscheidungen über Abweichungen, Ausnahmen und Befreiungen

Absatz 3 regelt das **Verfahren** der Entscheidungen über **Abweichungen, Ausnahmen und Befreiungen** nach § 31 BauGB. Dem liegt auch hier die Erwägung zugrunde, dass die die **Qualifikationsanforderungen** nach Absatz 1 Satz 1 erfüllende **Baudienststelle** in der Lage sein muss, insbesondere das **Bauordnungsrecht** ordnungsgemäß **anzuwenden**. Entsprechend **beschränkt** sich hinsichtlich **Abweichungen, Ausnahmen und Befreiungen** nach § 31 BauGB die **Entscheidung durch die Zustimmungsbehörde** auf die (von Gesetzes wegen) **zu prüfenden und im Übrigen auf andere Vorschriften, soweit sie nachbarschützend sind und die Nachbarinnen oder Nachbarn nicht zugestimmt haben**. Im Übrigen bedarf die Zulässigkeit von Abweichungen sowie Ausnahmen und Befreiungen nach § 31 BauGB keiner bauaufsichtlichen Entscheidung. In dieser Regelung liegt erneut ein bauaufsichtlicher **Prüfverzicht**, der im Hinblick auf die nach Absatz 1 Satz 1 erforderliche Qualifikation der Baudienststelle vertretbar ist.

6. Besondere Verfahrensvorschriften

Nach **Absatz 4** ist der **Antrag** auf Zustimmung bei der **Bauaufsichtsbehörde** einzureichen. Die Regelungen des § 64 Abs. 2 bis 4 über Bauantrag und Bauvorlagen gelten entsprechend.

Nach **Absatz 5** gelten im Zustimmungsverfahren die Regelungen des § 66 über den **Vorbescheid** und des § 67 die **Behandlung des Bauantrages** sowie die §§ 73 bis 75 über die dort erfassten **Vorschriften über das Baugenehmigungsverfahren** sinngemäß. Eines Verweises auf die Regelungen nach § 71 über Abweichungen und nach § 72 über die Beteiligung der Nachbarinnen oder Nachbarn bedarf es wegen der diesbezüglichen Spezialregelungen in § 77 nicht. § 64 Abs. 1 ist nicht anzuwenden; danach ist der Antrag auf Zustimmung insbesondere **nicht bei der Gemeinde** einzureichen; die Gemeinde ist jedoch nach **Absatz 5 Satz 1** zu dem Vorhaben zu hören. Nach **Absatz 5 Satz 2** gilt § 36 Abs. 2 Satz 2 erster Halbsatz BauGB entsprechend; das bedeutet, das **Einvernehmen der Gemeinde** gilt danach als erteilt, wenn es nicht binnen zwei Monaten nach Eingang des Ersuchens der Genehmigungsbehörde verweigert wird.

Der **Umfang der Bauvorlagen** im Zustimmungsverfahren richtet sich u. a. nach dem Prüfungsumfang der Absätze 2 und 3 und dem Erfordernis der planungsrechtlichen Prüfung. Hierbei ist die besondere Eigenverantwortung der Baudienststelle nach Absatz 7 zu berücksichtigen.

7. Kenntnisgabeverfahren, Entscheidungen nach § 37 Abs. 1 und Abs. 2 BauGB

Im **Kenntnisgabeverfahren** nach **Absatz 6** orientiert sich der Umfang der Bauvorlagen an dessen Anforderungen. Danach sind die Anlagen, die der **Landesverteidigung, dienstlichen Zwecken der Bundespolizei oder dem zivilen Bevölkerungsschutz** dienen, abweichend von den Absätzen 1 bis 5 der Bauaufsichtsbehörde vor Baubeginn **in geeigneter Weise zur Kenntnis** zu bringen. Im Übrigen wirken die Bauaufsichtsbehörden nicht mit.

§ 76 Abs. 2 bis 10 findet auf **Fliegende Bauten**, die der Landesverteidigung, dienstlichen Zwecken der Bundespolizei oder dem zivilen Bevölkerungsschutz dienen, keine Anwendung. Für die genannten Fliegenden Bauten bedarf es keiner Ausführungsgenehmigung und Gebrauchsabnahme.

Ist es im Zustimmungsverfahren nach **Maßgabe des § 37 Abs. 1 BauGB** erforderlich, von den Vorschriften des BauGB oder den aufgrund des BauGB erlassenen Vorschriften abzuweichen oder ist das Einvernehmen mit der Gemeinde nach § 14 oder § 36 BauGB nicht erreicht worden, entscheidet nach § 206 Abs. 2 BauGB i. V. m. § 58 Abs. 1 Nr. 1 das **Ministerium für Inneres und Bundesangelegenheiten als oberste Bauaufsichtsbehörde**; das gilt **nicht für allgemeine Fälle** des § 36 Abs. 2 Satz 3 BauGB; denn § 1 Abs. 2 der Landesverordnung zur Übertragung von Zuständigkeiten auf nachgeordnete Behörden bestimmt die **Kommunalaufsichtsbehörden** gemäß § 36 Abs. 2 Satz 3 BauGB als zuständige Behörden zur **Ersetzung** eines rechtswidrig versagten **Einvernehmens der Gemeinde**.

Widerspricht im **Kenntnisgabeverfahren** die **Gemeinde** dem beabsichtigten Bauvorhaben, entscheidet nach **§ 37 Abs. 2 Satz 3 BauGB** das zuständige Bundesministerium im Einvernehmen mit den beteiligten Bundesministerien und im Benehmen mit der obersten Landesbehörde.

8. Verantwortung der öffentlichen Baudienststelle

Absatz 7 stellt die **Verantwortung der öffentlichen Baudienststelle** klar, dass Entwurf und Ausführung der baulichen Anlage den öffentlich-rechtlichen Vorschriften entsprechen. Diese Regelung lässt die **Verantwortung der zuständigen Bauaufsichtsbehörde**, die Anträge auf Zustimmung pflichtgemäß zu bescheiden, und über die erforderlichen **Abweichungen, Ausnahmen und Befreiungen** nach § 31 BauGB zu entscheiden, unberührt.

Die Bauaufsichtsbehörden führen eine **Bauüberwachung nicht** durch. Gegen öffentliche Baudienststellen als Träger der öffentlichen Verwaltung ist der Vollzug nur zulässig, soweit er durch Rechtsvorschrift ausdrücklich zugelassen ist (vgl. § 234 LVwG). Eine entsprechende Zulassung liegt **nicht** vor.

§ 78 Bauüberwachung

(1) Die Bauaufsichtsbehörde kann die Einhaltung der öffentlich-rechtlichen Vorschriften und Anforderungen und die ordnungsgemäße Erfüllung der Pflichten der am Bau Beteiligten überprüfen.

(2) Die Prüfingenieurin oder der Prüfingenieur für Standsicherheit überwacht nach näherer Maßgabe der Verordnung nach § 83 Absatz 2 die Bauausführung bei baulichen Anlagen nach § 70 Absatz 3 hinsichtlich des von ihr oder ihm oder einem Prüfamt für Standsicherheit bauaufsichtlich geprüften Standsicherheitsnachweises.

(3) Die Person, die in die Liste nach § 15 Absatz 1 Satz 1 Nummer 5 des Architekten- und Ingenieurkammergesetzes eingetragen ist, überwacht die Bauausführung bei baulichen Anlagen nach § 70 Absatz 2 Satz 1 hinsichtlich des von ihr oder ihm aufgestellten Standsicherheitsnachweises.

(4) [1]Die **Prüfingenieurin** oder der **Prüfingenieur** für Brandschutz überwacht nach näherer Maßgabe der Verordnung nach § 83 Absatz 2 die Bauausführung bei baulichen Anlagen nach § 70 Absatz 5 hinsichtlich des von ihr oder ihm bauaufsichtlich geprüften und bescheinigten Brandschutznachweises. [2]Wird der Brandschutznachweis nicht von einer **Prüfingenieurin** oder einem **Prüfingenieur** für Brandschutz nach § 70 Absatz 5 geprüft und bescheinigt, **überwacht** die Bauaufsichtsbehörde **die Bauausführung in der Regel selbst oder** bestimmt eine geeignete Person für die Überwachung nach Satz 1.

(5) [1]Bei Gebäuden der Gebäudeklasse 4, ausgenommen Sonderbauten sowie Mittel- und Großgaragen, ist die mit dem Brandschutznachweis übereinstimmende Bauausführung von der Nachweistellerin oder dem Nachweisersteller oder einer oder einem anderen Nachweisberechtigten im Sinne des § 70 Absatz 4 Satz 1 zu bestätigen. [2]Wird die übereinstimmende Bauausführung durch eine **Prüfingenieurin** oder einen **Prüfingenieur** für Brandschutz bescheinigt oder nach Satz 1 bestätigt, findet insoweit eine Überwachung **durch die Bauaufsichtsbehörde** nicht statt.

(6) Im Rahmen der Bauüberwachung können Proben von Bauprodukten, soweit erforderlich, auch aus fertigen Bauteilen zu Prüfzwecken entnommen werden.

(7) Im Rahmen der Bauüberwachung ist jederzeit Einblick in die Genehmigungen, Zulassungen, Prüfzeugnisse, Übereinstimmungszertifikate, Zeugnisse und Aufzeichnungen über die Prüfungen von Bauprodukten, in die Bautagebücher und andere vorgeschriebene Aufzeichnungen zu gewähren.

Erläuterungen

1. Grundsatz der bauaufsichtlichen Überwachungsbefugnis

Absatz 1 enthält den **Grundsatz der bauaufsichtlichen Überwachungsbefugnis**. Die Durchführung der **Bauüberwachung** steht im **pflichtgemäßen Ermessen**. Die Bauaufsichtsbehörde kann außerhalb der bauaufsichtlichen Verfahren – Baugenehmigungsverfahren nach § 67, vereinfachtes Baugenehmigungsverfahren nach § 69, Genehmigungsfreistellung nach § 68, Anzeige auf Beseitigung nach § 63 Abs. 3 Satz 2 – sowie auch bei verfahrensfreien Vorhaben nach § 63 Abs. 1 bei der Errichtung, Änderung, Nutzungsänderung und der Beseitigung von Anlagen die **Einhaltung** der öffentlich-rechtlichen Vorschriften und Anforderungen und die ordnungsgemäße Erfüllung der Pflichten der am Bau Beteiligten überprüfen. Die Regelung konkretisiert die Überwachungsaufgabe der Bauaufsichtsbehörde nach § 59 Abs. 1 Satz 1.

2. Überwachung durch Prüfingenieurin oder Prüfingenieur für Standsicherheit

Absatz 2 stellt das **Gegenstück** zu **§ 70 Abs. 3** dar mit den dort geregelten Prüfungen hinsichtlich der Standsicherheit und bildet die **Grundlage für die dazugehörige Überwachung**. Es besteht der **Grundsatz**, dass die **Prüfingenieurin oder der Prüfingenieur für Standsicherheit** die **Bauausführung** der prüfpflichtigen Bauvorhaben **überwacht**. Mit der Wendung „des von ihr oder ihm oder einem Prüfamt bauaufsichtlich geprüften Standsicherheitsnachweises" wird klargestellt, dass die oder der die Nachweise im Auftrag der Bauaufsichtsbehörde prüfende Prüfingenieurin oder Prüfingenieur nach Maßgabe der PPVO **jeweils auch die Bauüberwachung wahrzunehmen** hat. Hinsichtlich der **Standsicherheit** ist eine **Überwachung der Bauausführung** – unbeschadet der allgemeinen bauaufsichtlichen Befugnisse – nur für den **Anwendungsbereich des Vier-Augen-Prinzips** gesondert regelungsbedürftig. Eine Überwachung durch die **Tragwerksplanerin oder den Tragwerksplaner aus der Liste nach § 15 Abs. 1 Satz 1 Nr. 5 ArchIngKG** in den Fällen des § 70 Abs. 2 ist hingegen als ausreichend zu erachten.

3. Überwachung durch Person aus der Liste nach § 15 Abs. 1 Satz 1 Nr. 5 ArchIngKG

Absatz 3 ist das **Gegenstück** zu § 70 **Abs. 2 Satz 1** in Bezug auf die dort geregelten baulichen Anlagen **hinsichtlich des Standsicherheitsnachweises** und bildet die **Grundlage** für die **dazugehörige Überwachung der Bauausführung**. Findet entsprechend § 70 **Abs. 2 Satz 4** die Aufstellung der bautechnischen Nachweise von Personen statt, die nicht in der Liste nach § 15 Abs. 1 Satz 1 Nr. 5 ArchIngKG eingetragen sind, sind die von diesen Personen aufgestellten **Nachweise zu prüfen**. In einem solchen Fall bestimmt die Bauaufsichtsbehörde i. d. R. auch die Person, welche die Bauüberwachung durchzuführen hat.

4. Überwachung Bauausführung hinsichtlich Brandschutz nach Absatz 4

Absatz 4 ist das **Gegenstück** zu § 70 **Abs. 5 Satz 1** hinsichtlich der dort geregelten baulichen Anlagen mit den Prüfungen **des Brandschutzes** und bildet die **Grundlage für die dazugehörige Überwachung der Bauausführung**. Die **Prüfingenieurin oder der Prüfingenieur für Brandschutz überwacht** nach Maßgabe der PPVO die **Bauausführung** bei baulichen Anlagen nach § 70 Abs. 5 Satz 1 hinsichtlich des von ihr oder ihm bauaufsichtlich geprüften und bescheinigten Brandschutznachweises. Wird der Brandschutznachweis **nicht** von einer **Prüfingenieurin oder einem Prüfingenieur für Brandschutz** nach § 70 **Abs. 5** geprüft und bescheinigt, **überwacht** die Bauaufsichtsbehörde **die Bauausführung i. d. R. selbst oder bestimmt** eine **geeignete Person** für die Überwachung der Bauausführung. Die Klarstellung von **Absatz 4 Satz 2** verdeutlicht, dass in den Fällen, in denen die Bauaufsichtsbehörde den Brandschutznachweis nicht durch eine von ihr beauftragte Prüfingenieurin oder einen von ihr beauftragten Prüfingenieur für Brandschutz prüfen und bescheinigen lässt, sondern selbst prüft, auch die Bauüberwachung primär selbst vornimmt. Sofern die entsprechenden Kapazitäten doch nicht vorhanden sein sollten, kann sie auch eine geeignete Person für die Überwachung bestimmen.

5.   Überwachung Bauausführung hinsichtlich Brandschutz bei Gebäuden der Gebäudeklasse 4

Absatz 5 Satz 1 sieht korrespondierend mit § 70 Abs. 4 unterhalb der Schwelle des Vier-Augen-Prinzips **hinsichtlich des Brandschutzes** bei **Gebäuden der Gebäudeklasse 4** – ausgenommen Sonderbauten sowie Mittel- und Großgaragen, bei denen nach § 70 Abs. 5 das Vier-Augen-Prinzip gilt – die „**Bestätigung**" der mit **dem Brandschutznachweis** übereinstimmenden Bauausführung durch die **Prüfingenieurin oder den Prüfingenieur für Brandschutz** als Nachweiserstellerin oder Nachweisersteller vor. Diese abweichende Regelung ist gerechtfertigt, weil die Gebäudeklasse 4 der Hauptanwendungsfall der Bauweise mit hochfeuerhemmenden Bauteilen (vgl. § 27 Abs. 2 Satz 1 Nr. 2) ist, bei denen es auf eine **besonders sorgfältige Bauausführung** ankommt. Personenidentität zwischen Nachweiserstellerin oder Nachweisersteller und überwachender Person ist aus Gründen der Baupraxis nicht zu fordern. Wird die **übereinstimmende Bauausführung** nach **Absatz 5 Satz 2** durch eine **Prüfingenieurin oder den Prüfingenieur für Brandschutz bescheinigt** oder nach **Absatz 5 Satz 1 bestätigt**, findet insoweit eine **bauaufsichtliche Überwachung nicht** statt. Absatz 5 Satz 2 enthält insoweit beim Vorliegen der Voraussetzungen einen **bauaufsichtlichen Überwachungsverzicht**.

6.   Entnahme von Proben von Bauprodukten

Im Rahmen der Bauüberwachung können nach **Absatz 6 Proben von Bauprodukten**, soweit erforderlich, **auch aus fertigen Bauteilen** zu **Prüfzwecken** entnommen werden. Diese können von der Bauaufsichtsbehörde sowie von den in den Absätzen 2 bis 4 genannten Personen entnommen werden. Die Bauaufsichtsbehörde ist i. d. R. personell und sachlich nicht so ausgestattet, im Einzelfall diese Proben selbst zu entnehmen. Sie bedient sich zumeist einer in den Absätzen 2 bis 4 genannten sachverständigen Person oder eines Prüfamtes für Standsicherheit. Falls sich die Bauherrin oder der Bauherr einer Entnahme von Proben von Bauprodukten widersetzen sollte, wäre eine solche Maßnahme hoheitlich nach pflichtgemäßem Ermessen durch **Ordnungsverfügung** der Bauaufsichtsbehörde (vgl. § 59 Abs. 1) gegenüber der Bauherrin oder dem Bauherrn durchzusetzen.

7. Gewährung jederzeitigen Einblicks in erforderliche Unterlagen

Nach **Absatz 7** ist im Rahmen der Bauüberwachung **jederzeit Einblick** in die Genehmigungen, Zulassungen, Prüfzeugnisse, Übereinstimmungszertifikate, Zeugnisse und Aufzeichnungen über die Prüfungen von Bauprodukten, in die Bautagebücher und andere vorgeschriebene Aufzeichnungen zu gewähren. Das Recht zum Betreten des Baugrundstücks folgt bereits aus § 59 Abs. 7. Danach sind die mit dem Vollzug dieses Gesetzes beauftragten Personen berechtigt, in Ausübung ihres Amtes Grundstücke und Anlagen einschließlich der Wohnungen zu betreten. Das Grundrecht der Unverletzlichkeit der Wohnung nach Art. 13 GG wird insoweit eingeschränkt. Falls sich die Bauherrin oder der Bauherr dieser Bauüberwachung widersetzen sollte, wäre eine solche Maßnahme hoheitlich nach pflichtgemäßem Ermessen durch **Ordnungsverfügung** der Bauaufsichtsbehörde (vgl. § 59 Abs. 1) gegenüber der Bauherrin oder dem Bauherrn durchzusetzen.

§ 79 Bauzustandsanzeigen, Aufnahme der Nutzung

(1) [1]Die Bauaufsichtsbehörde kann verlangen, dass ihr Beginn und Beendigung bestimmter Bauarbeiten angezeigt werden. [2]Die Bauarbeiten dürfen erst fortgesetzt werden, wenn die Bauaufsichtsbehörde der Fortführung der Bauarbeiten zugestimmt hat.

(2) [1]Die Bauherrin oder der Bauherr hat die beabsichtigte Aufnahme der Nutzung einer nicht verfahrensfreien baulichen Anlage mindestens zwei Wochen vorher der Bauaufsichtsbehörde anzuzeigen. [2]Mit der Anzeige nach Satz 1 sind vorzulegen
1. bei Bauvorhaben nach § 70 Absatz 3 eine Bescheinigung der Prüfingenieurin oder des Prüfingenieurs für Standsicherheit über die ordnungsgemäße Bauausführung hinsichtlich der Standsicherheit (§ 78 Absatz 2),
2. bei Bauvorhaben nach § 70 Absatz 2 Satz 1 eine Bescheinigung der Person, die in die Liste nach § 15 Absatz 1 Satz 1 Nummer 5 des Architekten- und Ingenieurkammergesetzes eingetragen ist, über die ordnungsgemäße Bauausführung hinsichtlich der Standsicherheit (§ 78 Absatz 3),
3. bei Bauvorhaben nach § 70 Absatz 5 eine Bescheinigung der **Prüfingenieurin** oder des **Prüfingenieurs** für Brandschutz oder der durch die Bauaufsichtsbehörde bestimmten Person über die ordnungsge-

mäße Bauausführung hinsichtlich des Brandschutzes (§ 78 Absatz 4), **sofern die Bauaufsichtsbehörde nicht selbst überwacht,**
4. in den Fällen des § 78 Absatz 5 die jeweilige Bestätigung.

(3) [1]Eine bauliche Anlage darf erst genutzt werden, wenn sie selbst, Zufahrtswege, Wasserversorgungs- und Abwasserentsorgungs- sowie Gemeinschaftsanlagen in dem erforderlichen Umfang sicher benutzbar sind, nicht jedoch vor dem in Absatz 2 Satz 1 bezeichneten Zeitpunkt. [2]Feuerstätten dürfen erst in Betrieb genommen werden, wenn die **bevollmächtigte Bezirksschornsteinfegerin** oder der **bevollmächtigte Bezirksschornsteinfeger** die Tauglichkeit und die sichere Benutzbarkeit der Abgasanlagen bescheinigt hat; Verbrennungsmotoren und Blockheizkraftwerke dürfen erst dann in Betrieb genommen werden, wenn sie oder er die Tauglichkeit und sichere Benutzbarkeit der Leitungen zur Abführung von Verbrennungsgasen bescheinigt hat.

Erläuterungen

1. Allgemeines

§ 79 enthält ein **System von Anzeigen,** mit denen die **Einhaltung wesentlicher Anforderungen nachgewiesen** wird. Hierfür besteht ein besonderes Bedürfnis aus der Praxis, weil die gesetzlichen **Pflichten** der am Bau Beteiligten zur Bauüberwachung auf diese Weise **wirksam nachgehalten** werden.

2. Verlangen, Beginn und Beendigung bestimmter Bauarbeiten anzuzeigen

Nach **Absatz 1 Satz 1** kann die Bauaufsichtsbehörde verlangen, dass ihr **Beginn und Beendigung bestimmter Bauarbeiten angezeigt** werden. Diese Regelung trägt einmal dem Umstand Rechnung, dass sich Zeitpunkte im Ablauf des Baugeschehens, zu denen zweckmäßigerweise die Ordnungsmäßigkeit der Bauausführung im Hinblick auf bestimmte (insbesondere bautechnische) Anforderungen überprüft wird, sachgerecht nicht abstrakt-generell festlegen lassen. Ferner wird der Bauaufsichtsbehörde – wiederum einschließlich der als beliehene Unternehmerin oder des als beliehener Unternehmers hoheitlich tätig – werdende Prüfingenieurin oder hoheitlich werdenden Prüfingenieurs oder der oder dem Prüfsachverständigen die Entscheidung darüber überlassen, ob bei Abschluss oder vor Beginn bestimmter Bauarbeiten

Maßnahmen der Bauüberwachung vorgenommen werden sollen. **Absatz 1 Satz 2** bestimmt für diesen Fall, dass die **Bauarbeiten** erst **fortgesetzt** werden dürfen, wenn die Bauaufsichtsbehörde – einschließlich der Prüfingenieurin oder des Prüfingenieurs – dem zugestimmt hat. Die Regelung ist bußgeldbewehrt (§ 82 Abs. 1 Satz 1 Nr. 6).

3. Anzeigepflicht für die beabsichtigte Aufnahme der Nutzung

3.1 Allgemeines

Absatz 2 Satz 1 verpflichtet die **Bauherrin oder den Bauherrn**, die **beabsichtigte Aufnahme der Nutzung** einer nicht verfahrensfreien baulichen Anlage **mindestens zwei Wochen vorher** der Bauaufsichtsbehörde **anzuzeigen**, insbesondere um ihr eine Kontrolle des Vorliegens der Benutzbarkeitsvoraussetzungen nach Absatz 3 Satz 1 zu ermöglichen. Es wird auf die beabsichtigte Nutzungsaufnahme und nicht auf die Fertigstellung des Bauvorhabens abgestellt, weil diese – etwa hinsichtlich der Fertigstellung von Außenanlagen – häufig zeitlich weit hinter der beabsichtigten, rechtlich möglichen und auch tatsächlich erfolgenden Nutzungsaufnahme liegt.

3.2 Vorlage bestimmter Bescheinigungen bzw. Bestätigungen

Nach **Absatz 2 Satz 1** hat die Bauherrin oder der Bauherr die beabsichtigte **Aufnahme der Nutzung** einer nicht verfahrensfreien baulichen Anlage **mindestens zwei Wochen vorher** der Bauaufsichtsbehörde anzuzeigen. Nach **Absatz 2 Satz 2 Nr. 1 bis 4** sind **mit der Anzeige** der beabsichtigten Nutzungsaufnahme – soweit für das jeweilige Bauvorhaben erforderlich – die **Bescheinigungen bzw. Bestätigungen** über die **ordnungsgemäße Bauausführung** i. S. d. § 78 **Abs. 2 bis 5** vorzulegen. Dieses ist im Einzelnen:

- bei **Bauvorhaben nach § 70 Abs. 3** eine Bescheinigung der Prüfingenieurin oder des Prüfingenieurs für Standsicherheit über die ordnungsgemäße Bauausführung hinsichtlich der Standsicherheit (§ 78 Abs. 2) (**Nummer 1**),
- bei **Bauvorhaben nach § 70 Abs. 2 Satz 1** eine Bescheinigung der Person aus der Liste nach § 15 Abs. 1 Satz 1 Nr. 5 ArchIngKG über die ordnungsgemäße Bauausführung hinsichtlich der Standsicherheit (§ 78 Abs. 3) (**Nummer 2**),

– bei **Bauvorhaben nach** § **70 Abs.** 5 eine Bescheinigung der Prüfingenieurin oder des Prüfingenieurs für Brandschutz oder der durch die
Bauaufsichtsbehörde bestimmten Person über die ordnungsgemäße
Bauausführung hinsichtlich des Brandschutzes (§ 78 Abs. 4), sofern
die Bauaufsichtsbehörde nicht selbst überwacht (**Nummer 3**),
– in den **Fällen des** § **78 Abs. 5** die jeweilige Bestätigung (**Nummer 4**).
Im Hinblick auf die **Gefahrenabwehr** beschränken sich die Bescheinigungen bei Nummer 1 und 2 auf die **ordnungsgemäße Bauausführung**
hinsichtlich der **Standsicherheit** und bei Nummer 3 auf die **ordnungsgemäße Bauausführung** hinsichtlich des **Brandschutzes**.

4. Voraussetzungen für die Nutzung

Absatz 3 nennt die **Voraussetzungen**,
– wann eine **nicht verfahrensfreie bauliche Anlage genutzt** werden
darf (**Satz 1**),
– wann **Feuerstätten in Betrieb genommen** werden dürfen (**Satz 2
erster Halbsatz**),
– wann **Verbrennungsmotoren und Blockheizkraftwerke in Betrieb
genommen** werden dürfen (**Satz 2 zweiter Halbsatz**).
Nach **Absatz 3 Satz 1** darf eine bauliche Anlage erst genutzt werden,
wenn sie **selbst, Zufahrtswege, Wasserversorgungs- und Abwasserentsorgungs- sowie Gemeinschaftsanlagen** in dem **erforderlichen Umfang
sicher benutzbar** sind, nicht jedoch vor dem in Absatz 2 Satz 1 bezeichneten Zeitpunkt (nach dem die Bauherrin oder der Bauherr die
beabsichtigte Aufnahme der Nutzung einer nicht verfahrensfreien
baulichen Anlage mindestens zwei Wochen vorher der Bauaufsichtsbehörde anzuzeigen hat).
Nach **Absatz 3 Satz 2 erster Halbsatz** dürfen **Feuerstätten** erst in Betrieb genommen werden, wenn die **bevollmächtigte Bezirksschornsteinfegerin** oder der **bevollmächtigte Bezirksschornsteinfeger** die
Tauglichkeit und die **sichere Benutzbarkeit** der **Abgasanlagen** beschei
nigt hat.
Nach **Absatz 3 Satz 2 zweiter Halbsatz** dürfen **Verbrennungsmotoren
und Blockheizkraftwerke** erst dann in Betrieb genommen werden,
wenn die **bevollmächtigte Bezirksschornsteinfegerin** oder der **bevollmächtigte Bezirksschornsteinfeger** die **Tauglichkeit und sichere Be**-

nutzbarkeit der Leitungen zur Abführung von Verbrennungsgasen bescheinigt hat.

§ 80   Baulasten, Baulastenverzeichnis

(1) [1]Durch Erklärung gegenüber der Bauaufsichtsbehörde können Grundstückseigentümerinnen oder Grundstückseigentümer öffentlich-rechtliche Verpflichtungen zu einem ihre Grundstücke betreffenden Tun, Dulden oder Unterlassen übernehmen, die sich nicht schon aus öffentlich-rechtlichen Vorschriften ergeben. [2]Baulasten werden unbeschadet der privaten Rechte Dritter mit der Eintragung in das Baulastenverzeichnis wirksam. [3]Die Erklärung und die Eintragung wirken auch gegenüber Rechtsnachfolgerinnen oder Rechtsnachfolgern.

(2) Die Erklärung nach Absatz 1 bedarf der Schriftform; die Unterschrift muss beglaubigt oder vor der Bauaufsichtsbehörde geleistet oder vor ihr anerkannt werden.

(3) [1]Die Baulast geht durch schriftlichen Verzicht der Bauaufsichtsbehörde unter. [2]Der Verzicht ist zu erklären, wenn ein öffentliches Interesse an der Baulast nicht mehr besteht. [3]Vor dem Verzicht sollen die oder der Verpflichtete und die durch die Baulast Begünstigten angehört werden. [4]Der Verzicht wird mit der Löschung der Baulast im Baulastenverzeichnis wirksam.

(4) [1]Das Baulastenverzeichnis wird von der Bauaufsichtsbehörde geführt. [2]In das Baulastenverzeichnis können auch eingetragen werden
1.   andere baurechtliche Verpflichtungen der Grundstückseigentümerin oder des Grundstückseigentümers zu einem ihr oder sein Grundstück betreffenden Tun, Dulden oder Unterlassen,
2.   Auflagen, Bedingungen, Befristungen und Widerrufsvorbehalte.

(5) Wer ein berechtigtes Interesse darlegt, kann in das Baulastenverzeichnis Einsicht nehmen oder sich Abschriften erteilen lassen.

Erläuterungen

1.   Sinn und Zweck, Rechtswirkungen (Absatz 1)

Absatz 1 Satz 1 ist zu entnehmen, dass die **Baulast** eine freiwillige öffentlich-rechtliche Verpflichtung von Grundstückseigentümerinnen oder Grundstückseigentümer zu einem ihre Grundstücke betreffenden

Tun, Dulden oder Unterlassen ist, die sich nicht schon aus öffentlich-rechtlichen Vorschriften ergibt.

Nach **Satz 2** werden Baulasten unbeschadet der privaten Rechte Dritter mit der **Eintragung** in das **Baulastenverzeichnis wirksam.** Die Eintragung hat **konstitutive Wirkung;** sie stellt einen **Verwaltungsakt** nach § 106 LVwG dar (OVG Lüneburg, Urt. vom 26. Mai 1989 – 6 A 147/87 –, BRS 49 Nr. 177 = NJW 1990, 1499).

Nach **Satz 3** wirkt die Baulast auch gegenüber der **Rechtsnachfolgerin oder dem Rechtsnachfolger.** Die **Wirkung** tritt ein, **sobald** die Baulasterklärung ohne vorherigen oder zeitgleichen Widerruf der Bauaufsichtsbehörde **zugegangen** ist, nicht erst mit Eintragung der Erklärung in das Baulastenverzeichnis. Konstitutive Wirkung kommt dem Zugang der Verpflichtungserklärung allerdings nicht zu; sie bleibt allein der Eintragung vorbehalten.

2. Form (Absatz 2)

Die Baulasterklärung bedarf nach **Absatz 2 Halbsatz 1** der **Schriftform** i. S. d. § 126 BGB.

Aus **Halbsatz 2** ergibt sich, dass die Grundstückseigentümerinnen oder Grundstückseigentümern ihre Unterschriften

–   (zumindest amtlich) beglaubigen lassen (vgl. § 92 LVwG; zur öffentlichen Beglaubigung s. § 129 BGB),
–   vor der Bauaufsichtsbehörde leisten **oder**
–   (bereits geleistet haben und) **vor** der Bauaufsichtsbehörde (als ihre Unterschriften) anerkennen

müssen.

3. Verzicht und Löschung (Absatz 3)

Nach **Absatz 3 Satz 1** geht die Baulast (nur) durch **schriftlichen Verzicht** der Bauaufsichtsbehörde unter. Der **Verzicht ist** nach **Satz 2** (nur) **zu erklären,** wenn **kein öffentliches Interesse** an der Baulast mehr besteht. Wenn also ein Verzicht auf die Baulast nicht zu Verhältnissen führt, die öffentlich-rechtlichen Vorschriften widersprechen, muss die Bauaufsichtsbehörde (von Amts wegen oder auf Antrag) auf die Baulast verzichten (vgl. OVG Lüneburg, Urt. vom 28. Februar 1983 – 6 A 39/82 –, BRS 40 Nr. 179). Vor dem Verzicht **sollen** die oder der Verpflichtete und die durch die Baulast Begünstigten allerdings angehört werden (Satz 3). Das Wort „sollen" macht deutlich, dass nur in atypischen Fällen von einer Anhörung abgesehen werden kann (vgl. dazu § 87 Abs. 2 und 4 LVwG). Mit der Löschung der Baulast im Baulastenverzeichnis wird der Verzicht wirksam (Satz 4). Einer Bekanntmachung der Löschung an die Beteiligten bedarf es zur Wirksamkeit des Verzichts nicht.

4. Führung und Rechtswirkungen des Baulastenverzeichnisses (Absatz 4)

Nach **Absatz 4 Satz 1** wird das **Baulastenverzeichnis** (zwingend) von der Bauaufsichtsbehörde geführt. Nach **Satz 2** können im pflichtgemäßen Ermessen neben Baulasten auch andere baurechtliche Verpflichtungen und Nebenbestimmungen zur Baugenehmigung – sog. **Bauvermerke** – eingetragen werden. Zweck solcher Eintragungen ist es, die individuellen baurechtlichen Belastungen eines Grundstücks offenzulegen.

5. Einsichtsrecht (Absatz 5)

Nach **Absatz 5** kann jede Person Einsicht in das **Baulastenverzeichnis** nehmen, die ein **berechtigtes Interesse** hierfür darlegen kann. Diese Vorschrift stimmt mit § 12 Abs. 1 Satz 1 Grundbuchordnung überein, der für eine Einsichtnahme in das Grundbuch ebenfalls ein berechtigtes Interesse ausreichen lässt. Ein „berechtigtes Interesse" ist „… jedes anzuerkennende schutzwürdige Interesse rechtlicher, wirtschaftlicher oder ideeller Art anzusehen, das hinreichend gewichtig ist, um die Position des Betroffenen zu verbessern…" (vgl. zu dem gleichlautenden Begriff im § 43 Abs. 1 VwGO: BVerwG, Urt. vom 6. Februar 1986 – 5 C 40.84 –, BVerwGE 74, 1). Bei Darlegung des berechtigten Interesses steht die Gewährung der Einsichtnahme **nicht im Ermessen** der Bauaufsichtsbehörde. Dies gilt auch für die Erteilung von Abschriften, für die die Antragstellerin oder der Antragsteller die Auslagen tragen muss.

§ 81 Elektronische Kommunikation

(1) § 52 a des Landesverwaltungsgesetzes findet in den Fällen des § 64 Absatz 1, 2 **und 4**, § 66, § 68 Absatz 3, § 71, § 73 **Absatz 2**, § 74, § 76

Absatz 3 und 10, § 77 Absatz 1 Satz 2 und Absatz 4 sowie § 80 Absatz 2 keine Anwendung.

(2) Die oberste Bauaufsichtsbehörde kann im Einzelfall zeitlich begrenzte Ausnahmen von Absatz 1 zur Erprobung der Ausgestaltung und Abwicklung eines elektronischen Antragsverfahrens zulassen.

Erläuterungen

1. Allgemeines

Die LBO sieht mehrfach Schriftform vor, so etwa bei **Bauanträgen, Bauvorbescheiden und Baugenehmigungen.** Baugenehmigungen bestehen nicht nur aus Text, sondern auch aus Zeichnungen und Plänen. In den Plänen befinden sich zum Teil sog. Grüneintragungen, die als „modifizierende Auflagen" von den Bauherrinnen und Bauherren zu beachten sind. Dies lässt sich bis auf Weiteres nur schwerlich in elektronischer Form abwickeln. Hinzu kommt, dass nach dem derzeitigen Stand der Technik und des Signaturrechts eine Überprüfbarkeit der elektronischen Signatur nur für mindestens 30 Jahre sichergestellt ist. Dieser Zeitraum reicht wegen des Dauercharakters von Baugenehmigungen nicht aus.

Zwar ist es nach § 52 a Abs. 3 LVwG möglich, im **Einzelfall** ein der Behörde **übermitteltes elektronisches Dokument zurückzuweisen**, wenn es für die Bearbeitung nicht geeignet ist. Es ist im bauaufsichtlichen Verfahren jedoch **nicht praktikabel**, auf diese Möglichkeit zurückzugreifen. Die Zurückweisung wäre zumindest bis auf Weiteres im bauaufsichtlichen Verfahren der Regelfall und würde zu unnötigen Verzögerungen führen.

2. Ausschluss der elektronischen Form (Absatz 1)

Der **Ausschluss der elektronischen Form** nach **Absatz 1** erfasst folgende Regelungen:

- § 64 Abs. 1, 2 und 4: Stellung eines Bauantrages
- § 66: Antrag auf Erteilung eines Vorbescheides
- § 68 Abs. 3: Durchführung des Verfahrens der Genehmigungsfreistellung
- § 71: Antrag auf Entscheidung über die Erteilung einer Abweichung nach Bauordnungsrecht, Ausnahme oder Befreiung nach dem BauGB

– **§ 73 Abs. 2:** Erteilung einer Baugenehmigung
– **§ 74:** Antrag auf Erteilung einer Teilbaugenehmigung
– **§ 76 Abs. 3 und 10:** Erteilung einer Ausführungsgenehmigung für einen Fliegenden Bau
– **§ 77 Abs. 1 Satz 2 und Abs. 4:** Antrag auf Erteilung einer bauaufsichtlichen Zustimmung sowie Erteilung einer bauaufsichtlichen Zustimmung
– **§ 80 Abs. 2:** Übernahme einer Baulast

3. Experimentierklausel (Absatz 2)

Mit dem **neuen Absatz 2** wurde eine sogenannte **Experimentierklausel** angefügt. Da die elektronische Kommunikation voranschreitet und die bauaufsichtlichen Verfahren in elektronischer Form bearbeitet werden sollen, ist eine entsprechende Regelung aufgenommen worden, nach der unter den genannten Voraussetzungen ausnahmsweise eine elektronische Bearbeitung zugelassen werden kann. Der Ausnahmeantrag ist an die oberste Bauaufsichtsbehörde zu richten. Die Entscheidung der obersten Bauaufsichtsbehörde ist kein Verwaltungsakt und daher auch nicht anfechtbar; sie hat den rechtlichen Charakter ähnlich einer fachaufsichtlichen Weisung (vgl. § 18 Abs. 3 LVwG).

Sechster Teil   **Ordnungswidrigkeiten, Verordnungs- und Satzungsermächtigungen, Übergangs- und Schlussvorschriften**

§ 82   Ordnungswidrigkeiten

(1) Ordnungswidrig handelt, wer vorsätzlich oder fahrlässig
  1. einer nach § 83 erlassenen Verordnung oder einer nach § 84 Absatz 1 oder 3 erlassenen Satzung zuwiderhandelt, sofern die Verordnung oder die Satzung für einen bestimmten Tatbestand auf diese Bußgeldvorschrift verweist,
  2. einer vollziehbaren schriftlichen Anordnung der Bauaufsichtsbehörde zuwiderhandelt, die aufgrund dieses Gesetzes oder aufgrund einer nach diesem Gesetz zulässigen Verordnung oder Satzung erlassen worden ist, sofern die Anordnung auf die Bußgeldvorschrift verweist,

3. ohne die erforderliche Genehmigung (§ 62 Absatz 1), Teilbaugenehmigung (§ 74), Abweichung (§ 71) oder abweichend davon bauliche Anlagen errichtet, ändert, benutzt oder entgegen § 63 Absatz 3 Satz **3** bis **6** beseitigt,

4. entgegen § 68 Absatz 3 mit der Ausführung eines Bauvorhabens beginnt,

5. entgegen § 76 Absatz 2 Fliegende Bauten ohne Ausführungsgenehmigung oder entgegen § 76 Absatz 7 ohne Anzeige oder Abnahme in Gebrauch nimmt,

6. entgegen § 73 Absatz **6** Bauarbeiten, entgegen § 63 Absatz 3 Satz **8** mit der Beseitigung einer Anlage beginnt, entgegen § 79 Absatz 1 Bauarbeiten fortsetzt oder entgegen § 79 Absatz 2 bauliche Anlagen nutzt,

7. die Baubeginnsanzeige nach § 73 Absatz **8** nicht oder nicht fristgerecht erstattet,

8. Bauprodukte mit dem Ü-Zeichen kennzeichnet, ohne dass dafür die Voraussetzungen nach § 23 Absatz 4 vorliegen,

9. Bauprodukte entgegen § 18 Absatz 1 Satz 1 Nummer 1 oder 2 ohne Ü-Zeichen oder CE-Zeichen verwendet,

10. Bauarten nach § 22 ohne die erforderliche allgemeine bauaufsichtliche Zulassung, das allgemeine bauaufsichtliche Prüfzeugnis oder die Zustimmung im Einzelfall anwendet,

11. als Bauherrin oder Bauherr, Entwurfsverfasserin oder Entwurfsverfasser, Unternehmerin oder Unternehmer, Bauleiterin oder Bauleiter oder als deren Vertreterin oder Vertreter § 54 Absatz 1, § 55 Absatz 1 Satz 3, § 56 Absatz 1 oder § 57 Absatz 1 zuwiderhandelt,

12. als Bauherrin oder Bauherr, Unternehmerin oder Unternehmer oder als Bauleiterin oder Bauleiter entgegen § 12 Absatz 2 bei Gefährdung unbeteiligter Personen durch die Baustelle die Gefahrenzone nicht oder nicht ausreichend abgrenzt oder durch Warnzeichen nicht oder nicht ausreichend kennzeichnet, oder Baustellen, soweit es erforderlich ist, nicht mit einem Bauzaun abgrenzt und mit Schutzvorrichtungen gegen herabfallende Gegenstände versieht und beleuchtet,

13. als Unternehmerin oder Unternehmer entgegen § 12 Absatz 3 bei der Ausführung genehmigungsbedürftiger Bauvorhaben oder Bauvorhaben im Sinne des § 68 Absatz 1 nicht an der Baustelle dauerhaft ein Schild anbringt, das die Bezeichnung des Bauvorhabens und die Namen und Anschriften der Entwurfsverfasserin oder des Entwurfsverfassers, der Bauleiterin oder des Bauleiters und der Unternehmerin oder des Unternehmers enthält,

14. als Bauherrin oder Bauherr, Unternehmerin oder Unternehmer oder als Bauleiterin oder Bauleiter entgegen § 12 Absatz 4 Bäume, Hecken und sonstige Bepflanzungen nicht schützt,

15. als Entwurfsverfasserin oder Entwurfsverfasser oder als Aufstellerin oder Aufsteller der bautechnischen Nachweise nach § 70 Absatz 2, die in die Liste nach § 15 Absatz 1 Satz 1 Nummer 5 des Architekten- und Ingenieurkammergesetzes eingetragen sind, entgegen § 65 Absatz 6 Satz 1 nicht ausreichend berufshaftpflichtversichert ist und im Einzelfall bestehende Haftungsausschlussgründe nach § 65 Absatz 6 Satz 4 nicht unverzüglich offenbart,

16. als Entwurfsverfasserin oder Entwurfsverfasser, als Aufstellerin oder Aufsteller der bautechnischen Nachweise oder als Fachplanerin oder Fachplaner nach § 55 Absatz 2 eine unrichtige Erklärung im Sinne des § 68 Absatz 6 oder des § 69 Absatz 4 abgibt,

17. als Entwurfsverfasserin oder Entwurfsverfasser den Vorschriften dieses Gesetzes über das barrierefreie Bauen nach § 52 zuwiderhandelt.

(2) Ordnungswidrig handelt auch, wer wider besseren Wissens

1. unrichtige Angaben macht oder unrichtige Pläne oder Unterlagen vorlegt, um einen nach diesem Gesetz möglichen Verwaltungsakt zu erwirken oder zu verhindern,

2. als Prüfingenieurin oder Prüfingenieur für Standsicherheit unrichtige Prüfberichte erstellt, **als Prüfingenieurin oder Prüfingenieur für Brandschutz** oder als Prüfsachverständige oder Prüfsachverständiger unrichtige Bescheinigungen über die Einhaltung bauordnungsrechtlicher Anforderungen ausstellt,

3. **unrichtige Angaben zur Einstufung nach Kriterienkatalog gemäß der Anforderung nach § 70 Absatz 3 Satz 1 Nummer 2 macht.**

(3) Die Ordnungswidrigkeit kann mit einer Geldbuße bis zu 500.000 Euro geahndet werden.

(4) [1]Ist eine Ordnungswidrigkeit nach Absatz 1 Nummer 8 bis 10 begangen worden, können Gegenstände, auf die sich die Ordnungswidrigkeit bezieht, eingezogen werden. [2]§ 19 des Gesetzes über Ordnungswidrigkeiten ist anzuwenden.

(5) Verwaltungsbehörde im Sinne des § 36 Absatz 1 Nummer 1 des Gesetzes über Ordnungswidrigkeiten ist in den Fällen des Absatzes 1 Nummer 8 bis 10 die oberste Bauaufsichtsbehörde, in dem Fall des Absatzes 1 Nummer 15 der Vorstand der Architekten- und Ingenieurkammer Schleswig-Holstein und in den übrigen Fällen der Absätze 1 und 2 die untere Bauaufsichtsbehörde.

Erläuterungen

Der Katalog der **Ordnungswidrigkeiten** enthält teilweise redaktionelle Folgeänderungen bzw. -anpassungen vorangegangener Vorschriften. **Absatz 2 Nr. 3** stellt klar, dass es auch einen Ordnungswidrigkeitentatbestand erfüllt, zum Kriterienkatalog nach § 70 Abs. 3 Satz 1 Nr. 2 wider besseres Wissen unrichtige Angaben zu machen.

§ 83   Verordnungsermächtigungen

(1) Zur Verwirklichung der in § 3 bezeichneten Anforderungen wird die oberste Bauaufsichtsbehörde ermächtigt, durch Verordnung Vorschriften zu erlassen über

1. die nähere Bestimmung allgemeiner Anforderungen der §§ 4 bis 50,
2. Anforderungen an Feuerungsanlagen, sonstige Anlagen zur Wärmeerzeugung und Brennstoffversorgung (§ 43),
3. besondere Anforderungen oder Erleichterungen, die sich aus der besonderen Art oder Nutzung der baulichen Anlagen für Errichtung, Änderung, Unterhaltung, Betrieb und Nutzung ergeben (§ 51), sowie über die Anwendung solcher Anforderungen auf bestehende bauliche Anlagen dieser Art,
4. Erst-, Wiederholungs- und Nachprüfung von Anlagen, die zur Verhütung erheblicher Gefahren oder Nachteile ständig ordnungsgemäß unterhalten werden müssen, und die Erstreckung dieser Nachprüfungspflicht auf bestehende Anlagen,
5. die Anwesenheit fachkundiger Personen beim Betrieb technisch schwieriger baulicher Anlagen und Einrichtungen wie Bühnenbetriebe und technisch schwierige Fliegende Bauten einschließlich des Nachweises der Befähigung dieser Personen,
6. Art, Umfang und Höhe der in § 65 Absatz 6 Satz 1 vorgeschriebenen Berufshaftpflichtversicherung.

(2) [1]Die oberste Bauaufsichtsbehörde wird ermächtigt, durch Verordnung Vorschriften zu erlassen über

1. Prüfingenieurinnen und Prüfingenieure für Standsicherheit und Prüfämter für Standsicherheit **sowie Prüfingenieurinnen und Prüfingenieure für Brandschutz**, denen bauaufsichtliche Prüfaufgaben einschließlich der Bauüberwachung und der Bauzustandsbesichtigung übertragen werden, sowie
2. Prüfsachverständige, die im Auftrag der Bauherrin oder des Bauherrn oder der oder des sonstigen nach Bauordnungsrecht Verantwortlichen

die Einhaltung bauordnungsrechtlicher Anforderungen prüfen und bescheinigen.

[2]Die Verordnungen nach Satz 1 regeln, soweit erforderlich,

1. die Fachbereiche und die Fachrichtungen, in denen die Prüfingenieurinnen und Prüfingenieure für Standsicherheit, Prüfämter für Standsicherheit, **Prüfingenieurinnen und Prüfingenieure für Brandschutz** und Prüfsachverständige tätig werden,

2. **die Anerkennungsvoraussetzungen und das Anerkennungsverfahren,**

3. Erlöschen, Rücknahme und Widerruf der Anerkennung einschließlich der Festlegung einer Altersgrenze,

4. die Aufgabenerledigung,

5. die Vergütung.

[3]Die oberste Bauaufsichtsbehörde kann durch Verordnung ferner

1. den Leiterinnen oder Leitern und stellvertretenden Leiterinnen oder Leitern von Prüfämtern für Standsicherheit die Stellung einer oder eines Prüfsachverständigen nach Satz 1 Nummer 2 zuweisen,

2. soweit für bestimmte Fachbereiche und Fachrichtungen **Prüfingenieurinnen und Prüfingenieure für Brandschutz oder** Prüfsachverständige nach Satz 1 Nummer **1 oder** 2 noch nicht in ausreichendem Umfang anerkannt sind, anordnen, dass die von **diesen Personen** zu prüfenden und zu bescheinigenden bauordnungsrechtlichen Anforderungen **durch die Bauaufsichtsbehörde** geprüft werden können.

(3) [1]Die oberste Bauaufsichtsbehörde wird ermächtigt, durch Verordnung Vorschriften zu erlassen über

1. Umfang, Inhalt und Zahl der erforderlichen Bauvorlagen einschließlich der Bauvorlagen bei der Anzeige der beabsichtigten Beseitigung von Anlagen nach § 63 Absatz 3 Satz **3** und bei der Genehmigungsfreistellung nach § 68,

2. die erforderlichen Anträge, Anzeigen, Nachweise, Bescheinigungen und Bestätigungen, auch bei verfahrensfreien Bauvorhaben,

3. das Verfahren im Einzelnen.

[2]Sie kann dabei für verschiedene Arten von Bauvorhaben unterschiedliche Anforderungen und Verfahren festlegen.

(4) [1]Die oberste Bauaufsichtsbehörde wird ermächtigt, zur Vereinfachung, Erleichterung oder Beschleunigung des bauaufsichtlichen Verfahrens oder zur Entlastung der Bauaufsichtsbehörden durch Verordnung Vorschriften zu erlassen über

1. weitere und weitergehende Ausnahmen von der Genehmigungsbedürftigkeit oder Genehmigungsfreistellung,

2. die Änderung des Baugenehmigungsverfahrens oder Genehmigungsfreistellungsverfahrens sowie die Einführung sonstiger Verfahren für
bestimmte Vorhaben; sie kann auch vorschreiben, dass auf die behördliche Prüfung öffentlich-rechtlicher Vorschriften ganz oder teilweise verzichtet wird,

3. den vollständigen oder teilweisen Wegfall der bautechnischen Prüfung
bei bestimmten Arten von Bauvorhaben,

4. die Übertragung von Prüfaufgaben der Bauaufsichtsbehörde im Rahmen des bauaufsichtlichen Verfahrens einschließlich der Bauüberwachung und Bauzustandsbesichtigung auf sachverständige Personen
oder sachverständige Stellen,

5. Prüfaufgaben nach § 59 Absatz 5 Satz 3, bei denen sich die Bauaufsichtsbehörde bestimmter sachverständiger Personen bedienen muss,

6. die Aufsicht über sachverständige Personen und sachverständige Stellen,

7. die Einrichtung, die Aufgaben und die Zusammensetzung eines Lan-
desausschusses für Standsicherheit,

8. die Heranziehung von sachverständigen Personen und sachverständigen Stellen nach § 59 Absatz 5 Satz 1.

[2]Sie kann dafür Voraussetzungen festlegen, die die verantwortlichen Personen nach den §§ 54 bis 57 oder die sachverständigen Personen oder
sachverständigen Stellen zu erfüllen haben; in den Fällen des Satzes 1
Nummer 3 und 4 sind die erforderlichen Voraussetzungen zu regeln. [3]Da-
bei können die Fachbereiche, in denen sachverständige Personen oder
sachverständige Stellen tätig werden, bestimmt und insbesondere Mindestanforderungen an die Fachkenntnis sowie in zeitlicher und sachlicher
Hinsicht an die Berufserfahrung festgelegt, eine laufende Fortbildung vorgeschrieben, durch Prüfungen nachzuweisende Befähigung bestimmt, der
Nachweis der persönlichen Zuverlässigkeit und einer ausreichenden Haftpflichtversicherung gefordert und Altersgrenzen festgesetzt werden. [4]Die
oberste Bauaufsichtsbehörde kann darüber hinaus auch eine Anerkennung
der sachverständigen Personen und sachverständigen Stellen vorschreiben, das Verfahren und die Voraussetzungen für die Anerkennung, ihren
Widerruf, ihre Rücknahme und ihr Erlöschen sowie für Prüfungen die Bestellung und Zusammensetzung der Prüfungsorgane und das Prüfungsver-
fahren regeln.

(5) Die oberste Bauaufsichtsbehörde wird ermächtigt, durch Verordnung

1. die Zuständigkeit für die Anerkennung von Prüf-, Zertifizierungs- und
Überwachungsstellen (**§ 26**) auf andere Behörden zu übertragen; die
Zuständigkeit kann auch auf eine Behörde eines anderen Landes über-
tragen werden, die der Aufsicht einer obersten Bauaufsichtsbehörde

untersteht oder an deren Willensbildung die oberste Bauaufsichtsbehörde mitwirkt,

2. das Ü-Zeichen festzulegen und zu diesem Zeichen zusätzliche Angaben zu verlangen,

3. das Anerkennungsverfahren nach § 26, die Voraussetzungen für die
Anerkennung, ihre Rücknahme, ihren Widerruf und ihr Erlöschen zu
regeln, insbesondere auch Altersgrenzen festzulegen, sowie eine ausreichende Haftpflichtversicherung zu fordern,

4. Vorschriften zu erlassen über die Verwaltungsgebühren, Vergütung
und den Auslagenersatz für die Tätigkeit von Behörden, Personen,
Stellen und Überwachungsgemeinschaften nach § 26.

(6) [1]Die oberste Bauaufsichtsbehörde wird ermächtigt, durch Verordnung
zu bestimmen, dass die Anforderungen der aufgrund des **§ 34 des Produktsicherheitsgesetzes** und des § 49 Absatz 4 des Energiewirtschafts-
gesetzes vom 7. Juli 2005 (BGBl. I S. 1970, ber. S. 3621), zuletzt geändert
durch Artikel **9** des Gesetzes vom **19. Februar 2016 (BGBl. I S. 254)**, erlassenen Verordnungen entsprechend für Anlagen gelten, die weder gewerblichen noch wirtschaftlichen Zwecken dienen und in deren Gefahrenbereich auch keine Arbeitnehmerinnen oder Arbeitnehmer beschäftigt
werden. [2]Sie kann auch die Verfahrensvorschriften dieser Verordnungen
für anwendbar erklären oder selbst das Verfahren bestimmen sowie Zuständigkeiten und Gebühren regeln. [3]Dabei kann sie auch vorschreiben,
dass danach zu erteilende Erlaubnisse die Baugenehmigung oder die Zustimmung nach § 77 einschließlich der zugehörigen Abweichungen einschließen sowie dass **§ 35 Absatz 2 des Produktsicherheitsgesetzes** insoweit Anwendung findet.

(7) [1]Die Landesregierung wird ermächtigt, die Ausstattung sowie den Betrieb von **Campingplätzen** durch Verordnung zu regeln, insbesondere

1. Art und Größe der Belegungsflächen und der Zelte und anderen beweglichen Unterkünfte sowie **der festen Unterkünfte**,

2. Art und Umfang der Ausstattung, die erforderlich ist, um die Anforderungen der Hygiene, die ordnungsgemäße Ver- und Entsorgung, die
Erste Hilfe und den Brandschutz sicherzustellen,

3. die Anlage von Grünflächen und Stellflächen für Fahrzeuge und

4. die Pflichten der Betreiberin oder des Betreibers und der Benutzerinnen und Benutzer des **Campingplatzes.**

[2]In der Verordnung können das bauaufsichtliche Verfahren und die für die
Durchführung der Verordnung zuständigen Behörden bestimmt werden.

Erläuterungen

§ 83 über **Verordnungsermächtigungen** enthält teilweise redaktionelle Folgeänderungen bzw. -anpassungen vorangegangener Vorschriften.

§ 84 Örtliche Bauvorschriften

(1) Die Gemeinden können durch Satzung örtliche Bauvorschriften erlassen über

1. besondere Anforderungen an die äußere Gestaltung baulicher Anlagen sowie von Werbeanlagen und Warenautomaten zur Erhaltung und Gestaltung von Ortsbildern,
2. über das Verbot von Werbeanlagen und Warenautomaten aus ortsgestalterischen Gründen,
3. den barrierefreien Zugang von öffentlichen Verkehrswegen, Stellplätzen und Garagen zu den Wohnungen auch innerhalb des Grundstücks,
4. die Lage, Größe, Beschaffenheit, Ausstattung und Unterhaltung von Kleinkinderspielplätzen (§ 8 Absatz 2),
5. die Gestaltung einschließlich der barrierefreien Gestaltung der Plätze für bewegliche Abfallbehälter und der unbebauten Flächen der bebauten Grundstücke sowie über die Notwendigkeit, Art, Gestaltung und Höhe von Einfriedungen; dabei kann bestimmt werden, dass Vorgärten nicht als Arbeitsflächen oder Lagerflächen benutzt werden dürfen,
6. die Begrünung baulicher Anlagen,
7. **von § 6 abweichende Maße der Abstandflächentiefe, soweit dies zur Gestaltung des Ortsbildes oder zur Verwirklichung der Festsetzungen einer städtebaulichen Satzung erforderlich ist und eine ausreichende Belichtung sowie der Brandschutz gewährleistet sind,**
8. **Zahl und Beschaffenheit der notwendigen Stellplätze oder Garagen sowie Abstellanlagen für Fahrräder (§ 50 Absatz 1), die unter Berücksichtigung der Sicherheit und Leichtigkeit des Verkehrs, der Bedürfnisse des ruhenden Verkehrs und der Erschließung durch Einrichtungen des öffentlichen Personennahverkehrs für Anlagen erforderlich sind, bei denen ein Zu- und Abgangsverkehr mit Kraftfahrzeugen und Fahrrädern zu erwarten ist, einschließlich des Mehrbedarfs bei Änderungen und Nutzungsänderungen der Anlagen sowie die Ablösung der Herstellungspflicht und die Höhe der Ablösungsbeiträge.**

(2) Die Satzung kann auch nach § 10 des Baugesetzbuchs bekanntgemacht werden.

(3) [1]Örtliche Bauvorschriften können als Festsetzungen in Bebauungspläne und in Satzungen nach § 34 Absatz 4 Satz 1 Nummer 2 und 3 des Baugesetzbuchs aufgenommen werden. [2]Die verfahrensrechtlichen Vorschriften des Baugesetzbuchs gelten entsprechend.

(4) [1]Anforderungen nach den Absätzen 1 und 2 können innerhalb der örtlichen Bauvorschrift auch in Form zeichnerischer Darstellungen gestellt werden. [2]Ihre Bekanntgabe kann dadurch ersetzt werden, dass dieser Teil der örtlichen Bauvorschrift bei der Gemeinde zur Einsicht ausgelegt wird; hierauf ist in den örtlichen Bauvorschriften hinzuweisen.

Erläuterungen

Absatz 1 Nr. 7 lässt ebenso wie § 9 Abs. 1 Nr. 2 a BauGB die Festlegung **abweichender Maße der Tiefe der Abstandflächen nach** § 6 zu. Während die Festsetzung nach dem BauGB aus städtebaulichen Gründen Abweichungen zulässt, erfolgen Festlegungen nach Nummer 7 aus ortsgestalterischen Gründen und sind damit auch ohne Aufstellung eines Bebauungsplans möglich.

Nach der **neuen Satzungsbefugnis in Absatz 1 Nr. 8 können** die Gemeinden die **Zahl und** die **Beschaffenheit der Stellplätze und Fahrradabstellanlagen festlegen.** Diese Befugnis ergänzt die bisherigen Möglichkeiten nach § 50 Abs. 3 Satz 3 und Abs. 5 Satz 4.

Abweichend vom Regelungstext der MBO ist darauf **verzichtet** worden, den **Gemeinden auch** die **Befugnis einzuräumen,** die **Größe der Stellplätze** in der Satzung **regeln zu können.** Denn in § 5 Abs. 1 GarVO und in der Norm DIN 18040-2 sind entsprechende Regelungen enthalten. Nach **bisherigem Recht** können die Gemeinden bereits durch örtliche Bauvorschrift bestimmen, dass **in genau abgegrenzten** Teilen des Gemeindegebiets **Stellplätze oder Garagen für bestehende bauliche Anlagen herzustellen** sind, wenn die Bedürfnisse des ruhenden oder fließenden Verkehrs dies erfordern (§ 50 Abs. 3 Satz 3). **Ferner** können die Gemeinden durch örtliche Bauvorschrift die **Herstellung von Stellplätzen und Garagen untersagen oder einschränken,** wenn und soweit Gründe des Verkehrs, städtebauliche Gründe oder Gründe des Umweltschutzes dies erfordern (§ 50 Abs. 5 Satz 4). **Zu-**

dem besteht die Möglichkeit auch über das Bauplanungsrecht Flächen für Stellplätze vorzusehen. Aus städtebaulichen Gründen können sie im Bebauungsplan festgesetzt werden, dies sowohl als Flächen für Stellplätze und Garagen (§ 9 Abs. 1 Nr. 4 BauGB) als auch als Flächen für Gemeinschaftsanlagen (§ 9 Abs. 1 Nr. 22 BauGB). **Mit der neuen Befugnis** zum Erlass einer örtlichen Bauvorschrift besteht für die Gemeinden die **Möglichkeit, auf spezielle verkehrsbezogene Bedingungen im Gemeindegebiet reagieren zu können.** Macht die Gemeinde von der Satzungsbefugnis keinen Gebrauch, bleibt es dabei, dass die Bauherrin oder der Bauherr die gesetzliche Verpflichtung eigenverantwortlich umsetzen muss oder die Einhaltung der Verpflichtung seitens der Bauaufsichtsbehörde im Baugenehmigungsverfahren zu fordern ist.

§ 85   Übergangsvorschriften

(1) [1]Die vor Inkrafttreten dieses Gesetzes eingeleiteten Verfahren sind nach den bisherigen Vorschriften weiterzuführen. [2]§ 60 bleibt unberührt.

(2) Die Baugenehmigungen, für die § 85a in der Fassung vom 1. Juli 2016 Anwendung findet, haben nach dem 31. Dezember 2019 weiterhin Bestand.

§ 85a   Sonderregelung für die Unterbringung von Flüchtlingen und Asylbegehrenden

(1) [1]**Bis zum 31. Dezember 2019 beträgt die Frist, innerhalb derer die Bauaufsichtsbehörde über Bauanträge**
1. **von Sonderbauten nach § 51 Absatz 2 Nummer 10 bis einschließlich Gebäudeklasse 4, die der Aufnahme oder Unterbringung von Flüchtlingen oder Asylbegehrenden dienen, oder**
2. **für Wohngebäude bis einschließlich Gebäudeklasse 4, die der Unterbringung von Flüchtlingen oder Asylbegehrenden in mindestens 20 % der Wohnungen des gesamten Gebäudes dienen,**

zu entscheiden hat, abweichend von § 67 und § 69 Absatz 6, erster Halbsatz zwei Wochen nach Vorliegen des gemeindlichen Einvernehmens nach § 36 Absatz 2 oder § 246 Absatz 15 des Baugesetzbuchs sowie der erforderlichen Zustimmungen, Einvernehmen oder Stellungnahmen zu beteiligender Behörden. [2]**Bei unvollständigen Bau-**

vorlagen im Sinne von § 67 Absatz 2 Satz 1 und § 69 Absatz 6 zweiter Halbsatz beträgt die Frist unter den Voraussetzungen von Satz 1 zwei Wochen nach Eingang der noch einzureichenden Bauvorlagen, nicht jedoch vor Ablauf von zwei Wochen nach Vorliegen des gemeindlichen Einvernehmens nach § 36 Absatz 2 oder § 246 Absatz 15 des Baugesetzbuchs. [3]Soweit Abweichungen im Sinne von § 71 Absatz 1 beantragt werden, verlängert sich die Frist nach Satz 1 und 2 um höchsten zwei Wochen. [4]§ 71 Absatz 4 bleibt unberührt.

(2) [1]Die Fristen nach § 67 Absatz 1 Satz 2 und 3 betragen unter den Voraussetzungen des Absatzes 1 erster Halbsatz jeweils zwei Wochen. [2]Die Frist nach § 67 Absatz 2 Satz 1 soll einen Monat nicht überschreiten. [3]In den Fällen des Absatzes 1 Nummer 1 findet § 69 Absatz 1 Satz 1 sowie Satz 2 nur in Bezug auf § 70 entsprechende Anwendung.

(3) Bis zum 31. Dezember 2019 ist es zulässig, dass bei Sonderbauten nach § 51 Absatz 2 Nummer 10 bis einschließlich Gebäudeklasse 4, die der Aufnahme oder Unterbringung von Flüchtlingen oder Asylbegehrenden dienen, abweichend

1. von § 48 Absatz 1 Aufenthaltsräume mit einer lichten Raumhöhe von mindestens 2,30 m, im Dachraum von mindestens 2,20 m über mindestens der Hälfte ihrer Grundfläche, zulässig sind; Raumteile mit einer lichten Höhe bis zu 1,50 m bleiben bei der Berechnung der Grundfläche außer Betracht,

2. von § 50 Absatz 1 Satz 1 notwendige Stellplätze und Abstellanlagen für Fahrräder nicht nachgewiesen werden müssen und

3. von § 50 Absatz 10 und § 52 die Anforderungen an die Barrierefreiheit nicht erfüllt werden müssen.

(4) Bis zum 31. Dezember 2019 ist es zulässig, dass für Wohngebäude bis einschließlich Gebäudeklasse 4, die nach landesrechtlichen Regelungen zur sozialen Wohnraumförderung gefördert werden und auch der Wohnraumversorgung von Flüchtlingen dienen sollen oder der Unterbringung von Flüchtlingen oder Asylbegehrenden in mindestens 20 % der Wohnungen des gesamten Gebäudes dienen, abweichend

1. von § 48 Absatz 1 Aufenthaltsräume mit einer lichten Raumhöhe von mindestens 2,30 m, im Dachraum von mindestens 2,20 m über mindestens der Hälfte ihrer Grundfläche, zulässig sind; Raumteile mit einer lichten Höhe bis zu 1,50 m bleiben bei der Berechnung der Grundfläche außer Betracht,

2. von § 49 Absatz 2 Satz 1 jede Wohnung über einen Abstellraum von mindestens 3 m² verfügen muss,

3. von § 50 Absatz 1 Satz 1 der Nachweis von 0,5 notwendigen Stellplätzen sowie 0,75 Abstellanlagen für Fahrräder pro Wohneinheit ausreichend ist; § 50 Absatz 1 Satz 6 bleibt unberührt.

²Sofern der Anteil der Flüchtlinge oder Asylbegehrenden im Sinne des Satzes 1 Alternative 2 nach dem 31. Dezember 2019 unter 20 % sinkt oder entfällt, hat die Baugenehmigung weiterhin Bestand.

(5) ¹Die Befristung bis zum 31. Dezember 2019 in den Absätzen 1 bis 4 bezieht sich nicht auf die Geltungsdauer einer Genehmigung, sondern auf den Zeitraum, bis zu dessen Ende in dem Verfahren nach §§ 67 und 69 von den Vorschriften Gebrauch gemacht werden kann und zuvor bei der Gemeinde alle erforderlichen Bauvorlagen eingereicht wurden. ²Absatz 4 gilt für das Genehmigungsfreistellungsverfahren nach § 68 entsprechend.

Erläuterungen

1. Allgemeines

Die Regelung soll **Erleichterungen** im Zusammenhang mit der erforderlichen Unterbringung von Flüchtlingen und Asylbegehrenden schaffen.

2. Verkürzung der Entscheidungsfristen

Absatz 1 verkürzt die **Frist**, in der die untere Bauaufsichtsbehörde über entsprechende Bauanträge zu entscheiden hat. Sie knüpft an die Regelung des gemeindlichen Einvernehmens nach § 36 Abs. 2 BauGB sowie die Sonderregelung nach § 246 Abs. 15 BauGB an und beträgt zwei Wochen nach Vorliegen des gemeindlichen Einvernehmens sowie der erforderlichen Zustimmungen, Einvernehmen oder Stellungnahmen zu beteiligender Behörden. Soweit Abweichungen beantragt werden, verlängert sich die Frist um höchstens zwei Wochen; § 71 Abs. 4 bleibt unberührt.

Ein **Schaubild** befindet sich **unter Nummer 5.**

3. Verkürzung der Beteiligungsfristen, Prüfprogramm und
   Bauvorlageberechtigung

Absatz 2 verkürzt in **Satz 1** die **Frist** für zu beteiligende Behörden.
Satz 2 erklärt § 69 Absatz 1 Satz 1 sowie Satz 2 **nur in Bezug auf** § 70
für entsprechend anwendbar. Das bedeutet, dass bei Sonderbauten
nach **Absatz 1 Satz 1 Nr. 1** das Prüfprogramm dem im vereinfachten
Baugenehmigungsverfahren entspricht, also Bauordnungsrecht mit
Ausnahme von § 69 Abs. 1 Satz 2 in Bezug auf § 70 (Brandschutz
und Standsicherheit), nicht geprüft wird. Durch den Verzicht auf die
Prüfung des Bauordnungsrechts – mit Ausnahme des Brandschutzes
und der Standsicherheit – wird das Verfahren zur Errichtung von Sonderbauten, die der Aufnahme oder Unterbringung von Flüchtlingen
und Asylbegehrenden nach Absatz 1 Satz 1 Nr. 1 dienen, beschleunigt.
Die Entwurfsverfasserin oder der Entwurfsverfasser trägt für die Einhaltung der sonstigen bauordnungsrechtlichen Anforderungen (z. B.
Abstandflächenrecht), wie im vereinfachten Genehmigungsverfahren,
die alleinige Verantwortung. Für die Bauvorlageberechtigung gilt die
gleiche Anforderung wie im vereinfachten Genehmigungsverfahren
nach § 69 (also § 65 Abs. 3).
Der Verzicht auf die Prüfung des Bauordnungsrechts – mit Ausnahme
des Brandschutzes und der Standsicherheit – bei Sonderbauten nach
Absatz 1 Satz 1 Nr. 1 führt zu einer Verminderung der sonst für Sonderbauten zu erhebenden **Baugebühren** (vgl. Artikel 3 des Gesetzes
zur Änderung der Landesbauordnung vom 14. Juni 2016 (GVOBl.
Schl-H. S. 369 [S. 384], mit dem die neue Tarifstelle 1.1.1.1 in die
Anlage 1 zur Baugebührenverordnung eingeführt wurde).
Ein **Schaubild** befindet sich **unter Nummer 5.**

4. Materielle Erleichterungen

Absatz 3 regelt, dass bei **Sonderbauten** nach § 51 Abs. 2 Nr. 10 bis
einschließlich Gebäudeklasse 4, die der Aufnahme oder Unterbringung von Flüchtlingen oder Asylbegehrenden dienen, die Anforderungen an Stellplätze und Barrierefreiheit nicht erfüllt werden müssen.
Zudem ist es zulässig, die Raumhöhe in Aufenthaltsräumen um 10 cm
auf mindestens 2,30 m bzw. mindestens 2,20 m im Dachraum zu reduzieren.

Absatz 4 Satz 1 ermöglicht eine Reduzierung der dort aufgeführten materiell-rechtlichen Anforderungen für die dort genannten Wohngebäude. Wegen der bereits hohen Zahl an Flüchtlingen bzw. Asylbegehrenden sah es der Gesetzgeber als wichtig an, möglichst schnell und möglichst viel Wohnraum zu schaffen. Um die Rahmenbedingungen für eine deutliche Kapazitätserhöhung an Wohnraum innerhalb kurzer Zeit zu schaffen, enthält **Absatz 4 zwei alternative Tatbestände**, bei deren Erfüllung von den aufgeführten materiellen Standards der Nummern 1 bis 4 abgewichen werden kann. Die **erste Alternative** erfasst Wohngebäude, die nach landesrechtlichen Regelungen zur sozialen Wohnraumförderung gefördert werden und auch der Wohnraumversorgung von Flüchtlingen dienen sollen, die **zweite Alternative** Wohngebäude, die der Unterbringung von Flüchtlingen oder Asylbegehrenden in mindestens 20 % der Wohnungen des gesamten Gebäudes dienen. Die Regelung, dass in den Wohngebäuden nach der zweiten Alternative in mindestens 20 % der Wohnungen des gesamten Gebäudes Flüchtlinge oder Asylbegehrende unterzubringen sind, soll einerseits gewährleisten, dass die Erleichterungen nur dann in Anspruch genommen werden können, wenn aktiv und dauerhaft zusätzlicher Wohnraum für Flüchtlinge und Asylbegehrende geschaffen wird. Andererseits wird verhindert, dass es zu einem isolierten Bau von Wohnungen allein für Flüchtlinge und Asylbegehrende mit sozial problematischen Folgen kommt.

Beide Tatbestandsalternativen sollen **gewährleisten**, dass der zu schaffende bezahlbare Wohnraum auch anderen Mietergruppen zur Verfügung steht und schafft so die Möglichkeit für eine gut durchmischte, stabile und integrationsfördernde Mieterstruktur. Für die erste Tatbestandsalternative in Absatz 4 Satz 1 ist es im Regelfall ausreichend, wenn aufgrund der Zweckbindung im Rahmen der sozialen Wohnraumförderung der Wohnraum auch der Versorgung von Flüchtlingen dienen soll. Asylbegehrende werden in diesem Kontext nicht als eigene Zielgruppe angesprochen, da sie i. d. R. nicht wohnberechtigt im Sinne der sozialen Wohnraumförderung sind. Die Wohnberechtigung hängt gemäß § 8 Abs. 4 des Schleswig-Holsteinischen Wohnraumförderungsgesetzes (SHWoF) davon ab, dass sich die Antragstellerin oder der Antragsteller nicht nur vorübergehend im Bundesgebiet aufhält; diese Voraussetzung wird angesichts der ungewissen Dauer des Asylverfahrens regelmäßig nicht erfüllt. Im Übrigen liegt die kurzfristige

Unterbringung von Asylbegehrenden außerhalb des Zwecks der sozialen Wohnraumförderung, bedarf einer besonderen Zweckentfremdungsgenehmigung und konnte im gesetzlichen Regelungskontext der LBO-Novelle nicht als Regelfall definiert werden. Zur **Sicherung** der Einhaltung der Anforderung der **zweiten Alternative** des Absatzes 4 Satz 1 sollte die **Baugenehmigung mit** einer entsprechenden **Nebenbestimmung versehen** werden.

Die **lichte Raumhöhe in Aufenthaltsräumen** kann nach **Satz 1 Nr. 1** um 10 cm auf mindestens 2,30 m bzw. mindestens 2,20 m im Dachraum reduziert werden.

Die Mindestgröße für einen **Abstellraum** wurde in **Satz 1 Nr. 2** auf mindestens 3 m² reduziert. Die Reduzierung der Mindestanforderung soll der Flächenersparnis zugunsten der erforderlichen Aufenthaltsräume dienen.

In **Satz 1 Nr. 3** wurde ein fester **Stellplatzschlüssel** als ausreichend festgelegt. Die in § 50 Abs. 1 Satz 6 enthaltene Regelung, dass im Einvernehmen mit den Gemeinden von der Herstellung der Stellplätze abgesehen und auf die Zahlung eines Ablösebetrages verzichtet werden kann (wenn die Schaffung oder Erneuerung von Wohnraum, die im öffentlichen Interesse liegt, sonst erschwert oder verhindert werden würde), sollte bestehen bleiben. Daher wurde geregelt, dass diese Vorschrift unberührt bleibt.

Mit der Regelung in **Satz 2** wurde sichergestellt, dass die erteilte **Baugenehmigung** auch dann **Bestand** hat, wenn der Anteil der Flüchtlinge oder Asylbegehrenden nach dem 31. Dezember 2019 unter 20 % sinkt oder entfällt.

In **Absatz 5** wird geregelt, dass die Sonderregelungen für Genehmigungsverfahren, gilt, die bis 31. Dezember 2019 beantragt und für die erforderlichen Bauvorlagen bei der Gemeinde eingereicht wurden. Um zum Ende des Zeitraumes für die Sonderregelung zu vermeiden, dass fristwahrend eingereichte, aber unzureichende Anträge noch bearbeitet werden müssen, enthält **Satz 1** die Anforderung, dass zuvor alle erforderlichen Bauvorlagen bei der Gemeinde einzureichen sind, um vom Regelungsprivileg Gebrauch machen zu können. Gleiches gilt nach **Satz 2** für Bauvorhaben im Rahmen des Genehmigungsfreistellungsverfahrens.

Ein **Schaubild** befindet sich **unter Nummer 5.**

5.   Schaubilder zu § 85a:

Zu Absatz 1 – Verkürzung der Entscheidungsfristen

§ 85a Abs. 1 LBO (bis 31.12.2019)

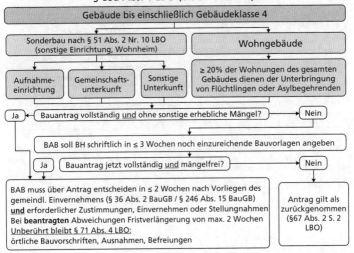

B • LBO   § 85a

Zu Absatz 2 Satz 1 – Verkürzung der Beteiligungsfristen:

§ 85a Abs. 2 S.1 LBO - Verkürzung Beteiligungsfristen (bis 31.12.2019)

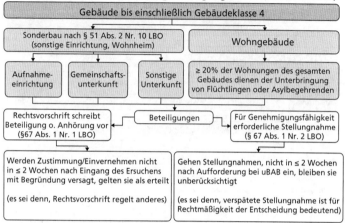

Zu Absatz 2 Satz 2 und 3 – Prüfprogramm und Bauvorlageberechtigung:

§ 85a Abs. 2 S. 2 u. 3 LBO Prüfprogramm u. Bauvorlageberechtigung

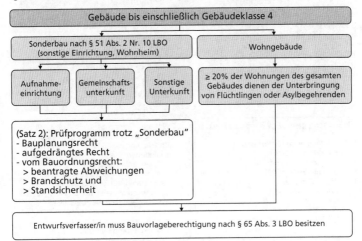

Zu Absatz 3 bis 5 – materielle Erleichterungen:

§ 85a Abs. 3 bis 5 LBO – materielle Erleichterungen (bis 31.12.2019)

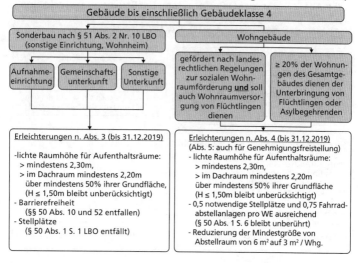

Gebäude bis einschließlich Gebäudeklasse 4

Sonderbau nach § 51 Abs. 2 Nr. 10 LBO
(sonstige Einrichtung, Wohnheim)

Wohngebäude

Aufnahme-einrichtung | Gemeinschafts-unterkunft | Sonstige Unterkunft

gefördert nach landes-rechtlichen Regelungen zur sozialen Wohn-raumförderung **und** soll auch Wohnraumversor-gung von Flüchtlingen dienen

≥ 20% der Wohnun-gen des Gesamtge-bäudes dienen der Unterbringung von Flüchtlingen oder Asylbegehrenden

Erleichterungen n. Abs. 3 (bis 31.12.2019)

-lichte Raumhöhe für Aufenthaltsräume:
  > mindestens 2,30m,
  > im Dachraum mindestens 2,20m
    über mindestens 50% ihrer Grundfläche,
    (H ≤ 1,50m bleibt unberücksichtigt)
- Barrierefreiheit
  (§§ 50 Abs. 10 und 52 entfallen)
- Stellplätze
  (§ 50 Abs. 1 S. 1 LBO entfällt)

Erleichterungen n. Abs. 4 (bis 31.12.2019)
(Abs. 5: auch für Genehmigungsfreistellung)
- lichte Raumhöhe für Aufenthaltsräume:
  > mindestens 2,30m,
  > im Dachraum mindestens 2,20m
    über mindestens 50% ihrer Grundfläche
    (H ≤ 1,50m bleibt unberücksichtigt)
- 0,5 notwendige Stellplätze und 0,75 Fahrrad-abstellanlagen pro WE ausreichend
  (§ 50 Abs. 1 S. 6 bleibt unberührt)
- Reduzierung der Mindestgröße von
  Abstellraum von 6 m² auf 3 m² / Whg.

C Landesverordnung über Bauvorlagen im bauaufsichtlichen Verfahren und bauaufsichtliche Anzeigen (Bauvorlagenverordnung – BauVorlVO –)

Vom 24. März 2009 (GVOBl. Schl.-H. S. 161), zuletzt geändert durch Verordnung vom 11. März 2014 (GVOBl. Schl.-H. S. 66)

Aufgrund des § 83 Abs. 3 der Landesbauordnung für das Land Schleswig-Holstein (LBO) verordnet das Innenministerium:

Inhaltsübersicht

Erster Teil: **Allgemeine Vorschriften**

§ 1   Begriff, Beschaffenheit

(1) Bauvorlagen sind die einzureichenden Unterlagen, die für die Beurteilung des Bauvorhabens und die Bearbeitung des Bauantrags (§ 64 Abs. 2 LBO), für die Anzeige der beabsichtigten Beseitigung (§ 63 Abs. 3 Satz 2 LBO) oder für die Genehmigungsfreistellung (§ 68 Abs. 3 Satz 1 LBO) erforderlich sind. Bautechnische Nachweise gelten auch dann als Bauvorlagen, wenn sie der Bauaufsichtsbehörde nicht vorzulegen sind.

(2) Bauvorlagen müssen aus alterungsbeständigem Papier oder gleichwertigem Material lichtbeständig hergestellt sein und dem Format DIN A 4 entsprechen oder auf diese Größe gefaltet sein. § 52 a des Landesverwaltungsgesetzes bleibt unberührt.

(3) Hat die oberste Bauaufsichtsbehörde Vordrucke öffentlich bekannt gemacht, sind diese zu verwenden.

(4) Die Bauaufsichtsbehörde darf ein Modell oder weitere Nachweise verlangen, wenn dies zur Beurteilung des Bauvorhabens erforderlich ist.

(5) Die Bauaufsichtsbehörde soll auf Bauvorlagen verzichten, wenn diese zur Beurteilung des Bauvorhabens nicht erforderlich sind.

§ 2   Anzahl

Bauvorlagen sind dreifach einzureichen; ist die Bürgermeisterin oder der Bürgermeister der Gemeinde zugleich Bauaufsichtsbehörde, sind sie zweifach einzureichen. Die Bauaufsichtsbehörde verlangt Mehrausfertigungen, soweit dies zur Beteiligung von Stellen nach § 67 Abs. 1 Satz 1 Halbsatz 1 LBO (Sternverfahren) erforderlich ist; die Mehrausfertigungen müssen nicht nach § 55 Abs. 2 Satz 2, § 64 Abs. 4 Satz 1 und 2 LBO unterschrieben sein. Abweichend von Satz 1 sind die Bauvorlagen nach § 68 Abs. 3

Satz 1 Halbsatz 1 LBO zweifach, ist die Gemeinde zugleich Bauaufsichtsbehörde, einfach einzureichen.

Zweiter Teil: Vorzulegende Bauvorlagen

§ 3   Bauliche Anlagen

Bei baulichen Anlagen sind vorzulegen
1. ein Auszug aus der Liegenschaftskarte und der Lageplan (§ 7),
2. die Bauzeichnungen (§ 8),
3. die Bau- und Betriebsbeschreibung (§ 9),
4. der Nachweis der Standsicherheit (§ 10) und die anderen bautechnischen Nachweise (§ 12), soweit sie bauaufsichtlich geprüft werden, anderenfalls die Erklärung der Aufstellerin oder des Aufstellers der bautechnischen Nachweise nach der Liste nach § 15 Abs. 1 Satz 1 Nr. 5
   des Architekten- und Ingenieurkammergesetzes nach Maßgabe des
   Kriterienkataloges der Anlage 2,
5. der Nachweis des Brandschutzes (§ 11), soweit er nicht bereits in den
   übrigen Bauvorlagen enthalten ist,
6. die erforderlichen Angaben über die gesicherte Erschließung hinsichtlich der Versorgung mit Wasser und Energie sowie der Entsorgung von
   Abwasser und der verkehrsmäßigen Erschließung, soweit das Bauvorhaben nicht an eine öffentliche Wasser- oder Energieversorgung oder
   eine öffentliche Abwasserentsorgungsanlage angeschlossen werden
   kann oder nicht in ausreichender Breite an einer öffentlichen Verkehrsfläche liegt,
7. bei Bauvorhaben im Geltungsbereich eines Bebauungsplans, der Festsetzungen darüber enthält, eine Berechnung des zulässigen, des vorhandenen und des geplanten Maßes der baulichen Nutzung.

§ 4   Werbeanlagen

(1) Bei Werbeanlagen sind vorzulegen
1. ein Auszug aus der Liegenschaftskarte im Maßstab nicht kleiner als
   1 : 500 mit Einzeichnung des Standortes,
2. eine Zeichnung (Absatz 2) im Maßstab nicht kleiner als 1 : 50 und Beschreibung (Absatz 3) oder eine andere geeignete Darstellung der

Werbeanlage, wie ein farbiges Lichtbild oder eine farbige Lichtbildmontage,

3. der Nachweis der Standsicherheit (§ 10), soweit er bauaufsichtlich geprüft wird, anderenfalls die Erklärung der Aufstellerin oder des Aufstellers der bautechnischen Nachweise nach der Liste nach § 15 Abs. 1 Satz 1 Nr. 5 des Architekten- und Ingenieurkammergesetzes nach Maßgabe des Kriterienkataloges der Anlage 2.

(2) Die Zeichnung muss die Darstellung der Werbeanlage und ihre Maße, auch bezogen auf den Standort und auf Anlagen, an denen die Werbeanlage angebracht oder in deren Nähe sie aufgestellt werden soll, sowie Angaben über die Farbgestaltung enthalten.

(3) In der Beschreibung sind die Art und die Beschaffenheit der Werbeanlage, sowie, soweit erforderlich, die Abstände zu öffentlichen Verkehrsflächen anzugeben.

§ 5 Vorbescheid

Bei einem Antrag auf Vorbescheid sind diejenigen Bauvorlagen vorzulegen, die zur Beurteilung der durch den Vorbescheid zu entscheidenden Fragen des Bauvorhabens erforderlich sind.

§ 6 Beseitigung von Anlagen

Bei der Beseitigung von Anlagen sind vorzulegen
1. ein Lageplan, der die Lage der zu beseitigenden Anlagen unter Bezeichnung des Grundstücks nach Liegenschaftskataster sowie nach Straße und Hausnummer darstellt,
2. in den Fällen des § 63 Abs. 3 Satz 3 LBO die Bestätigung der Person nach der Liste nach § 15 Abs. 1 Satz 1 Nr. 5 des Architekten- und Ingenieurkammergesetzes,
3. in den Fällen des § 63 Abs. 3 Satz 4 LBO die Bescheinigung der oder des von der Bauaufsichtsbehörde beauftragten Prüfingenieurin oder Prüfingenieurs für Standsicherheit.

Dritter Teil: Inhalt der Bauvorlagen

§ 7   Auszug aus der Liegenschaftskarte, Lageplan

(1) Der aktuelle Auszug aus der Liegenschaftskarte muss das Baugrundstück und die benachbarten Grundstücke im Umkreis von mindestens 50 m darstellen. Das Baugrundstück ist zu kennzeichnen. Der Auszug ist mit dem Namen der Bauherrin oder des Bauherrn, der Bezeichnung des Bauvorhabens und dem Datum des dazugehörigen Bauantrags oder der Bauvorlagen nach § 68 Abs. 3 Satz 1 LBO zu beschriften.

(2) Der Lageplan ist auf der Grundlage der Liegenschaftskarte zu erstellen. Dabei ist ein Maßstab von mindestens 1 : 500 zu verwenden. Ein größerer Maßstab ist zu wählen, wenn es für die Beurteilung des Vorhabens erforderlich ist.

(3) Der Lageplan muss, soweit dies zur Beurteilung des Vorhabens erforderlich ist, insbesondere enthalten

1. den Maßstab und die Nordrichtung,
2. die katastermäßigen Flächengrößen, Flurstücksnummern und die Flurstücksgrenzen des Baugrundstücks und der benachbarten Grundstücke,
3. die im Grundbuch geführte Bezeichnung des Baugrundstücks und der benachbarten Grundstücke mit den jeweiligen Eigentumsangaben,
4. die vorhandenen baulichen Anlagen auf dem Baugrundstück und den benachbarten Grundstücken mit Angabe ihrer Nutzung, First- und Außenwandhöhe, Dachform und der Art der Außenwände und der Bedachung,
5. Kulturdenkmale sowie geschützte Naturbestandteile auf dem Baugrundstück und auf den Nachbargrundstücken,
6. Leitungen, die der öffentlichen Versorgung mit Wasser, Gas, Elektrizität, Wärme, der öffentlichen Abwasserentsorgung oder der Telekommunikation und Rohrleitungen, die dem Ferntransport von Stoffen dienen, sowie deren Abstände zu der geplanten baulichen Anlage,
7. die angrenzenden öffentlichen Verkehrsflächen mit Angabe der Breite, der Straßenklasse und der Höhenlage mit Bezug auf das Höhenbezugssystem,
8. Hydranten und andere Wasserentnahmestellen für die Feuerwehr,
9. Flächen, die von Baulasten betroffen sind,
10. Flächen, deren Böden mit gesundheitsgefährdenden Stoffen belastet sind,
11. die Festsetzungen eines Bebauungsplans für das Baugrundstück über die überbaubaren und die nicht überbaubaren Grundstücksflächen,

12. die geplante bauliche Anlage unter Angabe der Außenmaße, Dachform und Höhenlage des Erdgeschossfußbodens zur Straße,

13. die Höhenlage der Eckpunkte des Baugrundstücks und der Eckpunkte der geplanten baulichen Anlage mit Bezug auf das Höhenbezugssystem,

14. die Aufteilung der nicht überbauten Flächen unter Angabe der Lage und Breite der Zu- und Abfahrten, der Anzahl, Lage und Größe der Kinderspielplätze, der Stellplätze, der Abstellanlagen für Fahrräder und der Flächen für die Feuerwehr,

15. die Abstände der geplanten baulichen Anlage zu anderen baulichen Anlagen auf dem Baugrundstück und auf den benachbarten Grundstücken, zu den Nachbargrenzen sowie die Abstandflächen,

16. die Abstände der geplanten baulichen Anlage zu oberirdischen Gewässern und zu Waldflächen,

17. geschützten Baumbestand.

(4) Der Inhalt des Lageplans nach Absatz 3 ist auf besonderen Blättern in geeignetem Maßstab darzustellen, wenn der Lageplan sonst unübersichtlich würde.

(5) Im Lageplan sind die Zeichen und Farben der Anlage 1 zu verwenden; im Übrigen ist die Planzeichenverordnung vom 18. Dezember 1990 (BGBl. 1991 I S. 58), geändert durch Gesetz vom 22. Juli 2011 (BGBl. I S. 1509), entsprechend anzuwenden. Sonstige Darstellungen sind zu erläutern.

(6) Bei Änderungen baulicher Anlagen, bei denen Außenwände und Dächer sowie die Nutzung nicht verändert werden, ist der Lageplan nicht erforderlich.

§ 8   Bauzeichnungen

(1) Für die Bauzeichnungen ist ein Maßstab von mindestens 1 : 100, bei Kulturdenkmalen ein Maßstab von mindestens 1 : 50, zu verwenden. Ein größerer Maßstab ist zu wählen, wenn er zur Darstellung der erforderlichen Eintragung notwendig ist; ein kleinerer Maßstab kann gewählt werden, wenn er dafür ausreicht.

(2) In den Bauzeichnungen sind insbesondere darzustellen

1. die Grundrisse aller Geschosse mit Angabe der vorgesehenen Nutzung der Räume und mit Einzeichnung der
   a) Treppen,
   b) lichten Öffnungsmaße der Türen sowie deren Art und Anordnung an und in Rettungswegen,

   c) Abgasanlagen,

   d) Räume für die Aufstellung von Feuerstätten unter Angabe der Nennleistung sowie der Räume für die Brennstofflagerung unter Angabe der vorgesehenen Art und Menge des Brennstoffes,

   e) Aufzugsschächte, Aufzüge und der nutzbaren Grundflächen der Fahrkörbe von Personenaufzügen,

   f) Installationsschächte, -kanäle und Lüftungsleitungen, soweit sie raumabschließende Bauteile durchdringen,

   g) Räume für die Aufstellung von Lüftungsanlagen;

2. die Schnitte, aus denen folgende Punkte ersichtlich sind:

   a) die Gründung der geplanten baulichen Anlage und, soweit erforderlich, die Gründungen anderer baulicher Anlagen,

   b) der Anschnitt der vorhandenen und der geplanten Geländeoberfläche,

   c) die Höhenlage des Erdgeschossfußbodens mit Bezug auf das Höhenbezugssystem,

   d) die Höhe der Fußbodenoberkante des höchstgelegenen Geschosses, in dem ein Aufenthaltsraum liegt, über der geplanten Geländeoberfläche,

   e) die lichten Raumhöhen,

   f) der Verlauf der Treppen und Rampen mit ihrem Steigungsverhältnis,

   g) die Wandhöhe im Sinne des § 6 Abs. 4 Satz 2 LBO,

   h) die Dachhöhen und Dachneigungen;

3. die Ansichten der geplanten baulichen Anlage mit dem Anschluss an Nachbargebäude unter Angabe von Baustoffen und Farben, der vorhandenen und geplanten Geländeoberfläche sowie des Straßengefälles.

(3) In den Bauzeichnungen sind anzugeben

1. der Maßstab und die Maße,

2. die wesentlichen Bauprodukte und Bauarten,

3. die Rohbaumaße der Fensteröffnungen in Aufenthaltsräumen,

4. bei Änderung baulicher Anlagen die zu beseitigenden und die geplanten Bauteile.

(4) In den Bauzeichnungen sind die Zeichen und Farben der Anlage 1 zu verwenden.

§ 9 Bau- und Betriebsbeschreibung

(1) In der Baubeschreibung sind das Vorhaben und seine Nutzung zu erläutern, soweit dies zur Beurteilung erforderlich ist und die notwendigen Angaben nicht im Lageplan und den Bauzeichnungen enthalten sind. Die Gebäudeklasse und die Höhe im Sinne des § 2 Abs. 3 Satz 2 LBO (Anmerkung: muss seit dem 1. Juli 2016 heißen: § 2 Abs. 4 Satz 1 LBO) sind anzugeben. Die anrechenbaren Bauwerte und ihre Ermittlung sowie die Quadratmeter- und Kubikmeterberechnung sind anzugeben.

(2) Für gewerbliche und sinngemäß für landwirtschaftliche Anlagen sind zusätzlich in einer Betriebsbeschreibung folgende Angaben aufzunehmen über

1. die Art der gewerblichen Tätigkeit,
2. die Art, die Anzahl und den Aufstellungsort der Maschinen und Apparate,
3. die verwendeten Roh-, Hilfs- und Betriebsstoffe und die herzustellenden Erzeugnisse und deren Lagerung, soweit sie feuer-, explosions- oder gesundheitsgefährlich sind, einschließlich der Schutzvorkehrungen,
4. Raumtemperaturen, Lüftung und Beleuchtung,
5. die Anzahl der nach der Inbetriebnahme der Anlage Beschäftigten, aufgeschlüsselt nach männlichen und weiblichen Beschäftigten,
6. die Stoffart und die Stoffmengen, den Entstehungsort und die mögliche Einwirkung auf die Beschäftigten oder auf die Nachbarschaft beim Auftreten von Gerüchen, Lärm, Gas, Staub, Dämpfen, Rauch, Ruß und Flüssigkeiten und die vorgesehenen Schutz- und Minderungsmaßnahmen,
7. die betrieblichen Abfallstoffe, deren Zwischenlagerung und deren Verbleib,
8. besondere betriebliche Abwässer sowie deren etwaige Behandlung und den Verbleib der Rückstände,
9. ständig und durchschnittlich anwesende Personenzahl je 100 m² Geschossfläche,
10. Stärke, Ausrüstung und Organisation der Werksfeuerwehr.

§ 10 Standsicherheitsnachweis

(1) Für den Nachweis der Standsicherheit tragender Bauteile einschließlich ihrer Feuerwiderstandsfähigkeit nach § 11 Abs. 1 Satz 1 Nr. 1 sind eine Darstellung des gesamten statischen Systems sowie die erforderlichen

Konstruktionszeichnungen, Berechnungen und Beschreibungen vorzulegen.

(2) Die statischen Berechnungen müssen die Standsicherheit der baulichen Anlagen und ihrer Teile nachweisen. Die Beschaffenheit des Baugrundes und seine Tragfähigkeit sind anzugeben. Soweit erforderlich, ist nachzuweisen, dass die Standsicherheit anderer baulicher Anlagen und die Tragfähigkeit des Baugrundes der Nachbargrundstücke nicht gefährdet werden.

(3) Die Standsicherheit kann auf andere Weise als durch statische Berechnungen nachgewiesen werden, wenn hierdurch die Anforderungen an einen Standsicherheitsnachweis in gleichem Maße erfüllt werden.

§ 11   Brandschutznachweis

(1) Für den Nachweis des Brandschutzes sind im Lageplan, in den Bauzeichnungen und in der Bau- und Betriebsbeschreibung, soweit erforderlich, insbesondere anzugeben

1. das Brandverhalten der Baustoffe (Baustoffklasse) und die Feuerwiderstandsfähigkeit der Bauteile (Feuerwiderstandsklasse) entsprechend den Benennungen nach § 27 LBO oder entsprechend den Klassifizierungen nach den Anlagen zur Bauregelliste A Teil 1,
2. die Bauteile, Einrichtungen und Vorkehrungen, an die Anforderungen hinsichtlich des Brandschutzes gestellt werden, wie Brandwände und Decken, Trennwände, Unterdecken, Installationsschächte und -kanäle, Lüftungsanlagen, Feuerschutzabschlüsse und Rauchschutztüren, Öffnungen zur Rauchableitung, einschließlich der Fenster nach § 36 Abs. 8 Satz 2 LBO,
3. die Nutzungseinheiten, die Brand- und Rauchabschnitte,
4. die aus Gründen des Brandschutzes erforderlichen Abstände innerhalb und außerhalb des Gebäudes,
5. der erste und zweite Rettungsweg nach § 34 LBO, insbesondere notwendige Treppenräume, Ausgänge, notwendige Flure, mit Rettungsgeräten der Feuerwehr erreichbare Stellen einschließlich der Fenster, die als Rettungswege nach § 34 Abs. 2 Satz 2 LBO dienen, unter Angabe der lichten Maße und Brüstungshöhen,
6. die Flächen für die Feuerwehr, Zu- und Durchgänge, Zu- und Durchfahrten, Bewegungsflächen und die Aufstellflächen für Hubrettungsfahrzeuge,
7. die Löschwasserversorgung.

(2) Bei Sonderbauten, Mittel- und Großgaragen müssen, soweit es für die Beurteilung erforderlich ist, zusätzlich Angaben gemacht werden insbesondere über

1. brandschutzrelevante Einzelheiten der Nutzung, insbesondere auch die Anzahl und Art der die bauliche Anlage nutzenden Personen sowie Explosions- oder erhöhte Brandgefahren, Brandlasten, Gefahrstoffe und Risikoanalysen,
2. Rettungswegbreiten und -längen, Einzelheiten der Rettungswegführung und -ausbildung einschließlich Sicherheitsbeleuchtung und -kennzeichnung,
3. technische Anlagen und Einrichtungen zum Brandschutz, wie Branderkennung, Brandmeldung, Alarmierung, Brandbekämpfung, Rauchableitung, Rauchfreihaltung,
4. die Sicherheitsstromversorgung,
5. die Bemessung der Löschwasserversorgung, Einrichtungen zur Löschwasserentnahme sowie die Löschwasserrückhaltung,
6. betriebliche und organisatorische Maßnahmen zur Brandverhütung, Brandbekämpfung und Rettung von Menschen und Tieren wie Feuerwehrplan, Brandschutzordnung, Werkfeuerwehr, Bestellung von Brandschutzbeauftragten und Selbsthilfekräften.

Anzugeben ist auch, weshalb es der Einhaltung von Vorschriften wegen der besonderen Art oder Nutzung baulicher Anlagen oder Räume oder wegen besonderer Anforderungen nicht bedarf (§ 51 Abs. 1 Satz 2 LBO). Der Brandschutznachweis kann auch gesondert in Form eines objektbezogenen Brandschutzkonzeptes dargestellt werden.

§ 12 Nachweise für Wärme-, Schall-, Erschütterungsschutz

Die Berechnungen müssen den nach bauordnungsrechtlichen Vorschriften geforderten Wärme-, Schall- und Erschütterungsschutz nachweisen.

§ 13 Übereinstimmungsgebot

Die Bauzeichnungen, Baubeschreibungen, Berechnungen und Konstruktionszeichnungen sowie sonstige Zeichnungen und Beschreibungen, die den bautechnischen Nachweisen zugrunde liegen, müssen miteinander übereinstimmen und gleiche Positionsangaben haben.

Vierter Teil: **Bauzustandsanzeigen**

§ 14   Baubeginnsanzeige

(1) Soweit bautechnische Nachweise nicht bauaufsichtlich geprüft werden müssen, ist eine Erklärung nach § 70 Abs. 2 Satz 1 bis 4 LBO über die Erstellung des bautechnischen Nachweises spätestens mit der Baubeginnsanzeige (§ 73 Abs. 7, § 68 Abs. 7 Satz 3 LBO) vorzulegen. Wird das Bauvorhaben abschnittsweise ausgeführt, muss die Erklärung spätestens bei Beginn der Ausführung des jeweiligen Bauabschnitts vorliegen.

(2) Die prüfpflichtigen Standsicherheitsnachweise müssen nach § 67 Abs. 4 und § 69 Abs. 3 Satz 2 LBO spätestens zehn Werktage vor Baubeginn geprüft der Bauaufsichtsbehörde vorliegen; in den übrigen Fällen gilt für die nach § 73 Abs. 5 Satz 1 Nr. 2 LBO geprüften Standsicherheitsnachweise Absatz 1 Satz 1 entsprechend.

(3) Muss der Standsicherheitsnachweis nach § 70 Abs. 3 Satz 1 Nr. 2 LBO nach Maßgabe des Kriterienkataloges der Anlage 2 nicht bauaufsichtlich geprüft werden, ist spätestens mit der Baubeginnsanzeige eine Erklärung der Aufstellerin oder des Aufstellers der bautechnischen Nachweise nach der Liste nach § 15 Abs. 1 Satz 1 Nr. 5 des Architekten- und Ingenieurkammergesetzes hierüber vorzulegen.

§ 15   Anzeige der beabsichtigten Nutzungsaufnahme

Sind bei einem Bauvorhaben wiederkehrende bauaufsichtliche Prüfungen durch Verordnung nach § 83 Abs. 1 Nr. 4 LBO oder im Einzelfall vorgeschrieben, ist mit der Anzeige nach § 79 Abs. 2 Satz 1 LBO über die in § 79 Abs. 2 Satz 2 LBO benannten Bescheinigungen und Bestätigungen hinaus der Brandschutznachweis (§ 11) vorzulegen, soweit er nicht bauaufsichltich geprüft ist.

Fünfter Teil: **Aufbewahrungspflicht**

§ 16   Aufbewahrungspflicht

Die Bauherrin oder der Bauherr und ihre oder seine Rechtsnachfolgerin oder ihr oder sein Rechtsnachfolger sind verpflichtet,

1. bei baugenehmigungsbedürftigen Bauvorhaben die Baugenehmigung und die geprüften Bauvorlagen,
2. bei genehmigungsfreigestellten Bauvorhaben die Bauvorlagen,
3. die Prüfberichte von Prüfingenieurinnen oder Prüfingenieuren für Standsicherheit und die Bescheinigungen von Prüfsachverständigen und
4. die Verwendbarkeitsnachweise für Bauprodukte und Bauarten, soweit sie Nebenbestimmungen für den Betrieb oder die Wartung enthalten, und Zustimmungen im Einzelfall

bis zur Beseitigung der baulichen Anlage oder einer die Genehmigungsfrage insgesamt neu aufwerfenden Änderung oder Nutzungsänderung aufzubewahren und auf Verlangen der Bauaufsichtsbehörde vorzulegen. Die Bauherrin oder der Bauherr und ihre oder seine Rechtsnachfolgerin oder ihr oder sein Rechtsnachfolger sind verpflichtet, die Unterlagen nach Satz 1 bei einer rechtsgeschäftlichen Veräußerung des Bauvorhabens an die jeweilige Rechtsnachfolgerin oder den jeweiligen Rechtsnachfolger weiterzugeben.

Sechster Teil: **Schlussbestimmungen**

§ 17 Anlagen

Die Anlagen sind Bestandteil dieser Verordnung.

§ 17a Übergangsvorschriften

Für die vor dem 1. Juni 2012 eingeleiteten Verfahren findet die Bauvorlagenverordnung in der bis zum 1. Juni 2012 geltenden Fassung weiterhin Anwendung.

§ 18 Inkrafttreten, Außerkrafttreten[*)]

(1) Diese Verordnung tritt am 1. Mai 2009 in Kraft. Gleichzeitig tritt die Landesverordnung über Bauvorlagen im bauaufsichtlichen Verfahren (Bauvor-

---

[*)] Die Änderungsverodnung vom 11. März 2014 ist am 30. April 2014 in Kraft getreten.

lagenverordnung – BauVorlVO –) vom 17. Juli 1975 (GVOBl. Schl.-H. S. 208), geändert durch Landesverordnung vom 13. August 1984 (GVOBl. Schl.-H. S. 156), außer Kraft.

(2) Diese Verordnung tritt mit Ablauf des 29. April 2019 außer Kraft.

Anlage 1
Zeichen und Farben für Bauvorlagen
(zu § 7 Abs. 5 und § 8 Abs. 4 BauVorlVO)

		Zeichen:	Farbe:
1.	Grenzen des Grundstücks	— — — — —	Violett
2.	vorhandene bauliche Anlagen oder Bauteile		Grau
3.	geplante bauliche Anlagen oder Bauteile		Rot
4.	zu beseitigende bauliche Anlagen oder Bauteile		Gelb
5.	Flächen, die von Baulasten betroffen sind		Braun

Sind die nachfolgenden Kriterien ausnahmslos erfüllt, ist eine Prüfung des Standsicherheitsnachweises nicht erforderlich:

1. Die Baugrundverhältnisse sind eindeutig und erlauben eine übliche Flachgründung entsprechend der Norm DIN 1054. Ausgenommen sind Gründungen auf setzungsempfindlichem Baugrund.

2. Bei erddruckbelasteten baulichen Anlagen beträgt die Höhendifferenz zwischen Gründungssohle und Erdoberfläche maximal 4 m. Einwirkungen aus Wasserdruck müssen rechnerisch nicht berücksichtigt werden.

3. Angrenzende bauliche Anlagen oder öffentliche Verkehrsflächen werden nicht beeinträchtigt. Nachzuweisende Unterfangungen oder Baugrubensicherungen sind nicht erforderlich.

4. Die tragenden und aussteifenden Bauteile gehen im Wesentlichen bis zu den Fundamenten unversetzt durch. Ein rechnerischer Nachweis der Aussteifung der baulichen Anlagen, auch für Teilbereiche, ist nicht erforderlich. Ausgenommen von dem Kriterium nach Satz 2 sind freistehende eingeschossige landwirtschaftlich und forstwirtschaftlich genutzte Gebäude ohne Aufenthaltsräume und ohne regelmäßigen Personenverkehr bis zu 7,50 m Firsthöhe und bis 800 m² Grundfläche.

5. Die Geschossdecken sind linienförmig gelagert und dürfen für gleichmäßig verteilte Lasten (kN/m²) und Linienlasten aus nichttragenden Wänden (kN/m) bemessen werden. Geschossdecken ohne ausreichende Querverteilung erhalten keine Einzellasten. Mittelgaragen unterliegen der Prüfpflicht.

6. Die Bauteile der baulichen Anlage oder die bauliche Anlage selbst können mit einfachen Verfahren der Baustatik berechnet oder konstruktiv festgelegt werden. Räumliche Tragstrukturen müssen rechnerisch nicht nachgewiesen werden. Besondere Stabilitäts-, Verformungs- und Schwingungsuntersuchungen sind nicht erforderlich. Die maximale Spannweite der Tragglieder beträgt 12 m.

7. Außergewöhnliche sowie dynamische Einwirkungen sind nicht vorhanden. Beanspruchungen aus Erdbeben müssen rechnerisch nicht verfolgt werden.

8. Besondere Bauarten wie zum Beispiel Spannbetonbau, Verbundbau, geklebte Holzkonstruktionen, geschweißte Aluminiumkonstruktionen, tragende Glaskonstruktionen und Seiltragwerke werden nicht angewendet.

D   Bundesrechtliche Regelungen

1.   Baugesetzbuch (BauGB)

– Auszug –

in der Fassung der Bekanntmachung vom 23. September 2004 (BGBl. I S. 2414), zuletzt geändert durch Artikel 6 des Gesetzes vom 20. Oktober 2015 (BGBl. I S. 1722)

§ 14   Veränderungssperre

(1) Ist ein Beschluss über die Aufstellung eines Bebauungsplans gefasst, kann die Gemeinde zur Sicherung der Planung für den künftigen Planbereich eine Veränderungssperre mit dem Inhalt beschließen, dass

1. Vorhaben im Sinne des § 29 nicht durchgeführt oder bauliche Anlagen nicht beseitigt werden dürfen;
2. erhebliche oder wesentlich wertsteigernde Veränderungen von Grundstücken und baulichen Anlagen, deren Veränderungen nicht genehmigungs-, zustimmungs- oder anzeigepflichtig sind, nicht vorgenommen werden dürfen.

(2) [1]Wenn überwiegende öffentliche Belange nicht entgegenstehen, kann von der Veränderungssperre eine Ausnahme zugelassen werden. [2]Die Entscheidung über Ausnahmen trifft die Baugenehmigungsbehörde im Einvernehmen mit der Gemeinde.

(3) Vorhaben, die vor dem Inkrafttreten der Veränderungssperre baurechtlich genehmigt worden sind, Vorhaben, von denen die Gemeinde nach Maßgabe des Bauordnungsrechts Kenntnis erlangt hat und mit deren Ausführung vor dem Inkrafttreten der Veränderungssperre hätte begonnen werden dürfen, sowie Unterhaltungsarbeiten und die Fortführung einer bisher ausgeübten Nutzung werden von der Veränderungssperre nicht berührt.

(4) Soweit für Vorhaben im förmlich festgelegten Sanierungsgebiet oder im städtebaulichen Entwicklungsbereich eine Genehmigungspflicht nach § 144 Abs. 1 besteht, sind die Vorschriften über die Veränderungssperre nicht anzuwenden.

§ 15 Zurückstellung von Baugesuchen

(1) [1]Wird eine Veränderungssperre nach § 14 nicht beschlossen, obwohl die Voraussetzungen gegeben sind, oder ist eine beschlossene Veränderungssperre noch nicht in Kraft getreten, hat die Baugenehmigungsbehörde auf Antrag der Gemeinde die Entscheidung über die Zulässigkeit von Vorhaben im Einzelfall für einen Zeitraum bis zu zwölf Monaten auszusetzen, wenn zu befürchten ist, dass die Durchführung der Planung durch das Vorhaben unmöglich gemacht oder wesentlich erschwert werden würde. [2]Wird kein Baugenehmigungsverfahren durchgeführt, wird auf Antrag der Gemeinde an Stelle der Aussetzung der Entscheidung über die Zulässigkeit eine vorläufige Untersagung innerhalb einer durch Landesrecht festgesetzten Frist ausgesprochen. [3]Die vorläufige Untersagung steht der Zurückstellung nach Satz 1 gleich.

(2) Soweit für Vorhaben im förmlich festgelegten Sanierungsgebiet oder im städtebaulichen Entwicklungsbereich eine Genehmigungspflicht nach § 144 Abs. 1 besteht, sind die Vorschriften über die Zurückstellung von Baugesuchen nicht anzuwenden; mit der förmlichen Festlegung des Sanierungsgebiets oder des städtebaulichen Entwicklungsbereichs wird ein Bescheid über die Zurückstellung des Baugesuchs nach Absatz 1 unwirksam.

(3) [1]Auf Antrag der Gemeinde hat die Baugenehmigungsbehörde die Entscheidung über die Zulässigkeit von Vorhaben nach § 35 Abs. 1 Nr. 2 bis 6 für einen Zeitraum bis zu längstens einem Jahr nach Zustellung der Zurückstellung des Baugesuchs auszusetzen, wenn die Gemeinde beschlossen hat, einen Flächennutzungsplan aufzustellen, zu ändern oder zu ergänzen, mit dem die Rechtswirkungen des § 35 Abs. 3 Satz 3 erreicht werden sollen, und zu befürchten ist, dass die Durchführung der Planung durch das Vorhaben unmöglich gemacht oder wesentlich erschwert werden würde. [2]Auf diesen Zeitraum ist die Zeit zwischen dem Eingang des Baugesuchs bei der zuständigen Behörde bis zur Zustellung der Zurückstellung des Baugesuchs nicht anzurechnen, soweit der Zeitraum für die Bearbeitung des Baugesuchs erforderlich ist. [3]Der Antrag der Gemeinde nach Satz 1 ist nur innerhalb von sechs Monaten, nachdem die Gemeinde in einem Verwaltungsverfahren von dem Bauvorhaben förmlich Kenntnis erhalten hat, zulässig. [4]Wenn besondere Umstände es erfordern, kann die Baugenehmigungsbehörde auf Antrag der Gemeinde die Entscheidung nach Satz 1 um höchstens ein weiteres Jahr aussetzen.

§ 16   Beschluss über die Veränderungssperre

(1) Die Veränderungssperre wird von der Gemeinde als Satzung beschlossen.

(2) [1]Die Gemeinde hat die Veränderungssperre ortsüblich bekannt zu machen. [2]Sie kann auch ortsüblich bekanntmachen, dass eine Veränderungssperre beschlossen worden ist; § 10 Abs. 3 Satz 2 bis 5 ist entsprechend anzuwenden.

§ 17   Geltungsdauer der Veränderungssperre

(1) [1]Die Veränderungssperre tritt nach Ablauf von zwei Jahren außer Kraft. [2]Auf die Zweijahresfrist ist der seit der Zustellung der ersten Zurückstellung eines Baugesuchs nach § 15 Abs. 1 abgelaufene Zeitraum anzurechnen. [3]Die Gemeinde kann die Frist um ein Jahr verlängern.

(2) Wenn besondere Umstände es erfordern, kann die Gemeinde die Frist bis zu einem weiteren Jahr nochmals verlängern.

(3) Die Gemeinde kann eine außer Kraft getretene Veränderungssperre ganz oder teilweise erneut beschließen, wenn die Voraussetzungen für ihren Erlass fortbestehen.

(4) Die Veränderungssperre ist vor Fristablauf ganz oder teilweise außer Kraft zu setzen, sobald die Voraussetzungen für ihren Erlass weggefallen sind.

(5) Die Veränderungssperre tritt in jedem Fall außer Kraft, sobald und soweit die Bauleitplanung rechtsverbindlich abgeschlossen ist.

(6) [1]Mit der förmlichen Festlegung des Sanierungsgebiets oder des städtebaulichen Entwicklungsbereichs tritt eine bestehende Veränderungssperre nach § 14 außer Kraft. [2]Dies gilt nicht, wenn in der Sanierungssatzung die Genehmigungspflicht nach § 144 Abs. 1 ausgeschlossen ist.

§ 18   Entschädigung bei Veränderungssperre

(1) [1]Dauert die Veränderungssperre länger als vier Jahre über den Zeitpunkt ihres Beginns oder der ersten Zurückstellung eines Baugesuchs nach § 15 Abs. 1 hinaus, ist den Betroffenen für dadurch entstandene Vermögensnachteile eine angemessene Entschädigung in Geld zu leisten. [2]Die Vorschriften über die Entschädigung im Zweiten Abschnitt des Fünften Teils sowie § 121 gelten entsprechend; dabei ist der Grundstückswert

zugrunde zu legen, der nach den Vorschriften des Zweiten Abschnitts des Dritten Teils zu entschädigen wäre.

(2) [1]Zur Entschädigung ist die Gemeinde verpflichtet. [2]Der Entschädigungsberechtigte kann Entschädigung verlangen, wenn die in Absatz 1 Satz 1 bezeichneten Vermögensnachteile eingetreten sind. [3]Er kann die Fälligkeit des Anspruchs dadurch herbeiführen, dass er die Leistung der Entschädigung schriftlich bei dem Entschädigungspflichtigen beantragt. [4]Kommt eine Einigung über die Entschädigung nicht zustande, entscheidet die höhere Verwaltungsbehörde. [5]Für den Bescheid über die Festsetzung der Entschädigung gilt § 122 entsprechend.

(3) [1]Auf das Erlöschen des Entschädigungsanspruchs findet § 44 Abs. 4 mit der Maßgabe Anwendung, dass bei einer Veränderungssperre, die die Sicherung einer Festsetzung nach § 40 Abs. 1 oder § 41 Abs. 1 zum Gegenstand hat, die Erlöschensfrist frühestens ab Rechtsverbindlichkeit des Bebauungsplans beginnt. [2]In der Bekanntmachung nach § 16 Abs. 2 ist auf die Vorschriften des Absatzes 2 Satz 2 und 3 hinzuweisen.

§ 19 Teilung von Grundstücken

(1) Die Teilung eines Grundstücks ist die dem Grundbuchamt gegenüber abgegebene oder sonst wie erkennbar gemachte Erklärung des Eigentümers, dass ein Grundstücksteil grundbuchmäßig abgeschrieben und als selbständiges Grundstück oder als ein Grundstück zusammen mit anderen Grundstücken oder mit Teilen anderer Grundstücke eingetragen werden soll.

(2) Durch die Teilung eines Grundstücks im Geltungsbereich eines Bebauungsplans dürfen keine Verhältnisse entstehen, die den Festsetzungen des Bebauungsplans widersprechen.

§ 22 Sicherung von Gebieten mit Fremdenverkehrsfunktionen

(1) [1]Die Gemeinden, die oder deren Teile überwiegend durch den Fremdenverkehr geprägt sind, können in einem Bebauungsplan oder durch eine sonstige Satzung bestimmen, dass zur Sicherung der Zweckbestimmung von Gebieten mit Fremdenverkehrsfunktionen die Begründung oder Teilung von Wohnungseigentum oder Teileigentum (§ 1 des Wohnungseigentumsgesetzes) der Genehmigung unterliegt. [2]Dies gilt entsprechend für die in den §§ 30 und 31 des Wohnungseigentumsgesetzes bezeichneten Rechte. [3]Voraussetzung für die Bestimmung ist, dass durch die Begrün-

dung oder Teilung der Rechte die vorhandene oder vorgesehene Zweckbestimmung des Gebiets für den Fremdenverkehr und dadurch die geordnete
städtebauliche Entwicklung beeinträchtigt werden kann. [4]Die Zweckbestimmung eines Gebiets für den Fremdenverkehr ist insbesondere anzunehmen bei Kurgebieten, Gebieten für die Fremdenbeherbergung, Wo-
chenend- und Ferienhausgebieten, die im Bebauungsplan festgesetzt sind,
und bei im Zusammenhang bebauten Ortsteilen, deren Eigenart solchen
Gebieten entspricht, sowie bei sonstigen Gebieten mit Fremdenverkehrsfunktionen, die durch Beherbergungsbetriebe und Wohngebäude mit
Fremdenbeherbergung geprägt sind.

(2) [1]Die Gemeinde hat die Satzung ortsüblich bekannt zu machen. [2]Sie
kann die Bekanntmachung auch in entsprechender Anwendung des § 10
Abs. 3 Satz 2 bis 5 vornehmen. [3]Die Gemeinde teilt dem Grundbuchamt
den Beschluss über die Satzung, das Datum ihres Inkrafttretens sowie die
genaue Bezeichnung der betroffenen Grundstücke vor ihrer Bekanntmachung rechtzeitig mit. [4]Von der genauen Bezeichnung der betroffenen
Grundstücke kann abgesehen werden, wenn die gesamte Gemarkung betroffen ist und die Gemeinde dies dem Grundbuchamt mitteilt.

(3) (weggefallen)

(4) [1]Die Genehmigung darf nur versagt werden, wenn durch die Begründung oder Teilung der Rechte die Zweckbestimmung des Gebiets für den
Fremdenverkehr und dadurch die städtebauliche Entwicklung und Ordnung
beeinträchtigt wird. [2]Die Genehmigung ist zu erteilen, wenn sie erforderlich ist, damit Ansprüche Dritter erfüllt werden können, zu deren Sicherung vor
dem Wirksamwerden des Genehmigungsvorbehalts eine Vormerkung im
Grundbuch eingetragen oder der Antrag auf Eintragung einer Vormerkung
beim Grundbuchamt eingegangen ist; die Genehmigung kann auch von
dem Dritten beantragt werden. [3]Die Genehmigung kann erteilt werden, um
wirtschaftliche Nachteile zu vermeiden, die für den Eigentümer eine besondere Härte bedeuten.

(5) [1]Über die Genehmigung entscheidet die Baugenehmigungsbehörde im
Einvernehmen mit der Gemeinde. [2]Über die Genehmigung ist innerhalb
eines Monats nach Eingang des Antrags bei der Baugenehmigungsbehörde zu entscheiden. [3]Kann die Prüfung des Antrags in dieser Zeit nicht
abgeschlossen werden, ist die Frist vor ihrem Ablauf in einem dem Antragsteller mitzuteilenden Zwischenbescheid um den Zeitraum zu verlängern,
der notwendig ist, um die Prüfung abschließen zu können; höchstens jedoch um drei Monate. [4]Die Genehmigung gilt als erteilt, wenn sie nicht
innerhalb der Frist versagt wird. [5]Darüber hat die Baugenehmigungsbehörde auf Antrag eines Beteiligten ein Zeugnis auszustellen. [6]Das Einver-

nehmen gilt als erteilt, wenn es nicht binnen zwei Monaten nach Eingang des Ersuchens der Genehmigungsbehörde verweigert wird; dem Ersuchen gegenüber der Gemeinde steht die Einreichung des Antrags bei der Gemeinde gleich, wenn sie nach Landesrecht vorgeschrieben ist.

(6) [1]Bei einem Grundstück, das im Geltungsbereich einer Satzung nach Absatz 1 liegt, darf das Grundbuchamt die von Absatz 1 erfassten Eintragungen in das Grundbuch nur vornehmen, wenn der Genehmigungsbescheid oder ein Zeugnis gemäß Absatz 5 Satz 5 vorgelegt wird oder wenn die Freistellungserklärung der Gemeinde gemäß Absatz 8 beim Grundbuchamt eingegangen ist. [2]Ist dennoch eine Eintragung in das Grundbuch vorgenommen worden, kann die Baugenehmigungsbehörde, falls die Genehmigung erforderlich war, das Grundbuchamt um die Eintragung eines Widerspruchs ersuchen; § 53 Abs. 1 der Grundbuchordnung bleibt unberührt. [3]Der Widerspruch ist zu löschen, wenn die Baugenehmigungsbehörde darum ersucht oder die Genehmigung erteilt ist.

(7) [1]Wird die Genehmigung versagt, kann der Eigentümer von der Gemeinde unter den Voraussetzungen des § 40 Abs. 2 die Übernahme des Grundstücks verlangen. [2]§ 43 Abs. 1, 4 und 5 sowie § 44 Abs. 3 und 4 sind entsprechend anzuwenden.

(8) [1]Die Gemeinde hat den Genehmigungsvorbehalt aufzuheben oder im Einzelfall einzelne Grundstücke durch Erklärung gegenüber dem Eigentümer vom Genehmigungsvorbehalt freizustellen, wenn die Voraussetzungen für den Genehmigungsvorbehalt entfallen sind. [2]Die Gemeinde teilt dem Grundbuchamt die Aufhebung des Genehmigungsvorbehalts sowie die genaue Bezeichnung der hiervon betroffenen Grundstücke unverzüglich mit. [3]Von der genauen Bezeichnung kann abgesehen werden, wenn die gesamte Gemarkung betroffen ist und die Gemeinde dies dem Grundbuchamt mitteilt. [4]Sobald die Mitteilung über die Aufhebung des Genehmigungsvorbehalts beim Grundbuchamt eingegangen ist, ist Absatz 6 Satz 1 nicht mehr anzuwenden.

(9) [1]In der sonstigen Satzung nach Absatz 1 kann neben der Bestimmung des Genehmigungsvorbehalts die höchstzulässige Zahl der Wohnungen in Wohngebäuden nach Maßgabe des § 9 Abs. 1 Nr. 6 festgesetzt werden. [2]Vor der Festsetzung nach Satz 1 ist der betroffenen Öffentlichkeit und den berührten Behörden und sonstigen Trägern öffentlicher Belange Gelegenheit zur Stellungnahme innerhalb angemessener Frist zu geben.

(10) [1]Der sonstigen Satzung nach Absatz 1 ist eine Begründung beizufügen. [2]In der Begründung zum Bebauungsplan (§ 9 Abs. 8) oder zur sonstigen Satzung ist darzulegen, dass die in Absatz 1 Satz 3 bezeichneten Voraussetzungen für die Festlegung des Gebiets vorliegen.

§ 29 Begriff des Vorhabens; Geltung von Rechtsvorschriften

(1) Für Vorhaben, die die Errichtung, Änderung oder Nutzungsänderung von baulichen Anlagen zum Inhalt haben, und für Aufschüttungen und Abgrabungen größeren Umfangs sowie für Ausschachtungen, Ablagerungen einschließlich Lagerstätten gelten die §§ 30 bis 37.

(2) Die Vorschriften des Bauordnungsrechts und andere öffentlich-rechtliche Vorschriften bleiben unberührt.

§ 30 Zulässigkeit von Vorhaben im Geltungsbereich eines Bebauungsplans

(1) Im Geltungsbereich eines Bebauungsplans, der allein oder gemeinsam mit sonstigen baurechtlichen Vorschriften mindestens Festsetzungen über die Art und das Maß der baulichen Nutzung, die überbaubaren Grundstücksflächen und die örtlichen Verkehrsflächen enthält, ist ein Vorhaben zulässig, wenn es diesen Festsetzungen nicht widerspricht und die Erschließung gesichert ist.

(2) Im Geltungsbereich eines vorhabenbezogenen Bebauungsplans nach § 12 ist ein Vorhaben zulässig, wenn es dem Bebauungsplan nicht widerspricht und die Erschließung gesichert ist.

(3) Im Geltungsbereich eines Bebauungsplans, der die Voraussetzungen des Absatzes 1 nicht erfüllt (einfacher Bebauungsplan), richtet sich die Zulässigkeit von Vorhaben im Übrigen nach § 34 oder § 35.

§ 31 Zulässigkeit von Vorhaben im Geltungsbereich eines Bebauungsplans

(1) Von den Festsetzungen des Bebauungsplans können solche Ausnahmen zugelassen werden, die in dem Bebauungsplan nach Art und Umfang ausdrücklich vorgesehen sind.

(2) Von den Festsetzungen des Bebauungsplans kann befreit werden, wenn die Grundzüge der Planung nicht berührt werden und
1. Gründe des Wohls der Allgemeinheit, einschließlich des Bedarfs zur Unterbringung von Flüchtlingen oder Asylbegehrenden, die Befreiung erfordern oder
2. die Abweichung städtebaulich vertretbar ist oder
3. die Durchführung des Bebauungsplans zu einer offenbar nicht beabsichtigten Härte führen würde

und wenn die Abweichung auch unter Würdigung nachbarlicher Interessen mit den öffentlichen Belangen vereinbar ist.

§ 32 Nutzungsbeschränkungen auf künftigen Gemeinbedarfs-, Verkehrs-, Versorgungs- und Grünflächen

[1]Sind überbaute Flächen in dem Bebauungsplan als Baugrundstücke für den Gemeinbedarf oder als Verkehrs-, Versorgungs- oder Grünflächen festgesetzt, dürfen auf ihnen Vorhaben, die eine wertsteigernde Änderung baulicher Anlagen zur Folge haben, nur zugelassen und für sie Befreiungen von den Festsetzungen des Bebauungsplans nur erteilt werden, wenn der Bedarfs- oder Erschließungsträger zustimmt oder der Eigentümer für sich und seine Rechtsnachfolger auf Ersatz der Werterhöhung für den Fall schriftlich verzichtet, dass der Bebauungsplan durchgeführt wird. [2]Dies gilt auch für die dem Bebauungsplan nicht widersprechenden Teile einer baulichen Anlage, wenn sie für sich allein nicht wirtschaftlich verwertbar sind oder wenn bei der Enteignung die Übernahme der restlichen überbauten Flächen verlangt werden kann.

§ 33 Zulässigkeit von Vorhaben während der Planaufstellung

(1) In Gebieten, für die ein Beschluss über die Aufstellung eines Bebauungsplans gefasst ist, ist ein Vorhaben zulässig, wenn
1. die Öffentlichkeits- und Behördenbeteiligung nach § 3 Abs. 2, § 4 Abs. 2 und § 4a Abs. 2 bis 5 durchgeführt worden ist,
2. anzunehmen ist, dass das Vorhaben den künftigen Festsetzungen des Bebauungsplans nicht entgegensteht,
3. der Antragsteller diese Festsetzungen für sich und seine Rechtsnachfolger schriftlich anerkennt und
4. die Erschließung gesichert ist.

(2) In Fällen des § 4a Abs. 3 Satz 1 kann vor der erneuten Öffentlichkeits- und Behördenbeteiligung ein Vorhaben zugelassen werden, wenn sich die vorgenommene Änderung oder Ergänzung des Bebauungsplanentwurfs nicht auf das Vorhaben auswirkt und die in Absatz 1 Nr. 2 bis 4 bezeichneten Voraussetzungen erfüllt sind.

(3) [1]Wird ein Verfahren nach § 13 oder § 13a durchgeführt, kann ein Vorhaben vor Durchführung der Öffentlichkeits- und Behördenbeteiligung zugelassen werden, wenn die in Absatz 1 Nr. 2 bis 4 bezeichneten Voraussetzungen erfüllt sind. [2]Der betroffenen Öffentlichkeit und den berührten

Behörden und sonstigen Trägern öffentlicher Belange ist vor Erteilung der Genehmigung Gelegenheit zur Stellungnahme innerhalb angemessener Frist zu geben, soweit sie dazu nicht bereits zuvor Gelegenheit hatten.

§ 34   Zulässigkeit von Vorhaben innerhalb der im Zusammenhang bebauten Ortsteile

(1) [1]Innerhalb der im Zusammenhang bebauten Ortsteile ist ein Vorhaben zulässig, wenn es sich nach Art und Maß der baulichen Nutzung, der Bauweise und der Grundstücksfläche, die überbaut werden soll, in die Eigenart der näheren Umgebung einfügt und die Erschließung gesichert ist. [2]Die Anforderungen an gesunde Wohn- und Arbeitsverhältnisse müssen gewahrt bleiben; das Ortsbild darf nicht beeinträchtigt werden.

(2) Entspricht die Eigenart der näheren Umgebung einem der Baugebiete, die in der auf Grund des § 9a erlassenen Verordnung bezeichnet sind, beurteilt sich die Zulässigkeit des Vorhabens nach seiner Art allein danach, ob es nach der Verordnung in dem Baugebiet allgemein zulässig wäre; auf die nach der Verordnung ausnahmsweise zulässigen Vorhaben ist § 31 Abs. 1, im Übrigen ist § 31 Abs. 2 entsprechend anzuwenden.

(3) Von Vorhaben nach Absatz 1 oder 2 dürfen keine schädlichen Auswirkungen auf zentrale Versorgungsbereiche in der Gemeinde oder in anderen Gemeinden zu erwarten sein.

(3a) [1]Vom Erfordernis des Einfügens in die Eigenart der näheren Umgebung nach Absatz 1 Satz 1 kann im Einzelfall abgewichen werden, wenn die Abweichung
1. der Erweiterung, Änderung, Nutzungsänderung oder Erneuerung eines zulässigerweise errichteten Gewerbe- oder Handwerksbetriebs, einschließlich der Nutzungsänderung zu Wohnzwecken, oder der Erweiterung, Änderung oder Erneuerung einer zulässigerweise errichteten, Wohnzwecken dienenden baulichen Anlage dient,
2. städtebaulich vertretbar ist und
3. auch unter Würdigung nachbarlicher Interessen mit den öffentlichen Belangen vereinbar ist.
[2]Satz 1 findet keine Anwendung auf Einzelhandelsbetriebe, die die verbrauchernahe Versorgung der Bevölkerung beeinträchtigen oder schädliche Auswirkungen auf zentrale Versorgungsbereiche in der Gemeinde oder in anderen Gemeinden haben können.

(4) [1]Die Gemeinde kann durch Satzung
1. die Grenzen für im Zusammenhang bebaute Ortsteile festlegen,

2. bebaute Bereiche im Außenbereich als im Zusammenhang bebaute Ortsteile festlegen, wenn die Flächen im Flächennutzungsplan als Baufläche dargestellt sind,
3. einzelne Außenbereichsflächen in die im Zusammenhang bebauten Ortsteile einbeziehen, wenn die einbezogenen Flächen durch die bauliche Nutzung des angrenzenden Bereichs entsprechend geprägt sind.
[2]Die Satzungen können miteinander verbunden werden.

(5) [1]Voraussetzung für die Aufstellung von Satzungen nach Absatz 4 Satz 1 Nr. 2 und 3 ist, dass
1. sie mit einer geordneten städtebaulichen Entwicklung vereinbar sind,
2. die Zulässigkeit von Vorhaben, die einer Pflicht zur Durchführung einer Umweltverträglichkeitsprüfung nach Anlage 1 zum Gesetz über die Umweltverträglichkeitsprüfung oder nach Landesrecht unterliegen, nicht begründet wird und
3. keine Anhaltspunkte für eine Beeinträchtigung der in § 1 Abs. 6 Nr. 7 Buchstabe b genannten Schutzgüter bestehen.
[2]In den Satzungen nach Absatz 4 Satz 1 Nr. 2 und 3 können einzelne Festsetzungen nach § 9 Abs. 1 und 3 Satz 1 sowie Abs. 4 getroffen werden. [3]§ 9 Absatz 6 und § 31 sind entsprechend anzuwenden. [4]Auf die Satzung nach Absatz 4 Satz 1 Nr. 3 sind ergänzend § 1a Abs. 2 und 3 und § 9 Abs. 1a entsprechend anzuwenden; ihr ist eine Begründung mit den Angaben entsprechend § 2a Satz 2 Nr. 1 beizufügen.

(6) [1]Bei der Aufstellung der Satzungen nach Absatz 4 Satz 1 Nr. 2 und 3 sind die Vorschriften über die Öffentlichkeits- und Behördenbeteiligung nach § 13 Abs. 2 Satz 1 Nr. 2 und 3 sowie Satz 2 entsprechend anzuwenden. [2]Auf die Satzungen nach Absatz 4 Satz 1 Nr. 1 bis 3 ist § 10 Abs. 3 entsprechend anzuwenden.

§ 35   Bauen im Außenbereich

(1) Im Außenbereich ist ein Vorhaben nur zulässig, wenn öffentliche Belange nicht entgegenstehen, die ausreichende Erschließung gesichert ist und wenn es
1. einem land- oder forstwirtschaftlichen Betrieb dient und nur einen untergeordneten Teil der Betriebsfläche einnimmt,
2. einem Betrieb der gartenbaulichen Erzeugung dient,
3. der öffentlichen Versorgung mit Elektrizität, Gas, Telekommunikationsdienstleistungen, Wärme und Wasser, der Abwasserwirtschaft oder einem ortsgebundenen gewerblichen Betrieb dient,

4. wegen seiner besonderen Anforderungen an die Umgebung, wegen seiner nachteiligen Wirkung auf die Umgebung oder wegen seiner besonderen Zweckbestimmung nur im Außenbereich ausgeführt werden soll, es sei denn, es handelt sich um die Errichtung, Änderung oder Erweiterung einer baulichen Anlage zur Tierhaltung, die dem Anwendungsbereich der Nummer 1 nicht unterfällt und die einer Pflicht zur Durchführung einer standortbezogenen oder allgemeinen Vorprüfung oder einer Umweltverträglichkeitsprüfung nach dem Gesetz über die Umweltverträglichkeitsprüfung unterliegt, wobei bei kumulierenden Vorhaben für die Annahme eines engen Zusammenhangs diejenigen Tierhaltungsanlagen zu berücksichtigen sind, die auf demselben Betriebs- oder Baugelände liegen und mit gemeinsamen betrieblichen oder baulichen Einrichtungen verbunden sind,

5. der Erforschung, Entwicklung oder Nutzung der Wind- oder Wasserenergie dient,

6. der energetischen Nutzung von Biomasse im Rahmen eines Betriebes nach Nummer 1 oder 2 oder eines Betriebes nach Nummer 4, der Tierhaltung betreibt, sowie dem Anschluss solcher Anlagen an das öffentliche Versorgungsnetz dient, unter folgenden Voraussetzungen:
    a) das Vorhaben steht in einem räumlich-funktionalen Zusammenhang mit dem Betrieb,
    b) die Biomasse stammt überwiegend aus dem Betrieb oder überwiegend aus diesem und aus nahe gelegenen Betrieben nach den Nummern 1, 2 oder 4, soweit letzterer Tierhaltung betreibt,
    c) es wird je Hofstelle oder Betriebsstandort nur eine Anlage betrieben und
    d) die Kapazität einer Anlage zur Erzeugung von Biogas überschreitet nicht 2,3 Millionen Normkubikmeter Biogas pro Jahr, die Feuerungswärmeleistung anderer Anlagen überschreitet nicht 2,0 Megawatt,

7. der Erforschung, Entwicklung oder Nutzung der Kernenergie zu friedlichen Zwecken oder der Entsorgung radioaktiver Abfälle dient, mit Ausnahme der Neuerrichtung von Anlagen zur Spaltung von Kernbrennstoffen zur gewerblichen Erzeugung von Elektrizität, oder

8. der Nutzung solarer Strahlungsenergie in, an und auf Dach- und Außenwandflächen von zulässigerweise genutzten Gebäuden dient, wenn die Anlage dem Gebäude baulich untergeordnet ist.

(2) Sonstige Vorhaben können im Einzelfall zugelassen werden, wenn ihre Ausführung oder Benutzung öffentliche Belange nicht beeinträchtigt und die Erschließung gesichert ist.

(3) [1]Eine Beeinträchtigung öffentlicher Belange liegt insbesondere vor, wenn das Vorhaben

1. den Darstellungen des Flächennutzungsplans widerspricht,
2. den Darstellungen eines Landschaftsplans oder sonstigen Plans, insbesondere des Wasser-, Abfall- oder Immissionsschutzrechts, widerspricht,
3. schädliche Umwelteinwirkungen hervorrufen kann oder ihnen ausgesetzt wird,
4. unwirtschaftliche Aufwendungen für Straßen oder andere Verkehrseinrichtungen, für Anlagen der Versorgung oder Entsorgung, für die Sicherheit oder Gesundheit oder für sonstige Aufgaben erfordert,
5. Belange des Naturschutzes und der Landschaftspflege, des Bodenschutzes, des Denkmalschutzes oder die natürliche Eigenart der Landschaft und ihren Erholungswert beeinträchtigt oder das Orts- und Landschaftsbild verunstaltet,
6. Maßnahmen zur Verbesserung der Agrarstruktur beeinträchtigt, die Wasserwirtschaft oder den Hochwasserschutz gefährdet,
7. die Entstehung, Verfestigung oder Erweiterung einer Splittersiedlung befürchten lässt oder
8. die Funktionsfähigkeit von Funkstellen und Radaranlagen stört.

[2]Raumbedeutsame Vorhaben dürfen den Zielen der Raumordnung nicht widersprechen; öffentliche Belange stehen raumbedeutsamen Vorhaben nach Absatz 1 nicht entgegen, soweit die Belange bei der Darstellung dieser Vorhaben als Ziele der Raumordnung abgewogen worden sind. [3]Öffentliche Belange stehen einem Vorhaben nach Absatz 1 Nr. 2 bis 6 in der Regel auch dann entgegen, soweit hierfür durch Darstellungen im Flächennutzungsplan oder als Ziele der Raumordnung eine Ausweisung an anderer Stelle erfolgt ist.

(4) [1]Den nachfolgend bezeichneten sonstigen Vorhaben im Sinne des Absatzes 2 kann nicht entgegengehalten werden, dass sie Darstellungen des Flächennutzungsplans oder eines Landschaftsplans widersprechen, die natürliche Eigenart der Landschaft beeinträchtigen oder die Entstehung, Verfestigung oder Erweiterung einer Splittersiedlung befürchten lassen, soweit sie im Übrigen außenbereichsverträglich im Sinne des Absatzes 3 sind:

1. die Änderung der bisherigen Nutzung eines Gebäudes im Sinne des Absatzes 1 Nr. 1 unter folgenden Voraussetzungen:
   a) das Vorhaben dient einer zweckmäßigen Verwendung erhaltenswerter Bausubstanz,
   b) die äußere Gestalt des Gebäudes bleibt im wesentlichen gewahrt,

   c) die Aufgabe der bisherigen Nutzung liegt nicht länger als sieben Jahre zurück,
   d) das Gebäude ist vor mehr als sieben Jahren zulässigerweise errichtet worden,
   e) das Gebäude steht im räumlich-funktionalen Zusammenhang mit der Hofstelle des land- oder forstwirtschaftlichen Betriebs,
   f) im Falle der Änderung zu Wohnzwecken entstehen neben den bisher nach Absatz 1 Nr. 1 zulässigen Wohnungen höchstens drei Wohnungen je Hofstelle und
   g) es wird eine Verpflichtung übernommen, keine Neubebauung als Ersatz für die aufgegebene Nutzung vorzunehmen, es sei denn, die Neubebauung wird im Interesse der Entwicklung des Betriebs im Sinne des Absatzes 1 Nr. 1 erforderlich,
2. die Neuerrichtung eines gleichartigen Wohngebäudes an gleicher Stelle unter folgenden Voraussetzungen:
   a) das vorhandene Gebäude ist zulässigerweise errichtet worden,
   b) das vorhandene Gebäude weist Missstände oder Mängel auf,
   c) das vorhandene Gebäude wird seit längerer Zeit vom Eigentümer selbst genutzt und
   d) Tatsachen rechtfertigen die Annahme, dass das neu errichtete Gebäude für den Eigenbedarf des bisherigen Eigentümers oder seiner Familie genutzt wird; hat der Eigentümer das vorhandene Gebäude im Wege der Erbfolge von einem Voreigentümer erworben, der es seit längerer Zeit selbst genutzt hat, reicht es aus, wenn Tatsachen die Annahme rechtfertigen, dass das neu errichtete Gebäude für den Eigenbedarf des Eigentümers oder seiner Familie genutzt wird,
3. die alsbaldige Neuerrichtung eines zulässigerweise errichteten, durch Brand, Naturereignisse oder andere außergewöhnliche Ereignisse zerstörten, gleichartigen Gebäudes an gleicher Stelle,
4. die Änderung oder Nutzungsänderung von erhaltenswerten, das Bild der Kulturlandschaft prägenden Gebäuden, auch wenn sie aufgegeben sind, wenn das Vorhaben einer zweckmäßigen Verwendung der Gebäude und der Erhaltung des Gestaltwerts dient,
5. die Erweiterung eines Wohngebäudes auf bis zu höchstens zwei Wohnungen unter folgenden Voraussetzungen:
   a) das Gebäude ist zulässigerweise errichtet worden,
   b) die Erweiterung ist im Verhältnis zum vorhandenen Gebäude und unter Berücksichtigung der Wohnbedürfnisse angemessen und

c) bei der Errichtung einer weiteren Wohnung rechtfertigen Tatsachen die Annahme, dass das Gebäude vom bisherigen Eigentümer oder seiner Familie selbst genutzt wird,

6. die bauliche Erweiterung eines zulässigerweise errichteten gewerblichen Betriebs, wenn die Erweiterung im Verhältnis zum vorhandenen Gebäude und Betrieb angemessen ist.

[2]In begründeten Einzelfällen gilt die Rechtsfolge des Satzes 1 auch für die Neuerrichtung eines Gebäudes im Sinne des Absatzes 1 Nummer 1, dem eine andere Nutzung zugewiesen werden soll, wenn das ursprüngliche Gebäude vom äußeren Erscheinungsbild auch zur Wahrung der Kulturlandschaft erhaltenswert ist, keine stärkere Belastung des Außenbereichs zu erwarten ist als in Fällen des Satzes 1 und die Neuerrichtung auch mit nachbarlichen Interessen vereinbar ist; Satz 1 Nummer 1 Buchstabe b bis g gilt entsprechend. [3]In den Fällen des Satzes 1 Nummer 2 und 3 sowie des Satzes 2 sind geringfügige Erweiterungen des neuen Gebäudes gegenüber dem beseitigten oder zerstörten Gebäude sowie geringfügige Abweichungen vom bisherigen Standort des Gebäudes zulässig.

(5) [1]Die nach den Absätzen 1 bis 4 zulässigen Vorhaben sind in einer flächensparenden, die Bodenversiegelung auf das notwendige Maß begrenzenden und den Außenbereich schonenden Weise auszuführen. [2]Für Vorhaben nach Absatz 1 Nr. 2 bis 6 ist als weitere Zulässigkeitsvoraussetzung eine Verpflichtungserklärung abzugeben, das Vorhaben nach dauerhafter Aufgabe der zulässigen Nutzung zurückzubauen und Bodenversiegelungen zu beseitigen; bei einer nach Absatz 1 Nr. 2 bis 6 zulässigen Nutzungsänderung ist die Rückbauverpflichtung zu übernehmen, bei einer nach Absatz 1 Nr. 1 oder Absatz 2 zulässigen Nutzungsänderung entfällt sie. [3]Die Baugenehmigungsbehörde soll durch nach Landesrecht vorgesehene Baulast oder in anderer Weise die Einhaltung der Verpflichtung nach Satz 2 sowie nach Absatz 4 Satz 1 Nr. 1 Buchstabe g sicherstellen. [4]Im Übrigen soll sie in den Fällen des Absatzes 4 Satz 1 sicherstellen, dass die bauliche oder sonstige Anlage nach Durchführung des Vorhabens nur in der vorgesehenen Art genutzt wird.

(6) [1]Die Gemeinde kann für bebaute Bereiche im Außenbereich, die nicht überwiegend landwirtschaftlich geprägt sind und in denen eine Wohnbebauung von einigem Gewicht vorhanden ist, durch Satzung bestimmen, dass Wohnzwecken dienenden Vorhaben im Sinne des Absatzes 2 nicht entgegengehalten werden kann, dass sie einer Darstellung im Flächennutzungsplan über Flächen für die Landwirtschaft oder Wald widersprechen oder die Entstehung oder Verfestigung einer Splittersiedlung befürchten lassen. [2]Die Satzung kann auch auf Vorhaben erstreckt werden, die kleine-

ren Handwerks- und Gewerbebetrieben dienen. [3]In der Satzung können nähere Bestimmungen über die Zulässigkeit getroffen werden. [4]Voraussetzung für die Aufstellung der Satzung ist, dass

1. sie mit einer geordneten städtebaulichen Entwicklung vereinbar ist,
2. die Zulässigkeit von Vorhaben, die einer Pflicht zur Durchführung einer Umweltverträglichkeitsprüfung nach Anlage 1 zum Gesetz über die Umweltverträglichkeitsprüfung oder nach Landesrecht unterliegen, nicht begründet wird und
3. keine Anhaltspunkte für eine Beeinträchtigung der in § 1 Abs. 6 Nr. 7 Buchstabe b genannten Schutzgüter bestehen.

[5]Bei Aufstellung der Satzung sind die Vorschriften über die Öffentlichkeits- und Behördenbeteiligung nach § 13 Abs. 2 Satz 1 Nr. 2 und 3 sowie Satz 2 entsprechend anzuwenden. [6]§ 10 Abs. 3 ist entsprechend anzuwenden. [7]Von der Satzung bleibt die Anwendung des Absatzes 4 unberührt.

§ 36   Beteiligung der Gemeinde und der höheren Verwaltungsbehörde

(1) [1]Über die Zulässigkeit von Vorhaben nach den §§ 31, 33 bis 35 wird im bauaufsichtlichen Verfahren von der Baugenehmigungsbehörde im Einvernehmen mit der Gemeinde entschieden. [2]Das Einvernehmen der Gemeinde ist auch erforderlich, wenn in einem anderen Verfahren über die Zulässigkeit nach den in Satz 1 bezeichneten Vorschriften entschieden wird; dies gilt nicht für Vorhaben der in § 29 Abs. 1 bezeichneten Art, die der Bergaufsicht unterliegen. [3]Richtet sich die Zulässigkeit von Vorhaben nach § 30 Abs. 1, stellen die Länder sicher, dass die Gemeinde rechtzeitig vor Ausführung des Vorhabens über Maßnahmen zur Sicherung der Bauleitplanung nach den §§ 14 und 15 entscheiden kann. [4]In den Fällen des § 35 Abs. 2 und 4 kann die Landesregierung durch Rechtsverordnung allgemein oder für bestimmte Fälle festlegen, dass die Zustimmung der höheren Verwaltungsbehörde erforderlich ist.

(2) [1]Das Einvernehmen der Gemeinde und die Zustimmung der höheren Verwaltungsbehörde dürfen nur aus den sich aus den §§ 31, 33, 34 und 35 ergebenden Gründen versagt werden. [2]Das Einvernehmen der Gemeinde und die Zustimmung der höheren Verwaltungsbehörde gelten als erteilt, wenn sie nicht binnen zwei Monaten nach Eingang des Ersuchens der Genehmigungsbehörde verweigert werden; dem Ersuchen gegenüber der Gemeinde steht die Einreichung des Antrags bei der Gemeinde gleich, wenn sie nach Landesrecht vorgeschrieben ist. [3]Die nach Landesrecht zu-

ständige Behörde kann ein rechtswidrig versagtes Einvernehmen der Gemeinde ersetzen.

§ 37 Bauliche Maßnahmen des Bundes und der Länder

(1) Macht die besondere öffentliche Zweckbestimmung für bauliche Anlagen des Bundes oder eines Landes erforderlich, von den Vorschriften dieses Gesetzbuchs oder den auf Grund dieses Gesetzbuchs erlassenen Vorschriften abzuweichen oder ist das Einvernehmen mit der Gemeinde nach § 14 oder § 36 nicht erreicht worden, entscheidet die höhere Verwaltungsbehörde.

(2) [1]Handelt es sich dabei um Vorhaben, die der Landesverteidigung, dienstlichen Zwecken der Bundespolizei oder dem zivilen Bevölkerungsschutz dienen, ist nur die Zustimmung der höheren Verwaltungsbehörde erforderlich. [2]Vor Erteilung der Zustimmung hat diese die Gemeinde zu hören. [3]Versagt die höhere Verwaltungsbehörde ihre Zustimmung oder widerspricht die Gemeinde dem beabsichtigten Bauvorhaben, entscheidet das zuständige Bundesministerium im Einvernehmen mit den beteiligten Bundesministerien und im Benehmen mit der zuständigen Obersten Landesbehörde.

(3) [1]Entstehen der Gemeinde infolge der Durchführung von Maßnahmen nach den Absätzen 1 und 2 Aufwendungen für Entschädigungen nach diesem Gesetzbuch, sind sie ihr vom Träger der Maßnahmen zu ersetzen. [2]Muss infolge dieser Maßnahmen ein Bebauungsplan aufgestellt, geändert, ergänzt oder aufgehoben werden, sind ihr auch die dadurch entstandenen Kosten zu ersetzen.

(4) [1]Sollen bauliche Anlagen auf Grundstücken errichtet werden, die nach dem Landbeschaffungsgesetz beschafft werden, sind in dem Verfahren nach § 1 Abs. 2 des Landbeschaffungsgesetzes alle von der Gemeinde oder der höheren Verwaltungsbehörde nach den Absätzen 1 und 2 zulässigen Einwendungen abschließend zu erörtern. [2]Eines Verfahrens nach Absatz 2 bedarf es in diesem Fall nicht.

§ 38 Bauliche Maßnahmen von überörtlicher Bedeutung auf Grund von Planfeststellungsverfahren; öffentlich zugängliche Abfallbeseitigungsanlagen

[1]Auf Planfeststellungsverfahren und sonstige Verfahren mit den Rechtswirkungen der Planfeststellung für Vorhaben von überörtlicher Bedeutung so-

wie auf die auf Grund des Bundes-Immissionsschutzgesetzes für die Errichtung und den Betrieb öffentlich zugänglicher Abfallbeseitigungsanlagen geltenden Verfahren sind die §§ 29 bis 37 nicht anzuwenden, wenn die Gemeinde beteiligt wird; städtebauliche Belange sind zu berücksichtigen. [2]Eine Bindung nach § 7 bleibt unberührt. [3]§ 37 Abs. 3 ist anzuwenden.

§ 201 Begriff der Landwirtschaft

Landwirtschaft im Sinne dieses Gesetzbuchs ist insbesondere der Ackerbau, die Wiesen- und Weidewirtschaft einschließlich Tierhaltung, soweit das Futter überwiegend auf den zum landwirtschaftlichen Betrieb gehörenden, landwirtschaftlich genutzten Flächen erzeugt werden kann, die gartenbauliche Erzeugung, der Erwerbsobstbau, der Weinbau, die berufsmäßige Imkerei und die berufsmäßige Binnenfischerei.

§ 212a Entfall der aufschiebenden Wirkung

(1) Widerspruch und Anfechtungsklage eines Dritten gegen die bauaufsichtliche Zulassung eines Vorhabens haben keine aufschiebende Wirkung.

(2) Widerspruch und Anfechtungsklage gegen die Geltendmachung des Kostenerstattungsbetrags nach § 135a Abs. 3 sowie des Ausgleichsbetrags nach § 154 durch die Gemeinde haben keine aufschiebende Wirkung.

§ 245b Überleitungsvorschriften für Vorhaben im Außenbereich

(1) (weggefallen)

(2) Die Länder können bestimmen, dass die Frist nach § 35 Abs. 4 Satz 1 Nr. 1 Buchstabe c nicht anzuwenden ist.

§ 246 Sonderregelungen für einzelne Länder; Sonderregelungen für Flüchtlingsunterkünfte

(1) In den Ländern Berlin und Hamburg entfallen die in § 6 Abs. 1, § 10 Abs. 2 und § 190 Abs. 1 vorgesehenen Genehmigungen oder Zustimmungen; das Land Bremen kann bestimmen, dass diese Genehmigungen oder Zustimmungen entfallen.

(1a) [1]Die Länder können bestimmen, dass Bebauungspläne, die nicht der Genehmigung bedürfen, und Satzungen nach § 34 Abs. 4 Satz 1, § 35 Abs. 6 und § 165 Abs. 6 vor ihrem Inkrafttreten der höheren Verwaltungsbehörde anzuzeigen sind; dies gilt nicht für Bebauungspläne nach § 13. [2]Die höhere Verwaltungsbehörde hat die Verletzung von Rechtsvorschriften, die eine Versagung der Genehmigung nach § 6 Abs. 2 rechtfertigen würde, innerhalb eines Monats nach Eingang der Anzeige geltend zu machen. [3]Der Bebauungsplan und die Satzungen dürfen nur in Kraft gesetzt werden, wenn die höhere Verwaltungsbehörde die Verletzung von Rechtsvorschriften nicht innerhalb der in Satz 2 bezeichneten Frist geltend gemacht hat.

(2) [1]Die Länder Berlin und Hamburg bestimmen, welche Form der Rechtsetzung an die Stelle der in diesem Gesetzbuch vorgesehenen Satzungen tritt. [2]Das Land Bremen kann eine solche Bestimmung treffen. [3]Die Länder Berlin, Bremen und Hamburg können eine von § 10 Abs. 3, § 16 Abs. 2, § 22 Abs. 2, § 143 Abs. 1, § 162 Abs. 2 Satz 2 bis 4 und § 165 Abs. 8 abweichende Regelung treffen.

(3) § 171f ist auch auf Rechtsvorschriften der Länder anzuwenden, die vor dem 1. Januar 2007 in Kraft getreten sind.

(4) Die Senate der Länder Berlin, Bremen und Hamburg werden ermächtigt, die Vorschriften dieses Gesetzbuchs über die Zuständigkeit von Behörden dem besonderen Verwaltungsaufbau ihrer Länder anzupassen.

(5) Das Land Hamburg gilt für die Anwendung dieses Gesetzbuchs auch als Gemeinde.

(6) (weggefallen)

(7) [1]Die Länder können bestimmen, dass § 34 Abs. 1 Satz 1 bis zum 31. Dezember 2004 nicht für Einkaufszentren, großflächige Einzelhandelsbetriebe und sonstige großflächige Handelsbetriebe im Sinne des § 11 Abs. 3 der Baunutzungsverordnung anzuwenden ist. [2]Wird durch eine Regelung nach Satz 1 die bis dahin zulässige Nutzung eines Grundstücks aufgehoben oder wesentlich geändert, ist § 238 entsprechend anzuwenden.

(8) [1]Bis zum 31. Dezember 2019 gilt § 34 Absatz 3a Satz 1 entsprechend für die Nutzungsänderung zulässigerweise errichteter baulicher Anlagen in bauliche Anlagen, die der Unterbringung von Flüchtlingen oder Asylbegehrenden dienen, und für deren Erweiterung, Änderung oder Erneuerung.

(9) Bis zum 31. Dezember 2019 gilt die Rechtsfolge des § 35 Absatz 4 Satz 1 für Vorhaben entsprechend, die der Unterbringung von Flüchtlingen oder Asylbegehrenden dienen, wenn das Vorhaben im unmittelbaren

räumlichen Zusammenhang mit nach § 30 Absatz 1 oder § 34 zu beurteilenden bebauten Flächen innerhalb des Siedlungsbereichs erfolgen soll.

(10) [1]Bis zum 31. Dezember 2019 kann in Gewerbegebieten (§ 8 der Baunutzungsverordnung, auch in Verbindung mit § 34 Absatz 2) für Aufnahmeeinrichtungen, Gemeinschaftsunterkünfte oder sonstige Unterkünfte für Flüchtlinge oder Asylbegehrende von den Festsetzungen des Bebauungsplans befreit werden, wenn an dem Standort Anlagen für soziale Zwecke als Ausnahme zugelassen werden können oder allgemein zulässig sind und die Abweichung auch unter Würdigung nachbarlicher Interessen mit öffentlichen Belangen vereinbar ist. [2]§ 36 gilt entsprechend.

(11) [1]Soweit in den Baugebieten nach den §§ 2 bis 7 der Baunutzungsverordnung (auch in Verbindung mit § 34 Absatz 2) Anlagen für soziale Zwecke als Ausnahme zugelassen werden können, gilt § 31 Absatz 1 mit der Maßgabe, dass dort bis zum 31. Dezember 2019 Aufnahmeeinrichtungen, Gemeinschaftsunterkünfte oder sonstige Unterkünfte für Flüchtlinge oder Asylbegehrende in der Regel zugelassen werden sollen. [2]Satz 1 gilt entsprechend für in übergeleiteten Plänen festgesetzte Baugebiete, die den in Satz 1 genannten Baugebieten vergleichbar sind.

(12) [1]Bis zum 31. Dezember 2019 kann für die auf längstens drei Jahre zu befristende
1. Errichtung mobiler Unterkünfte für Flüchtlinge oder Asylbegehrende,
2. Nutzungsänderung zulässigerweise errichteter baulicher Anlagen in Gewerbe- und Industriegebieten sowie in Sondergebieten nach den §§ 8 bis 11 der Baunutzungsverordnung (auch in Verbindung mit § 34 Absatz 2) in Aufnahmeeinrichtungen, Gemeinschaftsunterkünfte oder sonstige Unterkünfte für Flüchtlinge oder Asylbegehrende
von den Festsetzungen des Bebauungsplans befreit werden, wenn die Befreiung auch unter Würdigung nachbarlicher Interessen mit den öffentlichen Belangen vereinbar ist. [2]§ 36 gilt entsprechend.

(13) [1]Im Außenbereich (§ 35) gilt unbeschadet des Absatzes 9 bis zum 31. Dezember 2019 die Rechtsfolge des § 35 Absatz 4 Satz 1 entsprechend für
1. die auf längstens drei Jahre zu befristende Errichtung mobiler Unterkünfte für Flüchtlinge oder Asylbegehrende,
2. die Nutzungsänderung zulässigerweise errichteter baulicher Anlagen, auch wenn deren bisherige Nutzung aufgegeben wurde, in Aufnahmeeinrichtungen, Gemeinschaftsunterkünfte oder sonstige Unterkünfte für Flüchtlinge oder Asylbegehrende, einschließlich einer erforderlichen Erneuerung oder Erweiterung.

[2]Für Vorhaben nach Satz 1 gilt § 35 Absatz 5 Satz 2 Halbsatz 1 und Satz 3 entsprechend. [3]Wird zum Zeitpunkt einer Nutzungsänderung nach Satz 1 Nummer 2 eine Nutzung zulässigerweise ausgeübt, kann diese im Anschluss wieder aufgenommen werden; im Übrigen gelten für eine nachfolgende Nutzungsänderung die allgemeinen Regeln. [4]Die Rückbauverpflichtung nach Satz 2 entfällt, wenn eine nach Satz 3 zulässige Nutzung aufgenommen wird oder wenn sich die Zulässigkeit der nachfolgenden Nutzung aus § 30 Absatz 1, 2 oder § 33 ergibt. [5]Die Sicherstellung der Rückbauverpflichtung nach Satz 2 in entsprechender Anwendung des § 35 Absatz 5 Satz 3 ist nicht erforderlich, wenn Vorhabenträger ein Land oder eine Gemeinde ist.

(14) [1]Soweit auch bei Anwendung der Absätze 8 bis 13 dringend benötigte Unterkunftsmöglichkeiten im Gebiet der Gemeinde, in der sie entstehen sollen, nicht oder nicht rechtzeitig bereitgestellt werden können, kann bei Aufnahmeeinrichtungen, Gemeinschaftsunterkünften oder sonstigen Unterkünften für Flüchtlinge oder Asylbegehrende bis zum 31. Dezember 2019 von den Vorschriften dieses Gesetzbuchs oder den aufgrund dieses Gesetzbuchs erlassenen Vorschriften in erforderlichem Umfang abgewichen werden. [2]Zuständig ist die höhere Verwaltungsbehörde. [3]Die Gemeinde ist anzuhören; diese Anhörung tritt auch an die Stelle des in § 14 Absatz 2 Satz 2 vorgesehenen Einvernehmens. [4]Satz 3 findet keine Anwendung, wenn Vorhabenträger die Gemeinde oder in deren Auftrag ein Dritter ist. [5]Für Vorhaben nach Satz 1 gilt § 35 Absatz 5 Satz 2 Halbsatz 1 und Satz 3 entsprechend. [6]Absatz 13 Satz 3 gilt entsprechend. [7]Die Rückbauverpflichtung nach Satz 5 entfällt, wenn eine nach Satz 6 zulässige Nutzung aufgenommen wird oder wenn sich die Zulässigkeit der nachfolgenden Nutzung aus § 30 Absatz 1, 2 oder § 33 ergibt. [8]Die Sicherstellung der Rückbauverpflichtung nach Satz 5 in entsprechender Anwendung des § 35 Absatz 5 Satz 3 ist nicht erforderlich, wenn Vorhabenträger ein Land oder eine Gemeinde ist. [9]Wenn Vorhabenträger ein Land oder in dessen Auftrag ein Dritter ist, gilt § 37 Absatz 3 entsprechend; im Übrigen findet § 37 bis zum 31. Dezember 2019 auf Vorhaben nach Satz 1 keine Anwendung.

(15) In Verfahren zur Genehmigung von baulichen Anlagen, die der Unterbringung von Flüchtlingen oder Asylbegehrenden dienen, gilt bis zum 31. Dezember 2019 das Einvernehmen abweichend von § 36 Absatz 2 Satz 2 (auch in Verbindung mit Absatz 10 Satz 2 und Absatz 12 Satz 2) als erteilt, wenn es nicht innerhalb eines Monats verweigert wird.

(16) Bei Vorhaben nach den Absätzen 9 und 13 gilt § 18 Absatz 3 Satz 2 des Bundesnaturschutzgesetzes bis zum 31. Dezember 2019 entsprechend.

(17) Die Befristung bis zum 31. Dezember 2019 in den Absätzen 8 bis 16 bezieht sich nicht auf die Geltungsdauer einer Genehmigung, sondern auf den Zeitraum, bis zu dessen Ende im bauaufsichtlichen Zulassungsverfahren von den Vorschriften Gebrauch gemacht werden kann.

§ 248   Sonderregelung zur sparsamen und effizienten Nutzung von Energie

[1]In Gebieten mit Bebauungsplänen oder Satzungen nach § 34 Absatz 4 Satz 1 Nummer 2 oder 3 sind bei Maßnahmen an bestehenden Gebäuden zum Zwecke der Energieeinsparung geringfügige Abweichungen von dem festgesetzten Maß der baulichen Nutzung, der Bauweise und der überbaubaren Grundstücksfläche zulässig, soweit dies mit nachbarlichen Interessen und baukulturellen Belangen vereinbar ist. [2]Satz 1 gilt entsprechend für Anlagen zur Nutzung solarer Strahlungsenergie in, an und auf Dach- und Außenwandflächen. [3]In den im Zusammenhang bebauten Ortsteilen gelten die Sätze 1 und 2 entsprechend für Abweichungen vom Erfordernis des Einfügens in die Eigenart der näheren Umgebung (§ 34 Absatz 1 Satz 1).

§ 249   Sonderregelungen zur Windenergie

(1) [1]Werden in einem Flächennutzungsplan zusätzliche Flächen für die Nutzung von Windenergie dargestellt, folgt daraus nicht, dass die vorhandenen Darstellungen des Flächennutzungsplans zur Erzielung der Rechtswirkungen des § 35 Absatz 3 Satz 3 nicht ausreichend sind. [2]Satz 1 gilt entsprechend bei der Änderung oder Aufhebung von Darstellungen zum Maß der baulichen Nutzung. [3]Die Sätze 1 und 2 gelten für Bebauungspläne, die aus den Darstellungen des Flächennutzungsplans entwickelt werden, entsprechend.

(2) [1]Nach § 9 Absatz 2 Satz 1 Nummer 2 kann auch festgesetzt werden, dass die im Bebauungsplan festgesetzten Windenergieanlagen nur zulässig sind, wenn sichergestellt ist, dass nach der Errichtung der im Bebauungsplan festgesetzten Windenergieanlagen andere im Bebauungsplan bezeichnete Windenergieanlagen innerhalb einer im Bebauungsplan zu bestimmenden angemessenen Frist zurückgebaut werden. [2]Die Standorte

der zurückzubauenden Windenergieanlagen können auch außerhalb des Bebauungsplangebiets oder außerhalb des Gemeindegebiets liegen. [3]Darstellungen im Flächennutzungsplan, die die Rechtswirkungen des § 35 Absatz 3 Satz 3 haben, können mit Bestimmungen entsprechend den Sätzen 1 und 2 mit Wirkung für die Zulässigkeit der Windenergieanlagen nach § 35 Absatz 1 Nummer 5 verbunden sein.

(3) [1]Die Länder können durch bis zum 31. Dezember 2015 zu verkündende Landesgesetze bestimmen, dass § 35 Absatz 1 Nummer 5 auf Vorhaben, die der Erforschung, Entwicklung oder Nutzung der Windenergie dienen, nur Anwendung findet, wenn sie einen bestimmten Abstand zu den im Landesgesetz bezeichneten zulässigen baulichen Nutzungen einhalten. [2]Die Einzelheiten, insbesondere zur Abstandsfestlegung und zu den Auswirkungen der festgelegten Abstände auf Ausweisungen in geltenden Flächennutzungsplänen und Raumordnungsplänen, sind in den Landesgesetzen nach Satz 1 zu regeln. [3]Die Länder können in den Landesgesetzen nach Satz 1 auch Abweichungen von den festgelegten Abständen zulassen.

2. Verordnung über die bauliche Nutzung der Grundstücke (Baunutzungsverordnung – BauNVO)

in der Fassung der Bekanntmachung vom 23. Januar 1990 (BGBl. I S. 132), zuletzt geändert durch Artikel 2 des Gesetzes vom 11. Juni 2013 (BGBl. I S. 1548)

mit BauNVO 1962, 1968, 1977, 1986 und 1990

Vorbemerkung

Die Baunutzungsverordnung (BauNVO) gibt es in mehreren Fassungen, wobei die BauNVO 1990 zuletzt durch Artikel 2 des Gesetzes zur Stärkung der Innenentwicklung in den Städten und Gemeinden und weiterer Fortentwicklung des Städtebaurechts vom 11. Juni 2013 (BGBl. I S. 1548) geändert wurde.

– BauNVO 1962	Ursprüngliche Fassung vom 26. Juni 1962 (BGBl. I S. 429), in Kraft getreten am 1. August 1962
– BauNVO 1968	1. Änderung vom 26. November 1968 (BGBl. I S. 1237, ber. 1969, S. 11), in Kraft getreten am 1. Januar 1969
– BauNVO 1977	2. Änderung vom 15. September 1977 (BGBl. I S. 1763), in Kraft getreten am 1. Oktober 1977
– BauNVO 1986	3. Änderung vom 19. Dezember 1986 (BGBl. I S. 2665), in Kraft getreten am 1. Januar 1987 (nur für § 11 Abs. 3)
– BauNVO 1990	4. Änderung vom 23. Januar 1990 (BGBl. I S. 132), geändert durch Artikel 3 des Investitionserleichterungs- und Wohnbaulandgesetzes vom 22. April 1993 (BGBl. I S. 466), in Kraft getreten am 1. Mai 1993
– BauNVO aktuell	Baunutzungsverordnung in der Fassung der Bekanntmachung vom 23. Januar 1990 (BGBl. I S. 132), zuletzt geändert durch Artikel 2 des Gesetzes zur Stärkung der Innenentwicklung in den Städten und Gemeinden und weiterer Fortentwicklung des Städtebaurechts vom 11. Juni 2013 (BGBl. I S. 1548), in Kraft getreten am 20. September 2013

Da die früheren Fassungen der Baunutzungsverordnung für die in ihrem Geltungszeitraum aufgestellten bzw. geänderten Flächennutzungs- und Bebauungspläne weiter gelten, wurden die jeweils geltenden Texte zusätz-

D2 • BauNVO

lich aufgenommen. Es wurden nur die Regelungen unter den jetzt gültigen Text gesetzt, die von der geltenden Fassung abweichen.

Inhaltsübersicht

Erster Abschnitt: **Art der baulichen Nutzung**

§ 1   **Allgemeine Vorschriften für Bauflächen und Baugebiete**

(1) Im Flächennutzungsplan können die für die Bebauung vorgesehenen Flächen nach der allgemeinen Art ihrer baulichen Nutzung (Bauflächen) dargestellt werden als

1. Wohnbauflächen   (W)
2. gemischte Bauflächen   (M)
3. gewerbliche Bauflächen   (G)
4. Sonderbauflächen   (S).

(2) Die für die Bebauung vorgesehenen Flächen können nach der besonderen Art ihrer baulichen Nutzung (Baugebiete) dargestellt werden als

1. Kleinsiedlungsgebiete   (WS)
2. reine Wohngebiete   (WR)
3. allgemeine Wohngebiete   (WA)
4. besondere Wohngebiete   (WB)
5. Dorfgebiete   (MD)
6. Mischgebiete   (MI)
7. Kerngebiete   (MK)

8. Gewerbegebiete	(GE)
9. Industriegebiete	(GI)
10. Sondergebiete	(SO).

(3) [1]Im Bebauungsplan können die in Absatz 2 bezeichneten Baugebiete festgesetzt werden. [2]Durch die Festsetzung werden die Vorschriften der §§ 2 bis 14 Bestandteil des Bebauungsplans, soweit nicht auf Grund der Absätze 4 bis 10 etwas anderes bestimmt wird. [3]Bei Festsetzung von Sondergebieten finden die Vorschriften über besondere Festsetzungen nach den Absätzen 4 bis 10 keine Anwendung; besondere Festsetzungen über die Art der Nutzung können nach den §§ 10 und 11 getroffen werden.

(4) [1]Für die in den §§ 4 bis 9 bezeichneten Baugebiete können im Bebauungsplan für das jeweilige Baugebiet Festsetzungen getroffen werden, die das Baugebiet
1. nach der Art der zulässigen Nutzung,
2. nach der Art der Betriebe und Anlagen und deren besonderen Bedürfnissen und Eigenschaften

gliedern. [2]Die Festsetzungen nach Satz 1 können auch für mehrere Gewerbegebiete einer Gemeinde im Verhältnis zueinander getroffen werden; dies gilt auch für Industriegebiete. [3]Absatz 5 bleibt unberührt.

(5) Im Bebauungsplan kann festgesetzt werden, dass bestimmte Arten von Nutzungen, die nach den §§ 2 bis 9 und 13 allgemein zulässig sind, nicht zulässig sind oder nur ausnahmsweise zugelassen werden können, sofern die allgemeine Zweckbestimmung des Baugebiets gewahrt bleibt.

(6) Im Bebauungsplan kann festgesetzt werden, dass alle oder einzelne Ausnahmen, die in den Baugebieten nach den §§ 2 bis 9 vorgesehen sind,
1. nicht Bestandteil des Bebauungsplans werden oder
2. in dem Baugebiet allgemein zulässig sind, sofern die allgemeine Zweckbestimmung des Baugebiets gewahrt bleibt.

(7) In Bebauungsplänen für Baugebiete nach den §§ 4 bis 9 kann, wenn besondere städtebauliche Gründe dies rechtfertigen (§ 9 Abs. 3 des Baugesetzbuchs), festgesetzt werden, dass in bestimmten Geschossen, Ebenen oder sonstigen Teilen baulicher Anlagen
1. nur einzelne oder mehrere der in dem Baugebiet allgemein zulässigen Nutzungen zulässig sind,
2. einzelne oder mehrere der in dem Baugebiet allgemein zulässigen Nutzungen unzulässig sind oder als Ausnahme zugelassen werden können oder
3. alle oder einzelne Ausnahmen, die in den Baugebieten nach den §§ 4 bis 9 vorgesehen sind, nicht zulässig oder, sofern die allgemeine

Zweckbestimmung des Baugebiets gewahrt bleibt, allgemein zulässig sind.

(8) Die Festsetzungen nach den Absätzen 4 bis 7 können sich auch auf Teile des Baugebiets beschränken.

(9) Wenn besondere städtebauliche Gründe dies rechtfertigen, kann im Bebauungsplan bei Anwendung der Absätze 5 bis 8 festgesetzt werden, dass nur bestimmte Arten der in den Baugebieten allgemein oder ausnahmsweise zulässigen baulichen oder sonstigen Anlagen zulässig oder nicht zulässig sind oder nur ausnahmsweise zugelassen werden können.

(10) [1]Wären bei Festsetzung eines Baugebiets nach den §§ 2 bis 9 in überwiegend bebauten Gebieten bestimmte vorhandene bauliche und sonstige Anlagen unzulässig, kann im Bebauungsplan festgesetzt werden, dass Erweiterungen, Änderungen, Nutzungsänderungen und Erneuerungen dieser Anlagen allgemein zulässig sind oder ausnahmsweise zugelassen werden können. [2]Im Bebauungsplan können nähere Bestimmungen über die Zulässigkeit getroffen werden. [3]Die allgemeine Zweckbestimmung des Baugebiets muss in seinen übrigen Teilen gewahrt bleiben. [4]Die Sätze 1 bis 3 gelten auch für die Änderung und Ergänzung von Bebauungsplänen.

BauNVO 1990
Allgemeine Vorschriften für Bauflächen und Baugebiete

(1) bis (4) wie aktuell gültige BauNVO

(5) Im Bebauungsplan kann festgesetzt werden, dass bestimmte Arten von Nutzungen, die nach den §§ 2, 4 bis 9 und 13 allgemein zulässig sind, nicht zulässig sind oder nur ausnahmsweise zugelassen werden können, sofern die allgemeine Zweckbestimmung des Baugebiets gewahrt bleibt.

(6) bis (10) wie aktuell gültige BauNVO

BauNVO 1977
Allgemeine Vorschriften für Bauflächen und Baugebiete

(1) Im Flächennutzungsplan sind, soweit es erforderlich ist, die für die Bebauung vorgesehenen Flächen (§ 5 Abs. 2 Nr. 1 des Bundesbaugesetzes) nach der allgemeinen Art ihrer baulichen Nutzung (Bauflächen) darzustellen als

1. Wohnbauflächen   (W)
2. gemischte Bauflächen   (M)
3. gewerbliche Bauflächen   (G)
4. Sonderbauflächen   (S).

(2) Soweit es erforderlich ist, sind die für die Bebauung vorgesehenen Flächen nach der besonderen Art ihrer baulichen Nutzung (Baugebiete) darzustellen als

1. Kleinsiedlungsgebiete	(WS)
2. reine Wohngebiete	(WR)
3. allgemeine Wohngebiete	(WA)
4. besondere Wohngebiete	(WB)
5. Dorfgebiete	(MD)
6. Mischgebiete	(MI)
7. Kerngebiete	(MK)
8. Gewerbegebiete	(GE)
9. Industriegebiete	(GI)
10. Sondergebiete	(SO).

(3) [1]Im Bebauungsplan sind, soweit es erforderlich ist, die in Absatz 2 bezeichneten Baugebiete festzusetzen. [2]Durch die Festsetzung werden die Vorschriften der §§ 2 bis 14 Bestandteil des Bebauungsplans, soweit nicht aufgrund der Absätze 4 bis 9 etwas anderes bestimmt wird.

(4) [1]Für die in den §§ 4 bis 9 und 11 bezeichneten Baugebiete können im Bebauungsplan für das jeweilige Baugebiet Festsetzungen getroffen werden, die das Baugebiet
1. nach der Art der zulässigen Nutzung,
2. nach der Art der Betriebe und Anlagen und deren besonderen Bedürfnissen und Eigenschaften

gliedern. [2]Die Festsetzungen nach Satz 1 können auch für mehrere Gewerbegebiete einer Gemeinde im Verhältnis zueinander getroffen werden; dies gilt auch für Industriegebiete. [3]Absatz 5 bleibt unberührt.

(5) wie BauNVO 1990

(6) wie aktuell gültige BauNVO

(7) In Bebauungsplänen für Baugebiete nach den §§ 4 bis 9 und 11 kann, wenn besondere städtebauliche Gründe dies rechtfertigen (§ 9 Abs. 3 des Bundesbaugesetzes), festgesetzt werden, dass in bestimmten Geschossen, Ebenen oder sonstigen Teilen baulicher Anlagen
1. nur einzelne oder mehrere der in dem Baugebiet allgemein zulässigen Nutzungen zulässig sind,
2. einzelne oder mehrere der in dem Baugebiet allgemein zulässigen Nutzungen unzulässig sind oder als Ausnahme zugelassen werden können oder
3. alle oder einzelne Ausnahmen, die in den Baugebieten nach den §§ 4 bis 9 vorgesehen sind, nicht zulässig oder, sofern die allgemeine

Zweckbestimmung des Baugebiets gewahrt bleibt, allgemein zulässig sind.

(8) und (9) wie aktuell gültige BauNVO

(10) fehlte

BauNVO 1968
Gliederung in Bauflächen und Baugebiete

(1) (wie BauNVO 1977)

(2) Soweit es erforderlich ist, sind die für die Bebauung vorgesehenen Flächen nach der besonderen Art ihrer baulichen Nutzung (Baugebiete) darzustellen als

1.	Kleinsiedlungsgebiete	(WS)
2.	reine Wohngebiete	(WR)
3.	allgemeine Wohngebiete	(WA)
4.	Dorfgebiete	(MD)
5.	Mischgebiete	(MI)
6.	Kerngebiete	(MK)
7.	Gewerbegebiete	(GE)
8.	Industriegebiete	(GI)
9.	Wochenendhausgebiete	(SW)
10.	Sondergebiete	(SO).

(3) [1]Im Bebauungsplan sind, soweit es erforderlich ist, die in Absatz 2 bezeichneten Baugebiete festzusetzen. [2]Durch die Festsetzung werden die Vorschriften der §§ 2 bis 10 und 12 bis 14 Bestandteil des Bebauungsplanes, soweit nicht aufgrund der Absätze 4 und 5 etwas anderes bestimmt wird.

(4) Im Bebauungsplan kann festgesetzt werden, dass Ausnahmen, die in den einzelnen Baugebieten nach den §§ 2 bis 9 vorgesehen sind, ganz oder teilweise nicht Bestandteil des Bebauungsplanes werden.

(5) Im Bebauungsplan kann festgesetzt werden, dass Anlagen, die in den einzelnen Baugebieten nach den §§ 2 bis 9 ausnahmsweise zugelassen werden können, in dem jeweiligen Baugebiet ganz oder teilweise allgemein zulässig sind, sofern die Eigenart des Baugebietes im allgemeinen gewahrt bleibt.

BauNVO 1962
Gliederung in Bauflächen und Baugebiete

(1) wie BauNVO 1968

(2) Soweit es erforderlich ist, sind die Bauflächen nach der besonderen Art ihrer baulichen Nutzung in Baugebiete (§ 5 Abs. 2 Nr. 1 Bundesbaugesetz) zu gliedern, und zwar:

1. Die Wohnbauflächen in
   a) Kleinsiedlungsgebiete   (WS)
   b) reine Wohngebiete   (WR)
   c) allgemeine Wohngebiete   (WA)
2. die gemischten Bauflächen in
   a) Dorfgebiete   (MD)
   b) Mischgebiete   (MI)
   c) Kerngebiete   (MK)
3. die gewerblichen Bauflächen in
   a) Gewerbegebiete   (GE)
   b) Industriegebiete   (GI)
4. Die Sonderbauflächen in
   a) Wochenendhausgebiete   (SW)
   b) Sondergebiete   (SO).

(3) bis (5) wie BauNVO 1968

§ 2   Kleinsiedlungsgebiete

(1) Kleinsiedlungsgebiete dienen vorwiegend der Unterbringung von Kleinsiedlungen einschließlich Wohngebäuden mit entsprechenden Nutzgärten und landwirtschaftlichen Nebenerwerbsstellen.

(2) Zulässig sind
1. Kleinsiedlungen einschließlich Wohngebäude mit entsprechenden Nutzgärten, landwirtschaftliche Nebenerwerbsstellen und Gartenbaubetriebe,
2. die der Versorgung des Gebiets dienenden Läden, Schank- und Speisewirtschaften sowie nicht störenden Handwerksbetriebe.

(3) Ausnahmsweise können zugelassen werden
1. sonstige Wohngebäude mit nicht mehr als zwei Wohnungen,
2. Anlagen für kirchliche, kulturelle, soziale, gesundheitliche und sportliche Zwecke,
3. Tankstellen,
4. nicht störende Gewerbebetriebe.

BauNVO 1990:
wie aktuell gültige BauNVO

BauNVO 1977, 1968 und 1962:

(1) Kleinsiedlungsgebiete dienen vorwiegend der Unterbringung von Kleinsiedlungen und landwirtschaftlichen Nebenerwerbsstellen.

(2) Zulässig sind
1. Kleinsiedlungen, landwirtschaftliche Nebenerwerbsstellen und Gartenbaubetriebe,
2. die der Versorgung des Gebiets dienenden Läden, Schank- und Speisewirtschaften sowie nicht störenden Handwerksbetriebe.

(3) wie aktuell gültige BauNVO

§ 3   Reine Wohngebiete

(1) Reine Wohngebiete dienen dem Wohnen.

(2) Zulässig sind
1. Wohngebäude,
2. Anlagen zur Kinderbetreuung, die den Bedürfnissen der Bewohner des Gebiets dienen.

(3) Ausnahmsweise können zugelassen werden
1. Läden und nicht störende Handwerksbetriebe, die zur Deckung des täglichen Bedarfs für die Bewohner des Gebiets dienen, sowie kleine Betriebe des Beherbergungsgewerbes,
2. sonstige Anlagen für soziale Zwecke sowie den Bedürfnissen der Bewohner des Gebiets dienende Anlagen für kirchliche, kulturelle, gesundheitliche und sportliche Zwecke.

(4) Zu den nach Absatz 2 sowie den §§ 2, 4 bis 7 zulässigen Wohngebäuden gehören auch solche, die ganz oder teilweise der Betreuung und Pflege ihrer Bewohner dienen.

BauNVO 1990:

(1) wie aktuell gültige BauNVO

(2) Zulässig sind Wohngebäude.

(3) Ausnahmsweise können zugelassen werden
1. Läden und nicht störende Handwerksbetriebe, die zur Deckung des täglichen Bedarfs für die Bewohner des Gebiets dienen, sowie kleine Betriebe des Beherbergungsgewerbes,

2. Anlagen für soziale Zwecke sowie den Bedürfnissen der Bewohner des Gebiets dienende Anlagen für kirchliche, kulturelle, gesundheitliche und sportliche Zwecke.

(4) wie aktuell gültige BauNVO

BauNVO 1977:

(1) Reine Wohngebiete dienen ausschließlich dem Wohnen.

(2) wie BauNVO 1990

(3) Ausnahmsweise können Läden und nicht störende Handwerksbetriebe, die zur Deckung des täglichen Bedarfs für die Bewohner des Gebiets dienen, sowie kleine Betriebe des Beherbergungsgewerbes zugelassen werden.

(4) Im Bebauungsplan kann festgesetzt werden, dass in dem Gebiet oder in bestimmten Teilen des Gebiets Wohngebäude nicht mehr als zwei Wohnungen haben dürfen.

BauNVO 1968 und 1962:

(1) bis (3) wie BauNVO 1977

(4) Im Bebauungsplan kann festgesetzt werden, dass in dem Gebiet oder in bestimmten Teilen des Gebietes nur Wohngebäude mit nicht mehr als zwei Wohnungen zulässig sind.

§ 4   Allgemeine Wohngebiete

(1) Allgemeine Wohngebiete dienen vorwiegend dem Wohnen.

(2) Zulässig sind
1. Wohngebäude,
2. die der Versorgung des Gebiets dienenden Läden, Schank- und Speisewirtschaften sowie nicht störenden Handwerksbetriebe,
3. Anlagen für kirchliche, kulturelle, soziale, gesundheitliche und sportliche Zwecke.

(3) Ausnahmsweise können zugelassen werden
1. Betriebe des Beherbergungsgewerbes,
2. sonstige nicht störende Gewerbebetriebe,
3. Anlagen für Verwaltungen,
4. Gartenbaubetriebe,
5. Tankstellen.

BauNVO 1990:
wie aktuell gültige BauNVO

BauNVO 1977:

(1) wie aktuell gültige BauNVO

(2) Zulässig sind
1. Wohngebäude,
2. die der Versorgung des Gebiets dienenden Läden, Schank- und Speisewirtschaften sowie nicht störenden Handwerksbetriebe,
3. Anlagen für kirchliche, kulturelle, soziale und gesundheitliche Zwecke.

(3) Ausnahmsweise können zugelassen werden
1. Betriebe des Beherbergungsgewerbes,
2. sonstige nicht störende Gewerbebetriebe,
3. Anlagen für Verwaltungen sowie für sportliche Zwecke,
4. Gartenbaubetriebe,
5. Tankstellen.
6. Ställe für Kleintierhaltung als Zubehör zu Kleinsiedlungen und landwirtschaftlichen Nebenerwerbsstellen; die Zulässigkeit von untergeordneten Nebenanlagen und Einrichtungen für die Kleintierhaltung nach § 14 bleibt unberührt.

(4) Im Bebauungsplan kann festgesetzt werden, dass in bestimmten Teilen des Gebiets Wohngebäude nicht mehr als zwei Wohnungen haben dürfen.

BauNVO 1968:

(1) wie aktuell gültige BauNVO

(2) wie BauNVO 1977

(3) Ausnahmsweise können zugelassen werden
1. Betriebe des Beherbergungsgewerbes,
2. sonstige nicht störende Gewerbebetriebe,
3. Anlagen für Verwaltungen sowie für sportliche Zwecke,
4. Gartenbaubetriebe,
5. Tankstellen.
6. Ställe für Kleintierhaltung als Zubehör zu Kleinsiedlungen und landwirtschaftlichen Nebenerwerbsstellen.

(4) Im Bebauungsplan kann festgesetzt werden, dass in bestimmten Teilen des Gebietes nur Wohngebäude mit nicht mehr als zwei Wohnungen zulässig sind.

(5) Im Bebauungsplan kann festgesetzt werden, dass in dem Gebiet oder in bestimmten Teilen des Gebietes im Erdgeschoss nur die in Absatz 2 Nr. 2 genannten Nutzungsarten zulässig sind.

BauNVO 1962:

(1) bis (3) wie BauNVO 1968

(4) Im Bebauungsplan kann festgesetzt werden, dass in bestimmten Teilen des Gebietes nur Wohngebäude mit nicht mehr als zwei Wohnungen zulässig sind.

§ 4a   Gebiete zur Erhaltung und Entwicklung der Wohnnutzung (besondere Wohngebiete)

(1) [1]Besondere Wohngebiete sind überwiegend bebaute Gebiete, die aufgrund ausgeübter Wohnnutzung und vorhandener sonstiger in Absatz 2 genannter Anlagen eine besondere Eigenart aufweisen und in denen unter Berücksichtigung dieser Eigenart die Wohnnutzung erhalten und fortentwickelt werden soll. [2]Besondere Wohngebiete dienen vorwiegend dem Wohnen; sie dienen auch der Unterbringung von Gewerbebetrieben und sonstigen Anlagen im Sinne der Absätze 2 und 3, soweit diese Betriebe und Anlagen nach der besonderen Eigenart des Gebiets mit der Wohnnutzung vereinbar sind.

(2) Zulässig sind
1. Wohngebäude,
2. Läden, Betriebe des Beherbergungsgewerbes, Schank- und Speisewirtschaften,
3. sonstige Gewerbebetriebe,
4. Geschäfts- und Bürogebäude,
5. Anlagen für kirchliche, kulturelle, soziale, gesundheitliche und sportliche Zwecke.

(3) Ausnahmsweise können zugelassen werden
1. Anlagen für zentrale Einrichtungen der Verwaltung,
2. Vergnügungsstätten, soweit sie nicht wegen ihrer Zweckbestimmung oder ihres Umfangs nur in Kerngebieten allgemein zulässig sind,
3. Tankstellen.

(4) Für besondere Wohngebiete oder Teile solcher Gebiete kann, wenn besondere städtebauliche Gründe dies rechtfertigen (§ 9 Abs. 3 des Baugesetzbuchs), festgesetzt werden, dass

1. oberhalb eines im Bebauungsplan bestimmten Geschosses nur Wohnungen zulässig sind oder
2. in Gebäuden ein im Bebauungsplan bestimmter Anteil der zulässigen Geschossfläche oder eine bestimmte Größe der Geschossfläche für Wohnungen zu verwenden ist.

BauNVO 1990:
wie aktuell gültige BauNVO

BauNVO 1977:

(1) [1]Besondere Wohngebiete sind im wesentlichen bebaute Gebiete, die aufgrund ausgeübter Wohnnutzung und vorhandener sonstiger in Absatz 2 genannter Anlagen eine besondere Eigenart aufweisen und in denen unter Berücksichtigung dieser Eigenart die Wohnnutzung erhalten und fortentwickelt werden soll. [2]Besondere Wohngebiete dienen vorwiegend dem Wohnen; sie dienen auch der Unterbringung von Gewerbebetrieben und sonstigen Anlagen im Sinne der Absätze 2 und 3, soweit diese Betriebe und Anlagen nach der besonderen Eigenart des Gebiets mit der Wohnnutzung vereinbar sind.

(2) Zulässig sind
1. Wohngebäude,
2. Läden, Betriebe des Beherbergungsgewerbes, Schank- und Speisewirtschaften,
3. sonstige Gewerbebetriebe,
4. Geschäfts- und Bürogebäude,
5. Anlagen für kirchliche, kulturelle, soziale, sportliche und gesundheitliche Zwecke.

(3) Ausnahmsweise können zugelassen werden
1. Anlagen für zentrale Einrichtungen der Verwaltung,
2. Vergnügungsstätten,
3. Tankstellen.

(4) wie aktuell gültige BauNVO, statt „Baugesetzbuchs" steht „Bundesbaugesetzes"

BauNVO 1968 und 1962:
§ 4a fehlte

§ 5   Dorfgebiete

(1) [1]Dorfgebiete dienen der Unterbringung der Wirtschaftsstellen land- und forstwirtschaftlicher Betriebe, dem Wohnen und der Unterbringung von nicht wesentlich störenden Gewerbebetrieben sowie der Versorgung der Bewohner des Gebietes dienenden Handwerksbetrieben. [2]Auf die Belange der land- und forstwirtschaftlichen Betriebe einschließlich ihrer Entwicklungsmöglichkeiten ist vorrangig Rücksicht zu nehmen.

(2) Zulässig sind
1. Wirtschaftsstellen land- und forstwirtschaftlicher Betriebe und die dazugehörigen Wohnungen und Wohngebäude,
2. Kleinsiedlungen einschließlich Wohngebäude mit entsprechenden Nutzgärten und landwirtschaftliche Nebenerwerbsstellen,
3. sonstige Wohngebäude,
4. Betriebe zur Be- und Verarbeitung und Sammlung land- und forstwirtschaftlicher Erzeugnisse,
5. Einzelhandelsbetriebe, Schank- und Speisewirtschaften sowie Betriebe des Beherbergungsgewerbes,
6. sonstige Gewerbebetriebe,
7. Anlagen für örtliche Verwaltungen sowie für kirchliche, kulturelle, soziale, gesundheitliche und sportliche Zwecke,
8. Gartenbaubetriebe,
9. Tankstellen.

(3) Ausnahmsweise können Vergnügungsstätten im Sinne des § 4a Abs. 3 Nr. 2 zugelassen werden.

BauNVO 1990:
wie aktuell gültige BauNVO

BauNVO 1977:

(1) Dorfgebiete dienen vorwiegend der Unterbringung der Wirtschaftsstellen land- und forstwirtschaftlicher Betriebe und dem dazugehörigen Wohnen; sie dienen auch dem sonstigen Wohnen.

(2) Zulässig sind
1. Wirtschaftsstellen land- und forstwirtschaftlicher Betriebe und die dazugehörigen Wohnungen und Wohngebäude,
2. Kleinsiedlungen und landwirtschaftliche Nebenerwerbsstellen,
3. sonstige Wohngebäude,
4. Betriebe zur Verarbeitung und Sammlung land- und forstwirtschaftlicher Erzeugnisse,

5. Einzelhandelsbetriebe, Schank- und Speisewirtschaften sowie Betriebe des Beherbergungsgewerbes,
6. Handwerksbetriebe, die der Versorgung der Bewohner des Gebiets dienen,
7. sonstige nicht störende Gewerbebetriebe,
8. Anlagen für örtliche Verwaltungen sowie für kirchliche, kulturelle, soziale, gesundheitliche und sportliche Zwecke,
9. Gartenbaubetriebe,
10. Tankstellen.

BauNVO 1968:

(1) Dorfgebiete dienen vorwiegend der Unterbringung der Wirtschaftsstellen land- und forstwirtschaftlicher Betriebe und dem Wohnen.

(2) Zulässig sind
1. Wirtschaftsstellen land- und forstwirtschaftlicher Betriebe,
2. Kleinsiedlungen und landwirtschaftliche Nebenerwerbsstellen,
3. Wohngebäude,
4. Betriebe zur Verarbeitung und Sammlung land- und forstwirtschaftlicher Erzeugnisse,
5. Einzelhandelsbetriebe, Schank- und Speisewirtschaften sowie Betriebe des Beherbergungsgewerbes,
6. Handwerksbetriebe, die der Versorgung der Bewohner des Gebietes dienen,
7. sonstige nicht störende Gewerbebetriebe,
8. Anlagen für örtliche Verwaltungen sowie für kirchliche, kulturelle, soziale, gesundheitliche und sportliche Zwecke,
9. Gartenbaubetriebe,
10. Tankstellen.

(3) Die Dorfgebiete einer Gemeinde oder Teile eines Dorfgebietes können im Bebauungsplan nach der Art der zulässigen Nutzung gegliedert werden.

BauNVO 1962:

(1) und (2) wie BauNVO 1968

§ 6 Mischgebiete

(1) Mischgebiete dienen dem Wohnen und der Unterbringung von Gewerbebetrieben, die das Wohnen nicht wesentlich stören.

(2) Zulässig sind
1. Wohngebäude,
2. Geschäfts- und Bürogebäude,
3. Einzelhandelsbetriebe, Schank- und Speisewirtschaften sowie Betriebe des Beherbergungsgewerbes,
4. sonstige Gewerbebetriebe,
5. Anlagen für Verwaltungen sowie für kirchliche, kulturelle, soziale, gesundheitliche und sportliche Zwecke,
6. Gartenbaubetriebe,
7. Tankstellen,
8. Vergnügungsstätten im Sinne des § 4a Abs. 3 Nr. 2 in den Teilen des Gebiets, die überwiegend durch gewerbliche Nutzungen geprägt sind.

(3) Ausnahmsweise können Vergnügungsstätten im Sinne des § 4a Abs. 3 Nr. 2 außerhalb der in Absatz 2 Nr. 8 bezeichneten Teile des Gebiets zugelassen werden.

BauNVO 1990:
wie aktuell gültige BauNVO

BauNVO 1977:

(1) wie aktuell gültige BauNVO

(2) Zulässig sind
1. Wohngebäude,
2. Geschäfts- und Bürogebäude,
3. Einzelhandelsbetriebe, Schank- und Speisewirtschaften sowie Betriebe des Beherbergungsgewerbes,
4. sonstige Gewerbebetriebe,
5. Anlagen für Verwaltungen sowie für kirchliche, kulturelle, soziale, gesundheitliche und sportliche Zwecke,
6. Gartenbaubetriebe,
7. Tankstellen.

(3) Ausnahmsweise können Ställe für Kleintierhaltung als Zubehör zu Kleinsiedlungen und landwirtschaftlichen Nebenerwerbsstellen zugelassen werden; die Zulässigkeit von untergeordneten Nebenanlagen und Einrichtungen für die Kleintierhaltung nach § 14 bleibt unberührt.

BauNVO 1968:

(1) wie aktuell gültige BauNVO

(2) Zulässig sind
1. Wohngebäude,
2. Geschäfts- und Bürogebäude,
3. Einzelhandelsbetriebe, Schank- und Speisewirtschaften sowie Betriebe des Beherbergungsgewerbes,
4. sonstige nicht wesentlich störende Gewerbebetriebe,
5. Anlagen für Verwaltungen sowie für kirchliche, kulturelle, soziale, gesundheitliche und sportliche Zwecke,
6. Gartenbaubetriebe,
7. Tankstellen.

(3) Ausnahmsweise können Ställe für Kleintierhaltung als Zubehör zu Kleinsiedlungen und landwirtschaftlichen Nebenerwerbsstellen zugelassen werden.

(4) Im Bebauungsplan kann festgesetzt werden, dass in dem Gebiet oder in bestimmten Teilen des Gebietes im Erdgeschoss nur die in Absatz 2 Nr. 3 genannten Nutzungsarten sowie sonstige Läden zulässig sind.

BauNVO 1962:

(1) bis (3) wie BauNVO 1968

§ 7 Kerngebiete

(1) Kerngebiete dienen vorwiegend der Unterbringung von Handelsbetrieben sowie der zentralen Einrichtungen der Wirtschaft, der Verwaltung und der Kultur.

(2) Zulässig sind
1. Geschäfts-, Büro- und Verwaltungsgebäude,
2. Einzelhandelsbetriebe, Schank- und Speisewirtschaften, Betriebe des Beherbergungsgewerbes und Vergnügungsstätten,
3. sonstige nicht wesentlich störende Gewerbebetriebe,
4. Anlagen für kirchliche, kulturelle, soziale, gesundheitliche und sportliche Zwecke,
5. Tankstellen im Zusammenhang mit Parkhäusern und Großgaragen,
6. Wohnungen für Aufsichts- und Bereitschaftspersonen sowie für Betriebsinhaber und Betriebsleiter,
7. sonstige Wohnungen nach Maßgabe von Festsetzungen des Bebauungsplans.

(3) Ausnahmsweise können zugelassen werden
1. Tankstellen, die nicht unter Absatz 2 Nr. 5 fallen,
2. Wohnungen, die nicht unter Absatz 2 Nr. 6 und 7 fallen.

(4) [1]Für Teile eines Kerngebiets kann, wenn besondere städtebauliche Gründe dies rechtfertigen (§ 9 Abs. 3 des Baugesetzbuchs), festgesetzt werden, dass
1. oberhalb eines im Bebauungsplan bestimmten Geschosses nur Wohnungen zulässig sind oder
2. in Gebäuden ein im Bebauungsplan bestimmter Anteil der zulässigen Geschossfläche oder eine bestimmte Größe der Geschossfläche für Wohnungen zu verwenden ist.
[2]Dies gilt auch, wenn durch solche Festsetzungen dieser Teil des Kerngebiets nicht vorwiegend der Unterbringung von Handelsbetrieben sowie der zentralen Einrichtungen der Wirtschaft, der Verwaltung und der Kultur dient.

BauNVO 1990:
wie aktuell gültige BauNVO

BauNVO 1977:

(1) Kerngebiete dienen vorwiegend der Unterbringung von Handelsbetrieben sowie der zentralen Einrichtungen der Wirtschaft und der Verwaltung.

(2) Zulässig sind
1. Geschäfts-, Büro- und Verwaltungsgebäude,
2. Einzelhandelsbetriebe, Schank- und Speisewirtschaften, Betriebe des Beherbergungsgewerbes und Vergnügungsstätten,
3. sonstige nicht störende Gewerbebetriebe,
4. Anlagen für kirchliche, kulturelle, soziale und gesundheitliche Zwecke,
5. Tankstellen im Zusammenhang mit Parkhäusern und Großgaragen,
6. Wohnungen für Aufsichts- und Bereitschaftspersonen sowie für Betriebsinhaber und Betriebsleiter,
7. sonstige Wohnungen oberhalb eines im Bebauungsplan bestimmten Geschosses.

(3) wie aktuell gültige BauNVO

(4) [1]Für Teile eines Kerngebiets kann, wenn besondere städtebauliche Gründe dies rechtfertigen (§ 9 Abs. 3 des Bundesbaugesetzes), festgesetzt werden, dass
1. oberhalb eines im Bebauungsplan bestimmten Geschosses nur Wohnungen zulässig sind oder

2. in Gebäuden ein im Bebauungsplan bestimmter Anteil der zulässigen Geschossfläche oder eine bestimmte Größe der Geschossfläche für Wohnungen zu verwenden ist.

[2]Dies gilt auch, wenn durch solche Festsetzungen dieser Teil des Kerngebiets nicht vorwiegend der Unterbringung von Handelsbetrieben sowie der zentralen Einrichtungen der Wirtschaft und Verwaltung dient.

BauNVO 1968:

(1) und (2) wie BauNVO 1977

(3) wie aktuell gültige BauNVO

(4) Im Bebauungsplan kann festgesetzt werden, dass in dem Gebiet oder in bestimmten Teilen des Gebietes in Geschossen, die an begehbaren Verkehrsflächen liegen, nur die in Absatz 2 Nr. 2 genannten Nutzungsarten sowie sonstige Läden zulässig sind.

(5) [1]Die Kerngebiete einer Gemeinde oder Teile eines Kerngebietes können im Bebauungsplan nach der Art der zulässigen Nutzung gegliedert werden. [2]Absatz 4 bleibt unberührt.

BauNVO 1962:

(1) wie BauNVO 1977

(2) Zulässig sind
1. Geschäfts-, Büro- und Verwaltungsgebäude,
2. Einzelhandelsbetriebe, Schank- und Speisewirtschaften, Betriebe des Beherbergungsgewerbes und Vergnügungsstätten,
3. sonstige nicht störende Gewerbebetriebe,
4. Anlagen für kirchliche, kulturelle, soziale und gesundheitliche Zwecke,
5. Tankstellen,
6. Wohnungen für Aufsichts- und Bereitschaftspersonen sowie für Betriebsinhaber und Betriebsleiter.

(3) Ausnahmsweise können Wohnungen, die nicht unter Absatz 2 Nr. 6 fallen, zugelassen werden.

§ 8   Gewerbegebiete

(1) Gewerbegebiete dienen vorwiegend der Unterbringung von nicht erheblich belästigenden Gewerbebetrieben.

(2) Zulässig sind
1. Gewerbebetriebe aller Art, Lagerhäuser, Lagerplätze und öffentliche Betriebe,
2. Geschäfts-, Büro- und Verwaltungsgebäude,
3. Tankstellen,
4. Anlagen für sportliche Zwecke.

(3) Ausnahmsweise können zugelassen werden
1. Wohnungen für Aufsichts- und Bereitschaftspersonen sowie für Betriebsinhaber und Betriebsleiter, die dem Gewerbebetrieb zugeordnet und ihm gegenüber in Grundfläche und Baumasse untergeordnet sind,
2. Anlagen für kirchliche, kulturelle, soziale und gesundheitliche Zwecke,
3. Vergnügungsstätten.

BauNVO 1990:
wie aktuell gültige BauNVO

BauNVO 1977:

(1) wie aktuell gültige BauNVO

(2) Zulässig sind
1. Gewerbebetriebe aller Art, Lagerhäuser, Lagerplätze und öffentliche Betriebe, soweit diese Anlagen für die Umgebung keine erheblichen Nachteile oder Belästigungen zur Folge haben können,
2. Geschäfts-, Büro- und Verwaltungsgebäude,
3. Tankstellen.

(3) Ausnahmsweise können zugelassen werden
1. Wohnungen für Aufsichts- und Bereitschaftspersonen sowie für Betriebsinhaber und Betriebsleiter,
2. Anlagen für kirchliche, kulturelle, soziale, gesundheitliche und sportliche Zwecke.

BauNVO 1968:

(1) wie aktuell gültige BauNVO

(2) Zulässig sind
1. Gewerbebetriebe aller Art mit Ausnahme von Einkaufszentren und Verbrauchermärkten im Sinne des § 11 Abs. 3, Lagerhäuser, Lagerplätze

und öffentliche Betriebe, soweit diese Anlagen für die Umgebung keine erheblichen Nachteile oder Belästigungen zur Folge haben können,
2. Geschäfts-, Büro- und Verwaltungsgebäude,
3. Tankstellen.

(3) wie BauNVO 1977

(4) Die Gewerbegebiete einer Gemeinde oder Teile eines Gewerbegebietes können im Bebauungsplan nach der Art der Betriebe und Anlagen und deren besonderen Bedürfnissen und Eigenschaften gegliedert werden.

BauNVO 1962:

(1) wie aktuell gültige BauNVO

(2) Zulässig sind
1. Gewerbebetriebe aller Art, Lagerhäuser, Lagerplätze und öffentliche Betriebe, soweit diese Anlagen für die Umgebung keine erheblichen Nachteile oder Belästigungen zur Folge haben können,
2. Geschäfts-, Büro- und Verwaltungsgebäude,
3. Tankstellen.

(3) wie BauNVO 1977

(4) Die Gewerbegebiete einer Gemeinde oder Teile eines Gewerbegebietes können im Bebauungsplan nach der Art der Betriebe und Anlagen gegliedert werden.

§ 9   Industriegebiete

(1) Industriegebiete dienen ausschließlich der Unterbringung von Gewerbebetrieben, und zwar vorwiegend solcher Betriebe, die in anderen Baugebieten unzulässig sind.

(2) Zulässig sind
1. Gewerbebetriebe aller Art, Lagerhäuser, Lagerplätze und öffentliche Betriebe,
2. Tankstellen.

(3) Ausnahmsweise können zugelassen werden
1. Wohnungen für Aufsichts- und Bereitschaftspersonen sowie für Betriebsinhaber und Betriebsleiter, die dem Gewerbebetrieb zugeordnet und ihm gegenüber in Grundfläche und Baumasse untergeordnet sind,
2. Anlagen für kirchliche, kulturelle, soziale, gesundheitliche und sportliche Zwecke.

BauNVO 1990:
wie aktuell gültige BauNVO

BauNVO 1977:

(1) und (2) wie aktuell gültige BauNVO

(3) Ausnahmsweise können zugelassen werden
1. Wohnungen für Aufsichts- und Bereitschaftspersonen sowie für Betriebsinhaber und Betriebsleiter,
2. Anlagen für kirchliche, kulturelle, soziale, gesundheitliche und sportliche Zwecke.

BauNVO 1968:

(1) wie aktuell gültige BauNVO

(2) Zulässig sind
1. Gewerbebetriebe aller Art mit Ausnahme von Einkaufszentren und Verbrauchermärkten im Sinne des § 11 Abs. 3, Lagerhäuser, Lagerplätze und öffentliche Betriebe,
2. Tankstellen.

(3) wie BauNVO 1977

(4) Die Industriegebiete einer Gemeinde oder Teile eines Industriegebietes können im Bebauungsplan nach der Art der Betriebe und Anlagen und deren besonderen Bedürfnissen und Eigenschaften gegliedert werden.

BauNVO 1962:

(1) wie aktuell gültige BauNVO

(2) Zulässig sind
1. Gewerbebetriebe aller Art, Lagerhäuser, Lagerplätze und öffentliche Betriebe,
2. Tankstellen.

(3) wie BauNVO 1977

(4) Die Industriegebiete einer Gemeinde oder Teile eines Industriegebietes können im Bebauungsplan nach der Art der Betriebe und Anlagen gegliedert werden.

§ 10   Sondergebiete, die der Erholung dienen

(1) Als Sondergebiete, die der Erholung dienen, kommen insbesondere in Betracht
Wochenendhausgebiete,
Ferienhausgebiete,
Campingplatzgebiete.

(2) [1]Für Sondergebiete, die der Erholung dienen, sind die Zweckbestimmung und die Art der Nutzung darzustellen und festzusetzen. [2]Im Bebauungsplan kann festgesetzt werden, dass bestimmte, der Eigenart des Gebiets entsprechende Anlagen und Einrichtungen zur Versorgung des Gebiets und für sportliche Zwecke allgemein zulässig sind oder ausnahmsweise zugelassen werden können.

(3) [1]In Wochenendhausgebieten sind Wochenendhäuser als Einzelhäuser zulässig. [2]Im Bebauungsplan kann festgesetzt werden, dass Wochenendhäuser nur als Hausgruppen zulässig sind oder ausnahmsweise als Hausgruppen zugelassen werden können. [3]Die zulässige Grundfläche der Wochenendhäuser ist im Bebauungsplan, begrenzt nach der besonderen Eigenart des Gebiets, unter Berücksichtigung der landschaftlichen Gegebenheiten festzusetzen.

(4) [1]In Ferienhausgebieten sind Ferienhäuser zulässig, die aufgrund ihrer Lage, Größe, Ausstattung, Erschließung und Versorgung für den Erholungsaufenthalt geeignet und dazu bestimmt sind, überwiegend und auf Dauer einem wechselnden Personenkreis zur Erholung zu dienen. [2]Im Bebauungsplan kann die Grundfläche der Ferienhäuser, begrenzt nach der besonderen Eigenart des Gebiets, unter Berücksichtigung der landschaftlichen Gegebenheiten festgesetzt werden.

(5) In Campingplatzgebieten sind Campingplätze und Zeltplätze zulässig.

BauNVO 1990 und 1977:
wie aktuell gültige BauNVO

BauNVO 1968 und 1962: Wochenendhausgebiete
[1]In Wochenendhausgebieten sind ausschließlich Wochenendhäuser als Einzelhäuser zulässig. [2]Ihre Grundfläche ist im Bebauungsplan, begrenzt nach der besonderen Eigenart des Gebietes unter Berücksichtigung der landwirtschaftlichen Gegebenheiten, festzusetzen.

§ 11 Sonstige Sondergebiete

(1) Als sonstige Sondergebiete sind solche Gebiete darzustellen und festzusetzen, die sich von den Baugebieten nach den §§ 2 bis 10 wesentlich unterscheiden.

(2) [1]Für sonstige Sondergebiete sind die Zweckbestimmung und die Art der Nutzung darzustellen und festzusetzen. [2]Als sonstige Sondergebiete kommen insbesondere in Betracht

Gebiete für den Fremdenverkehr, wie Kurgebiete und Gebiete für die Fremdenbeherbergung,

Ladengebiete,

Gebiete für Einkaufszentren und großflächige Handelsbetriebe,

Gebiete für Messen, Ausstellungen und Kongresse,

Hochschulgebiete,

Klinikgebiete,

Hafengebiete,

Gebiete für Anlagen, die der Erforschung, Entwicklung oder Nutzung erneuerbarer Energien, wie Wind- und Sonnenenergie, dienen.

(3)[1]

1. Einkaufszentren,
2. großflächige Einzelhandelsbetriebe, die sich nach Art, Lage oder Umfang auf die Verwirklichung der Ziele der Raumordnung und Landesplanung oder auf die städtebauliche Entwicklung und Ordnung nicht nur unwesentlich auswirken können,
3. sonstige großflächige Handelsbetriebe, die im Hinblick auf den Verkauf an letzte Verbraucher und auf die Auswirkungen den in Nummer 2 bezeichneten Einzelhandelsbetrieben vergleichbar sind,

sind außer in Kerngebieten nur in für sie festgesetzten Sondergebieten zulässig. [2]Auswirkungen im Sinne des Satzes 1 Nr. 2 und 3 sind insbesondere schädliche Umwelteinwirkungen im Sinne des § 3 des Bundes-Immissionsschutzgesetzes sowie Auswirkungen auf die infrastrukturelle Ausstattung, auf den Verkehr, auf die Versorgung der Bevölkerung im Einzugsbereich der in Satz 1 bezeichneten Betriebe, auf die Entwicklung zentraler Versorgungsbereiche in der Gemeinde oder in anderen Gemeinden, auf das Orts- und Landschaftsbild und auf den Naturhaushalt. [3]Auswirkungen im Sinne des Satzes 2 sind bei Betrieben nach Satz 1 Nr. 2 und 3 in der Regel anzunehmen, wenn die Geschossfläche 1.200 m² überschreitet. [4]Die Regel des Satzes 3 gilt nicht, wenn Anhaltspunkte dafür bestehen, dass Auswirkungen bereits bei weniger als 1.200 m² Geschossfläche vorliegen oder bei mehr als 1.200 m² Geschossfläche nicht vorliegen; dabei sind in bezug auf die in Satz 2 bezeichneten Auswirkungen insbesondere die Gliederung und Größe der Gemeinde und ihrer Ortsteile, die Sicherung der verbrauchernahen Versorgung der Bevölkerung und das Warenangebot des Betriebs zu berücksichtigen.

BauNVO 1990:
wie aktuell gültige BauNVO

BauNVO 1986:

(1) wie aktuell gültige BauNVO

(2) [1]Für sonstige Sondergebiete sind die Zweckbestimmung und die Art der Nutzung darzustellen und festzusetzen. [2]Als sonstige Sondergebiete kommen insbesondere in Betracht
Kurgebiete,
Ladengebiete,
Gebiete für Einkaufszentren und großflächige Handelsbetriebe,
Gebiete für Messen, Ausstellungen und Kongresse,
Hochschulgebiete,
Klinikgebiete,
Hafengebiete.

(3) wie aktuell gültige BauNVO

BauNVO 1977:

(1) wie aktuell gültige BauNVO

(2) wie BauNVO 1986

(3)[1]
1. Einkaufszentren,
2. großflächige Einzelhandelsbetriebe, die sich nach Art, Lage oder Umfang auf die Verwirklichung der Ziele der Raumordnung und Landesplanung oder auf die städtebauliche Entwicklung und Ordnung nicht nur unwesentlich auswirken können,
3. sonstige großflächige Handelsbetriebe, die im Hinblick auf den Verkauf an letzte Verbraucher und auf die Auswirkungen den in Nummer 2 bezeichneten Einzelhandelsbetrieben vergleichbar sind,
sind außer in Kerngebieten nur in für sie festgesetzten Sondergebieten zulässig. [2]Auswirkungen im Sinne des Satzes 1 Nr. 2 und 3 sind insbesondere schädliche Umwelteinwirkungen im Sinne des § 3 des Bundes-Immissionsschutzgesetzes vom 15. März 1974 (BGBl. I S. 722, 1193), zuletzt geändert durch Artikel 45 des Gesetzes vom 14. Dezember 1976 (BGBl. I S. 3341), sowie Auswirkungen auf die infrastrukturelle Ausstattung, auf den Verkehr, auf die Versorgung der Bevölkerung im Einzugsbereich der in

Satz 1 bezeichneten Betriebe, auf die Entwicklung zentraler Versorgungsbereiche in der Gemeinde oder in anderen Gemeinden, auf das Orts- und Landschaftsbild und auf den Naturhaushalt. [3]Auswirkungen im Sinne des Satzes 2 sind bei Betrieben nach Satz 1 Nr. 2 und 3 in der Regel anzunehmen, wenn die Geschossfläche 1.500 m² überschreitet.

BauNVO 1968: Sondergebiete

(1) Als Sondergebiete sind solche Gebiete darzustellen und festzusetzen, die sich von den Baugebieten nach den §§ 2 bis 10 wesentlich unterscheiden.

(2) Für Sondergebiete ist die Art der Nutzung entsprechend ihrer Zweckbestimmung darzustellen und festzusetzen.

(3) Einkaufszentren und Verbrauchermärkte, die außerhalb von Kerngebieten errichtet werden sollen und die nach Lage, Umfang und Zweckbestimmung vorwiegend der übergemeindlichen Versorgung dienen sollen, sind als Sondergebiete darzustellen und festzusetzen.

BauNVO 1962: Sondergebiete

(1) Als Sondergebiete dürfen nur solche Gebiete dargestellt und festgesetzt werden, die sich nach ihrer besonderen Zweckbestimmung wesentlich von den Baugebieten nach §§ 2 bis 10 unterscheiden, wie Hochschul-, Klinik-, Kur-, Hafen- oder Ladengebiete.

(2) Für Sondergebiete ist die Art der Nutzung entsprechend ihrer besonderen Zweckbestimmung darzustellen und festzusetzen.

§ 12   Stellplätze und Garagen

(1) Stellplätze und Garagen sind in allen Baugebieten zulässig, soweit sich aus den Absätzen 2 bis 6 nichts anderes ergibt.

(2) In Kleinsiedlungsgebieten, reinen Wohngebieten und allgemeinen Wohngebieten sowie Sondergebieten, die der Erholung dienen, sind Stellplätze und Garagen nur für den durch die zugelassene Nutzung verursachten Bedarf zulässig.

(3) Unzulässig sind
1. Stellplätze und Garagen für Lastkraftwagen und Kraftomnibusse sowie für Anhänger dieser Kraftfahrzeuge in reinen Wohngebieten,
2. Stellplätze und Garagen für Kraftfahrzeuge mit einem Eigengewicht über 3,5 Tonnen sowie für Anhänger dieser Kraftfahrzeuge in Kleinsiedlungsgebieten und allgemeinen Wohngebieten.

(4) [1]Im Bebauungsplan kann, wenn besondere städtebauliche Gründe dies rechtfertigen (§ 9 Abs. 3 des Baugesetzbuchs), festgesetzt werden, dass in bestimmten Geschossen nur Stellplätze oder Garagen und zugehörige Nebeneinrichtungen (Garagengeschosse) zulässig sind. [2]Eine Festsetzung nach Satz 1 kann auch für Geschosse unterhalb der Geländeoberfläche getroffen werden. [3]Bei Festsetzungen nach den Sätzen 1 und 2 sind Stellplätze und Garagen auf dem Grundstück nur in den festgesetzten Geschossen zulässig, soweit der Bebauungsplan nichts anderes bestimmt.

(5) [1]Im Bebauungsplan kann, wenn besondere städtebauliche Gründe dies rechtfertigen (§ 9 Abs. 3 des Baugesetzbuchs), festgesetzt werden, dass in Teilen von Geschossen nur Stellplätze und Garagen zulässig sind. [2]Absatz 4 Satz 2 und 3 gilt entsprechend.

(6) Im Bebauungsplan kann festgesetzt werden, dass in Baugebieten oder bestimmten Teilen von Baugebieten Stellplätze und Garagen unzulässig oder nur in beschränktem Umfang zulässig sind, soweit landesrechtliche Vorschriften nicht entgegenstehen.

(7) Die landesrechtlichen Vorschriften über die Ablösung der Verpflichtung zur Herstellung von Stellplätzen und Garagen sowie die Verpflichtung zur Herstellung von Stellplätzen und Garagen außerhalb der im Bebauungsplan festgesetzten Bereiche bleiben bei Festsetzungen nach den Absätzen 4 bis 6 unberührt.

BauNVO 1990:
wie aktuell gültige BauNVO

BauNVO 1977:
wie aktuell gültige BauNVO, statt „Baugesetzbuchs" steht in Absatz 4 und 5 „Bundesbaugesetzes".

BauNVO 1968:

(1) Stellplätze und Garagen sind in allen Baugebieten zulässig, soweit sich aus den Absätzen 2 und 3 nichts anderes ergibt.

(2) In Kleinsiedlungsgebieten, reinen Wohngebieten, allgemeinen Wohngebieten und Wochenendhausgebieten sind Stellplätze und Garagen nur für den durch die zugelassene Nutzung verursachten Bedarf zulässig.

(3) Unzulässig sind
1. Stellplätze und Garagen für Lastkraftwagen und Kraftomnibusse in reinen Wohngebieten und Wochenendhausgebieten,
2. Stellplätze und Garagen für Kraftfahrzeuge mit einem Eigengewicht über 3,5 Tonnen in Kleinsiedlungsgebieten und allgemeinen Wohngebieten.

(4) Im Bebauungsplan kann festgesetzt werden, dass in bestimmten Geschossen nur Stellplätze oder Garagen und zugehörige Nebeneinrichtungen (Garagengeschosse) zulässig sind.

BauNVO 1962:

(1) bis (3) wie BauNVO 1968

§ 13 Gebäude und Räume für freie Berufe

Für die Berufsausübung freiberuflich Tätiger und solcher Gewerbetreibender, die ihren Beruf in ähnlicher Art ausüben, sind in den Baugebieten nach den §§ 2 bis 4 Räume, in den Baugebieten nach den §§ 4a bis 9 auch Gebäude zulässig.

BauNVO 1990 und 1977:
wie aktuell gültige BauNVO

BauNVO 1968 und 1962:
Räume für die Berufsausbildung freiberuflich Tätiger und solcher Gewerbetreibender, die ihren Beruf in ähnlicher Art ausüben, sind in den Baugebieten nach den §§ 2 bis 9 zulässig.

§ 14 Nebenanlagen; Anlagen zur Nutzung solarer Strahlungsenergie und Kraft-Wärme-Kopplungsanlagen

(1) [1]Außer den in den §§ 2 bis 13 genannten Anlagen sind auch untergeordnete Nebenanlagen und Einrichtungen zulässig, die dem Nutzungszweck der in dem Baugebiet gelegenen Grundstücke oder des Baugebiets selbst dienen und die seiner Eigenart nicht widersprechen. [2]Soweit nicht bereits in den Baugebieten nach dieser Verordnung Einrichtungen und Anlagen für die Tierhaltung, einschließlich der Kleintiererhaltungszucht, zulässig sind, gehören zu den untergeordneten Nebenanlagen und Einrichtungen im Sinne des Satzes 1 auch solche für die Kleintierhaltung. [3]Im Bebauungsplan kann die Zulässigkeit der Nebenanlagen und Einrichtungen eingeschränkt oder ausgeschlossen werden.

(2) [1]Die der Versorgung der Baugebiete mit Elektrizität, Gas, Wärme und Wasser sowie zur Ableitung von Abwasser dienenden Nebenanlagen können in den Baugebieten als Ausnahme zugelassen werden, auch soweit für sie im Bebauungsplan keine besonderen Flächen festgesetzt sind.

[2]Dies gilt auch für fernmeldetechnische Nebenanlagen sowie für Anlagen für erneuerbare Energien, soweit nicht Absatz 1 Satz 1 Anwendung findet.

(3) Soweit baulich untergeordnete Anlagen zur Nutzung solarer Strahlungsenergie in, an oder auf Dach- und Außenwandflächen oder Kraft-Wärme-Kopplungsanlagen innerhalb von Gebäuden nicht bereits nach den §§ 2 bis 13 zulässig sind, gelten sie auch dann als Anlagen im Sinne des Absatzes 1 Satz 1, wenn die erzeugte Energie vollständig oder überwiegend in das öffentliche Netz eingespeist wird.

BauNVO 1990:

(1) [1]Außer den in den §§ 2 bis 13 genannten Anlagen sind auch untergeordnete Nebenanlagen und Einrichtungen zulässig, die dem Nutzungszweck der in dem Baugebiet gelegenen Grundstücke oder des Baugebiets selbst dienen und die seiner Eigenart nicht widersprechen. [2]Soweit nicht bereits in den Baugebieten nach dieser Verordnung Einrichtungen und Anlagen für die Tierhaltung zulässig sind, gehören zu den untergeordneten Nebenanlagen und Einrichtungen im Sinne des Satzes 1 auch solche für die Kleintierhaltung. [3]Im Bebauungsplan kann die Zulässigkeit der Nebenanlagen und Einrichtungen eingeschränkt oder ausgeschlossen werden.

(2) wie aktuell gültige BauNVO

(3) fehlte

BauNVO 1977:

(1) wie BauNVO 1990

(2) Die der Versorgung der Baugebiete mit Elektrizität, Gas, Wärme und Wasser sowie zur Ableitung von Abwasser dienenden Nebenanlagen können in den Baugebieten als Ausnahme zugelassen werden, auch soweit für sie im Bebauungsplan keine besonderen Flächen festgesetzt sind.

BauNVO 1968 und 1962:

(1) [1]Außer den in den §§ 2 bis 13 genannten Anlagen sind auch untergeordnete Nebenanlagen und Einrichtungen zulässig, die dem Nutzungszweck der in dem Baugebiet gelegenen Grundstücke oder des Baugebiets selbst dienen und die seiner Eigenart nicht widersprechen. [2]Im Bebauungsplan kann die Zulässigkeit solcher Nebenanlagen und Einrichtungen eingeschränkt oder ausgeschlossen werden.

(2) wie BauNVO 1977

§ 15   Allgemeine Voraussetzungen für die Zulässigkeit baulicher und sonstiger Anlagen

(1) [1]Die in den §§ 2 bis 14 aufgeführten baulichen und sonstigen Anlagen sind im Einzelfall unzulässig, wenn sie nach Anzahl, Lage, Umfang oder Zweckbestimmung der Eigenart des Baugebiets widersprechen. [2]Sie sind auch unzulässig, wenn von ihnen Belästigungen oder Störungen ausgehen können, die nach der Eigenart des Baugebiets im Baugebiet selbst oder in dessen Umgebung unzumutbar sind, oder wenn sie solchen Belästigungen oder Störungen ausgesetzt werden.

(2) Die Anwendung des Absatzes 1 hat nach den städtebaulichen Zielen und Grundsätzen des § 1 Abs. 5 des Baugesetzbuchs zu erfolgen.

(3) Die Zulässigkeit der Anlagen in den Baugebieten ist nicht allein nach den verfahrensrechtlichen Einordnungen des Bundes-Immissionsschutzgesetzes und der auf seiner Grundlage erlassenen Verordnungen zu beurteilen.

BauNVO 1990:
wie aktuell gültige BauNVO

BauNVO 1977:

(1) [1]Die in den §§ 2 bis 14 aufgeführten baulichen und sonstigen Anlagen sind im Einzelfall unzulässig, wenn sie nach Anzahl, Lage, Umfang oder Zweckbestimmung der Eigenart des Baugebiets widersprechen. [2]Sie sind auch unzulässig, wenn von ihnen Belästigungen oder Störungen ausgehen können, die nach der Eigenart des Baugebiets im Baugebiet selbst oder in dessen Umgebung unzumutbar sind.

(2) Absatz 1 gilt auch für die Änderung, Nutzungsänderung und Erweiterung baulicher und sonstiger Anlagen innerhalb der festgesetzten Baugebiete.

(3) Bei der Anwendung der Absätze 1 und 2 dürfen nur städtebauliche Gesichtspunkte berücksichtigt werden.

BauNVO 1968 und 1962

(1) [1]Die in den §§ 2 bis 14 aufgeführten baulichen und sonstigen Anlagen sind im Einzelfall unzulässig, wenn sie nach Anzahl, Lage, Umfang oder Zweckbestimmung der Eigenart des Baugebiets widersprechen. [2]Sie sind insbesondere unzulässig, wenn von ihnen Belästigungen oder Störungen ausgehen können, die für die Umgebung nach der Eigenart des Gebietes unzumutbar sind.

(2) und (3) wie BauNVO 1977

Zweiter Abschnitt: **Maß der baulichen Nutzung**

§ 16　Bestimmung des Maßes der baulichen Nutzung

(1) Wird im Flächennutzungsplan das allgemeine Maß der baulichen Nutzung dargestellt, genügt die Angabe der Geschossflächenzahl, der Baumassenzahl oder der Höhe baulicher Anlagen.

(2) Im Bebauungsplan kann das Maß der baulichen Nutzung bestimmt werden durch Festsetzung
1. der Grundflächenzahl oder der Größe der Grundflächen der baulichen Anlagen,
2. der Geschossflächenzahl oder der Größe der Geschossfläche, der Baumassenzahl oder der Baumasse,
3. der Zahl der Vollgeschosse,
4. der Höhe baulicher Anlagen.

(3) Bei Festsetzung des Maßes der baulichen Nutzung im Bebauungsplan ist festzusetzen
1. stets die Grundflächenzahl oder die Größe der Grundflächen der baulichen Anlagen,
2. die Zahl der Vollgeschosse oder die Höhe baulicher Anlagen, wenn ohne ihre Festsetzung öffentliche Belange, insbesondere das Orts- und Landschaftsbild, beeinträchtigt werden können.

(4) [1]Bei Festsetzung des Höchstmaßes für die Geschossflächenzahl oder die Größe der Geschossfläche, für die Zahl der Vollgeschosse und die Höhe baulicher Anlagen im Bebauungsplan kann zugleich ein Mindestmaß festgesetzt werden. [2]Die Zahl der Vollgeschosse und die Höhe baulicher Anlagen können auch als zwingend festgesetzt werden.

(5) Im Bebauungsplan kann das Maß der baulichen Nutzung für Teile des Baugebiets, für einzelne Grundstücke oder Grundstücksteile und für Teile baulicher Anlagen unterschiedlich festgesetzt werden; die Festsetzungen können oberhalb und unterhalb der Geländeoberfläche getroffen werden.

(6) Im Bebauungsplan können nach Art und Umfang bestimmte Ausnahmen von dem festgesetzten Maß der baulichen Nutzung vorgesehen werden.

BauNVO 1990:
wie aktuell gültige BauNVO

BauNVO 1977:

(1) [1]Soweit es erforderlich ist, im Flächennutzungsplan das allgemeine Maß der baulichen Nutzung darzustellen, genügt die Angabe der Geschossflächenzahl oder der Baumassenzahl nach Maßgabe des § 17. [2]Im Flächennutzungsplan kann die Begrenzung der Höhe baulicher Anlagen dargestellt werden.

(2) [1]Bei der Festsetzung des Maßes der baulichen Nutzung im Bebauungsplan sind die Vorschriften des § 17 einzuhalten. [2]Das Maß der baulichen Nutzung wird bestimmt durch Festsetzung

1. der Geschossflächenzahl oder der Größe der Geschossfläche, der Baumassenzahl oder der Baumasse,
2. der Grundflächenzahl oder der Größe der Grundflächen der baulichen Anlagen und
3. der Zahl der Vollgeschosse.

[3]Die Geschossfläche kann für jedes Vollgeschoss gesondert festgesetzt werden. [4]Wird nach Nummer 1 die Geschossfläche oder die Baumasse festgesetzt, so sind auch die Grundflächen der baulichen Anlagen festzusetzen.

(3) [1]Im Bebauungsplan kann die Höhe baulicher Anlagen zwingend, als Höchstgrenze oder als Mindestgrenze festgesetzt werden. [2]Wird eine Höchstgrenze festgesetzt, so kann zugleich eine Mindestgrenze festgesetzt werden.

(4) [1]Von einzelnen der in Absatz 2 Satz 2 genannten Festsetzungen kann abgesehen werden, wenn die getroffenen Festsetzungen zur Bestimmung des Maßes der baulichen Nutzung im Rahmen des § 17 ausreichen. [2]Von der Festsetzung der Zahl der Vollgeschosse oder der Höhe baulicher Anlagen darf nicht abgesehen werden, wenn sonst öffentliche Belange, insbesondere die Gestaltung des Orts- und Landschaftsbilds, beeinträchtigt werden können.

(5) Im Bebauungsplan kann das Maß der baulichen Nutzung für Teile des Baugebiets oder für einzelne Grundstücke unterschiedlich festgesetzt werden.

BauNVO 1968:

(1) Soweit es erforderlich ist, im Flächennutzungsplan das allgemeine Maß der baulichen Nutzung darzustellen, genügt die Angabe der Geschossflächenzahl oder der Baumassenzahl nach Maßgabe des § 17.

(2) [1]Bei der Festsetzung des Maßes der baulichen Nutzung im Bebauungsplan sind die Vorschriften des § 17 einzuhalten. [2]Das Maß der baulichen Nutzung wird bestimmt durch Festsetzung

1. der Geschossflächenzahl oder der Größe der Geschossfläche, der Baumassenzahl oder der Baumasse,

2. der Grundflächenzahl oder der Größe der Grundflächen der baulichen Anlagen und

3. der Zahl der Vollgeschosse.

[3]Die Geschossfläche kann für jedes Vollgeschoss gesondert festgesetzt werden. [4]Wird nach Nummer 1 die Geschossfläche oder die Baumasse festgesetzt, so sind auch die Grundflächen der baulichen Anlagen festzusetzen. [5]In Industriegebieten und in Sondergebieten kann die Höhe der Gebäude als Höchstgrenze festgesetzt werden.

(3) [1]Von einzelnen der in Absatz 2 Satz 2 genannten Festsetzungen kann abgesehen werden, wenn die getroffenen Festsetzungen zur Bestimmung des Maßes der baulichen Nutzung im Rahmen des § 17 ausreichen. [2]Auf die Festsetzung der Zahl der Vollgeschosse darf jedoch nicht verzichtet werden, wenn dadurch die Gestaltung des Orts- oder Landschaftsbildes beeinträchtigt werden kann.

(4) Im Bebauungsplan kann das Maß der baulichen Nutzung für Teile des Baugebietes oder für einzelne Grundstücke unterschiedlich festgesetzt werden.

BauNVO 1962:

(1) wie BauNVO 1968

(2) [1]Bei der Festsetzung des Maßes der baulichen Nutzung im Bebauungsplan sind die Vorschriften des § 17 einzuhalten. [2]Das Maß der baulichen Nutzung wird bestimmt durch Festsetzung

1. der Geschossflächenzahl oder der Baumassenzahl,

2. der Grundflächenzahl oder der Grundflächen der baulichen Anlagen und

3. der Zahl der Vollgeschosse.

(3) und (4) wie BauNVO 1968

§17 Obergrenzen für die Bestimmung des Maßes der baulichen Nutzung

(1) Bei der Bestimmung des Maßes der baulichen Nutzung nach § 16 dürfen, auch wenn eine Geschossflächenzahl oder eine Baumassenzahl nicht dargestellt oder festgesetzt wird, folgende Obergrenzen nicht überschritten werden:

1	2	3	4
Baugebiet	Grund-flächenzahl (GRZ)	Geschoss-flächenzahl (GFZ)	Baumassen-zahl (BMZ)
in Kleinsiedlungsgebieten (WS)	0,2	0,4	-
in reinen Wohngebieten (WR) allgemeinen Wohngebieten (WA) Ferienhausgebieten	0,4	1,2	-
in besonderen Wohngebieten (WB)	0,6	1,6	-
in Dorfgebieten (MD) Mischgebieten (MI)	0,6	1,2	-
in Kerngebieten (MK)	1,0	3,0	
in Gewerbegebieten (GE) Industriegebieten (GI) sonstigen Sondergebieten	0,8	2,4	10,0
in Wochenendhausgebieten	0,2	0,2	-

(2) [1]Die Obergrenzen des Absatzes 1 können aus städtebaulichen Gründen überschritten werden, wenn die Überschreitung durch Umstände ausgeglichen ist oder durch Maßnahmen ausgeglichen wird, durch die sichergestellt ist, dass die allgemeinen Anforderungen an gesunde Wohn- und Arbeitsverhältnisse nicht beeinträchtigt werden und nachteilige Auswirkungen auf die Umwelt vermieden werden. [2]Dies gilt nicht für Wochenendhausgebiete und Ferienhausgebiete.

(3) (weggefallen)

BauNVO 1990:

(1) wie aktuell gültige BauNVO

(2) [1]Die Obergrenzen des Absatzes 1 können überschritten werden, wenn
1. besondere städtebauliche Gründe dies erfordern,
2. die Überschreitungen durch Umstände ausgeglichen sind oder durch Maßnahmen ausgeglichen werden, durch die sichergestellt ist, dass die allgemeinen Anforderungen an gesunde Wohn- und Arbeitsverhältnisse nicht beeinträchtigt, nachteilige Auswirkungen auf die Umwelt vermieden und die Bedürfnisse des Verkehrs befriedigt werden, und
3. sonstige öffentliche Belange nicht entgegenstehen.
[2]Dies gilt nicht für Wochenendhausgebiete und Ferienhausgebiete.

(3) [1]In Gebieten, die am 1. August 1962 überwiegend bebaut waren, können die Obergrenzen des Absatzes 1 überschritten werden, wenn städtebauliche Gründe dies erfordern und sonstige öffentliche Belange nicht entgegenstehen. [2]Absatz 2 Satz 1 Nr. 2 ist entsprechend anzuwenden.

BauNVO 1977:
§ 17 Zulässiges Maß der baulichen Nutzung

(1) Das Maß der baulichen Nutzung darf höchstens betragen

1	2	3	4	5
Baugebiet	Zahl der Voll-geschosse (Z)	Grund-flächen-zahl (GRZ)	Ge-schoss-flächen-zahl (GFZ)	Bau-massen-zahl (BMZ)
in Kleinsiedlungsgebieten (WS)	bei: 1 2	0,2 0,2	0,3 0,4	– –
in reinen Wohngebieten (WR) allgemeinen Wohngebieten (WA) Mischgebieten (MI) Ferienhausgebieten	bei: 1 2 3 4 und 5 6 und mehr	0,4 0,4 0,4 0,4 0,4	0,5 0,8 1,0 1,1 1,2	– – – – –
in Dorfgebieten (MD)	bei: 1 2 und mehr	0,4 0,4	0,5 0,8	
in Kerngebieten (MK)	bei: 1 2 3 4 und 5 6 und mehr	1,0 1,0 1,0 1,0 1,0	1,0 1,6 2,0 2,2 2,4	– – – – –
in Gewerbegebieten (GE)	bei: 1 2 3 4 und 5 6 und mehr	0,8 0,8 0,8 0,8 0,8	1,0 1,6 2,0 2,2 2,4	– – – – –
in Industriegebieten (GI)	–	0,8	–	9,0
in Wochenendhausgebieten	bei: 1 und 2	0,2	0,2	–

(2) In Gebieten, die für eine Bebauung mit eingeschossigen Wohngebäu-den mit einem fremder Sicht entzogenen Gartenhof, wie Gartenhof- und

Atriumhäuser, vorgesehen sind, können im Bebauungsplan eine Grundflächenzahl und eine Geschossflächenzahl bis 0,6 festgesetzt werden.

(3) [1]In Gebieten, für die keine Baumassenzahl angegeben ist, darf bei Gebäuden, die Geschosse von mehr als 3,50 m Höhe haben, eine Baumassenzahl, die das Dreieinhalbfache der zulässigen Geschossflächenzahl beträgt, nicht überschritten werden. [2]Im Bebauungsplan kann festgesetzt werden, dass eine größere Geschoßhöhe als 3,50 m außer Betracht bleibt, soweit diese ausschließlich durch die Unterbringung technischer Anlagen des Gebäudes wie Heizungs-, Lüftungs- und Reinigungsanlagen bedingt ist.

(4) [1]Wird im Bebauungsplan die Zahl der Vollgeschosse festgesetzt, so ist sie entweder als zwingend oder als Höchstgrenze festzusetzen. [2]Wird eine Höchstgrenze festgesetzt, so kann zugleich eine Mindestgrenze festgesetzt werden.

(5) Im Bebauungsplan kann vorgesehen werden, dass im Einzelfall von der Zahl der Vollgeschosse, der Grundflächenzahl oder der Grundfläche Ausnahmen zugelassen werden können, wenn die Geschossflächenzahl oder die Geschossfläche, die Baumassenzahl oder die Baumasse nicht überschritten wird.

(6) [1]Auf Grundstücke, die im Bebauungsplan ausschließlich für Stellplätze, Garagen oder Schutzraumbauten festgesetzt sind, sind die Vorschriften über die Grundflächenzahl nicht anzuwenden. [2]Als Ausnahme kann zugelassen werden, dass die nach Absatz 1 zulässige Geschossflächenzahl oder Baumassenzahl überschritten wird.

(7) Für besondere Wohngebiete ist das Maß der baulichen Nutzung entsprechend der besonderen Eigenart und Zweckbestimmung der Gebiete darzustellen und festzusetzen; dabei dürfen jedoch eine Grundflächenzahl von 0,6 und eine Geschossflächenzahl von 1,6 nur überschritten werden, wenn städtebauliche Gründe dies rechtfertigen und sonstige öffentliche Belange nicht entgegenstehen.

(8) [1]Für Sondergebiete mit Ausnahme der Wochenendhausgebiete und der Ferienhausgebiete ist das Maß der baulichen Nutzung entsprechend ihrer Zweckbestimmung darzustellen und festzusetzen. [2]Dabei darf eine Geschossflächenzahl von 2,4 und eine Baumassenzahl von 9,0 nicht überschritten werden. [3]Die Höchstwerte gelten nicht für Hafengebiete.

(9) In Gebieten, die bei Inkrafttreten der Baunutzungsverordnung überwiegend bebaut waren, können in den Bauleitplänen die Höchstwerte des Absatzes 1 Spalte 3 bis 5 und des Absatzes 8 überschritten werden, wenn städtebauliche Gründe dies rechtfertigen und sonstige öffentliche Belange nicht entgegenstehen.

(10) [1]Im Bebauungsplan können höhere Werte, als sie nach Absatz 1 Spalte 3 bis 5 sowie den Absätzen 2 und 8 zulässig sind, festgesetzt oder als Ausnahme vorgesehen werden, wenn

1. besondere städtebauliche Gründe dies erfordern,
2. die Überschreitungen durch Umstände ausgeglichen sind oder durch Maßnahmen ausgeglichen werden, durch die sichergestellt ist, dass die allgemeinen Anforderungen an gesunde Wohn- und Arbeitsverhältnisse nicht beeinträchtigt und die Bedürfnisse des Verkehrs befriedigt werden, und
3. sonstige öffentliche Belange nicht entgegenstehen.

[2]Dies gilt nicht für Kleinsiedlungsgebiete, Dorfgebiete, Wochenendhausgebiete und Ferienhausgebiete.

BauNVO 1968:

(1) Das Maß der baulichen Nutzung darf höchstens betragen

1	2	3	4	5
Baugebiet	Zahl der Vollgeschosse (Z)	Grundflächenzahl (GRZ)	Geschossflächenzahl (GFZ)	Baumassenzahl (BMZ)
in Kleinsiedlungsgebieten (WS)	bei: 1 2	0,2 0,2	0,3 0,4	– –
in reinen Wohngebieten (WR) allgemeinen Wohngebieten (WA) Mischgebieten (MI)	bei: 1 2 3 4 und 5 6 und mehr	0,4 0,4 0,4 0,4 0,4	0,5 0,8 1,0 1,1 1,2	– – – – –
in Dorfgebieten (MD)	bei: 1 2 und mehr	0,4 0,4	0,5 0,8	
in Kerngebieten (MK)	bei: 1 2 3 4 und 5 6 und mehr	1,0 1,0 1,0 1,0 1,0	1,0 1,6 2,0 2,2 2,4	– – – – –
in Gewerbegebieten (GE)	bei: 1 2 3 4 und 5 6 und mehr	0,8 0,8 0,8 0,8 0,8	1,0 1,6 2,0 2,2 2,4	– – – – –
in Industriegebieten (GI)	–	0,8	–	9,0
in Wochenendhausgebieten (SW)	1	0,2	0,2	–

(2) wie BauNVO 1977

(3) In Gebieten, für die keine Baumassenzahl angegeben ist, darf bei Gebäuden, die Geschosse von mehr als 3,50 m Höhe haben, eine Baumas-

senzahl, die das Dreieinhalbfache der zulässigen Geschossflächenzahl beträgt, nicht überschritten werden.

(4) wie BauNVO 1977

(5) Im Bebauungsplan kann vorgesehen werden, dass im Einzelfall von der Zahl der Vollgeschosse, der Grundflächenzahl oder der Grundfläche Ausnahmen zugelassen werden können, wenn die Geschossflächenzahl oder die Geschossfläche nicht überschritten wird.

(6) wie BauNVO 1977

(7) [1]Für Sondergebiete ist das Maß der baulichen Nutzung entsprechend ihrer Zweckbestimmung darzustellen und festzusetzen. [2]Dabei darf eine Geschossflächenzahl von 2,4 und eine Baumassenzahl von 9,0 nicht überschritten werden. [3]Die Höchstwerte gelten nicht für Hafengebiete.

(8) In Gebieten, die bei Inkrafttreten der Baunutzungsverordnung überwiegend bebaut waren, können in den Bauleitplänen die Höchstwerte des Absatzes 1 Spalte 3 bis 5 und des Absatzes 7 überschritten werden, wenn städtebauliche Gründe dies rechtfertigen und sonstige öffentliche Belange nicht entgegenstehen.

(9) [1]Im Bebauungsplan können die Höchstwerte des Absatzes 1 Spalte 3 bis 5 und der Absätze 2 und 7 überschritten werden, wenn
1. besondere städtebauliche Gründe dies rechtfertigen,
2. die Überschreitungen durch Umstände ausgeglichen sind oder durch Maßnahmen ausgeglichen werden, durch die sichergestellt ist, dass die allgemeinen Anforderungen an gesunde Wohn- und Arbeitsverhältnisse nicht beeinträchtigt und die Bedürfnisse des Verkehrs befriedigt werden, und
3. sonstige öffentliche Belange nicht entgegenstehen.
[2]Dies gilt nicht für Kleinsiedlungsgebiete, Dorfgebiete, und Wochenendhausgebiete.

BauNVO 1962:

(1) Das Maß der baulichen Nutzung darf höchstens betragen

1	2	3	4	5
Baugebiet	Zahl der Vollgeschosse (Z)	Grundflächenzahl (GRZ)	Geschossflächenzahl (GFZ)	Baumassenzahl (BMZ)
in Kleinsiedlungsgebieten (WS)	bei: 1 2	0,2 0,2	0,2 0,3	– –
in reinen Wohngebieten (WR) allgemeinen Wohngebieten (WA) Mischgebieten (MI)	bei: 1 2 3 4 und mehr	0,4 0,4 0,3 0,3	0,4 0,7 0,9 1,0	– – – –
in Dorfgebieten (MD)	bei: 1 2 und mehr	0,4 0,4	0,4 0,6	
in Kerngebieten (MK) Gewerbegebieten (GE)	bei: 2 3 4 und mehr	0,8 0,8 0,6 0,6	0,8 1,2 1,6 2,0	– – – –
in Industriegebieten (GI) bei Stufe I bei Stufe II bei Stufe III	– – –	0,7 0,7 0,7	– – –	3,0 6,0 9,0
in Wochenendhausgebieten (SW)	1	0,1	0,1	–

(2) und (3) wie BauNVO 1968

(4) Wird im Bebauungsplan die Zahl der Vollgeschosse festgesetzt, so ist sie entweder als zwingend oder als Höchstgrenze festzusetzen.

(5) Im Bebauungsplan kann vorgesehen werden, dass im Einzelfall von der Zahl der Vollgeschosse eine Ausnahme zugelassen werden kann, wenn die Grundflächenzahl und die Geschossflächenzahl nicht überschritten werden.

(6) wie BauNVO 1968

(7) [1]Für Sondergebiete ist das Maß der baulichen Nutzung entsprechend ihrer Zweckbestimmung darzustellen und festzusetzen. [2]Dabei dürfen als Höchstwerte eine Grundflächenzahl von 0,8, eine Geschossflächenzahl von 2,0 und eine Baumassenzahl von 9,0 nicht überschritten werden. [3]Die Höchstwerte gelten nicht für geschlossene Hafengebiete.

(8) In überwiegend bebauten Gebieten können im Bebauungsplan die Höchstwerte der Spalten 3 bis 5 des Absatzes 1 und des Absatzes 7 überschritten werden, wenn städtebauliche Gründe dies rechtfertigen und sonstige öffentliche Belange nicht entgegenstehen.

(9) Das Maß der baulichen Nutzung kann in Industriegebieten unterschiedlich entsprechend den Werten der Tabelle nach Absatz 1 festgesetzt werden.

§ 18   Höhe baulicher Anlagen

(1) Bei Festsetzung der Höhe baulicher Anlagen sind die erforderlichen Bezugspunkte zu bestimmen.

(2) Ist die Höhe baulicher Anlagen als zwingend festgesetzt (§ 16 Abs. 4 Satz 2), können geringfügige Abweichungen zugelassen werden.

BauNVO 1990:
wie aktuell gültige BauNVO

BauNVO 1977, 1968, 1962: § 18 Vollgeschosse
Als Vollgeschosse gelten Geschosse, die nach landesrechtlichen Vorschriften Vollgeschosse sind oder auf ihre Zahl angerechnet werden.

§ 19   Grundflächenzahl, zulässige Grundfläche

(1) Die Grundflächenzahl gibt an, wieviel Quadratmeter Grundfläche je Quadratmeter Grundstücksfläche im Sinne des Absatzes 3 zulässig sind.

(2) Zulässige Grundfläche ist der nach Absatz 1 errechnete Anteil des Baugrundstücks, der von baulichen Anlagen überdeckt werden darf.

(3) [1]Für die Ermittlung der zulässigen Grundfläche ist die Fläche des Baugrundstücks maßgebend, die im Bauland und hinter der im Bebauungsplan festgesetzten Straßenbegrenzungslinie liegt. [2]Ist eine Straßenbegrenzungslinie nicht festgesetzt, so ist die Fläche des Baugrundstücks maßgebend, die hinter der tatsächlichen Straßengrenze liegt oder die im Bebau-

ungsplan als maßgebend für die Ermittlung der zulässigen Grundfläche festgesetzt ist.

(4) [1]Bei der Ermittlung der Grundfläche sind die Grundflächen von
1. Garagen und Stellplätzen mit ihren Zufahrten,
2. Nebenanlagen im Sinne des § 14,
3. baulichen Anlagen unterhalb der Geländeoberfläche, durch die das Baugrundstück lediglich unterbaut wird,

mitzurechnen. [2]Die zulässige Grundfläche darf durch die Grundflächen der in Satz 1 bezeichneten Anlagen bis zu 50 vom Hundert überschritten werden, höchstens jedoch bis zu einer Grundflächenzahl von 0,8; weitere Überschreitungen in geringfügigem Ausmaß können zugelassen werden. [3]Im Bebauungsplan können von Satz 2 abweichende Bestimmungen getroffen werden. [4]Soweit der Bebauungsplan nichts anderes festsetzt, kann im Einzelfall von der Einhaltung der sich aus Satz 2 ergebenden Grenzen abgesehen werden
1. bei Überschreitungen mit geringfügigen Auswirkungen auf die natürlichen Funktionen des Bodens oder
2. wenn die Einhaltung der Grenzen zu einer wesentlichen Erschwerung der zweckentsprechenden Grundstücksnutzung führen würde.

BauNVO 1990:
wie aktuell gültige BauNVO

BauNVO 1977:

(1) bis (3) wie aktuell gültige BauNVO

(4) [1]Auf die zulässige Grundfläche werden die Grundflächen von Nebenanlagen im Sinne des § 14 nicht angerechnet. [2]Das gleiche gilt für Balkone, Loggien, Terrassen sowie für bauliche Anlagen, soweit sie nach Landesrecht im Bauwich oder in den Abstandsflächen zulässig sind oder zugelassen werden können.

BauNVO 1968:

(1) bis (3) wie aktuell gültige BauNVO

(4) wie BauNVO 1977

BauNVO 1962:

(1) bis (3) wie aktuell gültige BauNVO

(4) [1]Auf die zulässige Grundfläche werden die Grundflächen von Nebenanlagen im Sinne des § 14 nicht angerechnet. [2]Das gleiche gilt für bauliche

Anlagen, soweit sie nach Landesrecht im Bauwich oder in den Abstandsflächen zulässig sind oder zugelassen werden können.

(5) [1]In Kerngebieten, Gewerbegebieten und Industriegebieten können eingeschossige Garagen und überdachte Stellplätze ohne Anrechnung ihrer Grundflächen auf die zulässige Grundfläche zugelassen werden. [2]In den übrigen Baugebieten werden solche Anlagen auf die zulässige Grundfläche nicht angerechnet, soweit sie 0,1 der Fläche des Baugrundstücks nicht überschreiten [3]Absatz 4 findet keine Anwendung.

§ 20   Vollgeschosse, Geschossflächenzahl, Geschossfläche

(1) Als Vollgeschosse gelten Geschosse, die nach landesrechtlichen Vorschriften Vollgeschosse sind oder auf ihre Zahl angerechnet werden.

(2) Die Geschossflächenzahl gibt an, wieviel Quadratmeter Geschossfläche je Quadratmeter Grundstücksfläche im Sinne des § 19 Abs. 3 zulässig sind.

(3) [1]Die Geschossfläche ist nach den Außenmaßen der Gebäude in allen Vollgeschossen zu ermitteln. [2]Im Bebauungsplan kann festgesetzt werden, dass die Flächen von Aufenthaltsräumen in anderen Geschossen einschließlich der zu ihnen gehörenden Treppenräume und einschließlich ihrer Umfassungswände ganz oder teilweise mitzurechnen oder ausnahmsweise nicht mitzurechnen sind.

(4) Bei der Ermittlung der Geschossfläche bleiben Nebenanlagen im Sinne des § 14, Balkone, Loggien, Terrassen sowie bauliche Anlagen, soweit sie nach Landesrecht in den Abstandsflächen (seitlicher Grenzabstand und sonstige Abstandsflächen) zulässig sind oder zugelassen werden können, unberücksichtigt.

BauNVO 1990:
wie aktuell gültige BauNVO

BauNVO 1977:   § 20 Geschossflächenzahl, Geschossfläche

(1) Die Geschossflächenzahl gibt an, wieviel Quadratmeter Geschossfläche je Quadratmeter Grundstücksfläche im Sinne des § 19 Abs. 3 zulässig sind.

(2) [1]Die Geschossfläche ist nach den Außenmaßen der Gebäude in allen Vollgeschossen zu ermitteln. [2]Die Flächen von Aufenthaltsräumen in anderen Geschossen einschließlich der zu ihnen gehörenden Treppenräume und einschließlich ihrer Umfassungswände sind mitzurechnen.

(3) Bauliche Anlagen und Gebäudeteile im Sinne des § 19 Abs. 4 bleiben bei der Ermittlung der Geschossfläche unberücksichtigt.

BauNVO 1968:
wie BauNVO 1977

BauNVO 1962:

(1) wie BauNVO 1977

(2) [1]Die Geschossfläche ist nach den Außenmaßen der Gebäude in allen Vollgeschossen zu ermitteln. [2]Werden im Dachraum oder in Kellergeschossen Aufenthaltsräume zugelassen, so sind deren Flächen einschließlich der zu ihnen führenden Treppenräume und einschließlich ihrer Umfassungswände mitzurechnen.

(3) Balkone sowie bauliche Anlagen und Gebäudeteile, deren Grundflächen nach § 19 Abs. 4 und 5 nicht angerechnet werden, bleiben bei der Ermittlung der Geschossfläche unberücksichtigt.

§ 21 Baumassenzahl, Baumasse

(1) Die Baumassenzahl gibt an, wieviel Kubikmeter Baumasse je Quadratmeter Grundstücksfläche im Sinne des § 19 Abs. 3 zulässig sind.

(2) [1]Die Baumasse ist nach den Außenmaßen der Gebäude vom Fußboden des untersten Vollgeschosses bis zur Decke des obersten Vollgeschosses zu ermitteln. [2]Die Baumassen von Aufenthaltsräumen in anderen Geschossen einschließlich der zu ihnen gehörenden Treppenräume und einschließlich ihrer Umfassungswände und Decken sind mitzurechnen. [3]Bei baulichen Anlagen, bei denen eine Berechnung der Baumasse nach Satz 1 nicht möglich ist, ist die tatsächliche Baumasse zu ermitteln.

(3) Bauliche Anlagen und Gebäudeteile im Sinne des § 20 Abs. 4 bleiben bei der Ermittlung der Baumasse unberücksichtigt.

(4) Ist im Bebauungsplan die Höhe baulicher Anlagen oder die Baumassenzahl nicht festgesetzt, darf bei Gebäuden, die Geschosse von mehr als 3,50 m Höhe haben, eine Baumassenzahl, die das Dreieinhalbfache der zulässigen Geschossflächenzahl beträgt, nicht überschritten werden.

BauNVO 1990:
wie aktuell gültige BauNVO

BauNVO 1977:

(1) und (2) wie aktuell gültige BauNVO

(3) Bauliche Anlagen und Gebäudeteile im Sinne des § 19 Abs. 4 bleiben bei der Ermittlung der Baumasse unberücksichtigt.

(4) fehlte

BauNVO 1968:

(1) und (2) wie aktuell gültige BauNVO

(3) wie BauNVO 1977

BauNVO 1962:

(1) wie aktuell gültige BauNVO

(2) [1]Die Baumasse ist nach den Außenmaßen der Gebäude vom Fußboden des untersten Vollgeschosses bis zur Decke des obersten Vollgeschosses zu ermitteln. [2]Aufenthaltsräume, die im Dachraum oder in Kellergeschossen zugelassen werden, sind einschließlich der zu ihnen führenden Treppenräume und einschließlich ihrer Umfassungswände und Decken der Baumasse hinzuzurechnen. [3]Bei baulichen Anlagen, bei denen eine Berechnung der Baumasse nach Satz 1 nicht möglich ist, ist die tatsächliche Baumasse zu ermitteln.

(3) Baumassen über Flächen, die nach § 19 Abs. 4 und 5 auf die zulässige Grundfläche nicht angerechnet werden, bleiben unberücksichtigt.

§ 21a   Stellplätze, Garagen und Gemeinschaftsanlagen

(1) Garagengeschosse oder ihre Baumasse sind in sonst anders genutzten Gebäuden auf die Zahl der zulässigen Vollgeschosse oder auf die zulässige Baumasse nicht anzurechnen, wenn der Bebauungsplan dies festsetzt oder als Ausnahme vorsieht.

(2) Der Grundstücksfläche im Sinne des § 19 Abs. 3 sind Flächenanteile an außerhalb des Baugrundstücks festgesetzten Gemeinschaftsanlagen im Sinne des § 9 Abs. 1 Nr. 22 des Baugesetzbuchs hinzuzurechnen, wenn der Bebauungsplan dies festsetzt oder als Ausnahme vorsieht.

(3) Soweit § 19 Abs. 4 nicht entgegensteht, ist eine Überschreitung der zulässigen Grundfläche durch überdachte Stellplätze und Garagen bis zu 0,1 der Fläche des Baugrundstücks zulässig; eine weitergehende Überschreitung kann ausnahmsweise zugelassen werden
1. in Kerngebieten, Gewerbegebieten und Industriegebieten,

2. in anderen Baugebieten, soweit solche Anlagen nach § 9 Abs. 1 Nr. 4 des Baugesetzbuchs im Bebauungsplan festgesetzt sind.

(4) Bei der Ermittlung der Geschossfläche oder der Baumasse bleiben unberücksichtigt die Flächen oder Baumassen von
1. Garagengeschossen, die nach Absatz 1 nicht angerechnet werden,
2. Stellplätzen und Garagen, deren Grundflächen die zulässige Grundfläche unter den Voraussetzungen des Absatzes 3 überschreiten,
3. Stellplätzen und Garagen in Vollgeschossen, wenn der Bebauungsplan dies festsetzt oder als Ausnahme vorsieht.

(5) Die zulässige Geschossfläche oder die zulässige Baumasse ist um die Flächen oder Baumassen notwendiger Garagen, die unter der Geländeoberfläche hergestellt werden, insoweit zu erhöhen, als der Bebauungsplan dies festsetzt oder als Ausnahme vorsieht.

BauNVO 1990:
wie aktuell gültige BauNVO

BauNVO 1977:

(1) und (2) wie aktuell gültige BauNVO, statt „Baugesetzbuchs" steht in Absatz 2 „Bundesbaugesetzes"

(3) [1]Auf die zulässige Grundfläche (§ 19 Abs. 2) sind überdachte Stellplätze und Garagen nicht anzurechnen, soweit sie 0,1 der Fläche des Baugrundstücks nicht überschreiten.[2]Darüber hinaus können sie ohne Anrechnung ihrer Grundfläche auf die zulässige Grundfläche zugelassen werden
1. in Kerngebieten, Gewerbegebieten und Industriegebieten,
2. in anderen Baugebieten, soweit solche Anlagen nach § 9 Abs. 1 Nr. 4 des Bundesbaugesetzes im Bebauungsplan festgesetzt sind.
[3]§ 19 Abs. 4 findet keine Anwendung.

(4) Bei der Ermittlung der Geschossfläche (§ 20) oder der Baumasse (§ 21) bleiben unberücksichtigt die Flächen oder Baumassen von
1. Garagengeschossen, die nach Absatz 1 nicht angerechnet werden,
2. Stellplätzen und Garagen, deren Grundflächen nach Absatz 3 nicht angerechnet werden,
3. Stellplätzen und Garagen in Vollgeschossen, wenn der Bebauungsplan dies festsetzt oder als Ausnahme vorsieht.

(5) Die zulässige Geschossfläche (§ 20) oder die zulässige Baumasse (§ 21) ist um die Flächen oder Baumassen notwendiger Garagen, die unter der Geländeoberfläche hergestellt werden, insoweit zu erhöhen, als der Bebauungsplan dies festsetzt oder als Ausnahme vorsieht.

BauNVO 1968:

(1) wie aktuell gültige BauNVO

(2) Der Grundstücksfläche im Sinne des § 19 Abs. 3 sind Flächenanteile an außerhalb des Baugrundstücks festgesetzten Gemeinschaftsanlagen im Sinne des § 9 Abs. 1 Nr. 12 und 13 Bundesbaugesetz hinzuzurechnen, wenn der Bebauungsplan dies festsetzt oder als Ausnahme vorsieht.

(3) [1]Auf die zulässige Grundfläche (§ 19 Abs. 2) sind überdachte Stellplätze und Garagen nicht anzurechnen, soweit sie 0,1 der Fläche des Baugrundstücks nicht überschreiten.[2]Darüber hinaus können sie ohne Anrechnung ihrer Grundfläche auf die zulässige Grundfläche zugelassen werden
1. in Kerngebieten, Gewerbegebieten und Industriegebieten,
2. in anderen Baugebieten, soweit solche Anlagen nach § 9 Abs. 1 Nr. 1 Buchstabe e des Bundesbaugesetzes im Bebauungsplan festgesetzt sind.
[3]§ 19 Abs. 4 findet keine Anwendung.

(4) Bei der Ermittlung der Geschossfläche (§ 20) oder der Baumasse (§ 21) bleiben unberücksichtigt die Flächen oder Baumassen von
1. Garagengeschossen, die nach Absatz 1 nicht angerechnet werden,
2. Stellplätzen und Garagen, deren Grundflächen nach Absatz 3 nicht angerechnet werden,
3. Stellplätzen und Garagen in Vollgeschossen oberhalb der Geländeoberfläche, wenn der Bebauungsplan dies festsetzt oder als Ausnahme vorsieht.

(5) wie BauNVO 1977

BauNVO 1962:
§ 21a fehlte

Dritter Abschnitt: **Bauweise, überbaubare Grundstücksfläche**

§ 22   Bauweise

(1) Im Bebauungsplan kann die Bauweise als offene oder geschlossene Bauweise festgesetzt werden.

(2) [1]In der offenen Bauweise werden die Gebäude mit seitlichem Grenzabstand als Einzelhäuser, Doppelhäuser oder Hausgruppen errichtet. [2]Die Länge der in Satz 1 bezeichneten Hausformen darf höchstens 50 m betragen. [3]Im Bebauungsplan können Flächen festgesetzt werden, auf denen

nur Einzelhäuser, nur Doppelhäuser, nur Hausgruppen oder nur zwei dieser Hausformen zulässig sind.

(3) In der geschlossenen Bauweise werden die Gebäude ohne seitlichen Grenzabstand errichtet, es sei denn, dass die vorhandene Bebauung eine Abweichung erfordert.

(4) [1]Im Bebauungsplan kann eine von Absatz 1 abweichende Bauweise festgesetzt werden. [2]Dabei kann auch festgesetzt werden, inwieweit an die vorderen, rückwärtigen und seitlichen Grundstücksgrenzen herangebaut werden darf oder muss.

BauNVO 1990:
wie aktuell gültige BauNVO

BauNVO 1977:

(1) Im Bebauungsplan ist, soweit es erforderlich ist, die Bauweise als offene oder geschlossene Bauweise festzusetzen.

(2) [1]In der offenen Bauweise werden die Gebäude mit seitlichem Grenzabstand (Bauwich) als Einzelhäuser, Doppelhäuser oder als Hausgruppen mit einer Länge von höchstens 50 m errichtet. [2]Im Bebauungsplan können Flächen festgesetzt werden, auf denen nur Einzelhäuser, nur Doppelhäuser, nur Hausgruppen oder nur zwei dieser Hausformen zulässig sind.

(3) wie aktuell gültige BauNVO

(4) Im Bebauungsplan kann eine von Absatz 1 abweichende Bauweise festgesetzt werden.

BauNVO 1968:

(1) und (2) wie BauNVO 1977

(3) wie aktuell gültige BauNVO

(4) wie BauNVO 1977

BauNVO 1962:

(1) [1]Im Bebauungsplan ist, soweit es erforderlich ist, die Bauweise als offene oder geschlossene Bauweise festzusetzen. [2]Ist die Bauweise nicht festgesetzt, so sind die Vorschriften über die offene Bauweise anzuwenden.

(2) [1]In der offenen Bauweise werden die Gebäude mit seitlichem Grenzabstand (Bauwich) als Einzelhäuser, Doppelhäuser oder als Hausgruppen mit einer Länge von höchstens 50 m errichtet. [2]Im Bebauungsplan können

Flächen festgesetzt werden, auf denen nur Einzelhäuser und Doppelhäuser oder nur Hausgruppen zulässig sind.

(3) wie aktuell gültige BauNVO

(4) wie BauNVO 1977

§ 23   Überbaubare Grundstücksfläche

(1) [1]Die überbaubaren Grundstücksflächen können durch die Festsetzung von Baulinien, Baugrenzen oder Bebauungstiefen bestimmt werden. [2]§ 16 Abs. 5 ist entsprechend anzuwenden.

(2) [1]Ist eine Baulinie festgesetzt, so muss auf dieser Linie gebaut werden. [2]Ein Vor- oder Zurücktreten von Gebäudeteilen in geringfügigem Ausmaß kann zugelassen werden. [3]Im Bebauungsplan können weitere nach Art und Umfang bestimmte Ausnahmen vorgesehen werden.

(3) [1]Ist eine Baugrenze festgesetzt, so dürfen Gebäude und Gebäudeteile diese nicht überschreiten. [2]Ein Vortreten von Gebäudeteilen in geringfügigem Ausmaß kann zugelassen werden. [3]Absatz 2 Satz 3 gilt entsprechend.

(4) [1]Ist eine Bebauungstiefe festgesetzt, so gilt Absatz 3 entsprechend. [2]Die Bebauungstiefe ist von der tatsächlichen Straßengrenze ab zu ermitteln, sofern im Bebauungsplan nichts anderes festgesetzt ist.

(5) [1]Wenn im Bebauungsplan nichts anderes festgesetzt ist, können auf den nicht überbaubaren Grundstücksflächen Nebenanlagen im Sinne des § 14 zugelassen werden. [2]Das gleiche gilt für bauliche Anlagen, soweit sie nach Landesrecht in den Abstandsflächen zulässig sind oder zugelassen werden können.

BauNVO 1990:
wie aktuell gültige BauNVO

BauNVO 1977:

(1) [1]Die überbaubaren Grundstücksflächen können durch die Festsetzung von Baulinien, Baugrenzen oder Bebauungstiefen bestimmt werden. [2]Die Festsetzungen können geschoßweise unterschiedlich getroffen werden.

(2) bis (4) wie aktuell gültige BauNVO

(5) [1]Wenn im Bebauungsplan nichts anderes festgesetzt ist, können auf den nicht überbaubaren Grundstücksflächen Nebenanlagen im Sinne des § 14 zugelassen werden.[2]Das Gleiche gilt für bauliche Anlagen, soweit sie

nach Landesrecht im Bauwich oder in den Abstandsflächen zulässig sind oder zugelassen werden können.

BauNVO 1968:

(1) wie BauNVO 1977

(2) bis (4) wie aktuell gültige BauNVO

(5) wie BauNVO 1977

BauNVO 1962:

(1) Die überbaubaren Grundstücksflächen können durch die Festsetzung von Baulinien, Baugrenzen oder Bebauungstiefen bestimmt werden.

(2) [1]Ist eine Baulinie festgesetzt, so muss auf dieser Linie gebaut werden. [2]Ein Vor- oder Zurücktreten von Gebäudeteilen in geringfügigem Ausmaß kann zugelassen werden.

(3) [1]Ist eine Baugrenze festgesetzt, so dürfen Gebäude und Gebäudeteile diese nicht überschreiten. [2]Ein Vortreten von Gebäudeteilen in geringfügigem Ausmaß kann zugelassen werden.

(4) wie aktuell gültige BauNVO

(5) wie BauNVO 1977

Vierter Abschnitt:

§ 24   *(weggefallen)*

Fünfter Abschnitt: **Überleitungs- und Schlussvorschriften**

§ 25 Fortführung eingeleiteter Verfahren[1]

Für Bauleitpläne, deren Aufstellung oder Änderung bereits eingeleitet ist, sind die dieser Verordnung entsprechenden bisherigen Vorschriften weiterhin anzuwenden, wenn die Pläne bei dem Inkrafttreten dieser Verordnung bereits ausgelegt sind.

§ 25a Überleitungsvorschriften aus Anlass der zweiten Änderungsverordnung

(1) Für Bauleitpläne, deren Aufstellung oder Änderung bereits eingeleitet ist, gilt diese Verordnung in ihrer bis zum Inkrafttreten der Zweiten Verordnung zur Änderung dieser Verordnung vom 15. September 1977 (BGBl. I S. 1757) gültigen Fassung, wenn die Pläne bei Inkrafttreten der zweiten Änderungsverordnung nach § 2a Abs. 6 des Bundesbaugesetzes oder § 2 Abs. 6 des Bundesbaugesetzes in der bis zum 1. Januar 1977 geltenden Fassung ausgelegt sind.

(2) [1]Von der Geltung der Vorschriften der zweiten Änderungsverordnung über gesonderte Festsetzungen für übereinanderliegende Geschosse und Ebenen sowie sonstige Teile baulicher Anlagen sind solche Bebauungspläne ausgenommen, auf die § 9 Abs. 3 des Bundesbaugesetzes in der ab 1. Januar 1977 geltenden Fassung nach Maßgabe des Artikels 3 § 1 Abs. 3 des Gesetzes zur Änderung des Bundesbaugesetzes vom 18. August 1976 (BGBl. I S. 2221) keine Anwendung findet. [2]Auf diese Bebauungspläne finden die Vorschriften dieser Verordnung über gesonderte Festsetzungen für übereinanderliegende Geschosse und Ebenen und sonstige Teile baulicher Anlagen in der bis zum Inkrafttreten der zweiten Änderungsverordnung gültigen Fassung weiterhin Anwendung.

---

1 Diese Vorschrift betrifft die Fortführung eingeleiteter Verfahren bei Inkrafttreten der Baunutzungsverordnung (1. August 1962) in der ursprünglichen Fassung vom 26. Juni 1962 (BGBl. I S. 429). Für die Fortführung eingeleiteter Verfahren bei Inkrafttreten der Änderungsverordnung (1. Januar 1969) bestimmt Artikel 2 der Verordnung zur Änderung der Baunutzungsverordnung vom 26. November 1968 (BGBl. I S. 1233): „Für Bauleitpläne, deren Aufstellung oder Änderung bereits eingeleitet ist, gilt die Verordnung in der bisherigen Fassung, wenn die Pläne bei Inkrafttreten dieser Verordnung bereits nach § 2 Abs. 6 des Bundesbaugesetzes ausgelegt sind."

§ 25b   Überleitungsvorschrift aus Anlass der dritten Änderungsverordnung

(1) [1]Ist der Entwurf eines Bebauungsplans vor dem Inkrafttreten der dritten Änderungsverordnung nach § 2a Abs. 6 des Bundesbaugesetzes öffentlich ausgelegt worden, ist auf ihn § 11 Abs. 3 Satz 3 in der bis zum Inkrafttreten der dritten Änderungsverordnung geltenden Fassung anzuwenden. [2]Das Recht der Gemeinde, das Verfahren zur Aufstellung des Bebauungsplans erneut einzuleiten, bleibt unberührt.

(2) Auf Bebauungspläne, auf die § 11 Abs. 3 in der Fassung der Bekanntmachung vom 15. September 1977 Anwendung findet, ist § 11 Abs. 3 Satz 4 entsprechend anzuwenden.

§ 25c   Überleitungsvorschrift aus Anlass der vierten Änderungsverordnung

[1]Ist der Entwurf eines Bauleitplans vor dem 27. Januar 1990 nach § 3 Abs. 2 des Baugesetzbuchs öffentlich ausgelegt worden, ist auf ihn diese Verordnung in der bis zum 26. Januar 1990 geltenden Fassung anzuwenden. [2]Das Recht der Gemeinde, das Verfahren zur Aufstellung des Bauleitplans erneut einzuleiten, bleibt unberührt.

§ 25d   Überleitungsvorschrift aus Anlass des Gesetzes zur Stärkung der Innenentwicklung in den Städten und Gemeinden und weiteren Fortentwicklung des Städtebaurechts

[1]Ist der Entwurf eines Bauleitplans vor dem 20. September 2013 nach § 3 Absatz 2 des Baugesetzbuchs öffentlich ausgelegt worden, ist auf ihn diese Verordnung in der bis zum 20. September 2013 geltenden Fassung anzuwenden. [2]Das Recht der Gemeinde, das Verfahren zur Aufstellung des Bauleitplans erneut einzuleiten, bleibt unberührt.

§ 26   Berlin-Klausel

Diese Verordnung gilt nach § 14 des Dritten Überleitungsgesetzes in Verbindung mit § 247 des Baugesetzbuchs auch im Land Berlin.

§ 26a   Überleitungsregelungen aus Anlass der Herstellung der Einheit Deutschlands

[1]Soweit in dieser Verordnung auf Vorschriften verwiesen wird, die in dem in Artikel 3 des Einigungsvertrages genannten Gebiet keine Anwendung finden, sind die entsprechenden Vorschriften der Deutschen Demokratischen Republik anzuwenden. [2]Bestehen solche Vorschriften nicht oder würde ihre Anwendung dem Sinn der Verweisung widersprechen, gelten die Vorschriften, auf die verwiesen wird, entsprechend.

§ 27   (Inkrafttreten)

Stichwortverzeichnis

Die halbfetten Zahlen beziehen sich bei den Rechtsvorschriften auf die Paragraphen, die mageren Zahlen nach dem Komma auf die Absätze.

BauVorlVO   Bauvorlagenverordnung   – s. C
BauGB   Baugesetzbuch   – s. D 1
BauNVO   Baunutzungsverordnung   – s. D 2

Stichwortverzeichnis

Stichwortverzeichnis

Stichwortverzeichnis

Stichwortverzeichnis

Stichwortverzeichnis

Stichwortverzeichnis

Stichwortverzeichnis

Stichwortverzeichnis

Stichwortverzeichnis

Stichwortverzeichnis

Stichwortverzeichnis

Stichwortverzeichnis

Stichwortverzeichnis

Stichwortverzeichnis

Stichwortverzeichnis

Stichwortverzeichnis

Stichwortverzeichnis

Stichwortverzeichnis

Stichwortverzeichnis

Stichwortverzeichnis

Stichwortverzeichnis

Stichwortverzeichnis

Stichwortverzeichnis

Stichwortverzeichnis

Stichwortverzeichnis

Stichwortverzeichnis

Stichwortverzeichnis

Stichwortverzeichnis